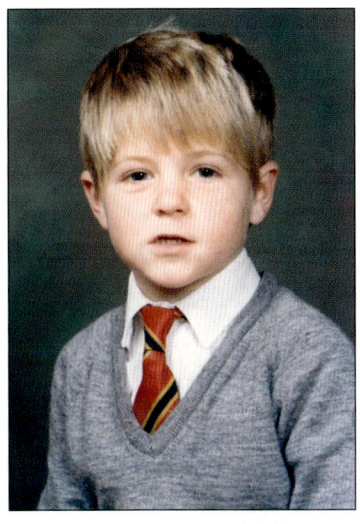

여섯 살 때.

LFC 유소년팀 데이브 섀논 감독과 함께.

열두 살 때.

리버풀 아카데미 시절. 뒷줄 가운데 녹색 유니폼 바로 앞이 나.

열여섯 살 때 유소년 육성반에서 축구를 배웠다. 나는 아랫줄 오른쪽에서 세 번째.
나로부터 왼쪽으로 두 번째가 마이클 오언. 장소는 멜우드.

어린 시절부터 오언은 특별한 스타였다.

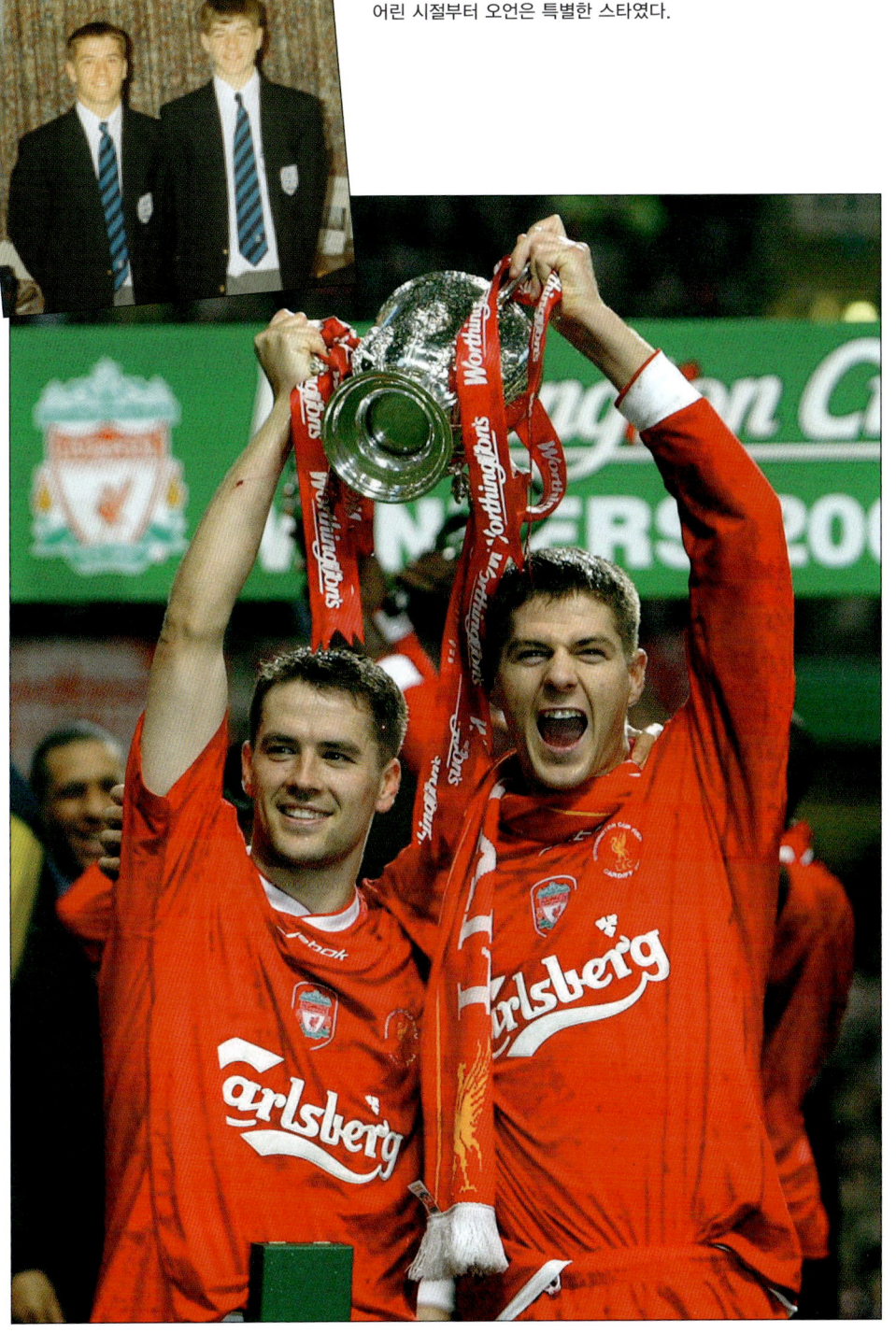

멜우드 클럽하우스 바닥 걸레질로부터 7년 후, 오언과 나는 리그컵 트로피를 들어 올렸다.

열여덟 살 때 이루어진 리버풀 데뷔. 블랙번 로버스전에서 교체 출전했다.

2000년 케빈 키건 감독의 부름을 받고 간 잉글랜드 국가대표팀 첫 소집.

어린 시절, 스타로 우러러봤던 스티브 맥마나만. 리버풀과 잉글랜드 국가대표팀에서 함께 뛰는 것이 꿈만 같았다.
이 경기는 우크라이나와 평가전.

조국 잉글랜드를 위해서 뛰는 것은 내 인생 최고의 영예.

2010년 웸블리 스타디움에서 헝가리를 상대로 골을 넣었다.

왼쪽: 2014년 브라질 월드컵 유럽 지역예선.
오른쪽: 유로2004 스위스 경기에서 팀의 세 번째 골을 넣고 데이비드 베컴과 함께 기뻐하고 있다.

LA 이적 결심에 많은 조언을 해준 잉글랜드 국가대표팀 전임 주장. 든든한 지지와 따뜻한 조언을 아끼지 않았다.

동시대 축구선수를 통틀어 최고 중 하나인 루이스 수아레스.

내가 뽑은 최고의 팀에는 언제나 사비 알론소가 있다.

에버턴 팬이었던 웨인 루니. 잉글랜드 국가대표팀에서 함께 뛰었다. 톱클래스.

페르난도 토레스도 리버풀에서 함께 뛰면서 내가 가장 존경했던 선수 중 한 명이다.

2005년 UEFA 챔피언스리그 결승전 '이스탄불의 기적'.

2006년 FA컵 결승전. 내 인생 최고의 경기력이었다.

2012년 웸블리에서 들어 올린 칼링컵.

2014년 머지사이드 더비 골세리머니.

내 아버지의 영웅이었던 케니 달글리시.
2011년, 2012년 함께했다.

2010년 리그에서 에버턴을 물리쳤다.

최고.

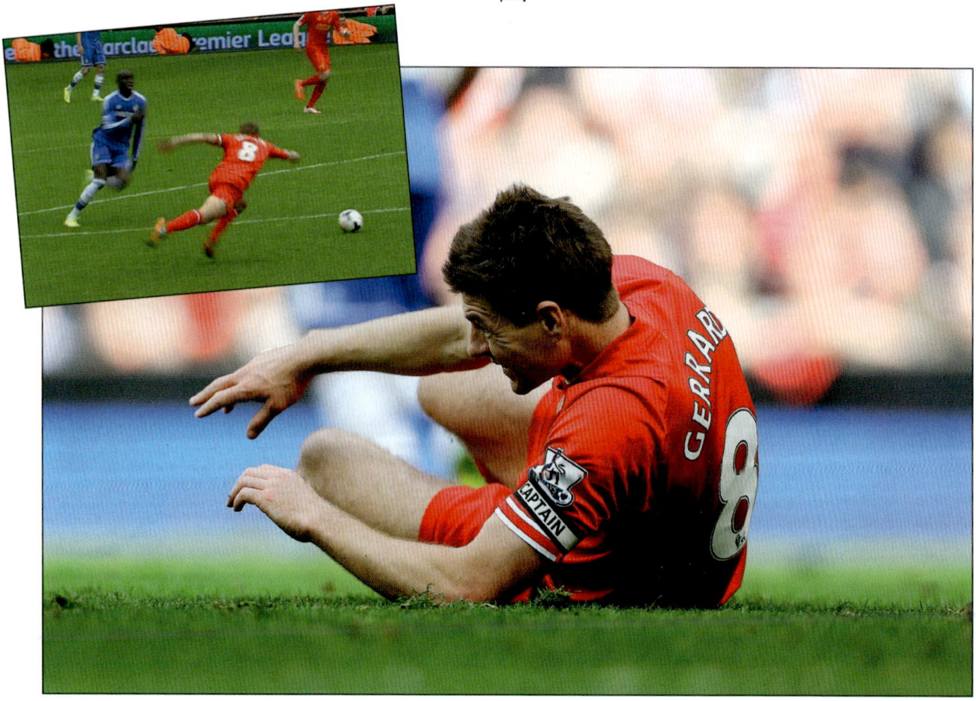

최악. 프리미어리그 우승을 위해 싸웠지만, 첼시전 악몽으로 꿈은 산산조각 나버렸다.

리버풀 팬들은 언제 어디서나 세계 최고다.

안필드 고별전에서 보고 들은 팬들의 사랑을 나는 평생 잊지 못한다.

안필드 고별전 후,
동료들이 내 유니폼을 입고 있다.

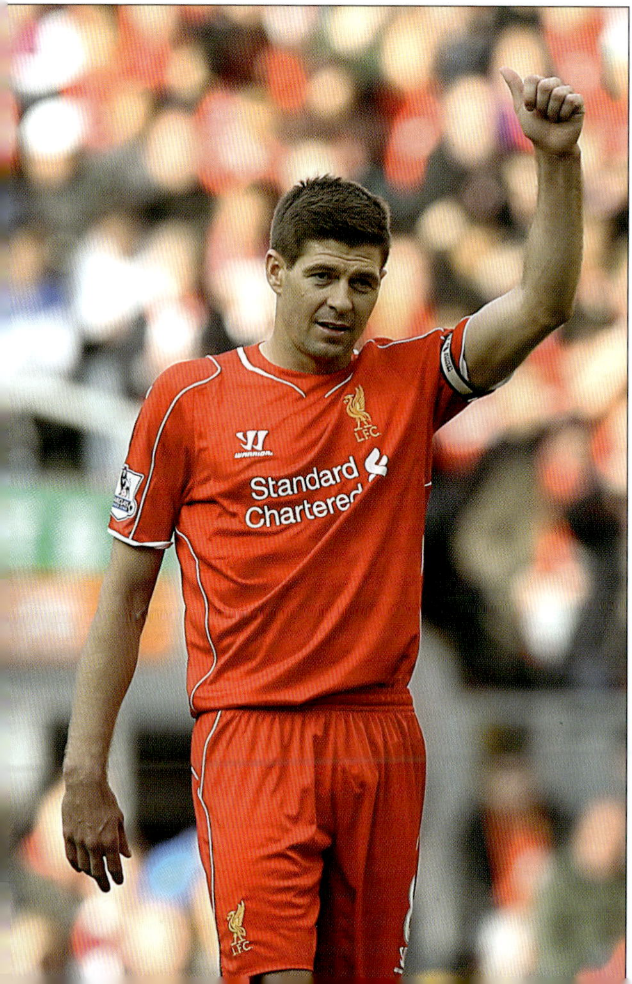

원클럽맨으로 살아온 인생. 작별이 힘들었던
가장 큰 이유도 역시 리버풀 팬.

마지막 경기와 어울리지 않았던 스토크전 결과.

원하는 경기 결과는 아니었지만, 마지막 경기에서 골을 넣을 수 있어서 기뻤다.

LA 갤럭시 팬들과의 첫인사.

미국 무대 데뷔전 직전.

MLS 데뷔전.

2006 PFA 선정 '올해의 선수'.

2009 FWA 선정 '올해의 선수'.

*FWA(Football Writers' Association; 축구기자협회)

버킹엄궁에서 사랑하는 아내와 함께.

버킹엄궁에서 엘리자베스 2세 여왕으로부터 직접 수여받은 훈장.

나의 가족, 알렉스와 딸들은 내 인생의 버팀목이다.

2009년 경기 전 등장한 릴리와 렉시.

여덟 살 때 리버풀 아카데미에 처음 들어갔다. 그로부터 27년이 지나고, 이제 나는 안필드를 떠난다. 수많은 기억, 가슴 아팠던 일 그리고 성취를 모두 마음에 담아간다. 미국에서 새로운 인생 챕터를 연다. 사랑하는 나의 가족과 함께.

나의 가족과 친구들에게 이 책을 바칩니다.

스티븐 제라드
마이 스토리

MY STORY

Original English language edition first published by PENGUIN BOOKS LTD, London
Text Copyright ⓒ Steven Gerrard, 2015
The author has asserted his moral rights
All rights reserved

Korean translation copyright ⓒ 2016 by GARAM PUBLISHING CO.
Korean translation rights arranged with PENGUIN BOOKS LTD
through EYA(Eric Yang Agency Inc).

이 책의 한국어판 저작권은 EYA(Eric Yang Agency Inc)를 통한 PENGUIN BOOKS LTD사와의 독점계약으로 브레인스토어가 소유합니다. 저작권법에 의하여 한국 내에서 보호를 받는 저작물이므로 무단전재 및 복제를 금합니다.

STEVEN GERRARD

스티븐 제라드 마이 스토리

브레인스토어

작가 노트

내 첫 자서전 《제라드(Gerrard: My Autobiography)》는 2006년에 출간되었다. 이번 책은 최근에 있었던 일들을 중점적으로 다룬다. 물론 리버풀에서 보냈던 27년과 잉글랜드 국가대표팀과 함께했던 14년 세월에 관한 깊은 이야기도 하고, 내 인생을 조각한 좋은 일과 나쁜 일에 관한 사건도 담았다.

프롤로그: 미끄러지다

2014년 4월 27일 일요일
리버풀

차 뒷자리에 앉아 나는 눈물을 흘렸다. 오랫동안 울어본 적이 없다. 하지만 집에 가는 내내 눈물이 멈추지 않았다. 해가 아직 저물지 않은 리버풀의 저녁. 눈물이 계속 나왔다. 안필드를 떠난 지가 한참 지났는데도 차 안은 고요했다. 그날 집으로 돌아오기까지 얼마나 시간이 걸렸는지 기억이 나지 않는다. 심지어 돌아오는 길이 막혔는지 한산했는지조차 전혀 기억에 없다. 차 안에서 나는 죽어가고 있었다.

첼시전이 끝났던 한 시간 전, 나는 쥐구멍이라도 찾아 숨고 싶었다. 잔여 홈 2경기 중 첫 번째였던 첼시전은 리그 우승을 거머쥐는 경기가 되어야 했다. 이전 홈경기에서 우리는 치열하게 경쟁했던 맨체스터 시티를 꺾었다. 리그 8연승을 달렸다. 1승만 보태면 1990년 5월 이래 24년 만의 리그 우승이 거의 확실시되었다.

24년 전 5월 나는 열 살이 되었다. 나의 팀 그리고 아버지의 꿈이었던 당시 리버풀은 케니 달글리시 감독이 이끌고 있었다. 주장은 앨런 한센이었다. 맥마혼과 몰비, 비어즐리, 러시, 휠란 그리고 반즈가 뛰던 그 팀이었다.

나는 오직 이날만을 꿈꿔왔다. 여덟 살 때 리버풀 아카데미에 입학한 꼬마는 이다음에 '콥(Kop: 리버풀 팬 애칭)' 앞에서 리그를 제패하기를 간절히 기도했다. 열여덟 살이었던 1998년 나는 리버풀에서 프로 데뷔했다. 자동차 뒷자리에 앉아 우는 서른세 살짜리 아저씨가 어떤 기분인지 그때 그 18세 소년은 알 리가 없었다.

그냥 멍했다. 가족 중 누군가가 죽은 것 같은 기분이었다. 이 클럽에 새겨진 나의 사반세기 흔적이 송두리째 뽑혀지는 듯했다. 숨두인 눈물을 참으려고 노력조차 하지 못했다. 머릿속에서 그날 오후에 벌어졌던 일들이 반복 재생될 뿐이었다.

첼시전 전반 막판에 그 일은 벌어졌다. 주제 무리뉴는 영광을 향해 달리는 우리를 막기 위해 수비를 단단히 갖췄다. 하프라인 근처에서 간단한 패스가 내 쪽으로 굴러왔다. 리그 우승으로 가는 도중에 만난 평범한 상황이었다. 나는 공을 받으려고 움직였다. 그러곤 미끄러졌다. 위기가 닥쳤다. 내가 미끄러진 것이다. 바닥에 넘어졌다. 공을 놓치자마자 첼시는 치명적인 역습을 가했다. 겨우 일어난 나는 가슴이 터져라 쫓아갔다. 내 목숨이 달린 것마냥 나는 뎀바 바를 따라갔다. 그를 잡지 못했을 때 벌어질 일을 나는 알고 있었다. 그러나 희망은 없었다. 나는 그를 막지 못했다. 바가 골을 넣었다. 모든 게 끝나 버렸다. 내가 미끄러진 실수는 치명적이었다.

경기 후 나는 아내 알렉스, 친구 그래티(폴 맥그래튼)와 함께 차를 타고 귀가했다. 알렉스와 그래티는 나를 위로하느라 애썼다. 두 사람은 "아직 희망이 있어. 몇 경기 남았잖아"라는 식으로 말해줬다. 그러나 나는 알고 있었다. 우승 향배가 이제 맨체스터 시티의 손에 놓였으며 그들은 절대로 기회를 날리지 않을 것이라는 사실을 말이다. 리버풀의 역전 우승 가능성은 없을 것 같았다. '이스탄불의 기적'은 재현될 수 없었다. 2005년 우리는 AC 밀란에 전반전에만 0-3으로 뒤졌다. 이탈리아의 수비 날인들을 상대로 우리는 동점으로 따라붙었고, 결국 승부차기에서 우승을 차지했다. 당시 팀의 핵심이 나였다. 그 정도로 나는 오랫동안 리버풀의 주장 완장을 차고 있었다. AC 밀란을 들었다.

리버풀 FC를 위해 나는 내가 가진 모든 것을 헌신해왔다. 훈련에서, 700경기에 가까운 출전에서, 경기 전후 1군 선수단 안팎에서, 지역사회에서 그리고 고향에서 나는 모든 것을 바쳤다. 더 이상 줄 게 없을 정도였다. 내 안에 있는 열망, 야망 그리고 희망의 마지막 조각까지 나는 쥐어짜서 헌신했다. 그러나, 나의 모든 노력은 리버풀 식구 모두가 갈망해온 프리미어리그 우승을 성취할 수 있도록 돕지 못했다.

득점 기회를 만들어내는 장거리 송곳 패스를 보내지 못했다. 결정적인 태클을 보여주지도 못했고, 승리를 거머쥐도록 마크 슈워처 골키퍼가 지켰던 첼시 골문에 골을 집어넣지도 못했다. 그 대신에 나는 넘어졌다. 경기 막판 첼시는 추가골을 넣어 승리에 쐐기를 박았지만, 승부의 분수령은 바로 그 순간에 만들어졌다. 마마두 사코가 보낸 간단한 패스가 왔고, 발이 미끄러졌고, 나는 넘어졌다.

안필드의 콥은 언제나 '당신은 홀로 걷지 않아(You'll Never Walk Alone)'를 부른다. 하지만 차 안에서 나는 혼자 고립되어 있었다. 너무 외로웠다. 그 노래는 내게 폭풍 속을 홀로 걸을 때도 당당하게 고개를 들으라고 말한다. 어둠을 결코 두려워하지 말라고도 노래한다. 세찬 비바람을 뚫고 외롭게 걸어갈지라도, 꿈이 깨져버렸을지라도 가슴속에 희망을 품고 걸어 나가라고 노래한다. 그러나 내게는 희망이 남아 있다고 느껴지지 않았다. 마치 내 자신이 자살하러 가는 사람처럼 보였다.

결국 나는 알렉스에게 이야기했다. 나의 에이전트인 스트루안 마샬에게 그날 당장 외국으로 떠날 수 있는 비행기편을 알아봐줄 수 있는지 전화로 물어봐 달라고 무탁했다. 나는 도망가야 했다. 이렇게 절망석인 모습을 세 딸에게 보여줄 수 없었다. 망가진 아빠를 보면 아이들 모두 슬퍼할 게 뻔했다. 모두를 실망하게 만들었다는 마음에 나는 빨리 리버풀이란 도시에서 벗어나고 싶었다. 나와 알렉스 둘만 있을 수 있는 어딘가를 찾아야 한다고 생각했다. 유령 마을 같은 곳을 찾는다면 내 고통을 그곳에 파묻을 수도 있을지 모르니까.

스트루안과 아내가 통화하는 소리가 들렸다. 혼란이 나를 휘감았다. 잠시 후 자동차 안은 다시 조용해졌다. 짜릿한 동시에 고통스러웠던 그 시즌의 추억 속에서 나는 길을 잃었다. 경력을 수놓은 행복과 사랑의 기억으로부터도 나는 이탈하고 말았다. 이 클럽에서 어떻게 내 경력을 마무리할지에 관한 계획도 흐릿해진 채 나는 뒷좌석에서 눈물을 흘리고 있었다. 눈물을 닦아내기 시작했지만, 물기가 남은 내 볼은 여전히 축축했다. 나는 깨달았다. 이런 고독은 앞으로 두 번 다시 없을 거라고.

스티븐 제라드

차례

프롤로그: 미끄러지다　　　　　　　　　　　　　　　　　7

1　다시 일어서기(The Stand-Off)　　　　　　　　　　15
2　새 시즌, 새 희망(Changing Seasons)　　　　　　　　53
3　낙관과 비관(Tangled Celebrations)　　　　　　　　83
4　월드컵 본선행과 플레잉 포지션(Qualifications and Positions)　　113
5　불편한 진실(Hard Facts)　　　　　　　　　　　　149
6　연승질주(The Surge)　　　　　　　　　　　　　179
7　다가서다(Closing In)　　　　　　　　　　　　　211
8　미끄러지다(The Slip)　　　　　　　　　　　　　241
9　잉글랜드 국가대표팀: 희망(England: The Hope)　　273
10　잉글랜드 국가대표팀: 마지막(England: The End)　　299
11　빠른 변화(The Merry-Go-Round)　　　　　　　331
12　재계약, 결심, 8번 아이언(Contracts, Decisions and the Night of the 8-Iron)　　361
13　원더골과 부상(Wonder Goals and Injury Blues)　　389
14　침팬지, 퇴장, 편지(The Chimp, the Stamp and the Letter)　　421
15　꿈(Dreaming)　　　　　　　　　　　　　　　449
16　작별(The Leaving of Liverpool)　　　　　　　　481

부록: 스티븐 제라드가 세운 기록　　　　　　　　　518

STEVEN GERRARD

1

다시 일어서기

The Stand-Off

1 다시 일어서기

GERRARD
8

꼬마 시절, 나는 블루벨 단지 외곽에 있는 아이언사이드 로드에서 매일 공을 차며 놀았다. 그때마다 나는 존 반즈가 되었다. 반즈는 나보다 열일곱 살이나 많았고, 피부색도 달랐다. 당시 그는 팀의 최전방에 서서 공격을 이끄는 리버풀 최고 스타였다. 나는 그의 복제인간이었다.

막다른 골목길에 만든 골대 앞에서 나는 반즈를 흉내 냈다. 큰형 폴과 나보다 세 살에서 다섯 살 많은 형의 친구들을 상대로 나는 뛰어난 발기술과 저돌적인 드리블로 멋진 골을 터트렸다. 형들은 거친 태클을 해댔다. 나는 자주 넘어져 무릎에서 피가 나기도 했다. 하지만 나는 벌떡 일어났다. 울지도 않았다. 곧바로 존 반즈가 되어 골목길을 지배했다. 내게는 녹색 그라운드나 마찬가지였다.

모든 징조가 동네 곳곳에 박혀 있었다. 리버풀에서 존 반즈는 등번호 10번을 달았는데, 그때 우리 집 주소가 아이언사이드 10번지였다. 존 반즈와 나는 모두 축구를 사랑했다. 비록 존 반즈는 자메이카 태생에 왓포드를 거쳐 머지사이드에 왔고, 나는 처음부터 그곳에서 태어나 자랐지만, 우리는 둘 다 리버풀을 사랑했다.

상대로 첫 만회골을 내가 넣었다. UEFA 챔피언스리그 우승 트로피를 들고 입을 맞췄다. 이스탄불 마법의 밤을 함께했던 모든 이 앞에서.

나는 승리의 영광을 잘 안다. 동시에 패배가 주는 절망감도 안다. 2년 뒤, 나는 같은 상대 AC 밀란에 UEFA 챔피언스리그 결승전에서 패했다. 나는 리그컵, FA컵, UEFA컵 그리고 UEFA 챔피언스리그 결승전에서 모두 골을 넣은 유일한 선수였다. FIFA 월드컵과 UEFA 유로를 포함해 잉글랜드 A매치도 100경기 이상 출전했다. 나의 마지막 메이저 대회인 브라질 월드컵에서도 내가 잉글랜드 캡틴이었다.

그러는 동안 리버풀에서는 1989년 힐즈브러 참사 희생자 96명과 그 가족의 명예 회복을 위한 투쟁이 이어졌다. 당시 사고에서 나의 열 살 사촌인 존-폴 길홀리도 목숨을 잃었다. 2014년은 사고 25주기였고, 너무나 오랫동안 숨겨졌던 거짓 증언과 진실 왜곡의 실상을 밝히기 위해 큰 진전이 이루어졌다.

어둠과 빛, 기쁨과 슬픔은 서로 가까이 있다. 항상 동시에 나타난다. 어느 정도 떨어질 순 있어도 완벽히 분리될 순 없다. 안필드에 서 있는 두 개의 골대처럼.

프리미어리그에서는 그렇지 못했다. 너무나 오랫동안 나는 리버풀에서 리그 우승을 달성하고 싶었다. 그러나 이번에도 수포로 돌아갔다. 감정을 주체할 수 없었다. 눈물이 솟구쳐 내가 사랑하는 도시 전경이 뿌옇게 보였다. 나는 내 자신을 원망했다. 온갖 신경이 여기저기 흩어졌다. 스스로를 심하게 나무라거나 자기비판이 심한 편은 아니지만, 원래 나는 나 자신을 원망하는 성격이다. 어릴 적 꿨던 원대한 꿈보다 훨씬 많은 성공을 나는 거두었고, 현역 내내 위대한 순간을 많이 만들어왔다. 유년 시절을 보낸 리버풀 휴이튼의 블루벨 단지와는 전혀 다른 세상에서 많은 경기와 대회를 뛰며 골도 많이 넣었다. 그러나 내가 저지른 실수는 충격에 빠진 꼬마아이처럼 나를 얼어붙게 만

나는 비쩍 마르고 키가 작았다. 그래서 콧수염이 없는 존 알드리지로 변신해 많은 골을 터트리기도 했다. 조르디(잉글랜드 동북부 지역: 뉴캐슬) 사투리를 쓰긴 하지만, 영리한 돌파와 패스를 선보이는 피터 비어즐리가 될 때도 있었다. 침착한 미드필더 로니 휠런이나 거친 태클로 유명했던 스티브 맥마혼으로도 변신했다. 맥마혼은 공의 윗부분을 발바닥으로 긁어 다루는 기술의 달인이었다. 무엇보다 나처럼 리버풀 사투리를 썼다. 나는 드리블할 때나 사이드라인을 따라 치고 달릴 때 맥마혼의 기술을 써먹으려고 연습했다. 그 기술만 주구장창 반복 훈련했다. 리버풀의 모든 스타플레이어들이 내 안에 들어 있었다. 머릿속에서, 아이언로드 길거리에서 나는 스타들로 변신했다. 실제 경기에서 그들은 나보다 훨씬 덩치가 크고 실력도 뛰어났다. 그러나 축구를 잘하고 싶다는 내 집념만큼은 그들에게 뒤지지 않았다.

여덟 살 때, 나는 '리버풀 유망주 센터(Liverpool Centre of Excellence)'에 입학했다. 아버지가 나를 그곳에 데려다 주셨다. 지금은 없어졌지만, 당시 센터는 스탠리 파크(Stanley Park)에 있는 버논 생스터(Vernon Sangster) 체육관에 있었다. 아버지와 나 모두 매우 자랑스러워했다. 집에서 나와 버스를 한 번 갈아타야 했지만, 비가 오나 눈이 오나 춥거나 바람 부는 날이거나 상관없이 아버지와 나는 둘이서 매일 센터에 다녔다. 궂은 날씨에도 그곳에만 가면 화창한 날에 뛰는 것 같은 기분이 들었다.

나는 너무 어렸던 탓에 금방 지쳤다. 그러면 아버지께서 항상 나를 업어주셨다. 방과 후 집에 돌아와 버스 타고 가기 싫다고 투정을 부리면, 아버지는 "리버풀을 위해서라면 절대로 힘들어해선 안 돼"라고 다독였다. 그러곤 "빨리 옷 갈아입고 머리 단정히 하고 나와. 출발해야지"라고 서두르셨다. 센터에 도착하면 언제 그랬냐는 듯이 나는 축구에 몰두했다.

알드리지, 반즈, 비어즐리, 맥마혼, 휠러, 그리고 다른 선수들까지 나는 사랑했다. 시간이 흘러 10대가 되면서 나는 안필드의 새로운 영웅을 발견했다.

로비 파울러(Robbie Fowler). 전설적인 등번호 8번을 달고 그가 리버풀의 최전방 공격수로 나설 때마다 나와 모든 팬들은 그의 매력에 흠뻑 취했다. 로비와 함께 뛰게 되기를 꿈꿨다. 로비도 리버풀 토박이었다. 모든 면에서 그는 내게 영웅으로 보였다. 리버풀의 톡스테스(Toxteth)에서 자란 로비는 '신(God)'으로 불렸다. 내가 수비진을 꿰뚫는 스루패스를 보내 로비가 골을 넣는 장면을 상상했다. 우리가 함께 뛴다면 천하무적이라고 나는 자신했다. 꿈은 실현되었다. 로비와 나는 각자 최전성기에서 만나진 못했지만, 어쨌든 팀 동료가 되었다. 리버풀, 심지어 잉글랜드 국가대표팀에서도 함께 뛰었다.

2013년 8월, 리버풀에서 뛴 지 25년째가 되었다. 그동안 행복했던 꼬마는 리버풀의 견습생을 거쳐 UEFA 챔피언스리그 우승컵을 들어 올리는 리버풀의 캡틴으로 성장했다. 아이언사이드 로드(Ironside Road)에서나 안필드에서나 내 마음 안에서 불타는 열정은 변함이 없다. 서른세 살이 되었지만 여전히 나는 리버풀의 팬이다. 어릴 적 존 반즈와 로비 파울러를 사랑했듯이 지금도 나는 리버풀을 사랑하며 루이스 수아레스(Luis Suarez)를 특별하게 생각한다.

반즈와 파울러를 바라보며 내가 배웠던 것처럼 나는 수아레스에게 나와 비슷한 면을 발견했다. 루이스도 나처럼 길거리에서 축구를 배웠다. 자란 곳이 몬테비데오든 머지사이드든 상관없다. 우리는 서로 닮은 인생을 걸어왔고 축구가 우리를 지배했다.

루이스는 2011년 1월 31일 리버풀에 입단했다. 멜우드(Melwood) 훈련장에서 만난 첫날부터 축구에 집착하는 그의 모습에 나는 숨이 멎을 것 같았다. 루이스는 훈련 때도 실전에서처럼 뛰는 희귀종이었다. 화요일 오전 멜우드에는 보슬비가 내리고 있었다. 훈련 중 5 대 5 미니게임에서 루이스의 팀이 이겼다. 그는 마치 챔피언스리그나 월드컵 경기에서처럼 뛰었다. 자기 팀이 지면 루이스는 집으로 돌아가면서까지 화를 냈다. 그만큼 승부욕이 지독하게 컸다.

루이스의 진지함과 열정을 나는 좋아했다. 그의 기량과 테크닉도 사랑했다. 리버풀에서 뛰면서 나는 몇몇 환상적인 동료들과 함께 훈련할 수 있었다. 하지만 언제나 나도 최고 수준이었다고 자부한다. 리버풀에서는 그런 확신이 필요하다. 나는 항상 세계 최고 선수가 리버풀에 합류하기를 바랐다. 리버풀을 최정상으로 이끌어줄 수 있는, 내가 80년대 아이언사이드 로드에서 꿨던 꿈을 실현할 동료를 원했다. 동료가 된 최고의 선수들과 실력을 겨뤄서 나도 그들 중 하나라는 사실을 입증하고 싶다는 욕심도 있었다.

루이스 수아레스는 리버풀과 나에게 그런 아름다운 기회를 선물했다. 돈과 규모를 앞세우는 맨체스터 유나이티드와 첼시, 맨체스터 시티에 맞서 우리가 싸울 기회를 만들어줬다. 훈련에서, 경기에서 루이스는 본인이 다른 선수들과는 전혀 다르다는 사실을 입증했다. 그를 따라가기 위해 나는 예전과 비교할 수 없을 만큼 노력했다. 그러나 루이스는 나보다 뛰어난 축구선수였다.

17시즌을 통틀어 최고의 동료들을 꼽아달라는 요청에 즉답하기란 쉽지 않다. 꼭 선택해야 한다고 곰곰이 생각해보니 대답이 의외로 명확하다. 리버풀 또는 잉글랜드 국가대표팀에서 함께 뛰었던 동료 중에서 4명의 이름이 떠올랐다. 리버풀에서 꼽은 세 명은 나를 더 좋은 선수로 발전하게 했다. 그들은 모두 스페인어를 사용한다. 그들은 나를 포함한 모든 리버풀 팬의 마음을 사로잡았다. 페르난도 토레스, 사비 알론소, 루이스 수아레스.

네 번째는 웨인 루니다. 나처럼 스카우저(Scouser; 리버풀 토박이)이긴 한데 푸른 피가 흐른다. 2004년 구디슨 파크에서 올드 트래포드로 이적한 루니도 최고의 반열에서 빠질 리가 없다. 잉글랜드 국가대표팀에 소집되어 루니와 함께 훈련하고 경기를 뛸 때마다 그는 재능과 야망을 보여줬다.

바르셀로나의 최전방 공격진은 리오넬 메시와 네이마르, 수아레스로 채워진다. 만약 내가 마음대로 팀을 꾸릴 수 있다면, 미드필드에서 알론소와 제라드가 뜨겁게 싸우는 동안 수아레스와 토레스, 루니가 전방 공격진을 이끌게 할 것이다.

수아레스는 진짜 '물건'이다. 상상 속에서만 존재하는 캐릭터가 아니라 실존 인물. 수아레스는 열심히 뛰면서 상대를 계속 압박한다. 볼을 차지하기 위해 싸우면서 또 달린다. 상상을 뛰어넘는 움직임과 절묘한 골이 일품이다. 루이스와 함께 뛰던 때를 떠올리면 마치 '마법의 시간'처럼 느껴진다. 그의 재능은 내 정신을 혼미하게 만들었다.

루이스에게 가장 근접했던 동료는 페르난도였다. 함께 뛴 두 시즌 동안 그는 내게 두려움을 잊게 했다. 그가 어디 있는지, 어디로 움직일 건지 나는 항상 알고 있었다. 나는 천부적인 10번 미드필더가 아니지만, 페르난도와 함께 뛰는 2년간 플레이메이커 능력을 갖출 수 있었다. 10번 미드필더 역할로 보냈던 최고의 시즌을 꼽는다면, 페르난도와 함께했던 2007-08시즌이었다.

그 시즌 나는 24골 9도움을 기록했다. 경력을 통틀어 가장 좋은 기록이다. 페르난도와 함께 그라운드에 들어설 때마다 나는 그 친구와 나 둘 중 하나가 골을 넣을 거고, 우리가 승리할 것이라는 자신감에 차 있었다. 루이스와 함께 뛸 때도 그랬다. 루니와도 가끔 그런 자신감을 가졌던 기억이 있다. 중요한 국가대표 A매치를 앞두고 루니와 함께 그라운드 안에 발을 들여놓으면서 '루니가 있으니 오늘 경기에선 우리가 무조건 이긴다'는 생각을 하기도 했다.

마이클 오언도 특별한 골잡이였다. 어릴 때부터 우리는 함께 뛰며 자랐다. 나는 미드필더였지만 마이클은 경외의 대상이었다. 하지만 역시 최고는 루이스였다. 내가 좀 더 젊어서, 최전성기 때 그와 만났다면 어땠을까? 아마도 우리는 오랫동안 최고의 경기를 보여줄 수 있었을 것이다. 그를 좀 더 일찍 만나지 못했다는 사실이 수아레스에 관한 유일한 후회로 내게 남는다.

그가 내게 선물했던 추억 중 하나가 2012년 3월 13일 에버턴과의 홈경기에서 내가 달성했던 해트트릭이었다. 1982년 구디슨 파크에서 이안 러시가 기록한 이래 머지사이드 더비에서 30년 만에 나온 해트트릭이었다. 안 필드에서 치렀던 머지사이드로 따지면 1935년 이후 처음이라고 했다. 역사는 내가 축구를 사랑하는 이유 중 하나다. 그러나 역사가 아무리 중요하다고 해도 그날 내가 루이스 수아레스와 함께 뛰면서 느꼈던 기분만큼 짜릿할 순 없었다.

그날 나는 세 골이나 넣었다. 모두 좋은 골이었다. 안필드에서 뛰었던 최고의 경기로 내게 남는다. 비단 에버턴을 꺾었기 때문만이 아니다. 물론 머지사이드 더비의 승리를 사랑하긴 한다. 긴 세월 에버턴 팬들이 믿을 수 없을 만큼 나를 비난해온 탓이다. 온갖 폭언을 들어야 했다. 덕분에 내가 에버턴을 상대로 터트린 세 골은 너무나 달콤했다. 나를 도와준 수아레스의 이타적인 마법에 의해서 그날의 기쁨이 더 커질 수 있었다. 기적이라고 해도 좋을 재능을 갖춘 선수가 팀 동료에게 골을 넣을 수 있도록 양보하기란 쉽지 않다. 메시가 위대한 선수로 칭송받는 이유 중 하나도 그런 인간미를 가진 덕분이다.

물론 루이스는 성인(聖人)이 아니다. 그가 대니얼 스터리지에게도 그런 자비를 베풀었을지 장담하기 어렵다. 스터리지와 수아레스 사이에는 항상 경쟁심리가 일정하게 유지되고 있었다. 하지만 내게는, 특히 에버턴전에서만큼은 루이스는 자기 욕심을 부리지 않았다. 그는 리버풀을 도왔고, 왕을 위해 전투를 벌이는 장군처럼 나를 위해 뛰었다.

사람들은 루이스 수아레스를 만나본 적도 없으면서 그를 매도한다. 만약 팀을 위해 자신을 희생하는 수아레스의 배려로 그 사람들이 단 한 번이라도 도움을 받을 수 있는 기회가 있다면, 그들은 수아레스에게 깜짝 놀랄지 모른다. 그라운드 위에서 루이스는 죽을힘을 다해 뛴다. 그날처럼 그는 깨지지 않는 다이아몬드처럼 빛을 발한다. 그날 해트트릭을 달성한 사람은 나였지만, 내 곁에서 열정적으로 뛰면서 두 골을 만들어준 동료가 바로 루이스였다.

매일 그를 보면서, 모든 것을 축구에 바치는 그의 자세를 보면서, 그의 경기를 보면서 나는 수없이 멋진 기억을 만들었다. 루이스는 부상 치료실에 들어간 적이 없다. 진정한 투사였다. 토레스보다 수아레스가 앞선 이유가 바로 정신력이다. 항상 힘이 넘쳐 훈련이나 경기를 빼먹은 적이 없다. 직접 골을 넣고, 득점 기회를 만들 줄 안다. 수비수에겐 정말 끔찍한 공격수다. 그는 항상 준비되어 있다. 루이스 수아레스를 보유한 팀은 천하무적이 될 수 있는 가능성을 거머쥔 것과 마찬가지다.

2013년 8월
리버풀, 웨스트 더비, 멜우드 훈련장

저 멀리 있는 루이스를 볼 때마다 나는 마음이 아팠다. 머릿속이 항상 괴로웠다. 며칠간 그런 고문이 계속되었다. 내가 1군 선수단과 함께 팀 훈련을 하는 동안 루이스는 잔디면 두 곳 떨어진 그라운드에서 피지컬 코치와 함께 단둘이서 훈련을 했다. 선수단이 훈련을 마친 뒤에야 루이스는 1군 훈련구장으로 올 수 있었다. 리버풀과 수아레스의 관계는 날이 갈수록 나빠졌다.

나는 중간에 끼어 있었다. 한쪽에는 펜웨이의 미국인 구단주 존 헨리와 톰 워너 그리고 브렌던 로저스 감독이 있었다. 다른 쪽은 멜우드 훈련장 안 저 멀리에 있는 루이스 수아레스였다. 루이스는 펜웨이에 단단히 화가 나 있었다. 로저스 감독과도 사이가 나빴다. 8월 첫주 내내 루이스는 화가 치밀어 훈련장에서도 거의 꼼짝하지 않았다. 그는 자기 뜻을 분명히 전달하고 싶어 했다. 로저스 감독 또는 펜웨이의 고위층 누군가가 자기한테 거짓말을 했다고 믿었기 때문이다.

루이스는 단순히 축구를 하고 싶어 한다. 그렇기 때문에 그때 훈련장에서 루이스가 보인 모습이 나의 마음을 아프게 했다. 머릿속에는 계속 같은 생각만 맴돌았다.

'루이스에게 이렇게 행동하라고 말한 녀석이 도대체 누굴까?'

팀 훈련 제외가 누구의 선택이었는지는 모르지만, 어쨌든 최종 결정은 로저스 감독이 내렸다고 생각한다. 감독이라면 '마음가짐이 제대로 되지 않은 선수를 팀 훈련에 넣을 수 없다'고 생각했을 것이다. 나는 감독의 판단을 이해하면서도 내가 나서서 도와야 한다고 생각했다.

루이스와 로저스 감독, 선수와 구단의 불화는 팀 내에 악영향을 끼쳤다. 둘 사이를 개선시킬 만한 구석을 찾기가 힘들었다. 의견충돌의 뒤에는 아스널이 있었다. 아스널은 협상 초기 말도 안 되게 싼 이적료를 제안했다가 루이스의 바이아웃 금액인 4천만 파운드에 단 1파운드만 얹어 영입을 시도했다.

루이스의 계약 내용에 관해서 나는 정확히 모르지만, 4천만 파운드 이상의 이적료 제안을 받으면 선수를 보내줘야 하는 조항이 들어 있다는 소문이었다. 쥐꼬리만 한 금액을 보탠 아스널의 제안은 놀라우면서도 모욕적이었다. 지나친 이기심이라고 생각한다. 아스널은 클래스를 갖춘 구단이다. 그들은 품격 있는 감독 아르센 벵거를 지녔다. 대단한 선수들을 보유해 자기만의 축구를 구사한다. 모든 면에서 품위를 느낄 수 있어 평소 나는 아스널을 크게 존중했었다. 그러나 이번만은 달랐다.

아스널의 수아레스 영입 시도는 우리 구단주를 분노하게 했다. 펜웨이는 아스널의 제안을 거절했고, 그러자 루이스의 뚜껑이 열려버렸다. 이런 상황은 지난 4개월간 점점 악화되었다. 나는 한 번도 루이스와 그런 관계를 만든 적이 없었다. 우리는 매일 문자 메시지를 주고받았다. 밖에서 따로 만나 점심도 함께 즐겼다. 하지만 어느새 멜우드 훈련장에서 우리 사이에는 먼 거리가 생겼다. 나는 루이스의 성격을 좋아한다. 그는 긍정 바이러스를 지녔다. 영어 실력도 날마다 좋아졌다. 서로를 존중하기 때문에 우리는 남자 대 남자의 대화가 가능했다.

　라커룸 안에서도 우리는 나란히 앉았다. 훈련복 등번호는 1번부터 37번까지 차례대로 쓰인다. 수아레스는 7번, 나는 8번이었으니 자연히 사물함도 붙어 있었다. 물리적으로 가까웠던 덕분에 나는 얼굴을 맞대고 그에게 "이봐, 루이스, 도대체 무슨 일이야?"라고 물을 수 있었다. 일상적인 대화로 시작했다. 루이스는 "몇몇 구단이 나를 영입하려고 하나 봐"라든가 "나는 챔피언스리그에서 뛰고 싶어"라는 식으로 대답했다.

　아스널이 분란을 일으키기 몇 달 전부터 나는 루이스를 잃을지도 모른다는 걱정이 생겼다. 그가 얼마나 뛰어난 선수인지 잘 알기 때문이었다. 2012-13시즌까지 루이스는 리버풀에서만 96경기에서 51골을 기록하고 있었다. 그중 30골이 2012-13시즌에 나왔다. 2012년 여름 케니 달글리시의 후임으로 온 로저스 감독이 첫 시즌부터 선수단을 발전시킬 수 있었던 결정적 도움이 바로 루이스의 득점력이었다. 상황이 토레스 때와 비슷했다. 간판스타가 절정의 기량을 발휘하면서 많은 골을 넣으면, 유럽 내 거대한 구단들이 주위에서 어슬렁거리면서 곁눈질하기 시작한다. 토레스나 수아레스 같은 선수들을 영입하기 위해 거액을 제시해오는 라이벌 구단의 제안을 거절하기란 결코 쉽지 않다.

　그렇게 큰 관심을 받는 선수가 어떤 기분인지 나는 잘 안다. 2005년 내가 리버풀을 챔피언스리그 우승으로 이끈 지 몇 달 지나지 않아 주제 무리뉴 감독이 다가와 리버풀을 떠나라고 설득했다. 나는 첼시와 계약하기 직전까지 갔다. 그러나 리버풀을 등져야 한다는 생각에 갑자기 마음이 불편해지기 시작했다. 구단과 재계약을 협상하면서 불필요한 견해 차이가 있었음에도 불구하고 나는 남기로 마음을 굳혔다. 그 결정에 대해서 나는 절대로 후회한 적이 없다. 나는 오로지 리버풀을 위해서만 뛰기로 했다. 이후에도 영입 제안은 계속 들어왔다. 내가 최전성기에 도달해 있었던 2006년 그리고 2009년에도 리버풀을 떠날 기회가 있었다. 첼시가 다시 접근했고, 레알 마드리드도 두 번이나 제안을 해왔다. 레알의 두 번째 제안에는 마음이 더 흔들렸다. 무리뉴 감독이 다시 나를 원했기 때문이다. 산티아고 베르나베우에서 레알 마드리드의 유니폼을 입고 무리뉴 감독과 함께 뛸 기회라니! 오직 리버풀이었기 때문에 나는 또다시 '노(no)'라고 말할 수 있었다.

유로2012 직후에도 제안을 받았다. 폴란드와 우크라이나가 공동 개최했던 대회에서 나는 잉글랜드 국가대표팀의 일원으로서 가장 인상적인 경기력을 선보였다. 바이에른 뮌헨이 나의 에이전트에 연락을 취했다. 그들은 내가 바이에른으로 이적할 마음이 있는지 알고 싶어 했다. 2013년 5월 웸블리 스타디움에서 바이에른과 유프 헤인케스 감독이 보루시아 도르트문트를 꺾고 시즌 트레블을 달성했던 시즌을 앞둔 여름이었다. 내가 그 성취의 일원이 될 수도 있었다. 그러나 내 결정은 첼시를 거절했던 8년 전 이미 내려져 있었다. 나는 내가 리버풀을 떠나기가 불가능하다는 사실을 알고 있었다. 유럽 이외 지역이 아니라면 나는 원클럽맨(one-club man)으로 남고 싶었다.

다른 구단의 제안을 받는 기분이 어떤지를 나는 잘 이해한다. 나는 감독으로서 무리뉴를 크게 존경한다. 그는 챔피언스리그를 다시 제패하기 전에도 인테르나치오날레에서 나를 영입하려고 애썼다. 바르셀로나도 내 주위에서 가능성을 엿봤다곤 하지만, 내 영입을 진지하게 생각했는지는 확실하지 않다. 그들은 내가 리버풀과 얼마나 단단히 엮여 있는지 잘 알고 있었던 것 같다.

남미 출신 선수가 바르셀로나나 레알 마드리드의 제안을 거절하기란 거의 불가능하다. 그러나 아스널이라니? 만약 루이스가 아스널로 이적했더라면 내 마음은 산산조각 났을지도 모른다.

로저스 감독이 모든 상황을 책임졌기 때문에 일단 나는 한 발짝 물러나 있었다. 로저스 감독과 루이스는 계속 의견을 교환하고 있었다. 페르난도를 리

1 다시 일어서기

버풀에 남게 하기 위해 나는 모든 노력을 다 쏟아부었던 경험이 있어서 다시는 그런 상황에 끼어들고 싶지 않았다. 내 자신을 먼저 신경 써야 하고, 주장으로서 1군에 속한 동료 서른 명을 돌봐야 하는 책임을 수행해야 했다.

리버풀에서 썼던 기나긴 개인사(個人史)에서 나는 다른 주장들과는 약간 다른 타입이었다고 생각한다. 특히 프리미어리그에서는 더 그렇다. 리버풀 선수라면 누구든지 내게 쉽게 다가설 수 있었다. 각자 근심과 걱정을 내게 털어놨고, 나는 모든 동료를 돕기 위해 노력했다.

나는 내 역할이 무겁다는 사실을 인지하고 있었다. 그걸 짐이라고 불러서는 안 된다. 대부분 나는 주장 역할을 영광으로 받아들였다. 멜우드 훈련장에 들어설 때마다 나는 벽에 새겨진 위대한 레전드 감독 빌 생클리(Bill Shankly)의 말을 바라본다. 생클리 감독과 그를 따랐던 모든 이의 믿음을 가장 잘 나타내는 어록이다. 그가 했던 말을 우리는 매일 되뇐다.

> 무엇보다 나는 이타적인 사람으로 기억되고 싶다. 승리하기 위해 노력하고 배려함으로써 모두가 함께 영광을 나눌 수 있게 했던 사람, 당당히 고개를 쳐들고 자랑스럽게 "우리는 리버풀이다"라고 말할 수 있는 이들을 모아 한 식구로 만든 사람으로 기억되고 싶다.

빌 생클리 감독은 2부 리그에 있던 리버풀을 유럽 최강으로 변신시켰다. 지금 우리가 누리는 구단의 가치를 주입한 주인공이었다. 나는 선수로서만 뛰었지만, 그 어록이 무슨 의미인지 잘 안다. 구단 한가운데에서 내가 나만의 작은 자리를 만들기 위해 열심히 노력했던 믿음이자 기풍이었다.

그렇기 때문에 주장 완장을 찼던 리버풀 경력 후반기 내내 나는 무거운 책임감을 느꼈다. 놀라운 성원을 보내주는 우리 팬들에게 보답해야 한다고 생각했다. 토레스가 되든 수아레스가 되든지 간에 팀 내 간판스타를 지키기 위해 애써야 한다는 믿음도 있었다. 감독을 돕는 노력은 물론 동료들의 목소리에도 귀 기울였다. 그들은 단순한 직장 동료가 아니라 친구였다. 구단 내에서 주전 경쟁을 벌이는 친구들이 자주 내게 도움을 청해왔다. 쉽지 않았다. 1960년대 생클리 감독이 극복해야 했던 난제들에 비할 순 없겠지만, 내겐 큰 스트레스였다.

4년간 나는 큰 이적 논란을 두 번이나 겪어야 했다. 두 번 모두 나는 페르난도와 루이스를 잡기 위해 최선을 다했다. 리버풀을 위해 옳은 일이라는 마음만 있었던 것은 아니다. 이기심도 있었다. 그런 선수들이 팀에 함께 있으면 선수와 주장으로서 내 역할이 쉬워질 수 있었기 때문이다.

2013-14시즌, 루이스가 없어지면 우리가 다시 평범한 성적에 머무를 수밖에 없다는 사실을 깨달았다. 그와 함께라면 7위라는 순위를 끌어올려 4위권에 진입할 수 있다고 자신했다. 프리미어리그 우승 후보는 될 수 없을지언정 최소한 챔피언스리그 경쟁 후보가 될 수는 있었다. 루이스가 리버풀에겐 너무나 큰 힘이라는 사실을 나부터 잘 알기 때문이다.

토레스 이적 건에서 나는 완패했다. 런던에 있는 클럽으로 떠나는 그를 쳐다봐야만 했다. 수아레스까지 그렇게 잃을 순 없었다. 무엇보다 루이스는 나를 로저스 감독이나 펜웨이 사람들과는 전혀 다르게 대했다. 내가 책임지고 그를 설득해야 한다고 믿었다. 루이스가 내게 보였던 평소 태도를 미루어보아 나라면 희망을 품어볼 수 있을 것 같았다. 루이스가 나와 진심으로 대화를 나눌 것이라는 믿음이 있었다.

그런 마음의 끈이 없었다면 아마도 우리는 그를 잡지 못할 것이다. 수아레스가 떠나면 우리는 다시 불완전한 상태에 빠지게 된다. 선택의 여지가 없었다. 내가 개입해야 했다. 방법을 찾으려고 부단히 애를 썼다. 정말 복잡한 문제였다.

인생사는 대단히 간단하게 풀리곤 한다. 축구선수로서 내가 제일 행복했던 시간이 아직도 생생하다. 1996년 내가 열여섯 살 때였다. 멜우드 훈련장에서 나는 유소년 육성반(Youth Training Scheme)에 속해 2년을 지냈다. 훈련을 받다가 바닥을 닦고, 다시 훈련하고, 끝나면 선배들의 축구화를 손질했다. 훈련하고 또 선수단이 사용하는 축구공에 바람을 넣었다. 천국이었다. 만약 시간을 되돌릴 수 있다면 그때 그 시절로 돌아가고 싶다. 그때는 책임감이나 부담감 같은 게 아예 없었다. 그냥 축구에만 미쳐 있었다. 연습생이 된 덕분에 따분한 학교에서 벗어날 수도 있어서 좋았다. 나는 좋은 성적을 낼 수 있을 만큼 잠재력과 영리함을 지녔다. 그러나 그때 나는 학교에 흥미를 별로 느끼지 못했다. 나는 내가 프로축구선수가 될 수 있는 계약을 약속받았다고 생각했다. 연습생 신분은 축구를 직업으로 삼을 수 있다는 쾌감을 내게 선물했다. 매일 나는 약간 겁이 나는 학교를 벗어나 멜우드 훈련장으로 향했다. 내가 사랑하는 구단의 정식 일원이 되어 일을 할 수 있었다. 내가 좋아하던 영웅들에 둘러싸인 채로.

매일 아침 나는 웨스트 더비(West Derby)에 있는 멜우드(Melwood) 훈련장에 가기 위해 블루벨 레인(Bluebell Lane)에서 버스를 탔다. 너무 열성적이었던 터라 그런 일은 거의 없었지만, 혹시나 늦게 일어나는 날에는 중간에 버스를 한 번 갈아타는 노선을 선택해야 했다. 주급 47파운드 50펜스 갖고는 택시를 탈 수 없었다. 2014년 나는 카타르에서 2년간 실수령액 1,350만 유로에 달하는 영입 제안을 거절하면서 그때 그 시절 내 주급을 정확히 떠올렸다.

가끔 토미 컬쇼가 자가용인 포드 에스코트에 나를 태워줬다. 당시 컬쇼는 프로 1년 차였다. 기름값을 보태겠다고 할 때마다 그는 거절했다. 토미는 내게 큰 도움을 줬고, 지금도 좋은 친구로 지낸다. 아카데미에서는 보수를 월 단위로 받았다. 부모님도 구단에서 별도로 주당 40파운드의 생활보조비를 지급받았다. 전형적인 부모였던 두 분께선 항상 내 뒷바라지를 하셨다. 집에서 착하게 지내면 부모님께선 그 40파운드를 전부 내게 주셨다. 그때 리버풀로부터 받았던 보수와 부모님이 줬던 용돈은 내게 너무나 소중했다. 요즘 재능 넘치는 10대 선수들이 벌어들이는 거액 연봉보다도 훨씬 값어치가 있다고 생각한다.

월말 월급날이 되면 나는 새 운동복과 신발을 사러 시내로 나갔다. 맥도날드에 가서 먹고 싶은 것도 실컷 먹었다. 그렇게 돈을 쓰면 3주 반 동안 빈털터리가 되어야 했지만 나는 신경 쓰지 않았다. 축구만 할 수 있다면 아무런 상관없었다.

환상적이며 완전히 미쳐 살았던 그 시절, 나는 항상 친구 둘과 붙어 다녔다. '바보(Bavo)' 이안 던바인과 '보고(Boggo)' 존 보건이었다. 둘과는 오랜 세월 '절친'으로 지낸다. 요즘에는 자주 보지 못하지만, 아내 알렉스와의 결혼식에서 신랑 측 들러리가 보고였다. 바보와 나는 정말 친했다. 그는 열두 살 때 아카데미에 들어왔다. 나보다는 4년이 늦었지만, 우리는 금방 친구가 되었다.

바보는 골키퍼였다. 애크링턴 스탠리(Accrington Stanley)에서 그는 프로 골키퍼로 뛰었다. 지금은 커크비(Kirkby)에 있는 리버풀 아카데미에서 어린 골키퍼들을 지도한다. 요즘 아카데미 학생들은 물리적으로 1군과 너무 멀리 떨어져 있어 대단히 아쉽다. 우리가 아카데미에서 축구를 배울 때처럼 멜우드에 함께 있어야 한다는 게 내 생각이다. 아이들이 자연스레 조던 헨더슨과 필리페 쿠티뉴가 어떻게 훈련하는지 가까이서 볼 수 있어 리버풀 미래의 스타로 성장할 수 있게 해야 한다. 사소한 배려와 작은 마법이 '아카데미 키즈(kids)'에게 큰 차이를 만들어줄 수 있다. 요즘 아이들은 지나치게 곱게 자란다. 멜우드에서 우리가 했던 궂은일을 아이들에게 시키지도 않는다. 걸레질과 청소를 하면서 우리가 신나게 즐겼던 시간을 요즘 아이들은 경험할 수 없다.

보고와 바보 말고도 우리 무리에는 닐 그렉슨(그레고: Greggo), 매티 캐스, 스티븐 라이트(라이티; Wrighty) 그리고 '원더 보이' 마이클 오언이 있었다. 불과 몇 년 후 오언은 잉글랜드 국가대표팀에서 월드컵의 영광에 가까이 갔을 정도로 대단한 실력을 지녔지만 그때는 언제나 우리와 함께 재미있게 놀았다.

우리는 그야말로 축구 패거리였다. 당시 멜우드 훈련장의 관리를 책임지는 사람은 돈(Don)이었다. 우리는 자주 말썽을 일으켜 그의 심기를 건드렸다. 지금 말하면 웃기는 이야기지만, 그때 우리는 돈의 삶을 고통스럽게 해준다고 생각했다. 전혀 그렇지 않았다. 돈은 끄떡없었다. 우리는 항상 그를 놀려댔다. 그가 홍차를 먹지 못하게 티백에 물을 부었고, 실내 전등을 꺼 어둡게 한 뒤 그에게 잡동사니를 집어 던지고 도망치기도 했다. 우리가 돈을 겁먹게 하며 코너로 몰아붙인다고 생각했다. 어림없었다. 돈은 질척거리고 추운 겨울날에도 우리에게 온갖 잡다한 일을 하게 했다. 게다가 일 처리도 확실했다. 어떤 때는 우리가 힘을 합쳐 돈에게 달려들어 리버풀에서 가장 힘이 센 사나이를 바닥에 쓰러트리며 레슬링을 하기도 했다. 아무 소용없었다. 돈은 금방 일어나 우리에게 다음 잡일을 시킬 뿐이었다.

지금과 달리 그때는 아카데미에 온통 영국 아이들뿐이었다. 행동양식, 언어는 물론 화를 내는 지점도 똑같았다. 장난이 끊이지 않았다. 서로에게 해대는 시시껄렁한 장난도 나는 무척 좋아했다. 한 명을 정해 옷에 구멍을 내기도 했다. 물론 그 아이는 금방 우리에게 복수를 감행했다. 우리 팀은 겨우 스무 명밖에 되지 않았고, 모두 매달 250파운드씩 받았다. 모두 주머니가 홀쭉했던 만큼 부담감이나 책임감 같은 건 없었다.

주말마다 우리는 리버풀 유소년 육성반의 선수가 되어 신나게 뛰었다. 에버턴, 맨체스터 유나이티드 또는 다른 클럽의 유소년 팀을 상대로 양말이 벗겨지도록 열심히 뛰었다. 잘난 척은 아니지만, 팀 내에서는 마이클과 내가 가장 실력이 좋았다. 마이클은 나보다 생일이 6개월 정도 빠르다. 그가 1군 경기에 출전하는 걸 보면서 나는 더 자신감을 가졌다. 1군에 성공적으로 안착하는 마이클을 보면서 나는 곧 내 차례가 올 거라고 확신했다. 자신감 덕분에 나는 더 여유를 갖고 훈련에 임할 수 있었다. 눈앞에 있는 과정을 즐겁게 소화하면서 나는 계속 축구의 꿈을 꿀 수 있었다.

현역 시절 리버풀 스타였던 스티브 하이웨이와 데이브 섀논, 휴 맥컬리가 나를 성장시킨 코치 3인방이었다. 그들은 내게 리버풀의 길을 보여주며 프로 축구선수가 될 수 있다는 믿음을 내게 심어줬다. 세 명에게 지도를 받던 바로 그때, 나는 라이티와 함께 1군 훈련에 합류하라는 소식을 들었다.

리버풀에서 뛸 날이 얼마 남지 않았던 '아이언사이드 영웅' 존 반즈가 그때 1군에 있었다. 반즈의 별명은 디거(Digger)였다. 어릴 적 존 반즈를 흉내 냈던 내가 공을 빼앗으려고 그에게 달려들고 있었다. 하지만 그때마다 디거는 나를 간단히 제쳤다. 도저히 그를 막아낼 재간이 없었다. 반즈의 기술을 나는 어렴풋이 좋아하기만 했다. 함께 훈련하면서 나의 사랑은 존경으로 바뀌었다.

제이미 레드냅(Jamie Redknapp)도 마찬가지였다. 그는 정말 잘했다. 제이미는 친절했다. 자주 곁에 와서 나를 칭찬해줬다. 뛰어난 미드필더로 발전할 수 있도록 여러 모로 조언을 해줬다. 가끔 미즈노의 새 축구화가 남는다고 내게 주기도 했다.

현실에 등장한 영웅 중에는 로비 파울러(Robbie Fowler)도 있었다. 나는 로비와 스티브 맥마나만(Steve McManaman)의 능력과 업적 앞에 입을 다물지 못했다. 더군다나 두 명 모두 리버풀 출신이었다. 라커룸 앞에서 기다렸다가 밖으로 나오는 1군 선수들한테 포스터, 유니폼, 축구공 등에 사인을 받는 일은 내 담당이었다. 클럽은 그런 기념품을 지역 병원이나 학교에 선물로 제공하거나 자선 경매 용도로 사용했다. 육성반 시절 나는 심각한 장난꾸러기였지만, 파울러나 맥마나만 앞에서는 절대로 딴짓을 하지 않았다. 항상 그들을 바라보면서 나도 언젠가 그렇게 되는 날을 상상했다. 리버풀에서 태어나 리버풀의 선수가 되어 콥 앞에서 골을 넣는 순간을 꿈꿨다.

1992년 스코틀랜드의 덤프리스에서 도미닉 마테오가 리버풀로 이적해왔다. 그는 나보다 여섯 살이 많았다. 4년 뒤인 1996년 그는 1군 경기에 수비수로 출전했고, 1996년 크리스마스가 되자 내게 선물이라며 200파운드를 줬다. 1군에서 자리 잡은 리버풀의 선배들 모두 내게 어린 후배들을 자상하게 대해주는 법을 가르쳐줬다.

내게는 축구와 1군 스타 선배들, 즐거운 분위기가 언제나 돈보다 더 소중했다. 아무리 지겹고 궂은일이라고 해도 전투처럼 임했다. 그렇지 않고서야 매일 아침 멜우드 훈련장에서 사용하는 모든 축구공에 바람을 넣는 일은 불가능했을 것이다. 노장 코치 로니 모런(Ronnie Moran)은 축구공이 하나라도 제대로 갖춰지지 않으면 우리에게 벌금을 매겼다. 우리는 장비실 안에서 축구공에 바람을 넣고, 넣고, 또 넣었다. 축구공 작업 때마다 우리는 골키퍼 코치인 조 코리건(Joe Corrigan)이 몸 밖으로 내보내는 것의 구수한 냄새를 맡으며 킬킬댔다. 우리가 축구공에 바람을 넣는 작업시간과 조의 오전 볼일 시간이 겹쳤기 때문이다. 조는 항상 같은 변기에서 일을 봤는데, 하필이면 그게 장비실 바로 옆이었다. 그는 1970년대 맨체스터 시티와 잉글랜드 국가대표팀에서 골키퍼로 활약했는데, 아마 귀리 시리얼을 사랑했던 모양이다. 짤막하면서도 정말 웃기 농담을 할 줄 아는 사람답게 조는 화장실 볼일로도 우리를 웃겼다. 그의 분신이 몸 밖으로 빠져나오며 내는 소리와 그가 한껏 힘주는 신음을 우리는 축구공에 바람을 넣을 때마다 들어야 했다. 사실 옆방에는 총 여섯 명의 코치들이 있어서 오전 볼일을 보는 주인공이 조 혼자만은 아니었을 것이다. 물론 우리는 볼일의 주인공을 알려고도 하지 않았다. 그냥 웃고 바람 넣고, 바람 넣고 웃기를 반복했다. 그러는 동안 멜우드 훈련장의 코치실 안을 채웠던 냄새는 서서히 옅어져 갔다.

2013년 여름 축구계에서는 전혀 다른 종류의 냄새가 진동했다. 월드컵이나 유로 대회가 없는 해에는 모든 축구 관계자들이 평소보다 긴 여름휴가를 즐긴다. 동시에 갖가지 지루한 이적설이 나돌게 된다. 신문을 펴도, TV를 켜도, 라디오를 틀어도 최신 이적설과 소문의 홍수를 피할 수가 없다. 그 여름은 가레스 베일과 웨인 루니, 그리고 내겐 큰 스트레스일 수밖에 없는 루이스 수아레스의 이적설이 넘쳐났다.

토트넘 홋스퍼에서 대단한 시즌을 보낸 베일은 레알 마드리드 이적설에 휘말렸다. 8,500만 파운드가 넘는 금액이면 결국 베일이 마드리드로 이적할 것이라는 사실을 누구나 알고 있었다. 그러나 토트넘은 이적료를 그렇게 올리기 위해서 협상을 끈질기게 수개월 이상 끌고 갔다. 루니의 이적설은 낯설지 않았다. 내가 리버풀과 무리뉴의 첼시 사이에 끼기 시작했을 때부터 그의 소문도 나돌았다. 잉글랜드를 떠났던 무리뉴는 인테르나치오날레와 레알 마드리드를 거쳐 그해 여름 스탬퍼드 브리지로 돌아왔다. 나처럼 루니도 첼시의 무리뉴 아래서 뛸 기회를 얻었다. 루니가 더 이상 알렉스 퍼거슨, 맨체스터 유나이티드와 함께하고 싶어 하지 않아 보이는 사실 탓에 상황은 더 복잡해졌다. 퍼거슨의 지도자 은퇴가 불확실성을 키웠다. 데이비드 모예스가 도저히 불가능해 보이는 퍼거슨의 후임자가 되기로 결심했다. 그는 에버턴을 떠나 맨체스터 유나이티드의 감독으로 부임했다. 에버턴 시절, 그는 루니를 지도한 경험이 있다. 모예스는 잉글랜드 최고 선수로 성장해 있는 루니를 붙잡으려고 애썼다.

나는 수아레스 대혼돈에 휘말려 시간을 보내야 했다. 베일이나 루니의 이적설보다 훨씬 복잡하고 위태로웠다. 평소대로 루이스 수아레스는 커다란 짐을 짊어신 채 돌아왔다. 그가 가는 곳에는 항상 문제가 따라다녔다. 2011년 10월 맨체스터 유나이티드 경기 도중 수아레스는 파트리스 에브라에게 인종차별 폭언을 했다는 이유로 8경기 출전 정지 징계를 받았다. 루이스는 여전히 무죄를 주장했다. 리버풀도 지나치게 긴 출전 정지 기간에 불만을 표시했다. 결국, 우리는 극복해냈다. 수아레스 본인이 온몸을 바쳐 뛰며 많은 골을 터뜨려준 덕분이었다. 그러나 그의 말썽은 거기서 끝나지 않았다. 2013년 4월 21일, 안필드에서 벌어진 첼시 경기에서 수아레스는 브라니슬라브 이바노비치의 팔뚝을 물어뜯었다. 두 손으로 이바노비치의 팔을 움켜쥐고, 그의 살을 힘껏 물었다. 변명의 여지가 없었다.

10경기 출전 정지 징계가 내려졌다. 2012-13시즌 잔여 4경기부터 다음 시즌 개막 6경기까지다. 리버풀은 다시 항소했다. 나는 클럽에 수아레스를 돕는 상담을 해달라고 부탁했다. 언젠가는 루이스가 온갖 말썽에서 발을 빼는 방법을 터득하길 바랐다. 물론 실력이 평범하거나 별로 중요하지 않은 선수가 악행을 저질렀다면 우리가 그렇게까지 돕지는 않았을 것이다. 약간 민망하지만 축구계의 현실을 인정해야 한다. 어느 클럽이든 팀에 보탬이 되는 선수를 우선적으로 챙길 수밖에 없다. 냉정한 비즈니스다.

개인적으로 내가 축구선수만큼 한 사람의 인간으로서 루이스를 좋아하게 되기까진 그리 오랜 시간이 걸리지 않았다. 루이스는 자기 가족과 축구만을 위해 산다. 여자친구 소피(Sofi; 현 부인)와 아이들밖에 모른다. 축구를 하지 않으면 언제나 가족과 함께 지냈다. 그의 생활은 매우 단조로웠다. 나와 궁합이 잘 맞는 이유다.

가족과 축구는 나의 존재 이유이기도 하다. 하지만 루이스와 다른 점이 있다. 나는 여덟 살부터 서른다섯 살까지 리버풀에 남고 싶다. 나는 내 고향 클럽과 감성적으로 단단히 엮여 있다. 루이스는 그렇지 않다. 우루과이에서 네덜란드로, 잉글랜드를 거쳐 지금은 스페인에 있다. 물론 내가 그를 돈만 좇는 용병으로 본다는 뜻은 아니다. 오직 자기 자신과 가족을 위해 최고 수준에서 축구를 하고 싶어 하는 남자일 뿐이다.

루이스와 나는 각자 국가대표팀에 소집되었다가 여름휴가를 떠났다. 서로 몇천 킬로미터나 떨어져 있었지만, 이적 쪽으로 기울어진 루이스의 마음이 훤히 보이는 듯했다. 알고 싶지 않아도 알게 된다. 모든 축구선수처럼 나도 신문 기사를 확인하기 때문이다. 나도 인터넷 앞에서 온 세상에 돌아다니는 최신 이적설을 뒤진다. 나는 도저히 루이스 수아레스를 이대로 떠나보낼 수가 없었다.

시작은 2013년 5월 29일 루이스가 한 우루과이 라디오 인터뷰였다. 루이스는 이렇게 말했다. "리버풀에서 행복하다. 팬들 덕분이다. 하지만 더 이상 영국 언론을 인내할 마음의 준비가 되어 있지 않다. 리버풀과 계약이 남아 있지만, 예를 들어, 레알 마드리드의 제안을 거절하긴 매우 어려울 것 같다."

스페인의 라디오 방송국이 수아레스의 발언 내용에 관해서 레알 마드리드의 플로렌티노 페레스 회장에게 물었다. 그는 일을 부추겼다. "흠, 수아레스는 (에딘손) 카바니, (로베르토) 레반도프스키만큼 대단한 선수다. 우리는 다른 클럽 소속 선수에 관해서 말할 수 없지만, 만약 당신이 내게 수아레스를 좋아하느냐고 묻는다면, 나의 대답은 '그렇다'이다."

며칠 뒤, 나는 한숨 돌릴 수 있었다. 페레스 회장의 관심 방향이 프리미어리그의 다른 후보 쪽으로 선회한 덕분이었다. 토트넘이 간판스타에 대한 레알의 공개적 구애를 방어할 자세를 갖추자 페레스 회장은 "베일은 마드리드에서 뛰기 위해 태어난 선수"라고 말했다. 6월 들어 수아레스는 몬테비데오에서 열리는 프랑스 평가전 기자회견에서 다음과 같이 말했다.

"힘든 시기에 있다. 영국 언론은 나를 친절하게 대하지 않는다. 파파라치 탓에 슈퍼마켓은커녕 내 집 마당에도 나가질 못한다. 내가 잉글랜드를 떠나려는 이유는 돈이 아니다. 내 가족과 이미지를 위해서다. 잉글랜드에서 더는 편안함을 느끼시 못한다. 리버풀과는 아무런 문제가 없지만, 환경을 바꿔야 할 시점이다."

7월 초가 되자 아스널이 수아레스 쪽으로 관심을 돌렸다. 원래 영입 대상은 레알 마드리드와 결별할 것으로 보이는 아르헨티나 공격수 곤살로 이과인이었다. 아스널은 리버풀에 3,000만 파운드를 제안했다. 베일의 몸값으로 8,000~9,000만 파운드를 요구하는 토트넘과 비교하면 우스꽝스럽기까지 한 금액이었다. 스포르트890이란 매체와의 인터뷰에서 나온 루이스의 발언을 듣고 나는 처음 심각성을 깨달았다. 그는 "적당한 가격이라고 생각한다. 그 정도면 잉글랜드라도 돌아가서 잘해보겠다는 생각을 해볼 수 있다. 잉글랜드의 톱클럽이 나를 원한다는 건 좋은 현상이다"라고 말했다.

우루과이 대표팀 동료 카바니가 내 가슴에 작은 못을 박았다. "루이스는 챔피언스리그에서 뛰어야 한다. 그가 리버풀을 사랑하는 마음은 진심이다. 만약 리버풀이 챔피언스리그에 진출한다면 루이스는 떠날 생각을 하지 않을 것이다. 하지만 그는 지금 자기가 최고 수준에서 뛰어야 할 전성기에 있다는 사실을 스스로 잘 안다."

7월 22일, 아스널이 4,000만 파운드에 1파운드만 얹혀 모욕적인 제안을 공식적으로 해왔다. 리버풀 구단주 존 헨리의 분노가 폭발했다. 그는 내게 "에미레이트(Emirates: 아스널 홈구장 명칭)에 있는 친구들 정신상태가 어떻다고 생각하는가?"라고 물었다.

호주와 인도네시아에서 치른 프리시즌 투어에서 우리는 루이스와 만났다. 외국 시장에서 리버풀의 인기는 언제나 대단하지만, 확실히 그는 우리와 함께 있고 싶어 하지 않은 눈치였다. 호주 멜버른에서 열린 평가전을 찾은 관중 9만 6,000명의 '당신은 홀로 걷지 않아(You'll Never Walk Alone)' 합창 소리에 머리카락이 쭈뼛 섰다. 태국에서도 우리는 열렬한 환영을 받았다. 그곳 초청행사에서 나는 국왕까지 알현했다.

모든 공식 행사에 참석하면서도 머릿속은 루이스에 관한 생각으로 가득했다. 사석에서 그는 내게 "스티비(Stevie), 아스널이 바이아웃 금액을 맞췄어.

그런데 클럽이 나를 놔주지 않아. 감독과 구단주가 내게 거짓말을 했어"라고 불평했다. 본인의 계약이나 축구 외적인 일로 루이스가 내게 직접 상담을 해온 것은 그때가 처음이었다. 그전까지 루이스와 나는 상대팀이나 다른 선수에 관한 대화만 나눠왔었다. 특히 돈벌이에 관해선 이야기를 나눈 적이 없었다. 축구선수는 동료와 그런 부분을 서로 공개하지 않는다.

나는 정말 모호한 위치에 있었다. 리버풀에 대한 충성심과 루이스와 함께 뛰고 싶다는 개인의 소망이 언제나 최우선이었다. 하지만 법이나 양심의 영역에서 본다면, 클럽이 루이스의 이적을 거부하는 것은 잘못일지 모른다. 그래서 나는 페르난도 토레스의 건을 이야기했다. 나는 "루이스, 페르난도는 리버풀 역사상 최고의 스트라이커 중 한 명이었어. 골도 넣을 줄 알았고, 팬의 사랑도 받았어"라고 입을 뗐다. 안필드에서 페르난도를 향한 팬의 사랑은 절대적이었다. 언제나 그만을 위한 응원곡이 울려 퍼졌다.

> 그의 주장 완장은 언제나 붉었어
> 토레스, 토레스
> 당신은 홀로 걷지 않는다고 쓰여 있지
> 토레스, 토레스
> 그는 화창한 스페인에서 왔어
> 공을 잡고 골을 넣네
> 페르난도 토레스는 리버풀의 넘버 나인

2007년 아틀레티코 마드리드에서 오자마자 콥은 토레스를 두 팔로 감싸 안았다. 리버풀 첫 시즌에 그는 33골을 터트렸다. 스타 골잡이와 사랑에 빠지는 것은 안필드의 전통이다. 토레스는 열렬한 지지를 받았다. 리버풀의 영원한 팬으로서 나의 사랑도 달글리시와 러시, 알드리지, 파울러, 토레스 그리고 수아레스로 이어졌다. 토레스는 리버풀에서 142경기 81골을 기록했다. 리버풀은 '엘니뇨(El Nino; 토레스의 애칭)'를 사랑했다. 페르난도 본인도 그 사랑에 보답했다. 나도 팬과 같은 마음이었다. 페르난도와 함께 뛰는 동안 우리는 천하무적처럼 보였다.

그러나 결국 복잡해졌다. 우리가 UEFA 챔피언스리그에 출전하지 못하게 되자 페르난도는 첼시 이적을 서둘렀다. 리버풀은 첼시와 그 어떤 거래도 하고 싶어 하지 않았다. 내가 토레스를 잡았던 것처럼 클럽도 그를 필사적으로 붙잡았다. 그러나 토레스는 결국 이적을 강행했다. 그는 내게 와서 도움을 요청했다. 리버풀을 떠나 첼시에서 뛰도록 도와달라고 했다. 나는 이렇게 대답했다.

"싫어. 페르난도, 네가 떠나도록 도울 수 없어. 내가 그럴 처지가 아니야. 그리고 싶지도 않아. 나는 이 팀의 선수이자 주장이기 전에 리버풀의 팬이야. 나는 네가 남기를 원해. 너를 떠나보내고 싶지 않으니 나는 너를 돕지 않을 거야."

토레스는 고개를 가로저으며 "스티비, 모두 과거 일이야. 나는 떠나야만 해"라고 말했다. 목이 메는 목소리였다. 며칠 동안 토레스의 여성 에이전트가 클럽 사무실을 들락날락했다. 페르난도가 감독 사무실을 오가면서 이적을 강행한다는 사실을 알고 있었다. 일이 잘 풀리지 않자 그는 실망스러운 표정을 짓고 다녔다. 하지만 "떠나야 한다"는 말을 듣는 순간, 나는 우리가 페르난도를 잃게 된다는 현실을 깨달았다.

2011년 1월, 페르난도는 두 가지를 깼다. 첼시로 이적하면서 영국 축구 이적료 기록을 깼고, 나를 포함한 모든 리버풀 팬들의 마음을 깼다. 스탬퍼드 브리지에 도착하면서 그가 남긴 발언이 상황을 더 나쁘게 했다. 그는 "이곳에 와서 정말 행복하다. 첼시 입단은 내 경력에서도 대단히 큰 걸음이라고 확신한다. 첼시는 위대한 클럽이다"라고 말했다. 리버풀을 지지하는 모든 팬들의 뺨을 세차게 후려치는 짓이었다. 그는 좋은 친구다. 최근 시즌에서 어려운 시간을 보내고 있다는 사실도 잘 안다. 만약 토레스가 과거로 돌아간다면 좀 더 신중한 선택을 내렸을 것이라 생각한다. 리버풀을 떠난 후에도 나는 그와 전화로 자주 통화한다. 그때마다 토레스가 리버풀을 떠났던 결정을 후회한다는 느낌을 강하게 받는다. 그는 여전히 리버풀을 진심으로 사랑한다. 그러나 대다수 리버풀 팬은 오랫동안 그를 증오해왔다. 그들은 토레스에게 배신당했다고 믿는다. 첼시 유니폼을 입고 안필드로 돌아올 때마다 누구나 그 사실을 쉽게 알 수 있다.

루이스에게 나는 그 얘기를 했다.

"너도 그렇게 되고 싶어? 팬들을 위해서 너도 모든 걸 바쳤고, 팬들도 너를 위해 모든 걸 줬잖아? 이곳에서도 네가 바라는 것을 성취할 수 있는 시간이 많아. 그때 가서 이적을 생각해도 늦지 않아. 페르난도처럼 팬들과의 관계를 망치지 마."

안필드에서 9번 공격수가 어떤 의미인지 그에게 재차 설명해줬다. 왜 스트라이커가 다른 포지션의 선수들보다 콥으로부터 절대적 지지를 받는지를 이야기했다. 콥은 간판 골잡이를 숭앙한다. 매주 그들은 실로 엄청난 성원을 9번 공격수에게 보내준다. 루이스 본인 역시 그 사랑을 잘 알면서도 동요하고 있었다. 매우 불안한 상황이었다. 나는 여전히 내가 할 수 있는 무언가가 있다고 믿었다. 그를 잡기 위해 온 힘을 다해 싸워야 했다. 다른 동료들도 나를 도와줬다. 루카스, 쿠티뉴, 호세 엔리케가 그를 잡기 위해 힘을 보탰다. 그러나 아스널 이적설이 불거지면서 나의 마음이 식어버렸다. 루이스와 클럽, 특히 감독 브렌던 로저스 사이에 감정의 골이 너무 깊어졌다.

최고의 선수를 걱정하는 마음과 별개로 내게는 리버풀 안에서 비공식적으로 수행해야 할 임무가 있었다. 지난 10년간 나는 팀의 주장으로 책임을 다해왔다. 뛰어난 선수들에게 리버풀 입단을 권유했다. 매년 여름 이적시장에서 항상 같은 일이 벌어졌다. 클럽은 장·단기적 영입 후보 계획을 내게 먼저 알려주며 먼저 연락을 해보라고 요청했다. 그들은 클럽의 공식 제안보다 내 권유가 영입 대상에게 더 효과적이라고 믿었다.

가장 최근 눈여겨본 영입 후보는 브라질 출신 미드필더 윌리안이었다. 그는 우크라이나의 샤흐타르 도네츠크에서 러시아의 안지 마하치칼라로 이적한 상태였다. 당시 우리는 이미 영입 후보 한 명을 잃었다. 샤흐타르에서 뛰는 아르메니아 출신 공격형 미드필더 헨리크 음키타리안이었다. 그는 리버풀 대신에 보루시아 도르트문트로 이적했다. 나는 그의 결정을 이해했다. 불과 몇 주 전, 도르트문트는 UEFA 챔피언스리그 결승전에 출전했던 클럽이지만, 리버풀은 그 무대에 없기 때문이었다. 윌리안 영입작전이 더 급해졌다. 로저스 감독과 클럽은 내가 윌리안에게 확신을 주길 원했다. 윌리안의 마음만 잡을 수 있다면 클럽은 3,000만 파운드까지 쓰겠다고 마음먹고 있었다. 만약 성사된다면 루이스에게 우리가 전력 강화를 위해 애쓴다는 확신을 줄 수 있는 건이었다.

클럽이 원하는 스타 선수에게 접근할 때 썼던 방법을 나는 그대로 사용했다. 당사자에게 직접 전화를 걸기 전에 나는 문자 메시지를 먼저 보냈다. 예의를 갖춘 방법인 동시에 상대방에게 생각할 시간을 줄 수 있다는 장점이 있다. 갑작스러운 전화 연락은 잘못될 수도 있다. 나는 곧장 윌리안 설득에 나섰다. 반갑다는 인사와 함께 직접 연락한 것을 기분 나쁘게 생각하지 말라고 했다. 내가 얼마나 그를 높게 평가하는지를 강조했고, 지금 리버풀이 그의 에이전트와 연락을 취하고 있음을 알렸다. 그러곤 "의견이나 궁금한 게 있으면 언제든지 연락해달라"라는 상용어구로 마무리했다.

익숙한 일을 시작하는 익숙한 방법이었다. 회신이 왔고, 익숙한 대화가 시작되었다. 윌리안은 고맙다는 인사와 함께 예상 가능한 내용이 뒤를 이었다.

"스티븐, 나도 너랑 뛰고 싶다. 어쩌고저쩌고… 하지만 챔피언스리그에 출전하는 클럽들과도 이야기를 나눠봐야 할 것 같다."

나는 토트넘과 첼시도 윌리안을 노린다는 사실을 알고 있었다. 나는 현 상황을 이해한다고 회신한 뒤에 본격적인 설득을 시작했다.

"리버풀은 네게 정말 큰 발걸음이 될 거야. 팬들도 대단하고 역사가 깊은 클럽이잖아. 우리 함께 좋은 팀을 만들 수 있어. 이곳에서 대단한 성취를 이룰 수 있을 거야. 우리는 진심으로 너를 영입하고 싶어."

나도 진심이었다. 클럽은 나도 높게 평가하는 선수에 대해서만 나의 도움을 요청한다. 매번 나는 진정성과 존경을 담아 선수를 설득하려고 노력한다. 상대방이 기대하는 연봉이나 계약 등 금액 조건에 관해서 나는 절대로 언급하지 않는다. 윌리안으로부터 두 번째 회신이 왔다. 문자를 다 읽기도 전에 어떤 말을 해줘야 하는지 알 수 있을 정도로 명백한 내용이었다. 그는 다시 나와 함께 뛰었으면 좋겠지만 리버풀이 챔피언스리그에 출전할 수 있을지 확신할 수 없다고 적었다. 의견 충돌은 없었다. 나도 리버풀도 윌리안은 물론 그 어떤 특별한 선수에게도 챔피언스리그 진출권을 보장할 수 없는 노릇이었다. 다시 한 번 나는 특별한 성취와 팬들을 위해 함께 뛰고 싶다고 답신했다.

사실 이렇게 주고받는 문자는 매번 거의 비슷한 내용으로 이루어진다. 자기 아내나 여자친구가 리버풀보다 런던이나 마드리드, 파리에서 살기를 원한다고 말하는 선수들도 있다. 리버풀보다 멋진 패션숍과 호화로운 레스토랑이 있는 대도시를 선호한다는 내용은 명확한 뜻을 담고 있다. 그러면 영입 계획이 실패로 돌아간다는 걸 직감한다. 윌리안도 리버풀보다 런던에서 뛰기를 원했을 것이다. 우리는 그를 잡지 못했고, 시간이 조금 흐르자 윌리안은 토트넘으로 이적할 것처럼 보였다. 그러나 챔피언스리그의 유혹과 주제 무리뉴의 마법이 힘을 발휘해 윌리안은 결국 첼시를 선택했다.

1 다시 일어서기

다음 이적시장에서도 기꺼이 나는 문자 메시지를 두드릴 준비를 한다. 아무 생각 없이 행복한 웃음으로 가득했던 유소년 육성반에서 걸레질을 했던 시절로부터 기나긴 시간이 지나긴 했지만, 리버풀에서 내가 나의 인생을 살아가는 방식이기 때문이다.

2013년 8월 3일 토요일. 리버풀은 나를 위해 헌정경기를 마련했다. 100만 파운드가 넘게 걷힌 기부금은 전액 내가 운영하는 비혜택 어린이를 위한 재단에 귀속되었다. 상대팀이었던 올림피아코스는 우리에게 단 한 푼도 요구하지 않았다. 자비로운 결정이 정말 고마웠다. 2004년 나는 그들을 상대로 이른바 '원더골'을 넣은 적이 있다. 챔피언스리그 조별리그 마지막 경기가 끝나기 직전, 나는 23미터 중거리슛을 터트렸다. 그 골 덕분에 우리는 조별리그를 통과해 16강에 올랐고, 결국 우승까지 차지할 수 있었다. 내 축구 경력에 있어서 올림피아코스는 매우 중요한 기억으로 남는다.

헌정경기 시작 전, 내가 리버풀의 '원클럽맨'이라는 사실이 부각되었다. 요즘 축구계에서 원클럽맨은 희귀종이다. 나는 가장 널리 알려진 희귀종이라고 할 수 있다. 2013-14시즌 전까지 나는 리버풀에서만 628경기 159골을 기록하고 있었다. 챔피언스리그 외에도 나는 UEFA컵(현 유로파리그)에서 우승했고, FA컵과 리그컵 우승은 각각 두 번 들어 올렸다. 내가 리버풀의 주장이 된 것이 꼭 10년 전인 2003년이었다. 2013년 6월에는 기존 계약을 1년 연장하기도 했다. 최소한 2015년 여름까지 내가 리버풀에 남을 수 있다는 뜻이었다. 27년에 달하는 리버풀 인연의 종착점이 될 수도 있는 기한이었다.

나는 리버풀에 자긍심을 품으면서도 루이스를 비롯해 모든 이적 관련 악몽에는 스트레스를 받고 있었다. 루이스와 나는 헌정경기를 앞두고 다시 이야기를 나눴다. 루이스는 "경기 끝나고 하는 행사에서 나는 빠질 거야. 헌정경기에는 뛸 거야. 너를 위해서 뛰고 싶어, 스티비"라고 말했다. 저녁 행사에 그가 빠진다고 해서 나는 상관하지 않았다. 루이스는 어느 클럽에서든 그런 행사에는 가지 않는다. 루이스는 '패밀리맨'이다. 훈련이나 경기가 끝나면 그는 항상 가족이 있는 집으로 돌아간다. 전체 회식 같은 자리에는 절대로 끼지 않는다. 나는 선수로서 그를 너무나 존경했기에 그가 살아가는 방식도 받아들였다.

하지만 루이스는 자기가 마음에 상처를 받았고 머리가 복잡하다고 털어놨다. 아스널 이적 기회가 아직도 살아 있었기 때문이다. 루이스는 내게 이렇게 말했다.

"지금 팬들이 내게 실망하고 있다는 걸 잘 알아. 하지만 경기에 나가서 입는 유니폼을 지지하는 팬들에게 모든 걸 바치고 싶어. 거의 항상 나는 그렇게 해왔지. 그런데 나는 내게 거짓말하는 인간들을 참을 수가 없어."

어느 쪽 말이 맞는지 나는 알지 못했다. 나는 그저 루이스가 팀에 남길 기도할 뿐이었다. 올림피아코스와의 헌정경기에서 교체로 들어간 루이스는 열렬한 환영을 받았다. 팬들이 그를 감동시켰다. 이틀 뒤 우리는 안필드에서 공개훈련을 했다. 경기장은 팬들로 가득했다. 하지만 루이스는 훈련을 대충 소화했다. 일주일 내내 그는 훈련에서 제외되어 혼자 훈련했다. 루이스는 그 이유를 알려고 하지 않았다. 전혀 행복해 보이지 않았다. 훈련 도구에 침을 뱉었다.

8월 7일 수요일, 일간지 〈가디언〉의 시드 로(Sid Lowe)가 루이스의 인터뷰 기사를 실었다. 로는 루이스의 자서전을 작업하고 있었다. 인터뷰 내용은 충격적이었다.

"지난해 유럽의 빅클럽 유벤투스로 이적할 기회가 있었지만, 나는 잔류했다. 다음 시즌에도 챔피언스리그에 출전하지 못하면 클럽이 나를 놔주기로 했기 때문이다. 나는 리버풀이 우리가 합의했던 내용을 존중하길 바랄 뿐이다. 클럽이 했던 말과 계약서까지 있다. 우리는 이 건을 프리미어리그 사무국으로 가져가 일을 해결할 수도 있다. 그러나 나는 그렇게 하고 싶지 않다. 나는 스물 여섯 살이다. 챔피언스리그에서 뛰어야 한다. 나는 1년을 더 기다렸다. 지난 시즌 내가 최선을 다하지 않았다고는 그 누구도 말하지 못할 것이다. 어떤 사람들은 리버풀 편을 든다. 하지만 나는 지난 100경기에서 50골도 더 넣었다. 지금 클럽은 나를 영입할 때 썼던 이적료를 두 배로 벌 수 있다. 지난해 브렌던 로저스 감독과 이야기를 나눌 때마다 그는 '일 년만 더 있어라. 우리가 챔피언스리그에 출전하지 못하면 내 이름을 걸고 너를 보내주마'라고 약속했다. 지금 말이 완전히 바뀌었다. 리버풀은 모든 면에서 올바른 명성을 쌓은 클럽이다. 나는 그저 지난 시즌 내게 했던 약속을 그들이 지켜주길 바랄 뿐이다."

멜우드 훈련장에서 로저스 감독이 루이스에게 개인 훈련을 지시한 동안에 나온 인터뷰 기사였다. 로저스 감독과 존 헨리 회장은 루이스를 팔지 않을 것이라는 말만 반복했다. 특히 아스널로는 절대로 보낼 수 없다고 강조했다. 클럽과 팬, 선수단 모두에게 사과하고 리버풀에 잔류하기로 합의하지 않는 한, 선수단에 합류하지 못한다는 조치가 루이스에게 내려졌다. 2년 반 전, 페르난도처럼 나는 루이스도 잃을 것처럼 보였다.

2013년 8월 8일 목요일
머지사이드 폼비

알렉스가 내게 홍차를 끓여줬다. 연어와 파스타, 샐러드를 함께 줬다. 내가 가장 좋아하는 메뉴였다. 그러나 나는 음식을 바라보고만 있었다. 뱃속이 편치 않았다. 세 딸이 온 집안을 뛰어다녔다. 여느 아이들처럼 장난감을 발로 차면서 놀았다. 내 머릿속은 터질 것만 같았다. 나이프와 포크를 들 수가 없었다. 손도 대지 않은 음식이 그대로 남았다.

 알렉스가 "왜 그래? 음식이 어디 잘못됐어?"라고 물었다. 고개를 가로저었다. 먹기는커녕 입도 뻥긋하기 싫었다. 딸들을 조용히 시킨 뒤에 알렉스는 "축구 때문에 그래?"라고 물었다. 알렉스는 축구를 거의 보지 않는다. 세 딸도 그렇다. 그러나 나와 오래 살아온 덕분에 내 기분이 좋거나 나쁜 이유가 오로지 축구 때문이라는 사실을 잘 알고 있었다. 나는 리버풀을, 클럽을, 동료들을 모두 걱정하고 있었다. 어떤 선수들은 자기 플레이나 주전 경쟁만 신경 쓴다는 사실을 나는 잘 안다. 하지만 내 고향 팀에서 오래도록 뛰는 동안 나의 머리 구조는 이렇게 굳어졌다. 항상 나는 경기장 안팎에서 일어나는 모든 문제들을 해결해야 한다는 책임감을 껴안고 있다.

 때로는 아무것도 신경 쓰지 않고 지내는 선수들이 부럽기도 하다. 유소년 육성반 기억이 행복했던 이유를 나는 잘 안다. 조 코리건 코치가 풍기는 구수한 냄새를 맡던 시절로 돌아가고 싶어진다. 요즘 축구계에서 횡행한 돈 욕심에 나는 싫증을 크게 내고 있었다. 내부 분쟁이 2013년 프리시즌을 망쳐놨다. 모든 축구 팬에게 8월이 가장 낙관적인 시간이 되어야 한다는 믿음이 마구 짓밟혔다. 시즌을 공식적으로 시작하기 직전은 희망을 꿈꾸는 시간이 되어야 한다. 축구 팬들이 겪는 가슴앓이가 과연 그럴 만한 가치가 있는 걸까?

 앞에 놓인 음식을 멍하니 쳐다보자니 점점 절망에 빠져들었다. 새 시즌 개막까지 열흘밖에 남지 않았다. 팀 최고 선수는 지난 시즌 받았던 징계로 리그 초반 여섯 경기에 뛰지 못한다. 지금 클럽이 그를 팀 훈련에서 격리했고, 선수는 우리를 떠나려고 한다. '머리가 아파서 밥을 먹을 수가 없겠다'는 생각에 상을 치웠다. 가만히 있을 수가 없었다. 핸드폰을 손에 쥐었다. 전화든 문자든 루이스와 연락해야 했다. 짧은 문자를 보내기로 결심했다.

 "루이스, 어떻게 된 거야? 문제를 해결해야겠어." 곧바로 회신이 왔다. "스티비, 감독이 거짓말하고 있어. 클럽도 거짓말을 해." 내가 다시 문자를 보냈다. "너를 위해서, 클럽을 위해서 내가 돕고 싶어." 루이스가 문자를 보내왔다. 화가 나서인지 문법이 틀린 영어 문장이 점점 많아졌다. 내가 다시 문자를 보냈다. "내일 멜우드에서 아침 일찍 얘기 좀 하자." 그의 회신이 왔을 때 나는 약간 기뻤다. "알았어 스티비."

금요일 아침, 멜우드에서 리버풀의 버림받은 자와 주장이 만나는 일은 흔하지 않다. 그때 루이스는 1군 선수단이 일과를 끝내는 낮 12시 이전에는 클럽하우스 출입이 금지되어 있었다. 하지만 내부 지시를 어겨야 할 만큼 그와 허심탄회하게 이야기를 나누는 게 더 중요했다. 물론 감독에겐 사전에 일러 뒀다.

내가 먼저 입을 열었다. "루이스, 네가 지금 잘못된 선택을 하고 있어서 나는 너의 이적을 도와줄 수 없어." 루이스는 아무 말도 없었다. 내가 다시 말했다. "솔직하게 말할게. 너는 여기서 일 년 더 있어야 해. 지난 시즌만큼 네가 해준다면 너를 정말 원하는 클럽이 제안해올 거야. 정당한 대접을 해주면서 말이야." 루이스가 짧게 "안 오면 어떻게 해?"라고 물었다. 내가 "지금 제안하는 곳이 있어?"라고 되물었다. 루이스는 "음, 눈치를 보고 있는 것 같아. 레알 마드리드는 베일을 영입해버렸고, 바르셀로나는 아직 준비가 되어 있지 않은 것 같아. 하지만 두 클럽 모두 내게 관심이 있어"라고 말했다.

내 경험을 말해줬다. 레알은 진짜 원하는 선수가 있으면 반드시 돌아온다고. 바르셀로나도 마찬가지라고 덧붙였다. 두 클럽이 지금 루이스에게 관심이 있다면 내년에도 마찬가지라는 뜻이었다. 루이스는 나를 믿어야 했다. 첼시와 레알 마드리드 건을 통해 나는 이미 루이스의 처지를 겪어봤기 때문이다. 단도직입적으로 설명했다.

"내가 유일하게 바라는 건 네가 아스널로 가지 않는 거야. 나는 너를 상대하고 싶지 않아. 만약 네가 간다면 아스널이 리버풀보다 챔피언스리그 출전에 가까워질 거라는 걸 알아. 솔직히 나도 그렇다고 생각해. 너도 솔직하게 얘기해줘. 리버풀을 떠나고 싶은 게 아스널에 가고 싶어서인 거야? 아니면 메가클럽에 가고 싶어서인 거야?"

루이스는 머뭇거리며 "메가클럽이 무슨 뜻이야?"라고 물었다.

"우리 팬들과 너의 관계를 생각해봐. 아주 명확하잖아. 내가 너라면 리버풀을 떠나서 갈 클럽은 두 곳뿐이야. 레알 마드리드 또는 바르셀로나. 너도 그걸 원하잖아."

루이스가 말을 못하는 걸 보니 내 말이 효과가 있는 것 같았다. 내가 정곡을 찔렀다. 그는 내 말에 귀 기울였다. 나는 계속 말했다. "나는 레알 마드리드로 이적할 기회를 거절했어. 하지만 내 상황은 너랑 달라. 리버풀 팬들 앞에서 뛰는 건 내게 무척이나 소중해. 그들은 모두 내 식구이기 때문이야."

루이스가 고개를 끄덕였다. 알아듣는 것 같았다. 나는 계속 밀어붙였다. 내 가족이 아직 나이가 어렸기 때문에 마드리드나 바르셀로나에 가서 생활하는 게 큰 모험이었을 것이라고 설명했다. 하지만 루이스는 남미 출신이기에 마치 고향에 돌아간 것처럼 느낄 수 있다. 특히 바르셀로나로 간다면 더할 나위가 없었다. 그의 아내가 그곳에서 오래 살았던 덕분이다. 아이들도 모두 스페인어를 썼다.

생각의 거리를 계속 좁혀갔다. 나는 "여기서 일 년만 더 있으면 우리는 반드시 아스널보다 좋은 팀이 될 수 있어"라고 설득했다. 루이스가 나를 쳐다봤다. 내가 곧바로 이어 말했다. "이봐, 단순히 너는 아스널로 가면 안 돼. 리버풀도 팬도 절대로 이해할 수 없는 결정이야. 당연히 너한테도 말이 안 되지. 만약 주변에서 누군가 네게 아스널로 이적하는 게 낫다고 말한다면, 그건 굉장히 잘못된 조언이야."

루이스는 전혀 반박하지 않았다. 그는 내게 "나는 아스널을 사랑해. 가고 싶어"라든가 "아스널이 대단한 클럽이라고 생각해"라는 식으로 말하지 않았다. 루이스는 내가 믿어도 될 사람이라는 걸 알고 있었다. 내 구상을 설명했다. 아스널 이적을 잊고 한 시즌 더 우리와 뛴다. 리그에서 정말 멋지게 한 방 먹여준다. 그런 다음에 레알 마드리드든 바르셀로나가 영입 제안을 보내온다면, 리버풀이 그만 그를 놔줘야 한다는 현실을 모든 이가 받아들일 것이다. 루이스가 다시 고개를 끄덕였다. 하지만 나나 루이스나 아직 활짝 웃을 수는 없었다. 로저스 감독과 함께 만나 대화할 자리를 만들어도 좋겠느냐고 내가 물었다. 루이스는 손을 뻗어 나와 악수를 하며 "좋아, 스티비"라고 대답했다.

나는 로저스 감독에게 다음과 같은 문자를 보냈다. "일단 루이스의 마음을 열었어요. 함께할 수 있을 것 같아요. 하지만 루이스가 아직 화가 나 있으니 신중하게 접근해야 해요. 자리를 만들어도 될까요?" 로저스 감독이 받아들였고, 나는 바로 약속시간을 정했다. 하지만 그날 밤 루이스가 다시 내게 문자를 보내왔다. 그 자리에 내가 있어야만 로저스 감독과 만나겠다고 했다. 나는 로저스 감독에게 "루이스가 미팅에 내가 동석하길 원해요"라고 말하니 그는 "나도 그래"라고 대답했다.

감독실에 있는 작은 가죽 소파에 우리 셋이 모여 앉았다. 이상한 분위기였다. 우리는 서로 미소를 보였지만, 로저스 감독에게 루이스의 미소는 협박에 가까웠다. 솔직히 로저스 감독은 대화를 어떻게 시작해야 좋을지 잘 모르는 것 같아 보였다. 내게는 중재자 역할이 주어진 자리였다. 정말 중요한 순간이었다. 루이스는 로저스 감독이 듣기 싫어하는 말을 할 채비를 갖추고 있었다. 그는 로저스 감독이 거짓말을 했다고 내게 수차례 불평했었다. 하지만 내게도 희망이 있었다. 로저스 감독은 말귀를 알아듣는 사람이자 선수들을 친근하게 대하는 지도자다. 2005년과 2007년 나와 함께 챔피언스리그 결승전에 진출했던 전(前) 감독 라파엘 베니테스(Rafael Benitez)와는 반대 타입이다. 라파(Rafa: 베니테스의 애칭)는 축구 경기에서 승리에 관해서는 뛰어난 전략가이지만,

인간적으로는 냉혈한이라고 할 수 있다. 로저스 감독의 따뜻한 성품을 나는 좋아했다. 이적 문제로 사이가 틀어지기 전까지만 해도 로저스 감독은 루이스와 나를 존중하면서 잘 대해줬다. 나는 주장이었고, 수아레스는 간판스타였기 때문이다.

로저스 감독이 분위기를 잘 파악한 덕분에 대화는 순조롭게 시작되었다. 진전도 빨랐다. 하지만 나는 여전히 걱정이었다. 일이란 한순간에도 엉망이 될 수 있기 때문이다. 이전 미팅에서 이들이 무슨 대화를 나눴는지 나는 전혀 모르는 상태였다. 루이스의 계약서에 어떤 조항이 들어 있는지도 전혀 몰랐다. 다행히 감독실에서 진행된 대화는 내가 바라던 대로 부드럽게 흘러갔다. 우리는 루이스와 내가 나눴던 대화 내용에 동감했다. 로저스 감독은 루이스를 다시 선수단 안에 받아들이고 싶다고 말했고, 루이스는 팀 훈련에 성실히 임하겠노라 약속했다. 동시에 로저스 감독은 구단주에게 직접 보고해서 상황을 깔끔하게 정리하겠다는 약속도 했다. 우리 셋은 모두 악수를 나눴다. 감독실에서 걸어 나오는 기분이 정말 좋았다. 이제야 겨우 정상궤도로 돌아온 것 같았다.

최종 관문은 A매치 휴식기 종료 후 루이스가 처음 합류했던 훈련 시간이었다. 선수들이 각자 국가대표 경기를 소화하고 돌아온 첫 만남이었다. 우루과이 대표팀에 소집되었던 루이스는 일본에서 돌아왔다. 나는 웸블리 스타디움에서 잉글랜드 대표팀 주장으로서 스코틀랜드를 3-2로 격파하고 복귀했었다. 나는 다시 걱정하고 있었다. 루이스가 선수단을 떠나 있는 동안 언론에서는 각종 추측이 엇갈렸기 때문이다. 처음에는 우루과이 언론이 루이스의 심경 변화를 보도해 마음이 놓였다. 기사는 루이스가 "지금은 주위의 애정에 보답하고자 리버풀에 남기로 했다"고 보도했다. 그러나 우루과이가 일본을 4-2로 제압한 뒤, 일본의 〈교도통신〉은 수아레스가 이전 발언을 전면

부인했다고 보도했다. 수아레스가 "나는 그런 말을 한 적이 없다. (중략) 누구 다른 사람의 말인 것 같다"고 했다는 것이다. 그라운드 두 면이 떨어진 저 멀리에 혼자 있는, 걱정이 태산 같은 표정을 짓는 루이스를 바라보는 기분을 나는 더 이상 참을 수가 없었다.

루이스를 다시 보게 되자 다들 반가워했다. 특히 남미와 스페인 쪽 동료들의 기분이 더 좋아 보였다. 브라질 출신 수비형 미드필더인 루카스 레이바는 루이스와 함께 스페인어권 동료들을 묶는 두 기둥 노릇을 하고 있었다. 그들 모두 루이스를 크게 걱정했고, 다시 돌아오길 바랐다. 일을 빨리 해결해달라며 나를 쳐다보는 동료들의 눈빛을 나는 느낄 수 있었다. 하지만 루이스가 남기로 한 데에는 루카스의 공도 컸다. 루카스는 정말 성격이 좋아서 나도 그를 사랑한다.

2013년 8월 16일 금요일 아침 일찍 훈련을 시작했다. 나는 루이스를 조심스럽게 쳐다봤다. 언론 보도가 천차만별이었던 탓에 그때까지 나도 루이스가 리버풀에 확실히 잔류하기로 마음을 먹었는지 확신하지 못했다. 그러나 내가 틀렸다. 루이스는 언제 그랬냐는 듯이 팀 훈련에 녹아들었다. 열심히 뛰며 태클을 해댔다. 영리한 테크닉을 선보이면서 달리고 또 달렸다. 마치 우리가 얼마나 그를 그리워했는지 일깨워주려는 듯한 움직임이었다. 축구를 향한 그의 굶주림과 열정, 그 위에 성실함을 뛰어넘는 재능까지 보태진 그의 훈련 태도는 정말 눈으로 봐도 믿을 수가 없었다. 로저스 감독과 나는 의미 있는 눈빛을 서로 교환했다. 루이스를 보면서 우리는 활짝 웃을 뿐이었다. 루이스 수아레스가 돌아왔다. 리버풀도 돌아왔고, 나도 돌아왔다. 시즌 개막 하루 전, 갑자기 우리는 희망과 행복감을 다시 느낄 수 있었다.

STEVEN GERRARD

2

새 시즌, 새 희망

Changing Seasons

2 새 시즌, 새 희망

GERRARD
8

지금으로부터 25년 전인 1988년 8월, 잉글랜드의 축구 지형은 지금과 크게 달랐다. 여덟 살이었던 내가 아카데미에 입학했을 때 리버풀은 디펜딩 챔피언이었다. 그해 5월 리버풀은 1부 통산 17회째 우승을 차지했다. 2위였던 맨체스터 유나이티드보다 승점 9점을 앞섰다. 18위였던 첼시는 승강 결정전에서 미들즈브러에 패하는 바람에 1988년 5월 28일 2부 강등을 확정했다.

FA컵 결승전에서 리버풀이 윔블던에 패했던 결과가 엄청난 이변으로 여겨졌다. 결승전 0-1 패배로 리버풀은 최근 3시즌 동안 두 번째 리그와 FA컵을 동시에 제패하는 시즌 더블 달성에 실패하고 말았다. 지금으로선 리버풀이 그 이후 지금까지 1990년 통산 18회째 우승을 제외하곤 한 번도 1부 리그에서 우승하지 못했다는 사실을 기억하기가 더 어려워 보일 뿐이다.

1992년 2월 프리미어리그의 출범이 결정되었다. 그때는 1부 리그에 외국인 구단주나 감독이 전혀 없었다. 1993년 여름 오지 아르디예스(Ossie Ardiles)가 1부 리그 첫 외국인 감독이 되었다. 이후 외국인 선수와 감독이 점차 늘어났다. 5년 반이 흐른 뒤에 나는 리버풀 1군 경기에 데뷔했다. 벤치에서 있다가 노르웨이 국가대표 선수였던 베가르드 헤겜과 교체되어 출전했다. 들어간 자리가 라이트백이어서 낯설었다.

시즌을 시작하기 전, 프랑스 국가대표팀을 이끌었던 제라르 울리에 감독이 부임해 로이 에반스와 함께 일하기 시작했다. 에반스는 장비실에서 출발한 오랜 클럽 식구였다. 11월 중순 울리에 감독 1인 체제가 되었고, 그는 내게 출전 기회를 줬다. 울리에 감독은 내가 축구계에서 만나본 사람 중 가장 착한 성품을 지녔다. 1998년 11월 29일 사이드라인에서 몸을 풀고 있던 내게 울리에 감독이 말을 건넸다. 블랙번을 상대한 그 경기에서 리버풀은 폴 인스와 마이클 오언의 2골에 힘입어 2-0으로 앞서고 있었다. 울리에 감독은 차분한 목소리로 내게 "볼을 지켜내. 포지션을 지키면서 경기 전체를 잘 살펴"라고 지시했다. 첫 번째 볼 터치를 안전하게 패스로 연결했다. 다시 패스를 보냈다. 그러곤 유일했던 플레이 관여를 만들었다. 인스가 오른쪽 측면으로 들어간 내게 패스를 보내 크로스 기회를 만들었다. 페널티박스 안으로 크로스를 보내려고 했는데, 너무 세게 차는 바람에 거의 반대편 관중석 앞까지 날아가 버렸다. 인스가 나를 죽일 듯이 째려봤다.

울리에 감독 아래서 나는 리버풀 데뷔 시즌에 13경기 출전을 기록했다. 여기저기서 대단한 일들이 벌어졌는데, 1998-99시즌이 종료되었을 때 맨체스터 유나이티드는 프리미어리그와 FA컵, 챔피언스리그에서 모두 우승해 전대미문의 트레블을 달성했다. 챔피언스리그 결승전에서 맨유는 85분 동안 0-1로 뒤지다가 후반 추가시간에만 두 골을 터트려 유럽 정상에 올랐다.

이어진 두 시즌에서도 맨유는 리그에서 우승해 프리미어리그 3연패에 성공했다. 알렉스 퍼거슨과 아르센 벵거 두 감독 사이에서 벌어진 전쟁의 치열함이 극에 달하는 동안, 리버풀도 리그에서 우승할 수 있다는 희망의 빛줄기가 희미하게 비쳐지고 있었다. 울리에 감독 아래서 우리는 2000-01시즌 리그컵과 FA컵, UEFA컵에서 우승해 나름의 트레블을 달성했다. 개인적으로는 프로 첫 우승컵이었다. 그해 리버풀은 3위로 시즌을 마쳤다.

2 새 시즌, 새 희망

그로부터 12개월 뒤 우리는 아스널에 승점 7점이 뒤져 리그 2위를 차지했다. 2002-03시즌에는 맨유가 다시 챔피언이 되었고, 아스널은 2위, 리버풀은 5위로 미끄러졌다. 첼시가 급부상해 챔피언스리그 출전권을 우리한테서 빼앗아갔다. 그리고 맞이한 2003년 여름, 프리미어리그 판세를 완전히 뒤바꾼 사건이 벌어졌다. 러시아 억만장자인 로만 아브라모비치(Roman Abramovich)가 첼시를 인수한 것이다. 충격은 끔찍했다. 하지만 프리미어리그를 쥐고 흔드는 외국인 부호 쇄도의 시작에 불과했다. 상황은 점점 나빠졌다. 리버풀과 내게 모두 굉장히 나빠졌다.

라이벌 클럽 팬들은 나를 놀려댄다. 리버풀에서 17시즌 넘게 뛰면서 리그 우승 메달을 한 번도 얻지 못했다고. 나는 반응하지 않았다. 이젠 내가 왜 리버풀에서 한 번도 리그 우승을 하지 못했는지를 말할 수 있다. 두 가지 이유 때문이다. 첼시의 로만 아브라모비치 그리고 맨체스터 시티의 시크 만수르다. 물론 내 자신을 냉정히 봐야 한다는 지적을 반대하지 않는다. 팀과 내가 더 잘했다면 우승할 수 있었을지 모른다. 둘 중 한쪽만이라도 잘했더라면, 약간 운도 따라줬더라면 더 좋았을 것이다. 그러나 최근 12년간 외국인 구단주가 프리미어리그에 어마어마한 영향력을 행사했다.

아브라모비치가 첼시를 인수했던 때를 생생히 기억한다. 나는 막 스물세 살이 되던 때였다. 나는 축구와 돈이 어떻게 엮이는지 잘 아는 상태에서 관련 소식을 접했다. 처음 들었던 생각은 '얼마나 오래갈까? 금방 싫증 내지 않을까? 아니면 정말 진지한 건가?'였다. 두 번째 시즌이 시작될 때도 아브라모비치는 그 자리에 그대로 있었다. 2004년 5월 그는 젊은 감독 중 최고로 손꼽히던 주제 무리뉴를 감독으로 영입했다. 무리뉴 감독이 FC 포르투에서 챔피언스리그를 거머쥔 직후였다. 무리뉴 감독은 런던에 도착하자마자 본인을 "스페셜 원"이라고 불렀다. 내 마음이 조금 더 아래로 향했다.

무리뉴 감독은 승리자의 아우라를 지녔다고 할 수 있다. 전 세계 축구계에서 호주머니가 가장 든든한 구단주의 지원을 받았다. 김이 샐 수밖에 없다. 누구라도 내 상황에 처하면 리그 우승 가능성이 줄어들어 곤란해질 것이다. 프리미어리그에서는 물론 다른 대회에서도 우승을 하려면 첼시와 로만 아브라모비치를 물리쳐야 한다는 사실을 나는 잘 알고 있었다. 상황을 덤덤히 받아들이기가 힘들었다. 우리는 맨유를 따라잡기 위해 사투를 벌였다. 아스널과도 힘겹게 경쟁해야 했다. 아스널은 이미 '무패 신화'의 기본 바탕을 닦고 있었다. 2001년 FA컵 결승전에서 우리는 그들을 겨우 제압했다. 경기 종료 7분 전에 마이클 오언이 터트린 두 골로 역전승을 거뒀다. 아스널은 대단한 팀이었지만, 우리가 우승 트로피를 빼앗아 집으로 돌아올 수 있었다. 개인 프로 경력 네 번째 우승 타이틀이었다. 당시까지만 해도 잉글랜드 축구는 지금보다 전력이 평준화되어 있었다.

 2003-04시즌, 잉글랜드에서 첫 시즌을 보내던 아브라모비치에게 아스널이 최고의 대답을 했다. 단 1패도 겪지 않고 우승을 차지한 것이다. 정말 인상적인 성취였다. 첼시가 2위, 맨유가 3위를 차지했다. 우리는 실망스럽게도 4위에 만족해야 했다. 우승한 아스널보다 무려 승점이 30점이나 뒤졌다.

 2004년 5월 울리에 감독이 떠나고 라파엘 베니테스가 부임했다. 베니테스 감독은 뛰어난 전술가여서 우리는 희망을 품을 수 있었다. 그가 발렌시아를 이끌고 UEFA컵과 라리가를 제패한 직후였다. 라리가에서 베니테스 감독이 레알 마드리드와 바르셀로나를 제친 두 번째 리그 우승이었다.

 다음 시즌, 잉글랜드 축구는 크게 변화했다. 퍼거슨과 벵거, 무리뉴와 베니테스 감독의 맞대결이 흥미진진하고 치열한 경쟁을 유발했다. 베니테스 감독의 첫 시즌, 우리는 챔피언스리그에서 우승했다. 하지만 프리미어리그에서는 고맙에시조자 최고 자리에서 밀려났다. 첼시가 아스널을 따돌리고 우승을 차지했다. 맨체스터 유나이티드가 3위였고, 연고지 라이벌 에버턴이 우리보다 승점 3점을 앞서 챔피언스리그 출전권을 손에 넣었다.

아브라모비치-무리뉴 조합과 맞서는 난관을 극복하면서 우리는 부자 클럽과 경쟁해야 한다는 상황에 익숙해져 갔다. 2005년 2월 열렸던 칼링컵 결승전에서는 내가 자책골을 기록해 첼시에 패했다. 그러나 챔피언스리그 준결승전에서 첼시와 다시 만났다는 사실에 겁을 먹진 않았다. 스탬퍼드 브리지 원정 1차전을 불과 몇 시간 앞두고 나는 고름이 찬 종기를 입에서 떼어내는 치료를 받아야 했다. 물론 나는 경기에 출전했다. 대단히 수비적인 경기였다. 무리뉴와 베니테스 두 감독이 맡은 팀의 맞대결이었기에 놀랄 것도 없었다. 우리는 0-0 무승부에 만족했다.

2005년 5월 3일, 안필드에서 열린 2차전은 '시민구단'과 '갑부구단'의 대결로 정의되었다. 그날 안필드에서 홈 팬들이 보냈던 뜨거운 성원을 잊을 수가 없다. 내 경력을 통틀어 응원 소리가 가장 컸던 경기였을지도 모른다. 전반 4분 욘 아르네 리세가 프랭크 램퍼드의 가랑이 사이로 공을 빼내어 대각선 방향으로 들어갔다. 그의 땅볼 크로스를 내가 발로 톡 차올려 밀란 바로스 앞에 떨어트렸다. 첼시의 수문장 페트르 체흐가 체코 국가대표팀 동료인 바로스와 충돌했다. 우리가 페널티킥이라고 소리치는 순간 루이스 가르시아가 공을 첼시의 골문 안으로 밀어 넣었다. 윌리암 갈라스가 걷어냈지만, 공은 이미 골라인을 넘어간 것처럼 보였다. 휘슬이 울렸다. 우리는 상황을 정확히 파악하지 못했다. 주심 루보스 미셸이 손을 뻗어 센터서클 쪽을 가리키는 모습을 겨우 볼 수 있었다. 득점 수신호였다.

첼시 측이 일제히 분노했다. 무리뉴 감독은 거칠게 항의했다. 그로부터 10년이 지나도록 그는 그 골을 '유령 골'이라며 분을 삭이지 못했다. 그렇지만 무리뉴 감독은 판정을 뒤집을 수 없었다. 첼시는 직전 상황에서 바로스를 넘어트린 체흐가 퇴장당해야 한다는 사실을 간과했다. 첼시는 10명으로 줄어야 했고, 우리에겐 페널티킥이 주어졌어야 했다. 무엇보다 우리가 첼시를 1-0으로 제치고 챔피언스리그 결승전에 진출했다는 결과가 가장 중요했다.

그해 첼시는 1억 4천만 파운드의 적자 신기록을 작성했다. 물론 의미는 없었다. 아브라모비치의 돈지갑은 여전히 두툼했다.

돈이 넘쳐나는 아브라모비치의 첼시와 장기 레이스에서 경쟁하기는 대단히 어려울지 몰라도 토너먼트의 홈&어웨이 방식이라면 우리가 첼시를 꺾을 수 있다는 사실을 증명했다. 경기 전, 베니테스 감독은 "스티븐의 눈빛에서 나는 투지를 볼 수 있었다"고 말했다. 맞는 말이었다. 나는 리버풀을 위해서 첼시를 꺾고 챔피언스리그에서 우승하겠다는 야망에 불타고 있었다. 리버풀을 사랑하는 모든 이에게 챔피언스리그는 너무나 중요한 목표였다. 우리 모두 준비를 갖췄다.

챔피언스리그의 성취는 우리에게 희망을 줬다. 매 여름 1억 파운드씩 쓰며 새 선수들을 사들이는 아브라모비치의 부(富)에 맞설 수 있는 팀으로 발전할 수 있다는 기대감이었다. 결국, 베니테스 감독은 그 목표를 달성했다. 2009년 우리는 첼시보다 높은 순위를 차지했다. 우승 경쟁에서는 맨체스터 유나이티드에 패했지만, 최소한 첼시보다 많은 승점을 따낼 수 있다는 사실을 입증했다.

그러던 중, 갑자기 아랍 왕자님께서 행차하셨다. 여기저기 갑부가 정말 많기도 하다. 2008년 9월 1일, 아부다비 유나이티드 그룹은 맨체스터 시티를 인수한다고 공식 발표했다. 아브라모비치의 첼시 인수 때보다 충격이 훨씬 덜했다. 그 대신에 나는 어둠의 생각에 빠졌다. '맨시티로 가지 말고 리버풀로 와서 안필드에서 자리를 펼 수도 있지 않았을까?'라는 시기심이었다.

우리 클럽은 리버풀 출신의 한 가문이 소유하고 있었다. 1991년 존 무어스가 조카인 데이비드에게 클럽 경영권을 이양했다. 데이비드 무어스는 진정한 신사였다. 나도 그를 존경하고 좋아했다. 아쉽게도 그는 아브라모비치와 경쟁할 정도로 부자가 아니었다. 2004년 그는 리버풀을 팔겠다고 공식 선언했다. 데이비드는 클럽이 다음 단계로 올라설 수 있도록 새로운 투자자가 필요하다는 사실을 알고 있었다. 그는 자기 생각을 솔직하게 내게 말해주기도 했다.

구단주 후보와 의견을 나누는 일도 리버풀 주장이 해야 할 책임 중 하나였다. 두바이 인터내셔널 캐피털이 진지하게 클럽 인수 의지를 표명하며 접근했지만, 2007년 1월 제안을 철회했다. 관심은 미국인 사업가 톰 힉스와 조지 질레트 두 사람 쪽으로 향했다. 2007년 2월 6일, 두 사람은 공동으로 리버풀을 인수했다. 나는 그들과 자주 만나서 많은 이야기를 나눴다. 처음에는 대단히 긍정적인 변화처럼 보였다. 나부터 우리도 아브라모비치와 당당히 경쟁할 수 있게 되었다고 믿었을 정도였다.

그러나 18개월 후, 베니테스 감독이 두 사람과 전쟁을 벌였다. 그 다음에는 힉스와 질레트가 서로 싸웠다. 모든 사태는 법정까지 가서야 겨우 일단락되었다. 나의 꿈은 악몽으로 변했다. 나는 펜웨이 스포츠 그룹의 개입을 보며 겨우 마음을 놓을 수 있었다. 미국인 사업가 존 헨리와 톰 워너는 펜웨이를 공동으로 창업했는데, 힉스와 질레트 두 사람과는 전혀 다른 사람들이었다. 결국 펜웨이가 2010년 클럽 경영권을 최악의 콤비로부터 넘겨받았다. 2013-14시즌 초반, 펜웨이의 안정적인 지원을 받은 지 3년이 넘었지만, 여전히 아브라모비치나 아부다비와 대등하게 싸우기가 어려웠다. 석유 갑부 두 사람을 끌어내리기란 정말 쉽지 않은 일이다.

맨체스터 유나이티드도 외국인 구단주의 수중에 떨어졌다. 2003년 초, 미국 탬파에서 온 말콤 글레이저와 그의 가족이 클럽 지분 일부를 사들였다. 글레이저 가문은 서서히 지분을 늘려간 끝에 맨유를 완전히 인수했다. 그러나 인수 자금 대부분이 대출받은 돈이라는 사실이 팬들을 분노하게 했다. 글레이저 가문이 맨유를 인수하기 위해 빌린 자금의 이자를 대신 갚게 생긴 팬들의 분노를 나도 충분히 이해한다. 힉스와 질레트가 그 수법을 그대로 흉내 내어 리버풀을 손에 넣은 것이다. 잉글랜드 축구계를 완전히 재편하는 모양새였다.

솔직히 나는 글레이저 가문과 맨체스터 유나이티드에 관해 신경을 쓴 적이 없었다. 그들이 어떻게 사업을 펼치는지 전혀 관심을 두지 않았다. 인터넷 축구 기사를 뒤질 때도 나는 글레이저 가문과 아브라모비치, 시크 만수르 관련 보도는 그냥 넘겨버린다. 내 관심을 끌지 못한다. 그들이 리버풀 선수로 살아가는 나의 삶을 더 어렵게 만들고 있다는 사실을 이미 알고 있었기 때문이다. 그들이 클럽의 경영권을 어떻게 획득하는지 내가 알 필요도 없다. 나는 그저 안필드, 올드 트래포드, 스탬퍼드 브리지 그리고 얼마 전 이름을 바꾼 에티하드와 에미레이트 스타디움에서 어떻게 경기를 펼쳐야 할지에 관해서 관심을 갖고 걱정을 할 뿐이다.

2013년 8월, 수아레스 논란이 수습되자 나는 주위를 둘러볼 수 있게 되었다. 많은 변화와 불확실성이 도처에 깔려 있었다. 이전 시즌 고전을 면치 못했던 첼시로 무리뉴 감독이 복귀했다. 첼시 팬들은 베니테스 감독이 임시로 팀을 맡았다는 사실을 싫어했다. 유로파리그 우승 트로피조차 베니테스 감독을 향한 첼시 팬들의 증오를 누그러뜨리지 못했다. 리버풀에서 보냈던 과거, 무리뉴 감독과 라이벌 의식 탓에 첼시 팬들은 베니테스 감독을 저주했다. 결국 첼시는 리그 3위에 그쳤다. 무리뉴 감독은 클럽을 완전히 장악하려면 최소한 한 시즌이 걸린다고 경고했다.

수아레스를 놓친 아스널은 거액을 들여 레알 마드리드에서 메수트 외질을 영입했다. 레알 마드리드 팬들은 벵거에게 욕설을 퍼부었다. 아스널은 다시 소심하게 4위권 입성을 목표로 삼았다. 맨체스터 시티도 불안정했다. 로베르토 만치니를 경질하고, 말라가를 이끌던 칠레 출신 지도자 마누엘 페예그리니를 후임자로 내려왔다. 페예그리니는 뛰어난 감독이긴 해도 자리를 오래 지킬 것이라는 보장은 없었다. 다른 리그에서만 있다가 온 감독이 전혀 다른 잉글랜드 축구 스타일에 어떻게 적응할지는 아무도 알 수가 없다. 더군다나

2 새 시즌, 새 희망

시크 만수르와 클럽 고위층은 성공에 대한 인내심이 크지 않다. 수억 파운드를 투자했으니 유럽 무대에서의 성공이 주요 과제가 될 수밖에 없다.

올드 트래포드 쪽 상황은 더 복잡했다. 26년간 팀을 이끌었던 알렉스 퍼거슨 감독이 없는 첫 여름이었다. 맨유에 리그 우승을 보장해줬던 주인공이 이제 없어졌다. 퍼거슨 감독이 위대한 지도자라는 사실에는 이견을 달 수가 없다. 지금까지 들어 올렸던 수많은 우승 트로피가 그의 지도력을 잘 말해준다. 내가 데뷔했던 1998년부터 2013년까지 우리가 어떻게든 그의 질주를 방해하긴 했지만, 퍼거슨 감독은 그 기간에만 프리미어리그 우승을 아홉 번이나 차지했다. 챔피언스리그도 두 차례 우승했고, FA컵과 리그컵도 각각 두 번씩 제패했다. 퍼거슨 감독은 맨유에 리그 우승 13회를 선물했다. 두 시즌에 한 번씩 우승한 꼴이다.

그의 후임자였던 데이비드 모예스를 나는 개인적으로도 잘 안다. 에버턴을 이끌었던 11년간 우리는 서로 축구에 관해서 생각을 나눴다. 나는 항상 그의 축구 지식과 통찰력에 놀라곤 했다. 하지만 퍼거슨 감독의 공백을 메우기란 모예스 감독에게도 엄청난 난제일 수밖에 없다. 8월 중순까지 모예스 감독과 맨유는 뚜렷한 전력 강화 없이 이적시장에서 어슬렁거리기만 했다. 이런 불예측성 한가운데에서 나는 작은 가능성을 포착했다. 항상 우리와 가까운 순위에서 경쟁했던 네 클럽 중 한 곳 정도가 추락해주길 바랐다.

지난 15년간 멜우드 훈련장에서 나와 함께 지냈던 동료들이 대부분 팀을 떠났다. '절친'이자 동료였던 제이미 캐러거는 현역에서 은퇴했다. 2013년 5월 19일 그는 리버풀 경력 마지막 경기에 출전했다. 같은 날 퍼거슨 감독의 마지막 경기도 열렸다. 모두의 관심이 퍼거슨 감독에게 쏠렸지만, 맨유와의 마지막 싸움에서 나는 캐러거가 승리했다고 생각한다. 안필드에서 퀸즈 파크 레인저스를 상대했던 마지막 경기에서 캐러거는 1-0으로 승리했다. 경기 중 캐러거는 거의 골까지 기록할 뻔했다. 그렇게 멋진 슛을 때리다니⋯ 그가 내 축구화를 신은 게 아닌가, 라는 착각이 들 정도였다. 같은 시간, 웨스트 브로미치 원정에 나섰던 퍼거슨 감독은 5-5 무승부로 마무리했다. 그날만 봐서는 분명히 나의 친구이자 기념비적인 수비수 캐러거의 승리였다.

여름 내내 나는 카라(Carra; 캐러거의 애칭)가 그리웠다. 만약 그가 멜우드를 지켰더라면 나 혼자 짊어졌던 수아레스 논란의 부담감을 조금이라도 덜어줬을 것이다. 카라는 언제나 나의 말을 들어줬다. 축구에 관한 통찰력도 대단했다. 항상 똑똑하고 날카로운 관찰력으로 모든 상황을 명쾌하게 분석했다.

카라는 리버풀에서만 통산 737경기 출전을 기록했다. 이안 캘러건(857경기)에 이어 클럽 역대 최다 출전 부문 2위에 이름을 올렸다. 세 번째 자리에 내가 있다. 나는 카라보다 두 살 어린 데다 2015년 2월이 되어서야 겨우 700경기 고지에 다다랐다. 카라와 나는 리버풀의 '원클럽맨' 전통을 지킨 마지막 2인이었다.

잉글랜드 축구는 욕심과 이기심을 동력 삼아 무섭게 앞으로 나아갔다. 겉과 속이 완전히 뒤바뀔 정도로 크게 바뀌면서도 카라와 나는 진중하게 갈 길만 갔다. 우리 두 사람이 리버풀의 심장이었다. 우리는 축구화를 벗을 때까지 리버풀을 떠날 생각이 전혀 없었다. 서른다섯 살이 된 카라가 먼저 떠났다. 나도 서른셋이었으니 마지막 날이 가까이 다가오고 있었다. 하지만 나는 마지막 힘을 쥐어짜고 싶었다. 내 자신을 위해서, 카라를 위해서, 그리고 리버풀 전체를 위해서.

오랫동안 나와 카라는 룸메이트였다. 경기장으로 향하는 클럽 버스에서도 항상 나란히 앉았다. 우리의 축구와 상대팀, 상대 선수에 관해서 끝없이 이야기했다. 그랬던 친구가 갑자기 사라졌다. 우리는 위대한 순간과 싸웠던 싱거를 함께했다. 경기에서 졌을 때에는 서로를 위로해줬다. 리버풀이 패했을 때, 나만큼 우울해졌던 선수는 아마도 카라뿐이었을 것이다. 집으로 돌아오는

2 새 시즌, 새 희망

버스와 비행기 안에서 우리는 나란히 절망에 빠졌다. 그렇게 크게 낙담하는 선수는 우리 둘뿐이었다. 왜냐면 팬과 클럽에 대한 책임감을 맡고 있기 때문이다. 리버풀은 우리의 삶을 지배했다.

카라는 멜우드에서 나보다 한 단계 상위 팀에 있었다. 내가 속한 팀에도 좋은 선수들이 있었지만, 카라의 팀은 유소년 팀 사이에서 굉장히 유명했다. 그 팀은 FA유스컵에서 프랭크 램퍼드와 리오 퍼디낸드를 보유했던 웨스트햄을 꺾고 우승을 차지했다. 스튜이 퀴, 에디 터킹턴, 제이미 캐시디, 리 프라이어, 데이비드 톰슨 그리고 카라가 주축이었다. 톰슨은 리버풀 유소년 단계에서 내가 봤던 선수 중 단연 최고였다. 우리는 둘 다 학생이었는데, 시간이 날 때마다 톰슨이 뛰는 리저브팀 경기를 보러 갔었다. 그는 정말 대단했다.

톰슨은 카라의 친구 무리 중 하나였다. 카라와 톰슨, 캐시디, 프라이어가 우리처럼 어린 선수들을 무섭게 다뤘다. 개중에서 카라의 목소리가 가장 컸고, 입담도 제일 좋았다. 나는 카라가 맨 처음 나한테 말을 걸었던 때를 기억한다. 멜우드에서 내가 걸레질을 하고 있을 때였다. 그는 프로 계약 1년 차인 촉망받던 '빅헤드(big-head)'였다. 로니 모런은 리버풀에서 처음 프로 계약을 맺은 선수들을 '빅헤드'라고 불렀다. 당시 빅헤드가 바로 카라였다. 그는 내가 일주일에 47파운드 50펜스를 받는 유소년 수련생이고, 본인은 정식 프로 선수라는 사실을 즐겼다. 나는 카라가 두고 간 땀에 젖은 운동복을 세탁해야 했다. 라커룸 바닥에 앉아 그의 축구화에 들러붙은 진흙을 떼야 했다. 예나 지금이나 카라의 입은 걸걸했다.

카라는 매번 내 머리 모양을 놀려댔다. 특히 내 앞머리가 놀림감이었다. 그때 나는 헤어스타일링 제품을 전혀 사용하지 않았다. 매일 아침 일어나 앞머리가 쭉 뻗친 상태로 그냥 다녔다. 내 머리를 누가 신경 쓰겠는가? 축구밖에 몰랐던 때였다. 내가 열일곱 살 때는 내 사진을 원하는 사람이 아무도 없었다. 카라는 뻗친 앞머리를 볼 때마다 똑같은 말로 놀려댔다. "또 엉덩이로 머리카락을 빗은 거야?"

나는 카라와 그런 식으로 농담을 수없이 주고받았다. 프로 초년생 시절 1군에 있던 선배들은 모두 거친 농담에 일가견이 있었다. 축구의 한 부분이다. 은퇴하고 나면 나도 그런 농담들이 그리워질 것 같다. 2013년 혼란스러웠던 여름을 보내며 카라가 너무 보고 싶었던 이유다. 카라만큼 호전적이고 칼로 찌르는 듯한 입담을 지닌 사람은 없다. 수아레스의 잔류를 걱정하는 동안 나는 곁에 카라가 있었으면 좋겠다는 마음이 절실했다.

2004년 대니 머피(Danny Murphy)가 리버풀을 떠났다. 마이클 오언의 결별이 겹쳤다. 마이클과 카라는 정말 친했다. 나와 대니처럼 마이클과 카라도 항상 붙어 다녔다. 우리 넷은 자주 함께 놀았지만, 언제나 나는 대니와 대화하는 시간이 많았다. 대니와 마이클이 떠나자 카라와 내가 '절친'이 되었다. 그는 부틀(Bootle) 출신으로 에버턴 팬이었다. 나는 휴이턴(Huyton) 출신이었다. 둘 다 축구에 미친 스카우저였기에 친한 친구가 되는 게 당연했다. 그가 세상일에 밝다는 점을 나는 잘 알고 있었다. 그의 영특함에 나는 매번 감탄했다. 입만 날카로운 줄 알았는데 머리는 더 날카로웠다.

축구에 관한 카라의 기억력과 집착은 사실 무서울 정도다. 경기를 하지 않을 때에도 그는 항상 경기를 보면서 이야기하고 관련 서적을 읽을 것이라 생각한다. 나보다 훨씬 축구에 미쳐 있다. 항상 이기고 싶어 한다. 훈련 때도 카라는 5 대 5 미니게임에서 이기려고 서슴없이 속임수를 써댔다. 팬들도 경기를 통해 잘 알고 있을 것이다. 그는 항상 주심 주위를 맴돌면서 뭐 하나라도 빼먹으려고 애쓴다.

한번은 훈련 도중 카라와 내가 싸웠다는 소문이 나돌았던 적이 있다. 이유도 정말 어이없다. 전부 헛소문이었다. 잘못된 정보 속에서 항상 이긴 쪽이 카라였다고 하는 게 나를 더 열 받게 했다. 한번 시간을 내서 복싱 글러브를 끼고 대결이라도 펼쳐야 할 것 같다. 지금이 딱 좋다. 카라는 리버풀이 낳은 최고 복서 중 한 명인 토니 벨류한테 복싱을 배우고 있기 때문이다.

카라는 위대한 축구선수였다. 돈이 쏟아지고 있는 요즘 축구판에서 동네 꼬마가 고향 클럽에서 성취해낸 업적을 보고 있으면 정말 놀라움을 금치 못한다. 3시즌 사이에 우리가 챔피언스리그 결승전에 두 번이나 나갔을 때만 해도 리버풀은 제일 잘한다는 수비수를 누구라도 영입할 수 있었다. 그러나 수비 핵심이었던 카라의 주전 자리를 빼앗을 수 있는 경쟁자는 단 한 명도 없었다.

캐러거는 유럽 최고 수비수 반열에 올랐다. 카라가 없었다면 우리가 챔피언스리그에서 그렇게 잘해낼 수 없었다. 결정적인 득점 활약과 명장면 덕분에 나를 포함해 많은 동료들이 뜨거운 관심을 받았다. 하지만 우리가 활약할 수 있도록 뒤를 든든하게 지켜줬던 주인공이 바로 카라였다. 매 시즌, 매 경기에 카라가 있었다. 10년 넘게 카라는 정상급 수비력을 유지했다. 최전성기에 도달한 캐러거는 알레산드로 네스타(Alessandro Nesta)나 존 테리(John Terry)와 어깨를 나란히 했다고 생각한다. 동시대 최고 수비수가 테리라고 인정하지만, 카라도 테리와 네스타에 견주어 절대로 뒤떨어지지 않는다고 평가한다.

이스탄불에서 열렸던 챔피언스리그 결승전 120분이 제이미 캐러거라는 선수를 상징하는 것 같다. 리버풀 안에서 그의 존재감이 얼마나 큰지도 그 경기를 통해 알 수 있다. 그날 밤 카라는 모든 걸 내던졌다. 피, 땀, 눈물 그리고 근육 경련. 그는 혈투를 치렀다. 카라의 양말이 돌돌 말려 발목까지 내려가 있었다. 카카(Kaka)와 안드리 셉첸코(Andriy Shevchenko)를 막기 위해 영웅적인 태클을 연발했다. 경기가 끝난 뒤, 카라는 다리가 부러진 상태에서 뛰는 것보다 쥐가 난 상태로 계속 뛰는 쪽이 더 최악이라고 털어놨다. 오직 카라만이 그런 말을 할 자격이 있다고 생각한다. 예전 블랙번 경기에서 카라는 다리가 부러졌는데도 계속 뛰려고 했다. 당시 그는 부상이 얼마나 심각한지 깨닫지 못했다. 자기가 고통을 잊을 수 있다고 생각했다. 그게 바로 카라다. 리버풀을 위해 자기 목숨을 바칠 준비가 되어 있는 사람이다.

마지막 시즌 카라는 어려움을 겪었다. 새해 초까지 그는 베스트 11에서 밀려 있었다. 상황이 카라의 목을 조르고 있는 걸 나는 볼 수 있었다. 카라는 나랑 똑같다. 그의 일주일은 월요일 아침에야 시작한다. 이미 다음 경기를 기다리는 상태다. 해야 할 일은 뭐든지 하려고 한다. 열심히 훈련하고, 몸에 좋은 음식을 섭취하며 근육 마사지를 잊지 않는다. 적당한 휴식을 취하면서 식이요법을 거르지 않으며 주말에 있을 경기를 위해 자신을 준비한다. 그런 일련의 반복 과정을 감독이 빼앗아 가버리면 생활 자체가 바뀌어버린다.

리버풀 감독에 처음 부임한 브렌던 로저스가 변화를 일으킨 장본인이었다. 카라는 더 이상 붙박이 주전이 아니었다. 고통스러운 변화다. 카라는 과거 16시즌 동안 매 주말 경기를 뛰면서 살아왔다. 항상 팀이 자기를 원하며 감독은 매 경기 자신을 선택하리라는 사실을 알면서 그렇게 생활해왔다. 그랬던 현실이 갑자기 바뀌면 마음의 상처가 너무 크다. 마지막 시즌 나도 약간 비슷한 상심을 겪었다. 다치거나 몇 경기 출전정지 징계를 받았다. 상황을 견디기가 그전보다 훨씬 힘들었다.

수비수는 더 어렵다. 벤치에 앉아봤자 경기에 들어갈 가능성이 낮기 때문이다. 자신감이 뚝 떨어진다. 나는 미드필더인 덕분에 아무리 벤치에서 경기를 시작하더라도 거의 대부분 교체 투입된다는 사실을 알고 있다. 상황이 나쁘게 흐르면 후반전에 들어가 30분 정도까지 뛸 수 있게 된다. 우리가 이기고 있어도 승리를 굳히는 임무를 수행하기 위해 경기에 투입될 수 있다.

카라와 나는 스쿼드플레이어 신세에 익숙하지 않다. 2013년 1월 우리가 맨체스터 유나이티드에 패한 뒤, 로저스 감독은 "우리는 팀에 시니어와 리더가 더 많아야 한다"고 말했다. 그의 발언을 나는 흡족하게 받아들였다. 다음 경기에서 카라가 선발로 돌아와 노리치를 5-0으로 제압했다. 그 경기부터

2 새 시즌, 새 희망

시즌이 끝날 때까지 카라는 계속 경기에 출전했다. 마지막 시즌이었음에도 불구하고 카라의 몸 상태는 여전히 좋았다. 스피드도 괜찮았다. 무엇보다 경험이 정말 풍부했다. 카라가 출전하는 경기에서는 수비진이 탄탄해지는 덕분에 항상 경기력이 향상되었다. 그의 수비진 통솔력은 믿기 힘들 정도로 뛰어나다. 여전히 팀의 기둥 같은 존재였다. 모든 팀은 기둥이 필요하다. 든든한 뼈대와 큰 존재감이 있어야 한다. 리버풀에서 보낸 마지막 6개월 동안 카라는 그 모든 것을 보여줬다. 마지막 순간까지 카라는 위대한 수비수였다.

실력만 보면 카라는 리버풀 1군에서 한 시즌 더 뛸 수도 있었지만, 적당한 은퇴 시점을 골랐다고 생각한다. 팬들의 기대치는 항상 크다. 경력 유일의 클럽과 좋게 헤어지는 모습까지 바란다.

파올로 말디니는 역대 최고 수비수 중 한 명이다. 챔피언스리그 결승전에서 만났던 AC 밀란의 주장이기도 했다. 그는 25년에 달하는 프로 생활을 오직 AC 밀란에서만 보냈다. 그러나 현역 은퇴가 가까워졌을 때 안타깝게도 그는 홈 팬들로부터 야유를 받았다.

개리 네빌도 위대한 선수였다. 출전하는 모든 경기에서 그는 최선을 다했다. 하지만 현역 말년을 보내는 그를 보면서 마음이 정말 아팠다. 나이가 들자 네빌은 부상이 잦아졌다. 출전해도 상대 선수와 일대일로 맞서는 상황에서 고생했다. 한 팀에서 오랫동안 특별한 존재로 자리매김했던 선수는 그런 상황을 순순히 받아들이기가 어렵다. 개리는 공수 진영을 쉴 새 없이 오갔던 수비수였다. 그러나 부상으로 6개월 이상 빠지게 되면 곤란해진다. 나는 카라가 그런 식으로 클럽과 작별하지 않아서 정말 기뻤다. 그는 옳은 은퇴 시점을 정확히 잡았다.

로저스 감독이 부임한 첫 시즌, 우리는 리그를 7위로 마쳤다. 케니 달글리시가 있었던 이전 시즌보다 한 단계 오른 순위였다. 2013년 5월, 톰 워너 회장은 리버풀 지역지 〈리버풀 에코〉와 인터뷰에서 긍정적인 평가를 내렸다.

"로저스 감독은 가시적 성과를 남겼다. 뛰어난 전략가인 동시에 강한 리더십을 보여줬다. 리그에서 더 높은 순위를 차지하지 못해서 아쉽지만, 팀 자체는 확실히 발전했다. 1월 이적시장에서 영입한 대니얼 스터리지와 필리페 쿠티뉴의 경기력도 대단히 긍정적이다. 이전 시즌보다 득점 수도 많아졌다. 로저스 감독 아래서 리버풀은 지금 올바른 방향으로 나아가고 있다. 이번 여름 이적시장에서 전력을 더욱 강화한다는 게 우리의 목표다."

시즌 개막을 앞두고 수아레스 논란에 휩싸이면서도 우리는 카라의 경험이 남긴 커다란 구멍을 몇몇 유망주의 신선함으로 메웠다. 나는 로저스 감독의 지도 수완에 큰 믿음을 품었다. 스터리지와 쿠티뉴처럼 재능 있는 어린 선수들의 영입도 힘을 낼 수 있게 하는 요소였다. 종잡을 수 없는 이적시장이 닫히기까지 아직 몇 주일 남아 있었다. 그러나 2013년 여름 이적시장에서 나는 우리가 최적임자를 데려왔는지에 관해서는 확언할 수 없었다. 앤디 캐롤(Andy Carroll)과 스튜어트 다우닝(Stewart Downing)은 나란히 웨스트햄으로 이적했다. 존조 셸비(Jonjo Shelvey)는 스완지로, 제이 스피어링(Jay Spearing)은 볼턴으로 각각 떠났다.

2013년 9월 1일 파리 생제르맹에서 뛰던 마마두 사코(Mamadou Sakho)가 1,200만 파운드 이적료로 우리 쪽에 합류했다. 여기에 신입생이 여섯 명 들어왔다. 이아고 아스파스(Iago Aspas; 셀타비고, 900만 파운드), 시몽 미뇰렛(Simon Mignolet; 선덜랜드, 900만 파운드), 루이스 알베르토(Luis Alberto; 세비야, 680만 파운드), 티아고 일로리(Tiago Ilory; 스포르팅 리스본, 680만 파운드), 콜로 투레(Kolo Toure; 맨체스터 시티, 자유계약), 빅터 모제스(Victor Moses; 첼시, 임대)였다.

알베르토와 아스파스는 성격만큼 기술도 정말 뛰어난 선수들이었다. 원투 패스가 기막혔고, 패스 전체를 관찰하는 능력이 뛰어났다. 5 대 5, 7 대 7 미니게임에서 두 선수는 정말 대단해 보였다. 기술적으로 더 뛰어난 스페인 리그에서도 도드라져 보일 수밖에 없는 이유가 분명해 보였다. 그러나 라커룸에서 두 선수의 행동을 보자마자 나는 그들이 프리미어리그에서 성공하지 못할 것이라는 사실을 직감했다. 체격이 너무 가냘팠다. 둘 다 열다섯 살짜리 소년의 몸을 갖고 있었다. 한눈에 나는 '세상에. 저 몸 갖고 존 테리, 애슐리 윌리엄스, 라이언 쇼크로스를 어떻게 상대한다는 거지?'라는 걱정부터 들었다.

아스파스가 절대로 원톱으로는 뛸 수가 없다는 사실을 깨달았다. 투톱이라면 괜찮을까? 그럴지도 모른다. 영리한 선수이기 때문이다. 하지만 우리는 투톱 전술을 거의 쓰지 않는다. 현금 900만 파운드가 허공으로 사라질 것 같았다. 아쉽게도 내 직감이 맞았다. 1년 뒤, 아스파스는 세비야로 임대 이적했다. 임대 종료 후 완전 이적(3년) 조항이 딸려 있었다.

새로 온 선수는 두 번 정도 훈련을 함께 해보면 성공 여부에 대한 감이 잡힌다. 매번 그렇진 않지만 나의 직감은 대부분 정확하다. 일주일 정도 함께 훈련하면 꽤 뚜렷한 예측이 선다. 누구나 한두 번 정도는 훈련에서 좋지 않을 수 있다. 하지만 대여섯 번 연속으로 훈련에서 별다른 모습을 보여주지 못하는 선수는 성공하기가 어렵다. 신체 조건을 보기도 하고, 운동 능력, 파워 등을 보고 신입생의 성공 여부를 쉽게 가려낼 수 있다.

내 직감이 틀린 선수도 물론 있다. 조던 헨더슨(Jordan Henderson)은 리버풀 이적 첫 시즌에 힘겨워했다. 자신감도 떨어져 보였다. 경기나 훈련에서 그는 만족스러운 모습을 보여주지 못했다. 아주 가끔 훈련에서 정말 좋은 능력을 발휘했다. 무엇보다 실전에서 헨더슨이 보여준 사소한 장점들을 발견했다. 자신감만 되찾으면 팬들의 지지를 얻어 좋은 선수로 발전할 수 있는 장점들이었다. 헨더슨은 동료의 작은 도움과 따듯한 관심을 필요로 했다. 적응을 끝내자 그는 자신을 입증했다. 지금 그는 리버풀의 주장 완장을 이어받았다. 선수나 동료로서 나는 그를 절대 신임한다.

나는 누군가에 관해서 비관적인 예상을 했다고 해서 믿음을 완전히 접지는 않는다. 나를 놀라게 하거나 내 생각을 완전히 바꾼 동료들도 있었다. 하비에르 마스체라노(Javier Mascherano)는 합류 초기에는 힘들어했다. 패스도 엉망진창처럼 보였다. 하지만 단지 적응기가 필요할 뿐이었다. 처음 봤을 때 내 생각은 '잘 모르겠다'였다. 대여섯 경기를 치르자 마스체라노는 정말 끝내주게 변신했다. 지금 그는 바르셀로나의 주축으로 활약한다. 물론 그곳에서도 초반 고된 적응기를 거쳐야 했다.

여전히 기술과 재능은 중요한 평가 기준이다. 사비 알론소(Xabi Alonso)를 예로 들어보자. 2004년 레알 소시에다드에서 이적해오기 전부터 나는 그가 매우 좋은 선수라는 걸 알았다. 첫 훈련을 앞두고 워밍업을 하면서 그의 패스를 봤다. 사비는 힘을 들이지 않고도 부드러운 볼터치와 기술로 18미터 거리 패스를 쉽게 해냈다. 딱 2분 만에 나는 그가 리버풀을 위해 멋진 선수, 꿈 같은 동료가 되리라고 확신했다. 반면에 알베르토와 아스파스, 파비오 보리니는 잉글랜드 축구에서 롱런하기 어려울 것이라고 직감했다. 보리니는 굉장히 빠른 선수다. 하지만 두 번 훈련을 함께 해보니 그가 리버풀의 스트라이커가 되기 어렵다고 확신했다. 최소한 파울러, 오언, 토레스, 수아레스 수준은 절대로 아니었다. 나는 한 가지만 바랐다. 하비에르 에르난데스(Javier Hernandez)처럼 막판 교체로 나와 절실한 골을 넣어주는 타입으로 활약해주는 것이다. 결국 보리니는 선덜랜드로 임대 이적했다. 잘할 때도 있었지만 결국 그는 성공하지 못했다.

그해 여름 빅플레이어가 우리 곁을 떠났다. 페페 레이나가 나폴리로 임대 이적했다. 그곳 감독으로 부임한 라파엘 베니테스 감독의 부름을 받았다. 그의 후임자는 시몽 미뇰렛이었다. 나는 약간 불안했다. 선덜랜드에서 그가 얼마나 잘했고, 기록이 좋았는지 잘 알고 있었다. 그러나 하위권 팀에서 뛰던 골키퍼가 리버풀에서 활약하기란 쉽지 않다. 하위권 팀의 경기에서는 골키퍼가 계속 바쁘다. 공격을 당하는 장면이 많기 때문에 TV 하이라이트 프로그램에서도 멋진 세이브 장면의 주인공으로 자주 등장할 수 있다. 리버풀의 골키퍼를 평가하는 기준은 다르다. 사람들은 숏스토핑(shot-stopping) 능력을 우선시하지 않는다. 리버풀의 골대는 하위권 팀만큼 공격당하지 않는다. 발로 공을 다루는 능력, 패스 정확도, 크로스 방어 능력 등이 더 중요해진다. 미뇰렛의 숏 방어 능력에 관해서는 익히 알고 있다. 그 능력만큼은 프리미어리그에서 뛰는 골키퍼 중에서도 정상급이다. 성격도 굉장히 좋다. 프로다운 자세도 좋고 훈련 태도도 성실하다. 그렇지만, 나는 여전히 미뇰렛이 브렌던 로저스 아래서 잘 적응할지 의문이다. 손보다는 발로 공을 다뤄야 할 때가 잦다. 경기 중 실제로 숏을 막는 장면이 많지 않은 만큼 집중력을 유지할 수 있어야 한다. 시즌을 시작하면 시간을 두고 지켜봐야 할 부분이었다.

2013년 8월 17일 토요일
안필드

새 시즌의 개막전은 언제나 큰 기대로 가득하다. 킥오프 휘슬이 울리기 전부터 안필드는 들썩거린다. 스토크 시티를 상대한 홈 개막전이 벌어진 토요일 오후는 비바람이 몰아치는 날씨였다. 잉글랜드 축구의 전통처럼 느껴지는 오후 분위기였다. 하지만 다른 점도 있었다. 전통적인 경기 시간인 오후 3시가 아니었다. TV 중계권자의 요구에 따라 킥오프 시간은 오후 12시 45분으로 당겨졌다. 프리미어리그의 그 누구보다 시즌을 일찍 시작한다는 사실에 만족해야 했다.

경기 전 워밍업을 마치고 라커룸으로 돌아오자 경기장은 '당신은 홀로 걷지 않아' 합창이 울려 퍼졌다. 관중석은 유니폼과 스카프, 플래카드, 깃발이 만드는 붉은 물결로 뒤덮였다. 언제나 그렇듯이 나는 붉은 바다를 바라봤다. 저 멀리 '96인을 위한 정의(Justice for the 96)' 구호가 적힌 커다란 플래카드가 보였다. 흰색 바탕에 리버풀의 붉은색으로 글자가 적혀 있었다. 힐즈브러 희생자 중 한 명인 내 사촌 존-폴이 살아 있다면 올해로 서른네 살이 되었을 것이다. 상징적으로 '96'이란 숫자만 적은 깃발들도 차가운 바람에 휘날리고 있었다. 나머지 구호들은 우리가 사랑하는 축구의 즐거움이 다시 찾아왔다는 행복감을 나타내고 있었다. 빌 생클리와 내 얼굴 그림도 다양한 깃발과 함께 나부꼈다. 콥 스탠드의 합창 소리가 커져가는 가운데 '꿈꾸게 해다오(Make Us Dream)'란 문구가 눈길을 끌었다. 만약 8년 전 내가 첼시로 떠났다면, 이 모든 분위기와 거대한 사랑, 충성심을 모두 잃어버렸을지도 모른다. 산티아고 베르나베우도 안필드만큼 유명하고 위대한 축구 경기장이다. 하지만 이렇게 머리카락이 쭈뼛 서는 분위기를 즐길 순 없었을 것이다.

리버풀의 홈 관중이 내 가슴에 심어준 희망과 기대가 부풀어오르는 걸 다시 한 번 느낄 수 있었다. 나는 다짐했다.

'출발한다. 새로운 시즌, 새로운 꿈을 향해서.'

루이스 수아레스는 여전히 징계 중이었다. 그는 관중석에 앉아 그라운드 위에 있는 동료들을 시무룩하게 바라봤다. 우리는 차가운 비바람을 맞은 채 공을 주고받으며 몸을 풀었다. 하지만 안필드의 주차장에 도착한 루이스를 향해 팬들이 보내준 성원을 보며 마음이 놓였다. 리버풀 팬들의 사랑을 재확인한 루이스가 지어 보인 특유의 미소는 더 기분 좋았다. 로저스 감독은 루이스의 자리에 아스파스를 세우기로 했다. 프리미어리그 첫 선발이었다. 옆에는 스터리지가 있었다. 라힘 스털링과 알베르토는 벤치에서 시즌을 시작했다.

나는 센터서클을 향해 걸어갔다. 나의 사랑을 가장 적게 받는 주심 마틴 앳킨슨이 기다리고 있었다. 내 경력은 그가 줬던 옐로카드와 레드카드로 가득하다. 솔직히 그가 싫다. 스토크의 주장 라이언 쇼크로스와 악수를 나누며 작은 미소와 함께 행운을 보냈다. 그 친구는 연신 빗물을 닦아내느라 자기 입술에 침을 묻혔다. 아스파스는 추위에 덜덜 떨고 있었다. 앳킨슨이 던진 동전의 앞면이 위를 향했다. 진영을 고를 수 있게 되었다. 평소대로 나는 안필드 로드를 향해 경기를 시작하겠다고 했다. 그러면 후반전 우리는 콥 스탠드 앞에서 공격을 펼칠 수 있게 된다. 동료들 쪽으로 돌아갔다. 마지막 팀토크를 건네고 파이팅을 외쳤다. 그 순간, 프리시즌 동안 벌어졌던 모든 혼란과 난관의 기억이 사라졌다. 알렉스, 세 딸, 부모님, 친형 폴에 관한 생각도 지웠다. 나의 모든 것은 앞으로 벌어질 90분 안에 다 쏟아낸다. 반드시 승리로 시즌을 시작해야 하기 때문이다.

리버풀의 우세가 점쳐졌지만, 스토크는 조직력이 단단한 팀이다. 토니 풀리스의 후임으로 마크 휴즈가 지휘봉을 잡고 있었다. 경기 개시 2분 만에 얻은 프리킥을 내가 크로스로 올렸다. 제대로 날아갔지만 쇼크로스가 높이 떠서 헤딩으로 멀리 걷어냈다. 스터리지와 쿠티뉴가 헤집고 다녀준 덕분에 우리는 매우 활기차 보였다. 스토크는 물러서지 않고 공격해왔다. 전반 9분 일찌감치 시즌 첫 위기가 찾아왔다. 시몽 미뇰렛이 크로스를 처리하려고 뛰어나왔다. 하지만 신입 골키퍼가 어눌하게 대처한 탓에 한때 동료였던 피터 크라우치(Peter Crouch)에게 압도당했다. 골문 앞 혼전 끝에 로버트 후스(Robert Huth)가 8미터 지점에서 발리슛을 때린 것이 크로스바를 맞고 나왔다. 그런 기회가 골잡이가 아닌 중앙수비수 앞에 떨어진 걸 다행으로 생각해야 했다.

몇 분 후, 내가 다시 프리킥 크로스를 보냈다. 완벽하게 날아갔다. 페널티박스 안에서 스터리지가 멋진 헤딩슛으로 스토크의 골네트를 흔들었다. 안필드가 대폭발했지만, 아쉽게도 부심의 깃발이 올라갔다. 대니얼이 아슬아슬하게 오프사이드에 걸렸기 때문이다. 하지만 그가 페널티박스 안에서 쉽게 공간을 찾아냈다는 사실에 힘이 솟았다. 나의 다음 세트피스 크로스를 받아

내 동료는 콜로 투레였다. 오른쪽 코너킥이었다. 나는 페널티박스 구석으로 파고드는 신입 수비수 콜로를 겨냥했다. 나는 가까운 쪽 골대를 향해 코너킥을 보냈다. 콜로의 헤딩슛이 크로스바 아래쪽을 강타하곤 바닥을 때렸다. 콜로가 반응하지 못하는 동안 스터리지가 사각(死角) 지점에서 강하게 때렸다. 슛은 높이 뜨고 말았다.

스토크 수비진을 계속 괴롭혔던 스터리지가 결국 해냈다. 아스미르 베고비치(Asmir Begovic)는 이미 스터리지의 날카로운 슈팅을 두 개나 막아냈다. 그러나 전반 37분 슈팅 앞에서는 속수무책이었다. 내가 반대쪽에 있던 헨더슨에게 롱패스를 연결했다. 헨더슨과 루카스를 거친 패스가 아스파스에게 닿았고, 간결한 횡패스가 페널티박스 안으로 들어가자 스터리지가 힘과 정확성을 겸비한 슛으로 마무리했다. 후스의 가랑이 사이를 관통한 슛은 몸을 날린 베고비치의 손을 피해 스토크의 골문 오른쪽 구석으로 정확히 꽂혔다. 우리가 1-0으로 앞서나갔다.

대니얼은 그 자리에서 두 손을 들고 조각상처럼 서서 달려오는 동료들을 '쿨'하게 기다렸다. 2013-14시즌 프리미어리그의 시즌 1호 골을 그가 넣은 것이다. 물론 앞으로 대니얼이 넣을 많은 골의 시작에 불과했다.

전반전 막바지에 다다라 존 월터스(John Walters)의 강슛을 미뇰렛이 멋지게 막아냈다. 이어 루카스가 골라인 상에서 상대의 슛을 걷어냈다. 팽팽한 분위기 속에서도 어떻게든 우리는 한 골 앞선 채 전반전을 마쳤다. 후반 들어 우리는 경기 템포를 높였다. 스토크는 수비를 단단히 했다. 헨더슨의 슛은 베고비치의 방어에 걸리고 말았다. 헨더슨은 골대를 맞히기도 했다. 아스파스 대신에 스털링이 들어왔지만 베고비치의 수비벽은 무너질 줄 몰랐다. 오른쪽 톱코너를 정확히 뚫렸다고 생각한 나의 프리킥까지 베고비치가 막아냈다.

스토크는 역습 그리고 승점 1점을 노렸다. 안필드에 불안감이 감돌았다. 옛 동료 찰리 아담(Charlie Adam)이 스토크 쪽에서 교체로 들어왔다. 센터서클에서 장거리 슛을 시도했지만 미뇰렛이 잘 막았다. 아담은 2015년 첼시전에서 그의 장거리슛을 기어이 성공시켰다. 경기 막판이 되자 스토크의 공세가 거칠어졌다. 스털링이 제롬 카메론(Jerome Cameron)에게 반칙을 범해 스토크가 왼쪽 측면에서 프리킥을 얻었다. 경기시간은 88분이었다. 우리는 전부 수비로 내려왔다. 크로스가 올라왔다. 치열한 몸싸움 중에 대니얼 아게르(Daniel Agger)가 크로스를 막으려고 왼발을 들어 올렸다. 오른팔이 따라 올라갔다. 공이 그 팔에 맞았다. 페널티킥.

우리는 항의도 하지 않았다. 리버풀과 내게 마틴 앳킨슨이 선언하는 페널티킥은 놀라울 게 없다. 물론 이번에는 옳은 판정이었다. 아게르의 핸드볼이 명백했다. 마치 팔로 공을 쳐내는 것 같아 보였다. 머리 안이 새하얗게 변했다. 시즌 개막전, 홈경기, 심지어 경기 종료 직전에 승점 2점을 날릴 위기였다. 경기를 시작했을 때 품었던 모든 희망과 약속이 몸 밖으로 빠져나갔다. 나는 아크 오른쪽에서 페널티박스 선을 밟고 대기했다. 양손은 허리를 잡고 있었다. 낙담의 제스처다. 모든 시선이 미뇰렛에게 꽂혔다. 한 차례 슈퍼세이브가 있었지만, 경기 내내 미뇰렛은 발로 패스를 뿌리는 플레이에 애를 먹었다. 경기 첫 크로스 방어에서도 실패했다. 자신감을 얻을 수 있는 리버풀 데뷔전은 아니었다. 얼마 전까지만 해도 나는 페페 레이나가 페널티킥을 막아줄 것이라는 희망을 갖고 있었다. 나는 미뇰렛을 잘 알지 못한다. 그래서 이번에는 기대를 하지 못했다.

스토크의 존 월터스가 페널티킥을 차러 나왔다. 그는 진지한 공격수다. 실축하지 않을 것 같았다. 나는 그저 바라만 볼 뿐이었다. 미뇰렛이 월터스의 집중력을 흩트리기 위해 양손을 올려 흔들었다. 앳킨슨 주심이 휘슬을 불었다. 월터스가 미뇰렛의 오른쪽으로 세게 찼다. 우리의 신입 골키퍼가 몸을 던져 손바닥으로 페널티킥을 쳐냈다. 정말 믿을 수가 없었다. 새 팀에 오자마자 첫 경기에서 페널티킥을 막아내다니. 미뇰렛은 곧바로 일어나 켄와인 존스

(Kenwyne Jones)의 리바운드슛을 다시 막아냈다. 스토크는 동점골 대신 코너킥 획득에 만족해야 했다. 시몽, 너 정말 예술이다.

모두 미뇰렛을 향해 달려갔다. 투레, 헨더슨, 글렌 존슨이 먼저 미뇰렛에게 닿았다. 그 다음이 나였다. 미친 질주에서 루카스, 아게르, 호세 엔리케보다 빨랐다! 다들 펄쩍펄쩍 뛰면서 시몽의 목덜미를 쥐고 흔들었다. 나는 허공에서 주먹을 휘두르며 좋아했다. 다들 정신이 나가 있는데 시몽이 안정을 되찾았다. 눈을 크게 뜨고 코너 쪽을 가리키며 우리에게 정신 차리라고 소리쳤다. 그가 옳았다. 우리를 흥분 속에서 꺼내어줬다. 코너킥을 침착하게 막아냈다. 우리는 한 골을 지켜내 1-0으로 승리했다. 미뇰렛의 막판 페널티킥 선방 덕분이었다. 우리의 새 시즌은 이렇게 시작했다. 경기가 끝난 시점에서도 다른 팀들의 개막전은 아직 시작도 하지 않았다. 로저스 감독이 씩 웃으며 "우리가 리그 1위야!"라고 말했다.

다음 주말 토요일 오후, 애스턴 빌라 원정이 두 번째 경기였다. 이번에도 TV 중계용 킥오프 시간인 오후 5시 30분이었다. 버밍엄으로 가는 구단 버스에 오르면서 카라가 떠난 뒤 모든 게 바뀌었다는 사실을 절감했다. 언제나 우리는 버스에서 나란히 앉았다. 이젠 그가 없다. 다행히 원정 이동을 함께 즐길 오랜 전우들이 남아 있었다. 나는 클럽 물리치료 책임자 크리스 모건(Chris Morgan) 옆에 앉았다. 리버풀 식구 중에 나를 제일 잘 아는 사람이 바로 크리스다. 나이 먹는 내 몸에 관해서도 줄줄이 꿰고 있다. 폴 스몰(Paul Small)도 있다. 마사지사 중 한 명인데 정말 좋은 친구다. 폴은 잉글랜드 국가대표팀의 스태프이기도 해서 내가 더 의지할 수밖에 없다. 체력담당자 롭 프라이스(Rob Pryce)도 나는 끔내 신임한다.

크리스는 2005-06시즌 리버풀에 합류했다. '이스탄불의 기적'과 나의 첼시 이적 거절이 있었던 직후였다. 원래 그는 리저브팀 담당이었지만, 1군의

2 새 시즌, 새 희망

잡다한 일도 봐줬다. 크리스는 일을 정말 잘해서 내가 그를 찾는 횟수가 늘어났다. 왠지 모를 통증이 있거나 심각한 부상이 아닌지 걱정이 들 때마다 나는 크리스를 찾아갔다.

시간이 흐를수록 나는 크리스를 무조건 믿게 되었다. 부상에서 회복할 때, 마음속에 어둠이 움틀 때, 크리스가 귀 기울여준 덕분에 나는 마음의 짐을 덜 수 있었다. 내 현역 경력을 구해준 것만도 두 번이나 된다. 2011년 나의 몸은 최악이었다. 그대로 끝나는 줄 알았다. 크리스와 클럽 주치의 자프 이크발(Zaf Iqbal) 박사가 나를 심리치료사인 스티브 피터스(Steve Peters)에게 보냈다. 지난 3년 반 동안 피터스는 내 경력 자체를 돌봐줬다. 스티브와 크리스는 심리적으로나 체력적으로 내게 도움을 줬다. 두 사람에게 나는 정말 큰 빚을 졌다.

내가 크리스에게 마음을 열게 된 때를 기억한다. 처음 탈장 부상을 당했던 때다. 우리는 함께 독일로 갔다. 그곳에서 나는 이틀간 수술을 받았다. 크리스는 수술 장면을 담은 동영상을 처음부터 끝까지 지켜보며 전체 과정을 머릿속에 넣었다. 독일에서 수술하고 회복할 때까지 우리는 많은 시간을 함께 보냈다. 둘의 대화는 점점 더 솔직해져 갔다. 처음에는 축구를 떠나 일상에 관한 이야기를 나눴다. 하지만 우리는 나이와 출신 배경이 매우 비슷했던 덕분에 편안함을 느꼈다.

그런 연유로 해서 원정길에 나서는 구단 버스에 올라타면, 나는 자연스럽게 크리스의 옆자리에 앉게 되었다. 원정 버스에는 어린 선수들도 많이 타는데, 보통 나는 그 친구들과 거리를 두고 자리를 잡는다. 어린 친구들과 뒤섞여 망가지고 싶지 않았다. 나는 주장이기 때문이다. 솔직히 나이 차이도 크다. 나는 서른세 살이었다. 라힘 스털링과 조던 아이브는 아직 10대였다. 쿠티뉴처럼 이제 막 성인이 된 동료들도 있었다. 그들에겐 내가 아저씨일 뿐이다. 어린 후배들이 겪어보지 못한 수많은 것들을 이미 경험했다. 나를 어려 위해서는 안 된다. 자신들을 도우려고 내가 그곳에 있다는 사실을 분명히 할 필요가 있다.

축구 외적으로는 어린 선수들과 개인적인 식사 자리를 갖거나 함께 어울리지 않는다. 서로 엉뚱한 농담을 주고받으며 함께 웃지만, 그들을 편안하게 해주고 싶다. 가끔 나와 함께 있으면 어린 선수들의 말수가 줄곤 한다. 내가 두 살만 더 많았어도 그만한 아들을 뒀을지도 모른다는 걸 잘 안다. 그런 상상을 하면 오싹해진다.

로저스 감독이 내게 해줬던 조언이 나는 굉장히 마음에 든다. 그는 이렇게 말했다. "함께 있을 때 와서 얼굴을 비치고 어느 정도 같이 있어라. 선수단의 리더가 너라는 사실을 보여줘야 한다. 하지만 어린 친구들에겐 어느 정도 자기들만의 자리도 만들어줘야 한다. 적당히 함께 있다가 빨리 빠져 나와 가족이 있는 집으로 곧장 돌아가는 거다."

훌륭한 조언이다. 말을 들으면서 나는 속으로 '맞아, 로저스 감독과도 다섯 살밖에 차이가 나지 않잖아'라고 생각했다. 물론 선수단 전체가 함께하는 자리에서는 나도 얼마든지 어울릴 수 있다. 하지만 글렌 존슨(Glen Johnson)이나 브래드 존스(Brad Jones), 마르틴 스크르텔(Martin Skrtel)처럼 나이가 있는 동료들과 더 쉽게 어울릴 수밖에 없다.

원정길에서 크리스는 훌륭한 말벗이 되어준다. 그는 축구에 관한 지식도 해박하다. 자기 손바닥처럼 나를 잘 안다. 경기에 졌을 때 나를 다루는 요령도 이미 습득하고 있다. 시간이 좀 걸리긴 했지만, 나는 그에게 잔인할 정도로 솔직히 말해달라고 당부했다. 스티브 피터스를 직접 보면서부터 우리는 서로 냉철해지기로 했다. 스티브가 크리스에게 '제라드에게 솔직해질 권한'을 줬다고 해도 좋다.

크리스는 사려 깊은 친구다. 심사숙고하며 최고의 타이밍을 잡아 내가 실수를 저지르거나 내 경기력이 조금이라도 떨어졌다는 사실을 냉정하게 지적해준다. 동시에 그는 절대로 아부를 떨지 않는다. 내가 잘했다고 그가 말해주면, 그건 진짜 내가 잘했다는 뜻이다. 내 상황을 생각해봐야 한다. 가끔 경기를 치른 뒤에 내 경기력을 솔직하게 평가해주는 사람이 아무도 없을 때가 있다. 과장해서 칭찬해주거나 잘못한 점을 덮어주기도 한다. 친절한 의도는 이해한다. 그러나 크리스처럼 솔직한 생각을 정확히 내게 말해주는 사람에게 나는 더 높은 점수를 준다.

우리는 자주 경기에 앞서 예상 선발 라인업을 서로 문자로 주고받는다. 빌라 원정에서는 11인 명단에 변화가 없어서 우리는 만족스러웠다. 로저스 감독도 마찬가지다. 감독은 안정감을 추구하며 변화를 최소화하려고 했다. 왜냐면 지난 시즌 막판 우리는 9경기 연속 무패 기록을 세웠다. 개중 7승이나 했기 때문이다.

8월의 늦은 오후, 빌라 파크에 도착했을 때까지 햇살이 화창했다. 스터리지와 미뇰렛이 양쪽 페널티박스에서 각자 좋은 활약을 선보였다. 전반 도중 왼쪽 측면에 있던 스터리지가 중앙 영역으로 들어오면서 내게 패스를 보냈다. 루카스에게 숏패스를 연결했고, 엔리케와 쿠티뉴를 거쳐 아크에 있던 스터리지에게 다시 연결되었다. 빌라 수비수 3명에게 둘러싸인 상황에서도 스터리지는 눈부신 발놀림으로 론 블라르(Ron Vlaar)의 오른쪽으로 파고들었다. 골키퍼 브래드 구잔(Brad Guzan)이 각도를 좁히기 위해 돌진했다. 스터리지는 오른발로 공을 다뤄 옆쪽으로 빠져나간 다음에 좁은 각도에서 왼발 아웃프런트킥으로 깔끔하게 골을 넣었다. 스터리지는 골세리머니를 펼치며 달려가다가 방향을 꺾어 나를 향했다. 우리는 머리 위로 두 손을 뻗어 하이파이브를 맞췄다. 투레와 헨더슨, 쿠티뉴가 우리를 덮쳤다.

가브리엘 아그본라허(Gabriel Agbonlahor)와 크리스티안 벤테케(Christian Benteke)가 우리 수비를 위협했다. 두 개의 날카로운 슛이 날아들었고, 우리는 미뇰렛의 뛰어난 선방에 감사해야 했다. 두 번 모두 벤테케가 때린 슛이었다. 그는 투레와 아게르를 간단히 따돌렸다. 첫 번째 슛은 전반 종료 직전에 나왔다. 투레를 몸싸움으로 제압한 벤테케가 강하게 때린 슛을 미뇰렛이 왼쪽으로 몸을 날려 겨우 쳐냈다. 경기 종료 직전, 벤테케가 더 확실한 기회를 잡았다. 니클라스 헬레니우스(Nicklas Helenius)가 머리로 공을 벤테케의 앞에 떨궜다. 미뇰렛이 다시 왼쪽으로 날아 슛을 가까스로 막았다. 불과 8미터 거리에서 때린 슛이었던 지라 미뇰렛의 세이브 동작이 훨씬 대단해 보였다.

개막 2경기에서 승점 6점을 따냈다. 경기 후 로저스 감독은 기뻐하면서도 너무 들뜨지 않으려고 애썼다. 스터리지는 8개월 전 몸값 1,200만 파운드로 리버풀에 가세했다. 알다시피 그는 첼시와 맨체스터 시티에서 제대로 출전 기회를 얻지 못했다. 경기 후 로저스 감독은 이렇게 말했다.

"정상 컨디션만 유지하면 스터리지는 어떤 팀을 상대해도 골을 터트릴 수 있다. 그를 보면 마치 브라질 공격수 같다. 체격과 스피드, 힘을 겸비했다. 그의 재능은 잉글랜드 국가대표팀에도 큰 행운이다. 하지만 선수 본인도 꾸준해야 한다는 점을 잘 안다. 꾸준하게 경기에 출전하면서 계속 골을 넣어야 한다. 첼시나 맨체스터 시티 시절과 비교하면 차이가 뚜렷하다. 전 소속팀에서 그는 어린 공격수였다. 슈퍼스타들 틈에서 주전 경쟁을 벌여야 했다. 리버풀에선 다르다. 잉글랜드 국가대표팀 주장인 스티븐 제라드가 그를 인도하고 있다. 그에게 조언을 주면서 올바른 방향으로 끌어주고 있다. 모든 선수들이 열심히 경쟁하고 달리며 훈련한다. 스터리지도 개중 한 명이다. 우리 모두 스터리지에 관해서 크게 만족한다."

STEVEN GERRARD

3

낙관과 비관
Tangled Celebrations

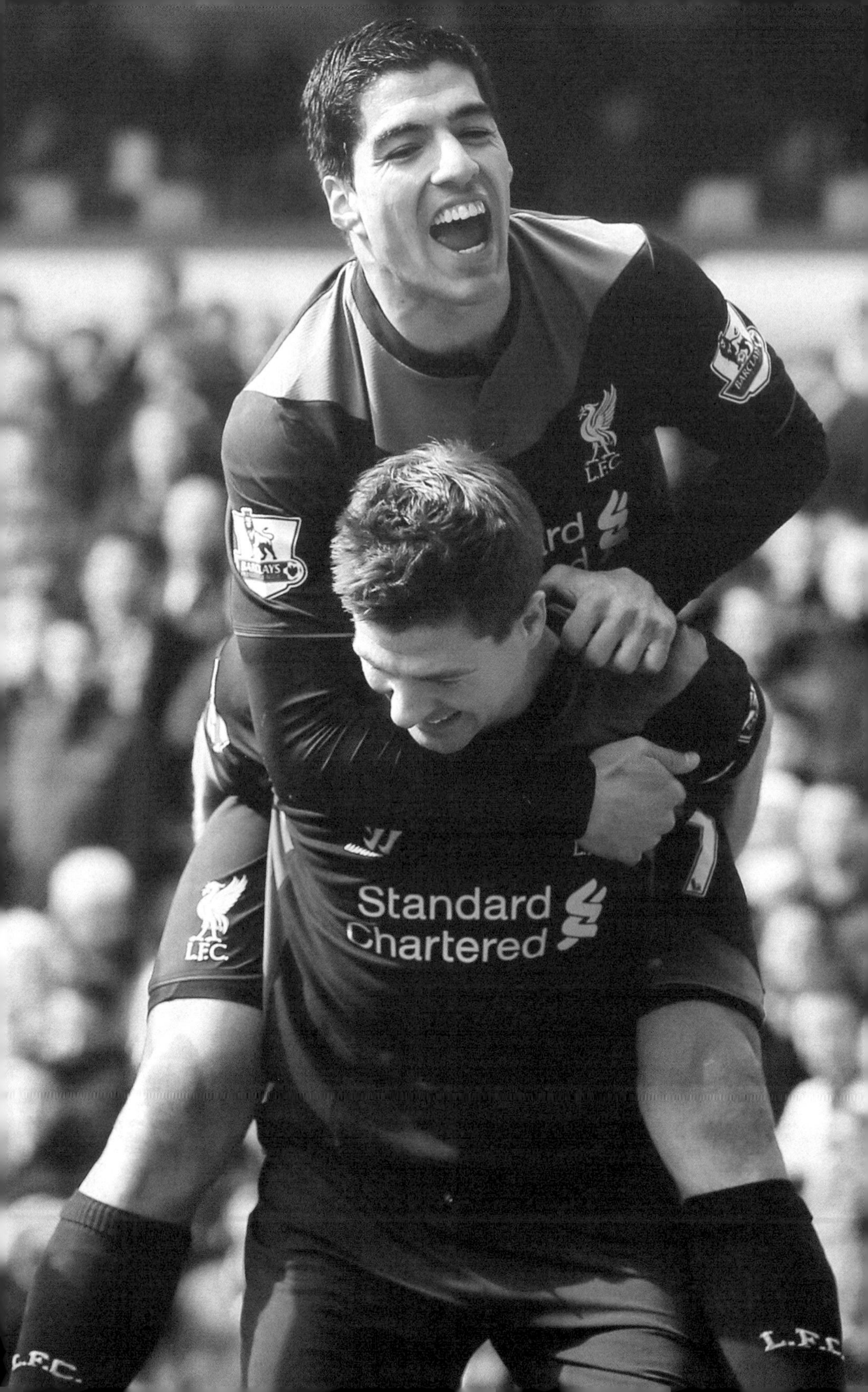

Standard
Chartered
L.F.C.
L.F.C.

3 낙관과 비관

GERRARD
8

　리그 3라운드는 맨체스터 유나이티드와의 홈경기였다. 잉글랜드 축구에서도 상징적인 맞대결이다. 맨유와 공유하는 과거사는 너무나 복잡하다. 원통한 기억도 많아서 생각하면 감정이 뜨거워진다. 이긴 적보다 패한 경기가 많았지만, 나는 언제라도 맨유를 상대하고 싶은 마음이다. 대니얼 스터리지는 약간 다르게 느끼는 것 같았다. 리버풀-맨유 맞대결에 관한 내 기억은 수많은 과거사로 가득하다. 하지만 스터리지는 불안정한 컨디션과 뛰고 싶다는 욕망 사이에서 아슬아슬한 줄타기를 하고 있었다. 루이스 없이 맨유를 상대하기란 결코 쉽지 않다. 대니얼까지 잃으면 우리는 공격력이 거의 바닥날 수밖에 없었다.
　경기 전일 우리는 호프 스트리트 호텔에서 하룻밤을 보냈다. 평상시대로 우리는 산보를 나섰다. 15분 내내 나는 의도적으로 대니얼의 옆에서 나란히 걸었다. 그에게 자신감을 줘서 꼭 뛰어달라고 설득하기 위해서였다. 맨유 경기에서 승점 3점을 얻기 위해선 스터리지가 반드시 필요했다. 그가 빠지면, 최전방에 아스파스가 선발 출전할 수밖에 없었다. 아스파스는 몇 차례 좋은 장면을 보여줬다. 그러나 그는 너무 왜소했다. 프리미어리그 안에서 리버풀의 최전방 공격을 이끌기에는 힘이 너무 달렸다. 최전방에서 스터리지가 공격을 이끄는 것이 맨유를 꺾을 유일한 방법이었다.

스터리지는 곁에서 자신감을 심어줘야 하는 타입이다. "힘내! 네가 주인공이잖아. 네가 필요해. 자, 한번 멋지게 해보자"라고 용기를 북돋아야 한다. 루이스에겐 그런 메시지가 필요 없었다. 루이스는 절대로 깨지지 않는 강철 전사 같았다. 리버풀에서 뛸 때도 루이스가 다쳐서 경기에 빠진 적을 본 적이 없다. 스스로 부상 치료실을 찾는 루이스를 본 것도 딱 두 번밖에 없었다. 그중 한 번은 얼음주머니만 받아서 금방 자리를 떠났다. 그는 부상 치료가 거의 필요하지 않은 선수다. 햄스트링을 다친 상태에서 아스널 경기에 출전했던 적도 있다. 그게 수아레스의 멘탈이다. 팀을 위해서라면 루이스 수아레스는 돌담을 뚫어서라도 내달린다. 어떤 선수들은 믿을 수 없는 재능 위에 천부적인 보너스 능력을 타고나기도 한다. 강한 정신력, 부상 회복력, 돌덩어리 같은 믿음이다. 평범한 선수들은 심약하거나 자기 신뢰가 부족하다. 단순한 이치다. 루이스와 대니얼은 정신자세가 전혀 달랐다. 대니얼은 항상 주위에서 안심을 시켜줘야 하는 성격이었다. 하지만 맨유 경기를 앞둔 상황은 더 복잡했다. 대니얼은 실제로 통증을 느꼈다. 컨디션이 최상이 아니었다.

산보에 앞서 나는 크리스 모건과 컨디션 관리팀장인 글렌 드리스콜(Glen Driscoll)과 대니얼의 부상에 관해서 이야기를 나눴다. 몸이 성치 않은 선수에게 출전해달라고 말할 순 없기 때문이다. 나도 부상에 관한 걱정을 많이 하는 편이다. 그래서 크리스나 글렌 같은 전문가가 "몸에 아무런 문제가 없어. 뛸 수 있으니 가봐"라고 말을 해줘야 비로소 안심이 된다.

내가 먼저 "대니얼 상태가 어떤 거야?"라고 물었다. 크리스가 나를 쳐다보며 대답했다. "뛸 수 있어. 허벅지에 약간 문제가 있긴 하지만 괜찮아. 누가 옆에서 용기를 북돋아주면 된다는 게 우리 판단이야." 글렌도 그 의견에 동감하니 나로서는 더 큰 자신감을 얻었다. 지난여름 대니얼은 잉글랜드 국가대표 경기에서 발목을 다쳤다. 컨디션을 끌어올리기 위해 개인 훈련 메뉴를 소화하는 걸로 프리시즌 준비를 대체했다. 실전에 막 복귀한 시점이었다. 루이스가 없는 탓에 팀에 그가 필요했다.

빌라 원정을 끝낸 우리는 주중에 캐피털원컵 경기에서 노츠 카운티를 상대했다. 만족스러운 내용이 아니었다. 킥오프 29분 만에 2-0으로 앞섰지만, 후반 중반 들어 우리 손에서 경기가 빠져나가기 시작했다. 3부 소속인 카운티가 반격했고, 결국 후반 39분 우리는 2-2 동점을 허용하고 말았다. 연장전 끝에 우리가 4-2로 이기긴 했지만, 대니얼은 120분을 전부 뛰어야 했다. 막판에 우리는 10명이 뛰어야 하는 바람에 대니얼을 뺄 수가 없었다. 교체 카드 3장을 소진한 상황에서 콜로 투레가 사타구니 부상으로 쓰러지고 말았다. 대니얼은 어쩔 수 없이 끝까지 뛰면서도 2골이나 넣었다.

하지만 그 경기에서 대니얼의 허벅지에 이상이 생겼다. 약간 부기가 있긴 해도 의무팀은 그가 맨유 경기에 출전해도 괜찮다고 판단했다. 크리스는 대니얼이 경기에서 얼마나 오래 뛸 수 있을지는 확신하지 못했지만, 최소한 의학적 문제는 없다는 사실을 본인에게 강조해달라며 내 등을 떠밀었다. 크리스 말고도 다른 물리치료사들, 여기에 감독까지 대니얼에게 달라붙어 "뛸 수 있다"고 열심히 달랬지만, 대니얼의 마음을 완전히 돌리지는 못했다.

주장으로서 나서야 할 때다. 하지만 나란히 걸으면서 대니얼을 설득하는 마음은 팬에 가까웠을지 모른다. 결국 제발 좀 뛰어달라고 애원했으니까. 10분, 15분만 뛰고 몸에 이상이 생기면 바로 나와도 된다고 말했다. 모든 팬과 팀 식구가 뛰어주길 바라고 있다고도 덧붙였다. 대니얼에게 용기를 심어주려고 애썼다. 경기에 출전해 통증을 잊고 사소한 위험을 감내할 수 있게 자신감을 갖도록 도와줬다. 무엇보다 나는 경기에서 이기고 싶었다. 그렇게 하기 위해선 반드시 대니얼이 선발 출전해야 했다. 산보가 거의 끝날 무렵 대니얼은 "알았어요. 한번 해볼게요"라고 대답했다.

그제야 나는 신경을 맨유 쪽으로 돌릴 수 있었다. 시즌 개막 전부터 나는 '초반에 맨유가 흔들리면 모예스 감독은 큰 곤경에 빠질 거야'라고 생각했었다. 모예스 감독 본인도 같은 생각인 것 같았다. 그는 영리하고 강한 감독이다. 하지만 올드 트래포드에 발을 내딛는 순간 알렉스 퍼거슨을 대체하는 일이 얼마나 어려운지 깨달을 수밖에 없었을 것이다. 맨유는 시즌 원정 개막전에서 스완지를 4-1로 제압했다. 그러곤 홈에서 첼시, 원정에서 리버풀과 만나는 일정이었다. 모예스 감독이 리그 일정에 불만을 터트리는 걸 들으니 좀 이상했다. 모예스 감독은 이렇게 말했다. "전임 감독이 이런 일이 벌어질 거라고 내게 말해줬다. 최근 20년간 가장 어려운 초반 일정이다. 지난 시즌 맨유가 리그를 여유 있게 우승한 것에 대한 반응이 아니길 바란다. 돌아보면 지난 시즌에도 맨유의 경기 일정은 대단히 까다로웠다. 1년 일정을 짜는 방법이 공정하다고 믿기가 어렵다는 사실을 깨달았다."

프리미어리그 일정을 컴퓨터 프로그램이 결정한다는 사실은 우리 모두가 안다. 애스턴 빌라는 맨유보다 훨씬 어려운 일정표를 받았다. 빌라는 8일 만에 개막 3경기를 치러야 한다. 맨유와 리버풀은 같은 일정을 15일에 나눠 소화하면 됐다. 빌라의 개막전은 아스널 원정(3-1로 이겼다), 두 번째 경기는 첼시 원정이었다. 세 번째 경기(홈)에서 리버풀에 패했다. 폴 램버트 감독이 리그 일정을 성토하는 일은 없었다.

나는 퍼거슨과 무리뉴 감독이 제기하는 음모론에 익숙해졌다. 두 감독은 맨유와 첼시를 겨냥한 음모가 있다고 항상 불평을 터트린다. 라파엘 베니테스 감독도 리버풀에 있는 동안 같은 심리전을 폈지만 효과를 거두지 못했다. 이젠 모예스 감독이 같은 실수를 저지르고 있는 것 같았다. 나는 언론 인터뷰에서 솔직하게 말하려고 하는 편이다. 문제를 일으킬 만한 발언을 자제하고, 리그 사무국이나 심판을 압박하기 위한 심리전도 시도하지 않는다. 그런 의도를 담은 발언은 의미가 없다고 생각한다. 맨유 경기를 앞두고 가진 기자회견에서도 나는 솔직하게 대답했다. 개막 2연승을 했으니 프리미어리그 우승이 조금이라도 가까워졌다고 생각하느냐는 질문을 받았다. 나는 이렇게 대답했다.

"나도 프리미어리그에서 우승해보고 싶다. 서른세 살이 되면 현실적으로 현역 생활이 2~3년 남았다고 생각해야 한다. 지금 당장은 리그 우승까지 너무 먼 길이 남아 있다. 현실을 인정해야 하지만, 리그 우승을 절대로 포기하고 싶지 않다. 챔피언스리그 복귀가 좀 더 현실적인 목표일지도 모른다. 솔직히 그 목표도 쉽지 않다."

모예스 감독과 나를 패배주의자라고 비난하는 사람도 있을지 모른다. 하지만 나는 속마음을 그대로 전하고 현실을 인정할 뿐이었다. 모예스 감독은 약간 편집증이 생기고 있는 게 아닌가 걱정이 들었다. 에버턴을 지도하며 존경을 받았던 시절에는 그런 모습을 볼 수 없었기 때문이다.

로저스 감독도 상황을 감지했다. 감독으로서 그는 앙숙이 드러낸 새로운 약점을 파고들었다. 맨유가 퍼거슨 감독 없이 안필드를 찾는 것은 1986년 2월 이후 무려 27년 만이다. 로저스 감독은 퍼거슨 감독이 떠난 이후 맨유의 마음가짐이 달라졌다는 걸 알 수 있었다고 말했다. 홈에서 첼시를 상대하면서 안전제일주의 전술로 0-0 무승부에 만족하는 것 같았다고 분석했다. "0-0 무승부를 향해 흘러갔다. 응원 소리도 굉장히 작았다. 예전 같으면 퍼거슨 감독이 이기기 위해 공격을 펼쳤을 것이다. 팬들도 골을 기대하며 열광했을 테고. 지금 보면 맨유에서 작은 변화가 일어난 것 같다. 신중한 자세를 이해하긴 해도 나라면 홈에서는 항상 이기고 싶어 할 것 같다."

모예스 감독을 겨냥한 깔끔한 잽이었다. 상대 감독에게 부담을 가하는 작전이다. 심리전 대신에 나는 경기 준비에 집중했다. 퍼거슨 감독이 없더라도 맨유는 항상 우리에겐 까다로운 상대이기 때문이다.

2013년 9월 1일 일요일
안필드

리버풀 선수 11인과 맨유 선수 11인이 마주서서 도열했다. 안필드에는 박수 소리가 메아리쳤다. 빌 생클리 감독 탄생 100주년을 기리는 세리머니였다. 우리는 전통의 붉은색 유니폼을 입고 콥 스탠드를 등지고 있었다. 콥은 거대한 카드섹션으로 생클리 감독을 그려내고 있었다. 짙은 청색 상의와 흑색 하의를 입은 맨유 선수들은 카드섹션을 바라봤다. 양 팀 선수들이 센터서클에 모여 1분간 추모의 박수를 보냈다.

안필드 바깥에는 생클리 감독의 동상이 서 있다. 앞으로 양팔을 쭉 뻗은 자세다. 리버풀의 승리 그리고 평범했던 리버풀을 위대한 클럽으로 변신시킨 업적을 만끽하고 있다. 활짝 웃고 있는 표정인데, 이마와 눈 아래에 깊게 패인 주름이 리버풀을 위해 그가 바친 모든 것을 강렬하게 말해준다. 리버풀을 걱정하는 마음과 부담감, 끝없는 사랑과 열정까지 얼굴에 선명하게 새겨져 있다.

콥의 카드섹션은 동상의 외형을 땄다. 가슴이 벅차오르는 생클리의 포즈가 붉은색 카드로 장식되어 있었다. 그 옆에는 숫자 '100'이 붉게 표시되었다. 바탕은 순결한 흰색이었다. 놀라운 카드섹션이었다. 나는 동상 얼굴에 패인 주름을 생각하며 리버풀을 걱정하는 그의 마음을 떠올렸다. 콥 스탠드 아래쪽으로 팬이 만들어온 문구 2개가 눈에 들어왔다.

생클리 1913~81
우리를 행복하게 만들다

생클리는 영원하다

생전 생클리 감독은 1959년부터 1979년까지 15년간 753경기를 리버풀에서 지휘했다. 리버풀에서의 말년은 다소 슬펐다. 의견이 엇갈리기도 했다. 그러나 그가 남긴 업적은 트로피 개수로만 따질 수가 없다. 그는 리버풀이라는 클럽에 신념과 가치를 심었다. 생클리에서 밥 페이즐리(Bob Paisley), 조 파간(Joe Fagan), 케니 달글리시(Kenny Dalglish)로 위대한 감독의 계보가 이어졌다. 축구화 보관실에서부터 출발해 천재들이 구축해낸 업적이었다. 네 명의 지도자가 리버풀을 30년 넘게 책임졌다.

알렉스 퍼거슨 감독은 혼자 맨유를 26년이나 이끌었다. 한 클럽에서 그렇게 오래 자리를 지켰다는 점은 분명히 높은 평가를 받아야 한다. 그는 스스로에게 리버풀을 추월하라는 임무를 내렸다. 그는 정말 유명한 어록을 남겼다.

"그 망할 놈의 왕좌에서 리버풀을 끌어내리는 게 내게 주어진 최대 과제다. 지금 한 말 그대로 기사로 써도 된다."

그 발언은 모든 리버풀 팬들 머릿속에 뚜렷이 새겨졌다. 클럽끼리든 도시끼리든 우리는 서로 좋아할 수가 없다. 반감은 점점 깊어져만 갔다. 오랜 세월 리버풀이 잉글랜드 축구를 지배했다. 그러곤 퍼거슨 감독이 맨유의 지휘봉을 잡게 되었다. 리버풀과 맨유는 잉글랜드 축구 역사상 가장 성공적인 두 클럽이다. 우리가 통산 리그 우승 18회에 머물러 있는 현실이 나의 마음을 너무 아프게 한다. 퍼거슨 감독이 처음 감독으로 부임했을 때만 해도 맨유의 통산 우승은 7회에 불과했다. 그전까지 맨유는 항상 우리보다 훨씬 뒤쪽에 처진 존재였다. 당시 맨유는 26년 동안 리그에서 한 번도 우승하지 못하고 있었다.

퍼거슨 감독도 부임 초기에는 꽤나 고생했다. 그러다가 내가 데뷔하기 두 시즌 전인 1996-97시즌부터 맨유 전성시대가 개막했다. 퍼거슨 감독의 소망대로 그들은 우리의 18회 우승 기록을 유유히 넘어섰다. 지도자 은퇴 시즌에 퍼거슨 감독과 맨유는 통산 우승 20회 고지에 올랐다. 불과 4개월 전에 벌어진 일이었다. 다시 한 번 맨유는 디펜딩 챔피언으로서 우리와 만났다. 어느 때보다 나는 맨유를 꺾고 싶었다.

휴이턴에서는 나를 비롯해 리버풀 가족 안에서 자라는 모든 아이들이 맨유를 증오하도록 배운다. 그렇게 머릿속에 주입되고 심장에 새겨지며 영혼 자체가 리버풀 팬으로 조각된다. 오랫동안 잉글랜드 국가대표팀에서 나는 폴 스콜스(Paul Scholes)와 데이비드 베컴(David Beckham), 개리 네빌(Gary Neille), 리오 퍼디낸드(Rio Ferdinand), 웨인 루니(Wayne Rooney)와 함께 지내왔다. 약간 누그러지긴 했어도 맨유에 대한 악감정은 여전히 없어지지 않았다.

지금도 나는 맨유를 좋아하지 않는다. 우리 집에서 절대로 입어서는 안 되는 유일한 클럽의 유니폼이기도 하다. 나는 수많은 클럽 선수들과 교환해온 덕분에 유니폼 컬렉션이 방대하다. 하지만 맨유 유니폼은 단 한 벌도 없다. 맨유에서 뛰었던 위대한 선수들과 잉글랜드 대표팀 동료들을 존경한다. 심지어 친구도 있다. 리버풀에 관한 모든 것이 싫다는 개리 네빌의 어록을 놓고 나는 네빌과 직접 대화를 나누며 그가 왜 그런 말을 했는지도 이해하게 되었다. 베리(Bury) 출신인 개리는 어려서부터 맨유 팬으로 자랐다. 개리는 "우리 동네에선 스카우저를 모두 싫어하면서 자랐어"라고 설명했다. 그는 성장 환경과 본인의 경험을 설명했다. 휴이턴에서 맨체스터에 관한 모든 것을 싫어하도록 자란 나의 어린 시절과 똑같았다. 하지만 나는 퍼거슨 감독과 로이 킨, 라이언 긱스 등 맨유를 상징하는 많은 인물들을 존경한다. 배가 아프지만, 맨유가 거둔 성취도 존경스럽다고 생각한다.

맨유의 1부 리그 우승은 20회에 달한다. 우리보다 2회 많다. FA컵에서도 맨유의 우승이 11회, 우리는 7회다. 리그컵에서는 우리가 우승 8회로 맨유의 4회 기록에 앞선다. UEFA컵 우승도 우리는 세 번 했다. 물론 리그컵과 UEFA컵의 대회 권위를 전 세계 최고 무대인 챔피언스리그에 비교할 수는

3 낙관과 비관

없다. 맨체스터 유나이티드는 지금까지 챔피언스리그에서 세 차례 우승했다. 리버풀은 절대로 잊을 수 없는 기록, 우승 5회 클럽이다. 이스탄불의 기적이 있은 뒤, 리버풀 시민이 '휴즈에서 톰슨으로, 톰슨에서 수네스로, 수네스에서 제라드로'라는 문구가 새겨진 붉은 티셔츠를 입었던 이유가 따로 있지 않다. 엠린 휴즈(Emlyn Hughes)는 1977년과 1978년 유러피언컵(현 챔피언스리그) 2연속 우승 당시 리버풀의 주장이었다. 1981년 우승 때는 필 톰슨(Phil Thompson), 1984년 우승 때는 그래엄 수네스(Graeme Souness)가 각각 주장으로서 영광의 트로피를 들어 올렸다. 2005년 챔피언스리그 결승전이 끝난 뒤 영광의 차례는 내게로 돌아왔다. 다섯 트로피가 여전히 우리를 유럽 무대에서만큼은 맨유보다 우위에 서 있도록 축복해준다.

그러나 나는 리버풀의 19번째 잉글랜드 1부 리그 우승 타이틀을 간절히 열망한다. 나의 첫 번째 리그 우승이기도 하다. 잉글랜드 안에서 맨유와의 거리를 줄여야 하기 때문이다. 맨유를 상대했던 좋은 기억이 있다. 2001년 3월 31일 안필드에서 우리가 2-0으로 이겼던 경기다. 그때 나는 32미터 장거리 슛으로 파비앙 바르테즈(Fabien Barthez)를 무너트렸다. 로비 파울러의 두 번째 골도 내가 도왔다. 그날 승리로 우리는 21년 동안 기다렸던 시즌 컵 더블을 달성할 수 있었다. 그러나 한 장면으로는 부족하다. 나는 더 많은 걸 원한다. 리그 우승에 관한 한 나는 생클리 감독과 생각이 같다. 그는 "리그 1위는 당신이 최고란 뜻이다. 하지만 리그 2위는 당신이 아무것도 아니라는 걸 의미하지"라고 말했다.

빌 생클리 탄생 100주년 경기였던 덕분에 우리는 강한 믿음으로 불타올랐다. 대니얼 스터리지가 경기 출전을 결심하도록 확신을 심어준 배경이기도 했다. 게다가 그날은 대니얼의 스물네 번째 생일이었다. 경기를 시작하자마자 우리가 매섭게 공격했다. 힘차게 달리며 적극적인 투지를 앞세워 전반 3분 만에 코너킥을 얻어냈다.

경기장을 가로질러 오른쪽 코너플래그 지점으로 달려갔다. 안필드 로드 스탠드를 가득 메운 우리 팬들이 보였다. 멀리 스탠드 왼쪽 부분을 차지한 맨유 원정 팬들이 마구 소리를 질러댔다. 크게 숨을 들이마시고 돌아서서 공 위에 발을 올려놓았다. 몸을 앞으로 약간 기울이고 재빨리 상황을 파악했다. 코너킥을 받아야 할 선수 중 하나인 스터리지는 가까운 골대 앞에서 맨유 수비수 두 명에게 둘러싸여 있었다. 그 뒤로 빈 공간에서 대니얼 아게르가 내게 급하게 손을 흔들어댔다. 나는 왼손을 들었다. 짧은 발돋움을 한 뒤에 오른발로 공을 차올렸다. 발을 떠난 공은 깔끔한 아치 모양을 그리며 날아갔다. 아게르가 자유롭게 서 있었다. 퍼디낸드의 대인 방어도 미치지 못했다. 코너킥 크로스가 그의 머리에 정확히 닿았다. 공은 골문을 향해 똑바로 날아갔다. 골문을 등진 스터리지가 급하게 고개를 숙였고, 공이 그의 등에 맞고 약간 굴절되었다. 다비드 데 헤아는 손을 쓸 수 없는 위치에 있었다. 먼 쪽 골대 근처에 있던 에브라와 톰 클레벌리(Tom Cleverley)도 슛이 너무 빨라 제대로 반응하지 못했다. 1-0. 스터리지의 골이었다.

생일날 골을 터트린 사나이가 세리머니를 펼쳤다. 허벅지의 부기와 경기 전 자질구레한 걱정들이 그 골로 말끔히 사라졌다. 스터리지가 전매특허인 '로봇 댄스'를 선보였다. 달려간 관중석 앞에서 양쪽 팔을 차례대로 꺾었다. 주중 노츠 카운티를 상대로 터트렸던 2골에 이어 다시 스터리지가 골을 뽑아냈다. 계속 춤을 추고 싶었지만, 마르틴 스크르텔이 달려들어 강한 팔뚝으로 득점자의 목을 휘감았다. 스터리지는 이를 뿌리치려고 애썼지만, 스크르텔의 근력을 당해내지 못했다. 리버풀 동료들이 사이드라인 쪽에서 벌어진 파티에 모두 합세해 짜릿한 환호성을 질러댔다. 10초 정도 지났을까? 내가 다시 보니 대니얼은 그제야 동료들의 축하에서 풀려나 있었다. 두 손을 뻗어 천국을 가리키며 안도감을 만끽하는 것 같았다. 하늘을 향해 감사를 올리고 있었다. 자기 신념이 먹힌 것이다. '뭔가 문제가 있어, 뭔가 잘못됐어, 뭔가 이상해'라고 되뇌며 만들어졌던 그의 고통이 한 순간에 사라졌다. 내가 봤던 중 가장 행복한 표정을 짓고 있었다.

나는 벤치 쪽을 힐끔 쳐다봤다. 로저스 감독과 의무팀이 얼싸안고 있었다. 우리 예감이 적중했다. 대니얼과 나란히 걸으며 15분 내내 그를 설득했던 나의 노력도 보상받았다. 리버풀에서 출전한 9경기에서 스터리지는 11골째를 기록했다.

맨유는 루니를 잃은 상태였다. 지난여름 그는 맨유와 새 계약을 맺어 잔류하기로 결정했다. 소문에 따르면, 주급이 무려 30만 파운드나 된다고 했다. 하지만 며칠 전 훈련을 하다가 앞머리 쪽이 찢어졌다. 열 바늘을 꿰맨 탓에 루니는 이번 안필드 원정 명단에서 빠졌다. 40세 생일을 두 달 앞둔 긱스가 출전했지만, 경기 중 이렇다 할 모습을 보여주지 못했다. 사실 우리도 딱히 잘하지 못했다. 양쪽 모두 득점 기회를 많이 만들지 못했고, 기억에 남는 장면도 별로 없었다. 다친 투레의 자리를 메운 스크르텔과 아게르가 수비 쪽에서 중심을 잘 잡아줬다. 시간이 갈수록 맨유의 경기력은 실망스러웠다. 전반 종료 직전, 로빈 판 페르시가 머리로 스크르텔을 가격한 것처럼 보였다. 스크르텔이 쓰러졌고, 부리나케 달려간 내가 판 페르시와 코를 맞댄 채 눈알을 굴리며 서로 으르렁거렸다. 다행히 스크르텔은 아무 이상이 없었다. 마르틴은 자신을 지킬 줄 아는 사나이다. 후반 들어서도 맨유는 달리 위협적인 모습을 보이지 못한 덕분에 우리는 남은 경기를 꽤 편하게 뛸 수 있었다. 우리는 3경기 연속 1-0 승리를 기록했다. 선제골 이후 대니얼은 경기 중에서 특별한 장면을 만들지 못했지만, 어쨌든 그가 넣은 결승골 덕분에 우리가 승리했다.

축구 통계 전문가는 우리가 잉글랜드 1부 리그 개막 3경기를 모두 1-0 스코어로 승리한 세 번째 클럽이라는 사실을 찾아냈다. 앞선 두 번 모두 거의 100년 전 기록이었다. 첫 번째가 1912-13시즌 맨체스터 시티, 두 번째가

1920-21시즌 허더스필드였다. 기분 좋은 통계가 하나 더 있었다. 3경기를 치른 시점에서 프리미어리그의 전승 팀이 우리밖에 없다는 사실이었다.

데이비드 모예스 감독의 반응을 듣고는 더 놀랐다. 맨유의 경기력을 편파적으로 두둔하는 동시에 상대팀을 두들기는 내용으로 언론의 헤드라인을 원하는 방향으로 유도하는 퍼거슨 감독의 오랜 방법을 흉내 냈다. 하지만 효과가 없었다. 모예스 감독은 아주 착한 사람이다. 불같은 성질의 독재자 타입이 아니다. 무엇보다 이날 경기에서 맨유가 너무 못했다. 내가 그렇게 좋아했던 모예스 감독은 길을 잃은 양처럼 엉뚱한 소감을 남겼다. "오늘 나는 우리가 왜 챔피언인지를 목격했다. 우리는 정말 잘 싸웠다." 이적시장에서 맨유가 고전해서 걱정하고 있지 않은지를 묻자 그는 "현재 스쿼드에 매우 만족한다. 오늘 같은 경기력이라면 나는 걱정하지 않는다"고 대답했다.

다른 곳에서는 훨씬 중요한 투쟁이 이어졌다. 1년을 거슬러 올라가 2012년 9월 12일 음산한 아침이었다. 힐즈브러 참사의 유가족이 리버풀 앵글리칸 대성당에 모였다. 이들 모두 1989년 4월 15일 노팅엄 포레스트와의 FA컵 준결승전이 벌어진 힐즈브러 스타디움(Hillsborough Stadium)에서 사랑하는 가족 96명을 잃었다. 대성당에서는 진상규명을 위한 뚜렷한 진전이 있었다. 왜곡된 진실만 들어온 지 23년 만에 유가족은 새로운 증거 자료에 의해 희망을 얻을 수 있었다. 억울하게 목숨을 잃은 팬들을 비난하기 위한 조직적 조작이 이루어졌음이 밝혀졌다. 유가족이 줄기차게 펼쳐왔던 주장이 옳았다.

2012년도 보고서는 끔찍했던 사고 당일에 관한 '진짜' 진실을 드디어 밝혀냈다. 나는 지금도 2009년 4월의 일을 생생히 기억한다. 힐즈브러 참사 20주기 행사장에서 노동당 정권의 앤디 번햄(Andy Burnham) 당시 문화방송체육부 장관이 야유를 받았다. 번햄 전(前) 장관은 리버풀 출신으로 에버턴 팬이다. 유가족과 참사 전반에 걸친 업무의 총책임자였다. 그러나 오랫동안 진상규명에 아무런 진척이 없자 유가족의 분노가 터져 나왔다. 희생자를 추모하는 그는 유가족으로부터 "위선자"라는 소리를 들어야 했다. 번햄 전 장관은 그 비난을 깊은 분노와 상심이 만들어낸 결과로 받아들였다. '힐즈브러 유가족 지원 모임'이 제기해왔던 모든 의혹은 20년 넘도록 철저히 무시당해왔다. 그러다가 드디어 정부로부터 새로운 진상규명 지시가 내려진 것이다. 2012년 9월의 대성당 모임은 유가족이 새 진상규명 작업의 중간보고를 듣는 자리였다.

늦어도 2014년 3월 31일 전에는 진상규명의 후속 작업을 워링턴에서 개시하겠다는 정부의 약속도 있었다. 독립적으로 구성된 진상규명위원회가 밝혀낸 새로운 증거자료가 2012년 9월 12일 대성당에서 공개되었던 기념비적 날로부터 꼭 1년이 지났다. 2013년 9월 12일 목요일 아침, 더럼(Durham) 전 (前) 경찰청장이 발표한 내용은 다음과 같다.

"우리는 국가와 개인 차원을 모두 포함한 배상청구 여부를 검토하고 있다. 과실치사 적용 여부도 검토 중이다. 생명을 앗아간 책임 소재를 밝히기 위해서다. 목숨을 잃은 96명은 모두 축구를 보기 위해 힐즈브러에 간 사람들이다. 우리는 무슨 일이 벌어졌는지, 어떻게, 왜 그런 일이 벌어졌어야 했는지, 그리고 누가 책임져야 하는지를 알고 싶을 뿐이다."

사촌 형 존-폴 길훌리(Jon-Paul Gilhooley)는 희생자 96명 중 가장 어렸다. 겨우 열 살이었다. 그때 나는 이미 리버풀 유망주 육성 센터에서 축구를 배우고 있었다. 아홉 살 생일을 두 달 남긴 때였다. 존-폴 형과 나는 똑같이 리버풀에 푹 빠져 있었다. 우리의 클럽이기 때문이다. 우리의 꿈이기도 했다.

우리는 가끔 집 앞에 있는 아이언사이드 로드에서 함께 공을 찼다. 우리 동네 거친 길거리 축구판에 존-폴 형이 끼었다. 형과 나는 항상 붉은 리버풀 유니폼을 입었던 걸로 기억한다. 우리는 축구와 리버풀 FC로 항상 들떠 있었다.

노팅엄 포레스트와의 FA컵 준결승전은 시작 6분 만에 중단되었다. 라디오를 통해 경기가 시작했다고 들었으니 나는 무슨 영문인지 알 수가 없었다. 엄마와 아빠, 친형 폴과 나는 다 함께 TV 뉴스를 시청했다. TV 뉴스 화면에서 끔찍한 광경이 펼쳐지고 있었다. 수많은 사람들이 리버풀 팬들을 실은 들것을 들고 경기장 이리저리로 뛰어다녔다. 너무 혼란스러운 동시에 슬펐다. 그날 밤 나는 잠을 못 잤다.

우리는 존-폴 형이 경기장에 간 줄도 몰랐다. 다음날 아침 8시 반 토니 할아버지가 우리 집 현관을 두들기는 소리를 듣고서야 우리가 가족을 잃었다는 사실을 깨달았다. 할아버지는 바로 앞집에 살고 계셨는데, 뭔가 끔찍한 일이 벌어진 게 분명했다. 부모님이 현관으로 나갔다. 토니 할아버지는 더 이상 버티지 못했다. "큰일 났어. 존-폴이 경기장에 갔다는데 아직 집에 오지 않았대." 어떻게 받아들여야 할지 전혀 몰랐다. 존-폴 형이라니? 말도 안 돼.

할아버지는 알고 있는 대로 설명해줬다. 존-폴 형의 엄마인 재키가 엄청난 소식을 아들에게 전했다는 것이다. 브라이언 길홀리 삼촌이 FA컵 준결승전 티켓을 구했기 때문이다. 삼촌이 누나에게 조카(존-폴)를 힐즈브러에 데려가도 되겠느냐고 물었다. 존-폴 형이 얼마나 좋아했을지 상상이 갔다. 그런 행운이 내게 생겼다면 나도 좋아 죽었을 것이다. 리버풀의 FA컵 준결승전을 직접 볼 수 있는 기회라니? 정말 미칠 수밖에 없는 행운이다.

여덟 살인 나도 존-폴 형에게 일어난 일을 받아들이기가 고통스러웠다. 주위 어른들은 훨씬 더 큰 충격을 받았던 것 같다. 어른들은 아마 존-폴 형이 죽기 직전 어땠을지를 상상했을 것이다. 나는 거기까진 생각이 미치지 못했다. 1989년 봄날 아침, 존-폴 형은 그리도 사랑해 마지않는 리버풀의 경기를 보러 집을 나섰다. 그러곤 다시는 집으로 돌아오지 못했다. 어찌된 영문인지? 도대체 그런 일이 왜 일어났는지?

2013년 9월의 아침, 우리는 잃어버렸던 정의를 향해 한걸음 더 다가설 수 있었다. 너무나 많은 리버풀 가족의 심장을 마구 할퀸 재앙으로부터 사반세기가 흐른 뒤였다. 안필드의 생클리 게이트 옆에 설치된 힐즈브러 추모비에는 사촌 형의 이름도 새겨져 있다. 96명 중 존-폴 길홀리의 이름이 있다. 안필드로 들어갈 때마다, 추모비 옆을 지나갈 때마다 지금도 나는 사촌 형을 생각한다.

2013년 초가을 시즌은 계속 굴러갔다. A매치 휴식기 중 잉글랜드 국가대표팀은 FIFA월드컵 지역예선에서 순항했다. 웸블리 스타디움에서 열린 몰도바 경기에서 4-0으로 이겼는데, 내가 선제골을 넣었다. 리키 램버트(Rickie Lambert)와 2골을 넣은 대니 웰벡(Danny Welbeck)이 힘을 보탰다. 키예프 원정에서는 0-0 무승부로 의미 있는 승점을 얻었다. 우크라이나는 H조에서 잉글랜드의 바로 아래 있는 팀이기 때문이다.

잉글랜드 국가대표팀이 소집되면 크고 작은 소동이 끊이지 않는다. 맨체스터 유나이티드 경기에서 활약했던 스터리지는 허벅지 상태가 나빠져서 잉글랜드 A매치 2경기에서 빠졌다. 프리미어리그 '8월의 선수'로 뽑힐 정도로 활약이 좋았으니 국가대표팀을 실망시켰다는 소리를 들어야 했다. 논란은 리버풀 공식 홈페이지에 실린 인터뷰에서 불거졌다. 그가 리버풀에 집중해야 한다고 말했기 때문이다. 소속팀을 조국보다 우선시했다는 비난을 받았다.

나는 트위터를 좋아하지 않는다. 다행히 대니얼은 트위터로 상황을 바로잡았다. 비난이 쏟아지자 그는 트위터에 솔직한 마음을 남겼다. "클럽에서 잘하면 국가대표팀에 뽑힐 것이다. 몸 상태가 나쁘면 뛸 수가 없다. 오해하지 말아 달라. 국가대표팀이 언제나 가장 위에 있다."

멜우드 훈련장에서 집중치료를 받은 덕분에 대니얼은 다음 리그 경기에 출전할 수 있게 되었다. 9월 16일 월요일, 우리는 로저스 감독의 친정인 스완지 시티를 상대하기 위해 리버티 스타디움으로 내려갔다. 정말 미친 경기가 되고 말았다. 여름 이적시장에서 리버풀을 떠난 존조 셸비가 네 골에 모두 관여했기 때문이다. 셸비는 프로의 마음가짐을 가진 선수다. 경기 시작 87초 만에 셸비는 빗맞은 공을 다시 잡아 슛을 때려 선제골을 터트렸다. 하지만 친정 식구에게 미안하기라도 했던 모양이다. 다음 번 볼터치로 보낸 백패스가 스터리지에게 선물을 줬다. 전반 4분 만에 스코어가 1-1이 되었다.

30분 정도가 지났을 때, 셸비는 두 손으로 얼굴을 감싸야 했다. 아스파스를 대신해 선발 출전한 빅터 모제스에게 셸비의 빗맞은 패스가 연결되었다. 첼시에서 임대 온 모제스가 실수 없이 골로 연결했다. 후반 19분, 셸비는 머리로 공을 보내 미추의 동점골을 도왔다. 뭐라 말할 수 없을 정도로 엉뚱한 셸비의 저녁은 루카스를 향한 거친 반칙으로 받은 옐로카드로 대미를 장식했다. 최종 스코어는 2-2 무승부였고, 경기 후 존조에게 인터뷰 요청이 쇄도했다.

다음 토요일에 있었던 경기에서 우리는 사우샘프턴에 0-1로 무릎을 꿇었다. 스완지전에서 승점 2점을 잃은 데 이어 이번에는 승점 3점을 몽땅 떨어트리고 말았다. 로저스 감독은 백포(back four) 수비 전술을 선택했다. 다친 글렌 존슨의 라이트백 자리에 투레를 넣어 엔리케는 벤치로 밀렸다. 쿠티뉴도 경기에 나설 수 없었다. 스완지 경기에서 다친 어깨를 수술해야 했기 때문이다.

마우리시오 포체티노 감독이 이끄는 사우샘프턴은 좋은 팀이었다. 일 년 뒤에 우리가 영입하게 된 데얀 로브렌(Dejan Lovren), 아담 랄라나(Adam Lallana), 리키 램버트가 그날 경기에 모두 출전했다. 하지만 우리 경기력이 나빴다. 수비 쪽으로 보누 내려가 막았지만, 결국 세트피스에서 결승 실점을 내줬다. 투레와 스크르텔이 서로 미루다가 코너킥을 헌납했다. 랄라나가 코너킥을 찼다. 로브렌이 아게르의 대인 방어를 뿌리치고 골을 터트렸다. 나는 가까운 골

3 낙관과 비관

대에서 어떻게든 골을 막아보려고 했지만 역부족이었다. 로저스 감독은 당연히 화를 냈다.

"공을 내주고, 다음에 골을 먹었다. 수비 진영에 선수가 그렇게 많았는데 골을 먹다니 거의 범죄에 가깝다. 스쿼드가 훨씬 강해져야 하지만, 지금 당장은 현 상황에 만족해야 한다. 오늘 경기에서 유일하게 얻은 희소식은 루이스의 징계가 끝났다는 점이다. 그가 돌아와서 정말 다행이다. 오늘 봤듯이 우리는 기술적으로 아주 실망스러웠다. 이렇다 할 특징을 전혀 보여주지 못했다. 이런 날도 있겠지만, 아프긴 하다. 남은 시즌 긍정적으로 바라보고 싶다."

루이스 수아레스의 시즌은 아직 시작도 하지 않았다. 그렇지만 그를 향한 관심이 줄어들 리가 없다. 징계가 끝나고 실전에 복귀하는 첫 경기가 올드 트래포드에서 열리는 맨체스터 유나이티드 원정이었기 때문이다. 상황이 더 나빠질 수도 있었다. 리그 타이틀 향배가 결정될 수도 있는 첼시전보다는 부담이 적은 리그컵 경기에서 복귀하는 편이 낫다는 뜻이다. 이번 루이스의 징계는 브라니슬라프 이바노비치와 다툼이 원인이었다. 경기 중 루이스가 이바노비치를 깨물어 10경기 출전정지 징계가 내려졌다. 하지만 수아레스와 맨유의 관계도 나쁘긴 매한가지다.

2년여 전인 2011년 10월 15일, 안필드 경기였다. 리버풀과 맨체스터 유나이티드는 평상시처럼 치열하게 맞섰다. 나는 코너킥을 차기 위해 콥 스탠드 쪽으로 갔다. 수아레스나 디르크 카위트에게 완벽한 크로스를 보내서 골을 넣어야 한다는 생각에 몰두하고 있었다. 수아레스와 프랑스 국가대표 파트리스 에브라가 서로 말싸움을 벌이는 줄도 몰랐다.

나중에 루이스에게 들은 얘기는, 에브라가 경기 내내 자신에게 고의적으로 반칙을 했다고 했다. 직전 상황에선 루이스가 에브라를 걷어찼다고 한다. 코너킥을 준비하는 동안, 에브라가 루이스에게 가 왜 자기를 찼느냐고 따졌다. 축구 경기에서 이런 언쟁은 흔하다. 물론 수아레스가 에브라를 스페인어로 '깜둥이(negro)'라고 부른 것은 드물다. 말다툼이 계속된 가운데 경기가 진행되었다. 그때까지도 나는 아무것도 몰랐다. 경기 종료 후 라커룸에 돌아간 뒤에 다미앙 코몰리 이사가 수아레스를 호출한 사실도 몰랐다. 코몰리 이사는 수아레스를 따로 불러 에브라가 인종차별을 당했다고 주장하는 상황을 전달했다고 한다.

동료들이 수군대기 시작했다. 그날 저녁 나는 TV 뉴스와 사람들의 반응을 보고서야 겨우 사태의 심각성을 깨달았다. 이 건에 관해서 나는 루이스와 한 번도 이야기를 나눠본 적이 없다. 주장으로서 루이스를 도와주고 싶었지만, 당사자가 이야기를 나누는 일 자체를 불편해할 것 같았다. 루이스는 대단히 침울해했다. 클럽의 고위층이 나서야 하는 상황으로 번졌다. 선수 중 유일하게 개입한 사람은 디르크 카위트였다. 당시 그가 루이스 근처에 서 있던 덕분에 둘의 말싸움도 금방 알아차렸다. 잉글랜드축구협회 청문회에서 디르크는 루이스 쪽을 지지했다.

해당 건에 관해서 나는 일정한 거리를 유지하려고 노력했다. 루이스가 인종차별주의자가 아니라는 사실을 확신한다. 팀 동료 글렌 존슨도 루이스를 지지했다는 게 그 증거라고 할 수 있다. 그러나 에브라에게 내뱉은 수아레스의 단어는 분명히 명백한 문제였다. 당사자 두 명 모두 주장을 굽히지 않았다. 루이스는 '깜둥이'라는 단어가 영어와 스페인어의 어감이 다르다고 주장했다. 영어의 '깜둥이'는 흑인 비하를 뜻한다. 루이스는 스페인어의 '깜둥이'는 흑인에 한정된 단어가 아니라고 강변했다. 검은색 머리털을 가진 탓에 본인의 아내가 가끔 자기를 '깜둥이'라고 부른다고 말했다.

솔직히 나는 리버풀과 루이스가 상황에 능숙하게 대처했다고 생각하지 않는다. 당시 팀을 이끌던 케니 달글리시 감독은 정말 난감한 상황에 처했다. 사람들은 달글리시 감독이 지나치게 루이스의 편을 들었다고 비난했다. 맞는 말일지도 모른다. 그러나 팀의 주장으로서 나는 달글리시 감독이 루이스를 비판하지 않았던 이유를 충분히 이해한다. 그는 루이스를 진심으로 믿었다. 당연히 팀 내 간판스타와 사이가 틀어지길 원하지 않는 마음도 있었을 것이다. 그랬다간 루이스가 이적을 요구할 수도 있기 때문이다. 그 비난은 달글리시 감독에게 향했을 게 뻔하다.

무슨 일이든 달글리시 감독은 자기 선수를 끝까지 지키는 사람이다. 그런 고집 탓에 일이 꼬이기도 하지만, 내가 그를 사랑하는 이유 중 하나이기도 하다. 클럽을 향한 그의 사랑, 클럽을 위해서라면 무슨 일이든 하려는 그의 마음가짐이 내겐 영감을 줬다. 그렇게까지 자신을 믿어주는 감독은 선수들에겐 큰 영향을 끼칠 수밖에 없다.

동료를 지키려는 리버풀의 본능이 다르게 표현되기도 했다. 2011년 12월 21일, 위건 경기에선 페페 레이나의 주도로 준비한 티셔츠를 일부 선수들이 입고 나왔다. 앞면에는 루이스의 얼굴이, 뒷면에는 그의 등번호를 넣었다. 그때 나는 부상 중이어서 그 티셔츠를 TV 중계화면을 보고서야 알게 되었다. 에브라를 인종차별 했다는 수아레스의 혐의가 유죄로 확정된 지 24시간 후에 동료들이 경기 전 워밍업에서 티셔츠를 입고 나왔다.

티셔츠는 논란을 낳았다. 은퇴한 흑인 선수 폴 맥그라스(Paul McGrath)가 이를 비난했다. 맥그라스는 "만약 내가 글렌 존슨이었다면 티셔츠를 바닥에 내쳤을 것이다"라고 말했다. 글렌은 자기 트위터로 즉각 대응했다. 느낌표를 잔뜩 찍은 그의 멘션은 "나는 내가 원하는 사람을 내가 원할 때 지지한다!!! 내가 루이스 수아레스의 편에 서는 이유는 정말 많다!!!"라고 쓰여 있었다. 리버풀 레전드인 앨런 한센(Alan Hansen)은 '매치 오브 더 데이(Match of the Day)'라는 프로그램에 출연해 '유색(coloured) 인종'이라는 실언을 했다가 나중에 사과하기도 했다.

수아레스와 에브라 사이에서 무슨 일이 있었는지를 나는 단정할 수 없다. 루이스 본인만이 진실을 알 것 같다. 만약 정말 그랬다면, 나는 그를 지지할 수 없다. 어떤 종류의 인종차별이라도 나는 절대로 받아들일 수 없기 때문이다. 그러나 진실인지 거짓인지 알 수 있는 방법이 없기에 나는 그저 내 직감과 동료를 믿어야 했다.

루이스는 8경기 출전정지 징계를 받았다. 우리 모두가 벌을 받았다. 간판스타를 8경기씩이나 잃었을 뿐 아니라 결국 클럽 모든 식구의 이미지가 나빠졌기 때문이다. 수아레스와 에브라 두 사람이 가장 큰 고통을 받았겠지만, 리버풀 전체도 작은 아픔을 겪었다고 해야 한다.

그러곤, '막장 드라마'의 시나리오처럼 축구의 신이 장난을 쳤다. 루이스의 인종차별 관련 징계가 끝나고 복귀했던 첫 경기가 2012년 2월 11일 올드 트래포드에서 열렸던 맨체스터 유나이티드 원정이었다. 라커룸에서 나는 루이스와 가깝게 지내는 루카스 레이바에게 신신당부했다. 경기 전 양 팀 선수 간 악수를 나눠야 하는 장면에서 루이스가 어떻게 행동해야 하는지를 주지시켰다. 루카스는 내게 아무 걱정하지 말라고 대답했다. 루이스가 에브라와 악수를 나누겠다고 루카스에게 직접 다짐했다고 했다.

그러나 우리는 더 큰 논란에 휩싸이고 말았다. 내가 맨유 선수들과 악수 행렬을 이끌었다. 수아레스의 순서는 나보다 훨씬 뒤쪽이었다. 결국 수아레스는 에브라와 악수를 하지 않았다. 알렉스 퍼거슨 감독은 수아레스를 '수치'라고 불렀다. 리버풀에서 다시는 뛰지 못하게 해야 한다고도 덧붙였다. 말도 안 되는 소리다.

그로부터 19개월이 지난 2013년 9월, 다른 징계를 끝낸 수아레스의 복귀전 상대가 바로 맨체스터 유나이티드였다. 열기는 다소 식은 상태였다. 퍼거슨 감독이 은퇴했고, 에브라는 부상 중이었다. 하지만 지난 주말 맨유는 라이벌 맨체스터 시티에 1-4로 대패한 직후여서 투지를 불태우고 있었다.

선수 입장 통로에서 루이스는 팀의 가장 뒤쪽에 섰다. 홈 관중이 그에게 야유를 퍼부었다. 루이스는 오른쪽 손목에 있는 문신에 입을 맞췄다. 가족을 위한 의식이다. 리버풀 원정 팬들이 수아레스의 이름을 연호했다. 루이스는 엄지손가락을 세워 화답했다. 그는 편안해 보였다. 상대와의 악수를 기다렸다는 듯이 활짝 웃기까지 했다. 이번에는 아무런 문제가 없었다. 양 팀 모든 선수가 서로 악수를 나눴다. 드디어 우리는 수아레스와 함께 완전체로 경기를 시작할 수 있게 되었다.

웨인 루니에게도 부상 복귀전이었다. 안필드 원정경기를 뛰지 못했던 루니는 이마 상처를 보호하기 위해 큼지막한 검은색 보호대를 머리에 착용하고 있었다. 전반전은 별다른 내용 없이 지나갔다. 후반 들어 루니가 팽팽한 균형을 깨는 골을 도왔다. 루니가 찬 코너킥이 우리 수비수들 틈에 있던 하비에르 에르난데스에게 연결되었다. 그는 실수 없이 공을 골대 안에 밀어 넣었다. 너무나 쉬운 골이었다.

개막 후 6경기 연속으로 우리는 후반전 득점에 실패하고 말았다. 사우샘프턴에 당했던 0-1 패배가 올드 트래포드에서 재현되었다. 경기 막판 25분 동안 우리는 공을 소유하며 경기를 이끌었다. 경기 초반 다소 어색했던 수아레스는 시간이 지날수록 자기 리듬을 되찾아갔다. 후반 25분 수아레스가 조니 에반스를 따돌리고 감아 찬 슈팅이 살짝 빗나갔다. 1분 뒤, 수아레스의 프리킥은 골대를 맞고 튕겨 나왔다. 평소 내가 아는 것처럼 그는 양말이 발목까지 말려 내려간 정도로 열심히 뛰었다. 루이스가 감수록 원래 실력을 되찾을 것이라는 확신이 들었다. 경기는 별다른 사고 없이 흘러가 경기 종료 휘슬이 울렸다.

주심의 휘슬 소리에 데이비드 모예스 감독이 가슴을 쓸어내렸다는 사실은 명백했다. 그는 불끈 쥔 주먹을 휘둘렀고, 모든 선수와 악수를 나눈 뒤에 스트레트포드 엔드(Stretford End) 쪽을 향해 의기양양하게 박수를 보냈다. 우리는 시즌 목표 중 하나였던 캐피털원컵에서 탈락하고 말았다. 유럽 대회에서도 짐을 쌌으니 이제 우리에겐 프리미어리그와 FA컵 두 개 대회밖에 남지 않게 되었다. 변명의 여지가 없었다. 리버풀과 나 그리고 수아레스와 함께 정신을 바짝 차려야 했다.

나흘 뒤인 9월 29일 선덜랜드 경기에서 첫 번째 반등을 만들었다. 한 경기에서 별로 좋지 못한 경기력으로 패했을 뿐이었다. 2013년 크리스마스까지 우리는 계속 달려야 했다. 이날 승리는 단순한 1승이 아니었다. 경기를 완전히 지배하면서 선제골을 터트렸다. 크리스마스가 다가오면서 날씨가 추워지고 비가 더 자주 내렸다. 해도 점점 짧아지던 때였다. 분위기가 그래서인지는 몰라도 선덜랜드 원정 승리는 뭔가 다르게 느껴졌다. 열기와 희망이 가득했다.

당연히 우리는 압박을 멈추지 않았다. 계속 뛰면서 상대를 압박했다. 숨이 터질 듯이 뛰면서 상대 선수에게 달려들어 실수를 유도했다. 모두가 선덜랜드의 숨을 쥐어짜게 만들었다. 그 다음에 수아레스라는 치명적 무기를 꺼내 상대의 숨통을 끊었다. 수아레스의 마법 주문이 상대를 어지럽게 만들었다. 스터리지도 공격을 이끌었다. 작은 마법사 쿠티뉴까지 돌아와 있었다. 잠재력과 힘이 넘치는 스털링도 매 경기 선발로 나서기 시작했다. 상대는 그가 어떤 선수인지 전혀 몰랐다. 우리를 놀라게 했던 기술로 스털링은 상대 선수들을 당황하게 만들었다. 헨더슨은 팀플레이에 진짜 힘을 붙여주었다. 그의 내면에서 자신감이 물결치면서 팀의 신념까지 찰랑거렸다.

원래대로 나는 득점을 만들기 위해 노력했다. 오픈 플레이와 데드볼(dead-ball) 상황에서 크로스를 보내기 위해 주력하는 동시에 직접 중거리슛을 노렸다. 내게는 익숙하면서도 매번 새롭게 느껴지는 임무다. 날카롭고 대단한 득점 기회를 많이 만들면서 분위기가 서서히 무르익어갔다. 단단하면서도 톡 쏘는 듯한 경기력이었다.

수비 쪽에서 실수도 있었다. 미뇰렛이 몇 차례 실수를 저지르면서 그 과정에서 실점도 허용했다. 그러나 위기를 넘기는 선방을 펼쳤다. 팀 수비의 핵심 스크르텔은 가끔 자책골을 내주거나 위치 선정에서 실수를 저지른다. 하지만 그는 진정한 전사다. 터프하며 강하다. 아게르와 존슨, 거기에 사랑스러운 리버풀 소년 존 플라나간(Jon Flanagan)은 리버풀이 든든하게 막아낼 수 있는 팀이라는 사실을 입증했다. 공격 작업은 원활히 돌아갔다. 수아레스가 뛰어난 기술과 집중력, 스피드를 앞세워 상대를 무릎 꿇게 만들었다. 결국 수아레스는 두 골을 넣었고, 스터리지도 한 골을 보탰다.

수아레스와 스터리지가 분위기를 이끌었고, 나머지 동료들이 두 공격수를 돕기 위해 노력했다. 로저스 감독도 탁월한 지도자로서 역량을 발휘했다. 그가 진행하는 훈련 세션은 내 경험상 단연 최고였다. 사람을 다루는 일도 능숙하게 해냈다. 온화한 동시에 창조적이었다. 팀 훈련 제외 조치가 해제된 루이스가 합류했던 당시의 훈련 수준은 내가 베니테스 감독, 토레스와 함께했던 시절 이후 가장 높았다. 훈련 밀도가 높았고, 원터치 패스 연습은 그때보다 더 나았다. 가끔 5 대 5 미니게임을 하는데, 상대팀이 내가 속한 팀의 공을 건드리지도 못했다. 우리가 상대팀을 압도했다. 팀 구성을 약간 바꾸고 해도 결과는 마찬가지였다. 우리는 5 대 5 미니게임의 챔피언이었다.

훈련에서 이루어진 높은 수준의 축구는 스쿼드 전체로 퍼져갔다. 붙박이 베스트 11인과 나머지 후보라는 구분이 사라졌다. 로저스 감독은 스쿼드 전체를 영리하게 운영해 모두가 1군 출전 기회를 잡을 수 있다는 각오를 다지도록 만들었다. 매 경기 직전이 되면 1군 내부에서 긴장과 흥분이 감돌았다. 경기가 없는 날에도 건강한 분위기가 클럽 전체를 끌어올렸다.

화요일과 수요일 저녁 시간에 UEFA 챔피언스리그의 TV 중계를 집에서 보는 일은 당연히 고통스러웠다. 하지만 주말 프리미어리그 경기를 생각하면 최상의 준비였다. 리버풀의 경기 준비는 명확하다. 경기 나흘 전은 체력 훈련이다. 허벅지 근육 강화에 초점을 맞춘다. 사흘 전에는 지구력 훈련을 한다. 좀 더 오래 버틸 수 있는 힘을 기르기 위해 메뉴를 꾸민다. 이틀 전은 스피드 훈련이다. 반응 속도와 순발력을 높여 경기에 나설 수 있는 몸을 만든다. 경기 전일에는 사실 할 일이 별로 없다. 곧바로 경기에 투입될 수 있는 상태를 유지한다. 리그 순위표 상위권 경쟁자들이 유럽 대회를 치르는 동안 우리는 더욱 치밀하게 준비를 할 수 있는 이점을 가졌다.

사실 올드 트래포드에서 확정된 리그컵 탈락은 그 주말 있었던 선덜랜드 원정에 크게 영향을 끼치지 않았다. 선덜랜드는 파올로 디 카니오 감독을 경질해 어수선한 상태였다. 더군다나 스타디움 오브 라이트(선덜랜드 홈경기장 이름-역주)에 등장한 수아레스의 존재보다 더 새롭고 상쾌한 새출발은 없었다. 훈련을 통해 루이스가 얼마나 몸 상태가 좋은지를 나는 이미 알고 있었다. 공백 기간이 길었다고 해도 나는 전혀 걱정하지 않았다. 루이스는 실점감각을 위해 네다섯 경기만 필요할 뿐이었다.

경기 전 훈련에서 루이스는 말수를 아끼면서 무서울 정도로 집중했다. 그의 안에서 불길이 뜨겁게 치솟고 있었다. 오랜 출전정지 징계 탓에 팀에 보탬이 되지 못했다는 죄책감을 느끼는 것 같았다. 그걸 반드시 채우겠다는 표정이었다. 훈련을 끝내고 나는 곧바로 친구들과 아버지에게 전화를 걸었다. "수아레스의 몸이 정말 좋아. 지금까지 계속 함께 훈련해왔던 선수 같을 거라고 얘기했잖아. 그게 아니었어. 더 발전했더라고!"

선덜랜드 경기에서 득점 기회를 몇 차례만 받는다면 루이스는 분명히 골을 넣을 것이라 확신했다. 스터리지도 마찬가지였다. 패스를 계속 보내주기만 하면 그는 반드시 골을 넣어줄 것이다. 선덜랜드로 향하면서 나는 한없이 긍정적이 되었다.

화창한 오후, 선덜랜드 원정경기를 시작했다. 전반전에 나는 코너킥을 차올렸다. 투레가 머리를 갖다 대지 못했으나 먼 쪽 골대 부근에 있던 스터리지가 득점에 성공했다. 위치 선정이 좋았다. 공은 그의 머리 부위와 가슴과

3 낙관과 비관

얼굴에 차례로 닿으며 선덜랜드의 골문 안으로 들어갔다.

조금 뒤, 우리 팀 진영에서 나는 전매특허라고 할 수 있는 롱패스를 반대편 사이드라인 쪽으로 보냈다. 30미터를 넘게 날아간 공은 내가 원한 지점에 정확히 떨어졌다. 오른쪽 측면에 있던 스터리지의 발이었다. 그는 골문을 향해 거침없이 드리블해 들어갔다. 오른발 아웃프런트 킥으로 스터리지가 보낸 패스를 받아 수아레스가 팀의 두 번째 골을 뽑아냈다. 두 사람이 각각 한 골씩 성공해 스코어는 2-0이 되었다.

내가 가장 먼저 달려갔는데, 골대 뒤에서 미끄러지는 바람에 루이스를 넘어트릴 뻔했다. 겨우 다시 일어나 그를 힘껏 안아줬다. 부근에 있던 선덜랜드의 일부 팬들이 각종 욕설을 퍼부었다. 하지만 대부분 홈 관중은 돌처럼 굳은 표정으로 말없이 우리의 골세리머니를 지켜볼 뿐이었다. 원정 서포터즈 구역을 가득 메운 리버풀 팬들은 수아레스를 위한 응원곡을 불러댔다.

루이스 수아레스 / 물고 싶으면 물어버린다 /
루이스 수아레스 / 물고 싶으면 물어버리지

기성용의 중거리슛을 시몽 미뇰렛이 완벽하게 처리하지 못했다. 그가 쳐낸 공이 곧바로 엠마누엘레 지아체리니에게 연결되는 바람에 실점을 허용했다. 한 골을 따라붙어 2-1 상황이 되자 스타디움 오브 라이트에는 갑자기 희망의 불씨가 생겨난 듯했다. 2분 뒤, 선덜랜드의 아담 존슨이 코너킥을 찼다. 미뇰렛이 골문에서 나와 어렵지 않게 크로스를 잡아냈다. 시몽은 우리에게 위로 올라가라고 소리를 지른 후에 하프라인 오른쪽에 있던 수아레스에게 직접 공을 던져 보냈다. 순식간에 선덜랜드에는 바쁘게 뒷걸음질 치는 수비수 두 명밖에 없었고, 그 앞에 수아레스와 루카스, 스터리지, 스털링이 무서운 기세로 돌진했다. 수아레스가 드리블을 했고, 루카스는 머리 위로 손을 흔들며 패스를 요구했다.

수아레스는 공을 감아 차 평행선으로 뛰어들어가는 스터리지에게 패스를 보냈다. 페널티박스 안에 선덜랜드 수비수 세 명이 들어가 있었지만, 공은 스터리지에게 연결되었다. 문전까지 들어간 루이스가 다시 패스를 원했다. 또 골을 넣고 싶었기 때문이다. 스터리지가 침착하게 보내준 크로스를 받아 수아레스가 왼발로 정확히 때려 자신의 두 번째 골을 뽑아냈다. 스코어는 3-1로 변했다. 평소대로 루이스는 손목에 있는 문신에 입을 맞추며 오후의 태양 아래서 골세리머니를 펼치다가 방향을 꺾어 크로스를 보내준 스터리지에게 달려가 고마움을 전달했다.

돌아오는 구단 버스 안에서 나는 크리스 모건에게 "오늘 경기를 정말 잘했던 거 같아. 이렇게 계속해야겠지. 어떻게 될지 기대감이 생겨"라고 조용히 말했다. 솔직히 우리 둘 다 프리미어리그에서 실제로 우승할 수 있다고는 생각하지 못했다. 우선 리그 4위권에 진입한 후에 우승을 거론할 여유가 생기기 때문이다. 하지만, 예를 들어, 앞으로 10경기밖에 남지 않은 상황이라면? 우리가 우승하지 말라는 법도 없었다. 어느 팀이든 꺾을 수 있다는 고요한 자신감이 느껴졌다.

다음 홈경기에서 우리는 크리스털 팰리스를 3-1로 제압했다. 수아레스와 스터리지, 내가 각각 골을 넣었다. 나는 페널티키커로 나서 상대 골키퍼 줄리안 스페로니가 예상한 반대쪽으로 골을 성공했다. 루이스나 대니얼과는 달리 나는 딱히 골세리머니를 하지 않았다. 당연히 해야 할 일을 했을 뿐이었기 때문이다. 페널티킥이란 항상 성공해야 한다. 수아레스처럼 셔츠를 반쯤 올리고 손목에 키스를 하거나, 혹은 스터리지처럼 로봇 춤을 선보이거나 하지 않았다. 나는 그저 코에 난 땀을 닦아냈을 뿐이다. 내게 달려온 동료도 없었다. 단순한 페널티킥 득점에 열광할 나이의 선수가 아니라고 나를 대해주는 것 같았다. 하이파이브 축하가 고작이었다. 승리를 확정하는 경기 종료 휘

3 낙관과 비관

슬이 울렸을 때, 우리는 순위표 가장 높은 곳에 있었다.

그 다음 주에는 웸블리 스타디움에서 정말 중요한 잉글랜드 국가대표팀 경기가 예정되어 있었다. 몬테네그로와 폴란드를 상대하는 2014 FIFA 월드컵 지역예선이었다. 두 경기를 모두 이기면 우리는 다음 해 여름 브라질로 가는 티켓을 손에 넣을 수 있었다. 잉글랜드 대표팀을 생각하면 나는 항상 일정 수준 이상의 부담감과 흥분, 비판, 불확실성을 느낀다. 조국 잉글랜드 대표팀의 주장으로 뛰는 사명감을 향해 나의 집중력 방향을 자연스럽게 바꿔 맞췄다.

이제 겨우 10월 첫째 주였다. 선덜랜드와 팰리스 두 팀만 꺾었을 뿐이기도 했다. 아직 좋아하고 싶지 않았다. 잉글랜드 대표팀의 부담감이 사라지면 다시 리버풀에 집중해야 한다. 내 앞에는 정말 기나긴 길이 뻗어 있었다. 솔직히 프리미어리그나 브라질 월드컵의 우승을 다투는 내 모습을 나는 상상하지 못하고 있었다.

STEVEN GERRARD

4

월드컵 본선행과 플레잉 포지션

Qualifications and Positions

GERRARD
8

아이언사이드 로드 시절, 나는 가끔 잉글랜드가 월드컵 결승전에서 결승골을 넣은 기분이 되어 골세리머니를 펼치며 놀았다. 보통 나는 가자(Gazza; 폴 개스코인의 별명)였다. 그의 이름이 새겨진 잉글랜드 국가대표팀 유니폼을 입고 눈부신 드리블을 해 들어가 쓰레기통 2개로 만든 골대 안에 볼을 때려 넣었다. 웸블리에서 열린 결승전, 경기 종료 직전에 얻은 페널티킥을 차는 개리 리네커가 되기도 했다. 철제 쓰레기통 사이로 정확히 득점에 성공하곤 미친 듯이 달려가는 세리머니를 흉내 냈다. 언제나 나는 잉글랜드의 영웅이었다. 잉글랜드를 승리로 이끌었다. 허공에 주먹을 휘두르며 아이언사이드 로드를 따라 달려가면서 온 나라 국민이 보내는 박수갈채에 흠뻑 젖는 내 자신을 상상했다.

어린 시절 리버풀에 미쳐 있긴 했지만, 1990년 이탈리아 월드컵을 보면서 나는 국가대표팀에 빠져들었다. 폴 개스코인의 번뜩이는 플레이와 리네커의 멋진 골이 있었던 대회였다. 늦은 밤까지 우리 가족은 다 함께 TV 생중계를 보면서 소리를 질러댔다. 준결승전에서 서독에 패하고 개스코인이 눈물을 흘렸던 월드컵이었다. 내가 열 살이 막 되었을 때였다. 준결승전에서 경고를 받고 우는 개스코인을 보면서 나는 속이 울컥했다. 경기에서 이겨도 경고 누적으로 결승전에 출전하지 못하게 되었기 때문이었다. 경기 결과는 더 나빴다. 스튜어트 피어스와 크리스 와들이 승부차기를 실축하고 말았다. 잉글랜드는 무릎을 꿇었다. 휴이턴에서, 잉글랜드 전국에서 억장이 무너졌다.

골목에서 나는 시나리오를 멋지게 고쳐 썼다. '꼬마' 스티비 제라드가 잉글랜드 영웅 개스코인의 앞에 서서 조국을 월드컵 결승전으로 이끈다는 상상이었다. 결승행 결승 골을 바로 내가 넣는 것이었다. 리버풀이 리그를 제패하는 것만큼 짜릿한 꿈이었다. 휴이턴 골목길에서 비가 오나 눈이 오나 나는 잉글랜드 국가대표가 되어 공을 찼다. 진득거리는 여름 밤도 마찬가지였다. 골목길 축구에서 나는 친형 폴을 개스코인이라고 불렀다. 형과 내가 모두 개스코인에 열광했던 게 아주 당연했다. 〈개스코인의 영광(Gascoigne's Glory)〉 비디오를 나는 셀 수 없을 정도로 많이 봤다. 볼 때마다 나는 환상 속에 빠져들었다.

브라이언 롭슨도 좋아했다. '캡틴 마블(Captain Marvel: 롭슨의 별명)'은 나처럼 미드필더였다. 롭슨이 국가대표팀의 흰색 유니폼을 입으면 나는 그가 맨체스터 유나이티드의 선수라는 사실을 깨끗이 잊었다. 나는 맨유는 싫었지만, 롭슨은 사랑했다. 하루는 귀가한 아버지가 나를 찾으러 동네로 나오셨는데, 그때 내가 롭슨의 이름이 마킹된 잉글랜드 국가대표팀 유니폼을 입고 있었다. 아버지는 목소리를 낮춰 내게 말했다. "도대체 무슨 생각으로 휴이턴에서 롭슨의 유니폼을 입은 거야? 이웃들이 뭐라고 생각하겠어?" 물론 모두 집안에서 이루어진 농담 섞인 투정이었다. 아버지도 잉글랜드 국가대표팀에서 롭슨이 얼마나 중요한 존재인지 뻔히 알기 때문이다. 나는 고개를 끄덕인 뒤 집에 돌아와 붉은색 리버풀 유니폼으로 갈아입고 다시 나갔다. 지금도 나는 롭슨이 되는 상상을 한다. 뉴캐슬의 개스코인이나 레스터 시티의 리네커가 되는 기분도 상상해본다. 그가 에버턴에서 뛴 적이 있는데도 말이다.

잉글랜드 국가대표팀은 내게 매우 소중했다. 릴셜 국립축구학교에서 축구를 배울 기회가 왔을 때, 나는 마치 천국으로 가는 계단에 들어선 듯한 기분이 들었다. 제이미 캐러거는 나보다 2년 먼저 릴셜에 갔다. 마이클 오언은 물론 제이미 캐시디, 토미 컬쇼(Tommy Culshaw)도 마찬가지였다. 나도 잉글랜드의 미래 국가대표 후보생들과 함께하리라는 확신이 있었다. 15세 이하 학생을 대상으로 한 테스트에서 나는 정말 두드러진 플레이를 선보였다. 자랑스러운 초청장을 받을 수 있다고 확신했다. 리버풀 선발 학생의 주장으로서 릴셜에서 꿈같은 생활을 보내리라는 생각으로 가득 찼다.

그러나 눈물의 통지서가 도착했다. 통지서에는 내가 매우 좋은 축구선수라고 칭찬하면서도 학생을 선발하는 기준에는 축구 외에도 여러 가지 요소를 종합적으로 검토한다고 쓰여 있었다. 길게 적힌 문장의 뜻을 나는 전혀 이해하지 못했다. 그러나 내가 떨어졌다는 사실과 절대로 포기하면 안 된다는 사실은 분명히 이해했다. 그들은 나를 선택하지 않았다. 나는 2층으로 올라가 침대에 누워 베개 아래에 머리를 처박고 펑펑 울었다. 아버지는 나를 열심히 달랬다. 테스트에서 내가 얼마나 잘했는지 이야기해줬다. 아마 키가 덜 자라서 그랬던 것 같다고도 말해줬다. 2년간 부모와 떨어져 릴셜에서 지내려면 좀 더 성숙해야 할지도 모른다는 위로와 함께.

나는 울면서 아버지를 쳐다봤다. 겨우 말을 할 수 있게 되자 내 입에서는 "나 축구 안 할래. 내 축구가 끝나버린 거야"라는 말이 튀어나왔다. 아버지는 나를 자상하게 끌어당겨 진정시키면서 리버풀 이야기를 해줬다. 리버풀은 나를 아꼈다. 무엇보다 내 실력을 인정했다. 스티브 하이웨이(Steve Heighway), 데이브 섀넌(Dave Shannon), 휴이 맥컬리(Hughie McAuley) 같은 코칭스태프가 모두 나를 돌보고 있었다. 나를 믿어줬다. 나의 축구는 끝나지 않았다. 리버풀과 내 자신이 나를 믿는 한 그럴 일은 없었다.

당연히 축구를 계속했다. 7개월 뒤, 나를 제치고 릴셜에 입학한 대단한 아이들이 멜우드를 찾아 내가 이끄는 리버풀 학생 팀과 연습경기를 가졌다. 릴셜 팀은 모두 국립학교 교복을 입고 있었다. 나는 부글부글 끓었다. 입학심사에서 나를 떨어트린 사람들에게 자기들이 어떤 실수를 저질렀는지를 똑똑히 보여주고 싶었다. 킥오프 휘슬이 울릴 때까지 나는 기다릴 수가 없었다.

릴셜에서는 마이클 오언과 웨스 브라운, 마이클 볼이 두드러졌다. 하지만 나는 그들을 갈기갈기 찢어냈다. 나는 미친 듯이 뛰었다. 오언은 이미 득점기계가 되어 있었다. 해트트릭을 터트린 덕분에 릴셜이 4-3으로 이길 수 있었다. 하지만 마이클이 리버풀 팀에서 뛰었다면, 혹은 내가 릴셜 팀에 속해 그와 함께 뛰었더라면, 우리 둘은 더 많은 골을 만들어냈을 것이라는 사실을 모두가 알고 있었다. 경기가 끝나고, 릴셜 팀의 모든 아이들이 나와 악수를 나누려고 줄을 섰다. 나는 정중하게 대했다. 모든 아이들과 악수를 나누며 조용히 고갯짓으로 인사했다. 하지만 릴셜 팀의 코치들이 나를 찾기 전에 나는 라커룸으로 재빨리 뛰어들어갔다. 그 사람들에게선 무슨 말이든 듣기 싫었다. 얼굴을 쳐다보기도 싫었다. 나는 너무 분했다.

잉글랜드 15세 이하 국가대표팀에서 거절당한 상처는 그 이후로 수년간 내게 큰 채찍질이 되었다. 왜 그렇게 상심했는지 나는 잘 알고 있었다. 리버풀 그리고 잉글랜드 국가대표팀에서 뛰고 싶었기 때문이다. 두 번째 꿈이 산산조각 난 것이나 마찬가지였다. 흩어진 꿈 조각을 끌어모아 하나씩 붙이기까지 시간이 정말 오래 걸렸다. 하지만 결국 나는 해냈다.

내가 스무 살이 된 바로 다음날인 2000년 5월 31일, 나는 웸블리에서 우크라이나를 상대로 잉글랜드 국가대표 A매치에 데뷔했다. 토니 아담스, 앨런 시어러와 함께 같은 라커룸 안에 내가 있다는 사실을 믿기가 참 어려웠다. 열여섯 살 때, 나는 잉글랜드에서 개최되었던 유로96에서 그늘이 뛰는 모습을 지켜봤다. 그 대회에서 잉글랜드는 준결승전까지 올랐는데, 공교롭게도 서독에 또 승부차기로 패했다. 그해 여름은 정말 뜨거웠다. 전국이 노래 '축구가 집으로 돌아왔네(football's coming homg)'를 불러대는 것 같았다. '바디엘&스키너(Baddiel & Skinner)'와 리버풀 출신 밴드인 '더 라이트닝 시즈(The Lightning Seeds)'가 함께 불렀던 '삼사자 군단(Three Lions)', '줄리메컵은 지금도 찬란해(Jules Rimet still gleaming)', '30년 상처(thirty years of hurt)' 등의 노래도 히트를 쳤다. 그 대회에서 개스코인은 스코틀랜드를 상대로 환상적인 골을 터트렸다. 스페인과 만난 8강전에서 우리는 승부차기 끝에 승리했다. 당시만 해도 스페인은 잉글랜드보다 메이저 대회 울렁증을 더 크게 겪는 팀이었다.

라커룸에서 나는 입도 뻥긋하지 못한 채 부끄러워하고 있었다. 아담스가 갑자기 내 얼굴에 대고 "야 이 자식아, 경기 뛸 준비 다 된 거야?"라고 고함을 질렀다. 식은땀이 났다. 목은 일찌감치 타들어가고 있었다. 나는 우물거리며 "네, 준비됐어요"라고 리버풀 사투리로 겨우 대답했다. 경기는 화살처럼 빠르게 지나갔다. 나는 내 이름이 새겨진 잉글랜드 국가대표팀 유니폼을 입는다는 사실만으로도 감격스러웠다. 안드리 셉첸코를 상대하다니 믿을 수가 없었다. 잉글랜드 레전드 케빈 키건 감독의 지시를 받는 것도, 잉글랜드의 2-0 승리에 내가 기여했다는 것도 믿을 수가 없었다.

그로부터 10년이 지난 2012년 11월 12일, 나는 잉글랜드 A매치 100번째 출장을 기록했다. 스톡홀름 원정에서 우리는 2-4로 패했다. 즐라탄 이브라히모비치가 혼자 네 골을 넣었다. 조 하트가 머리로 걷어낸 공을 골문 28미터 지점에서 즐라탄이 오버헤드 바이시클킥을 때려 골을 넣었던 바로 그 경기였다. 경기 전, 기자회견에서 나는 지금까지 국가대표팀 경력을 점수로 매겨달라는 질문을 받았다. 나는 6~7점 정도라고 대답했다. 솔직한 내 생각이었다.

1966년 월드컵 우승팀 멤버를 제외하곤, 잉글랜드 대표팀에서 뛰었던 그 누구라도 본인에게 8점이나 9점을 매길 수 없다고 생각한다. 1990년 이탈리아 월드컵에서 준결승 진출을 해냈던 보비 롭슨 감독의 팀 중 몇 명에겐 나도 8점 정도를 줄 수 있을 것 같다. 그렇지만, 그 외에는 높은 점수를 받기가 어렵다. 스타플레이어로 꾸려진 잉글랜드 대표팀은 메이저 대회에서 당초 예상보다 훨씬 일찍 탈락하기 일쑤였다. 비난과 조롱은 날이 갈수록 심해졌다. 대표팀 선수들은 점점 '쓸모없는 팀', '완벽한 쓰레기'가 되어갔다. 언제나 동일한 패턴이었다. 내가 대표팀에서 뛰었던 14년 동안 유일한 변화는 세간의 비난이 점점 더 빈번해진다는 점뿐이었다. 대표팀에서 아무리 뛰어난 활약을 펼치며 좋은 시간을 보낸다고 해도 코너만 돌면 바로 가슴에 박힐 대못이 기다리고 있는 꼴이었다. 잉글랜드 국가대표 선수가 짊어져야 할 운명과도 같다. 이른바 약팀과 만나면 최소한 5-0 정도로 이기지 못하면 욕먹을 각오를 해야 한다.

요즘 국가대표팀에 들어오는 선수들은 너무 쉽고 빨리 영웅 대접을 받는다. 대표팀에 선발된 많은 선수들을 흔들어대는 이유 중 하나라고 나는 생각한다. 각종 언론은 물론 SNS까지 더해져 아무것도 이룬 게 없는 어린 선수조차 금방 엄청난 스타라고 떠들어댄다. 선수에겐 정말 나쁜 환경이다. 자꾸 그런 칭찬을 들으면 선수는 실제로 해낸 것도 없으면서 자기가 대단한 능력을 가졌다고 믿기 시작한다. 선수들이 잘못 관리되고 있음을 알 수 있는 국가대표팀 비화도 많다.

2012년 스튜어트 피어스는 내게 냉혹한 진실을 깨닫게 했다. 알다시피 피어스는 1990년 이탈리아 월드컵과 유로96에서 잉글랜드 주전 수비수로 활약했다. 풀백으로서 기량도 뛰어났고 정신력도 좋았으며 잉글랜드 축구에 관한 열정도 넘쳤다. 1990년 월드컵, 토리노에서 열렸던 준결승전에서 피어스는 완전히 무너졌다. 승부차기에서 피어스가 실축하는 바람에 잉글랜드가 탈락했기 때문이다. 그로부터 6년 후 열린 유로96에서 잉글랜드와 스페인이 만난 8강전이 열렸다. 승부차기 키커를 자처한 피어스는 기어이 페널티킥을 성공시켰다. 골을 넣고 나서 피어스는 주먹을 불끈 쥐며 포효했고, 잉글랜드

4 월드컵 본선행과 플레잉 포지션

는 4강 진출에 성공했다.

나는 그를 진정으로 존경한다. 나중에 피어스는 잉글랜드 21세 이하 국가대표팀의 감독이자 A대표팀을 이끄는 파비오 카펠로 감독의 수석코치가 되었다. 2010년 남아공 월드컵이 끝나고 나서 그는 내게 전화를 걸었다. 그때 나는 잉글랜드 대표팀 동료들과 함께 요하네스버그 공항에 있었다. 우리는 블룸폰테인에서 독일에 1-4로 대패하고 나서 잉글랜드로 돌아가는 비행기를 기다리고 있던 차였다. 피어스가 전화까지 할 필요는 없었지만, 그는 배려심이 컸다. 전화를 통해 그는 이번 대회에서 내가 떳떳하게 고개를 들 수 있는 잉글랜드 선수 중 한 명이라고 말해줬다. 주장 역할을 잘해냈다는 칭찬도 있었다. 피어스는 이렇게 말했다.

"우리처럼 너도 당연히 실망했을 거야. 좌절감도 있겠지. 하지만 너의 태도와 훈련에서 보여준 노력, 실전 경기력까지 모두 최고였어. 네가 할 수 있는 건 다 했어. 이번 월드컵에서 너는 네 자신을 자랑스러워해야 한다."

그렇기 때문에 18개월 후 그가 나를 대하는 방법이 더 마음 아팠고 슬펐다. 2012년 2월 카펠로 감독이 사임하고 로이 호지슨 감독이 부임하기 전에 웸블리에서 네덜란드와 평가전이 있었다. 피어스가 감독직을 대행했다. 당시 언론에서는 잉글랜드 차기 감독으로 해리 레드냅이 거론되고 있었다. 피어스는 경험 면에서 레드냅이나 호지슨 감독을 따를 순 없었지만, 내심 차기 감독에 대한 욕심도 있었던 것 같다.

네덜란드 평가전을 앞둔 일요일, 리버풀은 리그컵 결승전에서 승부차기 끝에 카디프를 꺾고 우승을 차지했다. 그 탓에 우리는 잉글랜드 국가대표팀이 묵는 '더 그로브 호텔(The Grove Hotel)'에 다른 선수들보다 늦게 도착했다. 글렌 존슨과 애디 캐롤, 스튜어트 다우닝(Stewart Downing) 그리고 나는 대표팀 동료가 모인 회의실에 들어가 합류했다. 조금 뒤 피어스가 들어오더니 내게 "결승전에서 힘든 경기를 했으니 너는 네덜란드 경기에서 45분만 뛰는 걸로

하자. 어쨌든 리버풀 우승 축하한다"라고 말했다.

　이해할 수 있는 결정이다. 평가전에서라면 경기의 절반만 뛰라고 해서 크게 문제 될 것은 없다고 생각한다. 언론에서는 피어스 감독 대행이 누구를 주장으로 선임할 거냐는 이슈를 만들어내고 있던 터라 나는 피어스가 내게 따로 이야기를 할 것이라고 기대했다. 예를 들어, "밖에서 잠깐 볼까?"라든가 "할 얘기가 있으니 잠깐 방으로 오겠나?"라는 식이다. 어쨌든 내 출전시간을 전달했던 그때 주장 선임 결정까지 함께했더라면 정말 완벽한 시나리오였다. 그러나 피어스는 아무 말도 하지 않았다.

　다음날 아침 나는 회복조에 속해 몸을 풀고 있었다. 팀 훈련에 합류하기 위해 자리를 옮기기 직전에 피어스가 나를 호텔 화장실로 데려갔다. 그러곤 "직접 얼굴을 보고 말해야 할 것 같아서 그랬다. 이번 경기에 나는 스콧 파커(Scott Parker)를 주장으로 뽑을 생각이야"라고 말했다.

　피어스가 잘못된 결정을 내렸다고 생각했던 탓에 나는 별다른 의견을 제시하지 않았다. 스콧 파커는 좋은 선수다. 솔직한 성격이다. 이후 로이 호지슨 감독 아래서 나는 그와 함께 유로2012에 출전하기도 했다. 선수와 동료로서 나는 스콧에게 큰 호감을 갖고 있다. 그러나 나보다 우선해서 스콧 파커를 잉글랜드 국가대표팀 주장으로 뽑겠다고? 당시 스콧은 컨디션이 좋았고, 리더십도 있는 친구였다. 하지만 잉글랜드 국가대표팀에서는 경험이 많지 않았다. 대표팀에서 주장 완장을 찬 경험은 전혀 없었다. 웨스트햄에서 주장을 해봤다곤 해도 당시 팀은 챔피언십(2부)에 있었다. 피어스가 리버풀 또는 나에 대한 개인 감정이 발동했는지 나는 알 길이 없다. 피어스가 주인공이 되고 싶어 하는 게 아닌가 하는 느낌이 들었다. 스튜어트 피어스라는 지도자에게 관심이 집중되도록 설계된 결정이었던 것 같다. '나라고. 내가 감독이야'라고 말하고 싶었을 수도 있고, 파커가 주장 완장을 차는 모습을 보고 싶어 하는 런던 쪽 언론의 갈증을 풀어주는 시도였을지도 모른다.

그날 오후 피어스는 언론과 만나 미발표 상태였던 주장 선임에 관한 견해를 밝혔다. 아프가니스탄 파병 장병에게 리더십 가치에 관한 강연을 하러 다녀온 이야기로 피어스는 자신의 장황한 대답을 시작했다.

"아프가니스탄으로 가면서 나는 고민했다. 어떻게 접근해야 할까? 리더가 되기 위해 갖춰야 할 기본을 나는 무어라고 생각하는 걸까? 그러자 한 단어가 떠올랐다. '이타적 자세'다. 모든 동료가 '저 친구라면 개인보다 전체의 이익을 위해 노력할 거야'라고 생각하는 리더. 나는 항상 그런 리더를 원했다. 동료 사이에서 존경을 받는다고 생각되는 주장을 뽑을 생각이다. 토니 아담스, 폴 인스, 앨런 시어러, 테리 부처, 브라이언 롭슨에 이르기까지 모두 그런 리더였다. 전부 개인보다 팀을 먼저 생각하는 리더들이었다."

며칠 뒤 언론은 당황스러워했다. 다들 피어스가 나를 염두에 두고 한 말이라고 여겼기 때문이다. 몇몇 기자는 피어스와 함께 잉글랜드축구협회에서 일하는 지도자들의 반응을 인용했다. 그들 모두 피어스가 파커를 뽑아 놀랐다고 말했다. 피어스가 화장실에서 내게 자기 결정을 먼저 밝혔다는 사실을 아는 사람은 아무도 없었다.

네덜란드 평가전을 앞두고 가진 팀 미팅에서 피어스는 유로2012 준비 상황을 설명했다. 그는 선수들에게 강한 인상을 남기려고 애썼다. A대표팀 감독 자리에 비집고 들어갈 구멍을 만들려고 했다. 하지만 화장실에서 주장 선임에 관한 결정을 내게 이야기했을 때, 나는 이미 그가 잉글랜드 국가대표팀의 감독이 되긴 어렵겠다고 직감했다. 그전까지 나는 그의 전술 능력을 떠나 인간적으로 그를 존경했었다. 하지만 그는 나를 너무 서툴게 다뤘다. 모욕이었다. 방법이 완전히 잘못되었다. 이기적이었다. 본인이 칼자루를 쥐었다는 사실을 모두에게 알리기 위한 정치적 판단이었다.

주장은 바뀌어야 한다. 변화는 얼마든지 받아들일 수 있다. 그러나 정당한 명분이 있어야 한다. 2010년 남아공 월드컵 전에 다친 리오 퍼디낸드로부터 나는 주장 완장을 넘겨받았다. 2011년 3월, 카펠로 감독은 존 테리를 주장으로 선임하겠다고 결심했다. 테리는 뛰어난 리더다. 수비수로서 능력도 훌륭하며 경험이 풍부하니 내가 불만을 가질 이유가 없었다. 그러나 테리는 치명적 약점을 지녔다. 2012년 2월, 그는 안톤 퍼디낸드에 대한 인종차별 폭언 혐의로 법정에 설 예정이었다. 안톤은 리오의 친동생이다. 이 건을 두고 잉글랜드축구협회와 카펠로 감독의 의견이 충돌했다. 결국 카펠로 감독이 사임하고 말았다. 그리고 그 자리를 임시로 맡은 피어스가 어떤 설명도 없이 주장으로 나를 원하지 않는다고 통보해버렸다. 10초밖에 걸리지 않았다.

거꾸로 생각해보라. 만약 보비 롭슨 혹은 케빈 키건 감독이 스튜어트 피어스를 화장실로 끌고 가 주장 완장을 새까만 후배에게 건네겠다고 단순히 통보만 했다면? A매치 출전 수가 자기보다 80여 경기나 적은 후배에게 주장 완장을 빼앗겼다면, 피어스 본인의 기분은 어땠을까?

잉글랜드는 네덜란드 평가전에서 패했다. 다행히 로이 호지슨 감독이 유로2012에서 잉글랜드를 이끌 새 감독으로 부임했다. 나는 선수로서 피어스를 존경한다. 그러나 '인간 피어스'를 향한 나의 존경심은 그날 화장실에서 거의 없어져버렸다.

2013년 10월, 2014년 브라질 월드컵 유럽 지역예선에서 우리는 중요한 일정을 앞두고 있었다. 내 인생 마지막 메이저 대회에 꼭 출전하기를 바라고 있었다. 나는 부상을 당해 2002년 월드컵에 출전하지 못했다. 유로2008에는 예선에서 탈락해버렸다. 세 번의 유로, 두 번의 월드컵, 그리고 마지막 남은 메이저 대회가 바로 2014년 월드컵이었다. 모든 대륙이 존경하는 브라질에서 열렸다. 나는 잉글랜드와 함께 너무나 브라질에 가고 싶었다.

로이 호지슨 감독은 영리하고 좋은 인품을 지닌 인물이었다. 우리는 인간적으로도 친근하게 지냈다. 나는 여전히 주장이었고, 대표팀은 월드컵 본선 진출을 확정할 수 있는 중요한 두 경기를 웸블리에서 앞둔 상태였다. 상대는 몬테네그로와 폴란드였다. 패배나 무승부라도 나오면 우리가 플레이오프로 밀릴 가능성이 있었다. 같은 조의 우크라이나가 바로 뒤에서 우리를 뒤쫓고 있었기 때문이다. 브라질 본선 직행 티켓은 조 1위뿐이었다. 익숙한 긴장감이 찾아왔다. 하지만 나는 떨지 않았다.

잉글랜드는 항상 이런 상황을 겪어왔다. 나도 이미 경험자였다. 2007년 11월 축축하고 끔찍했던 밤이 대표적이었다. 우리는 유로2008 본선 진출을 위한 승점 1점만 남긴 상태에서 크로아티아를 상대했다. 수년간 스벤-고란 에릭손을 보좌해왔던 스티브 맥클라렌이 당시 감독이었다. 나는 맥클라렌 감독을 좋아했다. 그의 지도를 받았던 훈련도 재미있었다. 다른 선수들 모두 그랬다. 그의 훈련 방식에 우리는 만족했지만, 단지 우리는 필요한 결과를 얻지 못했다.

잉글랜드가 메이저 대회 본선에 출전하지 못하면, 국가대표팀은 깊은 구렁텅이에 빠진다. 언론과 대다수 팬이 달려들어 잘근잘근 씹어댄다. 대표팀의 모든 이가 처절한 패배자로 낙인찍힌다. 본선 진출 따윈 안중에도 없는 사람 취급을 당한다. 물론 대표팀 누구도 그렇게 안이하지 않다. 지나치게 신경을 쓰는 나머지 부담감을 이겨내지 못했다고 말해야 옳을지 모른다.

당시에도 나는 우리가 크로아티아를 꺾고 당연히 본선에 나갈 줄 알았다. 맥클라렌 감독은 부임하면서 내렸던 두 가지 중대 판단의 역풍을 맞았다. 새 감독은 누구든 새로운 변화를 알리기 위해서 큰 변화를 시도하기 마련이다. 맥클라렌 감독은 데이비드 베컴을 대표팀에서 하차시켰다. 결국 그가 베컴을 재소집하긴 했지만, 대표팀에서 경험이 가장 풍부한 선수는 크로아티아전에서 벤치를 지켜야 했다.

더 큰 재앙이 되었던 결단은 골키퍼 교체였다. 맥클라렌 감독은 본선행 여부가 달린 경기에서 A매치에 데뷔하는 골키퍼를 선택했다. 스콧 카슨은 리버풀의 젊은 골키퍼였다. 그때 겨우 스물두 살이었고, 아직 가다듬어지지 않았다. 맥클라렌 감독도 잉글랜드 대표팀 '넘버원' 수문장이 폴 로빈슨이라는 사실을 알고 있었다. 그런 상황에서 골키퍼 교체는 정말 거대한 도박이었다. 경기 당일 비가 내렸던 탓에 모든 게 축축했다. 카슨은 경기 시작 8분 만에 큰 실수를 저지르고 말았다. 니코 크란차르(Niko Kranjcar)가 먼 거리에서 슈팅을 시도했는데, 어렵지 않게 막을 수 있을 것처럼 보였다. 카슨은 미끌미끌한 공을 잡아내지 못한 채 뒤로 빠트렸다. 6분 뒤, 우리는 추가 실점을 허용해 0-2로 뒤지기 시작했다. 카슨이 또 실수를 저질렀고, 웸블리의 침묵은 금세 분노에 찬 야유로 바뀌었다.

프랭크 램퍼드가 페널티킥에 성공했다. 후반 초반 숀 라이트-필립스(Shaun Wright-Phillips)와 교체로 들어온 베컴의 크로스를 피터 크라우치가 받아 넣은 동점골이 우리를 살려주는 것처럼 보였다. 그러나 크로아티아는 우리보다 강했다. 경기 종료를 13분 남겨놓고 그들은 한 골을 뽑아내 다시 달아났다. 우리는 대응할 기력이 없었다. 맥클라렌 감독은 우산을 든 채 사이드라인에 서 있었다. 차가운 빗물과 거센 야유 세례가 우리를 쓸어버렸다.

우리 경기력은 실망스럽게 흐트러졌고, 결과는 참담했다. 맥클라렌 감독 한 사람에게만 온갖 비난이 쏟아지는 것은 부당하다고 생각했다. 경기 후 그는 '우산을 든 멍청이'로 전락하고 말았다. 맨체스터 유나이티드에서 검증받았던 코칭 기법과 미들즈브러에서 남긴 업적은 한 순간에 폐허로 변했다.

만약 다른 환경에서 잉글랜드 국가대표팀의 지휘봉을 잡았다면, 맥클라렌 감독은 좀 더 잘했을지 모른다. 그러나 메이저 대회 본선에 나가지 못하는 감독은 경질을 피할 수 없다. 맥클라렌 감독의 비운에 나도 어느 정도 일조했다고 생각한다. 나는 정말 필요한 시점에 대표팀 주축이라는 책임을 다하지 못했다. 러시아 원정에서 나는 정말 좋은 득점 기회를 살리지 못했다. 그 바람에 크로아티아전의 부담감이 더 커져버렸다. 러시아전 득점 실패가 지금도 내겐 트라우마처럼 남아 있다. 웸블리에서 우리는 끔찍한 경험을 겪으며 냉혹한 현실에 맞닥뜨려야 했다. 국가 대항전에서는 아주 작은 디테일이 치명적인 결과를 초래할 수 있다.

그로부터 6년이 지나 비슷한 운명과 만났으니 당연히 피하고 싶었다. 잔뜩 긴장했던 몬테네그로 경기의 전반전이 무득점으로 끝나버렸다. 다행히 후반 들어 경기력이 살아났다. 활발했던 안드로스 타운젠드가 루니의 득점을 도운 것은 물론 직접 골을 터트리며 4-1 대승을 이끌었다. 아직 본선 확정은 아니었다. 나흘 뒤, 폴란드를 꺾어야만 브라질 월드컵 티켓을 손에 넣을 수 있었다.

2013년 10월 15일 화요일
웸블리 스타디움

아이언사이드 로드 시절부터 내가 꿈꿔왔던 순간과 유사했다. 대단히 중요한 경기를 치르는 잉글랜드 대표팀을 주장 완장을 찬 내가 이끌고 웸블리에 등장한다. 8만 5천여 관중이 들어찬 터라 응원 소리가 엄청나게 컸다. 폴란드 서포터즈는 기가 죽지 않으려고 홍염과 폭죽을 터트리며 맞섰다. 야간 조명이 환하게 밝혀진 웸블리는 정말 대단한 광경을 뽐낸다. 그라운드는 물기가 반짝거리고 붉은색과 흰색을 담은 플래카드가 여기저기서 눈에 띄었다. 모두 잉글랜드와 폴란드를 향한 애국심과 희망을 기원했다(잉글랜드와 폴란드의 국기 색깔이 모두 붉은색과 흰색 조합이다-역주).

분위기가 극도로 고조되었다. 휴이턴 골목길에서 잉글랜드 대표를 상상하며 뛰었을 때에는 한 번도 이런 긴장감을 느껴보지 못했다. 아이언사이드 로드에서 축구를 시작하기 전에 국가를 제창한 적도 물론 없었다. 승리를 기원하며 우리를 바라보는 감독이 있는 벤치 같은 것도 없었다. 로이 호지슨 감독의 얼굴은 근심이 가득했다. 숨을 제대로 쉬려면 넥타이라도 풀어버려야 할 것 같은 표정이었다. 감독 그리고 선수 모두 그렇게 승리를 간절히 원했다.

같은 조 경쟁자들은 약팀을 상대로 골 잔치를 준비하고 있었다. 우크라이나는 산 마리노와 만나니 몇 골 차이로 이기느냐가 관건이었다. 산 마리노 국가대표팀은 대부분 아마추어 선수들이다. 우리가 폴란드에 이기지 못하면 우크라이나가 골득실에서 앞서 브라질로 날아갈 공산이 컸다. 그 대신 우리는 복권 당첨 같은 플레이오프로 밀려나고.

폴란드는 좋은 팀이다. 정확히 일 년 전에도 1-1로 비겼다. 세계 최고 골잡이 중 하나인 로베르트 레반도프스키가 폴란드의 강점이었다. 경기 시작 25분 만에 레반도프스키는 좋은 득점 기회를 두 번이나 잡았다. 다행히 모두 놓쳤다. 폴란드가 기세를 올리자 웸블리 홈 관중도 약간 당황한 것 같았다. 경기장 안에서는 우크라이나가 일찌감치 3-0으로 앞선다는 소식이 퍼졌다. 팬들의 불타는 신념이 속타는 의구심으로 변하기 일보 직전이라는 분위기를 고스란히 느낄 수 있었다. 폴란드는 수비 진영을 촘촘하게 다졌다. 우리는 높은 볼 점유율을 득점으로 연결하지 못해 답답해했다.

후반 시작 4분 만에 때가 왔다. 레이턴 베인스가 페널티박스 안으로 정교한 크로스를 배달했다. 웨인 루니가 헤딩골을 터트렸다. 루니가 정말 특별하다고 느꼈던 순간 중 하나였다. 스타플레이어는 빅매치에서 빛난다. 정말 필요할 때 골을 넣어준다. 루니의 선제골은 잉글랜드 전체로서도 결정적 순간에 나왔다고 할 수 있다.

물론 경기가 끝나려면 한참 남았다. 우리는 30분을 버텨야 했다. 폴란드는 죽기 살기 식으로 나왔다. 웸블리 스타디움에 이렇게 많이 모였으니 어떻게든 동점으로 따라붙고 싶어 했다. 한 골 차이는 매우 불안한 스코어였다. 이 경기에서 비기기만 해도 2007년 크로아티아 패전과 맞먹을 만큼 실망감이 크다는 걸 잘 알고 있었다. 15분이나 더 남았다. 타운젠드를 대신해 제임스 밀너가 들어와 안정감과 활기를 보탰다. 마이클 캐릭이 나가고 들어온 프랭크 램퍼드는 경험을 제공했다. 공격수인 대니얼 스터리지는 미드필더 잭 윌셔로 바뀌었다. 10분도 채 남지 않았다. 폴란드는 계속 뛰어들어왔다.

얼굴은 땀투성이가 되었다. 홈 관중의 불안감은 관중석에서 그라운드 안으로 굴러 떨어졌다. 마지막 남은 힘을 억지로 쥐어짰다. 리드를 지키려고만 하다간 통한의 동점골을 허용할 수도 있기 때문이다. 폴란드는 계속 우리를 몰아붙였다. 센터백이 우리 쪽을 향해 공을 길게 내찼다. 밀너가 중간에서 이를 끊었다. 앞을 슬쩍 보더니 밀너는 내가 달려가는 방향에 맞춰 패스를 보냈다.

순간적으로 나는 골 냄새를 맡았다. 눈앞에 기회가 생겼다. 마크맨은 이미 내 뒤로 처졌다. 볼을 드리블하며 그라운드를 가로질렀다. 페널티박스 안으로 파고들었다. 두 번째 수비수도 제쳤지만, 여전히 상대 선수 세 명이 나를 막으려고 하고 있었다. 마지막 상대는 골키퍼였다. 보이첵 슈체스니(Wojciech Szczesny)가 내게 달려들었다. 아무 소용없었다. 아무도 나를 막을 수 없었다. 드리블 가속도를 느끼면서 나는 오른발을 뻗었다. 내 발이 먼저 공에 닿았다. 공을 살짝 띄워 슈체스니를 넘겼다. 공은 아치 궤적을 그리면서 골문 안으로 들어갔다.

내 발이 이렇게 빨리 움직일 수 있다니 믿을 수가 없었다. 질주하기 시작했다. 내가 너무 빨라서 아무도 나를 잡지 못했다. 턱을 위로 하고 입은 크게 벌렸다. 양팔을 좌우로 곧게 펴고 세리머니를 펼쳤다. 홈 팬이 열광하는 코너 플래그 지점을 향해 달려갔다. 내가 달려가자 팬들은 소리를 지르며 펄쩍펄쩍 뛰었다. 나는 팔을 길게 뻗었다. 마치 그대로 관중석 안까지 날아가려는 것처럼. 팬들에게 다가가는 나를 나조차 막을 수 없었다.

무릎을 꿇고 길게 미끄러졌다. 축축하게 젖은 잔디 위로 두 줄이 움푹 팼다. 두 팔을 더 넓게 벌렸다. 한 명도 빠짐없이 홈 팬들과 포옹하고 싶었던 모양이다. 불끈 쥔 오른쪽 주먹을 힘차게 휘둘렀다. 어린 시절, 아이언사이드 로드에서 수없이 펼쳐보였던 세리머니들을 모두 잊게 만드는 진정한 세리머니였다. 훨씬 달콤했다. 내가 상상했던 것보다 훨씬 더 기뻤고 가슴이 벅찼다. 값을 매길 수 없는 의미로 가득 찬 희열이었다. 후반 43분 내가 넣은 골의 의미를 잘 알고 있다. 우리가 2-0으로 앞선 것은 물론이거니와 브라질로 가는 길에 놓였던 걱정의 의문을 말끔히 없앤 골이었다.

루니와 웰벡이 달려와 나를 축하했다. 내 위로 올라타면서 코너플래그도 함께 넘어졌다. 밀너, 월셔, 램퍼드 그리고 모두가 와서 우리 위로 몸을 던졌다. 동료들 아래 깔려 숨을 쉬기도 어려웠지만, 숨을 쉴 필요도 없었다. 너무나 기뻤기 때문이다. 내 위에서 동료들이 내려가고 나서도 관중의 함성이 계속되고 있음을 알 수 있었다. 기쁨으로 진동하는 웸블리 스타디움 안에서 나는 정말 행복했다. 환상적인 느낌.

신이 난 루니가 내 뺨을 몇 차례나 두들기더니 나를 번쩍 들어 올렸다. 관중을 향해 돌아섰다. 주먹을 휘두르며 미친 사람처럼 "예스!"를 외쳐댔다. 서른세 살, 나는 잉글랜드를 월드컵으로 이끄는 골을 넣었다. 온 힘을 다해 함께 뛰어준 두 명의 에버턴 선수, 베인스와 필 자기엘카도 나를 안아줬다. 하프라인으로 돌아가 땅을 쳐다보면서도 내 얼굴에는 흥분이 서려 있었다. 오직 축구만이 줄 수 있는 '살아 있는 느낌'이었다. 오직 축구만이 줄 수 있는 환희였다.

축구는 동물원 우리와 같다. 소음이 끊이지 않는다. 수군대는 목소리와 혹독한 비난으로부터 자유로울 수 없다. 그러나 브라질 월드컵 본선 진출에 성공하고 나서 나는 고요하게 소속팀 리버풀에 집중하려고 노력했다. 폴란드전을 마치고 복귀한 토요일, 나는 뉴캐슬전에서도 골을 넣었다. 수문장 팀 크룰의 오른쪽으로 페널티킥을 성공시켰다. 골을 확신했기에 나는 웃지도 않고 곧바로 뒤돌아 하프라인으로 향했다. 내게 달려오는 헨더슨과 존슨, 수아레스를 두 팔 벌려 환영했다. 개인 통산 프리미어리그 100호 골을 자축할 만도 했지만, 당시 우리는 0-1로 뒤지고 있었다. 동점골을 얻은 후에 우리는 수비 실수로 인해 다시 한 골을 내줬다. 수아레스와 모제스가 함께 왼쪽 측면을 공략했다. 수아레스의 측면 크로스를 문전에서 스터리지가 머리로 받아넣었다. 스코어는 2-2가 되었다. 경기 후 라커룸 안을 둘러보자 모두 실망하고 있었다. 원정경기에서 승점 2점을 잃었다며 모두 분하게 생각했다. 그 정도로 그때 우리는 야망에 불타고 있었다.

그러나 동물원 우리에서 들려온 한 목소리가 내게 상처와 놀라움을 줬다. 나이가 아주 많은 곰이 그르렁댔다. 알렉스 퍼거슨의 발언에 나는 귀를 닫아야 했다. 9년 전인 2004년 퍼거슨 감독은 나를 일컬어 "잉글랜드에서 가장 영향력이 큰 선수다. 이견의 여지가 없다"고 평가했었다. "감독이라면 누구든지 제라드를 영입하고 싶어 할 것"이라고도 칭찬했다. 내가 겨우 스무 살이었던 2000년 당시 맨체스터 유나이티드 경기를 앞두고 퍼거슨 감독은 "제라드는 체력과 기술에서 모두 성숙하다. 성능 좋은 엔진처럼 힘이 넘치며 경기를 읽을 줄 알고 패스 타이밍도 빠르다. 리버풀에도 로이 킨만큼 뛰어난 선수가 있다는 사실을 인정하기 싫다"고 칭찬했다.

퍼거슨 감독의 칭찬을 읽고 나는 날아갈 것 같았다. 2000년 12월 경기에서 우리는 대니 머피의 프리킥 득점을 앞세워 승리했다. 성난 맨유 팬들은 올드 트래포드의 주차장에 세워놓은 구단 버스를 망가트리며 우리를 향해 "꺼져, 자식들아, 리버풀 빈민가에서 모두 죽여버릴 거야"라고 소리 질러 댔다. 아주 확실한 인상을 우리에게 남겼다. 경기 후 로이 킨이 나와 악수를 나누며 "정말 잘했다"고 말했다. 경기에서도 패했으니 굳이 그런 인사말까지

할 필요가 없었는데 그렇게까지 말해주니 내게는 정말 큰 의미로 다가왔다.

그로부터 13년이 지난 2013년 10월 22일 퍼거슨 감독이 자서전을 출간했다. 책에서 퍼거슨 감독은 나를 '최고의 선수'로 생각해본 적이 없는 사람 중 한 명이라고 썼다. 맨체스터 유나이티드를 상대한 경기에선 별다른 활약을 보여주지 못했다는 둥, 맨체스터 유나이티드의 마이클 캐릭보다 나와 프랭크 램퍼드가 잉글랜드 국가대표팀에 훨씬 많이 선발될 수 있었던 이유가 우리 둘의 '허세' 때문이었다는 둥. 그의 발언 탓에 내가 잠들지 못하는 일은 없었다. 하지만 내가 전성기에 다다르기 전부터 그가 했던 칭찬과 비교되어 솔직히 당황스러웠다. 언젠가 나의 에이전트인 스트루언 마샬은 퍼거슨 감독이 이끄는 맨유가 나를 영입하고 싶어 한다고 내게 말하기도 했다. 잉글랜드 국가대표팀 소집기간 중에는 개리 네빌이 내 방을 직접 찾아온 일도 있었다. 이야기를 하러 왔다고 하면서 그는 맨유가 얼마나 나를 영입하고 싶어 하는지를 강조했었다. 퍼거슨 감독이 보내서 왔다고 네빌이 직접 밝히기까지 했다.

그런데 10년도 더 지난 지금, 일선에서 물러난 퍼거슨 감독이 나를 내동댕이친 셈이다. 책 내용이 그의 진심인지 아닌지는 알 길이 없다. 맨유와 리버풀의 간극이 좁아질 리도 없다. 어쨌거나 우리는 지금도 치열한 라이벌이다. 아마도 과거에 내가 맨유에 관해서 이야기했던 어떤 내용이 퍼거슨 감독의 심기를 건드렸을지도 모른다. 언론이 퍼거슨 감독의 내용을 크게 다루자 그날 하루 내 핸드폰으로 문자 메시지가 쇄도했다. 물론 나는 퍼거슨 감독을 존경한다. 그 점만큼은 분명하다. 그날 머릿속으로 한 가지가 궁금해졌다. 만약 폴 스콜스나 로이 킨 중 한 명을 나로 대체했어도 퍼거슨 감독이 지금처럼 성공을 거두었을 것이라고 생각할까? 맨체스터 유나이티드에 들어갔어도 나는 문제없이 잘해냈을 것이라고 생각한다. 중앙에 킨과 내가 서고, 오른쪽을 데이비드 베컴, 왼쪽을 라이언 긱스가 맡는다. 최전방에는 뤼트 판 니스

텔로이가 출전한다는 상상이다. 그런 멤버 구성이라면 나도 꽤 잘했을 것이라는 생각이다.

그나저나 퍼거슨 감독이 말한 '최고의 선수' 기준은 무얼까? 지네딘 지단, 안드레스 이니에스타, 차비를 의미한 것이라면 그의 말이 옳다. 나는 그들보다 못하다. 하지만 나도 많은 정상급 선수들을 상대해왔으며 항상 잘했다고 믿는다. 지금까지 상대했던 모든 경쟁자 앞에서 굴하지 않았다. 아쉽지만 내가 속한 리버풀이 알렉스 퍼거슨 감독이 만들었던 팀과 유럽 강호보다 열세였던 적도 있었다. 그 점을 순순히 인정하기란 참 힘들다.

마이클 캐릭? 나는 그를 좋아한다. 맨유에서 수행한 임무도 인정한다. 캐릭의 공헌은 정말 컸다. 나와 다르게 캐릭은 타고난 수비형 미드필더다. 개인기록을 놓고 봐도 마이클 캐릭과 나는 전혀 다르다. 그렇기 때문에 득점 숫자로 캐릭을 나 또는 램퍼드와 비교해서는 안 된다. 캐릭이 수비 쪽에서 남기는 공헌도를 나와 램퍼드에게 들이대기도 어렵다. 같은 미드필더라고 해도 역할이 전부 다른 탓이다. 아마도 퍼거슨 감독은 자기 선수였던 캐릭이 좀 더 많은 관심을 받지 못했다는 점이 아쉬웠던 모양이다. 충분히 그렇게 생각할 수 있다.

모두 개인의 의견 차이일 뿐이다. 언젠가 지단이 나를 세계 최고 선수라고 칭찬했던 적도 있었다. 기분 좋은 소리이긴 해도 상황에 따라 달라지는 가운데에서 나온 의견이었다고 생각한다. 퍼거슨 감독은 나에 관해서 다른 의견을 내놓았을 뿐이다.

그의 자서전에서 내 마음에 걸리는 부분은 따로 있었다. 우리가 선덜랜드에서 조던 헨더슨을 영입하면서 지불했던 2,000만 파운드가 지나치게 비싸다는 내용이다. 이상한 주장이다. 헨더슨의 뛰는 자세를 트집 잡기도 했다. 퍼거슨 감독은 헨더슨이 "등과 무릎을 수직으로 세우고 뛴다"고 하면서 그 자세 탓에 나이가 들어 부상으로 고생할 것이라고 적었다. 헨더슨은 리버풀에서 내가 가장 아끼는 동료다. 그는 클럽뿐 아니라 조국을 위해서도 중심적인 존재로 발전할 것이라고 항상 기대한다. 그를 좋아하고, 그에게서 내 모습을 자주 발견한다. 열심히 훈련하고 팀을 위해서 뛰며 항상 이기고 싶어 한다. 성장 배경도 나와 비슷하다. 헨더슨이 어려움을 겪었을 때, 그의 어머니가 내게 도움을 청한 적이 있다. 어린 선수에겐 당연한 경험이었다. 그녀의 얼굴에는 수심이 가득했다. 아들을 걱정하는 어머니의 마음이었다. 선덜랜드를 떠나 처음 리버풀에 합류했을 때, 헨더슨은 자리를 잡지 못해 고생했다. 어린 나이에 부담감이 지나치게 큰 이적이었기 때문이다.

나는 그의 어머니께 "걱정하지 마세요. 도움이 된다면 제가 뭐든지 하겠습니다. 괜찮아질 거예요"라고 말씀드렸다. 훈련 때 그의 모습을 직접 보면서 강한 인상을 받았기 때문이다. 사적으로도 친분이 있어서 나는 그가 리버풀에서 잘해낼 수 있으리라 자신했다.

최근에 헨더슨이 어렸을 때 자기 방에 내 포스터를 붙여놨었다는 말을 들었다. 그만큼 내가 나이를 먹었다는 뜻이기도 했다. 그러나 헨더슨도 이제 성인이다. 자신을 돌볼 수 있다. 헨더슨이 제 모습을 되찾은 것이 내 덕분이었다고 말할 수 없다. 나는 그저 그의 어머니께 확신을 심어드렸을 뿐이다. 주장으로서 할 수 있는 최고의 역할 중 하나라고 생각한다. 주위 사람들의 걱정을 덜어주는 일이다. 나는 그녀를 똑바로 쳐다보면서 "저를 믿으세요. 괜찮아질 거예요"라고 당부했다. 동료들의 가족사를 알고 걱정거리를 들어줌으로써 팀 전체가 하나로 뭉칠 수 있게 하는 것이 주장의 책임이다. 이제 나는 그 책임을 헨더슨 본인에게 넘겨줬다. 리버풀의 새로운 주장으로서 헨더슨이 안 보이는 곳에서 행복한 팀을 만들기 위해 노력하는 모습을 기대하며 지켜보고 싶다.

퍼거슨 감독의 자서전 내용이 보도되고 나서 행해졌던 훈련을 마치고 나는 헨더슨과 따로 만나 이야기를 나눴다. 나는 이렇게 말했다. "신경 쓰지 마.

4 월드컵 본선행과 플레잉 포지션

전부 사실이 아니잖아. 지금 너는 잘하고 있어. 계속 발전할 거야. 그냥 퍼거슨 감독이 리버풀에 해코지하고 싶은 거야. 우리 멀쩡하잖아. 그냥 흘려버려." 헨더슨은 "알아요"라고 끄덕였지만, 그를 보니 상처받은 표정이 역력했다. 퍼거슨 감독이 하필이면 왜 자기를 걸고 넘어졌는지를 이해하지 못했다. 퍼거슨 감독이라는 존재와는 거리가 먼 발언이었다. 그 시즌 헨더슨은 최고의 활약을 펼쳤다. 퍼거슨 감독에게 최고의 대답을 되돌려준 셈이다. 언젠가 퍼거슨 감독과 다시 만나길 고대한다. 나에 대한 그의 진심이 뭔지 머릿속을 들여다보고 싶다.

나는 다시 축구에 몰두했다. 화창한 토요일, 우리는 안필드에서 웨스트 브로미치를 산산조각 내버렸다. 루이스 수아레스의 해트트릭을 앞세워 4-1 대승을 거뒀다. 첫 번째 골은 눈이 어지러울 정도로 긴 드리블 돌파 끝에 나왔다. 수비수 다리 사이로 공을 빼낸 뒤 골을 터트렸다. 두 번째 골은 더 멋있었다. 알리 시소코의 크로스를 페널티박스 바깥에서 달려들어 머리로 연결했다. 리버풀의 시즌 최고 골 중 하나였다.

나는 프리킥 크로스로 수아레스의 세 번째 골을 도왔다. 다시 훌륭한 헤딩 골이었다. 해트트릭을 작성한 수아레스는 손가락으로 나를 가리키며 달려왔다. 마치 '너, 너, 네가 해준 거야!'라고 말하는 것 같았다. 나의 도움으로 기록되었지만, 둘 사이에는 더 깊은 교감이 있었다. 안필드에 남기로 결심하기까지 내가 했던 역할을 수아레스가 알고 있다는 뜻으로 받아들였다. 잔뜩 신이 난 꼬마 아이들처럼 우리는 펄쩍 뛰며 서로를 안았다.

대니얼 스터리지의 날카로운 슈팅이 골대를 강타했다. 하지만 그는 이내 팀의 네 번째 골을 뽑아냈다. 개인 경력에 남을 만큼 환상적인 골 장면이었다. 웨스트 브로미치의 진영에서 스터리지와 나 사이에 공이 떨어졌다. 그가 먼저 공을 잡았다. 나는 스루패스를 기대하며 앞 공간으로 쇄도했다. 그는 드리블해 들어가면서 상황을 한 번, 두 번 파악하더니 골키퍼의 키를 넘기는 칩슛을 시도했다. 상대 골키퍼 보아즈 마이힐(Boaz Myhill)은 골문에서 겨우 몇 발짝 앞에 나와 있었다. 수비수의 강한 마크를 받는 상태에서 스터리지는 황당한 아이디어로 골문을 노린 것이다. 붕 떴던 공은 몸을 던진 마이힐의 손을 넘어 골문 안으로 떨어졌다. 그야말로 엄청난 기술이었다. 탄성밖에 나오지 않았다.

최전방 공격진에 함께 나서는 마법사 둘은 뭐든지 생각대로 할 수 있는 것처럼 보였다. 사람들은 수아레스와 스터리지를 묶어 'SAS'라는 별칭을 붙였다. 경기 후 브렌던 로저스 감독은 기쁘게 기자회견장으로 향했다. 감독은 SAS 화력 뒤에서 내가 경기 지배력을 생산해낸다고 평가했다. 퍼거슨 감독을 향한 대답도 잊지 않았다. 그는 활짝 웃으며 "스티븐은 최고, 최고, 최고, 최고, 최고의 선수다"라고 말했다.

다음 경기는 에미레이트 스타디움에서 있었다. 아스널과 맞붙는 '리그 1위 결정전'이었다. 두 클럽 사이에는 '4,000만 파운드 더하기 1파운드'라는 과거가 있어 분위기가 고조되었다. 벵거 감독의 아스널에 우리는 확실한 무언가를 보여주고 싶은 마음이 컸다. 그러나 결과는 씁쓸했다. 산티 카소를라(Santi Cazorla)와 애런 램지(Aaron Ramsey)의 두 골을 묶어 아스널이 2-0으로 우리를 제압했다. 10라운드 기준으로 아스널이 우리보다 승점 5점을 앞서갔다. 첼시와 리버풀이 승점 20점으로 뒤를 쫓았다.

아스널전에서 수아레스와 스터리지는 무득점에 그쳤다. 수아레스가 절호의 위치에 있던 스터리지에게 패스를 주지 않은 장면이 큰 이슈로 떠올랐다. 대니얼은 패스를 달라며 양손을 크게 흔들었다. 가까운 거리는 아니었지만 수아레스도 분명히 그 손짓이 보였을 것이다. SAS 콤비는 존 토샥(John Toshack)과 케빈 키건(Kevin Keegan) 조합과는 달랐다. 수아레스와 스터리지는 각각 타고난 재능을 발휘하는 타입이다. 로저스 감독도 자주 그렇게 말했다.

둘은 협력하는 스타일이라기보다 뛰어난 두 명이 동시에 뛰는 방식이라고.

훈련 때도 둘은 서로 거의 대화를 나누지 않았지만, 실전에서는 각자의 기술과 시야를 이용해 텔레파시를 서로에게 보낸다. 두 선수의 뒤에서 뛰는 건 정말 꿈같은 일이었다. 한 명이 다가오면 다른 한 명이 멀리 떨어진 공간을 찾아 들어간다. 토레스와 함께 뛰었을 때와는 달리 내게는 패스 선택지 두 개가 생겼다. 아스널전에서는 실패했지만, 대부분 딱딱 맞아 들어갔다. 파트너가 골을 넣어도 자기 골처럼 기뻐해줬다. 혼자만 주인공이 되어야 하는 크리스티아누 호날두의 이기심을 두 선수에게선 찾아볼 수 없었다.

심각해진 적은 없지만, 수아레스와 스터리지가 각자 물러서지 않는 선도 분명히 존재했다. 루이스가 대니얼을 약간 꾸짖는 듯한 모습을 보이는 경기도 몇 차례 있었다. 우리는 항상 둘을 지켜봤다. 사적으로 둘이 친해지지 않는다고 해서 문제 될 건 전혀 없었다. 시즌당 둘이 50골만 합작해낸다면야 두 친구가 서로 나처럼 친해지지 않아도 나쁠 게 없다.

안필드로 돌아와 치른 풀럼 경기에서 수아레스는 두 골을 터트렸다. 나는 도움 해트트릭을 기록했다. 상대의 자책골이 있었고, 내가 올린 코너킥을 스크르텔이 강하게 머리로 받아 넣었다. 그러나 리버풀에서 펄펄 나는 팀은 우리뿐이 아니었다. 로베르토 마르티네스(Roberto Martinez)를 새 감독으로 맞이한 에버턴도 시즌 초반 상쾌하게 달리고 있었다.

2012년 초여름만 해도 리버풀의 유력한 차기 감독 후보가 로저스와 마르티네스 두 명이었다. 새로운 변화가 반가우면서도 한편으로는 케니 달글리시 감독에게 충분한 시간적 여유가 주어지지 않았다는 점이 나는 매우 안타까웠다. 2011-12시즌보다 리그 순위가 떨어진 것도 사실이었고, 달글리시 감독도 성적 하락을 순순히 인정했다. 그러나 그는 컵대회 결승전에 두 번이나 진출했다. 가벼운 실적이 아니다. 아버지의 우상이기도 했다. 달글리시는 리버풀 안에 너무나 특별하게 새겨진 존재였다. 그가 이끌던 기간 동안 나는

30여 경기밖에 출전하지 못해서 무척 아쉽다. 부상 탓이었다.

앤디 캐롤, 조던 헨더슨, 스튜어트 다우닝이 모두 실패작이라는 평가를 받는 바람에 달글리시 감독은 심하게 비난을 당했다. 언론과 팬은 달글리시 감독과 다미앙 코몰리(Damien Comolli) 이사가 1억 파운드를 낭비했다고 주장했다. 캐롤과 다우닝은 떠났지만, 지금 헨더슨을 보라. 달글리시 감독이 남긴 실적도 있다. 수아레스를 겨우 2,270만 파운드에 산 공로자였다.

구단주는 로저스와 마르티네스를 차기 감독으로 검토 중이라는 이야기를 내게 해줬다. 둘 중 어느 쪽으로 대세가 기울고 있는지 궁금해서 이안 에어 단장과 두 차례 이야기를 나누기도 했다. 그때까지만 해도 두 사람 모두 생면부지였던 터라 내가 선호하는 쪽은 딱히 없었다. 나이와 추구하는 축구 스타일이 비슷하다는 것 정도만 알고 있었다. 공교롭게 두 사람 모두 스완지의 감독이었고, 매우 성공적이었다는 점도 닮았다. 마르티네스는 스완지를 떠나 위건으로 옮겨가 FA컵 우승을 쟁취했다. 나는 두 사람 모두 리버풀과 잘 어울린다고 생각했지만, 감독 선임은 어디까지나 구단주의 재량이다. 솔직히 로저스 감독을 잘 선택했다고 생각한다. 나는 여전히 그가 리버풀에서 성공할 수 있을 것이라고 믿지만, 아시다시피 축구는 모든 게 빠르게 바뀌는 바닥이다.

원정 머지사이드 더비에 임했다. 쿠티뉴의 문전 골, 수아레스의 프리킥으로 우리는 두 골을 넣었지만, 그때마다 에버턴은 동점으로 따라붙었다. 케빈 미랄라스(Kevin Mirallas)와 로멜루 루카쿠(Romelu Lukaku)에게 각각 실점을 허용했다. 루카쿠는 강력한 헤딩으로 승부를 뒤집어 스코어가 3-2로 변했다. 그러나 우리에게도 열정과 투지가 있었다. 경기 종류 1분을 남기고 우리는 극적인 동점골을 뽑아냈다. 내가 찬 프리킥이 스터리지의 정확한 헤딩슛으로 연결되었다. 머지사이드 더비는 3-3 무승부로 마무리되었다.

12월에 다가서면서 우리는 아스널에 이어 리그 2위를 달렸다. 나는 많은 도움을 기록하면서 득점에 관여하면서도 이상하게 마음이 불안했다. 말로 표현하기 어려운 덜컥거림이 내면에서 느껴졌다. 훈련과 경기를 마치고 그라운드에서 걸어 나올 때마다 안에서 뭔가 부글거렸다. 팀 미팅은 물론 언론에서도 호평을 받았던 지라 나의 문제를 눈치 챈 사람은 아무도 없었다. 그러나 나는 차이를 분명하게 느낄 수 있었다. 최근 경기에서 나는 계속 골을 넣지 못했다. 나이를 무시할 수 없었다.

나는 항상 내 자신에게 엄격했다. 내 전성기는 냉철한 자기 평가가 있었기에 가능했다. 30대 중반이 되어서도 나는 훈련에서도 최고가 되기 위해 모든 힘을 쏟아부었다. 하지만 좀처럼 정상 컨디션을 만들지 못했다. 그런 상태가 지속되어 결국 '도움이 필요해'라는 생각에 다다랐다.

지금까지 나는 나만의 방식으로 플레이해왔다. 대부분의 선수들은 시도할 생각조차 못하는 방법까지 동원했다. 나는 정말 팀에 공헌하고 싶다. 승리를 가져오는 결정적 순간을 계속 만들고 싶다. 나도 경기를 쉽게 풀어갈 수 있다. 안전한 위치에서 패스를 받아 가까이 있는 동료에게 쉽게 공을 넘겨줄 수도 있다. 그러나 이렇다 할 장면을 만들지도 못하면서 패스 성공률 96퍼센트를 기록하기보다 득점 기회를 창출하면서 패스 성공률 80퍼센트인 플레이를 펼치고 싶다. 안전하고 쉬운 경기는 어렵지 않다. 성치 않은 몸 상태로 출전해 그렇게 뛰어야 할 때도 물론 있다. 하지만 정상 컨디션에서는 과감한 축구를 시도한다. 그렇게 뛰면 몇 차례 실수가 발생할 수밖에 없다.

언론으로부터 평점 9점 혹은 그 이상 완벽했던 경기였더라도 뭔가를 시도하는 과정에서 엉뚱한 실수를 저지르는 장면은 항상 있기 마련이다. 어쩔 수 없다. 마법을 완성할 작은 조각을 찾아 헤매는 노력이기 때문이다.

경기를 뛰면서 타인의 도움이 필요하다고 인정하는 선수가 몇이나 있는지 솔직히 잘 모른다. 자기 문제를 입 밖으로 꺼내기가 쉽지 않기 때문이다. 다행히 나는 감독을 찾아가 도움을 구해야 할 때가 언제인지 알고 있었다. 로저스 감독에게는 다가가기가 편했다. 젊은 지도자인 데다 나와는 의견이 대립한 적이 한 번도 없었을 정도로 성격이 좋았던 덕분이다.

리버풀 감독으로 부임하기 전부터 나는 로저스 감독의 총명함과 전술 대응력에 관해서 잘 알았다. 안필드에서 스완지를 상대하면서 나는 로저스 감독이 만들어낸 패싱 게임에 크게 감명을 받은 적이 있었다. 항상 많은 숫자로 우리의 중앙 미드필더 두 명을 압박했던 탓에 나도 매우 어려운 경험을 해야 했다. 안필드 원정경기에서 전술적 유연함과 창의력으로 우리를 압도하는 프리미어리그 중하위권 팀이 몇이나 될까, 라며 의아해했던 기억이 난다.

2013년 11월 결국 나는 로저스 감독을 찾아갔다. 나는 "공격형 미드필더 포지션에서 제가 더 이상 골을 넣지 못할 것 같아요. 조금 뒤로 물러난 위치에서 뛰어야겠어요"라고 말했다. 나는 매 경기 평점 6, 7점 수준으로 뛰고 있었지만, 8점 이상으로 평가받고 싶었다.

로저스 감독은 깜짝 놀랐다. 그도 내가 꽤 잘하고 있다고 생각했기 때문이다. 하지만 그는 내 말에 귀를 기울였다. 나는 "내 플레이 내용과 기록, 내 체력을 자세히 뜯어봐 달라", "내 몸의 밸런스와 위치 선정을 정밀하게 검사해 달라", "전력분석팀과 체력관리팀에 나를 정밀하게 분석하라고 말해달라" 등을 요청했다. 그러곤 "지금 내가 왜 이렇게 느끼는지 알아내야 해요. 지금 나는 내 경기력이 불만스러워요"라고 고백했다.

많은 부탁과 진심 어린 간청이었다. 로저스 감독은 내 기대를 저버리지 않았다. 앞으로 내 경기력을 주의 깊게 관찰하겠노라 약속했다. 둘이 함께 처음으로 돌아가기로 했다. 바로 다음날부터 감독은 이기 약속을 정확히 실천했다.

훈련이 끝난 뒤에 로저스 감독이 집무실로 나를 호출했다. 지난 몇 경기에서 기록된 내 경기력의 모든 상세 데이터를 준비해놨다. 우선 큰 문제가 없다는 말을 해줬다. 그러나 내 감(感)이 상세 분석 결과와 일치한다는 사실에 로저스 감독은 놀라워했다. 무엇보다 로저스 감독은 내가 골을 넣지 못하는 원인을 정확히 짚어냈다.

그가 보여준 동영상 자료를 보자 문제가 뚜렷했다. 내 플레이에서 잘못된 점을 찾아냈다. 내가 고개를 돌려 주위를 확인하는 횟수가 전에 비해 확연히 줄어 있었다. 그 탓에 최상의 위치를 찾거나 그쪽으로 이동하지 못했다. 결과적으로 내 경기의 전반적인 템포가 떨어졌다. 스프린트 속도와 뛴 거리 데이터는 상당히 좋았다. 그러니 체력이 아니라 기술적인 문제였다는 사실이 판명되었다. 위치 선정, 플레이 방향과 함께 사방 관찰을 위한 고개 돌림 횟수의 부족이 원인이었다.

사실 나는 각종 통계 데이터 신봉자는 아니다. 하지만 숫자의 중요성을 잘 안다. 참고하고 활용한다. 숫자가 이야기의 줄기를 보여주진 않는데, 이번 건이 좋은 사례다. 나의 데이터는 멀쩡했지만, 고개를 돌리는 횟수가 줄었다. 프리미어리그에서 미드필더로 뛰기 위해서 반드시 필요한 플레이다. 뒤통수에 눈이 달린 것처럼 항상 사방을 주시하며 인지하고 있어야 한다. 내가 축구를 처음 시작했을 때보다 훨씬 중요해진 플레이이기도 하다. 세월이 흐름에 따라 중원 영역이 더 바빠져서 공을 소유할 시간이 매우 짧아진 탓이다. 내가 아는 최고의 미드필더들은 항상 주위를 관찰한다. 자기 뒤에서 벌어진 상황을 미리 체크해둠으로써 패스를 받기 전에 다음 플레이를 어떻게 가져가야 할지를 미리 알고 있다. 중원에서 자주 공을 빼앗기거나 패스를 받지 못하는 미드필더들은 대부분 고개 움직임에 문제가 있다.

로저스 감독이 대화를 이어갔다. 처음 리버풀에 왔을 때, 그는 나의 포지션이 장차 아래로 내려가 수비형 미드필더처럼 될 것이라고 말한 적이 있다. 하지만 아직까지는 시야와 패스 능력을 유지하고 있어 경기를 지배할 수 있다고 말했다.

그는 포인트를 정확히 찍었다. 좀 더 앞쪽에서 뛰었던 위치를 고수하면 손해를 보게 된다. 로저스 감독은 템포가 빠른 축구를 추구한다. 내가 공격 포지션에 배치되는 경기에서 팀플레이 속도가 전반적으로 느려지는 것처럼 느껴질 때가 있다. 그 자리에서 공을 소유하면서 나보다 훨씬 빨리 공격을 전개해갈 수 있는 적임자가 필요했다. 동시에 나는 직접 공을 다루는 시간이 짧아졌다는 느낌도 받았다. 스터리지, 수아레스가 최전방 투톱으로 뛰면서 나는 적진 깊숙한 위치에서 패스를 받을 기회를 원하고 있었다. 둘의 움직임은 내가 좀 더 뒤에서 패스를 찔러줘야 하는 지점에서 이루어졌다. 나는 당연히 두 선수의 공격력을 도와줘야 했다.

로저스 감독과 나는 이탈리아의 스타 미드필더 안드레아 피를로(Andrea Pirlo)를 이야기했다. 나는 그를 자주 상대했었다. 피를로는 전반적인 경기 운영 능력이 탁월하다. 내 자신을 피를로와 비교하고 싶지 않다. 나도 그의 대단한 팬이기 때문이다. 피를로가 경기를 지배하는 모습을 나는 자주 봤다. 내가 상대했던 경기에서도 마찬가지였다. 주위 인지 능력과 위치 선정에서 내가 최상이라고 생각하는 수준의 좋은 예가 바로 피를로다. 피를로의 플레이에서 나는 너무나 많이 배우는지라 그와 비슷한 칭찬이나 평가를 받으면 어깨가 으쓱해진다.

피를로는 15년째 같은 포지션에서 뛴다. 일부 경기에서 나도 비슷한 임무를 수행하기도 하지만, 부가적인 움직임이다. 그 포지션에서 피를로처럼 경기 전체를 지배해본 적이 없다. 수비형 미드필더와는 크게 다르다는 사실을 잘 안다. 우선 나는 상대 공격을 끊도록 태클을 더 자주 시도해야 했다. 50-50 상황, 공중볼 다툼에서 이겨내야 한다. 그 다음에야 피를로의 킹교간 패스와 넓은 시야를 활용해 뛸 수 있도록 겨우 노력할 수 있다. SAS 공격진이 나서면 새 움직임이 위력을 발휘할 수 있다. 일단 우리가 득점력을 갖춘 덕분이다. 내가 10번 공격수나 2선 스트라이커로 뛰었을 때에는 내 앞에 페르난도 토레스 한 명밖에 없었다. 나는 항상 득점 기회를 만들거나 직접 해결할 자신이 있었다.

'리버풀의 피를로'가 되는 것은 다른 문제였다. 최우선 임무가 상대 공격을 앞선에서 막고 실점 허용 장면을 사전에 차단하는 것이다. 10번 공격수와는 임무가 거의 반대다. 내가 공을 잡으면 앞에서 루이스와 대니얼, 라힘이 자유롭게 이동하니 내가 좀 더 여유 있게 공을 처리할 수 있다. 수비형 미드필더이면서 창의적인 선수가 되고 싶었다.

그렇게 생각하자 흥분되었다. 로저스 감독과 나는 몇 주 정도 새로운 역할을 시험하면서 의견을 나누기로 했다. 때가 왔다고 판단되면 나는 포지션을 아래로 내려보기로 했다. 감독실에서 나오면서 마음이 놓였다. 내 경기력에서 부족했던 점을 찾아냈을 뿐 아니라 완전히 새로운 임무가 내 앞에 펼쳐지려고 하기 때문이었다. 신선하고 흥분되는 도전이었다.

12월 1일 우리는 헐 시티 원정을 떠났다. 대니얼 스터리지가 부상으로 빠지는 바람에 나는 본래 포지션인 공격형 미드필더로 뛰었다. 선제 실점을 허용한 후에 내가 프리킥으로 동점골을 뽑아냈다. 제대로 때려 수비벽을 뚫어냈다. 기분 좋게 골세리머니를 펼쳤다. 빅터 모제스가 좋은 기회를 놓쳤고, 우리는 수세에 몰렸다. 콜로 투레가 허리를 다쳤다. 헐이 다시 골을 넣어 앞서갔다. 좋은 공격 시도였지만 콜로가 쓰러진 상태에서 쉽게 내준 실점이었다. 스크르텔의 자책골까지 겹쳐 헐이 3-1로 앞서나갔다. 우리는 머리털을 쥐어뜯었다. 헐 역사상 리버풀전 첫 승리였다.

팀 미팅에서 로저스 감독은 나를 예로 들었다. 선수단 전원에게 내가 어떻게 도움을 요청해왔는지를 이야기하면서 본받아야 한다고 이야기했다. 그는 손가락으로 나를 가리키며 이렇게 말했다. "저 친구는 이미 챔피언스리그에서 우승한 선수야. 이 클럽에서만 600경기 넘게 활약했지. 잉글랜드 A매치 출전도 100경기를 넘겼어. 스티븐 제라드는 서른세 살이다. 그런 선수가 더 나은 선수가 되고 싶어서 내게 도움을 청해왔다."

로저스 감독이 나를 너무 띄워주는 것 같아서 약간 불편해질 정도였다. 그는 자기가 전달하고픈 메시지를 명확히 밝혔다. "그런 반면에 훈련시간에 지각하는 젊은 선수가 몇 명 있다. 잘못된 행동이다. 안주하고 있는 사람들이 너무 많아."

감독은 선수들에게 자기반성 할 시간을 지시했다. 라커룸 밖에서 벌어지고 있는 상황에 적합한 조치였다. 언론의 부추김으로 우리 팬은 낙담하고 있었다. 또다시 목표의식 없는 시즌을 보내고 있다고 믿었다. 물론 루이스 수아레스는 전혀 달랐다. 헐 원정 대패 뒤에 우리는 노리치와 만났다. 전반 15분 상대 골키퍼 존 러디(John Ruddy)의 골킥을 내가 헤딩으로 루이스에게 연결했다. 그는 하프라인을 약간 넘어선 지점에 있었다. 공이 두 번 바운드될 때까지 기다린 수아레스는 그대로 오른발 슛으로 정교하게 마무리했다. 36미터 거리에서 과감하게 때린 슛은 러디의 머리 위로 넘어가 골문 안에 들어갔다. 뒤로 넘어지는 러디의 모습이 마치 수아레스라는 저격수가 쏜 총알에 맞는 것처럼 보였다. 그 정도로 수아레스는 치명적이다.

쿠티뉴의 코너킥을 두 번째 골로 연결한 수아레스는 전반 35분 해트트릭을 작성했다. 춤추는 듯한 동작으로 공을 마크맨 머리 위로 빼낸 뒤 그대로 하프발리슛을 때려 안필드를 열광의 도가니로 만들었다. 루이스 본인도 믿기지 않는다는 표정이었다. 자기 자신의 능력에 눈이라도 멀어버린 것처럼 큰 웃음이 얼굴 전체에 퍼졌다. 이후 노리치의 페널티박스 바깥 9미터 지점에서 프리킥을 얻었다. 수아레스가 펄펄 날고 있으니 나는 프리킥을 그에게 양보했다. 그는 우리를 실망하게 하지 않았다. 정교하게 감아 찬 프리킥은 다섯 명이 선 벽 위로 넘어가 골문에 꽂혔다. 4-0이다. 득점자는 수아레스, 수아레스, 수아레스 그리고 또 수아레스였다. 온라인 게임에서나 가능한 경기력이었다. 10점 만점에 10점.

콥은 데피시 모드(Depeche Mode)의 히트곡 '저스트 캔트 겟 이너프(Just Can't Get Enough)' 멜로디를 딴 루이스 수아레스 송을 목청이 터져라 불러댔다. 4골이나 넣었으니 당연한 찬사였다.

다-다-다-다-다-다
너무 좋아, 너무 좋지
그 이름은 루이스 수아레스
붉은 유니폼을 입지
너무 좋아, 너무 좋지
발리 골을 넣으면
헤딩 골을 넣으면
너무 좋아, 너무 좋지
그는 골을 넣고
우리는 미쳐버리고
나는 너무 좋아, 너무 좋지
수아레스가
다-다-다-다-다-다

노리치가 한 골을 따라왔다. 쿠티뉴가 상대 진영에서 드리블 춤을 추며 공을 내 앞에 떨어트렸다. 등 뒤쪽으로 오는 패스를 받기 위해 나는 몸을 돌린 다음에 왼발을 이용해 정확한 바이시클킥을 때렸다. 아쉽게 골대를 맞고 나왔다. 하지만 수아레스의 크로스를 스털링이 연결해 팀의 마지막 득점에 성공했다. 최종 스코어는 5-1이었다.

그 경기에서 보인 수아레스의 결정력은 기적 같았다. 나는 장거리 골보다는 하프발리 골 쪽이 더 좋다. 골을 만든 테크닉과 타이밍이 수아레스의 경이적인 경기력을 가장 잘 표현하기 때문이다.

사흘 뒤, 브라질 월드컵 조별리그 추첨이 있었다. 잉글랜드는 이탈리아, 코스타리카, 그리고 공교롭게도 루이스 수아레스의 우루과이와 함께 D조에 속했다. 다음 리그 경기에서 루이스는 웨스트햄을 상대로 두 골을 터트려 팀의 4-1 승리에 기여했다. 마치 월드컵 본선에서 만날 잉글랜드를 상대로 무력시위라도 하는 것 같았다. 내게는 불행한 경기였다. 후반 11분 햄스트링 근육이 찢어지고 말았다. 다시 몇 주일을 쉬게 생겼다.

12월 15일 일요일, 나는 화이트 하트 레인(White Hart Lane)에 있었다. 제이미 캐러거와 함께 스카이스포츠(Sky Sprots) 중계에 출연했다. 수비형 미드필더라는 새로운 역할을 맡아 뛰기로 했던 원정경기였다. 루카스가 나를 대신해 수비형 미드필더로 선발 출전했다. 주장 대행은 수아레스였다. '이바노비치 이빨 사건'의 저주를 완전히 지우는 순간이었다.

추운 겨울 오후, 나는 리버풀의 환상적인 경기력을 목격했다. 스퍼스(Spurs: 토트넘의 애칭)를 철저히 압도했다. 5-0으로 대패한 뒤 안드레 빌라스-보아스 감독은 경질되고 말았다. 토트넘에 관한 내 기억에도 최악으로 남을 만큼 경기력이 엉망이었다. 리버풀은 무자비했다. 수아레스가 두 골을 넣었고, 헨더슨과 플라나건(데뷔골이라서 더 환상적이었다), 스털링이 골을 폭발했다. 우리의 기세와 테크닉은 도저히 막을 수가 없었다. 방송 입장에서 리버풀의 경기를 보기는 처음이었다. 난 속으로 '세상에, 우리가 저렇게 잘했나?'라고 생각했다. 로저스 감독은 "분수령이 되는 순간"이라고 정의했다. 그는 우리가 골을 더 넣을 수 있었다고 믿었다. 골대를 세 번이나 맞혔기 때문이다. 리버풀은 리그 우승 경쟁을 이어갈 수 있는 자신감에 넘쳤다.

그날 밤 나는 카라(Carra)와 함께 차를 타고 리버풀로 돌아왔다. 원정경기를 마치고 카라와 나란히 앉아 리버풀로 돌아오는 모습이 마치 옛날로 돌아간 듯한 느낌이었다. 구단 버스가 아니라 카라의 차였다는 점만 달랐다. 언제나처럼 우리는 돌아오는 내내 리버풀과 축구에 관해서 대화했다. 둘 다 모멘텀을 만들었다는 데에 동의했다. 폭풍이 시작했다. 카라는 내가 팀에 돌아가지 않는 게 좋은 것 아니냐며 농담을 했다.

스터리지도 부상 중이었다. 그가 정상 컨디션을 찾아서 수아레스와 함께 투톱을 꾸린다면 우리는 천하무적이 된 기분이 들 것이다. 카라와 나의 목소리에서는 흥분이 느껴졌다. 결국 나는 리그 우승 가능성을 입 밖에 꺼냈다. 카라는 "이번에는 정말 그럴지도 몰라"라고 말했다. 잠시 침묵이 이어졌다. 너무나 오래 잃고 있던 리버풀의 꿈. 우리는 어둠을 뚫고 달려왔다. 창밖으로 추운 겨울밤 풍경이 스쳐갔다. 나는 "맞아"라고 조용히 대답했다. 드디어 새로운 희망을 인정해야 했다.

'어쩌면 우리가 우승할지도 몰라.'

STEVEN GERRARD

5

불편한 진실

Hard Facts

5 불편한 진실

GERRARD
8

크리스마스에 리버풀은 리그 1위에 섰다. 2008년 12월 25일에도 우리는 같은 자리에 있었다. 2013년 감독은 브렌던 로저스, 5년 전 감독은 라파엘 베니테스였다. 두 사람 모두 개성이 강하고 정신력과 스타일을 갖춘 지도자였다.

나는 자주 예전 감독에 관한 의견을 말해달라는 질문을 받는다. 내가 경험했던 모든 감독에 대해서 좋은 추억을 지닌 덕분에 매번 나는 미소를 짓는다. 나쁜 경험도 있었지만, 17년간 프로축구선수로 살아왔으니 당연한 과정이라고 생각한다. 단 한 사람을 제외하곤 지금도 나는 언제든지 전화를 걸어 통화할 수 있을 만큼 좋은 관계를 만들었다. 유일한 예외는 바로 라파(Rafa; 베니테스의 애칭)다. 다른 감독들은 언제나 나를 도와줬다. 경기장 안팎에서 있었던 무슨 일이든지 의논할 수 있을 만큼 그들을 신뢰한다.

베니테스 감독은 따듯하고 친절한 로저스 감독과 정반대다. 물론 한쪽 면만 보면서 베니테스 감독은 냉혈한 전술가, 로저스 감독은 대단히 인간적인 사람이라고 단정해서는 안 된다. 성공을 거둔 모든 감독과 선수는 첫인상보다 훨씬 복잡한 내면을 지닌다.

로저스 감독은 처음부터 예의 바르고 성격이 좋은 사람으로 다가왔다. 클럽 전통에 대한 이해가 빨랐고, 리버풀과 관련된 모든 식구를 존중했다. 과거 선수부터 커크비(Kirkby)에 있는 아카데미 직원들까지 예외가 없었다. 그러나 리버풀처럼 거대한 클럽의 감독이 되는 지도자는 강한 혹은 무자비한 구석도 갖춰야 한다. 아픔을 초래할 수밖에 없는 힘든 결정을 내릴 마음의 준비도 되어 있어야 한다.

2012년 6월 1일, 로저스 감독의 첫날이었다. 그는 케니 달글리시 전임 감독을 보좌했던 스티브 클라크 코치와 함께하지 않을 뜻을 분명히 밝혔다. 신임 감독이 자신이 원하는 수석 코치를 데려오는 것이 보통이긴 해도 당시 상황이 약간 미묘했다. 클라크 코치는 첼시에 있을 때 함께 일했던 로저스 당시 코치에게 도움을 줬다. 주제 무리뉴 감독이 첼시를 이끌던 시절, 첼시 아카데미의 리저브팀을 로저스가 맡도록 문을 열어준 사람이 바로 클라크 코치였다. 로저스가 젊은 지도자로 두각을 나타내기 시작한 계기였다.

나는 첼시 시절 인연이 있어 로저스 감독이 클라크 코치와 함께 일할 것이라고 예상했다. 하지만 직장에서 두 사람이 어떤 관계였는지 몰랐다. 두 사람은 축구선수라는 직업이 얼마나 이상한 구석을 지녔는지를 보여주는 예였다. 클라크 수석 코치는 선수들과 함께 훈련하는 일을 사랑하는 지도자다. 그와 함께 오전 훈련을 정상적으로 마쳤지만, 그날 오후 클라크 코치로부터 사임한다는 문자 통지를 받았다. 나는 그와 함께 컵대회 결승전과 리그 경기를 경험해 그를 아주 잘 안다. 그런데 하루아침에 그가 떠나버렸다. 돈독했던 관계가 이렇게 갑자기 끝나버리면 우울해질 수밖에 없다.

선수들은 상황 변화에 빨리 적응해야 한다. 물론 쉽지 않다. 2004년 5월, 제라르 울리에 전 감독이 떠났던 때가 생각난다. 당시 나는 집에 머물면서 '다른 감독 아래서도 똑같이 뛸 수 있을까? 그가 떠나지 않았으면 좋겠는데'라며 우울해했다. 2003년 울리에 감독이 나를 붙박이 주전으로 중용했을 뿐 아니라 사미 히피아(Sami Hyypia)로부터 주장 완장을 물려받으라고 했다. 우리 관계는 정말 돈독했기 때문에 그와의 이별은 내 마음을 찢었다. 나는 '오늘은 감독을 위해서 뛰겠다'는 마음가짐으로 경기에 출전한 적이 없었다는 사실을 스스로 상기시켰다. 나는 항상 클럽과 조국을 위해 뛴다. 그렇기 때문에 감독이 누구든 상관없다. 단지 나는 감독과 끈끈하게 연결되어 상호 존중하기를 희망할 뿐이다. 항상 그게 우선이다.

그러나 너무 많은 것이 바뀌었다. 나의 첫 감독인 울리에는 내게 아버지 같은 존재였다. 긴 시간이 지나 나와 나이 차이가 거의 나지 않는 로저스가 나의 마지막 리버풀 감독이 되었다. 리버풀 감독은 축구계 여러 직업 중에서도 큰 부담감을 짊어진다. 빌 생클리의 성공 신화에서부터 생겨났으며 클럽에 세계적 명성을 안겨준 봅 페이즐리가 건설한 전통이다. 감독이든 선수든 예외 없이 이 클럽에 들어온 자라면 누구나 성공 역사를 닦아나가야 할 책임감을 가져야 한다.

나도 항상 그런 역사 속에서 연결고리가 되고자 마음먹는다. 리버풀 아카데미에서 나는 스티브 하이웨이의 지도를 받았는데, 그는 생클리가 구축했던 위대한 팀의 일원이었다. 하이웨이에게도 생클리의 철학이 단단히 심어져 있었다. 하이웨이는 리버풀을 구성하는 조직세포 같은 존재였고, 팬은 그 유명한 응원곡 '안필드 로드의 필드(The Fields of Anfield Road)'를 합창하며 그를 기린다. 덕분에 나는 생클리로부터 하이웨이로, 베니테스로부터 로저스로 이어지는 리버풀의 위대한 감독들의 변화 줄기를 직접 경험할 수 있었다.

내가 서포터즈로부터 존중을 받는 이유도 그것이라고 생각한다. 프로 첫날부터 나는 리버풀의 팀원이 되었다는 사실에 너무나 감사했다. 그 안에서 자리를 유지하고 발전하기가 얼마나 어려운지도 감사한 마음으로 받아들였다. 경기력이 나쁘더라도 어쨌든 나는 최선을 다한다. 감독도 마찬가지다. 리버풀의 감독은 매사에 전력을 쏟아부어야 한다. 왜냐면 클럽의 긴 역사와 비교하면 우리 모두는 정말 토막 같은 시간을 차지할 뿐이기 때문이다. 리버풀의 선수 혹은 감독이 되었다고 해도 그것은 임시 영예에 불과하다. 항상 최고의 선수와 감독을 보유해야 한다. 부침도 존재하겠지만, 결국 우리는 제한된 시간 안에서만 리버풀로서 살아가는 것밖에 되지 않는다. 여기 있는 동안 최선을 다해야 한다. 하지만 그렇지 않은 선수도 있다.

수년간 함께 일했던 감독들은 자기만의 축구 철학을 추구하며 다양한 얼굴을 보였지만, 결국 메시지는 동일했다. 프로페셔널이 되고, 열심히 훈련하고, 팀플레이어가 되라는 지시였다. 어느 감독이든지 그 세 가지는 일맥상통했다.

기본적인 성격에서는 울리에나 로저스처럼 온화한 스타일의 감독을 좋아한다. 그러나 축구에 관해서는 차가운 성격도 나는 개의치 않는다. 라파엘 베니테스나 파비오 카펠로처럼 감정이 없거나 선수와 거리를 유지하는 스타일이 때로는 더 많은 성공을 거두기도 한다. 만약 감독이 된다면 나는 베니테스 감독의 전술 구상과 로저스 감독의 선수 관리법이란 장점을 동시에 취하고 싶다. 베니테스는 내가 지향하는 감독 스타일이 아니긴 하다. 그러나 그로부터 선수와 가깝게 지내는 것이 생각만큼 중요하지 않을 수도 있다는 사실을 배웠다. 가끔은 거리 유지가 도움이 될 때도 있다.

베니테스 감독도 인간적으로 나를 좋아하진 않았던 것 같다. 이유는 잘 몰라도 그로부터 그런 느낌을 받았다. 사실 나와 대면하기도 전부터 시작된 일일지도 모른다. 그는 나보다 나의 어머니와 먼저 만났다. 베니테스 감독이 리버풀의 감독으로 영입되었던 2004년 6월이었다. 그때 나는 포르투갈에서 개최 중인 유로2004에 잉글랜드 국가대표팀으로 있었다. 리버풀을 떠나긴 했어도 울리에 감독은 여전히 리버풀을 사랑했다. 나와도 가깝게 지냈다. 크로아티아 경기에서 뛰는 나를 보기 위해 울리에 감독은 나의 어머니와 함께 포르투갈로 날아왔다. 그 자리에서 두 사람이 베니테스 감독과 맞닥뜨렸다. 울리에 감독이 어머니께 베니테스 감독을 소개했다. 베니테스 감독은 어머니와 악수를 하고 첫인사를 나누자마자 갑자기 "스티븐이 돈을 좋아하나요?"라고 직설적으로 물었다. "안녕하세요. 만나서 반갑습니다"라는 통상적인 인사말 다음에 베니테스 감독이 내 어머니에게 건넨 첫 번째 질문이 바로 그거였다. 나와 정말 가깝게 지내는 어머니라서 나는 리버풀의 새 감독이 나와 만나기도 전에 내 가족에게 건넨 말을 들을 수 있었다. 사실 나는 "도대체 그게 무슨 질문이야?"라며 의문스러워했다. 하지만 그가 발렌시아에서 남긴 업적이 워낙 대단해 빨리 만나보고 싶었다. 그의 말은 내게 어떤 동기부여가 적합한지 알고 싶어서 그랬을 것이라고 이해했다.

우리는 그야말로 철저한 직업상 관계다. 그의 차가운 태도가 나를 더 발전시켰다고 믿는다. 나는 베니테스 감독으로부터 칭찬을 받아내고 싶었다. 동시에 그가 정말 나를 필요로 해서 안달이 나게 만들고도 싶었다. 나는 최전성기에 다가서고 있을 때였다. 나는 정말 잘 뛰었으니 내 경력 최정점을 그에게 선사한 셈이다. 내게 차갑게 대함으로써 내 안에 있던 능력을 극대화하고 싶었는지 모른다. 만약 그가 나를 따뜻하게 자상하게 대했다면, 나는 그가 틀렸음을 깨닫게 해주고 싶거나 그의 존경을 받고 싶어 하지 않았을지도 모를 일이다.

우리는 마치 공존하는 불과 물 같았다. 내 안에서는 열정이 불타고, 베니테스 감독의 안에서는 냉철한 전술 구상이 흘렀다. 둘 사이에 유지되는 거리감은 내게 긴장감을 유지하게 만들었다. 물론 베니테스 감독의 냉철한 통찰력 바다가 말라버리는 일도 없었다.

나는 그가 스페인어권 선수를 편애한다고 생각했었다. 남미 출신자를 특히 좋아했다. 큰 문제는 아니었다. 그래서 내게 손해를 끼치진 않았으니까. 기자회견 중 그는 선수들을 언급할 때 이름(first name)으로 부르며 친근감을 보였다. 그러나 나는 언제나 '제라드(last name)'였다. 라커룸에서도 그랬다. 그는 선수를 이름이나 애칭으로 불렀지만, 나 혼자만 항상 성(姓)인 제라드를 사용했다. 그가 나를 어떻게 부르든 상관할 바가 아니다. 그가 어느 날 갑자기 나를 '스티비(Stevie)'라고 부르기 시작했다고 해서 내 실력이 일취월장하지도 않을 것이다. 그저 나는 다음 경기에서도 이기기만 바랐고, 베니테스 감독은 우리가 승리할 수 있도록 도울 수 있는 사람이었다.

베니테스는 내가 리버풀과 잉글랜드 국가대표팀에서 함께 일했던 감독 중 전술 면에선 단연 최고였다. 스쿼드 조직 안에서 팀을 짜고 안정감 있으며 강하게 만드는 지도자를 한 명 꼽으라면 나는 베니테스 감독이라고 말할 것이다. 주제 무리뉴 감독이 더 많이 이겼을지 몰라도 베니테스 감독은 약체로 평가되는 팀을 맡아 승리할 수 있는 방법을 찾아내고야 만다. 유럽 대회의 홈&어웨이 방식에선 특히 그렇다.

내가 느낀 유일한 실망감은 지금 내가 기댈 수 없다는 것이다. 우리는 서로 연락을 하지 않는다. 베니테스 감독과 나는 각각 개인 경력에서 가장 찬란한 순간을 함께한 사이여서 매우 아쉽다. 친밀감도 전혀 없다. 그러나 훈련에서 그가 보여준 모습, 프로페셔널한 자세만 놓고 보면 그는 분명히 매우 뛰어난 감독임에 틀림없다. 내일 당장 축구 현장이나 공항 같은 곳에서 그와 마주친다고 해서 불쾌하거나 하진 않다. 언제 기회가 된다면 그와 리버풀에서 함께했던 모든 것에 관해서 조금은 더 깊고 친근한 대화를 나누고 싶다. 절대로 잊을 수가 없는 추억과 경험을 우리가 함께 나눴기 때문이다.

챔피언스리그의 영광이 있었던 이스탄불이 당연히 최고의 순간이었다. 2008-09시즌 우리가 리그 1위에 올라 있던 때도 생생히 기억난다. 짜릿한 역전승, 잊을 수 없는 승리, 이상한 해프닝과 걱정이 넘쳐 흘렀다. 5년이 지난 지금도 그때 기억이 머릿속에 뚜렷하다. 손에 닿을 것 같지 않아 보이는 리그 타이틀을 맹렬하게 좇던 때였다.

2013년 12월도 그랬다. 나는 햄스트링 근육 부상으로 몇 주간 쉬고 있었다. 크리스마스를 보내며 5년 전 우리가 얼마나 잘했는지 기억을 더듬어봐도 괜찮을 것 같았다. 2008년 12월부터 2009년 1월까지 기간은 자만에 빠지거나 현실에 안주해서는 안 된다는 교훈을 줬다. 그때 나는 무거운 현실을 깨달았다. 베니테스 감독도 그랬을 것 같다.

2008년 12월 28일 일요일, 우리는 뉴캐슬을 상대했다. 복싱데이(12월 26일-역주) 경기에서 우리는 로비 킨(2골)과 알베르트 리에라의 득점 활약으로 볼턴을 3-0으로 꺾었다. 첼시도 이긴 탓에 우리는 승점 1점 차이로 쫓겼다. 과감하게 치고 나가는 정신력이 중요했다. 우리는 리그 우승을 목표로 해도 좋을 만큼 상황과 팀 경기력이 모두 좋았다. 특히 베니테스 감독 아래서 우리는 전술적으로 매우 뛰어났다. 내 경기력도 물이 올라 토레스, 카위트, 알론소, 마스체라노, 히피아, 카라, 레이나처럼 뛰어난 동료와 좋은 플레이를 펼쳤다.

경기 막판 골을 넣는 뒷심이 붙기 시작했다. 시즌 첫 경기부터 시작된 좋은 습관이었다. 선덜랜드를 상대로 후반 37분 토레스가 0-0 균형을 깨며 승점 3점을 모두 챙겼다. 한두 골 뒤진다고 해서 절대로 지지 않을 것이라는 믿음이 팀 전체에 생겼다. 선덜랜드전 승리로부터 일주일 후 홈에서 미들즈브러와 만났다. 경기 종료 4분 전 카라가 동점골을 뽑아냈다. 그의 슛이 수비수에 맞고 굴절된 덕분에 상대 골키퍼는 손을 쓸 수가 없었다. 그리고 후반 45분 내가 로켓 같은 역전골을 터트렸다. 공이 꽂힌 상대 골네트가 춤을 췄다. 나는 너무 기뻐 슈퍼맨이라도 된 양 동료들에게 달려가 안겼다. 당시 나는 부상에서 막 돌아왔을 때였다. 사타구니를 다쳐 프리시즌도 제대로 소화하지 못했었다. 시즌 초반 터진 극적인 결승골이 내게 큰 자신감을 줬다.

역전승이 계속되었다. 안필드에서 있었던 맨체스터 유나이티드 경기에서도 카를로스 테베스에게 실점을 허용하면서도 결국 2-1로 우리가 이겼다. 2008년 10월 5일, 맨체스터 시티 경기도 그랬다. 아부다비 갑부에게 넘어간

지 5주가 되던 때였는데, 우리는 0-2로 끌려갔다. 그러나 토레스의 두 골에 이어 경기 막판 카위트가 역전골을 터트렸다. 프리미어리그에 등장한 신흥 갑부 구단을 꺾었다는 데에서 의미가 큰 승리였다. 일주일 뒤, 우리는 위건에 리드를 허용했지만, 최종 스코어 3-2로 승리했다. 카위트의 결승골은 후반 40분에 나왔다.

12월 13일, 우리는 홈에서 헐에 전반 22분 만에 0-2로 뒤졌다. 10분 후 스코어는 2-2로 변했다. 내가 두 골을 모두 넣었다. 무승부로 끝나는 바람에 우리는 홈에서 승점 2점을 잃었다. 그 결과에 대한 대가를 치러야 한다는 걸 나는 알고 있었다. 당시 맨체스터 유나이티드는 FIFA 클럽월드컵에 출전하느라 자리를 비웠다. 크리스마스 시점에서 우리에 승점 7점을 뒤졌다. 하지만 두 경기를 덜 했기 때문에 승점 차이는 착시에 불과했다. 뉴캐슬전에서 우리는 더는 실수를 해선 안 되었다.

그 전 시즌에 토레스는 38골을 넣으며 대폭발했다. 유로2008 결승전에서도 독일을 상대로 결승골을 터트려 조국 스페인에 역사상 첫 메이저 타이틀을 선사했다. 정말 오래도록 이어졌던 메이저 대회 부진 사슬을 끊어낸 것이다. 페르난도는 그 골이 리버풀에서도 같은 일을 해낼 수 있다는 영감을 자신에게 줬다고 말했다. 19년씩이나 멀어졌던 리그 우승컵을 되찾도록 돕고 싶다고 했다. 뉴캐슬 경기가 있기 몇 주 전, 토레스는 FIFA '올해의 선수' 투표에서 호날두와 메시에 이어 세 번째로 많은 득표를 기록하기도 했다.

그러나 그의 두 번째 리버풀 시즌은 잦은 부상으로 애를 먹었다. 리그 세 번째 경기였던 애스턴 빌라전에서 그의 햄스트링 근육이 찢어졌다. 치료를 마치고 복귀하려다가 두 번이나 부상이 재발했다. 크리스마스까지 토레스는 많은 경기에 출전하지 못해 득점이 5골에 불과했다. 나는 6골을 넣고 있었다. 나는 그가 정상 컨디션을 되찾으면 리버풀이 리그를 제패할 수 있을 것이라고 굳게 믿었다.

5 불편한 진실

　토레스가 다시 부상으로 빠진 뉴캐슬 경기에서 베니테스 감독은 로비 킨(Robbie Keane)을 제외해 모두가 놀랐다. 지난 두 경기에서 로비는 세 골을 넣었을 정도로 컨디션이 좋았기 때문이다. 처음 로비를 영입했을 때 나는 정말 기뻤다. 토트넘에서 디미타르 베르바토프와 함께 그는 대단한 활약을 펼쳤다. 그러나 로비는 리버풀의 10번 공격수로 뛰고 싶어 했다. 내가 이미 그 역할을 잘 소화하고 있었던 탓에 솔직히 우리는 그 포지션에 로비를 필요로 하지 않았다. 좋은 전력 보강이면서도 같은 자리를 놓고 그와 내가 경쟁을 벌여야 할지도 모르게 되니 걱정이 들었다. 베니테스 감독은 역시 10번 자리에 나를 기용했다. 로비와 내가 동시에 베니테스 전술 안에 들어갈 틈이 없었던 것이다.

　왜 베니테스 감독이 로비를 내 앞에 세우기 주저했는지 나는 알 것 같았다. 토레스의 스피드가 없었기 때문이다. 로비는 좀 더 뒤로 물러난 지점에서 득점을 만들거나 직접 해결할 공간을 영리하게 찾아내는 능력이 뛰어나다. 아쉽게도 그는 베니테스 감독과 궁합이 맞지 않았다. 베니테스 감독은 자신이 영입한 로비를 있는 그대로가 아니라 자기 입맛에 맞게 바꾸려고 했다. 역할 변화는 확실히 로비를 불편하게 만들었다. 로비는 내가 리버풀에서 함께했던 감독들 대부분과 잘 맞았을 것이라고 생각한다. 그러나 베니테스 감독은 예외였다. 솔직히 나는 베니테스 감독이 이미 톱플레이어인 로비를 왜 바꾸려고 했는지 이해할 수 없었다. 자기 스타일대로 뛰게 해야 했다. 우리가 그를 영입한 이유가 그거였다.

　뉴캐슬 쪽 사정은 심각했다. 우리와 만나기 10주 전, 뉴캐슬에서는 조 키니어(Joe Kinnear)가 케빈 키건(Kevin Keegan)의 후임이 되었다. 감독 교체뿐 아니라 다른 문제가 벌어졌다. 세인트 제임스 파크의 내전이었다. 뉴캐슬의 열성 서포터즈와 구단주 마이크 애슐리(Mike Ashley)가 충돌했다. 애슐리 회장은 클럽을 팔아버리겠다고 선언했지만, 우리와 경기가 있던 날 아침 갑자기 마음을 바꿨다. 클럽을 팔지 않고 새로운 성공을 위해 애쓰겠다고 애슐리 회장은 약속했다.

나는 주변 일에 관심을 끄고 오직 경기에만 집중했다. 시작부터 우리가 경기를 주도했다. 전반 30분 카라와 마스체라노, 요시 베나윤(Yossi Benayoun)이 오른 측면을 공략한 뒤에 페널티박스 부근에 있던 내게 횡패스가 연결되었다. 상대 압박이 없던 덕분에 나는 마음껏 슛을 때려 수문장 셰이 기븐(Shay Given)을 무너트렸다. 공은 골대 안쪽을 때리며 네트에 걸렸다.

사미 히피아가 내가 찬 코너킥을 머리로 연결해 팀의 두 번째 골을 뽑아냈다. 어느새 스코어는 3-1로 변했고, 이 상황에서 루카스와 나는 원투패스 연결에 성공했다. 루카스가 멋지게 보낸 패스를 받아 나는 단독 드리블 후 기븐을 넘기는 칩슛으로 개인 두 번째 골, 팀의 네 번째 골을 터트렸다. 나의 골 세리머니는 가위질이었다. 뉴캐슬을 갈기갈기 찢어버려 경기를 끝냈다는 뜻이었다. 그러나 내 생각은 틀렸다. 베니테스 감독이 나를 교체했기 때문이다. 언론은 감독이 내게 기립박수를 받을 기회를 선물했다고 보도했다. 당시 박수를 쳐준 뉴캐슬 팬에게도 나는 감사함을 표시했다. 그러나 나를 경기에서 뺀 이유가 혹시 내게 굶주림을 남겨놓으려는 베니테스 감독의 궁리가 아닐까, 라는 의문이 들었다. 실제로 내가 나간 후에 라이언 바벨(Ryan Babel)이 페널티킥을 얻었다. 내가 있었더라면 리버풀 경력 최초의 해트트릭을 작성할 수 있는 기회가 되었을 것이다. 알론소가 페널티킥을 성공시키는 모습을 나는 벤치에서 웃으며 바라봤다.

평소 엉뚱한 발언으로 자주 도마 위에 오르는 조 키니어 감독은 철학적인 경기 소감을 밝혔다. "리버풀은 전혀 다른 클래스였다. 우리가 영맹이기도 했지만 리버풀이 정말 매력적인 축구를 선보였다. 제라드는 환상적이었다. 그렇게 멋진 플레이를 보는 게 개인적으로 대단히 오랜만이다."

그러나 내 개인 경기력에 심취할 필요는 없었다. 리버풀이 5-1로 크게 이겼고, 우리가 승점 4점 차이로 리그 선두라는 사실이 더 중요했다. 힘과 스타일로 우리는 뉴캐슬을 완전히 짓이겼다. 경기 후 기자회견에서 나는 개인 활약을 낮췄다. 그 대신 나는 리버풀 경력을 통틀어 지금 팀이 최고라고 믿는다고 강조했다. 지나친 기대감을 통제하기 위해 유명한 축구계 격언을 이용했다. 나는 "우리는 계속 도전할 것이다. 침착하게, 최선을 다해 나아갈 것이라고 약속한다"고 말했다. 대승에 비해 차분한 크리스마스를 보냈다. 베니테스 감독은 우리에게 이틀 휴식을 줬다. 바깥 공기를 마시고 싶었다. 시내가 아니라 사우스포트(Southport: 리버풀 북부)라도 가면 좋을 것 같았다.

다음날 아침 나는 경찰서 철창 안에 있었다. 23시간 이어진 구금의 시작에 불과했다. 경찰이 가져다준 조간신문을 보면서 나는 그곳에서 내 인생이 끝나는구나 싶었다. 신문 1면과 뒷면은 모두 내 사진과 이름이 큼지막하게 장식하고 있었다. 스포츠면에는 뉴캐슬전에서 2골 맹활약을 펼치는 내 사진이 실려 있었다. 그러나 1면 내용은 죽음 그 자체였다. 어느 바에서 난동을 피우는 진상 손님으로 보도되어 있었기 때문이다.

수치심이 일어났다. 동시에 마음이 너무 아팠다. 이 세상에 존재하는 어느 바에서나 벌어질 수 있는 사건 중에서 장본인이 나였기 때문에 일이 이렇게 커져버렸다. 만약 내가 일반인이었다면 경찰서 유치장에서 23시간이나 잡혀 있진 않았을 것이다. 나를 대하는 경찰의 처사에 너무 실망했다. 물론 원망할 사람은 오직 내 자신뿐이라는 사실은 변치 않았다.

사건은 정말 사소하게 시작되었다. 뉴캐슬전을 마치고 돌아오는 구단 버스 안에서 분위기가 들뜰 수밖에 없었다. 나는 친한 친구들에게 문자를 보냈다. 평소 나는 친구들과 함께 여유롭게 시간을 즐기지 못한다. 친구들과 즐거운 자리를 만들 수 있는 드문 기회인 것 같았다. 다들 나와서 자축에 동참해줬다. 여덟 명이 모이기로 했다. 우리는 자리를 잡고 놀 만한 장소를 물색해야 했다. 리버풀 시내로 갈 순 없었다. 그런 날은 이미 지났다. 나는 스물여덟 살밖에 되지 않았는데, 고향 도시의 중심가에서 놀 수가 없다는 현실이 아쉬웠다. 하지만 리버풀 안에서 유명인사가 되면 인생도 바뀌어야 한다. 평일 낮에도 시내 길거리를 걷기가 어렵다. 모든 사람이 즐기는 평범한 일상이 불가능하다. 알렉스와 함께 쇼핑을 하거나 커피를 마시는 일도 상상할 수 없다. 그렇게 된 지 이미 오래다.

어딜 가나 리버풀 팬이 있다. 내게 다가와서 인사를 하거나 승리를 축하하고 싶어 하는 그들의 마음은 얼마든지 이해한다. 대부분 사람들은 내게 매우 친절하다. 그러나 도시의 반을 차지하는 '푸른 리버풀'에서 나는 인기가 별로 없다. 가끔 에버턴 팬이 나를 비난할 만한 때도 있다. 그들도 대부분 예의 바르고 공손하지만, 소수 팬이 도심에서 나를 아주 곤란하게 만들 때가 있다. 요령껏 대처하게 되긴 했지만, 지금도 나는 도심에 갈 때에는 대부분 차 안에 머물면서 꼭 필요할 때에만 밖으로 나가 빨리 일을 보고 다시 차로 돌아오는 식이다. 1군 주전이 되기 전, 나는 마음만 먹으면 중심가에서 아침 아홉 시부터 오후 다섯 시까지 실컷 돌아다닐 수 있었다. 요즘은 내가 사는 도시인데도 어디에 뭐가 있는지 전혀 모른다. 프로축구선수의 삶이 그렇다. 항상 신중하게 장소를 선택해야 한다.

그날 밤은 최악이었다. 밝은 대낮에는 대부분 사람들이 멀쩡하다. 하지만 해가 저물고 술이 들어가기 시작하면 돌변하는 사람도 간혹 있다. 한 번도 만나본 적이 없는 사람이 갑자기 당신에게 고래고래 소리를 지르면 혼란스러울 수밖에 없다. 그냥 모르는 척하는 게 상책이다. 특히 나 같은 처지에선 그런 일 때문에 리버풀 시내 약속을 포기해야 한다. 그러니 참기만 해야 하는 불만이 쌓이다 못해 한계에 다다르기도 하는데, 그걸 행동으로 옮기는 순간 일이 꼬이게 된다. 프로축구선수는 돈을 정말 많이 번다. 칭찬과 영예도 얻는다. 그 뒷면에는 폭언과 비난도 존재한다. 스타플레이어의 영역 안에서

5 불편한 진실

는 사회적 교류가 빈번하게 일어날 수가 없다. 프로축구선수는 대단히 운이 좋은 특권을 누린다고 생각한다.

그렇지만, 우리도 사람이다. 젊으니까 가끔은 친구들과 만나 클럽에 가서 신나게 놀고 싶기도 하다. 일상 탈출이 필요한 법이다. 2008년 12월 28일 일요일 밤, 내가 딱 그런 기분이었다. 덕분에 나는 뻔하게 잘못된 때와 장소에서 뻔하게 잘못된 실수를 저지르고 말았다. 다음날 아침 유치장 안에 앉아 나는 생각했다. '왜 내가 그냥 집에나 가서 쉬지 않았을까?'

밤에 나가 놀다가 혼자 남겨진다고 해서 딱히 큰일이 나는 건 아니다. 선수든 일반인이든 가끔은 혼자 아무 생각 없이 몇 시간씩 멍하니 있는 것도 도움이 될 때가 있다. 그러나 일이 크든 작든 사건이 발생해서 그런 상황에 놓이게 되면 그야말로 후회막심이다.

대부분의 사람처럼 나도 성인군자가 아니다. 지금까지 큰 사고를 친 적은 없었지만, 사소한 실수에서 교훈을 얻어왔다. 열한 살 적 일이었다. 한 친구와 함께 작당해서 울워스(Woolworth; 마트 이름)에서 학용품을 훔치기로 했다. 부모님께서 학용품을 살 돈을 주시긴 했는데, 친구와 나는 그 돈으로 맥도날드에 가서 햄버거와 콜라를 사먹었다. 우리의 절도 기술은 어눌하기 짝이 없었다. 나는 연필을 주머니에, 공책을 코트 안에 숨겼다. 곧바로 마트 보안요원이 우리에게 달려왔다. 아저씨는 우리의 이름과 다니는 학교, 사는 곳을 말하라고 했다. 아빠가 알게 되는 게 너무 무서워서 나는 고모네 집주소를 댔다. 나는 울워스에서 린 고모 집까지 전속력으로 달렸다. 그리고 고모에게 내가 한 짓을 모두 고해 바쳤다. 나 대신 아빠에게 먼저 가서 자초지종을 설명해달라고 빌었다. 내가 얼마나 속상한지 아빠가 먼저 알아줬으면 했다.

너무 늦어버렸다. 울워스 직원이 학교에 전화를 걸었고, 학교는 이를 곧장 아빠에게 통지했다. 아빠가 폭발했다. 그렇게 화를 내는 아빠를 본 적이 없었다.

"도대체 무슨 짓을 한 거야? 물건을 훔쳤어?"

아빠가 너무 다그치지 못하도록 엄마가 나를 지켜줬다. 혼날 짓을 했다. 엄마도 내가 얼마나 잘못된 행동을 했는지 훈계하셨다. 아빠가 화를 낼 만도 했다. 무엇보다 그 일 때문에 내가 리버풀 아카데미에서 쫓겨날지도 몰랐기 때문이다. 아빠는 만약 스티브 하이웨이가 이 일을 알게 되면 당장 나를 쫓아낼 것이라고 말씀하셨다. 나도 엄청나게 걱정되었다. 엉덩이를 얻어맞는 정도로 끝나지 않는다면? 리버풀에서 내 꿈이 깨져버린다면, 아마도 내 인생 자체가 끝나버리는 기분이 들 것 같았다. 나는 처벌을 순순히 받아들였다. 따끔한 설교와 함께 사흘간 외출 금지였다. 죄책감을 씻어내기까지는 시간이 좀 걸렸지만, 최소한 그렇게 어리석은 짓을 다시는 시도하지 않게 되었다.

제라르 울리에 감독 아래서 내가 막 프로가 되었을 때에도 실수를 저지른 적이 있었다. 음주단속에 걸려 운전면허를 빼앗겼다. 기준치를 많이 넘지는 않았지만 울리에 감독은 아버지처럼 나를 꾸짖었다. 화를 누그러트린 감독은 내게 이렇게 말했다. "친구들이 나이트클럽에 가고 싶어 하면 자기들끼리 가서 놀라고 해. 너는 안 돼. 그 대신에 현역 은퇴할 때가 되면 너는 그 나이트클럽을 통째로 살 수 있어."

그때도 정말 후회스러웠다. 시간이 지남에 따라 유혹을 물리치기가 점점 쉬워졌다. 내게는 축구가 너무 소중했기 때문에 스스로 정한 규율을 지키기가 어렵지 않았다. 친구들과 어울려 파티에 가서 신나게 노는 대신에 집에 머물면서 충분한 휴식을 취할 수 있다면 나는 더 훌륭한 선수가 될 수 있다는 걸 알았다. 1년에 몇 번쯤은 밖에 나가 놀 기회가 있다는 사실도 깨닫게 되었다. 술을 많이 마시는 스타일도 아니다. 정말 친한 친구들과 있을 때 마시는 정도면 충분하다.

뉴캐슬전을 마치고 나서 나는 그런 기분으로 '라운지 인'에 가 친구들과 어울렸다. 사우스포트에 있는 고급 바였다. 하지만 그런 곳에서 갑자기 일이 벌어졌다. 말싸움이 생겼고, 주먹이 오갔다. 시간이 지나 사람들은 이제 그 일을 농담처럼 떠든다. 필 콜린스의 노래를 틀어주지 않는다는 이유로 내가 바의 디제이를 두들겨 팼다고 사람들은 믿는 것 같다.

말도 안 되는 거짓말이다. 말싸움의 원인이 필 콜린스도 아니었고, 나와 싸운 상대가 디제이도 아니었다. 진실과 상관없이 그냥 내가 듣고 싶은 노래를 틀어주지 않는 디제이를 때렸다는 시나리오가 사람들에겐 더 재미있게 들리나 보다. 아쉽게도 모두 거짓말이다. 상대는 그냥 멀쩡한 사람이고, 우리는 서로 아무것도 아닌 주제로 말싸움을 벌이기 시작했다.

23시간 구금에서 풀려난 나는 난동 혐의로 기소되었다. 싸움에 관여한 모두가 기소 대상이었다. 언론이 특유의 과장을 동원해 내가 유죄 판결을 받으면 5년 징역형에 처해질지도 모른다는 보도를 내보낸 덕분에 밖에서 보기엔 사안이 매우 심각했다. 모두 거짓말이었다. 나는 공판에서도 무죄를 확신했다. 배심원 앞에 서서 나는 그날 밤 현장에서 일어났던 일을 모두 상세하게 진술할 준비를 마쳤다. 내가 진심을 담아 이야기한다면, 배심원 12인도 바에서 일어났던 일이 얼마나 부풀려졌는지를 이해할 것이라고 생각했다.

나로서는 그 일 때문에 내 경기력이 떨어지지 않도록 조절하는 게 매우 중요했다. 결과적으로 다행이지만, 시즌 후반기 내 활약이 더 좋았다고 생각한다. 훈련과 경기에 임할 때, 나는 그 일을 미리에서 완전히 지웠다. 모든 재판 과정을 거치면서 클럽도 나를 전폭적으로 지원했다. 베니테스 감독은 실용적이고 이해가 빨랐다. 그는 내게 달리 징계를 내리지 않고, 오히려 상황 개선을 위해 힘썼다. 베니테스 감독은 오언 브라운이라는 개인 비서를 고용해 내게 붙여줬다. 재판이 있을 때마다 그가 나를 에스코트했다. 칙선 변호사(Queen's Counsel; 영국 최고위 변호사)인 존 켈시-프라이도 나를 변호했다. 전문가들의 지원 덕분에 나는 명확한 소명으로 혐의를 벗을 수 있다고 자신했다. 그래서 재판 결과에 관해서 크게 걱정하지 않았다. 언짢은 기분이 들 때마다 나는 축구로부터 안도감을 얻었다. 길게 이어진 재판 기간에도 최소한 그라운드 위에서는 자유를 만끽할 수 있었다.

2009년 7월이 되어서야 최종 공판이 열렸고, 모든 혐의에서 배심원 12인이 만장일치로 나의 손을 들어줬다. 최종 발언에서 나는 그날 밤 일어난 모든 일을 사과했다. 정당방위일지라도 내가 타인에게 폭력을 가했다는 사실도 인정했다. 그러나 나는 일이 거칠어지기 전에 언쟁을 수습하려고 노력했었다. 언쟁을 대하는 내 나름대로 터득한 요령을 설명했다. 그런 일은 자동차를 운전하면서도 겪는다. 판사가 내게 "어떤 종류의 언쟁이죠?"라고 물었다. 나는 이렇게 대답했다. "항상 나는 축구 팬과 맞닥뜨립니다. 리버풀 팬, 에버턴 팬, 맨유 팬 등 다양합니다. 개중에는 가끔 내게 무례한 말을 하는 팬도 있습니다. 저는 언쟁이 심해지지 않도록 최대한 노력합니다. 팬과 대화하면서 부드럽게 넘기려고 말입니다."

나는 재차 상대와 언쟁을 누그러트리려고 노력했다는 사실을 설명했다. 나의 어떤 부분을 상대가 그토록 싫어했는지 이유를 알아내려고 애썼다. 무죄 판결이 내려진 후, 재판에서 헨리 글로브 판사는 이렇게 말했다.

"본 건과 관련한 모든 사실을 바탕으로 내린 최종 판결입니다. 이제 피고는 명예롭게 이 법정을 떠날 수 있습니다. 폭력의 시작은 피고가 아니었습니다. (중략) 계속 피고가 인정한 것처럼 상대가 폭력을 가할 것이라는 피고의 판단에는 다소 실수가 있었습니다만, 피고의 행동은 상식선에서 이해할 수 있는 범위 안에서 이성적 판단에 의해 내려진 물리적 자기방어였다고 판단됩니다. 본 사건을 처음 접하는 제3자에게는 당신이 불법적 폭력을 휘두른 게 분명한 것처럼 보이지만, 제출 증거를 신중하게 검토한 결과, 해당 혐의는 근거가 전혀 없는 것으로 판단됩니다."

솔직히 지금도 그 일이 내 평판을 어느 정도 갉아먹었다고 생각한다. 지금도 그 일에 관한 언급에 마음의 상처를 받는다. 무죄 판결을 받긴 했지만, 법

5 불편한 진실

정을 나서면서도 나는 기분이 좋지 않았다. 내 자신이 자랑스럽지도 대단하게도 생각되지 않았다. 일이 벌어졌던 순간부터 내내 당황스러움을 안고 지냈다. 지금도 후회하고 있고, 상대와 엮이게 된 것도 후회한다. 그러나 모두 끝난 일이다. 끝났으니 이제는 그 일로 괴로워하진 않는다. 크게 다친 사람이 아무도 없어서 다행이며 이제 우리 모두 각자 일상으로 돌아갈 수 있게 되었다.

지난 1년간 나는 저녁 시간에 사람이 많은 장소에 간 적이 없다. 집에서 머무는 편이 낫다고 결심했다. 아내와 부모님에겐 대단히 미안하다. 나는 알렉스가 그 사건에 연루되지 않기를 간절히 바랐다. 물론 당시 내가 직접 아내에게 자초지종을 설명했다. 경찰서에서 전화를 걸어 아내에게 무슨 일이 벌어졌는지를 설명하면서 나는 정말 창피했다. 그녀는 나를 이해하고 도와줬다. 그녀도 항상 자기 자신을 보호해야 한다. 알렉스는 친구들과 함께 저녁에 만나기를 좋아한다. 자기가 좋아하는 장소에도 갈 수 있다. 하지만 불행히도 이 세상에는 우리 외에 문제를 만들거나 스캔들을 파헤치는 소수 사람들이 공존한다.

내 처지에서는 정말 매사에 신중하고 조심해야 한다. 리버풀 1군에 처음 합류했을 때부터 나는 저녁 여흥 시간에는 언론의 카메라를 조심해야 했다. 어딜 가든 카메라를 든 뱀 한두 마리가 수풀 뒤, 자동차 안에 숨어 긴장이 풀어진 선수의 모습을 포착하려고 눈을 부라린다. 요즘에는 스마트폰이 대중화된 탓에 모두가 파파라치가 되어 사진을 찍어댄다. 그렇게 촬영된 사진들은 쉽게 오해를 불러일으킨다. 하룻밤 친구들과 만나 재미있는 시간을 보낼 수 있는 시절은 끝났다. 집에 귀가하기도 전에 트위터나 인스타그램에서 내 사진이 공유될 가능성이 크다. 다음날 아침 신문은 물론이고.

요즘 많은 젊은 선수들이 그런 노출로 인해 대가를 치르고 있다. 나도 그랬고, 실수를 저질렀다. 우리는 그저 남들보다 축구를 잘하는 사람일 뿐이다.

우리는 보통 사람들처럼 저녁에 친구들과 함께 술 한 잔을 걸쳐선 안 된다는 법이라도 있단 말인가? 우리처럼 스트레스가 극심한 직업이야말로 그런 식으로 마음을 풀어야 한다. 나는 담배를 피우지 않는다. 마약 복용도 없다. 나쁘다는 건 뭐든지 하지 않는다. 그런데도 딱 하룻밤 나가 놀았다가 그게 문제가 되어 법정에 서야 했다. 매주 전국 수많은 나이트클럽에서는 크고 작은 주먹다짐이 벌어진다. 대부분 다음날 아침이면 전부 망각된다. 2009년 나는 대법원에서 무죄를 입증해야 했다. 그런 결과가 나를 찾아온 이유는 단 하나다. 내가 단지 유명한 축구선수이기 때문이었다.

2008년 12월 30일 모든 인터넷과 신문 지면에는 경찰서에서 보낸 나의 하룻밤 이야기로 넘쳐났다. 놀랍게도 정확히 열흘이 지난 2009년 1월 9일, 이번에는 라파엘 베니테스가 곤경에 처했다. 뉴캐슬을 5-1로 대파했던 리그 경기가 지나고 우리는 한 경기를 더 치렀다. FA컵 3라운드에서 프레스턴과 만나 2-0으로 이겼다. 그 경기에서 페르난도 토레스가 부상에서 복귀해 골을 터뜨렸다. 그 다음 주말 일정이 스토크 시티 원정이었다.

같은 주말 최고의 빅매치는 올드 트래포드에서 벌어진 맨체스터 유나이티드와 첼시의 맞대결이었다. 우리와 리그 타이틀을 경쟁하는 경쟁자 둘 중 하나가 승점을 잃기 일보 직전이었다. 나는 지금도 베니테스 감독이 도대체 뭐에 씌었는지 알 수가 없다. 스토크 원정을 앞둔 기자회견에서 그는 악명 높은 '사실 발언'을 남겼다. 상대는 알렉스 퍼거슨이었다.

나는 멜우드에서 집으로 돌아와 점심시간에 맞춰 TV를 켰다. 프리매치 기자회견이 있는 날이면 나는 감독의 인터뷰 내용을 듣기 위해 항상 그렇게 시간을 조절한다. 베니테스 감독이 특유의 반 정도 웃는 얼굴로 앉아 있었다. 평상시 기자회견과 다를 게 전혀 없어 보였다. 그러나 감독이 주머니에서 메모지를 한 장 꺼냈다. 접힌 종이를 펴 테이블 위에 놓은 베니테스 감독은 '사실'을 읽어가기 시작했다. 그는 계속 "~였다는 사실, ~였다는 사실, ~였다는 사실"이라고 반복했다. 지금 내가 무슨 말을 듣고 있는지 도저히 믿을 수가 없었다. 소파 팔걸이를 부여잡고 불안한 듯이 손가락을 튕겼다. 나는 베니테스 감독이 정말 당황스러웠다.

베니테스 감독의 발언은 맨체스터 유나이티드로 시작했다. 그는 "지금 맨유가 예민해진 이유는 우리가 리그 선두이기 때문이다"라고 말했다. 나는 깜짝 놀라서 고개를 들어 화면을 쳐다보며 '뭐, 뭐야? 지금 무슨 말을 하고 있는 거야?'라고 생각했다. 평소의 베니테스 감독에게서는 상상할 수 없는 감정적인 발언이었다. 그는 무척 화가 나 있어 보였다.

그는 이렇게 말했다. "오늘 나는 몇 가지 '사실'에 관해서 이야기하려고 한다. 맨유는 심리전을 시작한 것 같은데, 나는 아직 그럴 생각이 추호도 없음을 분명히 해두고 싶다. 그러나 나는 몇 가지 사실들을 목격해왔다." 그러고 나서 베니테스 감독은 맨체스터 유나이티드 및 '퍼거슨 씨'가 수차례 부적절한 언행을 저질렀음에도 그에 상응하는 징계를 받지 않았다고 적시했다. 해당 날짜와 일어났던 일을 하나씩 읽으면서 베니테스 감독은 "퍼거슨 씨는 이런 언행을 보이고도 처벌받지 않는 리그 유일의 감독이다"라고 결론지었다.

더불어 베니테스 감독은 리그 일정 자체가 맨유에 일방적으로 유리하게 짜여 있다고 비난했다. 그는 뭔가 헷갈리고 괴로우며 편집증적인 사람처럼 보였다. 나는 벌떡 일어나 소파 뒤로 가서 귀를 막았다. 그가 자기 자신을 욕보이고 있었기 때문이다. 그가 '사실 발언'으로 얻고자 하는 것이 도대체 무엇인지 알 수가 없었다. 그러나 베니테스 감독의 말은 멈추지 않았다.

"만약 그가 리그 일정에 관해서 말하고 싶다면 여기 다른 방법이 있다. 퍼거슨 씨가 자기 집무실에서 직접 일정을 짜서 우리에게 통지하는 거다. 아무도 불만을 말하지 않을 거다. 간단하지 않은가? 우리가 올드 트래포드 원정을 갈 때마다 무슨 일이 벌어졌는지 우리는 잘 알고 있다. 맨유 코칭스태프는 항상 심판을 압박한다. 특히 하프타임이 되면 그들은 주심 곁에 바짝 붙어서 무언가를 말하고 또 말한다. 모든 감독이 그 사실을 알고 싶어 한다. 오직 퍼거슨 씨만 리그 일정과 심판 판정에 관해서 떠들 수 있다. 당연히 아무런 조치가 취해지지 않는다. 우리는 그런 '사실들'에 관해서 알고 싶다."

베니테스 감독은 큰 목소리로 질문을 던지기 시작했다.

"그들이 부담을 느끼고 있느냐고? 아마 그럴 거다. 맨유는 1월이 되도록 우리가 리그 1위 자리에 머물러 있을 것이라고 생각하지 못했을 거다. 그런데 리버풀이 여전히 1위를 달리고 있으니 그들이 예민해졌다. 리그 사무국이 어떤 일을 해야 하는지를 말하는 게 아니다. 그러나 나도 여기 온 지가 5년이 되었고, 이제 일이 어떻게 돌아가는지 알게 되었다. 나는 맨유와 첼시의 경기를 지켜볼 생각이다."

그는 거기서도 멈추지 않았다. 날개 없는 추락을 거듭할 뿐이었다.

"맨체스터에서 우리 감독들이 모두 모여 잉글랜드축구협회와 '리스펙트' 캠페인 관련 회의를 가진 적이 있다. 아쉽게도 나는 그 캠페인을 깨끗이 잊었다. 퍼거슨 씨가 심판들을 죽이고 있기 때문이다. 그는 앳킨슨을, 해킷을 죽였다. 그러나 그는 처벌받지 않았다. 일주일도 거르지 않고 심판을 헐뜯으면서 어떻게 '리스펙트 캠페인'에 관해 이야기할 수 있겠는가? 당신들도 '사실'을 놓고 분석하면 나름대로의 결론과 아이디어를 구할 수 있다."

재앙이었다. 베니테스 감독의 '사실 발언'은 TV 카메라 앞에서 대폭발했던 케빈 키건을 떠오르게 했다. 1996년 키건 감독은 맨유와 퍼거슨 감독을 대상으로 "내가 말해주지. 솔직히 우리가 맨유를 꺾는다면 나는 정말 기쁠 거야. 진심으로 말이야"라고 힘주어 말하며 스스로 사사주각이 났었다. 당시 키건 감독이 이끌던 뉴캐슬은 한때 맨유에 승점 12점이나 앞섰을 정도로 상황이 좋았다. 그러나 결국 그들은 리그 우승 경쟁에서 맨유에 추월당하고 말았다.

5 불편한 진실

　나는 심리전의 달인인 퍼거슨 감독을 상대로 싸움을 걸기로 한 베니테스 감독의 생각을 이해할 수 없었다. 우리는 새해 들어 리그 단독 선두 자리를 조용히, 단단히 지키고 있었다. 그의 발언 시점이 정말 나빴다. 잉글랜드 국가대표팀에 소집되었을 때, 맨유 소속 동료들은 내게 이렇게 말해줬다. 베니테스 감독의 말을 들으면서 퍼거슨 감독이 "걸려들었어. 나한테 걸려들었어"라며 낄낄댔다고 한다.

　평상시 기자회견에서 베니테스 감독은 기삿거리를 거의 던져주지 않는다. 대부분의 질문에 그는 무미건조한 답변만 내놓는 스타일이다. 빅매치를 앞둔 시점에서는 특히 그랬다. 우리 팀 전체에 부가적으로 부담을 가하지 않는 게 매우 중요하기 때문이다. 그러나 그는 이제 퍼거슨 감독이 펼친 손바닥 위에 올라가 춤을 췄다. 퍼거슨 감독이 정말 사랑하는 상황이다. 도대체 왜 걸려든 걸까? 리그 1위에서 당당함을 뽐내고 있던 상태에서 스토크 원정을 앞두고 있었다. 알렉스 퍼거슨 감독과 맨유에 관해서 이야기하다니. 경쟁자는 그냥 그렇게 내버려두면 될 일이었다.

　베니테스 감독은 혼자 마음속에서 많은 결정을 내린다. 권력과 통제를 원한다. 나는 그런 스타일을 좋아하지 않는다. 클럽 이사진과 다투거나 다른 감독, 언론과 싸우는 것은 리버풀 방식이 아니기 때문이다. 베니테스 감독은 톰 힉스, 조지 질레트 공동회장과 불화를 겪었다. 우리도 뻔히 두 사람에게 의심을 품기 시작했었다. 그런데 베니테스 감독은 기자회견에서 자기 계약과 관련한 문제를 불평했다.

　베니테스 감독이 선수단의 집중력을 깨버린 셈이다. 당장 우리는 취재진으로부터 그 발언에 관한 질문을 받아야 했다. "어떻게 된 일인가? 의도가 뭔지 아는가?"라는 식이었다. 베니테스 감독이 한 마디도 해주지 않으니 우리도 당연히 알 리가 없다. 발언에 대한 역풍을 맞자 베니테스 감독도 당황스러워했다. 그 기자회견이 있었던 주말, 맨체스터 유나이티드는 첼시를

3-0으로 깼다. 우리는 스토크 원정에서 0-0으로 비겼다. 경기 종료 직전 내가 때린 슛이 골대에 막혔다. 베니테스 감독은 내가 그 골을 넣었다면 팀이 부진에 빠지지 않았을 것이라고 주장했다.

그가 틀렸다. 실패 원인은 다른 곳에 있었다. 1, 2월 우리는 프리미어리그 7경기에서 승점을 10점밖에 따지 못했다. 같은 기간 맨유는 8경기에서 무려 24점을 쓸어담았다. 베니테스 감독을 보좌했던 파코 아예스타란(Pako Ayestaran) 덕분에 유지되었던 안정감이 너무나 그리워졌다. 그게 치명적이었다. 2007년에도 베니테스 감독과 파코가 싸웠을 때 우리는 슬럼프에 빠졌었다. 선수들 모두 파코의 훈련 메뉴를 좋아했다. 파코가 선수들 훈련을 맡으면 나도 항상 싱싱한 몸 상태를 유지했었다. 파코는 선수와 감독 사이에서 연결 고리 역할도 잘했다. 베니테스 감독이 너무 차가운 성격이니 파코가 우리를 위해 다리 역할을 했었다. 농담도 잘했다. 벤치 선수를 일일이 붙잡고 왜 벤치에 앉아야 하는지 이유를 친절하게 설명했다. 훈련을 거르면 몸 상태가 얼마나 나빠지는지도 일깨워줬다. 파코 덕분에 선수단 내 의사소통이 원활했다. 하지만 그가 떠났다. 베니테스 감독은 코칭스태프를 전면 교체했는데, 솔직히 나도 새로운 코치들에게 확신이 없었다.

베니테스 감독이 갑자기 파코를 믿지 않기 시작하면서 앞에 나서지 말라고 지시했다. 나는 지금도 파코와 연락을 나눈다. 정말 좋은 사람이다. 지금은 이스라엘 리그의 마카비 텔 아비브를 이끌고 있다. 2015년 5월 마카비는 이스라엘 축구 역사상 최초의 트레블을 달성했다. 나는 그가 감독보다 수석 코치 자리에서 역량을 가장 크게 발휘할 타입이라고 생각하지만, 어쨌든 지금 감독으로서 잘해내고 있다.

베니테스 감독은 새미 리(Sammy Lee)를 데려와 수석 코치에 앉혔지만, 스페인 동료인 파코 데 미구엘(Pako de Miguel) 코치에게 더 많은 권한을 줬다. 그는 키가 정말 작았는데, 내게는 그냥 베니테스 감독의 '예스맨'으로 보일 뿐이었다. 선수들도 그를 존경하지 않았고, 훈련기법도 엉망이었다. 우리는 파코 아예스타란 코치가 남기고 간 훈련법을 지키려고 애썼지만 전 같지 않았다. 새로운 파코는 예전 파코와는 너무 비교되었다. 개성도 없었다. 만약 능력자 파코가 팀에 계속 있었다면, 우리가 더 잘해낼 수 있었을 것이라고 생각한다.

그러나 베니테스 감독은 고집이 셌다. 물론 동시에 능력도 좋았다. 토레스의 능력을 최대한 끌어낼 방법을 잘 알고 있었다. 내 상황과 비슷했다. 베니테스 감독은 페르난도로부터 더 많이 요구했다. 베니테스 감독의 마음 안에 내가 얼마나 크게 들어가 있는지, 내가 어떤 평가를 받고 있는지 전혀 모르기 때문에 항상 최선을 다해야 했다. 어쨌든 나는 그렇게 했지만, 다른 동료들은 베니테스 감독의 성격을 참아내지 못했다.

리그 우승에 도전할 수 있다는 희망이 여전히 우리에게 남아 있었다. 안필드에서 우리는 UEFA 챔피언스리그 16강 2차전에서 레알 마드리드를 4-0으로 대파해 합산 스코어 5-0으로 8강 진출에 성공했다. 그 주말에 리버풀은 올드 트래포드 원정을 떠났다. 전반 23분 크리스티아누 호날두가 페널티킥을 성공해 우리는 한 골을 뒤지기 시작했다.

맨유는 에드빈 판 데르 사르, 퍼디난드, 네마냐 비디치, 호날두, 루니, 테베스 같은 월드클래스 선수들을 보유했다. 그러나 한 팀이라기보다 개개인이 뛰는 것처럼 보였다. 5분 뒤 토레스가 동점골을 터트렸다. 비디치의 실수를 놓치지 않고 토레스가 한 방 먹인 것이다. 비디치는 뛰어난 선수이지만 토레스와 나 때문에 고생했다. 단순히 그는 우리 둘을 막지 못했다. 토레스는 그에게 악몽을 선사했다. 전반전 종료 직전, 페널티박스 안에서 에브라가 나를 넘어트려 얻은 페널티킥을 내가 성공했다.

판 데르 사르를 완벽하게 속이며 골을 넣은 나는 맨유 홈 팬이 지켜보는 앞에서 라인을 따라 달려갔다. 나는 동료들을 향해 손가락을 돌리며 골세리머니를 펼쳤다. 따로 준비한 세리머니는 아니었다. 즉흥적으로 그런 동작이

나왔다. 가슴에 달린 리버풀 로고에 입을 맞췄다. 상대가 우리 라이벌 맨유였기 때문이다. 그러곤 코너플래그 지점에 있는 TV 카메라를 향해 곧장 달려갔다. 카메라 렌즈 앞에 커다란 키스 자국을 남겼다. 이 경기를 지켜보는 수많은 전 세계 팬에게 보내는 인사였다. 그날 경기와 골은 내게 소중한 기억으로 남아 있다.

리버풀은 그날 정말 잘 뛰었다. 베니테스 감독은 UEFA 챔피언스리그 경기를 치르듯이 맨유 원정경기를 준비했다. 그는 전술 면에서 퍼거슨 감독을 완전히 압도했다. 토레스, 나, 마스체라노, 루카스, 카위트를 효율적으로 배치해 맨유를 파괴했다. 베니테스 감독의 전술 셈법이 기막히게 들어맞았고, 토레스와 내가 이끈 공격진도 화력을 뿜었다. 수비 조직도 대단히 탄탄하게 돌아가준 덕분에 그날만큼은 우리가 무적의 팀처럼 잘 돌아갔다.

경기 초반에는 긴장감 탓에 허둥댔지만, 우리는 역습을 계속 성공하며 맨유를 압도했다. 우리가 역습을 가할 때마다 비디치는 공간을 어떻게 막아야 할지 몰라 안절부절못했다. 특히 토레스의 날카로운 공격력에 연신 얻어맞았다. 그는 결국 후반 31분 내게 반칙을 저질러 퇴장을 당하고 말았다. 후반 들어서도 우리는 두 골을 더 넣었다. 4-1 대승은 나의 맨유 원정 추억 중에서도 가장 달콤하게 남은 순간 중 하나였다.

그러나 1, 2월 이어진 슬럼프는 작은 문제를 낳았다. 우리가 부진한 동안 승점을 챙긴 맨유가 한 경기를 덜 하고도 승점 4점을 앞서 있었다. 맨유전 승리로부터 일주일 후 내가 프리미어리그에서 처음 해트트릭을 작성해 리버풀 팬은 다시 희망을 품을 수 있었다. 안필드에서 우리는 애스턴 빌라를 5-0으로 꺾었다. 리그 우승 불씨가 희미하게 남아 있었지만, 결국 홈성기에서 너무 자주 비긴 대가를 치러야 했다. 리그 38경기에서 우리는 겨우 2패밖에 당하지 않았다. 그렇지만 챔피언은 다시 맨유였다. 우리는 승점 4점 처진 2위로 시즌을 마쳤다.

맨유와 리버풀의 차이는 호날두였다. 내가 개인 경력 최다인 24골을 넣었고, 토레스가 부상으로 고생하면서 17골을 기록했다. 호날두의 득점 수는 26골이었지만, 리그 약체와 경기에서 확실하게 승점을 따내는 득점이 많았다. 우리가 부족한 부분이었다. 우리는 홈에서 스토크, 풀럼, 웨스트햄, 헐과 비겼다. 그 4경기에서 잃어버린 승점 8점이 우리의 리그 우승 희망을 꺼트렸다. 경기장 밖에서 법정에 서야 했던, 엉뚱한 '사실 발언'의 역풍이 거셌던 시즌이 그렇게 끝났다. 나는 지금도 라파엘 베니테스 감독 시절 리버풀이 프리미어리그를 제패할 수 있었다고 생각한다. 내 인생에 찾아왔던 두 번의 기회 중 하나를 우리가 스스로 날려버렸다.

2008년은 크리스마스가 지나고 여러 가지 사건사고가 벌어졌던 시간이었다. 반면에 2013년 같은 시기는 오직 경기장 안에만 집중할 수 있었다. 가장 치열한 순위 경쟁팀인 맨체스터 시티와 첼시를 연달아 원정에서 상대해야 했다. 햄스트링에서 복귀 중이었던 터라 나는 두 경기를 모두 뛰지 못했지만, 원정길을 함께했다. 복싱데이 경기에서 우리는 불운하게 맨시티에 1-2로 패했다. 라힘 스털링이 멋지게 넣은 골이 오프사이드 오심 탓에 노골로 선언되고 말았다. 벤치에서 바라본 경기에서 우리는 대단히 잘했다. 1-1 상황에서 쿠티뉴가 한 골 앞서갈 절호의 기회를 잡지 못해 땅을 쳐야 했다. 이후 허용한 알바로 네그레도의 결승골은 사실 시몽 미뇰렛이 막을 수 있었던 슈팅이었다. 수아레스가 만든 득점 기회를 스털링이 살리지 못했던 장면도 있었다. 최소한 승점 1점이라도 얻을 수 있었던 경기였다.

이어진 첼시 원정경기도 비슷한 양상이었다. 스크르텔의 선제골에 힘입어 우리가 한 골 앞서갔지만, 결국 1-2로 역전당하고 말았다. 미뇰렛의 실수가 치명적이었다. 경기 막판 사코의 헤딩슛은 골대에 막혔다. 두 경기 모두 잘 뛰면서도 승점을 단 1점도 얻지 못했다. 골키퍼 미뇰렛은 상황이 선덜랜드 시절과는 전혀 다르다는 교훈을 얻었다. 대부분 신입생에겐 '젠장, 여긴 정말 엄청나게 큰 클럽이야'라고 겨우 체감하는 시점이 존재한다. 전에 경험할 수 없었던 압박감이 가해지면서 불가피하게 실수를 저지르게 된다.

다음 경기인 스토크 원정에서 복귀할 수 있어 기뻤다. 스터리지도 출전 명단에 포함되었다. 벤치였지만 팀 분위기가 좋아졌다. 로저스 감독과 나는 둘이 함께 구상한 나의 새로운 임무를 실전에 적용해보기로 했다. 좀 더 아래로 내려간 지점에서 뛰는 수비형 미드필더. 처음 우리가 포지션 변경에 관해 대화를 나누기 시작했을 때부터 약 6주가 지난 끝에 드디어 실행에 옮길 기회가 왔다.

스토크의 홈경기장은 리버풀에 매우 까다롭게 굴어왔다. 베니테스 감독의 '사실 발언'이 있은 직후 경기도 바로 스토크의 브리타니아 스타디움이었다. 프리미어리그에서 우리가 이겨본 적이 없는 장소라는 점도 마음에 걸렸다. 징크스를 깨려면 우리는 뭔가 다른 시도를 해야 했다. 루카스가 나보다 앞선 위치에서 뛰고 내가 최후방 수비진 바로 앞에 서자 사람들은 크게 놀랐다. 스토크는 평소대로 촘촘하게 서서 조직적으로 움직이면서도 득점 능력도 갖췄다. 경기 템포가 무척 빨랐고, 내가 정신없이 태클을 해댔던 게 기억난다. 여덟 골이나 나왔으니 당연했다.

내 앞에 동료 미드필더가 세 명이나 있게 되니 새로운 포지션에서 나는 더 창의적으로 뛸 수 있었다. 내가 먼저 전방으로 밀고 올라갈 필요가 없었다. 그 일을 루카스와 헨더슨이 맡은 덕분이었다. 쿠티뉴와 스털링, 수아레스가 전방에서 자리를 바꿔가며 공격 기회를 노렸다. 상대 자책골과 수아레스의 추가골로 우리가 2-0으로 앞서갔다. 하지만 리버풀의 수비 실수를 놓치지 않고 스토크가 반격해왔다. 옛 동료였던 크라우치와 아담이 골을 넣었다. 내가 페널티킥을 성공해 스코어는 3-2가 되었다. 교체로 들어온 스터리지의 도움을 받아 수아레스가 다시 골을 넣었다. 둘은 자기 일처럼 기뻐하며 서로를 축하했다.

혼전 중에 스토크의 월터스가 다시 골을 넣었다. 경기 막판이 되자 SAS 콤비는 서로 역할을 바꿨다. 수아레스가 스터리지의 골을 도운 것이다. 스터리지가 전매특허 로봇 댄스를 펼쳤다. 7주 만에 그라운드 위에서 그의 춤을 보면서 내 안에서 새 희망이 피어났다. 수비형 미드필더로 뛴 첫 경기에서 우리는 5-3으로 승리했다. 뭔가 불씨를 댕기는 것 같은 느낌을 받았다. 수비 조직도 나쁘지 않은 데다 공격으로 나갈 때 매우 효과적이었다. 스토크 원정에서 다섯 골이나 뽑아낼 수 있는 득점력을 유지한다면, 우리는 분명히 리그 우승 경쟁자가 될 수 있었다. 5년 전 같은 실수를 절대로 저지르지 않겠다고 내 자신과 약속했다.

STEVEN GERRARD

6

연승질주

The Surge

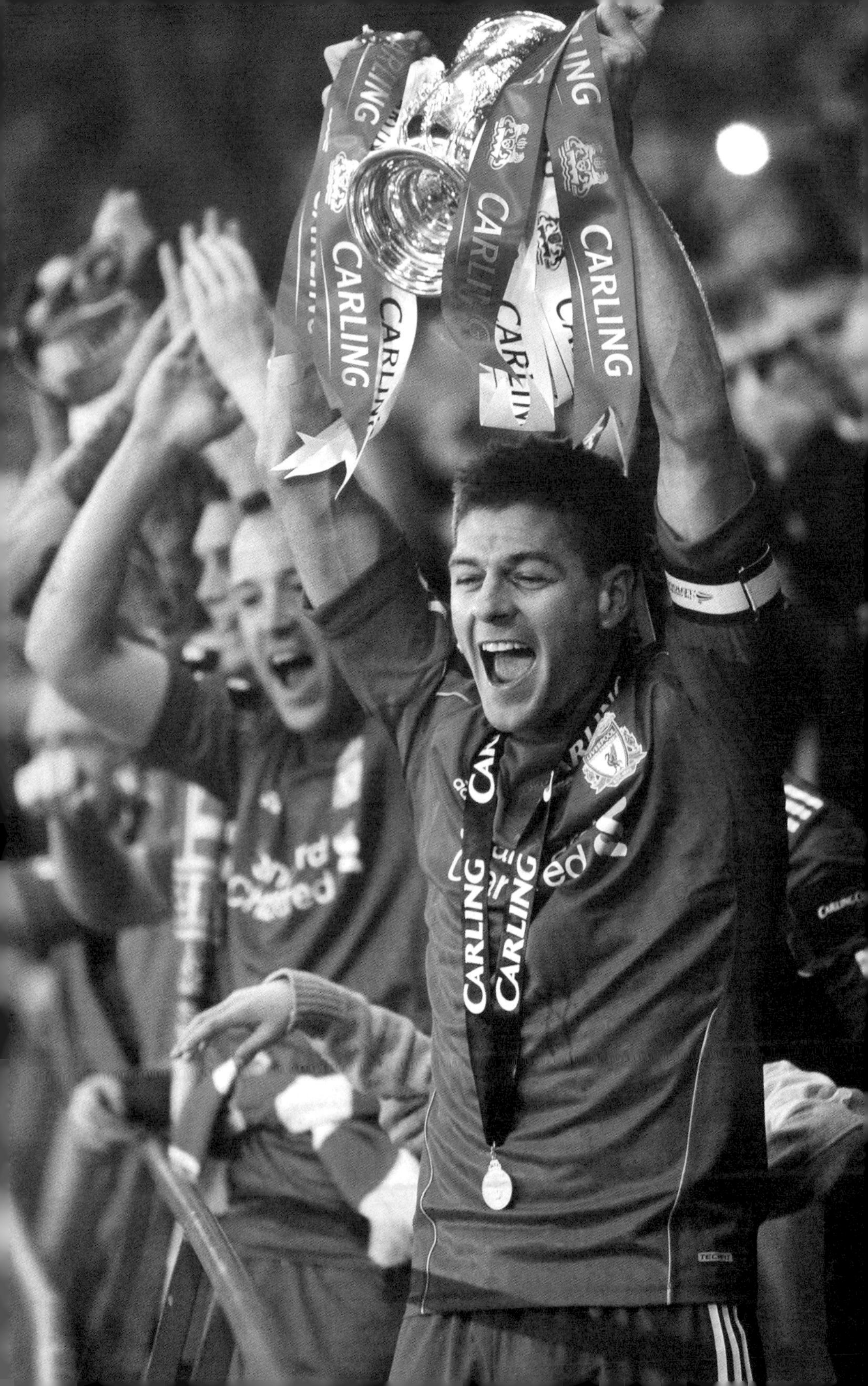
CARLING
CARLING
CARLING
CARLING
CARLING
CARLING

6 연승질주

GERRARD
8

　경기 도중 나의 물건이 찢어지는 부상으로 FA컵의 영광이 피로 물들고 말았다. 본머스전을 끝낸 뒤 나는 찢어진 부위를 꿰매야 했다. 우리는 FA컵 4라운드의 충격을 잘 알고 있었다. 정확히 1년 전, 우리는 FA컵 4라운드에서 올드햄 애슬레틱에 패해 탈락했다. 2014년 1월 25일 열린 경기에서는 중요 부위가 찢어지는 고통에 눈물이 찔끔 나는 오후를 보내야 했다. 우리는 그 부상을 나와 의료팀 그리고 정말 친한 동료 몇 명만 알도록 조치했다. 비밀이 밖으로 새어나가기라도 하면 당장 일요일자 타블로이드 신문에서 큼지막하게 다뤄질 게 뻔했기 때문이다.

　본머스는 챔피언십(2부)에서도 하위권에 속한 팀이었다. 하지만 젊은 영국인 지도자 에디 하우의 인상적인 지도 아래서 승격을 거듭한 끝에 2015-16 시즌 드디어 프리미어리그까지 입성했다. 본머스는 긍정적이고 매력적인 축구 스타일을 선보이고 있었기에 우리는 FA컵 4라운드였음에도 불구하고 주전으로 명단을 꾸려 경기 장소인 딘 코트로 내려갔다. 사흘 뒤에 중요한 머지사이드 더비가 예정되어 있었지만, 로저스 감독은 수아레스와 스터리지, 헨더슨, 쿠티뉴, 나를 데려갔고, 수비진도 경험이 풍부한 선수 위주로 꾸렸다. 물론 선수들도 경기에서 뛰고 싶어 했다.

전반 26분 빅터 모제스의 선제골로 우리가 한 골 앞서갔다. 본머스는 변함없이 훌륭한 축구를 구사한 탓에 우리도 긴장감을 갖고 대응해야 했다. 후반 초반 수비형 미드필더 자리에 있던 나는 상대 측면 공격수에게 대인마크를 가했다. 그의 크로스를 막으려는 장면에서 내 물건 쪽에서 칼로 찌르는 듯한 고통이 느껴졌다. 나는 속으로 '젠장, 이거 가벼운 부상이 아닌 것 같아'라는 생각이 절로 났다. 태클 동작이었기 때문에 그 부위를 가격한 것이 내 축구화 스터드였는지 상대의 발인지 잘 구분이 가지 않았다. 다만 나의 중요한 부위가 크게 다쳤다는 사실은 확실히 알 수 있었다.

경기 후 그 장면을 다시 돌려봤더니 가격자는 역시 상대의 축구화 스터드였다. 크로스를 하는 동작에서 그의 발바닥이 올라오면서 나의 그 부위를 긁어버렸다. 다친 부분을 쳐다볼 수가 없었다. 신경 쓰지 않고 경기에서 뛰다 보니 고통이 조금 줄어들었다. 그 부분을 만진 손에 묻은 피를 보고 약간 움찔할 수밖에 없었다. 경기를 뛰면서도 나는 속으로 '젠장', '젠장'을 반복했다. TV 카메라가 다른 각도를 향하는 것을 확인하곤 나는 문제 부위를 슬쩍 내려다봤다. 바지를 정리하는 것처럼 손을 안에 넣고 잠깐 보니 속옷이 피로 물들어 있었다. 왕관을 금고에 넣는 것처럼 바지를 정리했다. 마음이 급해졌다. 언론에서 어떤 제호를 뽑을지 상상이 갈 뿐 아니라 큰 부상이면 어쩌지, 라는 걱정이 들었다. 조심스럽게 속옷을 약간 아래쪽으로 내렸다. 찢어진 상태가 심각해 보였다. 물건의 중간 지점이 크게 찢어져 있었다. 피가 많이 흘렀다.

나는 사이드라인에 있는 로저스 감독에게 달려갔다. 크리스 모긴과 앤디 매시도 함께 호출했다. 매시는 조금 전까지 스크르텔의 머리에 난 상처를 치료하던 차였다. 지금 리버풀의 의료팀장으로 일하는 매시는 당시 아카데미를 담당하고 있었다. 1군 경기 현장에 처음 투입된 날이었다. 1군 주치의인

자프 이크발 박사가 그날 아이가 아파 경기에 따라오지 못했기 때문이다.

경기가 잠시 중단되었다. 본머스 선수 중 한 명이 쓰러져 치료를 받고 있었다. 양 팀 의무진이 정말 바빴던 경기였다. 스크르텔은 몸싸움 과정에서 머리가 찢어졌다. 의사가 머리를 스테이플러로 응급 처치한 덕분에 그는 계속 뛸 수 있었다. 나는 로저스 감독에게 "거기에 문제가 생겼어요"라고 말하며 그쪽을 넌지시 가리켰다. 감독이 당황했다. 나는 "찢어졌어요. 피가 나요"라고 설명했다.

크리스가 재빨리 움직였다. 스태프들을 불러 아무도 보지 못하게 가린 뒤 나는 바지 속을 보였다. 내가 경기에서 빠지는 상황을 대비해서 투입되어야 할 선수들이 몸을 풀기 시작했다. 나는 크리스를 쳐다봤다. 피지컬 담당자로서 그는 지금까지 수많은 외상 치료를 경험해왔다. 크리스에게 나는 "괜찮을까? 계속 뛰어도 되는 거야?"라고 묻자 그는 무표정하게 "그래, 괜찮아"라고 대답했다.

나는 그의 대답을 물건이 떨어져나가지 않을 것이라는 뜻으로 이해했다. 계속 뛰기로 했다. 통증은 그리 크지 않았다. 피부가 처음 찢어질 때에는 통증이 크지만 시간이 좀 지나면 괜찮아지기 마련이다. 통증보다 감염이 더 걱정되었다. 그라운드의 잔디와 흙에 있는 세균에 감염될 수 있기 때문이다. 나는 2010-11시즌 사타구니와 허리 쪽에 심각한 감염을 겪은 적이 있었다. 내 몸이 감염에 취약하다는 사실을 크리스는 이미 알고 있었다. 그러니 그가 뛰어도 괜찮다는 말은 정말 괜찮다는 뜻이었다. 나는 경기를 끝까지 뛰었다. 수아레스가 스터리지의 골을 도와 우리가 2-0으로 이겼다.

경기 후 로저스 감독은 매우 흡족해했다. 기자회견에서 승리 소감을 말할 때 그는 나의 부상 사실을 잠시 잊었던 것 같았다. 그는 "후반전 경기력이 더 편안했다. 좋은 축구를 보여준 본머스를 칭찬하고 싶다. 하지만 우리가 승리욕을 보여줬다. 1년 전, 비슷한 경기에서 우리가 졌었다. 후반 들어 정신력이 경기 템포를 잘 따라갔다. 훌륭했다"라고 소감을 밝혔다. 로저스 감독이 피를 흘리면서 달려준 내게도 조용히 감사함을 보냈으리라고 믿고 싶다.

감독이 인터뷰를 하는 동안, 나는 앤디 매시와 함께 있었다. 다른 친구들이 모두 배꼽을 잡고 웃고 있었다. 축구선수들은 동료가 그 부위를 다치기라도 하면 대부분 낄낄대며 웃는다. 팀이 이겨 분위기가 고조된 상황이었으니 다들 내 부상을 놓고 웃을 수 있었다. 아무도 나를 걱정해주지 않았다. 그저 혼자 조용히 앉아 창백한 얼굴로 아무 일도 없기를 바랄 뿐이었다. 매시가 찢어진 부위를 꿰매야 한다고 말했다. 내가 "얼마나 꿰매야 해요?"라고 묻자 그는 "네 바늘 정도"라고 대답했다.

동료들은 모두 난리가 났다. 부상 부위, 네 바늘, 아내와의 관계 등을 놓고 독자 여러분이 상상할 수 있는 조크가 날아다녔다. 나는 겉으로 웃으면서도 속으로는 모두 목을 졸라버리고 싶었다. 당신의 소중한 물건이 찢어져 걱정이 될 때, 축구선수 앞에선 절대로 고민을 털어놓지 않기를 바란다.

매시와 나는 아무도 없는 방을 찾아갔다. 그래야지만 그는 바늘을 꺼내고, 나는 리버풀과 잉글랜드 대표팀에서 걸어온 축구 인생 속에서 희생해야만 했던 것들을 떠올려 통증을 참아낼 수가 있었다. 아쉽게도 본머스의 경기장 의료시설은 안필드만큼 잘 정비되어 있지 않았다. 부득이하게 홈팀 물리치료실을 선택했다. 사람들이 바쁘게 들락날락했다. 의자에 앉아 나는 침묵하고 있었다. 몇몇 어린 친구들이 내게 다가와 악수를 청했다. 나는 별다른 말 없이 "안녕하세요?"라고만 반응했다. 그들은 내가 매우 과묵하고 수줍은 성격이라고 생각했을지 모르겠다. 매시가 "그나마 여기가 낫네, 스티비"라며 다독였다. 하지만 그런 상태에서 내가 바지를 벗고 거사를 치를 순 없었다. 매시가 사람들에게 방에서 나가달라고 정중히 부탁했다. 그제야 나는 바지를 내려 부상 부위를 자세히 확인할 수 있었다. 어이쿠. 제발 내 오랜 친구와 헤어지지 않기를 바랐다.

나는 주먹을 꼭 쥐고 의사의 작업을 쳐다보지 않으려고 노력했다. 누구라도 그럴 것 같은데, 나도 의사와 짧은 대화를 나눴다. 은밀한 곳에 난 상처를 꿰매는 사람이라고 해서 마음이 편할 리가 없다. 매시는 경기 중 스크르텔의 찢어진 머리를 의료용 스테이플러로 응급 처치를 했고, 경기 후에는 내 물건을 꿰매야 했다. 리버풀 아카데미에 있으면서 꼬마들 상처나 돌보고 싶은 마음이 굴뚝 같았을 것이다.

나는 말을 많이 하지 않았다. 의사의 집중력을 방해하고 싶지 않았다. 그의 실력은 좋았다. 바늘이 피부 속으로 들어가는지도 몰랐다. 그의 예상대로 정확히 네 바늘을 꿰맸다. 그러곤 걸어서 라커룸으로 돌아왔다.

뻔한 농담이 나왔다. "바늘 앞에서 벌벌 떨지 않았어?", "의사가 꿰매는 동안 다른 매력을 느끼면 안 될 텐데!" 따위였다. 최악의 상황을 넘겼으니 나는 조금 전보다 가볍게 웃어넘길 수 있었다. 의사는 내게 아무 문제 없을 것이라며 안심시켰다. 경기장 안팎에서 모두.

세균 감염을 막기 위해 꼼꼼하게 상처 부위를 붕대 처치했다. 나는 의사에게 "화요일 에버턴 경기에 뛸 수 있을까요?"라고 물었다. 그는 "좀 두고 봐야 할 것 같아"라고 대답했다. 나는 실을 뽑지 않은 상태에서도 경기에 출전해 에버턴을 꺾을 수 있다고 확신했다. "걱정 마요. 괜찮을 거예요"라고 내가 먼저 얘기했다.

나는 에버턴 경기에 꼭 뛰고 싶었다. 더비매치라는 것보다 더 중요한 이유가 있었다. 모든 머지사이드 더비는 내 안에 공포를 심는다. 단순히 긴장감이나 속이 울렁거리는 기분이 아니다. 에버턴에 당하는 패배, 특히 홈경기 패배를 두려워한다. 안필드 머지사이드 더비에서 또 지면 나는 정말 참을 수가 없었다. 1999년 홈에서 머지사이드 더비 패배를 한 번 겪었다. 그 패배는 나의 몸과 마음을 모두 고통스럽게 했다. 설상가상 나는 그 경기에서 퇴장을 당했었다.

어리석게도 나는 그날 저녁 식사 예약을 했었다. 당연히 이겨서 승리를 자축한다는 마음에서였다. 함께 보기로 한 친구들의 저녁까지 망칠 수가 없어 나는 어쩔 수 없이 앨버트 독(Albert Dock; 리버풀 지명)에 있는 레스토랑에 갔다. 하지만 식사 내내 나는 혼자 씁쓸한 미소를 짓고 있었다. 겨우 열아홉 살이었으니 기분을 숨길 수가 없었다. 화장실에서 나는 케빈 캠벨(Kevin Campbell)과 맞닥뜨렸다. 그날 머지사이드 더비에서 골을 넣은 에버턴의 스트라이커였다. 그는 바지를 내려 내 발에 걸려 생긴 허벅지의 피멍 자국을 보였다. 그는 헤비급 복서처럼 덩치가 컸다. 나는 거친 태클에 대해서 사과할 수밖에 없었고, 우리는 악수를 나눴다. 그날 경기가 리버풀이 홈에서 당한 마지막 머지사이드 더비 패전이었다.

물론 더비매치가 아니더라도 우리는 절대로 패해선 안 될 상황이었다. 리그 4위권을 확실하게 만들어야 할 시점이었다. 에버턴이 분발하고 있었고, 우리는 아스널, 토트넘과 함께 UEFA 챔피언스리그 출전권을 다투는 형국이었다. 부진한 맨체스터 유나이티드마저 유럽행 티켓 경쟁에 뛰어들고 있었다. 리그 우승 경쟁은 이미 맨체스터 시티와 첼시의 차지였다.

힐즈브러 25주기가 다가오고 있었다. 새로운 조사작업 착수도 한 달밖에 남지 않았다. 지금까지의 흐름이 진실 규명을 향해 급격히 꺾였다는 사실은 명백했다. 그렇지만 나는 '힐즈브러 유가족 지원 모임'에 힘이 되고 싶었다. 그들은 진실 규명을 위해 너무나 오랜 세월 고통 속에서 지내야 했기 때문이다. 나는 머지사이드 더비가 있기 전에 9만 6천 파운드를 기부하기로 했다. 지난 25년간 에버턴은 어느 클럽보다도 열심히 우리를 지지해줬나. 나는 그들의 공헌을 세상에 널리 알려야 한다고 생각했다. 기부에 관한 질문을 받았을 때, 나는 이렇게 대답했다.

"내 자신이 힐즈브러 참사의 유가족이다. 그동안 뭔가 도움이 되어주고 싶었다. 우리가 얼마나 진실을 알기를 바라는지 또 다른 메시지를 보낼 수 있는 좋은 시점인 것 같다. 내 개인적 기부와 함께 나를 포함한 모든 리버풀 팬은 에버턴과 그 팬이 보내준 성원에 감사한 마음뿐이다. 개인적인 경쟁 관계가 있는 탓에 내가 에버턴 팬의 마음속으로 들어가려고 노려한다는 뜻은 아니다. 그러나 세상 모든 사람이 볼 수 있다. 에버턴이 우리에게 보내준 지지는 정말 감동적이다."

힐즈브러 참사에 관해 에버턴을 향한 나의 진심을 솔직히 밝힌 것뿐이었기에 그런 대답은 어렵지 않았다. 그들이 보여준 동정심은 진실했다. 우리는 하나된 비탄과 정의 구현 열망 아래서 하나가 되었다. 힐즈브러에서 목숨을 잃은 모든 팬과 그 가족이 다가오는 머지사이드 더비보다 훨씬 더 중요했다. 에버턴 팬은 우리를 엄청나게 도와줬다. 클럽도 있는 힘껏 우리를 지지해줬다. 리버풀이란 도시에서 비극이나 우울한 사건이 벌어질 때마다 축구가 언제나 그 상처를 치유했다. 두 클럽 팬들이 모두 열정적이기에 믿을 수 없는 힘을 발휘했다. 붉은 쪽이든 푸른 쪽이든 기본적으로 그들 모두가 축구를 위해 살아간다. 대다수 팬에게 축구는 인생 자체다. 비극이 도시의 심장을 할퀴면 우리는 하나로 뭉친다.

리스 존스(Rhys Jones)가 살해되었을 때도 우리는 하나가 되었다. 리스는 겨우 열한 살이었다. 아버지, 형과 함께 구디슨 파크의 연간회원권을 가졌을 정도로 에버턴을 열정적으로 사랑했다. 2007년 8월, 리스는 크록스테스 파크(Croxteth Park) 지구에 있는 퍼 트리 풋볼 클럽(Fir Tree Football Club)에서 훈련을 마친 뒤 귀가했다. 그리고 경솔한 불량배가 쏜 총에 등을 맞고 쓰러졌다. 아이는 곧 알더 헤이(Alder Hey) 소아병원으로 이송되었지만 이내 세상을 떠나고 말았다. 리스의 부모는 '리스의 이름으로 우리 동네에서 총을 버리자'라는 캠페인을 시작했다. 에버턴, 리버풀을 불문하고 도시의 모든 이가 동참했다. 비통한 순간 속에서 우리를 하나로 뭉치는 화합을 이뤘다. 그래서 나도 힐즈브러에서 가족을 잃은 나의 가족과 리버풀의 가족 모두를 위해서, 그리고 에버턴의 성의에 감사하는 마음을 담아 기부금을 내고 싶었다.

중요 부위를 조금 다쳤다고 해서 더비매치에서 빠질 수 없다는 사실을 나는 확신하고 있었다. 한편으로는 부상 사실이 절대로 누설되지 않도록 모든 조치를 다했다. 더비매치를 코앞에 두고 내게 일어난 일을 에버턴 팬이 알게 되면 그들이 경기 중에 나를 향해 무슨 내용이 담긴 노래를 불러댈지 상상이 갔기 때문이다.

에버턴의 스무 살 미드필더 로스 바클리가 부상 탓에 경기에 출전하지 못할 수도 있다는 소문이 돌았다. 에버턴의 스타플레이어인 바클리는 나와 잉글랜드 국가대표팀에서 함께 뛰는 사이다. 그러나 나는 헛소문이라는 걸 눈치 챘다. 재정 컨설팅을 해주는 이가 의도치 않게 내게 사실을 말해준 덕분이다. 바클리가 멀쩡하다는 것이다. 나는 새로운 포지션인 수비형 미드필더로서 바클리를 상대해야 한다.

로저스 감독이 경기 전 기자회견에서 나를 열심히 치켜세웠다. 내가 딥라잉 플레이메이커로서 안드레아 피를로나 하비에르 자네티와 동등하게 경기 전체를 지배하는 수준까지 발전할 수 있을 것이라고 장담했다. 피를로는 정말 오래전부터 뛰어왔다는 느낌이 들지만, 알고 보면, 유벤투스에서 뛸 당시 아직 서른네 살밖에 되지 않았다. 마흔 살의 자네티는 그때까지 인테르나치오날레에서 변함없는 경기력을 발휘하고 있었다. 그러나 리버풀 시내에서는 나와 바클리의 비교에 더 큰 관심을 기울였다. 나는 이제 늙은이였고, 바클리는 머지사이드의 미래 주인 후보였다. 그런 비교가 내게는 큰 동기부여가 되었다.

잉글랜드 국가대표팀에서 함께 뛰어본 적이 있어 나는 바클리의 기량을 이미 알고 있었다. 그래서 더 확실하게 준비해야 했다. 대표팀에서 나는 그의 능력과 힘을 목격했다. 바클리는 '진짜 물건'이었다. 그가 조언을 구하려고 내게 먼저 다가와서 기뻤다. 리버풀의 주장이 에버턴의 최고 유망주에게 클럽에 대한 충성심을 가지라고 조언했으니 양쪽 팬에겐 약간 이상하게 들릴지 모른다. 하지만 사실이었다. 나는 정확히 그렇게 말했다. 자기를 사랑해주는 고향 클럽을 위해서 더 발전할 수 있도록 에버턴에서 정진하는 편이 바클리 본인을 위한 길이라고 생각했다. 에버턴은 유럽 무대를 향해 열심히 노력하고 있으니 바클리가 다른 클럽으로 이적할 명분이 별로 없었다. 나는 항상 리버풀이 에버턴보다 높은 순위로 시즌을 마치기를 기원한다. 그렇지만 내가 바클리에게 다른 조언, 예를 들어, 에버턴을 떠나라는 식으로 조언하는 것은 잘못이라고 생각한다.

바클리와 나의 일대일 맞대결 외에도 내가 정말 기대를 모으는 부분이 있었다. 수아레스와 스터리지가 에버턴의 중앙수비수 필 자기엘카와 안톨린 알카라즈를 어떻게 압도해줄지 기대가 컸다. 프리미어리그에서 벌어질 수 있는 최악의 '잘못된 만남'처럼 보였다. 자기엘카는 대단히 솔직하고 경험이 많은 잉글랜드 대표팀 동료다. 실력이 좋긴 하지만, 에버턴으로 이적하기 전까지 그는 챔피언십(2부)에서 뛰었다. 잉글랜드 대표팀 동료인 개리 케이힐과 함께 자기엘카는 지금까지 정말 열심히 노력해왔다. 솔직히 나는 알카라즈를 프리미어리그 수준의 수비수로 인정하지 않는다. 위건에 있을 때부터 나는 그가 프리미어리그 수준이 아니라고 생각했다. 로베르토 마르티네스 감독이 왜 그를 에버턴으로 데려왔는지 이해가 가지 않았다. 수아레스와 스터리지 앞에서 그는 속수무책일 수밖에 없다.

에버턴과의 머지사이드 더비는 내게 꿈처럼 시작했다. 내 몸 전체로 힘이 넘쳐흐르면서 나는 최고의 경기력을 선보였다. 기분이 정말 좋았다. 전반 21분 우리가 코너킥을 따냈다. 보통 코너킥은 내 몫이지만, 경기 전 훈련에서 우리는 세트피스 공격 시 역할 분담을 바꿨다. 루카쿠가 페널티박스의 중앙 지점에서 공간을 지키는데 다른 공격수들처럼 그도 가끔씩 정신을 놓을 때가 있었다. 세트피스 수비에서는 동료 공격수를 절대로 믿으면 안 된다. 나도 항상 중요 지점에는 반드시 수비수를 세운다. 에버턴도 같은 실수를 저지를 수 있다고 우리는 기대했다.

수아레스가 코너킥을 찼다. 루카쿠는 사라져 있었다. 알카라즈가 내게 따라붙으려고 했지만, 그를 간단히 따돌린 뒤에 머리로 정확히 연결했다. 두 팔을 양쪽으로 쭉 뻗고, 입을 크게 벌려 마구 소리를 지르며 루이스를 향해 달려갔다. 나의 외침은 안필드를 진동시키는 홈 팬의 열광적 함성에 쉽게 파묻혔다. 루이스에게 달려가 안겼고, 우리는 손을 뻗은 관중석 안으로 빨려 들어갔다. 나는 힘차게 주먹을 휘두르며 기쁨을 만끽했다. 머지사이드 더비에서, 제라드가 넣어서, 1-0이다.

상황은 더 좋아졌다. 12분 뒤 이번에는 헨더슨이 쿠티뉴에게 패스를 보냈다. 쿠티뉴가 환상적인 스루패스를 보냈고, 스터리지가 받아 팀 하워드의 위로 살짝 넘어가는 칩슛을 성공했다. 스터리지는 그냥 고개만 끄덕거렸다. 마치 '자, 우리가 이겼어. 임무 완성'이라고 말하는 것처럼 보였다. 전반전이 끝나기 직전에 스터리지가 다시 골을 보탰다. 콜로 투레의 롱패스를 받은 스터리지가 멋지게 마무리했다. 스터리지의 '쿨'한 세리머니도 잠시뿐 우리 모두가 달려들어 그를 덮쳤다. 가장 높이 떠오른 스크르텔은 머리에 검은 붕대를 두른 탓에 전사처럼 보였다. 물론 나도 매우 다른 곳에 두르고 있었는데, 라커룸 바깥에서 그 사실을 아는 사람은 아무도 없었다.

루이스가 득점자 명단에서 빠질 리가 없었다. 후반 초반 그가 에버턴의 패스를 낚아챘다. 하프라인부터 수아레스는 혼자 번개처럼 달리고 또 달렸다. 발에 착 달라붙어 있던 공은 그의 침착한 마무리로 인해 골문 안으로 들어가며 에버턴을 절망의 구렁텅이 속으로 처박았다. 콥이 정열적으로 노래를 부르기 시작했다.

다-다-다-다-다-다

너무 좋아, 너무 좋지

그 이름은 루이스 수아레스

붉은 유니폼을 입지

너무 좋아, 너무 좋지

발리 골을 넣으면

헤딩 골을 넣으면

너무 좋아, 너무 좋지

그는 골을 넣고

우리는 미쳐버리고

나는 너무 좋아, 너무 좋지

수아레스가

다-다-다-다-다-다

굵어진 빗줄기를 맞으며 스털링이 하워드에게 걸려 넘어졌다. 나는 스터리지에게 해트트릭을 선물하려고 페널티킥을 양보했다. 그는 고맙다고 말하고 페널티킥을 찼는데 아쉽게도 크로스바 위로 넘어가고 말았다. 다섯 번째 골을 원했던 콥이 탄식을 흘렸다. 4-0이란 스코어도 매우 달콤하지만, 경기를 끝마치고 라커룸으로 돌아가서 나는 대니얼에게 조용히 말했다.

"보이는 것처럼 쉽지 않아, 그렇지?"

페널티킥을 몇 번이나 실축해본 경험자만이 지을 수 있는 미소를 그에게 보였다.

2014년 2월 8일 일요일
안필드

진짜 승부를 걸어야 할 날이 왔다. 우리의 진짜 실력을 가늠할 수 있는 경기였다. 조금씩 커지는 우리 희망의 진위 여부를 가릴 수도 있는 승부처였다.

아스널의 경기력은 대단했다. 그들은 첼시와 맨체스터 시티에 승점 2점을 앞서 리그 선두를 달렸다. 우리는 아스널보다 8점을 뒤진 4위였다. 크리스마스를 포함한 연말연시 일정에서 당했던 실패가 남긴 흠집이었다. 우리는 홈에서 애스턴 빌라와 2-2로 비겼고, 원정에서 웨스트 브로미치와 1-1로 비기는 바람에 다시 승점을 잃었다. 리버풀은 여전히 리그 챔피언이 갖춰야 할 꾸준함이 부족했다.

빌라 경기는 머지사이드 더비의 대승이 있기 열흘 전에 있었다. 그 경기에서 우리는 0-2로 끌려갔다. 스터리지가 전반전 추가시간에 겨우 한 골을 만회했다. 후반 8분 나의 장기인 장거리 패스가 정확히 수아레스의 발에 닿았다. 골문 앞으로 돌진한 수아레스가 반칙을 당해 얻은 페널티킥을 내가 성공해 승점 1점을 얻을 수 있었다.

더비매치 후 우리는 호손스(Hawthorns; 웨스트 브로미치 홈경기장) 원정을 떠났다. 스터리지가 선제골을 뽑아냈다. 하지만 후반 중반 우리 문전에서 투레가 어이없는 실수를 저지르는 바람에 동점골을 허용하고 말았다. 실점 빌미를 내준 투레가 땅에 머리를 박고 하염없이 안타까워했다. 우리가 쉽게 이길 수 있었던 경기였다. 이제야말로 우리는 앞선 경기력을 승리로 전환해 꾸준하게 이기는 요령을 터득해야 할 때였다. 웨스트 브로미치 원정경기가 시즌 전체의 분수령이었다.

하프타임이 되자 로저스 감독이 나를 한쪽으로 데려갔다. 그의 전달사항은 "완벽해"라는 한 마디뿐이었다. 내 본능이 말해준 대로였다. 전반 45분 동안 나의 경기력은 흠잡을 곳이 없었다. 웨스트 브로미치 경기로부터 며칠 후 로저스 감독이 나를 호출했다. 감독실에서 그는 수비형 미드필더 포지션에서 나의 플레이를 모은 동영상을 보여줬다. 그는 "달라진 것 좀 봐. 우리가 원했던 게 바로 이거야"라며 매우 흡족해했다. 지난해 가을 우리가 나의 문제에 관해서 처음 이야기를 나눴을 때 분석했던 결론이 드디어 나왔다. 나의 고갯짓이 본래 수준으로 돌아가 있었다. 패스를 받는 위치 선정도 개선되었다. 득점 기회 관여와는 별개로 나의 플레이가 빨라졌다. 적극적으로 공격에 가담하는 타이밍도 정확했다.

두 달 전, 아스널에 철저히 유린당했던 기억이 생생했다. 나는 아르센 벵거 감독을 존경한다. 축구를 어떻게 해야 하고, 팀을 어떻게 발전시켜야 하는지에 관한 그의 철학을 존경한다. 그의 축구는 거액을 써서 스타플레이어를 사와 팀 안에 꽂는 스타일이 아니다. 그는 기존 선수들도 발전할 수 있다고 믿는다. 자기만의 축구 철학을 고집하는 면에서는 펩 과르디올라 감독과도 닮았다. 그런 자기신념을 구현할 수 없게 되면 그는 아스널을 떠날지도 모른다. 벵거 감독이 '현금 스테로이드'가 얼마나 프리미어리그를 심각하게 망치는지를 불평하는 이유를 나도 잘 알고 있다.

오랫동안 리버풀은 아스널의 패싱게임과 점유 축구에 힘겨워했다. 축구 하나만 갖고는 아스널과 정면승부를 펼칠 수 없다. 대부분의 프리미어리그 클럽들처럼 우리도 아스널을 다른 방법으로 괴롭혀야지만 이길 기회를 얻는다. 그런 방법도 통하지 않았던 시절이 있다. 솔 캠벨(Sol Campbell), 마틴 키언(Martin Keown), 질베르투 실바(Gilberto Silva)처럼 억센 선수들이 아스널에 버티고 있을 때였다. 파트리크 비에이라(Patrick Vieira)도 존재감이 대단했다. 데니스 베르캄프(Dennis Bergkamp)나 티에리 앙리(Thierry Henry)처럼 경이로운 테크닉으로 무장한 선수들도 상대로부터 자기를 보호할 줄 알았다. 누가 와서 자꾸 귀찮게 하면 아스널 선수들은 아주 예민해지곤 했다.

아스널 경기 시간은 TV 중계를 위해 오후 12시 45분으로 조정되었다. 입장 전에 양 팀은 선수 통로에 나란히 섰다. 나는 자신감에 넘쳤다. 우리는 아스널을 단순히 괴롭히기만 하지 않을 것이다. 도전적이고 거칠게 다루려고 마음먹었다. 로저스 감독은 빠른 템포와 높은 퀄리티를 갖춰야만 한다고 강조했다. 우리가 인정사정 없는 플레이를 펼쳐야 한다. 왜냐면 우리에겐 그럴 만한 실력이 있기 때문이다.

시즌 행보에서 아스널은 슬슬 하이라이트를 맞이하고 있었다. 우리를 상대한 뒤로 아스널은 맨체스터 유나이티드를 만나고, 스토크 시티, 토트넘 홋스퍼, 첼시로 이어지는 3연속 원정을 겨우 넘기면 홈에서 맨체스터 시티와 겨뤄야 한다. 그 다음엔 에버턴 원정이다. 힘겨운 리그 여덟 경기 일정의 중간에는 FA컵에서 우리와 재회하고, 설상가상 바이에른 뮌헨과의 UEFA 챔피언스리그 16강전도 준비해야 하는 상황이었다. 그런 경기 일정에서 묘책을 찾지 못하면 넘어질 수밖에 없다. 아스널은 막 넘어지려고 하고 있었다.

그 시즌이 끝나고 개최된 브라질 월드컵에서 아스널 수비수 페어 메르테자커(Per Mertesacker)는 우승컵을 들어 올렸다. 나는 메르테자커를 존중하지만, 그에게서 스터리지와 수아레스 콤비를 막아낼 구석을 찾기는 힘들었다. 정말 빠른 스트라이커 두 명이 당신을 향해 돌진해온다고 생각해보라. 심지어 둘이 서로 호흡이 기막히게 맞는다. 그런 상황을 달가워하는 중앙수비수는 세상에 없다. 두려울 뿐이다. 스토크를 상대로 서로 골을 합작해낸 이후 둘의 관계가 부쩍 친근해졌다는 걸 나는 잘 알고 있었다. 웨스트 브로미치 경기에서 수아레스의 패스를 스터리지가 간단히 밀어넣었다. 스터리지는 함박웃음을 지으며 곧바로 수아레스를 가리키며 그에게 날려갔다. SAS 콤비 그리고 팀 전체의 자신감이 벵거 감독과 아스널에게 악몽의 정의를 일깨워 줄 채비를 마쳤다.

우리는 경기 시작부터 아스널의 목을 조르기로 했다. 상대가 숨도 못 쉬게 초반부터 세차게 몰아붙이는 작전이었다. 학살은 킥오프 53초 만에 시작되었다. 아스널 진영 왼쪽에서 프리킥을 얻었다. 내가 프리킥을 차기로 했다. 아스널의 페널티박스 안에는 양 팀 선수들로 빼곡했고, 저 멀리 스크르텔이 대기했다. 나는 스크르텔이 움직일 때까지 기다렸다. 내가 공을 찼을 때, 스크르텔은 박스 한가운데로 이미 쇄도한 상태였다. 동료의 움직임을 정확히 찾아낸 기분 좋은 프리킥 배달이었다. 강한 회전이 걸린 프리킥은 날카롭게 휘어져 날아갔다. 올리비에 지루를 지나쳤고, 미켈 아르테타는 선수들 사이에 걸려 날아드는 공을 건드리지 못했다. 문전에서 스크르텔이 무릎으로 마무리했다.

두 팔을 번쩍 든 스크르텔이 골세리머니를 시작하는 동시에 멀리 있는 부심 쪽을 슬쩍 쳐다봤다. 오프사이드 판정이 났을지도 모르기 때문이다. 부심이 든 깃발은 그냥 아래를 향하고 있을 뿐이었다. 스크르텔은 내가 있는 반대편 관중석 쪽으로 달려가 멋진 무릎 슬라이딩을 펼치며 홈 팬에게 안겼다. 팬들은 펄쩍펄쩍 뛰면서 선제 득점자의 빡빡머리를 손으로 문질러댔다. 모두 미친 듯이 소리 질렀다. 전반 1분도 되기 전에 우리는 한 골을 넣었다.

9분 뒤 선제골 장면, 내가 프리킥을 찼던 쪽에서 우리는 코너킥을 얻었다. 이번에도 나는 스크르텔의 빛나는 머리를 겨냥했다. 그가 로랑 코시엘니(Laurent Koscielny)의 위로 뛰어올라 힘과 세기를 겸비한 헤딩골을 디트렀디. 전반 10분 만에 리버풀의 괴물이 두 골을 넣어 스코어를 2-0으로 만들었다. 스크르텔은 자기 유니폼을 뒤집어쓴 채로 광인(狂人)처럼 좋아했다.

조금 뒤에 내가 외질의 패스를 끊어 곧바로 쿠티뉴에게 연결했다. 그는 전진 패스를 보냈고, 이를 수아레스가 논스톱으로 달려가는 스터리지의 앞쪽으로 넣었다. 허둥지둥 달려나온 보이첵 슈체스니를 따돌리면서 스터리지가 때린 슛은 허무하게 빗나가고 말았다. 절호의 기회를 날렸다. 수아레스가 크게 안타까워했다. 환상적인 팀 골이 될 수 있었기 때문이다.

수아레스도 '올해의 골' 수준의 골을 터트릴 수 있었다. 내가 빠르고 낮게 찬 코너킥을 수아레스가 페널티박스 모서리에서 잡았다. 바닥에 한 번 튕긴 공을 수아레스가 그대로 하프발리슛으로 때렸다. 슛은 골대를 강하게 맞고 나왔다. 너무 빨랐던 탓에 앞에 있던 콜로 투레가 미처 손을 쓰지 못했다. 스터리지의 기회에 이어 아스널이 다시 한 번 위기에서 탈출하는 순간이었다.

그러나 아스널은 폭풍을 잠재울 수 없었다. 16분 뒤에 우리가 세 번째 골을 뽑아냈다. 하프라인 근처에서 헨더슨이 적극적인 압박으로 외질의 공을 빼앗았다. 헨더슨은 뒤도 돌아보지 않고 그대로 아스널 진영 깊숙이 공을 달고 돌진했다. 오른쪽 측면에 있던 수아레스가 패스를 받아 문전으로 보냈다. 그곳에서는 스털링과 스터리지가 기다리고 있었다. 스털링이 먼저 공을 잡아 골을 터트렸다. 모든 게 너무 쉬워 보였다. 하지만 팀 전체가 선보인 기막힌 테크닉과 스피드가 만든 득점 장면이었다. 안필드는 점점 열기가 폭발하는 '꿈의 무대'로 변해갔다. 외질이 윌셔에게 보내는 패스를 쿠티뉴가 영리하게 끊었다. 하프라인 근처에서 쿠티뉴는 무자비한 롱패스를 보냈고, 스터리지가 마무리했다. 공을 빼앗아 골을 넣기까지보다 스터리지의 로봇 댄스 시간이 더 오래 걸렸다. 아스널은 플레이를 재개할 기력이 없어 보였다. 붉은 바다를 바라보며 스터리지의 전매특허 세리머니가 이어졌다. 경기가 시작된 지 20분 만에 4-0이다. 내 경력을 통틀어도 킥오프 순간부터 이렇게까지 무자비하게 상대를 두들겨 팼던 기억은 없었다.

우리는 속도를 약간 늦췄다. 추가골은 후반 7분에 나왔다. 투레의 멋진 패스를 잡아낸 스털링이 슛을 때렸다. 슈체스니가 겨우 막아냈지만, 흐른 공을 스털링이 다시 골라인 안으로 보내며 스코어가 5-0으로 변했다. 여섯 번째 골은 낭떠러지 아래로 떨어져 있는 아스널이 넣었다. 알렉스 옥슬레이드-챔벌레인(Alex Oxlade-Chamberlain)을 내가 넘어트려 페널티킥을 허용했다. 아르테타가 침착하게 성공시켜 5-1이 되었다.

경기 후, 벵거 감독은 "말을 너무 많이 하지 말고 조용히 집으로 돌아가는 게 나을 것 같다"며 실망감을 숨기지 못했다. 아스널 선수들도 모두 충격에 빠진 표정이었다. 우리보다 승점 5점이나 앞선 상태였지만, 그들의 시즌 희망을 우리가 산산조각 낸 것과 다름없었다. 그날 안필드에 있던 사람 중에서 시즌 최종 순위표에서 우리가 아스널보다 위에 있게 될 것이라고 믿는 이는 거의 없었을 것 같다. 6주 후 아스널은 첼시 원정에서 0-6으로 대패했다. 아스널은 우리에게 짓밟혔던 경기 초반 20분의 치명적 상처에서 깨어나지 못한 채 시즌을 마쳐야 했다.

아스널이 안필드에서 당한 기록적 대패는 50년 만이었다. 1964년 4월 빌 생클리 감독이 이끈 리버풀이 홈에서 아스널을 5-0으로 대파한 적이 있었다. 그로부터 한 달 뒤, 리버풀은 생클리 감독 아래서 쟁취한 세 번 중 첫 번째 우승컵에 입을 맞췄다. 그런 역사적 배경이 있어 리버풀 팬은 아스널전 5-1 대승을 좋은 징조로 여겼다. 하지만 나는 지금 있는 우리에게만 초점을 맞추고 싶었다.

우리는 리그에서 가장 뛰어난 스트라이커 두 명을 한꺼번에 갖고 있었다. 스털링도 보유했다. 작은 몸집에도 힘이 정말 센 괴력의 소유자다. 헨더슨은 계속 발전해간다. 쿠티뉴는 사방팔방 마법을 뿌려댄다. 수비가 다소 불안하긴 하지만, 스크르텔이 중심을 잡는 동시에 세드피스 공격으로 상대에게 위협을 가한다. 주장인 나는 수비형 미드필더로 위치를 조정한 뒤로 플레이 만족도가 급격히 높아졌다. 팀 전체가 거대한 바퀴가 되어 굴러가고, 그 위에 스터리지가 올라탄 격이다. 팀 경기력이 갑자기 급상승했다. 힘이 넘친다. 이렇게 계속 가기만 바랄 뿐이었다.

길은 순탄하지 않았다. 거센 도전도 받았다. 다음 주 수요일 런던으로 내려가 치른 풀럼 원정경기는 힘겹게 시작되었다. 전반 8분 만에 투레가 자책골을 넣고 말았다. 넘어지면서 찬 공이 빗맞는 바람에 우리 골문 안으로 들어갔다. 골 장면이 우스꽝스럽게 보여 투레 자신은 물론 우리 모두가 받은 스트레스가 더 컸다. 몇 분 뒤, 투레가 달려가다가 부딪히는 바람에 필 다우드(Phil Dowd) 주심을 넘어트렸다. 고의가 아닌 해프닝이어서 징계를 받을 정도는 아니었다.

하프타임 직전, 내가 추격의 불씨를 댕겼다. 알리 시소코가 풀럼의 공격을 끊어 흐른 공이 센터서클에 있던 내 앞으로 왔다. 뒤쪽에 자리를 잡은 나는 경기를 읽을 여유가 있었다. 오른발 아웃프런트로 보낸 전방 스루패스가 풀럼의 4인 수비 라인을 한 번에 무력하게 만들며 스터리지에게 연결되었다. 그는 놓치지 않고 일대일로 맞선 골키퍼를 넘겨 동점골을 만들었다. 스터리지는 로봇 댄스를 펼쳐 자신의 월드클래스 결정력을 자축했다.

한 골을 더 내줘 우리는 1-2로 끌려갔다. 그러나 경기 종료 18분 전, 쿠티뉴가 2-2 동점골을 터트렸다. 무승부로는 부족했다. 우리는 온 힘을 다해 공격했다. 경기 종료 직전, 우리에게 행운이 찾아왔다. 페널티박스 안에서 스터리지가 넘어졌다. 페널티킥! 필 다우드 주심이 콜로 투레를 살려줬다.

페널티킥 지점으로 걸어가는 동안 긴장감이 온몸을 타고 흘렀다. 머릿속에서 쩌렁쩌렁 울리는 '절대로 망치면 안 돼!'라는 목소리를 애써 외면했다. 조심스럽게 공을 놓고 돌아섰다. 만약 이걸 넣지 못하면 우리가 아스널전에서 보였던 모든 노력이 물거품이 되고 만다. 절대로 망치면 안 된다. 두 손을 허리에 올려놓고 주심의 신호를 기다렸다. 다우드 주심을 쳐다봤다. 나는 눈빛으로 '여보세요. 빨리 좀 찹시다'라는 메시지를 쏴 보냈다. 주심이 휘슬을 불었다. 발을 떼고 나는 공에 빠르게 다가갔다. 하나, 둘, 뻥.

정확히 찬 공이 골키퍼 왼쪽으로 날아갔다. 풀럼의 수문장 데이비드 스톡데일도 그쪽으로 몸을 날렸다. 그러나 막을 수가 없었다. 골이 들어갔다. 3-2 역전승. 내가 해냈다. 페널티킥에 성공하고 나서 나는 코너플래그 지점으로 달려갔다. 마지막 순간 결승골을 넣는 축구선수의 머릿속은 그냥 하얘진다. 기쁨과 안도감을 어떻게 표현해야 할지 아무 생각도 나지 않는다. 신바람 난 꼬마 아이들처럼 우리 모두 무작정 달리면서 소리친다. 이번에는 약간 달랐다. 어떤 세리머니가 좋을지 불현듯 떠올랐다. '옷을 벗자!' 유니폼 상의를 잡아 훌렁 벗었다. 붉은색 이너웨어를 입은 탓에 보기에도 괜찮았다. 내가 가장 앞서 달렸고, 그 뒤를 동료들이 쫓아왔다. 올가미를 던지는 카우보이처럼 벗어젖힌 유니폼을 머리 위로 빙빙 돌리며 승리를 만끽했다. 2월의 런던 저녁은 여전히 춥지만 상관없었다.

크레이븐 코티지의 아담한 원정 서포터즈석은 리버풀 팬으로 꽉 차 있었다. 다들 펄쩍펄쩍 뛰면서 소리를 지르며 난리가 났다. 그들에게 가까이 가면서도 나는 계속 결정적 승리의 기념품인 유니폼을 돌려대고 있었다. 그러곤 달려온 동료들에게 안겼다. 모두 내 얼굴을 붙잡고 마구 소리 질렀다. 뭐라고 하는지 하나도 들리지 않았다. 하지만 뜻은 똑똑히 이해했다. 우리가 해냈다고. 우리가 이겼다고. 맨시티와 승점 차이가 1점으로 줄었고, 아스널은 3점, 첼시는 4점밖에 떨어져 있지 않다는 뜻이었다. 추격을 위해 주어진 기회는 12경기였다.

경기 후 인터뷰에서 브렌던 로저스 감독은 나를 "유일무이하다"고 칭찬했다. 정신력이 끝내준다고 덧붙여주면 좋으련만. 문자 그대로 시소게임이었다. 풀럼은 프리미어리그 잔류 사투 중이었으니 우리는 바짝 긴장했었다. 먼저 실수를 저질렀으니 패할 수도 있었다. 그러나 우리는 결코 무승부에 만족하지 않았다. 이기기 위해 모든 걸 내던졌다. 내 몸속에 있던 모든 열정과 투지가 솟구쳐 나왔다. 다시 한 걸음 꿈을 향해 다가갔다.

리버풀로 돌아오는 구단 버스 안에서는 '체이스&스테이터스'의 히트곡 '살아 있어(Alive)'가 흘러나왔다. 크리스 모건과 나는 서로를 쳐다봤다. 런던에서 리버풀로 향하는 고속도로 위를 달리며 '지금 나는 살아 있어'라는 가사가 계속 맴돌았다. 크리스도 언제나 선수단과 함께한다. 그 역시 진이 빠진 것처럼 보였다. 하지만 돌아오는 내내 우리는 마음속에서 생명감이 쿵쾅거렸다. 자정이 넘어 내가 크리스에게 "나 정말 피곤해"라고 말했다. 크리스가 빙긋 웃으며 "작은 기적이야"라고 대답했다. 나는 이렇게 말했다. "맞아. 그거 알아? 매년 이랬으면 좋겠어. 매 시즌 이렇게 우승을 다투고 싶단 말이야."

리그 4위권 팀에서 뛰는 선수는 매 시즌을 그런 기분으로 지낸다. 후회가 옆구리를 찔렀다. 평생 리버풀에서만 뛰기로 한 결심에 대한 후회가 아니었다. 단지 이런 치열한 기분, 리그 타이틀에 도전하는 기분과 좀 더 가깝게 살고 싶을 뿐이었다.

그 주말, 런던에서 나는 또 페널티킥 골을 넣었다. 기쁘지 않았다. FA컵 경기에서 아스널에 0-2로 뒤진 상황이었던 탓이다. 그들은 우리와 바이에른(챔피언스리그)에 연달아 당한 패배에서 산산조각 났던 팀을 다시 끌어모으는 와중이었다. 후반 중반 나의 페널티킥으로 한 골을 만회했는데, 아쉽게 그 경기의 마지막 득점이기도 했다. FA컵에서 탈락하고 말았다. 실망을 뒤로하고 우리는 리그에만 집중하기로 했다. 성공에 대한 보상이 너무나 확실한 리그.

프리미어리그에서 우리의 승리 질주에는 아무런 변화가 없었다. 또다시 롤러코스터 같은 승부가 나왔다. 아스널과 풀럼에 이어 스완지와의 홈경기가 벌어졌다. 사랑스러운 스터리지와 헨더슨이 각각 골을 넣어 2-0으로 앞서갔다. 전반 20분 만에 우리가 2-0으로 앞섰다. 아스널전의 기억이 살짝 떠올랐다.

그 와중에 셸비가 스완지의 추격골을 뽑아냈다. 스크르텔의 자책골이 승부를 원점으로 돌렸다. 익숙한 낭패가 내면에서 꿈틀거렸지만, 나는 자유로움과 신념을 품고 열심히 뛰었다. 팀 전체가 그랬다. 존슨과 플라나건, 헨더슨 그리고 쿠티뉴가 정교하게 패스를 주고받은 끝에 왼쪽 측면에 있던 수아레스까지 연결되었다. 그의 크로스를 문전에서 스터리지가 머리로 받아 넣어 3-2로 한 골 달아났다. 하지만 스크르텔의 반칙으로 내준 페널티킥을 윌프레드 보니(Wilfried Bony)가 성공시켜 다시 동점이 되었다. 일이 꼬인다. 우리는 왜 매주 5-1로 이겼던 아스널전처럼 경기를 하지 못하는 걸까?

우리 진영에서 플라나건과 내가 패스를 주고받았다. 뒤쪽에 처져 있는 덕분에 나는 전방 상태를 관찰할 여유가 있었다. 약 28미터 앞 지점에서 골문을 등지고 있는 수아레스를 발견했다. 롱패스를 한 방에 보냈다. 그는 가슴으로 공을 떨군 뒤 방향을 꺾어 슛을 때렸다. 수비수에 걸려 나온 것을 헨더슨이 쇄도해 다시 때렸다. 상대 골키퍼 포름(Vorm)이 막은 공이 핀볼처럼 헨더슨의 발에 다시 걸렸다. 슛, 골인. 두 번째 리바운드 처리에서는 실수가 없었다. 우리가 4-3으로 이겼다.

사우샘프턴 원정은 덜 복잡했다. 우리가 3-0으로 깔끔하게 승리했다. 수아레스와 스털링의 골, 그리고 내가 페널티킥을 차 넣었다. 리그 4연승으로 우리는 2위까지 치고 올라갔다. 한 경기를 덜 치른 첼시와 승점 차이는 1점이었다. 우리와 승점이 같은 아스널은 골득실에서 뒤져 3위로 내려앉았다. 맨체스터 시티는 우리보다 승점 2점이 뒤져 4위에 있었지만, 2경기나 덜 치른 상태였다. 리그 선두 경쟁이 점점 더 치열해져 갔다.

리버풀 서포터즈가 우리에게 큰 용기를 주었다. 올드 트래포드 원정에서 그들은 거대한 플래카드를 준비했다. '꿈꾸게 해다오'라고 쓰여 있었다. 로저스 감독이 자기만의 방법으로 선수들의 사기를 북돋았다. 연승질주에 가속도가 붙자 그는 매 경기 직전에 매번 다른 선수의 가족으로 받은 편지를 우리 앞에서 읽었다. 간단하면서도 가족적인 분위기를 이끌어냈다. 엄청난 힘을 주는 건 물론이었다. 앙숙 맨유를 상대하기 위해 라커룸을 나서기 전, 로저스 감독은 나의 어머니가 내게 보낸 편지를 선수단 전원 앞에서 크게 읽어 내려갔다. 감정이 북받쳤다. 큰 힘을 얻은 것 같은 기분이 들었다. 그 어느 때보다 집중력이 커졌다. 우리 팬도 맨유전 승리가 내게 얼마나 큰 의미인지 잘 알고 있었다. 나를 위한 응원곡을 계속 불렀다. 올드 트래포드에서 내 이름이 울려 퍼졌다.

> 스티븐 제라드, 제라드
> 40야드 롱패스를 보내
> 정말 크고 엄청 강해
> 스티븐 제라드, 제라드

그들이 그 노래를 부르고 있었던 전반 34분, 스터리지가 페널티박스 안에서 수아레스를 향해 올린 크로스가 하파엘의 손에 맞았다. 리버풀의 페널티킥이 선언되었다. 맨유의 골문에 당당히 버티고 선 다비드 데 헤아(David De Gea)와 나의 맞대결이었다. 그는 대단한 골키퍼. 키커의 신경을 흩트리기 위해 엉덩이를 흔들거나 깡충깡충 뛰거나 양팔을 흔들어대지 않았다. 골문 뒤에는 이미 수만 명의 맨유 홈 팬이 내게 실수를 저지르라는 텔레파시를 쏴대고 있었다. 데 헤아도 그 사실을 알고 있었다. 그러나 그들에겐 희망이 없었다. 그때 내 머리는 이미 얼음처럼 차가워져 있었기 때문이다. 실축할 리가 없었다. 데 헤아가 오른쪽으로 뛰었고, 나는 왼쪽으로 찼다. 1-0. 나는 골 세리머니를 하지 않았다. 이제 시작되었을 뿐이라는 뜻의 메시지였다.

후반 초반 마크 클라텐버그 주심이 내게 두 번째 페널티킥을 선물했다. 필 존스(Phil Jones)가 조 앨런(Joe Allen)을 뒤에서 밀어 넘어트렸다. 옳은 판정이었다. 나는 오른쪽으로 찼고, 데 헤아도 오른쪽으로 몸을 날렸다. 하지만 페널티킥은 그대로 골문 안에 꽂혔다. 2-0.

이번에는 골세리머니를 펼쳤다. 멋지게 무릎으로 미끄러져 나갔다. 2009년

했었던 TV 중계카메라 키스까지 재현했다. 리버풀 팬이 전부 미쳐버렸다. 내 응원곡이 다시 터져 나왔다. 5년 전처럼 맨유는 허물어졌다. 또 비디치였다. 2009년 맞대결에서 그는 토레스에게 잘근잘근 씹혔다. 이번 경기에서는 반칙의 유령이 그에게 핵펀치를 날렸다. 비디치가 레드카드를 받았다. 우리는 세 번째 페널티킥을 얻었다. 올드 트래포드 원정에서 해트트릭을 작성할 절호의 기회가 내 앞에 놓였다. 데 헤아는 내가 다시 오른쪽으로 찰 것이라고 판단했던 모양이다. 그는 오른쪽으로 몸을 던졌다. 하지만 나는 왼쪽을 선택했다. 슛이 골대를 맞고 튕겨나갔다. 갑자기 머리가 아팠다. 데 헤아가 나를 보며 소리를 질렀다. 나는 무시하고 뒤돌아 자리로 돌아갔다. 젠장!

경기 막판 수아레스의 위협적인 슛을 데 헤아가 선방해냈다. 소용없었다. 후반 39분 스터리지의 도움을 받아 수아레스가 팀의 세 번째 골을 뽑아냈다. 스코어 3-0이 되었다. 수아레스가 승리를 포효하면서 골세리머니를 선보였다. 무릎을 꿇고 있는 그의 목덜미를 타고 스크르텔이 올라서든 말든 개의치 않는 표정이었다. 동료들이 상쾌한 희열을 뿜어내는 동안, 나는 뒤에 물러나 있었다. 나는 맨유를 꺾는 기분을 사랑한다. 웨인 루니가 맨유 유니폼을 입은 후로 최악의 날이었다고 하는 말에도 나는 신경 쓰지 않았다. 맨유 내에서 루니의 입지가 단단하다는 사실을 아는 덕분이다. 하지마 모예스 감독에겐 동정심을 느꼈다. 그는 정말 좋은 사람이지 능력 있는 감독이다. 데이비드 모예스는 물론이거니와 펩 과르디올라, 루이스 판 할 중 누가 와도 마찬가지다. 알렉스 퍼거슨 감독에게서 지휘봉을 넘겨받는 지도자라면 누구든 비단길을 걸을 순 없다.

모예스 감독은 강한 자기신념이 철철 넘쳐흐르는 리버풀을 상대해야 했다. 내가 유일한 리버풀 출신은 아니었다. 존 플라나건도 나만큼 리버풀 토박이다. 리그 타이틀에 도전하는 여정 속에서 플라나건은 크게 이바지했다. 맨유전에서 그는 루니, 판 페르시, 후안 마타에게 연달아 태클을 날렸다. 경기 시작 10분도 되기 전에, 플라노(Flano; 플라나건의 애칭)는 갖고 있는 모든 것을 쏟아부었다. 정신력도 강하고 용감했다. 1년 뒤 그는 부상을 당하는 바람에 거의 모든 시즌을 쉬어야 했다. 고통스러워하는 그를 보는 내 마음이 무거웠다. 하지만 2013년 3월은 달랐다. 플라노는 인생 최고의 경기력을 선보였다. 로저스 감독하에서 그는 붙박이 주전으로서 중용되었다. 매 경기 플라노는 큰 대 자로 뻗을 만큼 죽어라 뛰면서 경기를 즐겼다. 리버풀 1군이 되어 활약한다는 꿈이 플라노 본인과 그의 가족 전원에게 얼마나 가슴 뿌듯한 일인지 나는 잘 안다. 정말 훌륭한 선수인 동시에 성공을 거두고 싶은 팀이라면 누구나 원하는 타입이었다. 플라노는 테크닉이 뛰어나지 못한 대신에 누구보다 많이 뛴다. 리버풀 팬이 그를 '붉은 카푸'라고 부르는 이유가 따로 있지 않다. 라커룸 안에서 플라노는 '미니 카라'로 불렸다. 닮은 점이 많았기 때문이다.

경기와 골은 계속 이어졌다. 카디프 시티 경기에서는 우리가 수비 불안을 드러내면서도 6-3으로 크게 이겼다. 그 경기에서 우리는 두 번이나 리드를 허용하는 바람에 수아레스의 해트트릭 활약을 고마워해야 했다. 스크르텔이 두 골, 스터리지가 한 골을 넣어 경기 막판에는 편하게 숨을 쉴 수 있었다.

나흘 뒤인 선덜랜드 경기에서 나는 골을 넣었다. 수비벽을 넘어가 왼쪽 톱 코너로 정확히 빨려 들어가는 프리킥 득점이었다. 후반 초반 스터리지가 환상적인 슛으로 2-0이 되었다. 후반 중반 선덜랜드가 한 골을 따라와 우리를 긴장하게 했다. 그 상황에 관해서 경기 후 로저스 감독은 "침착함을 유지하는 능력을 키워야 한다"고 평가했다. 그의 말을 자세히 들어보자.

"우리가 경기를 주도해도 스코어가 2-1이 되면 긴장할 수밖에 없는 노릇이다. 하지만 오늘 우리 선수들이 압박감이 가해지는 상황 속에서도 냉철하게 경기를 운영했다는 사실이 중요하다. 압박감은 이제 맨시티 쪽으로 가해진다. 그렇게 비싼 돈을 들여 만든 팀이니 이런 상황이 부담스러울 거다. 첼시도 마찬가지다. 우리는 우리 자신을 위해 압박감을 느낀다. 우리는 항상 이기고 싶어 하는 리버풀이기 때문이다. 게다가 우리는 지금 상승(常勝) 흐름을 타고 있다."

31라운드 기준 첼시가 승점 69점으로 1위였다. 동일 경기 수에서 얻은 우리의 승점은 1점 모자랐다. 아직도 두 경기를 덜 치른 맨체스터 시티가 66점이었다. 그때까지 스포츠베팅 업계는 맨시티의 우승 확률을 더 높게 내다봤다. 하지만 다음 경기가 아스널 원정이었다. 첼시처럼 안필드 원정도 남아 있었다.

2014년 3월 29일, 우승 경쟁 판도가 갑자기 우리에게 유리해졌다. 토트넘전 홈경기를 하루 앞둔 토요일 오후 나는 TV 중계에서 충격적인 뉴스를 봤다. 첼시는 크리스털 팰리스와 만났다. 토니 풀리스 감독 아래서 팰리스는 필사적으로 프리미어리그 잔류 여부를 다투는 중이었다. 그런데 그들이 첼시를 1-0으로 잡아낸 것이다. 존 테리의 자책골이 우리에게 엄청난 동기부여를 제공할 줄이야. 호프 스트리트 호텔에서 전일 합숙하고 있던 우리는 에미레이트 스타디움에서 아스널과 맨체스터 시티가 1-1로 비기는 광경을 TV로 시청했다.

나는 리그 순위표를 뚫어져라 쳐다봤다. 지금 내가 보는 게 사실인지 확인하려고 눈을 껌뻑댔다. 32경기를 치른 첼시가 69점, 30경기를 소화한 맨체스터 시티가 67점, 31경기를 한 우리가 68점이었다. 상황은 명확했다. 그리나 아름다웠다. 남은 7경기를 모두 이기면 리그 자력 우승이 가능한 상황이 되었다. 당시 우리는 리그 7연승 중이었다. 그걸 재현하면 리그 우승컵은 우리의 손에 들어온다.

열정에 넘치는 리버풀 팬도 그 소식을 당연히 알고 있었다. 다음날 그들의 폭발하는 감정이 그대로 드러났다. 일요일 오후 우리는 클럽 버스를 타고 호프 스트리트에서 안필드까지 천천히 이동했다. 창 밖으로 믿기 힘든 광경이 펼쳐지고 있었다. 선덜랜드전이 끝나고 봤던 그 모습이었다. 거리는 붉은 바다로 변해 있었다. 인파에 가려 안필드 로드가 보이지 않을 정도였다. 수많은 사람들과 깃발, 플래카드 그리고 홍염으로 가득했다. 붉은 연기가 허공을 휘감았다. 가장 큰 플래카드가 있었다. 같은 메시지였다.

"꿈꾸게 해다오."

밖을 더 잘 보고 싶어서 나는 자리에서 일어났다. 선수들도 모두 섰다. 버스 안에서 우리는 버스 양옆에 있는 리버풀 팬들을 바라봤다. 그들의 목소리는 점점 커졌다. 응원곡 리듬에 맞춰 팬들이 버스 옆면을 두들겼다. 진동이 그대로 전해졌다. 하지만 두렵지 않았다. 희망의 떨림이었다. 버스를 두드리고, 리버풀과 나, 수아레스를 위해 노래를 불렀다. 버스는 아주 느린 속도로 500미터 정도를 이동해 겨우 경기장에 도착할 수 있었다. 나는 선수들을 향해 뒤돌아 짤막한 메시지를 전달했다. "다들 봤지? 저 사람들에게 우리가 어떤 의미인지 말이야."

장황한 설명은 필요 없었다. 간단했다. 우리는 저 사람들을 실망시켜선 안 된다. 토트넘을 꺾으면 우리는 리그 1위가 된다. 그 다음에 남은 6경기에서 이기면 우리는 챔피언이 된다. 라커룸에선 올 시즌 즐겨 들었던 크리스 멀린차크의 '나를 사랑해주는 그대(So Good To Me)'가 흘렀다. 어린 후배가 볼륨을 높였다. 로저스 감독이 마지막 메시지를 전달하기까지 겨우 5분밖에 남지 않았다. 나는 동료들을 빙 둘러봤다. 모두 영광의 안필드에 몸을 내던질 준비를 마친 표정이었다. 침착하고 행복해 보였다. 토트넘 원정에서 우리는 5-0으로 이겼다. 지난해 12월 추운 겨울밤이었다. 또 이길 것이라고 나는 확신했다. 노래가 끝나갈 때쯤 나는 크게 숨을 들이마셨다. 로저스 감독을 향해 고개를 끄덕였다. 말이 필요 없는 상황이었다. 우리는 준비를 마쳤다.

경기가 시작되었다. 쿠티뉴가 오른쪽 측면에서 공을 따낸 공이 스털링을 거쳐 오버래핑해 들어간 존슨에게 연결되었다. 존슨은 낮고 강하게 크로스를 문전으로 보냈다. 목표는 스터리지였다. 유네스 카불이 먼저 발을 갖다 댔지만, 공이 발뒤꿈치에 잘못 맞는 바람에 자기 골대 안으로 공을 넣어버렸다. 전반 2분, 우리가 1-0으로 앞서기 시작했다.

전반 25분, 내가 토트넘의 공격을 끊었다. 곧바로 전방을 향해 길게 내찼다. 마이클 도슨(Michael Dawson)에게 걸려야 했던 공이 뒤로 빠져 수아레스에게 걸렸다. 그는 그대로 공을 몰아 돌진했다. 카불을 간단히 따돌렸다. 아슬아슬한 각도로 날아간 그의 슛이 위고 요리스를 허물어 두 번째 골이 나왔다. 플라나건과 쿠티뉴가 세 번째 골을 합작했고, 헨더슨이 먼 거리에서 과감하게 때린 프리킥이 골문 안으로 꽂혔다. 4-0 승리였다. 승점 4점 차이로 우리가 리그 단독 선두가 되었다. 6경기만 남았다. 맨체스터 시티가 덜 치른 두 경기 중 하나가 바로 우리의 안필드 홈경기였다. 정확히 2주 뒤였다.

다음 관문은 웨스트햄 원정이었다. 업튼 파크로 가는 길이 꽉 막아버린 교통체증이 우리를 괴롭혔다. 버스 기사가 어쩔 수 없이 도중에 차를 세웠다. 선수단이 내리고 보니 경기장까지 꽤 먼 거리를 걸어가야 했다. 경기장에 도착하자마자 우선 옷부터 갈아입어야 했다. 원정팀 라커룸은 마치 사우나처럼 더웠다. 경기 후 나는 웨스트햄의 샘 앨러다이스(Sam Allardyce) 감독에게 "빅 셈이 별걸 다 하시네요"라고 귓속말을 건넸다. 그는 어색한 표정을 지으며 그 말을 받아쳤다. 나는 신경 쓰지 않았다. 모든 상황은 이미 그라운드 안에서 수습되었기 때문이다.

경기 초반 루이스 수아레스가 프리킥으로 상대 골문을 위협했다. 전반 20분에는 칩슛으로 상대 골키퍼 아드리안을 무력하게 만들었지만, 아쉽게 크로스바에 맞았다. 다니엘 스터리지가 좋은 기회를 놓치면서 분위기는 더욱 고조되었다. 전반 44분, 우리 진영에서 사코가 내게 패스를 보냈다. 전방을 보니 수아레스가 공간으로 빠져 들어가고 있었다. 나는 45미터짜리 대각선 롱패스를 보냈다. 공을 잡아낸 수아레스가 페널티박스 안으로 드리블해 들어가는 과정에서 공이 상대 수비수 제임스 톰킨스(James Tomkins)의 손에 맞았다. 루이스가 즉시 주심 쪽을 향해 페널티킥을 주장했다. 이날 휘슬을 분 안소니 테일러 주심이 동감했다. 그는 손가락으로 페널티킥 지점을 가리켰다.

내 인생에서 가장 중요한 페널티킥 중 하나였다. 나는 유로 대회와 월드컵에서 있었던 승부차기에서 성공과 실패를 모두 경험했다. 그러나 이번 페널티킥의 부담감은 정말 컸다. 물론 내게는 용기와 자신감이 있었다. 아드리안이 골라인 위에서 팔을 흔들며 껑충껑충 뛰었다. 나는 일부러 못 본 척했다. 주심의 휘슬이 울렸다. 아드리안은 오른쪽으로 뛰었고, 나는 반대쪽을 선택했다. 골을 넣으니 안도감이 만든 미소가 내 얼굴에서 흘러나왔다.

1분 뒤에는 우리가 흔들렸다. 전반전이 끝나기 직전, 웨스트햄이 코너킥을 얻었다. 시몽 미뇰렛이 골문에서 나와 공을 잡았지만, 앤디 캐롤(Andy Carroll)이 그의 머리를 가격했다. 명백한 반칙이었다. 미뇰렛이 놓친 공을 문전에서 가이 데멜(Guy Demel)이 밀어넣었다. 시몽이 거칠게 항의했다. 우리도 모두 주심에게 억울함을 호소했다. 주심은 부심과 상황에 관해서 논의했다. 득점 인정.

라커룸에서 우리는 스태프의 아이패드로 그 장면을 다시 봤다. 주심의 어이없는 실수였다. 경기를 하다가 "오늘은 운이 우리 편이 아니다"라고 말할 때가 있다. 이 상황이 바로 그랬다. 다행히 로저스 감독은 흔들리지 않았다. 후반전에 앞서 우리를 내보내면서 부정적인 생각을 모두 떨쳐버리라고 주문했다. 루카스의 영리한 스루패스가 연결되어 플라나건이 웨스트햄 진영으로 돌파해 들어갔다 아드리안이 골문에서 튀어나와 플라노를 넘어트렸다. 이번에는 웨스트햄 선수들이 일제히 항의했다. 하지만 주심이 옳았다. 페널티킥이었다. 아드리안은 자기 왼쪽을 가리키며 나를 유인했다. 나는 오른쪽으로 찼다. 그의 선택이 옳았지만, 나의 페널티킥에는 충분한 힘과 높이가 실려 골

6 연승질주

문 안으로 들어갔다.

경기가 끝난 뒤에 내가 케니 달글리시의 리버풀 역대 득점 기록을 넘어섰다는 말을 들었다. 아버지의 영웅을 내가 추월한 것이다. 개인 통산 173골이자 시즌 10호 페널티킥 성공이었다. 1월 내가 스토크 경기에서 딥라잉 미드필더로 보직을 변경한 이래로 넣은 아홉 번째 골이기도 했다. 부담감은 여전해도 나는 꽤 잘해나갔다.

2014년 4월 6일을 기준으로 팀의 성적은 더욱 인상적이었다. 1월 1일부터 치른 14경기에서 우리는 한 번밖에 패하지 않았다. 무엇보다 웨스트햄전 승리가 리그 9연승째였다. 9경기가 끝났다. 5경기만 남았다. 우리는 우승 궤도를 타고 있었다.

2013-14시즌은 내가 프로가 된 지 16번째 시즌이었다. 하지만 우승 경쟁을 하고 있으니 마치 신인처럼 느껴졌다. 모든 게 흥미진진했다. 매일 아침 훈련장으로 차를 몰면서 행복을 느꼈다. 그리고 오래도록 염원해왔던 판타지에 조금씩 가까워지고 있는 덕분이었다. 그러나 매일 저녁 두려워지기도 했다. 리그 우승에 관한 이야기에서 헤어나오지 못했다. 멜우드에 머무는 내내 우승 관련 주제가 그치지 않았다. 선수들은 서로에게 우리가 축구의 꿈에 얼마나 가까이 다가섰는지를 일깨우고 또 일깨웠다. 서포터즈도 흥분을 감추지 못했다. 멜우드 바깥에 늘어서서 차를 타고 떠나는 우리를 향해 큰 목소리로 행운을 외쳐줬다. 평소 나는 차를 잠시 세우고 사인이나 사진 촬영에 응한다. 용기를 주는 격려가 이어졌다. "스티비 힘내요! 우리를 위해 우승해줘요. 할 수 있어요!"

집으로 돌아가는 도중 교통신호에 걸려 설 때마다 팬들은 나를 향해 우승을 기원하며 소리쳤다. 일종의 우승 강박처럼 느껴지기도 했다. 내 친구들도 모두 나만큼 리버풀에 미쳐 있었다. 친구들과 만나는 자리에서 우리의 대화

주제는 오직 하나뿐이었다. 우승 도전이다.

지금 생각해보면, 당시 그러기보다 영화를 감상하거나 딸들과 함께 놀면서 우승 도전에 관한 신경을 끄려고 노력해야 했던 것 같다. 아내와 딸들은 그저 내가 잘해내고 행복하길 바랄 뿐이지 축구 자체에 대해선 관심이 전혀 없다. 향후 리그 일정을 후벼 파거나 안필드에서 맞이하게 될 빅매치를 어떻게 치러야 하는지를 함께 떠들지 않아도 될 유일한 사람들이 내 가족이었던 셈이다. 그런 강박에서 한걸음 떨어져 집에서 딸들과 체조 수업, 댄스 수업, 학교가 어땠는지 이야기를 나누며 더 많은 시간을 보냈어야 했다. 하지만 태생적으로 나는 축구를 머리에서 지울 수가 없다. 내가 스스로 스트레스를 주는 셈이었다.

머리를 식힐 겸 켠 TV에서도 항상 리버풀과 우승 도전에 관한 소식으로 넘쳐났다. 핸드폰은 연신 행운 기원 문자 메시지로 울려댔다. 밤이 깊어 어둠 속에서 좀처럼 잠들지 못했다. 눈을 감아도 우리가 치렀던 경기와 우승이 걸린 경기, 결국엔 실패하고 마는 장면들이 머릿속을 떠나지 않았다.

실전은 방심을 용납하지 않는다. 우리는 손만 뻗으면 우승컵에 닿을 만큼 챔피언에 바짝 다가서 있었다. 그런 마음 상태에선 경기를 뛰면서도 조바심을 떨칠 수가 없다. 그러면서도 내 경기력이 높은 수준으로 유지되는 게 희한할 정도였다. 1월 스토크 경기부터 내 플레이는 계속 좋았다. 로저스 감독 아래서 꾸준함이 가장 오래 지속된 기간이기도 했다. 경기 도중 모든 걸 망쳐버리는 실수를 저지를까 봐 두려워지기도 했지만, 경기력에는 아무런 영향을 주지 않았다. 나는 긴장감 속에서 뛰었다. 강한 마음과 용기를 움켜쥐고 있었다.

STEVEN GERRARD

7

다가서다
Closing In

GERRARD
8

　이번에도 스카이스포츠의 TV 중계 편의를 위해 조정된 일요일 오후 경기였다. 우리는 호프 스트리트에서 안필드까지 버스로 이동했다. 단순히 한 경기가 아니었다. 경기장 주위는 이미 수많은 팬들로 둘러싸여 있었다. 평소보다 큰 플래카드와 깃발이 등장했다. 팬들이 클럽 버스의 몸통을 두들기는 소리도 다른 때보다 컸다. 여기저기서 홍염이 터져 붉은색 연기가 하늘을 뒤덮었다. 버스가 경기장에 다가갈수록 엄청난 음량의 구호와 응원곡 소리가 귀를 얼얼하게 했다. 꽉 막힌 안필드 로드는 바다였다. 붉은 바다가 리버풀의 버스를 경기장 쪽으로 천천히 밀어보내는 듯한 착각이 들었다.
　FA컵 우승 퍼레이드에서 나는 놀라운 광경을 목격했다. 챔피언스리그 우승 트로피를 들고 이스탄불에서 돌아온 우리를 환영하러 시내에 모였던 팬 75만 명을 봤을 때가 특히 기억난다. 하지만 그렇게 잊을 수 없는 광경은 한번 펼쳐지곤 이내 사라진다. 긴장감 넘쳤던 드라마가 안도와 행복으로 바뀐 후에 벌어지는 파티라고 할 수 있다. 지금 내 눈앞에 있는 광경은 전혀 다르다. 희망과 기대가 한꺼번에 폭발하는 현장이었다. 팬과 그들의 꿈을 우리는 경이에 찬 눈빛으로 바라볼 뿐이었다.

아주 깊은 수렁에 빠졌던 클럽을 스스로 구원했기에 성취감이 더욱 달콤했다. 4년, 5년, 6년 전 같은 거리가 팬 수천 명으로 가득 찼었다. 클럽의 공동 구단주였던 톰 힉스와 조지 질레트 회장을 반대하는 시위가 2008년 시작되었다. 지금과 달리 그때 사람들을 안필드 로드로 모이게 한 동기는 희망이 아니라 분노였다. 나의 리버풀 경력에서 가장 어려웠던 시기의 개막이기도 했다. 이사회 안에서 수상쩍게 이루어지는 거래에 밀려 축구가 하찮아졌던 때였다. 힉스와 질레트 회장에게 리버풀 서포터즈가 받았던 상처가 너무 컸던 지라 2010년 대법원에서 시작된 소송에서 반드시 이겨야 한다는 마음이 간절했다. 앞으로 언제 올지 모르는 리그 우승보다 승소가 더 값진 성취처럼 보였다.

당시 안필드를 감싸 안은 것은 희망과는 전혀 달랐다. 힉스와 질레트 회장은 리버풀 안팎에서 냉소와 울분, 의견 충돌을 촉발했다. 그때만 해도 혼란이 영원할 것만 같았다. 2008년과 2009년에 걸쳐서 나는 시위대가 내걸었던 '톰과 조지는 안필드 출입금지'라고 쓰인 플래카드를 아직도 기억한다. 1년 뒤, 혼돈이 심해지자 문구는 '톰과 조지는 어디서든 출입금지'로 바뀌어 있었다. 미국인 공동 구단주 체제에서 눈두덩처럼 불어난 천문학적 빚에 눌려 리버풀은 법정관리 상태에 빠질 위기에 몰렸었다. 그렇게 어두웠던 시절이 끝나고 2014년 이처럼 희망이 피어나다니 변화의 속도와 폭이 놀랍기만 하다. 이제 사람들은 법정 다툼보다 리그 우승 도전에 관해 이야기한다. 미국인 사업가 2인이 아니라 수아레스와 스터리지 두 사람이 관심 대상이다. 내가 바로 원했던 바다. 열정을 땔감 삼아 우리 리버풀을 우승 고지로 달려가게 해야 한다. 너무 오랫동안 리버풀에서는 양복 차림의 사업가가 생산하는 헤드라인으로만 도배되는 수모를 당해왔다.

현대 축구의 비즈니스 분야에 관해서 나는 전혀 관심이 없다. 구단 소유권, 기업 스폰서십과 돈은 축구 경기에 의해서 생성된다. 물론 낭비되거나 도

둑맞을 수도 있다. 그런 주제는 내 관심을 끌지 못한다. 대부분의 팬처럼 나도 나의 팀, 드라마 같은 경기, 내가 방금 본 엄청난 골을 보면서 이야기 나누고 싶을 뿐이다. 주식, 대출, 적대적 인수, 법정관리인 같은 요소는 나의 관심사가 아니다.

그러나 돈이 축구를 바꿔놓았다. 흐르는 세월 속에서 내가 알던 아름다운 축구가 점점 이윤을 창출해야 하는 산업으로 변한다는 현실을 억지로 받아들여야 한다. 첼시와 맨체스터 시티는 급변했다. 중견 클럽에서 이제 그들은 강호로 탈바꿈했다. 그런 거래의 결과로 인해 리버풀과 나의 리그 우승 기회가 심각하게 훼손되었다. 누가 어떤 클럽의 주인인지를 신경 써야 하는 세상이다. 왜냐하면 그런 사업 거래가 리버풀에 직접적인 영향을 끼치고 있기 때문이다.

머지사이드 출신 무어즈 가족이 예전에 리버풀을 소유했었다. 나는 그들을 진심으로 존경한다. 세상이 바뀌어 나도 리버풀이 새 주인을 찾았으면 했다. 첼시, 맨체스터 시티, 맨체스터 유나이티드와 우리 사이에 벌어진 간극을 줄일 수 있는 부자 구단주를 원했다. 경쟁자를 사정거리 안에 묶어두려면 우리는 새로운 선수를 영입할 돈이 필요했다. 그러나 클럽 소유권과 인수 등에 대한 내 관심은 이내 줄어들었다. 우리 구단주가 정말 리버풀을 더 강하게 만들어줄까? 리버풀의 전통을 존중하면서?

2007년까지만 해도 나는 그런 축구 외적 이슈에 관해서 릭 패리(Rick Parry) 당시 대표이사, 힉스-질레트 공동 구단주와 나누는 대화에 기꺼이 동참했었다. 제이미 캐러거도 함께했다. 그는 리버풀에서 제일 오래 뛰었을 뿐 아니라 리버풀을 위해서라면 뭐든지 할 정도로 클럽에 충성하는 선수였기에 캐러거의 대화 참여는 당연했다. 올드 트래포드에서 예정된 잉글랜드와 스페인 간 국가대표팀 평가전으로부터 이틀 전, 우리는 맨체스터의 로리 호텔에서 미국인 사업가 두 명을 만났다. 당시 힉스와 질레트는 총 4억 3,500만 파운드로 리버풀을 인수하기 직전이었다. 인수작업을 마무리하기 위해 그들이 스코틀랜드왕립은행(Royal Bank of Scotland)에서 1억 8,500만 파운드나 빌려야 한다는 사실을 나는 전혀 몰랐다.

나는 그들이 가진 클럽 발전 계획을 알고 싶었다. 그 자리에서 두 사람은 제이미와 나에게 그럴싸한 비전을 제시했다. 힉스와 질레트는 2005년 챔피언스리그 우승 경험을 발판 삼아 리버풀이 유럽 강호가 되기를 바란다고 말했다. 전력 보강 자금도 약속했다. 오래전부터 이야기로만 맴돌던 새 스타디움도 건설할 계획이라고 했다. 이틀 후, 질레트가 우리에게 했던 약속을 공개석상에서 재확인했다. 그는 "60일 이내에 착공할 예정"이라고 공언했다.

두 사람의 말은 모두 흥미진진하고 현실적으로 들렸다. 미팅을 끝낸 뒤, 제이미와 나는 정말 긍정적인 분위기를 만끽했다. 그러나 어느 자리에 있든 가장 쉬운 일이 바로 말하기다. 프로축구선수는 누구나 엄청나게 큰 그림을 떠들어댄다. 가장 어려운 일은 무얼까? 바로 자기가 한 말을 실행에 옮기는 것이다.

처음에는 그들도 노력했다. 팀에 투자했다. 다섯 달 뒤에 당시 여름 이적시장의 '빅딜' 중 하나를 성사시켰다. 아틀레티코 마드리드에 2,650만 파운드를 지급해야 하는 페르난도 토레스의 영입을 힉스와 질레트 회장이 승인했다. 라이언 바벨과 요시 베나윤의 영입에도 그들은 큰돈을 썼다. 토레스는 첫 시즌부터 맹활약을 선보였지만, 2007년 11월 라파엘 베니테스 감독은 일찌감치 자신의 영입 희망 후보군을 놓고 구단주와 불화를 겪었다. 구단주와의 허니문이 끝나자 베니테스 감독은 시간 날 때마다 내게 힉스와 질레트 회장을 모두 헐뜯었다.

일이 점점 꼬여갔다. 힉스와 질레트 회장 쪽에서 각종 잡음이 새어 나왔다. 나는 기분이 상했다. 2008년 1월 힉스 회장이 위르겐 클린스만(Jurgen Klinsmann)을 만나 차기 감독직을 놓고 협상을 벌였다. 그러나 베니테스 감독은 남았고, 우리가 우승 경쟁을 벌였던 2008-09시즌 내내 언쟁이 이어졌다. 그라운드 위에서는 성과가 나오는 와중에 이사회 안에서는 무슨 일이 벌어지는지 도대체 알 수가 없었다. 설상가상 힉스와 질레트 회장이 서로 싸워 클럽은 수렁 속으로 빠져들었다. 새 경기장의 신축허가를 받아놨지만, 공사에 필요한 3억 파운드가 없었다. 땅을 팔 삽은 구경도 할 수 없었다. 경기장 신축계획은 전면 폐기되고 말았다. 2009년 여름 크리스천 퍼슬로우(Christian Purslow)가 새로운 경영총괄이사에 선임되었다. 그의 임무는 현금 1억 파운드를 구해오는 일이었다. 힉스와 질레트 회장 체제에서 이루어진 대출금 중 1억 파운드를 채권자에게 상환해야 한다는 사실이 밝혀졌기 때문이다.

많은 팬들은 제이미와 내가 힉스와 질레트 회장에 대한 의견을 공개석상에서 밝혀야 한다고 생각했다. 나도 알고 있다. 그들은 우리가 매우 큰 영향력을 행사할 수 있다고 믿었을 것이다. 현실은 다르다. 우리는 미약했다. 동시에 아주 미묘한 처지였다. 두 사람은 클럽의 주인이었고, 우리는 단순히 선수일 뿐이었다. 고용주를 비난할 위치에 서 있지 못했다. 우리도 공개적으로 의견을 표명하고 싶었지만, 그러지 못해 아쉬웠다. 사실 우리가 사건을 공개적으로 밝히는 것이 사태에 도움이 될 것이라고 생각하지도 않았다.

리버풀 내에서 나보다 윗자리에 있는 누군가와 언쟁을 벌일 권한이 선수에겐 없다고 생각했다. 주장으로서 직접 이야기할 수 있는 유일한 상대는 감독 한 사람뿐이다. 그는 우리와 함께 일하며 선수단을 이끄는 사람이기 때문이다. 감독의 상사, 특히 이사회 구성원이라면 내 영역 밖이다.

팬인 동시에 선수로서 나는 우리 구단주가 올바른 인품의 소유자이기를 바란다. 자기가 했던 약속을 지켜주기를 바란다. 하지만 나는 힉스와 질레트 회장에게 면담을 한 번도 요청하지 않았다. 그들이 먼저 만나자고 했다. 두 사람은 내게 "우리 목표가 이렇고, 현재 계획은 저렇다"라고 말했다. 나는 액면가 그대로 두 사람을 믿었다. 계획이 뜻대로 돌아가지 않는다고 해서 내가 두 사람에게 도전하거나 직접 스코틀랜드왕립은행을 찾아가 담판을 지을 순 없다. 개인적으로 나도 이미 많은 고민거리를 갖고 있었다. 그래서 일반 팬처럼 나도 한발 떨어진 곳에서 사태를 관망했다. 제 기능을 상실해가는 클럽을 보며 안타까워할 뿐이었다.

인수 당시만 해도 힉스와 질레트 회장은 한 편이었다. 하지만 이내 서로 싸우기 시작했다. 두 사람의 무너진 관계가 영영 회복되지 못할까 봐서 걱정스러웠다. 상황은 정확히 걱정했던 대로 흘러갔다. 나도 팬의 분노를 충분히 이해했다. 일주일간 열심히 일한 뒤에 주말을 맞이해 안필드를 찾아 리버풀을 응원해주는 사람들이다. 팬에게는 '내 팀'이 올바른 인물에 의해 경영되어야 한다고 요구할 권리가 있다. 우리 모두가 화가 나고 실망할 수밖에 없었다.

2009년 말이 되자 구단주 2인에 대한 불신이 본격적으로 불거졌다. 덩달아 팀 성적도 떨어졌다. 지나친 의사전달도 일어났다. 질레트 회장은 자기 가족이 살해 협박을 받았다고 주장했다. 힉스 회장의 아들이자 리버풀 이사인 톰 힉스 주니어는 팬 시위를 이끌고 있던 서포터즈 모임 '생클리 정신(Spirit of Shankly)'의 구성원과 인터넷상에서 '사이버 설전'을 벌였다. 힉스 주니어 이사는 이메일에서 팬을 '멍청이'라고 불렀다. 거기서 그치지 않았다. 2010년 1월 그는 또다시 동일 팬에게 "웃기지 좀 마라, 병신아. 지옥에나 가버려. 정말 지긋지긋하다"라는 내용의 이메일을 보냈다. 이런 사람들이 우리 클럽을 책임지고 있었던 것이다. 빌 생클리 감독이 무덤에서 벌떡 일어날 일이다.

클럽은 스코틀랜드왕립은행에서 2억 3,700만 파운드를 다시 빌렸다. 그 탓에 힉스와 질레트 회장이 소유한 리버풀 홀딩 컴퍼니는 매주 250만 파운드에 달하는 위약금을 지급해야 했다. 2010년 6월까지 클럽이 새 주인에게 팔리지 않으면, 위약금 총액이 6,000만 파운드에 이를 것이라고 했다. 재정 관련 규정은 매우 엄격했다. 법정관리 상태에 빠질 위험성이 정말 커졌다. 만약 그렇게 되면 리버풀은 프리미어리그로부터 승점 9점이 깎이는 징계를 받아야 한다.

힉스와 질레트 회장의 관계는 여전히 불편했지만, 다행히 2010년 4월 클럽을 팔겠다고 발표했다. 재임기간 내내 클럽을 엉망진창으로 만들었던 두 장본인이 끝까지 리버풀을 이용해 한몫 단단히 챙기고 싶어 했다. 인수자를 기다린다고 밝힌 두 사람은 정말 어처구니없을 만큼 비싼 금액을 책정했다. 힉스 회장의 호가는 6억 파운드에서 10억 파운드 사이였다.

스코틀랜드왕립은행이 개입해 브리티시항공의 마틴 브로턴 회장에게 클럽 인수자 물색작업을 일임했다. 경기장 안팎에서 말썽이 끊이지 않았다. 2009-10시즌 우리는 리그 7위에 머물렀다. 베니테스 감독이 경질되고, 그 뒤를 로이 호지슨 감독이 이었다.

진짜 싸움은 그라운드가 아니라 이사회 안에서 계속되었다. 설상가상 리버풀과 호지슨 감독도 좀처럼 힘을 내지 못했다. 스코틀랜드왕립은행은 리버풀의 대출금 관련 업무를 자사 내 부실자산관리 부문으로 이관했다. 힉스와 질레트 회장을 제외한 나머지 이사들은 각처에서 다양한 인수 제안을 받고 있었다.

2010년 10월 6일, 드디어 리버풀이 '뉴 잉글랜드 스포츠 벤처스 오브 보스턴(New England Sports Ventures of Boston)'에 넘어간다는 발표가 나왔다. 회사 오너는 또 다른 미국인 사업가 존 W.헨리(John W. Henry)였다. 헨리 회장은 이미 보스턴 레드삭스를 보유한 것은 물론 해당 분야에서 긍정적인 평판을 받는 사업가였다.

2010년 10월 13일 대법원에서 클럽의 판매 대금을 3억 파운드로 조정해도 좋다는 판결이 나오자 힉스와 질레트 회장이 인수 계약을 무산하기 위해 애썼다. 힉스 회장은 그 거래를 '거대한 사기'라고 명명하면서 미국 댈러스 법원에 거래금지 명령을 내려달라고 요청했다. 그러나 결국 힉스와 질레트 회장 측은 패소하고 말았다. 인수 계약작업이 진행되었고, 드디어 리버풀은 헨리 회장의 소유가 되었다. 그가 소유한 '펜웨이 스포츠 그룹(Fenway Sports Group)'이라는 법인이 클럽의 새로운 주인이 되었다. 고요한 화합이 클럽을 다시 찾았다. 펜웨이 측의 사업 방식은 훨씬 조용하고 효율적이었다. 나는 그런 분위기가 편안해서 좋았다. 힉스와 질레트 회장 아래서 우리가 감수해야 했던 소란과 혼돈과는 매우 달랐다.

2014년 4월의 오후, 클럽 버스가 드디어 안필드에 도착했다. 수많은 플래카드와 깃발이 우리에게 용기를 주었다. '힉스와 질레트는 물러가라!'보다 '꿈꾸게 해다오'라는 문구가 훨씬 깊은 영감을 우리에게 주었다. 리버풀 서포터즈 4만 명이 희망의 기치 아래 하나가 되어 천천히 안필드를 향해 이동했다. 우리는 뒤틀리고 지저분했던 사업에서 탈출했다. 모두가 다시 한 번 스릴 넘치는 축구 속으로 빠져들 수 있었다.

2014년 4월 13일 일요일
안필드

과거의 소리가 우리를 휘감았다. 50년 전인 1963-64시즌 막판, 빌 생클리 감독이 처음 우승을 차지했던 팀에서는 두 선수가 핵심 역할을 했다. 로저 헌트(Roger Hunt)와 이안 세인트 존(Ian St John)은 그 시즌 나란히 20골이 넘는 득점력을 과시했었다. 반세기가 흐른 뒤, 그들의 업적을 바로 우리가 재현하고 있었다. 루이스 수아레스가 29골, 다니엘 스터리지가 20골 고지에 올랐다.

정확히 50년 전, 생클리의 팀은 우리에게 유사한 영감을 줬다. 당시 그 팀도 맨체스터 유나이티드를 홈에서 1-0, 원정에서 3-0으로 꺾었다. 1964년

3월 30일, 토트넘 홋스퍼를 제압함으로써 리그 1위에 올랐다. 우리가 똑같은 역사를 반복했던 날과 날짜까지 같았다. 생클리의 정신은 이 클럽에서 절대로 떼어질 수가 없다.

화창한 하늘 아래 안필드의 그라운드로 내가 리버풀을 이끌고 입장했다. 거대한 붉은 깃발 위에 흑백 톤으로 그려진 빌 생클리 감독이 우리를 내려다보고 있었다. '당신은 홀로 걷지 않아'가 열정에 가득한 목소리로 울려 퍼졌다. 이내 안필드는 침묵의 시간을 가졌다. 이날은 힐즈브러 참사 25주기로부터 이틀 전이었다. 콥 스탠드가 빨간색과 노란색으로 물들어 1989년 4월 15일 세상을 떠난 희생자 96명을 추모했다. 긴 시간 동안 슬픔을 간직해왔던 모든 팬이 너무나 명료하면서 강력한 메시지를 보냈다.

'96 - 25년'

팀컬러인 하늘색 유니폼을 입고 나온 맨체스터 시티 선수들도 자기 뒤쪽으로 펼쳐진 카드섹션을 향해 고개를 숙여 예의를 갖췄다. 우리는 콥 스탠드를 정면으로 바라보고 있었다. 나도 강력한 메시지를 바라보았다. 이 위대한 축구 클럽이 걸어왔던 모든 길, 그리고 휴이턴의 내 가족을 마음에 품었다. 나는 리버풀 선발 11인 중 한가운데에 서 있었다. 좌우로 두 선수가 있었다. 함께 뛰어본 최고의 축구선수인 루이스 수아레스, 그리고 내가 떠난 뒤 주장 완장을 물려받게 될 조던 헨더슨이었다. 루이스는 내 허리를 안았고, 조던은 어깨동무를 했다. 나는 당당히 섰다. 슬프면서도 자랑스러웠다.

1분 묵념을 마치는 휘슬이 울리자 안필드 전체가 함성으로 뒤덮였다. 흩어지는 선수 중 내가 제일 앞으로 나갔다. 이제 경기에 집중해야 했다. 동료들 모두 박수를 쳤다. 조던이 선수들에게 소리치며 용기를 북돋았다. 그는 이미 리더가 되어 있었다. 브렌던 로저스 감독은 일주일 전 웨스트햄 경기에서 승리를 거뒀던 11인을 그대로 선발 기용했다. 상대팀 주포 세르히오 아구에로가 부상 복귀 후 컨디션 조절 차원에서 벤치에 머물러 다행스러웠다. 그가 없다고 해도 맨시티는 여전히 강했다. 조 하트(Jo Hart)를 비롯해 파블로 사발레타(Pablo Zabaleta), 뱅상 콩파니(Vincent Kompany), 야야 투레(Yaya Toure), 다비드 실바(David Silva)가 버티고 있었다. 야야의 친형 콜로는 리버풀 쪽 벤치에 앉아 있었다.

마치 컵대회 결승전을 치르는 기분이 들었다. 솔직히 나는 전날 잠을 제대로 자지 못했다. 경기를 앞두고 선수들에겐 준비를 돕기 위해 작성된 책자가 배포된다. 호텔 방 침대 위에서 나는 모든 세트피스 상황, 공격, 수비를 숙지했다. 너무 많은 것을 한꺼번에 머릿속에 집어넣었던 탓에 막상 경기시간이 되자 그라운드로 풀려났다는 느낌마저 들었다. 안필드의 익숙한 함성이 내 마음을 침착하게 다독였다. 주위를 둘러봤다. 모든 준비가 완벽했다.

조 하트의 골킥을 스크르텔이 머리로 걷어냈다. 공은 쿠티뉴의 패스를 거쳐 헨더슨에게 연결되었다. 헤수스 나바스(Jesus Navas)가 헨더슨을 막으려고 뻗은 발에 공이 굴절되어 자기 골문 쪽으로 흘렀다. 수아레스가 파고 들었다. 포니 테일의 마르틴 데미첼리스(Martin Demichelis)가 뒤에서 큰 덩치로 따라붙었다. 수아레스는 그대로 버텼다. 뒤이어 가엘 클리시(Gael Clichy)의 제지까지 뚫어낸 수아레스가 공간으로 들어갔다. 그의 영리함과 파워가 빈 공간을 만들어낸 것이다. 맨시티 수비수 세 명이 달려드는 와중에 스털링이 수아레스의 노림수를 읽었다. 공간으로 파고 들었다. 페널티박스 안에서 수아레스가 패스를 보냈다. 스털링은 멋진 기술로 공을 컨트롤했다. 콩파니를 제치고 들어간 스털링은 슬쩍 밖으로 방향을 꺾으면서 칩슛으로 하트를 무너트렸다. 좋은 골이었다. 스털링이 수아레스에게 달려갔다. 너무 흥분한 탓인지 평소 손으로 얼굴을 덮는 세리머니도 잊은 것 같았다. 전반 6분, 1-0으로 앞서갔다.

이날 스털링은 평소와 달리 중앙 아래 지점에서 뛰었다. 상대 미드필더가 전방 압박을 해올 것이라고 예상했기 때문이다. 야야 투레는 돌진해 나오면 정말 무서운 선수다. 하지만 로저스 감독은 우리가 공을 빼앗아 역습을 가하면 투레의 빈자리를 공략할 수 있다고 강조했다. 투레가 공격에 나왔을 때 생기는 공간을 스피드가 좋은 스털링이 노리는 작전이었다. 전반 19분 투레가 중거리슛을 시도하다가 사타구니 근육을 다쳤다. 그가 절뚝거리며 하비에르 가르시아(Javier Garcia)와 교체되어 나가자 맨시티의 힘이 빠지는 것 같았다. 스털링이 펄펄 날았다. 그의 패스를 받은 스터리지가 슛을 때렸지만 골대를 살짝 빗나갔다.

전반 25분 코너킥을 얻었다. 쿠티뉴에게 코너킥을 차게 했다. 정확한 크로스를 내가 머리로 정확히 맞혀 헤딩슛을 시도했다. 하트가 몸을 날려 간신히 크로스바 위로 넘겨 다시 코너킥이 되었다. 이번에는 내가 찼다. 가까운 쪽 골대에 있는 스크르텔을 노렸다. 그 주에 우리가 연습했던 세트피스 공격이었다. 킥 감각이 정말 좋았다. 스크르텔이 원하는 공간으로 정확히 크로스를 보냈다. 세트피스 훈련이 빛을 발했다. 콩파니의 대인마크를 뿌리친 스크르텔이 뛰어올라 고개를 비틀어 공의 궤적을 살짝 바꿔놓았다. 슛이 하트의 머리 위로 빠르게 지나갔다. 치명적인 슛이었다.

안필드가 폭발했다. 스크르텔과 내가 코너플래그 앞에서 얼싸안은 채 쓰러져 뒹굴었다. 4만 4천 관중 앞에서 꼬마 아이들처럼 우리는 바닥에 누워 잔디 향기를 만끽했다. 4만 홈 팬들이 열광했다. 하늘색 원정 시포디즈석은 돌처럼 굳어 있었다. 행복으로 가득 찬 함성 외엔 아무것도 들리지 않았다. 2-0이다. 아무도 막을 수 없는 붉은 힘이 리그 타이틀에 더욱 가까이 가는 것 같았다. 우리는 편안했다. 전진을 계속했다.

미뇰렛이 나와 코너킥을 잘 잡아냈다. 그러나 맨시티의 의도가 분명하게 보였다. 그들은 신중하게 약속된 플레이를 수행했다. 우리 수비는 아직 별 문제가 없어 보였다. 사미르 나스리의 코너킥을 콩파니가 머리로 연결했다. 우리는 쉽게 무너지지 않았다. 키가 작은 라힘 스털링이 골라인에서 슛을 걷어냈다. 사자의 심장을 가진 사나이 존슨이 머리로 공을 띄웠고, 혼전 끝에 미뇰렛이 몸을 날려 공을 잡아냈다.

전반전이 끝나기 전, 맨시티가 다시 공격을 해왔다. 오른쪽 측면에서 나바스가 크로스를 올렸다. 페르난디뉴(Fernandinho)가 하프발리슛을 때렸다. 미뇰렛이 몸을 쭉 뻗어 잘 막아냈다. 숨을 고르며 수비를 재정비했다. 맨시티가 경기를 주도했지만, 리버풀은 빠른 템포와 압박으로 치열하게 맞섰다. 경기가 끝나기까지 아직 멀었다.

맨시티가 다시 강하게 나오기 시작했다. 우리는 침착하게 대응했다. 후반 5분 제임스 밀너(James Milner)가 교체로 들어왔다. 좀 더 직접적으로 공격하겠다는 뜻이었다. 거친 하늘색 파도를 잠재우기 위해 우리는 정말 죽어라 뛰었다. 수아레스가 끊임없이 상대를 위협했다. 스털링도 최고의 공격 효율을 과시했다. 수아레스가 반칙을 얻기 위해 다이빙을 했다며 맨시티 선수들이 그에게 두 번째 경고를 줘야 한다고 거칠게 항의했다. 마크 클라텐버그 주심은 받아들이지 않았다. 사실 조금 전 클라텐버그 주심은 내게 루이스에 관해서 살짝 이야기를 건넸다. 너무 아슬아슬하다며 그에게 선을 넘지 말라고 주지시키라고 귀띔했다.

우리를 위협하는 문제가 조금씩 커져갔다. 왼쪽 측면에서 에딘 제코(Edin Dzeko)가 쇄도해 들어오는 페르난디뉴에게 패스를 보냈다. 그의 오른쪽으로 힘차게 뛰어들어오는 밀너에게 연결되었다. 맨시티가 우리 수비 폭을 한껏 늘렸다. 밀너가 페르난디뉴와 빠르게 원투 패스를 거쳐 골대 가까이 들어가 실바에게 패스했다. 실바가 넘어지면서 뻗은 왼발 슛이 미뇰렛의 방어를 피해냈다. 후반 7분 맨시티가 한 골을 만회했다.

실바가 다시 위협적으로 들어왔다. 우리는 뒤로 물러나야 했고, 날카로운 패스를 받은 제코가 다행히 득점 기회를 날렸다. 걱정스러웠다. 경기가 시작한 지 아직 한 시간도 지나지 않았다. 전반 30분까지만 해도 모든 게 쉬워 보였다. 그러다가 시소게임처럼 서로 치고받았다. 실바의 테크닉이 번뜩였고, 밀너 덕분에 맨시티는 경기장을 폭넓게 사용하기 시작했다. 맨시티가 우리 수비의 뒷공간을 계속 찔러댔다.

후반 17분 맨시티가 세밀한 공격을 시도했다. 클리시에서 나스리, 다시 클리시로 이어져 왼쪽 측면으로 오버래핑해왔다. 밀너에게 횡패스, 다시 실바, 힐패스로 나스리, 그리고 실바로 이어졌다. 페널티박스 안에서 실바는 제코가 들어오길 기다렸다. 크로스를 보냈는데, 존슨에 맞고 꺾인 공이 우리 골대 안으로 들어가버렸다. 자책골이었다. 2-2 동점. 미뇰렛이 바닥에 주저앉아 손을 무릎 위에 얹고 고개를 설레설레 흔들었다. 하늘색 원정 서포터즈석에서 난리가 났다. 나머지 붉은 홈 관중은 할 말을 잃었다. 다시 힘을 내자며 동료들을 다독였지만, 체력이 많이 떨어져 있었다. 리그 연승 행진을 벌여오면서 체력을 소진한 탓이다. 이 경기가 맨시티로서는 잔여 일정 중 마지막 빅매치라서 더 걱정스러웠다. 우리와 비기기만 해도 남은 일정이 평이했다. 우리는 이 경기를 반드시 잡아야 했다.

아구에로가 교체로 들어왔다. 설상가상이다. 가르시아에게서 패스를 받은 아구에로가 왼쪽 측면으로 빠져 돌았다. 나는 있는 힘을 모두 쥐어짜 수비에 가담했다. 비상벨이 요란하게 울려대는 듯했다. 아구에로가 스크르텔을 따돌렸다. 골대 앞까지 들어간 아구에로가 무방비 기회를 만들었다. 아구에로가 실바에게 크로스를 보냈다. 실바가 쭉 뻗은 발 바로 앞으로 패스가 지나갔다. 간발의 차이였다. 천만다행히 우리는 실점 위기를 넘겼다. 실바가 양손으로 머리를 감쌌다. 절호의 기회가 날아갔다는 걸 알기 때문이었다.

나는 동료들에게 큰소리로 떠들었다. 분위기를 다잡으며 용기를 줘야 했다. 이길 것이라고 믿었던 경기에서 갑자기 이미 패한 듯한 기분이 들었다. 그러나 아직 경기는 끝나지 않았다. 리버풀에는 아직 시간이 남아 있었다.

맨시티 진영 코너플래그 지점에서 존슨이 스로인을 던졌다. 클리시를 거친 공이 튀어 콩파니 쪽으로 갔다. 그는 맨시티의 주장이다. 프리미어리그 최고 수비수 중 한 명이다. 지난 시즌 최고의 11인을 꼽으라면 내가 제일 먼저 적어 넣을 이름이 바로 콩파니였다. 그의 주위엔 리버풀 선수가 아무도 없었다. 콩파니가 걷어내려고 했던 공이 빗맞아 쿠티뉴의 앞에 떨어졌다.

쿠티뉴가 깨끗하게 공을 때렸다. 쾅! 슛이 곧장 맨시티의 골대 안으로 날아갔다. 하트가 자기 왼쪽으로 힘껏 날았다. 그러나 환상적인 슛을 막을 순 없었다. 골이다. 쿠티뉴, 쿠티뉴, 오 필리페 쿠티뉴, 이 귀여운 녀석 같으니라고. 모두 달려가 쿠티뉴를 감싸 안았다. 브렌던 로저스 감독도 사이드라인을 따라 달리며 헤비급 챔피언처럼 펀치를 붕붕 날렸다. 맨시티의 철옹성이 허물어졌다. 리버풀 3, 맨시티 2. 콩파니는 좌절에 빠졌다. 운명의 신이 끼어들어 콩파니를 괴롭혔다. 물론 우리에겐 큰 도움이었다.

경기 종료까지 이제 12분 남았다. 고통을 견뎌야 할 시간이 12분씩이나 되다니. 내 인생 가장 중요한 승점 3점을 얻기까지 남은 시간 12분. 빅터 모제스가 쿠티뉴와 공격을 만들었다. 맨시티 수비진을 향해 맹렬히 돌진했다. 이번에는 콩파니가 무너지지 않았다. 그의 태클에 걸려 공이 무인지경 공간으로 흘렀다. 헨더슨과 나스리가 동시에 달려들었다. 헨더슨이 나스리를 제압했다. 그러나 클라텐버그 주심이 상의 주머니에 손을 넣었다가 카드를 뽑았다. 빨간색이었다. 헨더슨이 퇴장당하고 말았다. 아무도 항의하지 않았다. 찰나의 순간에서는 누구나 레드카드가 어떤 결과를 초래할지 정확히 판단해낼 방도가 없다. 쓴 교훈으로 가슴에 새기는 일이 유일하다. 한 가지 생각밖에 들지 않았다. 버텨야 한다. 맨시티가 격렬하게 쳐들어왔다. 마지막 순간 데미첼리스가 롱패스를 보냈다. 소용없었다. 공이 우리 진영으로 넘어오기도 전에 주심이 종료 휘슬을 불었다. 끝났다. 우리가 10경기 연속 승리했다. 맨체스터 시티까지 격파했다.

이젠 리그 우승이 코앞에 다가왔다. 울고 싶었다. 미뇰렛, 사코, 플라나건과 함께 얼싸안았다. 가슴속에 있던 모든 감정이 복받쳤다. 나는 고개를 들어 하늘을 쳐다봤다. 솟구치는 눈물을 잠글 수 없었다. 해냈다는 안도감이 터져 나왔다. 오른팔로 눈을 닦았다. 루이스 수아레스와 동료들이 모두 몰려와 나를 둘러쌌다. 안필드가 우리를 보고 있다. 팬들조차 노래도 부르지 못할 정도였다. 너무 기쁜 나머지 박수만 칠 뿐이었다. 믿을 수가 없다는 분위기였다. 나처럼 팬들도 감정이 폭발하는 것 같았다. 맨시티 선수들이 쓸쓸히 경기장을 빠져나가는 동안 안필드는 환희로 가득 찼다.

다시 한 번 팔로 눈을 닦았다. 울음을 숨기고 싶었던 것 같다. 스크르텔과 존슨까지 합세했다. 모든 동료가 나를 둘러쌌다. 스털링이 달려와 플라노 위로 올라탔다. 조 앨런이 스크럼 사이로 끼어 들어왔다. 모두가 모이길 바랐다. 그라운드 한가운데에서 끈끈한 어깨동무로 우리는 하나가 되어 있었다. 스카이스포츠 카메라가 나를 찍는다는 사실을 전혀 깨닫지 못했다. 내 눈에는 오직 흥분에 휩싸인 리버풀 동료만 보일 뿐이었다.

무슨 말을 해야 했다. 눈물을 흘리면서도 시즌이 아직 끝나지 않았음을 그들에게 상기시켜야 했다. 내 인생을 통틀어 리그 우승에 가장 가까이 다가섰다. 리버풀은 24년 만에 우승컵을 거머쥐기 일보 직전이었다. 선수들은 기쁨을 가누지 못했다. 나도 그랬다. 그냥 놓쳐버릴 수 없었다. 사전에 준비한 메시지는 없었다. 단지 뭔가 쏙 이야기해야 했다. 아직 시즌이 끝나지 않았어, 오늘 승리했다고 우승한 게 아니야, 마지막 힘을 쥐어짜서 처음부터 다시 시작하는 마음을 먹어야 해, 라고 이야기하고 싶었다. 그렇게 말하려고 했다. 그때 내가 그토록 흥분해 있는 줄은 나중에 영상을 보고서야 알았다. 있는 힘을 다해 동료들을 꽉 안았다. 다음 경기에 나서기 전에 우리는 반드시 해야 할 준비가 있다는 점을 분명히 전달해야 했다. 동료들이 모두 나를 중심으로 어깨동무를 하고 있었다. 나의 말에 귀 기울이는 것처럼 모두 고개를 숙이고 있었다. 내 목에서 쉰 목소리가 갈라지며 나왔다. 리버풀 사투리가 작은 원 안에서 쩌렁쩌렁 울렸다. "놓치면 안 돼! 놓치면 절대로 안 된다고! 내 말 잘 들어. 오늘 경기는 끝났어. 이제 우리는 노리치로 간다. 오늘이랑 똑같이 해야 돼. 다시 가는 거야. 컴온!"

동료들이 울부짖음으로 대답했다. 어깨동무가 풀렸다. 나는 콥 스탠드를 향해 돌아섰다. 양손을 들어 감사함을 표시했다. 그제야 그들도 안도감을 찾아 노래를 불렀다.

> 이제 너도 우리를 믿겠지
> 이제 너도 우리를 믿을 거야
> 이제 너도 우리를 믿을 거야
> 우리가 리그 우승한다
> 우리가 우승한다고!

익숙한 응원곡이 울려 퍼지는 가운데 나도 그라운드에서 빠져나갔다. 갑자기 힘이 빠지고 극심한 피로감이 들이닥쳤다. 내 인생에서 가장 길었던 경기가 지금 막 끝난 것이다.

이틀 뒤 선수단이 다시 모였다. 아름답도록 화창한 오후였다. 리버풀의 하늘은 청명했다. 햇볕이 내리쬐는 안필드에서 힐스브러 희생자 96인을 추모하는 25주기 행사가 열렸다. 2만 4,000명이 모였다. 콥 스탠드와 메인 스탠드, 패독, 안필드 로드와 센테너리 스탠드의 아래층에 자리를 잡았다. 단, 관중석 96개는 스카프만 걸친 채 비어 있었다. 힐스브러 희생자를 위한 자리였다. 새로운 조사가 시작된 덕분에 매우 감정적이 되었다. 당시 현장에 있었던 생존자들이 희생자의 사인(死因)을 숨김없이 증언한 지 엿새째가 되던 날이었다. 콥 스탠드에서 내려다보는 그라운드는 평소보다 더 푸르게 보였다. 나는

7 다가서다

시선을 센터서클에 맞췄다. 숫자 '96'이 센터서클 안을 꽉 채울 만큼 큼지막하게 장식되어 있었다. 숫자는 붉은색 축구 스카프 몇백 장으로 만들어져 있었다. 단순히 바닥 위에 대충 떨궈진 것처럼 보이지 않았다. 한 장 한 장 세심하게 놓여 있어 숫자가 더욱 명확하게 나타났다. 한가운데에 숫자 '96'이 선명했다. 문구는 의미심장했다.

절대로 잊지 않는다
96
25년

1989년 4월 15일 힐즈브러의 하늘도 이처럼 햇살 가득한 봄날이었다. 그렇지만 이내 어둠에 뒤덮였다. 그로부터 25년간 어둠의 비탄과 고통이 이어졌다. 참사 1주기 행사는 장례식 같은 분위기에서 거행되었다. 희생자 96인을 한 명씩 다시 매장하는 듯한 기분이었다. 그러나 세월이 지나면서 분위기는 변해갔다. 20주기 추모식이 모든 걸 바꿨다. 당일 콥의 분노가 기어이 폭발했다. 조용했던 장례식이 진상규명을 촉구하는 집회로 변했다. 5년이 지난 지금 공기는 또 바뀌었다. 슬픔과 추모에는 바뀜이 없었지만, 이제 우리에겐 희망과 자긍심이 피어났다.

축구는 야욕과 추잡함으로 가득한 비즈니스다. 한없이 인정머리 없어질 수도 있다. 하지만 축구의 고결한 존엄성이 우리 모두의 신념을 다시 한 번 축복하는 순간도 있다. 축구를 진정으로 사랑하는 사람들이라면 가능한 일이다. 그날이 그랬다. 비록 어떤 축구공도 볼 수가 없었지만, 그날 안필드의 그라운드는 너무나 특별하게 다가왔다. 축구가 순수하고 선하게 느껴지는, 그런 날이었다. 힐즈브러의 폐허는 너무 오랫동안 리버풀의 심장을 할퀴어 왔다. 그 안에서 희망이 피어난다는 증거였다. 이날만큼은 평소 우리가 가지고 있던 라이벌 의식과 불타는 야망도 잠시 내려놓을 수 있었다. 그보다 훨씬 소중한 무언가가 있었기 때문이다. 에버턴의 로베르토 마르티네스 감독도 그런 분위기를 감지해냈다. 그는 리버풀과 함께 화합하고 공감하고자 하는 마음을 이렇게 밝혔다.

"1989년 4월 저는 불과 열다섯 살이었습니다. 오늘 여기 모이신 모든 분처럼 축구에 미친 가정에서 태어나 축구에 미쳐 있던 아이였습니다. 힐즈브러 참사 소식을 처음 접했을 때, 우리 가족은 희생자 유가족의 고통과 공포를 온전히 이해하지 못했습니다. 축구 경기를 보러 갔다가 다시는 돌아오지 않는 혈육을 기다리는 사람의 심정을 제대로 헤아릴 수가 없었습니다. 사랑하는 축구를 보다가 죽을 수가 있다니요? 말도 안 되는 일입니다. 불공평합니다. 그 다음에 벌어진 일들 역시 공평하지도 옳지도 않았습니다. 목숨을 잃은 가족의 명예를 회복하기 위해 싸워야 하는 현실이 너무나 끔찍합니다.

'힐즈브러 유가족 지원 모임'은 실로 대단한 일을 하고 있습니다. 25년간 축구와 리버풀 도시 안팎에서 여러분은 모두의 존경을 얻었습니다. 에버턴이 여러분과 함께한다는 사실을 굳이 제 입을 통해 말씀 드리지 않아도 잘 아실 겁니다. 오늘 저희는 구디슨 파크에 모여 있습니다. 클럽 이사진과 직원, 선수, 팬이 함께했습니다. 스탠리 파크를 가로질러 안필드까지 저희의 순수한 마음을 보내드리고 싶었기 때문입니다."

안필드에서 박수가 터져 나왔다. 감사함의 뜻을 담아 우리는 에버턴에 박수를 보냈다. 이날만큼은 라이벌이 없었다. 마르티네스와 로저스 두 감독은 1973년생 동갑내기다. 나보다 일곱 살밖에 많지 않다. 선수단 어린 후배보다 감독이 나와 나이 차이가 적다는 점이 생경하다. 선수단 전원이 정장을 입고 콥 스탠드에 함께 앉아 있었다. 나는 케니 달글리시의 바로 뒷자리에 앉았다. 달글리시는 힐즈브러 당시 리버풀의 감독이었다. 그렇기에 그는 희생자 유가족의 슬픔을 이 클럽에서 누구보다 잘 안다.

다음 발언자는 로저스 감독이었다. 마르티네스 감독과 리버풀 레전드들에게 예의를 갖췄다.

"매일 아침 저는 멜우드 훈련장에서 빌 생클리와 유러피언컵 트로피 앞을 지나칩니다. 리버풀 감독은 최소한 영감이 부족할 일은 없습니다. 그렇지만 안필드에서 치르는 모든 홈경기를 앞두고 제게 가장 큰 영감을 주는 것이 있습니다. 경기장에 도착할 때마다 저는 힐즈브러 추모비와 희생자 96인을 함께 봅니다. 힐즈브러에서 목숨을 잃으신 96인 전원, 그리고 그들을 대신해 명예회복을 위해 싸워주는 모든 분, 생존자의 뜻을 전하려는 모든 분이야말로 선수단에는 진정한 영감을 주십니다."

오후 3시 6분이 되자 희생자 96인 이름이 전원 호명되었다. 머지사이드 전역에 있는 교회에서 96회의 타종도 있었다. 고요함이 내려 있는 안필드 안에서 희생자 이름이 한 명 한 명 불렸다. 96명이나 되는 사람의 이름을 모두 읽기만 해도 시간이 오래 걸렸다. 알파벳 순서에 의해 잭슨 앤더슨부터 그래엄 존 라이트까지 당시 목숨을 잃은 모든 팬의 이름을 우리는 슬픈 마음으로 재확인했다. 5년 전, 야유를 받았던 앤디 번햄 전(前) 장관이 이번에는 참가객으로부터 기립박수를 받았다. 새로운 진상규명 작업이 성사되기 위해 기울인 공로를 인정받은 덕분이었다. 2009년 행사장에서 자신에게 쏟아진 분노가 큰 계기가 되었다고 말했다.

"그날의 야유가 저로 하여금 정치권에서 무언가를 할 수 있다는 용기를 줬습니다. 그로부터 5년간 상황이 바뀌었습니다. 저 혼자의 힘이 아니라 여러분 모두의 노력 덕분이었습니다. 여러분께서 한목소리를 내주신 덕분에 가능했던 변화입니다. 진짜 해내신 겁니다. 그 목소리가 오늘 이 자리에 모이신 콥의 마음을 영국의 모든 가정에 전달했습니다. 진상규명위원회 결성의 바탕이 되기도 했습니다. 여러분이 옳고 저들이 잘못되었다는 사실을 저는 압니다."

앤디 번햄 전(前) 장관은 이 자리에서 무슨 말이 하면 좋을지를 본인 모친에게 물어봤다고 했다. 그의 모친이 보낸 메시지는 간단했다. 그가 나와 선수단을 똑바로 쳐다봤다. "어머니께서 그러시더군요. 여러분의 리그 우승을 기원한다고요. 우승하면 지나간 세월에 대한 아픔을 모두 씻어낼 수 있을 것이라고 말입니다."

안필드가 폭발했다. 곧이어 '우리가 리그 우승한다. 우리가 우승한다고!'라는 응원 구호가 터져 나왔다. 2009년 당시 본인의 연설을 방해했던 외침이 바로 '정의'였다는 사실을 그는 잘 기억하고 있었다.

"그야말로 댐이 터지는 순간이었습니다. 여러분께서는 이 나라와 이 나라가 돌아가는 방식에 관해서 가장 근본적인 질문을 던졌습니다. 한 도시 전체가 20년 동안 한목소리를 내왔는데 어떻게 해서 들어주는 사람이 아무도 없었을까요? 앞으로 쉬운 여정이 되진 않을 겁니다. 하지만 이제는 국가가 여러분 곁에 있습니다. 여러분 덕분에 희생자 유가족의 존재도 전국적으로 알리게 될 겁니다. 여러분께서는 지금 직접 살고 계시는 이 도시를 강하게 만들고 있습니다. 이 국가를 더욱 공평하게 만들고 있습니다. 여러분이 세상을 향해 희망을 던지고 있습니다. 5년 전, 여러분이 제게 외쳤던 그 말. 제가 오늘 외치고자 합니다. 96인의 정의를 위해서!"

이제 참가자는 제리 마스든(Gerry Marsden)과 함께 '당신은 홀로 걷지 않아'를 부를 준비를 했다. 60년대 중반 이 노래로 영국 싱글 차트 1위를 차지했던 주인공이다. 콥 사이에서 누가 "멋지게 가보자고, 제리!"라고 소리쳤다. 제리는 "괜찮겠어요?"라고 대답해 좌중을 웃겼다. 제리와 안필드가 부드럽게, 고요하게 합창을 시작했다. "폭풍 속을 걸을 때면, 고개를 높이 들어요. 어둠을 두려워하지 말고…."

너무나 감동적이었다. 특히 노래 하이라이트 부분인 '걸어요, 걸어요, 가슴에 희망을 품고서'에 다다랐을 때, 그라운드 중앙에 준비했던 빨간색 풍선

96개가 하늘 위로 날아갔다. 우리가 노래를 부르는 동안, 풍선은 천천히 푸른 하늘을 향해 올라갔다. 96개 중 하나는 나의 사촌 존-폴이었다. '힐즈브러 유가족 지원 모임'의 대표자 마가렛 아스피널(Margaret Aspinall)의 말을 나는 잘 기억한다. 그녀는 힐즈브러에서 아들 제임스를 잃었다.

그녀는 로저스 감독과 나, 선수단 전체를 향해 돌아섰다. 우리가 쫓는, 모두가 간절히 원하는 리그 우승은 유가족으로부터 얻는 영감으로 가능하게 될 것이라고 그녀는 말했다. "부담감 탓에 힘들 수도 있어요. 하지만 부담감이 긍정적일 수도 있죠. 싸워야 할 이유가 되어줍니다. 프리미어리그에서 우승하기 위해 선수 여러분이 쏟아부을 투지이기도 합니다."

큰 함성이 일어났다. 이내 아스피널 대표는 "오늘 제가 여러분께 부담을 드린 게 아니길 바랍니다"라고 살짝 웃으며 말했다. 우리만 압박감을 느끼는 게 아니었다. 진상규명 투쟁과 축구의 즐거움이 리버풀 전체에 활기를 불어넣었다. '당신은 홀로 걷지 않아' 합창이 끝나가면서 관중석은 '96인을 위한 정의, 96인을 위한 정의!'라는 구호로 뒤덮였다. 박수가 또 나왔다. 소리가 점점 커졌다. 선수단이 자리를 이동하자 팬들은 '리버풀 너를 사랑해, 사랑하고 말고, 리버풀 너만을 사랑해'라는 가사를 담은 응원곡을 불러줬다. 안필드가 마술이라도 부린 듯이 분위기가 바뀌었다. 햇살 가득한 화요일 오후, 우리는 희망과 사랑이 충만한 팬들 옆으로 지나가면서 우승 염원을 담은 응원곡을 들었다.

이제 너도 우리를 믿겠지
이제 너도 우리를 믿을 거야
이제 너도 우리를 믿을 거야
우리가 리그 우승한다
우리가 우승한다고!

노리치로 향했다. 리그 순위표는 아름답게 속삭이고 있었다. 34경기를 치른 리버풀이 승점 77점이었다. 첼시는 35경기에서 75점, 맨체스터 시티는 33경기에서 71점이었다. 우리가 홈에서 맨시티를 잡은 뒤 매우 중요한 두 경기가 있었는데 모두 우리에게 유리한 결과가 나왔다. 4월 16일 맨시티가 홈에서 선덜랜드와 2-2로 비기는 바람에 승점 2점을 떨어트렸다. 우리가 노리치를 상대하기 하루 전인 19일에는 첼시가 놀랍게도 홈에서 선덜랜드에 0-1로 패했다.

선덜랜드와 거스 포옛 감독이 만들어준 선물을 우리는 두 팔 벌려 받을 준비를 마쳤다. 닷새 만에 선덜랜드가 우리에게 가장 치열한 경쟁자 둘로부터 승점 5점을 따내는 괴력을 발휘했다. 세상 모든 게 우리를 향하고 있는 것처럼 보였다. 물론 문제도 있었다. 조던 헨더슨이 맨시티전에서 받은 레드카드로 향후 3경기 출장금지 징계를 받았다. 작지 않은 타격을 받으리라 느꼈다. 그는 힘차게 돌아가는 붉은 시스템 안에서 매우 중요한 부품이다. 팀 안에서 그가 수행했던 운동량과 팀플레이가 그리워질 것 같았다. 조던이 팀 내에서 얼마나 중요한 존재인지를 알 수 있는 사실이 있다. 공을 건드리지 못하게 됐음에도 불구하고 로저스 감독은 헨더슨을 노리치 원정길에 대동했다. 그의 정신력과 리더십이 로저스 감독과 내게 큰 도움이 되어주리라 믿었기 때문이다.

다니엘 스터리지도 햄스트링 근육을 다쳐 노리치 경기에서 뛸 수 없었다. 하지만 우리에겐 아직 루이스 수아레스가 남아 있었다. 그는 노리치의 천적과 같다. 이날 전까지 수아레스는 노리치를 다섯 번 상대했는데 혼자 무려 11골이나 뽑아냈다. 루이스가 캐로 도느(Carrow Road; 노리치 홈경기장)에서 이번에도 골을 터트릴 것이라고 나는 확신했다. 설사 득점에 실패한다고 해도 다른 동료들도 충분히 리그 우승에 더 가까이 다가갈 수 있게 힘을 모아줄 것이다. 필리페 쿠티뉴와 라힘 스털링은 맨시티를 상대로 골을 넣었다. 두 친구는 이제 리버풀에서 없어선 안 될 존재로 성장했다. 사실 쿠티뉴는 입단 첫날부터 재능을 선보였다. 2013년 1월 인테르나치오날레에서 이적해왔던 나이가 겨우 스무 살이었다. 훈련에서 쿠티뉴가 공을 다루는 모습을 보면 눈이 어지러워질 정도다. 주력도 팀 내에서 제일 빠르다. 훈련에서도 그와 너무 가까이 붙어 있으면 눈앞에서 순식간에 그를 놓치게 된다. 누구라도 바보처럼 만들 수 있을 만큼 기술이 뛰어났다. 리버풀의 간판스타는 물론 세계 무대에서도 쿠티뉴가 손꼽히는 존재로 성장하리라 믿는다.

쿠티뉴에게 가장 잘 어울리는 포지션은 10번 플레이메이커였다. 선수들 사이에서 쿠티뉴는 '마법사'라고 불리는데, 맨 처음 그 별명을 붙여준 주인공은 로저스 감독이었다. 쿠티뉴를 설명하기에 그보다 적합한 단어는 없었다. 성격도 정말 좋다. 자기 생활과 축구를 영위하는 방법이 내게는 매우 사랑스럽게 보였다. 조용한 성격에다가 머지사이드라는 곳에서도 크게 만족하며 지낸다. 정말 솔직하다. 언제나 패스를 원한다. 거친 경기에서는 가끔 사라지기도 하지만, 그는 아직 어린 선수다. 빅매치에서도 제 기량을 마음껏 발휘하는 선수로 성장할 잠재력이 충분하다.

같은 남미 출신인 루이스를 존경하는 마음이 쿠티뉴의 발전을 돕는다. 루이스가 어떻게 훈련하는지, 세계 최고 중 한 명이 되겠다는 마음이 얼마나 큰지를 쿠티뉴는 매일 곁에서 관찰한다. 루이스는 필리페에게 큰 영감이 되어준다. 루이스와 루카스 레이바가 중심 역할을 하는 스페인어 무리 안에서 친밀하게 지낼 수 있다는 점도 필리페에겐 매우 유리한 환경이다.

어느새 루카스는 리버풀에서 롱런하는 선임이 되었다. 비록 국적은 브라질이지만 그의 혈관에는 리버풀의 피가 흐른다. 루카스는 좋은 동료이자 선수다. 언제나 기댈 수 있는 버팀목이기도 하다. 루카스는 우리를 실망시킨 적이 없다. 그런 루카스가 쿠티뉴를 성심껏 도와주고 있어 대단히 만족스럽다.

라힘 스털링의 배경은 약간 다르다. 열다섯 살에 런던을 떠나 리버풀로 왔다. 리버풀 아카데미가 키워낸 재목이다. 처음 훈련에 참가했을 때부터 나는 스털링이 정말 좋은 선수로 발전할 수 있다는 가능성을 직감했다. 단지 리버풀이나 잉글랜드 국가대표팀에서 본격적으로 활약하기까지는 아직 더 기다려야 할 것 같았다. 처음에는 말수가 적었는데, 1군에 합류해 훈련을 하면 할수록 발전하면서 조금씩 본색을 드러냈다.

라힘을 직접 보는 사람은 누구나 "꼬마야, 너 키가 정말 작구나"라고 말할지 모른다. 그를 보면서 '몸집이 딱 열여섯 살, 열일곱 살짜리구나'라고 생각한다. 하지만 직접 부딪혀본 사람이라면 스털링이 당당한 어른의 힘을 가졌다는 사실을 뒤늦게 깨닫곤 깜짝 놀란다. 스털링은 보통 어른보다도 힘이 훨씬 세다. 스털링은 마르틴 스크르텔과 몸싸움을 벌여도 밀리지 않는다. 작은 체구로도 스크르텔을 등지고 자기 플레이를 할 정도로 강하다. 훈련 중에 마마두 사코나 콜로 투레처럼 덩치가 정말 큰 수비수와도 일대일 대결을 펼치는 모습을 자주 본다. 190센티미터가 넘는 수비수도 쉽게 상대한다. 스털링은 힘을 타고난 것 같다. 왜냐면 그가 체력단련장에서 근력 운동을 하는 모습을 한 번도 본 적이 없기 때문이다. 선천적 근력이다. 강한 힘과 넘치는 재능을 지닌 '작은 거인'이다.

세상의 편견만큼 라힘의 정신력이 약하지도 않다. 대단히 집요한 구석이 있다. 아카데미에서 그 성격이 긍정적으로 발전한 것 같다. 항상 거친 리버풀 소년들 틈에 끼어 생활한 탓에 리버풀의 멘탈과 팬의 높은 기대를 빨리 배울 수 있었다. 제이미 캐러거나 나처럼 대선배와 함께 뛰기 위해 노력해야 하는 상황에도 빨리 적응했다. 우리는 언제나 스털링의 100퍼센트를 요구하다 카라와 나는 웬만해선 동료의 실수를 꾸짖지 않는다. 그러나 노력이 부족하거나 미적지근한 태도를 보이면 그게 누구든 용서하지 않는다. 라힘은 그런 걱정이 별로 없다. 발전하며 '엣지'를 만들어가고 있다. 훈련과 경기에서 모든 걸 쏟아붓는다. 누가 괴롭히든 그는 게으름을 피우지 않는다. 경기 중에서 자주 막힐 수밖에 없는 윙어치곤 돌파 실패 횟수가 적다. 경험상 윙어 포지션에서 성공하려면 정말 뛰어나야 한다. 라힘의 경기력이 나쁜 경기도 있었겠지만, 선수 본인의 노력이나 야망이 부족해서가 아니다.

그렇다. 우리에겐 뛰어난 선수들이 있다. 물론 약간 들뜬 분위기와 긴장감도 있었다. 나부터 리그 우승에 너무 골몰하고 있었다. 리그 우승을 원하는 욕구가 너무 간절하다 보니, 한쪽에서는 걱정도 정말 컸다. 맨시티를 꺾었으니 우리 중 누군가는 틀림없이 '다음 상대가 노리치군. 쉽게 이길 수 있겠다'는 마음을 품기 마련이다. 그렇게 살짝 빗나간 심리는 이내 고전을 초래하곤 한다. 잔류 사투를 벌이는 홈팀과 우승을 다투는 원정팀. 나는 노리치 원정의 중요성을 이스탄불에서 경험한 UEFA 챔피언스리그 결승전에 빗대어 강조했다. 마음가짐을 다지게 하는 나만의 요령이었다. 나는 동료들에게 "잘 들어. 이제 모든 신경을 노리치 경기에 집중하자고. 이 경기를 망치면 우리는 모든 걸 놓쳐버릴 거야"라고 말했다. 맨시티전 승리를 최대한 빨리 잊고 노리치 경기에만 집중하기를 바랐다.

지금 돌아보니 내 논리가 틀렸을지 모른다는 생각이 든다. 계속 긴장하라고만 지나치게 요구하면 가끔 역효과를 일으킬 수 있다. 어린 선수에겐 더 그렇다. 빅매치를 앞둔 상태에선 자신감과 편안함을 동시에 유지해야 한다. 하지만 너무 몰아붙인 탓에 예민하게 만들 수도 있다. 혹은 두려움을 품게 될지도 모른다. 맨시티전 승리 직후 내가 선수들에게 너무 크게 걱정을 드러낸 것 같다. 어쩔 수 없었다. 나는 정말 리그에서 우승하고 싶었다. 지독하게 원했다.

로저스 감독은 매주 앞에 난관을 우리가 어떻게 헤쳐 나가야 할지를 요령 있게 알려줬다. 들뜬 긴장감을 긍정적인 에너지로 변환시켜줬다. 4월 20일 일요일, 우리는 캐로우 로드의 그라운드 안으로 들어섰다. 루카스와 조 앨런이 헨더슨과 스터리지의 빈자리를 채웠다. 이번에도 우리는 힘차게 경기를 시작했다.

앨런과 플라나건, 쿠티뉴가 패스를 주고받았다. 쿠티뉴가 영리하게 스털링에게 공을 보냈다. 그는 골문에서 약 18미터 정도 떨어져 있었지만 주저하지 않았다. 공을 아크 정면으로 몰고 간 스털링이 오른발 강슛으로 상대 골키퍼 존 러디(John Ruddy)를 무너뜨렸다. 스털링은 사이드라인을 따라 달려가 로저스 감독에게 안겼다. 동료들이 달려들어 서로 얼싸안았다. 경기 전 걱정이 싹 사라졌다. 전반 4분 우리는 일찌감치 한 골 앞서갔다.

7분 뒤 수아레스가 추가골을 터트렸다. 플라나건이 왼쪽으로 들어가 스털링에게 공을 건넸다. 이번에 스털링이 보여준 것은 강력한 파워가 아니라 침착한 시야였다. 페널티박스 안으로 들어가는 수아레스에게 정확히 크로스를 배달했다. 수아레스가 오른발 인사이드로 방향을 살짝 바꿔 노리치의 골문을 열어젖혔다. 루이스가 손가락으로 스털링을 가리키며 코너플래그 쪽으로 달려갔다. 나이 어린 후배가 골을 만들어줬다는 사실을 모두에게 보여주는 동작이었다. 이 골로 수아레스는 시즌 30골 고지에 도달했다. 하지만 그는 기쁨을 스털링과 함께 나눴다.

그러나 우리의 빠른 템포는 오래가지 않았다. 팀플레이 자체를 전진하게 만들어주는 헨더슨이 없는 탓이었다. 나는 변함없이 최후방 수비 라인의 바로 앞이어서 큰 도움이 되지 않았다. 달리던 자동차의 기어를 하단으로 변속한 느낌이었다. 로저스 감독과 나는 불길한 조짐을 눈치 챘다. 하프타임이 되자 로저스 감독은 전술 변화를 시도했다. 이번 시즌 우리는 중원 다이아몬드 전술을 구사해왔다. 노리치전에서도 마찬가지였다. 전반전 이른 실점을 허용하자 노리치는 맞춤 전술로 나왔다. 우리 쪽 5인 미드필더에 맞춰 그들도 중원에 다섯 명을 세웠다. 로저스 감독의 축구 철학은 숫자다. 상대보다 항상 숫자를 많게 유지한다. 상대 중원이 3명이면 우리는 최소한 네 명을 중원에

둔다. 상대가 네 명이면 우리는 다섯 명이 된다. 하프타임에 로저스 감독은 쿠티뉴를 중앙 다이아몬드의 한가운데 지점으로 서라고 지시했다.

영리한 판단이었다. 후반 들어 우리 플레이가 안정감을 찾았다. 하지만 맨시티처럼 노리치도 한 골을 추격해왔다. 경기 시간은 아직 30분도 더 남은 상태였다. 미뇰렛이 크로스를 처리하러 나왔다가 그만 공을 완전히 잡아내지 못했다. 떨어진 공을 노리치의 후퍼가 우리 골문 안으로 차 넣었다. 노리치가 한 골을 더 넣으면 2-2 동점이 된다. 솔직히 이 난관을 우리가 헤쳐 나갈 수 있을지 확신이 들지 않았다.

최전방에 수아레스처럼 위협적 존재가 있다는 점이 큰 도움이 되었다. 경기가 시작된 지 한 시간이 조금 넘어 스털링이 기회를 만들어냈다. 노리치의 미드필더 브래들리 존슨(Bradley Johnson)의 어눌한 패스를 스털링이 끊었다. 스털링이 상대 골문을 향해 전력질주로 드리블했다. 수아레스도 역습에 가담했다. 노리치의 수비수 세 명은 선택을 해야 했다. 스털링이냐 수아레스냐. 올 시즌 초에도 그들은 수아레스에게 해트트릭을 허용했던 전력이 있다. 스털링이 계속 드리블해 들어갔고, 수비수들과 수아레스가 패스를 기다렸다. 패스는 없었다. 첫 번째 수비수를 제친 스털링이 페널티박스 안까지 침투했다. 왼발 슛이 뒤로 물러나던 존슨의 몸에 맞고 튕겨 올라 골문 안으로 들어갔다. 러디는 손을 쓸 수가 없었다. 3-1.

경기 종료 13분을 남기고 로버트 스노드그라스(Robert Snodgrass)가 위협적인 헤딩슛으로 우리 골문을 찔렀다. 미뇰렛의 머리 위로 넘어간 슛은 골문 안으로 들어갔다. 리드가 아슬아슬하게 한 골로 줄어들었다. 노리치도 승점 1점이 절실했다. 그들은 온 힘을 쏟아 우리를 공격했다. 교체로 들어온 리키 판 볼프스빈켈(Ricky van Wolfswinkel)이 헤딩슛으로 우리 골문을 위협했다. 미뇰렛이 몸을 던져 가까스로 막아냈다. 이겼다. 2경기 연속 3-2 승리였다.

다음 시즌 UEFA 챔피언스리그 출전권을 확보했다. 감회가 새로웠다. 시즌 개막 전이 생각났다. 루이스 수아레스가 훈련 참가 금지 징계를 받았다. 그는 리버풀을 떠나기로 마음먹었다. 그날 저녁 나는 아내가 차려준 저녁 식사에 손도 대지 못할 정도로 심난했다. 수아레스 없이는 UEFA 챔피언스리그 출전권 확보가 불가능하다고 생각했기 때문이다. 만약 그가 떠났다면, 우리는 순위표 중간 정도에서 고전했을지도 모른다. 전력을 다해 그를 팀에 잡아두기를 정말 잘했다는 생각이 들었다.

인생과 축구는 정말 빨리 바뀐다. 나의 프리시즌 꿈이 실현되었다. 팀의 목표도 달성했다. 우리는 다시 유럽 최고 무대로 복귀했다. 그러나 이젠 그 목표에 만족할 수 없게 되었다. 반드시 잉글랜드의 챔피언이 되어 챔피언스리그에 초대받아야 했다. 우리 운명이 걸린 세 경기가 남았다. 가장 큰 고비인 첼시 경기가 일주일 후로 다가왔다.

STEVEN GERRARD

8

미끄러지다

The Slip

GERRARD
8

2014년 4월 25일 금요일
머지사이드 폼비

자정이 가까운 시간, 집안은 조용했다. 아내와 딸들은 모두 잠들었다. 내 경력에서 가장 중요한 리그 경기가 40시간 앞으로 다가왔다. 머리와 허리가 모두 망가진 느낌이었다. 소파 위에 기다랗게 누워 있었다. 조명은 어두웠고, 핸드폰의 희미한 불빛이 반짝였다. 진통제를 한 알 더 먹은 상태였다. 시간을 보니 늦은 밤이었다.

스포츠 스타는 멋있어 보인다. 하지만 프로축구선수로 살아가는 일은 전혀 다르다. 우리는 항상 어딘가 고장 난 상태로 산다. 요통에 시달리고 무릎이 아프다. 발목은 언제나 욱신거린다. 뼈가 부러지거나 근육이 찢어진다. 인대가 끊어지거나 힘줄을 다친다. 내 경우에는 은밀한 부위를 바늘로 꿰매야 할 때도 있었다. 서른 줄에 접어들어서는 솔직히 성한 몸으로 출전했던 경기가 거의 없었다. 우리는 고통을 참고 뛰는 일에 익숙하다. 그렇지만, 이번에는 정말 아팠다.

리그 우승이 걸린 첼시전이 아니라면? 예를 들어, 올드햄 애슬레틱과의 FA컵 경기라면, 결정은 뻔했다. 나는 경기에 뛰지 않았을 것이다. 사흘 내내 허리 통증으로 고생했다. 시간이 지나도 낫기는커녕 아예 허리를 굽히거나 몸을 움직이지도 못할 정도로 통증이 심했다. 몇 시간 지나서 나는 다시 아픈 곳을 주물렀다. 너무 아파서 소파에서 일어나 침대까지 가지도 못했다.

오랫동안 나는 허리 부위를 특별히 관리해왔다. 뻣뻣해진 허리를 치료하기 위해 정기적으로 밀턴 킨스(Milton Keynes; 런던 북쪽에 있는 소도시)까지 내려가 허리 전문의에게 주사를 맞았다. 몇 달 동안 나는 리그 우승에 몰두해왔다. 개인 경기력도 무척 좋았던 덕분에 고질적 요통이 머릿속에서 잠시 지워져 있었다. 그렇지만 몸은 거짓말을 하지 않았다. 척추 아래쪽에서 통증이 극심하게 느껴졌다. 수요일과 목요일 훈련에서도 나는 고생했다. 하지만 첼시에 맞춘 마지막 훈련을 소화했던 몸 상태는 그야말로 최악이었다. 그날 오후 내내 나는 의료팀의 치료를 받아야 했다. 자프 이크발 박사가 복용 가능한 진통제의 최대치를 처방하면서 집으로 돌아가 최대한 휴식을 취하라고 말했다.

아무 소용없었다. 진통제는 약효가 전혀 없었다. 바르는 약도 듣지 않았다. 근육경련을 잡아주는 약도 도움을 주지 못했다. 통증은 더 심해졌다. 머릿속은 첼시로 꽉 찼다. 맨시티의 추격을 겨우 뿌리쳤는데, 또 안필드에서 첼시를 상대해야 하는 일정이 원망스러웠다. 몇 시즌 동안 나는 첼시와 너무나 치열하게 부딪혀왔다. UEFA 챔피언스리그에 출전할 때마다 꼭 첼시와 만났다. 리그와 각종 컵 대회에서도 지겹도록 싸웠다. 이길 때도 있었고, 질 때도 있었다.

2005년 나는 첼시로 거의 이적할 뻔했다. 리버풀에 남기로 결심했던 이유는 명확했다. 리버풀이란 클럽과 리버풀이란 도시가 내게는 너무나 소중했기 때문이다. 첼시나 런던은 내게 아무 의미가 없는 곳이었다. 리버풀을 떠나야 할지 말지를 결정하지 못해서 마음속으로 고민했을 때에도 사실 '리버풀이 아니라 첼시를 위해 뛰고 싶다'는 생각을 해본 적은 한 번도 없었다. 마음이 흔들렸던 이유는 한 가지 때문이었다. '주제 무리뉴 아래서 뛰고 싶다'는 생각이었다. 무리뉴 감독과 함께 뛴다면, 내가 원하는 우승 트로피를 모두 따낼 수 있을 것 같았다.

감독으로서 무리뉴는 모든 것을 갖췄다. 전술과 동기부여 면에서 최고다. 지도력도 뛰어나다. 선수를 보는 눈도 좋다. 선수단을 위해 기꺼이 투쟁한다. 선수들을 좀 더 발전하게 해준다. 그런 감독의 뒤에는 막대한 재산을 가진 구단주가 지원군이 되어준다.

첼시보다 주제 무리뉴 때문에 마음이 크게 흔들린 것이다. 그가 나를 더 나은 선수로 만들어줄 것이라고 생각했다. 내게 성취를 가져다줄 것 같았다. 그러나 만약 2005년 내가 스탬퍼드 브리지로 떠났다면, 내 축구 경력이 어떻게 바뀌었을지는 아무도 모른다. 무리뉴 감독은 첼시를 떠나 인테르나치오날레와 레알 마드리드에서 각각 지휘봉을 잡았다. 물론 언젠가 그가 런던으로 돌아올 것이라는 생각에는 나 역시 동의했다.

2005년 5월부터 2015년 5월까지 첼시는 UEFA 챔피언스리그 우승 1회, 프리미어리그 우승 2회, FA컵 우승 4회, UEFA 유로파리그 우승 1회 그리고 리그컵 우승 2회를 기록했다. 메이저 트로피만 10개에 달한다. 같은 기간, 나는 리버풀에서 FA컵과 리그컵을 한 번씩 들어 올렸다. 첼시 10개, 리버풀 2개다. 2014년 내가 왜 그토록 프리미어리그 우승에 목숨을 걸었는지에 대한 배경 설명이기도 하다. 물론 지금도 나는 옳은 판단을 내렸다고 믿는다.

결심은 단순한 선택의 결과이기도 하다. 첼시로 가서 우승할 것이냐, 아니면 리버풀에 남아 충성을 다할 것이냐의 선택이었다. 우승 경력은 물론 기분 좋은 일이다. 무리뉴 감독 아래서 좋은 경험을 쌓으면 더할 나위 없이 좋았을 것이다. 하지만 그 대신에 나는 리버풀 팬의 사랑과 존경을 포기해야 한다. 어느 쪽이 내게 더 중요할까? 우승 메달과 업적 또는 사랑과 존경. 둘 중 하나였다.

첼시 팬은 이른바 '내 사람'이 아니다. 리버풀에서 나는 오랫동안 생사고락을 함께했다. 나는 리버풀의 선수다. 그렇기 때문에 나는 우리 리버풀 팬들을 위해서 계속 우승하고 싶다. 그런 업적은 앞으로도 영원히 내게 소중한 추억으로 남을 수 있다. 무리뉴 감독은 내 생각을 이해했다. 그럼에도 불구하고 나와 만날 때마다 무리뉴 감독은 항상 설득 뉘앙스가 강했다. 나는 그의 대화법이 마음에 들었다. 첼시 선수들이 왜 그를 위한다면 목숨이라도 내놓을 것처럼 행동하는지 비로소 깨달을 수 있었다. 인테르나치오날레에서 그가 UEFA 챔피언스리그 우승컵을 들어 올린 날을 기억한다. 그가 떠난다는 소식을 들은 선수들의 표정이 정말 인상 깊었다. 선수들의 실망감을 누구나 볼 수 있었다. 그들은 무리뉴 감독과 개인 경력에서 가장 빛나는 순간을 함께 나눴기 때문에 누구보다 그와의 이별이 아쉬웠을 것이다. 나는 충분히 이해할 수 있었다. 라파엘 베니테스 감독으로부터는 느껴본 적이 없었지만, 주제 무리뉴 감독과는 어쩐지 그럴 수 있을 것 같았다.

전술적 관점에서 무리뉴 감독은 어떤 경기에서든 승리할 수 있는 팀을 만들 줄 안다. 상대의 경기를 망치거나 맞붙어 싸울 수 있다. 승리 DNA를 갖고 있어 이기기 위해 필요한 모든 방법을 동원한다. 무엇보다 자신이 이끄는 스쿼드와 특별한 연대감을 만들어낸다. 무리뉴 감독이 지도했던 선수들이 그에 관해 어떻게 이야기하는지를 우리는 잘 안다. 선수들이 그를 위해 어떻게 뛰는지도 안다.

개인적으로는 무리뉴 감독이 리버풀을 맡아야 했다고 믿는다. 안필드로 온다는 소문이 여러 번 있었지만 결국 성사되지는 않았다. 물론 리버풀 쪽에 치우친 사견이겠지만, 나는 그가 리버풀과 정말 잘 어울릴 것이라고 생각한다. 리버풀 팬도 그를 사랑할 것이고, 무리뉴 감독은 그런 사랑을 존경으로 바꾸는 방법을 누구보다 잘 안다. 본인도 안필드의 감독 생활을 만족했을 것이라고 믿는다. 그는 항상 내게 리버풀 팬이 대단히 존경스럽다고 말했다. 만약 리버풀에 왔다면, 무리뉴 감독도 큰 성공을 누릴 수 있었을지 모른다.

그런 일은 벌어지지 않았다. 무리뉴 감독은 여전히 리버풀과 내가 리그 우승을 향해 달려가는 길을 가로막고 있었다. 프리미어리그 혹은 유럽에서 이기기가 가장 어려운 감독이 상대팀 벤치에 앉아 있다. 이 경기가 우리에겐 시즌을 통틀어 제일 중요하다는 사실도 잘 알고 있다. 첼시의 초점은 UEFA 챔피언스리그 쪽에 집중되어 있었다. 그들은 아틀레티코 마드리드와 준결승 2차전을 앞둔 상태였다. 물론 프리미어리그 우승 가능성도 쥐고 있었다. 무리뉴 감독이 리그 역전 우승을 노린다는 사실은 뻔했다. 안필드 경기라고 해서 리버풀을 봐줄 만큼 첼시와 무리뉴 감독은 자비롭지 않다. 그는 브렌던 로저스 감독을 존중한다. 첼시 시절, 무리뉴 감독은 로저스 감독에겐 스승 같은 존재였다. 사제지간이라곤 해도 스승인 자신을 꺾고 리그 우승을 차지하겠다는 제자의 야망이 곱게 보일 리가 없다. 무리뉴 감독은 이미 우리를 잡아낼 비책을 세운 게 아닐까? 나를 긴장하게 만드는 구석이었다.

무리뉴 감독과 첼시에 대한 걱정을 잊게 해준 것은 딱 하나뿐이었다. 허리 통증이었다. 금요일 밤이 되자 모두가 잠든 집안 벽을 나 혼자 기어오르는 듯한 기분이 들었다. 스마트폰을 보니 사성이 지나 있었다. 크리스 모건이라면 이 시간에 나한테 문자를 받아도 이해해줄 것 같았다.

"늦은 시간에 미안. 혹시 깨어 있어?"

크리스가 곧바로 답신했다.

"그래. 허리는 괜찮아?"

나도 즉시 대답했다.

"돌아버릴 것 같아. 최악이야. 지금 막 진통제를 먹었어. 😔"

우리의 대화 내용을 크리스는 여전히 갖고 있었다. 지금 와서 보니 내가 메시지마다 맨 끝에 슬프다는 의미의 이모티콘을 찍고 있었다. 크리스는 내 몸 상태에 익숙해 있는 터라 내 기분을 풀어주려고 노력했다.

"멀쩡하다가 갑자기 나빠졌잖아. 거꾸로 엄청 아프다가도 금방 괜찮아질 수 있다는 뜻이야. 걱정하지 마. 내일 손봐줄게. 편안한 자세로 누워. 고통을 없애려고 애쓰지 마. 잠자려고 애써봐."

우울한 기분이 이어졌다. 다시 문자를 보냈다.

"오늘 세 시간이나 치료받았잖아. 수중치료도 받았고. 푹 쉬었어. 약이란 약은 다 먹었고. 그런데도 너무 아파. 어떻게 있어도 불편하다고. 모르겠다. 자자. 😢😢"

12시 15분, 내가 보낸 이모티콘처럼 기분이 우울했다. 일곱 시간이 흘렀다. 아침 7시 15분. 첼시전이 하루 남았다. 크리스가 문자를 보내왔다.

"좀 어때?"

"전혀. 😢😢"

아침 9시에 멜우드에서 만나기로 했다. 우리는 약속시간보다 15분 일찍 만났다. 나는 아침을 먹고 있었다. 자세만 봐도 상태가 좋지 않았다. 소파에 길게 누워 있다가 몸 전체를 옆으로 밀어 겨우겨우 일어났다. 그때 크리스는 아무 말도 하지 않았지만, 나중에서야 '어이쿠, 이거 큰일났군'이라고 혼자 생각했다고 털어놨다.

수중치료실에 들어가니 통증이 약간 나아졌다. 의료팀이 전부 달라붙었다. 자프 이크발 박사가 볼타롤 소염주사를 놔줬다. 그는 내가 첼시전에 꼭 출전하고야 만다는 사실을 잘 알고 있었다. 상체를 단단히 고정시킨 채 나는 아주 가벼운 훈련 메뉴를 소화하러 나갔다. 이크발 박사가 루저스 감독에게 걱정 가득한 보고를 올렸다. 문제가 심각하다는 내용이었다. 어쨌든 나의 훈련 모습을 지켜보기로 했다. 그라운드에 들어가서도 내 몸은 여전히 불편했다. 훈련이 끝나고 나는 크리스에게 "생각했던 것보다는 나아졌지만

이 상태로는 뛸 수가 없어"라고 고백했다. 우리는 수중치료실로 돌아갔다. 이크발 박사와 크리스가 나를 지켜봤다. 그들 쪽으로 다가가 "제발 첼시 경기에 뛰게 해줘요"라고 부탁했다. 두 사람은 "알았어. 방법을 찾아볼게"라고 대답했다.

이크발 박사가 크리스를 데리고 나가 이야기를 나눴다. 나는 물속에서 통증을 끌어안고 스트레칭을 계속하며 그들의 결론을 기다렸다. 정말 짜증났다. 둘이 함께 돌아왔다. 이크발 박사가 "스티비, 좋아. 관절 주사를 맞자"라고 말했다. 나는 고개를 끄덕였다. 경기 출전을 방해하는 통증을 없애준다는데 주사를 마다할 이유가 없었다. 풀(pool) 옆에 이크발 박사가 무릎을 꿇어 자세를 낮추고 내게 처방을 설명했다. 코르티손(관절염 등의 부종을 줄이기 위해 쓰이는 호르몬 종류-역주) 성분을 주입할 것이라고 말했다. 관절 부위를 마취시켜 염증을 줄이는 동시에 통증을 없애는 방법이었다. 코르티손 주사가 나를 통증에서 자유롭게 해줄 수 있다고 했다.

크리스의 판단이었다. 도핑 규정을 저촉하지 않는 한, 모든 수단과 방법을 동원해서라도 반드시 경기에 출전해야 한다는 내 마음을 크리스가 잘 알기 때문이었다. 다니엘 아게르에게 비슷한 처방을 했던 적이 있었는데, 효과가 좋았다고 했다. 통상적인 처치는 아니었지만, 첼시전까지 이제 30시간밖에 남지 않았다. 모 아니면 도였다.

나는 즉시 대답했다. "그걸로 합시다." 뭐라도 해야 했다. 어떤 결과가 나올 건지 걱정할 여유가 없었다. 나는 무조건 첼시전에 출전해야 했다. 이크발 박사가 헤인트 헬렌스 병원의 허리 전문가를 섭외했다. 오후 1시가 되기 직전에 우리는 병원에 도착해 상담실에 들어갔다. 제발 이 치료가 효과를 내야 했다. 의무팀의 예상대로 주사를 맞자마자 통증이 눈 깜짝할 사이에 사라졌다. 주차장으로 걸어가는 길에서 나는 날아갈 듯한 기분이 들었다. 이 상태 그대로 갈 수 있겠다는 자신감이 생겼다.

토요일 밤, 평소대로 리버풀 선수단은 호프 스트리트 호텔에 묵었다. 허리 상태가 좋으니 머릿속도 말끔했다. 첼시에 대한 근심이 아예 없어지진 않았지만, 의료팀이 나의 몸 상태에 오케이 판정을 내렸다. 머릿속으로 비현실적인 우연에 관해서 찬찬히 따져봤다. 이런 경기의 상대가 첼시라니. 지난 9년간 내 인생에 지대한 영향을 끼쳐왔던 클럽과 감독을 상대로 우리가 리그 우승의 꿈을 시험해야 하다니 너무 얄궂은 운명인 것 같았다. 나와 첼시, 우리와 첼시 사이는 삐걱거림과 고통이 담긴 인연인가 보다.

컵대회 결승전에 나서는 기분이었다. 마지막으로 첼시를 상대했던 결승전은 악몽으로 끝나버렸다. 2005년 2월 말 카디프에 있는 밀레니엄 스타디움에서 열렸던 리그컵 결승전이었다. 당시 우리는 경기 시작 45초 만에 욘 아르네 리세의 환상적인 발리슛으로 한 골을 앞서가기 시작했다. 내가 주장 완장을 차고 출전했던 첫 번째 컵대회 결승전이기도 했다. 시작과 동시에 선제골을 넣었으니 나는 우리의 우승을 믿어 의심치 않았다. 그때까지 우리는 어려운 시즌을 보내고 있었던 터라 선제골을 보고 나는 안도할 수 있었다. 당시 리그에서 리버풀은 부진했다. 나는 재계약 여부를 시즌 종료 후로 미뤄놓았다. 리그 4위권 진입 여부를 보고 마음을 정하고 싶었기 때문이다. 더군다나 당시 첼시가 나를 영입하려고 거액의 제안을 준비한다는 소문이 파다했다.

한 골 앞서던 후반 34분 재앙이 우리를 때렸다. 파울로 페헤이라의 프리킥 크로스를 머리로 걷어내려고 나는 힘껏 점프했다. 헤딩해서 코너아웃을 시키고 싶었다. 하지만 내 머리를 스치고 지나간 공이 그대로 우리 골문 안으로 빨려 들어가고 말았다. 결승전을 중계하던 ITV의 해설진이 내가 저지른 실수를 화면으로 돌려보며 리버풀과 첼시 양쪽 팬들의 생각을 간단히 정리했다. "팬들은 지금 스티븐 제라드가 첼시 데뷔골을 터트렸다고 생각할지도 모르겠어요. 문제는 아직 제라드가 리버풀 유니폼을 입고 있는 데다 지금 이 경기가 컵대회 결승전이라는 것이겠죠!"

결국, 나는 내 자책골 앞에 무릎을 꿇어야 했다. 연장전까지 이어진 경기에서 우리는 첼시에 2-3으로 패했다. 무리뉴 감독은 리버풀 팬에게 조용히 하라는 듯이 손가락을 입에 갖다 댔다가 퇴장을 당했다. 결승전 후에도 우리 팬은 선수들을 격려해줬다. 우리는 전부 바닥에 주저앉았다. 무리뉴 감독은 우리에게 매너 있는 태도를 보여줬다. 그러나 세간의 이목은 그가 나를 위로하는 사진 한 장에만 집중되었다. 마치 나의 첼시 이적이 확정된 것처럼 사람들이 여겼다. 그러나 당시 내 마음속에는 결승전 패배 외엔 아무것도 없었다. 모든 게 내 탓인 것 같았다. 내가 우리 모두를 실망시킨 것 같았다.

리버풀로 돌아오는 구단 버스 안에서 나는 아버지의 위로 전화를 받았다. 아버지는 "괜찮아. 모두 잊어"라고 말씀해주셨다. 하지만 그 다음 전화가 나를 슬프게 했다. 친구인 바보(Bavo)였다. 내 어머니가 굉장히 슬퍼하고 있다는 전언이었다. 두 시간 정도 있다가 전화를 드리라고 말했다. 나는 어머니께 문자로 언제든지 편할 때 전화를 달라고 했다. 결승전 패배가 어머니께 왜 그렇게 큰일인지 알 수가 없었다. 전화 통화에서 어머니가 해준 말을 듣고 나는 돌처럼 굳어버렸다. 내 자책골이 들어가자 어머니와 아내 주위에 있던 리버풀 팬들이 내게 욕을 퍼붓기 시작했다는 것이다. "저 개자식, 분명히 일부러 그런 거야!"라고 소리쳤다는 게 아닌가. "첼시에서 뛰고 싶은 거야. 돈 벌고 싶은 거겠지. 저 자식이랑 그 마누라랑 런던 부자가 되고 싶은 거란 말이야. 배은망덕한 배신자 같으니라고!"

나는 견딜 수 있었다. 리버풀 유니폼과 스카프 차림을 한 일부가 그렇게 폭언했다고 어머니께서 말씀하셨다. 심지어 그 사람들은 내 아내를 창부라며 끔찍한 욕설을 해댔다고 했다. 자기들 바로 옆에 내 아내와 어머니가 앉아 있다는 사실을 모르는 채로. 나는 그들을 '서포터즈'라고 생각하지 않는다.

어쨌거나 우리는 그 일을 극복했다. 마음을 더 단단히 먹었다. 그로부터

8주 후에 벌어진 UEFA 챔피언스리그 준결승전에서 우리가 첼시를 꺾었다. 유명한 '유령 골' 덕분이었다. 뒤죽박죽이 된 기억은 리버풀과 첼시의 관계가 얼마나 음침하고 마음을 불편하게 하는지 잘 보여준다. 운명의 장난인지, 첼시와 마지막으로 붙었던 경기는 2013년 4월 21일 있었던 안필드 홈경기였다. 루이스 수아레스가 자기 이빨을 브라니슬라프 이바노비치의 팔뚝에 새겨놓았던 바로 그 경기 말이다. 그 일로 수아레스는 10경기 출장 정지 징계를 받았다. 온갖 이적설의 불씨를 댕긴 사건이기도 했다.

그날 상황이 수아레스의 실수를 더 나쁘게 보이게 했다. 킥오프 전, 경기장에서는 힐브즈러 참사 유가족을 대표해서 투쟁에 앞장섰던 앤 윌리엄스를 기리는 1분 박수가 있었다. 진실 은폐에 맞서 그녀는 어려운 상황을 감내하면서 모든 이에게 용기와 희망을 보여줬다. 박수는 일주일 전 보스턴 마라톤 대회 현장에서 일어난 폭탄 테러로 안타깝게 목숨을 잃은 희생자를 위한 제스처이기도 했다. 알다시피 리버풀을 소유한 펜웨이가 있는 곳이 바로 보스턴이다. 경기를 시작하기 전부터 안필드 현장에서는 약자를 배려하는 따스한 인정으로 가득했다. 경기에서는 우리를 기쁘게 해주는 장면들도 분명히 존재했다. 후반 추가시간 5분 루이스의 극적인 동점골이 나왔다. 그전에는 0-1로 뒤지던 중 수아레스의 멋진 테크닉이 도움이 되어 대니얼 스터리지가 동점골을 뽑아냈다. 후안 마타의 코너킥을 어이없는 핸드볼 반칙으로 페널티킥을 허용했던 장면까지도 어쩌면 우리 모두 이해할 수 있었다. 그러나 그 실수가 기어이 루이스의 마음속에 내재해 있던 악마를 끄집어내고 말았다. 인내심의 한계를 돌파한 그는 결국 이바노비치를 깨물어버렸다. 전대미문의 장기 출장 정지 징계가 불가피했다.

수많은 사람들은 루이스를 제대로 알지 못하면서 그 장면 하나로 그를 재단하기 시작했다. 그의 조국 우루과이에서는 전혀 달랐다. 전 세계 국가 중에서도 우루과이에서만큼 루이스는 단기간 내에 용서를 받았다. 스페인이나 우루과이와는 다르게 잉글랜드에서는 푸대접을 받는다는 사실을 쉽게 받아들이지 못하는 것 같았다. 나는 수아레스를 친구와 동료로서 평가할 수밖에 없다. 루이스는 지금까지 실수가 잦았지만, 솔직히 나는 그를 비난하기가 쉽지 않다. 그는 세상으로부터 집중조명을 받는 젊은 스타일 뿐이다. 사람은 누구나 실수를 저지른다. 우리 모두 마찬가지다. 사람을 깨문 적은 없어도 나 역시 몇 차례 실수한 적이 있다.

분위기가 지나치게 뜨거워지면 자기를 합리적으로 통제하지 못한다는 사실을 루이스 본인도 잘 안다. 세상 누구보다 사랑하는 자신의 아내조차 루이스의 그런 버릇에 쓴소리한 적이 있을 정도다. 그러나 승리욕이 무서울 정도로 큰 사람에게서 악마적 모습을 완전히 없애기란 거의 불가능하다. 그는 승리에 배고파한다. 승리에 굶주린 전사다. 그런 정신력 덕분에 수아레스가 세계 최고 스트라이커 중 한 명으로 자리매김할 수 있는 것은 아닐까? 솔직히 루이스 정도의 재능을 지닌 선수가 축구 경력 안에서 감정 제어를 완벽하게 해낼 수 있을 것이라고는 생각하지 않는다. 월드컵 결승전에서 지단의 박치기를 목격하지 않았는가? 유로 대회에서 루니는 레드카드를 받았다. 나도 소위 '미친 순간'을 여러 차례 겪었다. 경쟁심이 과열되다 보면 그런 일이 벌어지기 십상이다. 당사자는 당연히 후회한다. 그 후회가 몇 년씩 가는 사례도 있다.

나는 리버풀에서 루이스와 함께 뛴다는 사실이 너무 좋았다. 안필드에서 그와 이바노비치의 어색한 재회가 불가피했지만, 첼시를 꺾어야 하는 결정적 빅매치를 앞둔 선발명단에 수아레스가 끼어 있는 모습만으로도 만족스러웠다. 다만 어색한 구석이 한 가지 더 있었다. 첼시의 선수가 되어 안필드로 돌아온 페르난도 토레스였다. 우리 팬들로부터 그는 배신자 취급을 받지만, 나는 페르난도에 관해서도 정을 느낀다. 위대했던 승부를 그렇게 많이 함께 싸웠던 옛 동료이니 그럴 수밖에 없었다.

축구에서는 운명이 장난을 치곤 한다. 리버풀의 관점에서 이상적인 시나리오를 쓴다면, 토레스는 절대로 떠나선 안 되었다. 그러나 현실은 달랐다. 몸값 5천만 파운드의 거액 조건으로 그는 첼시로 이적했다. 2011년 2월 6일, 토레스는 첼시 데뷔전을 치렀다. 상대가 누구였을까? 바로 리버풀이었다. 원정 서포터즈는 경기 내내 토레스를 씹어댔다. 평소답지 않게 토레스는 크게 위축되어 있었다. 그날 리버풀 원정 서포터즈가 내걸었던 커다란 문구가 토레스에게 저주를 내린 것이 아닌가 싶다. 플래카드에는 '배신자는 언제나 혼자 걷는다'라고 쓰여 있었다. 당시 리버풀은 로이 호지슨 감독을 경질하고, 케니 달글리시를 긴급소방수로 투입하고 있었다. 그 경기에서는 우리가 1-0으로 이겼다. 내가 찬 크로스를 걷어내려고 서둘던 체흐와 이바노비치가 서로 엉킨 틈을 놓치지 않고 라울 메이렐레스(Raul Meireles)가 골을 넣었다. 토레스는 66분 만에 살로몬 칼루와 교체되었다. 그 순간부터 토레스의 첼시 시대는 좀처럼 풀리지 않았다. 리버풀의 열정적 팬들은 토레스의 절망을 배신자의 말로라며 고소해했다. 당시 수아레스는 벤치에 머물렀다. 리버풀에 합류한 지가 12일밖에 되지 않았던 탓에 아직 적응 중이었다. 그로부터 3년이 지난 2014년 4월, 수아레스와 토레스의 운명은 완전히 뒤바뀌어 있었다. 나조차 첼시전에서 토레스는 벤치에 머물 것이라고 예상했을 정도로 세상이 바뀌었다.

경기일이 다가오면서 무리뉴 감독은 계속 불만을 터트렸다. UEFA 챔피언스리그 준결승전으로부터 불과 사흘 전에 우리와 만났기 때문이다. 그는 리버풀전에서 후보들을 내세울지도 모른다며 무력시위를 펼쳤다. 정말 그가 그렇게 해준다면야 나로서는 고마울 따름이었다. 물론 첼시가 최정예를 내보낼 것이라고 나는 예상했다. 무리뉴 감독은 휘두를 수 있는 무기를 총동원해서 나올 것이라고 믿었다.

솔직히 나는 첼시전을 앞둔 우리 전술이 약간 걱정스러웠다. 지금까지 이런 말을 한 적은 없었다. 경기 직전, 동료들은 첼시도 실력으로 밀어붙일 수 있는 상대라고 여겼다. 자신감이 지나쳐 보였다. 로저스 감독의 경기 직전 팀 토크조차 자신감이 지나쳤다. 그는 맨체스터 시티나 노리치를 상대로 그랬던 것처럼 첼시전에서도 처음부터 기세로 누를 수 있다고 강조했다. 무리뉴 감독의 손바닥 안에 들어간 셈이다. 그때는 어렴풋했지만, 지금 와서는 확실히 그렇게 믿는다. 첼시 경기에서 우리는 평소보다 수비를 강화했어야 했다. 첼시처럼 우리가 상대 전술을 망치고 '더티'한 경기로 만들었어야 했다. 만약 그랬다면, 우리는 최소한 비겼을지 모른다. 아니, 심지어 이길 가능성도 있었다.

화려하지 않더라도 승리가 중요하다는 생각에서 나는 무리뉴 감독과 비슷하다. 내 인생 최고의 우승 메달을 따냈던 방법도 역시 '치고 빠지기'였다. 경기를 하다 보면 우리가 밀렸으면서 결국 이기는 상황을 겪는다. 무리뉴 감독처럼 상승(常勝)하기 위해선 그런 정신자세가 필수다. 우리가 아스널과 에버턴을 때려부술 수 있었던 이유는 간단하다. 그들의 수비 조직력이 우리 공격력을 막아내기에 부족한 덕분이었다. 그러나 첼시를 상대해야 한다. 우리는 다른 전술을 선택했어야 했다. 베니테스 감독처럼 0-0 경기로 끌고 갔어야 했다.

토요일 저녁 나는 잠을 제대로 못 잤다. 리버풀의 공세에 견딜 수 있도록 무리뉴 감독이 각종 장치를 걸어놨으리라는 고민 탓이었다. 우승에 집착해 무조건 앞으로 돌진하며 공격만 해댄다면 우리는 큰 함정에 빠질지도 모른다. 그러나 감독실을 찾아가 나의 이런 걱정을 털어놓거나 그가 세운 전술에 토를 달 자격이 내게는 없었다. 만약 내가 월권행위를 저지른다면, 그에게서 "당장 꺼져"라는 소리를 들을지도 모른다. 이 경기는 너무나 중요하다. 로저스 감독에게 내 의견을 전달해야 하는 걸까? 전술 결정은 감독 고유 권한 아닌가? 머릿속이 복잡해서 미칠 것 같았다. 허리 통증은 잠잠해졌지만 머리가

A급 태풍에 휘말리고 있었다. 결국, 나는 혼자 생각을 삼키기로 마음먹었다. 모든 일이 잘 풀릴 것이라고 희망했다. 호프 스트리트 호텔에서 보낸 경기 전날 밤은 고요와 심란으로 가득 찼다.

2014년 4월 27일 일요일
안필드

무리뉴 감독이 모두를 놀라게 했다. 정예 카드를 뽑긴 했는데, 포지션 한 군데에서 놀라운 결정을 내렸다. 개리 케이힐을 벤치로 내리고 그 자리에 스무 살짜리 체코 수비수 토마스 칼라스(Tomas Kalas)를 선발 기용했다. 그 시즌 칼라스는 출전 수가 2경기밖에 되지 않았다. 두 번 모두 후반 44분 교체 투입이었다. 2주 전 칼라스는 트위터에 이런 농담을 남기기도 했다.

"나는 훈련용 선수다. 코칭스태프가 콘이 부족하면, 나를 거기다가 세운다."

그렇게 경험이 없는 어린 수비수에게 루이스 수아레스를 막아낼 기회는 전혀 없어 보였다. 존 테리의 공백을 이바노비치가 메웠다. 중앙수비수 콤비가 이바노비치와 칼라스라니. 하지만 나는 침착해지려고 애썼다. 무리뉴 감독의 카드에는 실수가 없기 때문이다. 선덜랜드 패전 이후 무리뉴 감독은 선발진에서 다섯 명이나 바꿨다. 애슐리 콜, 프랭크 램퍼드, 존 오비 미켈, 안드레 슈얼레, 뎀바 바가 모두 선발에 복귀했다. 우리의 선발 명단은 노리치 경기와 동일했다. 햄스트링 부상에서 완전히 회복하지 못한 대니얼 스터리지는 벤치에서 대기했다.

햇볕이 내리쬐는 일요일 이른 오후였다. 분위기가 한껏 달아오른 90분, 고통스러운 일전이 우리 앞에 있었다. 주심은 마틴 앳킨슨이었다. 내가 제일 기피하는 심판이다. 기분 탓일지도 모른다. 무리뉴 감독 아래서 첼시가 취할 전술을 이해하기에는 깊은 궁리가 필요 없었다. 경기 시작 2분 만에 모든 게 명확해졌다. 결과부터 말하자면, 브렌던 로저스 감독에겐 쓰디쓴 오후가 되었다. 너무 화가 나서 무리뉴 감독의 클래스와 위엄을 깨닫지 못했다. 그는 첼시의 수비 전술에 관해서 이렇게 말했다.

"오늘 첼시는 버스를 한 대가 아니라 두 대를 세운 것 같았다. 경기 시작부터 몽땅 수비로 내려갔다. 여섯 명이 서는 최후방 수비진을 뚫어내기가 매우 힘들었다. 백포(back four)의 좌우에 윙어가 내려가 섰다. 그 앞에 미드필더 세 명을 배치했다. 페널티박스 바로 앞에 10명을 세우는 전술은 누구나 할 수 있는 방법이다. 우리는 스포츠맨 정신에 입각해서 이기고 싶었다."

첼시의 수비 조직력은 허탈한 웃음이 나올 정도로 단단했다. 로저스 감독은 첼시의 시간 허비 행위에 분통을 터트렸다. 나도 그랬다. 전반 6분 존 플라나건과 나는 무리뉴 감독과 공을 놓고 티격태격했다. 우리는 빨리 스로인을 하고 싶었지만 무리뉴 감독이 방해했다. 그는 공을 몸 뒤로 뺐고, 우리가 빼앗으려고 달려들었다. 그러자 그는 공을 다른 곳으로 던져버렸다. 정말 실망스러웠다. 무리뉴 감독은 사이드라인에 서서 어쩔 수 없다는 듯한 몸짓을 보였다. 그는 자기가 무슨 짓을 하고 있는지 너무나 잘 알고 있었다.

첼시는 리버풀의 잔치에 훼방을 놓기 위해 이곳에 와 있었다. 첼시 수문장 마크 슈워처는 골킥을 찰 때마다 킥 지점을 바꾸며 시간을 허비했다. 손으로 공을 잡으면 그 자세로 4~5초간 가만히 있었다. 기회가 날 때마다 첼시는 우리의 플레이 리듬을 끊으며 경기를 망치려고 애썼다.

초반 몇 차례 코너킥을 얻었으나 아무런 소득이 없었다. 전반 11분, 오른쪽 측면에서 다시 코너킥을 얻었다. 수아레스가 찼다. 내가 페널티박스 안으로 파고들었다. 이른 선제골을 뽑아내 안정적으로 경기를 운영하고 싶었다. 칼라스가 나를 바짝 따라왔다. 간발의 차로 내가 공을 놓쳤다. 루카스가 엉거주춤한 자세로 시도한 슛을 골라인 위에 있던 애슐리 콜이 걷어냈다. 공은 왼쪽 코너플래그 쪽으로 흘러갔다. 사코가 잡아 문전으로 크로스를 올렸다. 반대편에 있던 수아레스가 그대로 발리슛을 때렸는데 다시 사코에게 날아갔다. 예상치 못한 공이 날아오자 사코가 발을 갖다 댔다. 공은 높이 뜨고 말았다.

그 장면 이후로 우리는 첼시의 수비에 막혀 이렇다 할 기회를 만들지 못했다. 이날 첼시의 전술을 안티풋볼이라고 비난하는 사람도 있을지 모른다. 하지만 끔찍하게 효율적이었다. 상대하기 정말 까다로웠다. 우리는 평소 템포와 무기를 모두 잃었다. 수아레스도 무색무취 공격수처럼 보였다. 유일했던 기회에서도 그의 슛은 크로스바를 훌쩍 넘어갔다. 첼시라는 '수비 기계'가 우리의 목을 졸랐다. 칼라스는 산전수전 다 겪은 베테랑처럼 뛰었다. 그 옆에 있는 이바노비치는 돌처럼 단단했다.

첼시의 드문 공격 기회에서 나온 콜의 슛이 그나마 위협적이었다. 모하메드 살라가 때린 슛이 플라노의 손에 맞자 첼시 선수들은 큰 소리로 페널티킥을 외쳐댔다. 거친 항의에도 불구하고 페널티킥 판정은 없었다. 전반전 정규 시간이 끝나자 앳킨슨 주심이 추가시간을 조금 적용했다. 우리는 전반전을 마무리하고 있었다. 플라나건이 앨런에게, 앨런이 다시 쿠티뉴에게 패스를 연결했다. 쿠티뉴가 하프라인을 따라 횡 방향으로 드리블했다. 상대 진영에 있는 모든 동료들이 상대 수비수의 밀착 마크를 받고 있었다. 방향을 튼 쿠티뉴가 우리 진영에 있던 사코에게 백패스를 보냈다. 사코와 나, 스크르텔이 나란히 최후 라인을 형성하고 있었다. 가장 가깝게 있었던 첼시 선수는 뎀바 바와 미켈이었다.

아무 상황도 아니었다. 우리 진영에서 시간을 조절하는 장면이었다. 사코가 곁에 있던 나를 쳐다봤다. 안전하게 공을 처리하려는 의도가 분명했다. 내게 횡패스를 보냈다. 바가 대각선 방향에서 내 쪽으로 달려왔다. 나의 패스 옵션을 줄이기 위해서였다. 사코는 왼발로 공을 내게 보냈다. 극적이거나 긴

8 미끄러지다

박한 상황이 전혀 아니었다. 후방에서 평소대로 공을 돌렸을 뿐이다. 누구나 예상 가능한 횡패스. 리버풀 유니폼을 입고 뛴 25년간 나는 그런 패스를 아마도 수백만 번도 넘게 받아봤을 것이다. 공은 얌전하게 내게 굴러왔다. 패스를 받기 전부터 나는 전진할 생각이었다. 바의 위치를 확인했다. 아직 거리가 있었다. 위험 요소는 없었다.

패스를 받는 순간 내 오른발 아래로 공이 빠져 지나갔다. 그때 나는 공보다 바에게 더 신경 쓰고 있었다. 자세를 다시 잡으려고 하는 순간, 그 일이 벌어지고 말았다.

미끄러졌다. 넘어졌다.

살면서 자주 미끄러졌다. 1층으로 내려가다가 미끄러졌다. 부엌에서 미끄러지기도 했다. 녹색 그라운드 위에서는 훨씬 자주 미끄러졌다. 그러나 이때만큼 불운했던 적은 없었다. 실점의 빌미가 된 적도 없었다. 승점 3점을 날려버린 적도 없었다.

옆으로 흐르는 공을 노린 바가 센터서클 안에서 튀어나왔다. 그의 앞에 광활한 공터가 펼쳐졌다. 나는 손과 무릎으로 바닥을 기며 겨우겨우 일어났다. 내 앞을 쏜살처럼 지나가는 파란색 바가 순간적으로 보였다. 그는 오른발로 공을 보내 나한테서 멀어졌다. 바가 결정적 기회를 잡았다. 긴 다리로 성큼성큼 달려갔다. 기를 쓰고 따라갔지만 역부족이었다. 턱도 없었다. 애를 쓰면서도 그를 잡지 못한다는 사실을 직감했다. 어쨌거나 최대한 빨리 달렸다. 바는 저만큼 앞에 있었다. 시몽 미뇰렛이 슛 각도를 좁히기 위해 앞으로 나왔다. 바는 공을 두 번만 건드리면 됐다. 나는 속으로 '시몽, 나 좀 살려줘. 제발 구해줘'라고 되뇌었다. 페널티박스에 들어가기 직전, 바는 공을 미뇰렛의 가랑이 사이로 통과시켜 텅 빈 골문으로 보냈다.

머릿속이 하얘졌다. 관성에 밀려 나는 앞으로 계속 나갔다. 내 머릿속처럼 골문은 텅 비어 있었다. 바가 옆으로 방향을 꺾어 골세리머니를 펼쳤다. 마음속이 마구 엉켰다. 여전히 바는 혼자였다. 무릎을 꿇고 두 손으로 바닥을 짚은 바는 그라운드에 입을 맞췄다. 나는 공을 집어 들고 느릿느릿 센터서클 쪽으로 걸어갔다. 눈을 뜰 수가 없었다. 하프라인까지 못 갈 것 같았다. 첼시 선수들이 바가 있는 곳에 도착했다. 작은 파란색 인간더미가 생겨났다. 나는 공을 앞으로 던져놓고 터벅터벅 하프라인 쪽으로 걸어갔다. 두 손으로 얼굴을 가렸다.

내가 미끄러진 덕분에 첼시가 골을 넣었다. 전반 내내 허비한 시간이 적용된 추가시간에 그들이 골을 뽑아냈다. 머리가 아팠다. 하프타임을 알리는 휘슬이 울렸다. 콥이 나를 위해 부르는 노랫소리가 들렸다.

> 스티비 제라드는 우리의 캡틴
> 스티비 제라드는 붉은 사나이
> 스티비 제라드는 리버풀의 선수
> 붉게 태어나고 자란 스카우저

나는 여전히 텅 비어 있었다. 불탄 후 남은 재가 된 것 같았다. 라커룸에서 나는 완전히 무너졌다. 코너 쪽 내 자리에 앉아 할 말을 잃었다. 반대쪽 거울에 비친 내 모습이 보였다. 얼굴이 잿빛이었다. 넋이 나가 있었다.

조금 뒤 감독이 라커룸 안으로 들어왔다. "그래. 어쩔 수 없어. 0-1로 지고 있다. 하지만 아직 시간이 남았어. 전반전 내용이 별로였지만 마음을 편하게 먹어야 해. 침착해야 한다. 다들 힘이 너무 들어가 있어." 로저스 감독의 말이 옳았다. 전반전 내내 나 역시 뭔가 해보려는 마음이 지나쳤다. 루이스도 마찬가지였다. 첼시는 우리를 둔하게 만들었다. 그리고 내가 미끄러졌고.

라커룸 안이 조용했다. 로저스 감독이 입을 뗐다. 그는 "보라고. 누군가 구원받아야 할 사람이 있다면, 바로 저 친구야"라면서 손가락으로 나를 가리켰다. "너희 모두 주장을 위해서 뛰어야 해. 지금까지 말도 못하게 많았던 위기와 절망 속에서 팀을 살려냈던 은인이 바로 제라드야. 레전드라고. 이제 너희가 제라드를 구해야 할 차례야. 45분 남았어."

로저스 감독이 나를 보며 "스티비, 빨리 잊어버려. 이미 지나간 일이야. 다 함께 이 경기를 잡아내자고. 할 수 있어!"라고 독려했다. 나는 여전히 넋이 나가 있었다. 자신감을 찾을 수 없었다. 경기는 엉망이었고, 첼시의 수비는 너무나 단단했다. 우리의 시즌을 환하게 비춰줄 마법이 우리에게 일어날까? 반드시 그렇게 될 것이라는 확신이 솔직히 없었다.

후반 들어 우리는 최선을 다했다. 첼시의 골문을 향해 돌진하는 스털링이 칼라스에게 막혔다. 스털링이 넘어졌다. 나는 페널티킥이길 바랐다. 안필드가 페널티킥을 외쳤다. 마틴 앳킨슨 주심은 고개를 가로저었다. 후반 초반을 비교적 조용하게 시작한 홈 팬들은 시간이 지나면서 우리에게 힘을 불어넣었다. 엄청난 소음을 만들어냈다. 평소와는 약간 달랐다. 우리가 힘을 낼 수 있도록 도와줬다.

코너킥을 향해 쇄도했지만 조금 미치지 못했다. 공이 스털링의 머리를 스치고 존슨에게 연결되었다. 크로스가 다시 막혔지만 아크에 있던 앨런에게 떨어졌다. 잘 때린 슛을 슈워처가 왼쪽으로 몸을 날려 막아냈다. 조금 뒤, 미뇰렛도 몸을 날려 슈얼레의 슛을 쳐냈다. 나는 자꾸 앞쪽으로 나갔다. 불가능한 각도에서 무리하게 슛을 때렸다. 어떻게든 미끄러진 실수를 만회하고 싶었다. 수비형 미드필더는 주인공이 되기 어려운 포지션인데, 10번 자리로 올라가면서 가능성이 생겼다. 그러나 위협적인 공격을 만들지 못했다. 실수를 만회하고 싶다는 생각뿐이었다.

경기는 이제 4분밖에 남지 않았다. 스털링이 내게 평이한 패스를 보냈다. 내가 쿠티뉴에게 연결했다. 인내심을 갖고 우리 자신을 구원하려고 노력하는 중이었다. 쿠티뉴와 존슨이 패스를 주고받은 뒤에 공이 다시 내게 왔다. 왼쪽에 있는 스털링을 발견했다. 연결된 패스를 수아레스가 내 앞에 떨궜다. 페널티박스 안으로 파고든 다음에 크로스를 올렸다. 공이 엔드라인을 넘어갔다. 그러나 앳킨슨 주심이 실수를 범했다. 우리에게 코너킥을 준 것이다. 작은 빚을 졌다. 내가 숏패스로 스털링에게 줬다. 스털링의 슛을 슈워처가 다시 펀칭해냈다. 수아레스가 이날 가장 좋은 슛 기회를 얻었다. 이번에도 슈워처가 코너아웃을 시켰다. 아스파스가 코너킥을 절망적으로 처리했다. 윌리안에게 직접 건네준 것이다. 시즌 초반 내가 리버풀을 권유하느라 문자를 주고받았던 바로 그 윌리안이었다. 쿠티뉴가 태클로 그의 전진을 방해했다. 혼전 중에 네마냐 마티치(Nemanja Matic)가 공을 잡았고, 다시 한 번 윌리안에게 연결되었다. 우리 수비가 뻥 뚫려 있었다. 윌리안과 토레스가 돌진하는 앞에는 플라나건 혼자뿐이었다.

윌리안이 플라나건 바로 앞에서 공을 빼내 토레스에게 패스했다. 토레스가 우리 골문을 향해 달려갔고, 바로 뒤에서 윌리안이 따라갔다. 경기장 절반을 달려가는 그들 주위에는 붉은 유니폼이 한 사람도 없었다. 끝났다. 토레스가 페널티박스에 접근했다. 미뇰렛이 그의 발을 향해 몸을 날렸다. 나의 옛 동료는 영리하게 공을 오른쪽으로 보냈다. 윌리안이 잡아 그대로 골문을 향해 걸어갔다. 2-0.

무리뉴 감독이 펄쩍펄쩍 뛰었다. 가슴을 두들기며 자기 왼쪽 끝까지 달려갔다. 원정 서포터즈 앞에 서서 그는 계속 가슴에 달린 첼시 클럽 로고를 손으로 때렸다. 그는 "야~ 야~"라고 소리쳤다. 나는 다른 쪽으로 눈을 돌렸다. 콥이 노래를 불렀다. "계속 걷자, 계속 걷자…" 모든 희망이 산산조각 나는 것 같았다. 경기가 끝나고 나는 마틴 앳킨슨 주심에게 가서 손을 내밀었다. 첼시의 모든 선수들과 악수했다. 안필드가 다시 내 이름을 노래하기 시작했다. 고개를 들 수가 없었다. 격려받을 자격이 내겐 없었다.

리그 11연승이 파란색 대형 버스와 부딪히는 바람에 끔찍한 종말을 맞이했다. 2014년 첫 패배였다. 2013년 12월 28일부터 16경기 만에 맛보는 패배였다. 공교롭게도 그때도 스탬퍼드 브리지에서 첼시에 당했던 패전이었다. 우리에게 승리가 가장 절실했던 때, 첼시가 안필드에서 우리를 다시 꺾었다.

리버풀은 여전히 리그 1위였지만, 리그 우승은 우리 손에서 빠져나갔다. 맨체스터 시티만 자력 우승이 가능한 상황으로 돌변했다. 남은 세 경기를 모두 잡아내면 맨체스터 시티가 챔피언이 된다. 우리는 리그 2위. 의미라곤 찾을 수 없는 2위다. 나는 선수 통로 쪽으로 걸어갔다. 안필드에서는 여전히 '당신은 홀로 걷지 않아'가 울려 퍼지고 있었다. 나는 그냥 땅속으로 꺼지고 싶었다. 암흑 구덩이 속으로 사라지고 싶었다.

그로부터 한 시간 뒤, 나는 자동차 뒷자리에 앉아 눈물을 흘리고 있었다. 오랜 친구 폴 맥그라텐(Paul McGratten)이 "아직 몇 경기 남아 있잖아"라며 위로했다. 그러나 나는 맨체스터 시티가 실수하지 않을 것이라는 사실을 이미 알고 있었다. 역전 우승은 불가능했다. 나는 너무나 오랫동안 리버풀과 함께 리그 우승컵을 들어 올리고 싶어 했다. 그 꿈이 날아가 버렸다. 어찌할 도리가 없었다. 눈물이 계속 흘렀다. 겨우 목소리를 내 아내에게 말했다. 이 상태로 딸들을 볼 자신이 없었다. 리버풀에서 멀리 떨어진 어딘가로 가서 혼자 있고 싶었다.

아내가 "어디가 좋을까?"라고 물었다.

나는 "모르겠어. 스트루안에게 부탁해줘"라고 말했다.

아내가 나의 에이전트인 스트루안 마샬과 통화하는 소리가 들렸다. 눈물을 닦았지만, 슬픔이 나를 짓눌렀다. 자동차가 속도를 내면서 리버풀이 흐릿하게 스쳐 지나갔다. 아내의 전화가 울렸다. 스트루안의 비서가 비행기를 알아보고 있었다. 마이클 오언의 지인이 전용 비행기를 갖고 있었다. 나를 도와주겠다고 했다. 이제 어디로 날아갈 것인지 결정하기만 하면 되었다. 뒤죽박죽이 된 머릿속에서 갑자기 지명 하나가 톡 하고 떠올랐다. 한 번 가본 적이 있는 곳이다. 텅 비어 있는 곳이라는 기억이 남아 있었다. 나는 "모나코로 갈까?"라고 말했다.

모나코는 유령도시 같았다. 그곳에 숨어 들어가서도 나는 악몽에 시달리는 기분으로 48시간을 보냈다. 자살까지는 하고 싶지 않았다. 아내 알렉스와 세 딸들이 내가 다시 일어나도록 도와줄 테니까. 부모님과 더불어 내 인생에서 제일 중요한 가족이니까. 하지만 자살하려는 사람의 심정을 이해할 수 있을 것 같았다. 그때 딱 그런 기분이었다. 최악이었다. 내가 겪을 수 있는 최악의 사건과 맞닥뜨렸다.

알렉스가 곁에 있어줘야 했다. 친구 그라티(McGratten)에게도 좀 와달라고 부탁했다. 아내와 가장 친한 친구가 곁에 있어주기 바랐다. 절망적일 때 나는 누군가를 필요로 하는 사람이다. 혼자서 할 수 있는 일이 있을까? 할 수 있는 게 아무것도 없었다. 절망감이 너무나 컸다.

스마트폰을 계속 꺼냈다. 가끔 전원을 켜서 확인했을 뿐이다. 문자 메시지가 수도 없이 들어와 있었다. 사람들이 나를 걱정해주고 있었다. 과거 힘겨웠던 시기에 나를 도와줬던 심리치료사인 스티브 피터스도 경기가 끝난 지 몇 시간 뒤에 내게 문자를 보내왔다. 자기한테 전화하라는 부탁이었다. 전화를 걸지 못했다. 입 밖으로 말을 꺼낼 수가 없었기 때문이다. 나는 벙어리가 되어 있었다. 그날 밤 나는 수면제를 먹어야 했다. 미끄러짐과 패배가 있었던 뒤로 내가 잠들 수 있는 유일한 방법이었다.

다음날 아침 눈을 떴을 때도 악몽에 시달리고 있었다. 악몽이 아니었다. 현실이었다. 정신을 차려야 했다. 며칠 동안 멍한 상태로 있겠지만, 결국, 나는 다시 강해져야 했다. 그날 오후가 되어서야 나는 겨우 스티브에게 전화를 걸었다. 그때 나를 도와줄 수 있는 사람은 그뿐이었다. 스티브는 능숙하게 모든 일을 뒤로 묻어둔 채 대화를 시작했다. 나는 맨시티가 크리스털 팰리스를

2-0으로 격파한 사실을 이미 알고 있었다. 맨시티는 우리보다 한 경기를 덜 치른 상태에서 3점밖에 뒤져 있지 않았다. 골득실에서는 우리를 크게 앞섰다. 스티브는 아직 끝난 게 아니라고 말해줬다. 남은 시즌을 잘 마쳐야 한다며 용기를 줬다. 그러곤 본격적으로 절망감의 핵심에 접근했다.

스티브는 내가 미끄러졌다는 사실 그 자체보다 더 깊은 곳에 있는 절망감을 찾아내도록 도와줬다. 그는 내가 과거 어떤 경기에서 미끄러졌었는지, 아주 나쁜 경기력을 남겼는지를 잘 기억하고 있다. 그의 앞에선 나도 항상 솔직하게 마음을 열어 인정한다. 그와 처음 만났을 때부터 그렇게 해왔다. 미끄러졌다는 책임을 본인 스스로 받아들여야 한다고 그는 말했다. 경기에 결정적 영향을 끼쳤다는 사실도 있는 그대로 수용해야 한다고 내게 말했다.

그러면서도 스티브는 내게 매우 중대한 질문을 던졌다. 축구적 관점에서 봤을 때, 최악의 상황이 되어 우리가 리그에서 우승하지 못했다고 가정하자. 내가 미끄러진 게 우승을 놓친 유일하고 절대적인 원인일까? 솔직하게 진실을 인정해야 했다. 아마도 그렇지 않을 것이다. 내가 뛰지 않고 패했던 경기가 몇 차례 있었다. 다른 선수들도 실수를 저질렀다. 여러 번 실수하는 친구도 있다. 경기 막판 팀을 구하는 골을 내가 넣었을 때도 있었다. 몇 주 전 있었던 풀럼과 웨스트햄 경기에서 내가 그렇게 골을 넣었다. 내 힘으로 승점 3점을 따냈다. 시즌을 통해 내가 그렇게 잘하지 못했다면, 리버풀은 지금 리그 1위를 달리지 못했을지도 모른다고 스티브가 이야기해줬다.

그와의 통화가 내 슬픔을 완전히 씻어주진 못했지만, 확실히 큰 도움이 되었다. 아무리 축구선수라고 해도 우리 역시 논리적 사고를 하는 인간이라고 그가 말해줬다. 누구나 머릿속에 부정적 감정을 마구 퍼트리는 고약한 침팬지를 한 마리씩 키우고 있다고 한다. 침팬지는 항상 좋알댄다. 사람의 마음이 바닥을 칠 때마다 나타나서 '그걸 하지 말았어야지! 미끄러지지 말았어야 했잖아. 왜 좀 더 조심스럽게 하지 못했지? 다 네 잘못이야. 맞잖아?'라고 계속 질문을 해댄다. 내 머릿속에 들어앉은 침팬지가 나를 울게 만들었다. 살아갈 의미가 없어졌다는 기분에서 헤어나지 못하는 것도 망할 놈의 침팬지 자식 때문이었다.

스티브가 상담을 이어갔다. 침팬지는 부정적인 감정을 먹고산다고. 내 안에 있는 '인간 제라드'의 목소리에 다시 귀 기울여야 한다고. 나는 스티브에게 진심으로 감사했다. 집으로 돌아가면 꼭 찾아가겠다고 약속했다.

끔찍했던 암흑의 시간이 지난 뒤에야 비로소 나는 좀 더 깊은 내면과 직면할 수 있었다. 오직 미끄러졌다는 사실에만 집착해선 안 되었다. 마음을 열자 내가 지금까지 쌓아왔던 모든 경력이 눈앞에 일제히 펼쳐졌다. 올림피아코스와 AC 밀란을 상대로 넣었던 골을 기억한다. 이스탄불의 기적도 기억한다. 내 몫을 다했던 순간들. 운도 따랐다. 사실 밀란이 우리보다 강했다. 하지만 0-3으로 뒤지던 상황에서 추격의 불씨를 당긴 골을 바로 내가 넣었다. 그날 밤 나는 거대한 UEFA 챔피언스리그 우승 트로피를 들어 올렸다. 경력을 통틀어 가장 위대했던 순간이었다.

그렇다. 나는 첼시전에서 미끄러졌다. 그렇다. 프리미어리그에서 우승하지 못할지도 모른다. 그러나 이스탄불에서 나는 유럽 축구의 제왕에 올랐었다. 내 마음속에는 항상 이스탄불이 살아 숨 쉰다. 때로는 운명과 행운이 내 테크닉과 플레이를 돕기도 했다. 2006년 FA컵 결승전, 웨스트햄에 얻어맞아 우리가 쓰러지기 일보 직전에 나는 강력한 중거리포를 성공시켰다. 리버풀에서 뛰면서 가장 멋진 활약이었을지 모른다. 사람들은 그 경기를 '스티븐 제라드의 결승전'이라고 부른다. 스탠리 매튜스(Stanley Matthews) 말고 누가 또 그런 영광을 누려보겠는가? 내가 얼마나 운이 좋은 선수였는지.

수많은 더비매치도 생생히 기억한다. 2012년 3월 에버턴을 상대로 나는 해트트릭을 작성했다. 루이스 수아레스와 내가 천하무적이던 경기였다. 수아레스, 토레스, 알론소, 루니와 함께 뛰었을 만큼 나는 정말 운이 좋았다. 휴이턴에서도 거칠기로 유명한 아이언사이드 로드에서 달리기 시작해 브라질 월드컵까지 갔다. 도대체 얼마나 운이 좋은 것인가?

빛과 어둠, 기쁨과 좌절은 항상 붙어 다닌다. 지금 당장 끔찍한 기분이지만, 최소한 나는 영광의 순간을 경험해봤다. 대부분 사람들은 나처럼 행운을 누리지 못한다. 평생 이렇다 할 경험도 없이 무미건조한 삶 속에서 쳇바퀴 도는 사람들도 너무 많다. 나만큼 운이 좋은 사람이 있을까? 눈물을 흘릴 때가 있는 만큼 내게는 감사해야 할 순간도 너무나 많다. 절망과 환희로 가득했던 시즌이었다. 루이스와 리버풀의 관계가 틀어졌을 때, 내가 적극적으로 개입해서 문제를 해결했다. 노리치 경기에서 수아레스가 네 골이나 터트렸을 때, 우리 팬들이 불러줬던 '수아레스 송'의 흥겨운 리듬은 너무나 달콤했다. 웸블리 스타디움에서 내가 폴란드를 상대로 터트린 골이 잉글랜드에 브라질 월드컵 본선 티켓을 선물했던 순간도 기억한다. 아스널을 5-1로 대파했던 기억, 에버턴을 4-0으로 꺾었던 기억, 맨체스터 유나이티드를 3-0으로 박살냈던 기억까지 모두 생생하다. 승리의 성취감을 안고서 당당히 리버풀로 개선하던 야간버스 안을 기억한다. 희망에 부풀어 가슴이 뛰었던 느낌을 기억한다. 어둠 속에 빠졌던 풀럼전에서 팀을 구해낸 뒤에 유니폼을 벗어젖히고 미친 듯이 소리치며 달렸던 그 순간, 구단 버스 안에서 울려 퍼졌던 그 경쾌한 리듬을 나는 잘 안다. 힐즈브러 참사 25주기 추모식 현장을 기억한다. 제리 마스덴과 콥이 '당신은 홀로 걷지 않아'를 은은하게 합창했던, 바로 그 순간을 나는 너무나 생생하게 머릿속으로 그릴 수 있다.

물론 소중했던 수많은 기억보다도 지금은 미끄러진 장면이 가장 생생하다. 몸을 추슬러 다시 일어나려고 노력하는 동안에도 나와 아내는 계속 호텔 방에만 머물렀다. 산보를 한 번 나갔고, 호텔 수영장 옆에서 한 시간 정도 앉았다가 돌아왔다. 둘째 날에는 텅 빈 레스토랑에서 저녁식사를 했다. 음식 맛을 느낄 수 없었다. 여전히 멍한 상태였다. 단, 적어도 나는 내게 일어난 모든 일을 논리적으로 이해할 수 있었다. 나는 자신감에 넘치는 성격이 아니다. 오히려 자기비판이 지나친 성격에 가깝다. 다행히 내게 일어났던 일을 찬찬히 뜯어볼 만큼 머리는 돌아갔다. 분석하고 올바른 답을 꺼낼 수 있을 정도의 사고능력을 갖고 있었다. 모나코에서 리버풀로 돌아갈 준비를 하고 있을 때, 나는 다시 한 번 매우 단순한 사실을 깨달았다. 내가 최선을 다했다는 사실이었다. 그런 마음가짐이 나를 치유해줄 수 있을 것이다. 몇 년이 걸릴지 모른다. 그러나 아내인 알렉스, 세 딸, 부모님, 친구, 가족이 나를 도와준다면, 결국 나는 첼시전에서 있었던 내 실수를 극복할 수 있을 것이라고 믿었다.

화요일 리버풀에 도착하자마자 크리스 모건이 문자를 보내왔다. 다음날인 4월 30일 저녁 첼시는 UEFA 챔피언스리그 준결승 2차전에서 아틀레티코 마드리드를 상대할 예정이었다. 내가 모나코에 머무는 동안에도 크리스와는 연락을 취했다. 내가 괜찮은지 알고 싶어 했다. 내가 집으로 돌아왔다는 소식을 들은 크리스가 문자를 보냈다.

"내일 하리보(Haribo; 젤리) 먹으면서 경기나 볼까?"

첼시 경기를 보는 씁쓸함을 이겨내는 데에는 하리보가 최고라고 생각했던 모양이다.

"그래. 그 자식들이 깨지는 걸 봤으면 좋겠다. 괜찮다면 우리 집에 와. 요즘 내가 딸들이랑 시간을 보내지 못했잖아."

크리스와의 우정은 기본적으로 직장 동료의 관계에 바탕을 둔다. 우리는 멜우드와 안필드에서 서로 만난다. 원정경기 갈 때마다 동행한다. 하지만 서로 집을 찾아갈 정도는 아니었다. 하지만 어려움이 닥치자 나는 내가 신뢰하는 동지의 도움이 더 크게 보였다. 크리스는 조금 일찍 도착했다. 들고 온 하리보에 딸들이 신이 났다. 소파에 앉아서 우리는 경기 중계를 시청했다. 토레스가 친정 클럽을 상대하고 있었다. 무리뉴 감독이 그를 선발로 내세웠고, 당연히 그는 골을 넣었다. 페르난도가 골을 넣어 기뻤다. 하지만 나는 아틀레티코를 응원했다. 첼시는 우리에게 너무 큰 고통을 안겼다. 그들이 조금이라도 고통을 느끼는 모습을 즐기고 싶었다.

아틀레티코가 계속 첼시를 괴롭혔다. 그들의 역습은 정말 기가 막혔다. 전반 종료 직전, 아드리안이 동점골을 터트렸다. 한 시간 정도 되었을 때, 디에고 코스타가 골을 터트려 승부를 뒤집었다. 아틀레티코에게 2-1 리드를 선사한 그 친구는 한 달 뒤에 유니폼을 첼시로 갈아입었다. 첼시가 이기려면 두 골을 더 넣어야 했다. 우리 둘 다 신이 났다. 딸들이 휩쓸고 간 탓에 몇 개 남지 않았던 하리보를 우리가 깨끗이 먹어 치웠다.

이윽고 크리스가 내게 진짜 괜찮으냐고 물었다. 나는 표정이 굳었다. 기분이 나아지긴 했지만, 여전히 괴롭다고 대답했다. 크리스가 위로해줬다. "그게 뭐였는지 알아? 축구화 스터드가 있었고, 잔디가 있었는데, 그게 좀 미끄러웠던 거지. 혼자 책임을 몽땅 뒤집어쓰려고 하지 마. 템바 바가 하프라인에서부터 뛰기 시작했잖아. 다른 수비수 두 명도 따돌렸어. 미뇰렛까지 제압했지. 너도 하프라인에 있었잖아. 골대 바로 앞에서 벌어진 상황이 아니란 말이야."

내가 "그래, 나도 알아. 그런데도 아직…"이라고 대답하는 순간, 기쁨이 다시 우리를 찾아왔다. 아르다 투란이 골을 넣은 덕분이었다. 첼시 1, 아틀레티코 3. 굿바이 첼시!

멜우드에 돌아오자 마음이 한결 가벼워졌다. 우리는 월요일 저녁에 크리스털 팰리스 원정경기를 앞두고 있었다. 맨시티는 에버턴 원정이었다. 맨시티는 구디슨 파크에서 고전했던 전력이 있다. 혹시나, 정말 혹시나 에버턴이 우리를 도와줄지도 모른다.

우리는 다시 강훈에 돌입했다. 다들 내게 정말 잘해줬다. 내가 여전히 마음의 상처를 안고 있다는 사실을 아는 것 같았다. 하지만 나는 크리스털 팰리스 경기에서 내 책임을 다해야 했다. 내 앞에서 아무도 첼시전 이야기를 꺼내지 않았다. 미끄러짐에 관해서도. 첼시 경기 후반전, 동료들이 얼마나 열심히 뛰었는지를 나는 잘 안다. 하프타임 로저스 감독이 했던 말을 받아들여 동료들이 모두 나를 도와주려고 죽기살기로 뛰었다. 나는 무척 감동했다. 그런 상황에서 그렇게까지 나를 도와주려는 동료가 있다니 너무 기분이 좋았다. 다들 내게 프리미어리그 우승컵을 안겨주기 위해 평소 이상으로 동기부여가 되어 있었다. 물론 나도 동료들을 위해 우승하고 싶었다. 아직 우리의 우승 경쟁은 끝나지 않았다. 우리는 기적을 바라고 있었다. 토요일 저녁 맨시티와 에버턴의 경기가 시작했다. 경기 중계를 챙겨보진 못했지만 스마트폰으로 경기 상황을 계속 확인했다. 전반 11분, 에버턴이 1-0으로 앞서기 시작했다. 로스 바클리였다. 잠깐, '설마'가 사람 잡아주는 건가?

기대감은 딱 11분 지속되었다. 아구에로가 동점골을 뽑아냈다. 무승부도 괜찮다. 아니, 매우 좋았다. 맨시티의 무승부는 곧 우리가 자력 우승할 기회를 되찾음을 의미하니까. 전반 종료 2분을 남기고 골 알람이 울렸다. 스마트폰을 열어보니 에딘 제코였다. 에버턴 1, 맨시티 2. 에버턴은 UEFA 챔피언스리그 출전권을 확보하기 위해서라도 반드시 이겨야 했다. 그러나 후반 초반 제코가 한 골을 추가해 스코어는 3-1로 변했다. 루카쿠가 한 골을 만회했지만, 맨시티가 승점 3점 획득에 성공했다. 우리와 승점 동률 상태에서 골득실로 맨시티가 리그 1위가 되었다. 이제 각자 두 경기를 남겨놓았다. 맨시티는 모두 홈경기였다. 목표의식이 사라져 마음이 이미 여름 휴가지로 떠나 있는 애스턴 빌라와 웨스트햄이었다. 마지막 남은 우리의 희망이 사라지는 것 같았다.

경기 종료 11분을 남긴 상태에서 우리는 3-0으로 앞서 있었다. 우리를 따라온 원정 서포터즈가 "우리가 리그에서 우승할 거야"를 외쳐대며 흥을 돋웠다. 리버풀 팬들이 자리 잡은 곳에서부터 "공격! 공격! 공격!"이라는, 좀 더

8 미끄러지다

 단순명료한 응원 구호가 터져 나왔다. 우리 골득실은 +53, 맨시티는 +59였다. 희망을 가지려면 훨씬 많은 골을 넣어야 했다.

 선제골은 전반 18분 만에 들어갔다. 내가 찬 코너킥을 몸집이 작은 조 앨런이 헤딩으로 골을 넣었다. 후반전 초반 내가 대각선 롱패스를 대니얼 스터리지의 발끝에 정확히 배달했다. 스터리지가 잘 잡아낸 뒤 페널티박스 안으로 파고들어 슛을 때렸다. 수비수에 맞고 굴절된 공이 골문 안으로 들어갔다. 후반 10분에는 스털링과 수아레스가 합작했다. 골을 넣은 수아레스가 골문 안에 떨어진 공을 잽싸게 주워 하프라인으로 달려왔다. 골을 충분히 더 넣을 수 있을 것 같은 분위기였다.

 그로부터 세 골이 더 나왔다. 전부 팰리스의 득점이었다. 세 골이 들어가는 데에 겨우 9분밖에 걸리지 않았다. 굴절된 슛으로 추격골을 허용해 재앙이 시작되었다. 2분 뒤에는 스크르텔이 왼쪽 측면으로부터 보낸 패스가 상대에게 끊겼다. 곧바로 역습을 허용했다. 스크르텔이 없어진 중앙 공간으로 야닉 볼라시에가 폭발적인 스피드로 치고 들어간 뒤에 드와이트 요크의 골을 도왔다. 우리의 균형이 완전히 무너졌다. 글렌 머레이가 우리 수비를 넓게 벌렸고, 그 틈으로 게일이 다시 강력한 슛을 날렸다. 순식간에 스코어가 3-3 동점으로 변했다.

 경기 종료 휘슬이 울렸다. 나는 힘없이 쓰러져 있었다. 수아레스는 우는 모습을 보여주기 싫어서 유니폼을 얼굴에 뒤집어썼다. TV 카메라와 사진기자들이 나와 루이스를 둘러싸 우리 둘의 좌절감을 촬영하기에 바빴다. 나는 그들을 밀쳐냈다. 팰리스 선수들 쪽으로 가서 악수한 다음에 루이스를 찾았다. 그날 벤치에 있었던 콜로 투레가 다가왔다. 그가 내게 "나 여기 있어, 빅맨"이라고 말을 걸었다. 그는 항상 나를 '빅맨(big man)'이라고 부른다. 콜로가 루이스를 그라운드에서 끌어냈다. 우리는 함께 선수 통로로 들어갔다. 뒤에서는 팰리스 팬들이 파티를 벌이고 있었다.

리버풀이 마련해준 전용 제트기를 타고 그날 우리는 곧장 리버풀로 돌아왔다. 선수단 전체 분위기가 축 가라앉아 있었다. 다들 아이패드로 노래를 듣거나 영화를 봤다. 나는 크리스와 글렌 드리스콜과 나란히 앉아 있었다. 목소리를 낮춰 이야기를 나눴다. 경력을 통틀어서도 겪어본 적이 별로 없었을 만큼 이상한 경험이었던지라 머릿속으로 잘 정리가 되질 않았다.

내가 풀이 죽은 목소리로 크리스와 글렌에게 말을 걸었다. "분명히 우리가 박살내고 있었잖아? 솔직히 나는 우리가 6-0 정도로 이길 줄 알았어." 어이가 없었다. 물론 그런다고 결과는 달라지진 않는다.

내 축구 인생에서 최악의 8일이 지나갔다. 첼시, 모나코, 팰리스. 내가 꿈꿔본 최고의 꿈, 리버풀의 프리미어리그 우승이 물거품처럼 사라졌다. 나는 두려웠다. 창밖을 내다봤다. 아무것도 보이지 않았다. 비행기가 불안정한 기류와 만났는지 약간 흔들렸다. 동료 몇 명이 고개를 들어 주위를 둘러봤다.

내가 크리스에게 말했다.

"야, 비행기가 이대로 떨어졌으면 좋겠다."

크리스가 나를 물끄러미 쳐다봤다. 내가 덧붙였다.

"지금 이 비행기가 떨어져도 나는 구명조끼 같은 건 입지 않을 거야."

진심이었다. 나는 기꺼이 포기하고 싶었다. 비행기가 떨어지면, 그냥 함께 가고 싶었다. 이제 지긋지긋했다.

비행기가 이내 안정을 되찾았다. 동료들이 다시 아이패드에 눈을 뒀다. 날아가는 동안 나는 말을 하지 않았다. 어둠 속을 날아가는 동안, 나는 내 안에서 길을 잃어버렸다.

STEVEN GERRARD

9

잉글랜드 국가대표팀: 희망

England: The Hope

GERRARD
8

과학자 몇 명이 포르투갈 알가르베에 차려진 잉글랜드 국가대표팀의 월드컵 전지훈련 캠프를 방문했다. 선수단을 돕기 위해 그들은 '불편에 편해지기' 프로그램을 들고 왔다. 이상하게 들리는 프로그램 이름에는 나름대로 논리적인 이유가 있었다. 러프버러대학교의 연구팀이 개발한 프로그램인데, 브라질 현지에서 예상되는 고온다습 기후에 수월하게 적응할 수 있게 해주는 내용이었다. 2014년 5월, 파루(Faro)는 이미 덥고 끈끈했다. 하지만 쨍쨍하게 내리쬐는 햇살 아래서 옷을 세 겹이나 입고 훈련하라는 지시가 떨어졌다. 아마존 열대우림에 위치한 마나우스에서 우리는 첫 상대 이탈리아와 만날 예정이었다. 낯선 기후에 적응하기 위한 여러 방법 중 하나가 '불편에 편해지기' 프로그램이었다. 수행방법은 과학적이었다. 몸의 세 곳에 붙인 센서를 통해 과학자들이 우리가 흘리는 땀을 비롯해 경기력 유지에 필요한 체액과 전해질의 정확한 양을 측정할 수 있었다. 취합한 신체 정보는 훈련 후 선수 개개인에게 맞춘 피로회복 음료 제조에 활용되었다.

잉글랜드 국가대표팀의 훈련은 내가 A매치에 데뷔했던 14년 전과는 비교할 수 없이 디테일해져 있었다. 2000년 4월 난생 처음 국가대표가 되었을 때, 나의 경기 준비는 토니 아담스의 "야 이 자식아, 경기 뛸 준비 다 된 거야?"라는 윽박지름과 함께 시작되었다. 그때 주장은 앨런 시어러였다. 이제 나는 세 번째 월드컵에서 국가대표팀을 이끌려고 한다. 주장으로 참가하는 두 번째 월드컵이다. 땀을 측정하거나 전해질 섭취에 신경 쓰지 않더라도 A매치 출전 자체가 불편한 상황 안에서 편한 마음을 가지려고 애쓰는 것 같다는 사실을 나는 이미 잘 알고 있었다. 나는 여전히 국가대항전을 좋아했다. 실망한 기억만큼 행복한 추억도 많았다. 그러나 메이저 대회를 앞뒀을 때마다 언론의 호들갑과 국가대표팀을 둘러싸고 만들어지는 '질식 분위기'는 항상 편할 리가 없었다. 그야말로 난관이었다.

지금도 나는 잉글랜드를 위해 뛰고 싶다. 당연히 주장 완장을 차고도 싶다. 하지만 잉글랜드의 캡틴에게 주어진 최대 난제는 언제나 언론 인터뷰였다. 기자회견에 들어가면 자주 이런 생각이 든다. 모든 질문이 의도를 숨기고 있다고. 말실수나 부정적 표현을 낚아채기 위해 던지는 미끼들 같다. 애매한 상황 속에서 임해야 했던 국가대표팀 기자회견 고비를 무사히 넘긴 적이 몇 차례 있었다. 최악의 인터뷰는 당연히 메이저 대회에서 조기탈락 했을 때다. 바닥에 내동댕이쳐진 기분으로 제일 잔인한 질문들을 받아야 한다.

오랜 세월 그런 역할을 직접 수행해오면서 나는 최선의 방법을 터득했다. 솔직하게 말하는 것이다. 그렇다고 말을 막 던진다는 뜻은 아니다. 신중해야 한다. 예를 들어, 어느 동료가 팀 내에서 어려움을 겪고 있다는 사실을 공식 석상에서 밝혀선 절대로 안 된다. 특정 개인의 이름을 적시해 비난하는 것도 삼가야 한다. 팀 전체를 위해 특정 단어를 사용해야 할 때도 있었다. 그래야 빅매치를 앞두고 감독이 선수단 전원의 사기를 높일 수 있게 된다.

신중하긴 해도 내 발언 중 99퍼센트는 진심이다. 솔직해지기가 싫다면, 기자를 30~40명씩이나 앞에 두고 떠드는 게 무슨 의미겠는가. 진실을 빙빙 돌려 말하는 정치인의 미디어 대응 요령에 익숙해지려고 애쓰는 것보다야 솔직해지는 편이 훨씬 쉽다. 어차피 함정에 빠지거나 올가미에 걸리게 되어 있다. 그게 내가 솔직하게 말하기로 한 이유다.

솔직하게 했던 말을 한 바퀴 돌리거나 비틀어 보도하는 기자가 있다면, 그 사람과는 관계가 틀어지는 상황을 사나이답게 받아들여야 한다. 나도 몇 번인가 그런 경험을 했다. 하지만 세상 어디에나 진실을 갖고 장난치는 사람이 있기 마련이다. 잉글랜드 국가대표 선수로서 내게 가해지는 언론의 비판 대부분은 발전적이고 공정하다. 가끔 나오는 지나친 보도에 대해서는 액면 그대로 받아들이지 않는다. 나를 과하게 칭찬하는 일부 기자의 주장이 그런 예에 속한다.

기자 대부분은 축구를 잘 이해하고 존중한다. 하지만 선수는 가끔 흔들리지 말아야 한다. 메이저 대회 혹은 빅매치를 앞둔 상황이라면 특히 그렇다. 기자의 질문에 머리를 굴리지 말고 직구로 대처해야 한다. 솔직히 나는 잉글랜드 국가대표팀 담당 기자들로부터 나름대로 존중받는다고 생각한다. 대표팀이 잘했든 못했든, 내가 최대한 솔직하게 대답하려고 한다는 사실을 그들도 잘 아는 덕분이다. 아무리 힘든 상황이라도 나는 진심을 숨기지 않는다.

파루에서는 달랐다. 2014년 5월 24일 있었던 기자회견에서 나는 거짓말을 했다. 기자들이 월드컵에 관해서 이야기하고 싶어 하지 않는 것처럼 보여서 굉장히 힘들었다. 첫 질문이 분위기를 잡았다. 기자들은 당시 나의 심리상태를 알고 싶어 했다. 리버풀에서 보냈던 고통의 시간이 끝난 뒤에 내 기분을 듣고 싶어 했다. 프리미어리그 시즌이 종료된 지가 2주도 채 지나지 않았을 때였다. 우리는 리그 최종전에서 뉴캐슬을 2-1로 물리쳤다. 뉴캐슬 팬들은 신나게 나를 위한 응원곡을 개사해서 비아냥거렸다.

스티븐 제라드, 제라드 / 머저리처럼 미끄러졌네 /
뎀바 바에게 패스를 해 / 스티븐 제라드, 제라드

뉴캐슬 팬들은 그 노래를 부르고 또 불렀다. 엄밀히 말하면, 뉴캐슬에는 자기들에게 노래를 불러줄 만큼 응원하고 싶은 구석이 없었다. 내가 리버풀과 잉글랜드 국가대표팀에서 뛸 때마다 항상 들어왔던 응원곡이었다. 그래서 상대팀 서포터즈는 나를 약 올리기 위해서 노래의 가사를 바꿔 부른다. 매우 익숙한 야유다.

전반전 마르틴 스크르텔이 자책골을 범했고, 팀 경기력도 매우 나빴던 탓에 우리는 0-1로 뒤진 채 전반전을 마쳤다. 꺼져버린 리그 우승의 불씨를 되살리기 위해서는 맨체스터 시티가 홈에서 웨스트햄에 패해야 했다. 하지만 맨시티는 1-0으로 앞서갔다. 후반전 들어 우리의 경기력은 조금 나아졌다. 세트피스 상황에서 내가 도움 2개를 기록했다. 두 번 모두 정확한 지점에 떨어져 아게르와 스크르텔이 득점으로 연결했다. 우리는 뉴캐슬을 꺾고 최종 순위 2위로 시즌을 마쳤다. 맨체스터 시티가 승점 86점으로 리그 우승을 차지했다. 우리 승점은 84점이었다. 82점을 얻은 첼시가 3위였다. 우리보다 4점 뒤진 아스널이 4위였다.

내가 미끄러졌던 첼시 경기에서 우리가 이겼다면 리버풀이 리그를 제패할 수 있었을 것이라는 사실을 취재진이 다시 들춰냈다. 마음의 상처가 아직도 남아 있느냐고? 최악의 상태는 아니었지만, 나는 솔직하게 "당연히 그렇다"고 대답했다. 잔인한 진실을 솔직하게 인정한 나의 대답은 이런 식으로 보도될지도 모른다. 미끄러짐의 악몽에 스티븐 제라드가 아직도 상심하고 있다는 식이다. 이후 브라질 월드컵을 대비해 소집된 훈련 초반부를 소화하면서 내 기분이 많이 좋아졌음을 느낄 수 있었다. 그런데 기자들은 또 특정 장면을 잡고 늘어졌다. 아픈 기억을 완전히 떨쳤는지 아니면 여전히 마음 한구석에 슬픔이 남아 있는지를 알고 싶어 했다.

진심은 딱 중간 정도였다. 예를 들어, 나는 이렇게 말할 수도 있었다. "하루는 괜찮아졌다가도 다음날 기분이 축 처지곤 한다. 지금도 마음이 아프다.

내 인생 최악의 실망에서 완전히 벗어나지 못한 상태다. 당연히 우울해질 때도 있을 것이다. 그 외에 다른 감정이 있을 것이라고 기대할 수 있겠는가?"

만약 그렇게 말했다간 대서특필되었을지 모른다. 그래서 나는 거짓말을 할 수밖에 없었다. 나는 "최상의 마음가짐"이라고 대답했다. 모든 생각을 월드컵에만 집중하고 있다고 말했다. 하지만 나는 또다시 힘든 현실에 정면으로 맞서기로 했다. 부정적인 마음을 최대한 긍정적으로 바꿔보려고 애썼다. 내 대답의 요지에는 진심도 꽤 담겨 있었다. 월드컵에 다시 도전할 수 있어서 감사한 마음이라고 말했는데, 이는 진심이었다. 심지어 미소를 지어 보이기까지 했다.

"월드컵에 출전하지 못했다면 지금쯤 어느 휴양지에 누워 시즌 마지막 서너 경기를 되새기면서 어디서부터 잘못되었는지, 도대체 나를 미치게 만드는 주범이 무엇인지 골몰하고 있었을지 모른다. 지금 이 순간만큼은 미끄러진 기억을 모두 기억 뒤편으로 접어두고 잊어야 한다. 정말 중요한 큰 대회가 코앞으로 다가왔기 때문이다."

상처를 받았다는 사실을 인정하는 동시에 지난 시즌 환상적이었던 장면도 많았다는 점을 분명히 했다.

"중요한 순간에 나오는 실수를, 아주 큰 실수를 좋아할 리가 없다. 지금까지 선수 생활을 하면서 적지 않은 실수를 범했다. 하지만 경험이 많은 선수라면 그런 실수에 의연하게 대처해야 한다. 나이가 들면 나잇값을 해야 하는 법이다. 물론 마음이 아프다. 큰 상처였다. 단순히 그 장면에서 미끄러진 것뿐 아니라 마지막에 리그 타이틀을 놓쳤다는 사실 때문이다. 우리는 리그 우승 직전까지 갔었다. 정말 대단한 시즌을 보냈다. 경험이 많은 선수라면 나빴던 점만큼 좋았던 점도 볼 줄 알아야 한다. 세상에서 가장 치열한 리그에서 2위를 차지했다. 라힘 스털링처럼 젊은 선수가 크게 발전했다. 팀원 모두가 너무 잘해줬다. 그런 점들을 생각하면 개인적으로는 환상적인 시즌이었다고 생각한다.”

취재진은 여전히 내 본심을 알고 싶어 했다. 나는 솔직하게 인정했다.

"내 자신에게 '왜? 어떻게?'라고 계속 묻는다. 정답이 없다. 왜냐면 그냥 미끄러진 것이니까. 겨우 세 경기밖에 남지 않았던 시점은 당연히 잔인했다. 우리는 리그 1위에 있었다. 당연히 끔찍했다. 불공평하게도 느껴졌다. 하지만 그게 축구고, 인생이다. 내 자신을 동정하고 싶진 않다.”

첼시 경기를 끝마치고 돌아오는 차 안에서 펑펑 울었다는 사실을 말해봤자 아무런 이득이 없었다. 나는 그냥 이렇게 말했다.

"집에 돌아가 침대 안에서 울음을 터트릴 만큼 내가 어리고, 순진하거나 상처받기 쉬운 사람이라고 생각하진 않기를 바란다. 나는 지금 서른세 살이다. A매치를 100경기 이상 뛰었고, 리버풀에서만 600경기가 넘게 출전했다. 현실을 있는 그대로 받아들일 만큼 성숙하고 용기도 있다. 미끄러진 장면, 그로 인해 나왔던 결과에 대해서 내가 모든 책임을 진다. 난생 처음 저지른 실수도 아니었다. 그전에도 실수가 많았다. 모두 극복했다. 이번 월드컵에서 뛸 수 있을 만큼 나의 몸과 마음이 모두 완벽하게 준비되어 있다는 사실을 모두에게 증명하겠다.”

용기를 느낄 수 있는 표정이 중요할 것 같았다. 우리 생애 가장 큰 월드컵을 앞뒀다는 믿음은 진심이기도 했다. 브라질이 특별한 무대가 되어줄 것이라고 굳게 믿었다. 마음을 설레게 해주는 구석이 있었다. 나 역시 기대가 컸다. 낙관적이었다. 솔직히 내 안에는 기쁨과 슬픔이 혼재했다. 누구나 그럴 것이라고 생각한다. 하지만 우리는 지금 트위터 세상 속에서 산다. 복잡한 심경을 140자로 온전히 전달하기란 매우 어렵다. 그래서 내가 선택한 단어가 '환상적'이었다. 나는 지금 '환상적인' 곳에 와 있는 것이다.

흑백 이분법만 존재하는 세상에서는 하얀 거짓말이 안전하다. 프리미어리그의 종료와 브라질 월드컵 사이에서 나를 덮고 있는 복잡한 마음을 어정쩡한 회색으로 나갈 바에는 하얀 거짓말을 선택하겠다. 잉글랜드 국가대표로서 다섯 번의 메이저 대회에 출전해오면서 나는 센세이셔널한 기삿거리를 미연에 방지하는 게 최선이라는 교훈을 얻었다.

내가 출전했던 월드컵과 유로 대회를 생생하게 기억한다. 실전은 너무 좋다. 다만, 합숙훈련 생활은 영 즐기질 못한다. 나는 훈련 캠프가 두렵다. 오랫동안 가족과 떨어져 있어야 하는 게 너무 싫다. 물론 합숙훈련의 필요성은 잘 안다. 메이저 대회 첫 경기를 앞두고 얻는 이틀간의 휴가가 얼마만큼 달콤한지 모른다. 가족을 만나면 희망이 부푼다. 잉글랜드를 대표한다는 것은 정말 대단한 영광이다.

4년 전인 2010년, 남아공 월드컵이 있었다. 미국과 첫 경기를 앞두고 나는 굉장히 흥분해 있었다. 그때도 나는 주장이었는데, 사실 완장이 그냥 내게 떨어진 셈이었다. 존 테리가 인종차별 폭언 논란에 휩싸인 데다 리오 퍼디낸드는 부상으로 제외된 덕분이었다. 국가대표팀을 이끌던 파비오 카펠로 감독도 라파엘 베니테스 감독에 뒤지지 않을 정도로 사무적인 태도를 유지하는 지도자이긴 해도 나를 아꼈다고 생각한다.

카펠로 감독은 주축 선수에게 연대감을 표시하는 방법이 독특하다. 그는 절대로 말로 표현하지 않는다. 자기 어깨로 선수의 어깨를 툭 치는 제스처가 '내가 너를 인정한다'는 의미다. 그전부터 나를 선발로 기용해준 덕분에 나는 그의 신뢰를 느끼고 있었다. 하지만 테리나 퍼디낸드처럼 강력한 리더로서 나를 인정해주고 있는지에 대해선 확신이 없었다.

선수에 관한 카펠로 감독의 인식은 대체로 수석코치였던 프랑코 발디니에 의해 만들어졌을지 모른다. 잉글랜드 감독으로서 그가 어떤 판단을 내리는 과정에 발디니 코치가 깊숙이 관여했다. 발디니 코치는 내가 자신감이 약간 부족하다고 생각하는 것 같았다. 잉글랜드 국가대표팀의 캡틴이 되기에는 다소 내성적이라고 평가했다는 느낌이다. 그가 여러 상황에 관해서 의논하려고 나를 따로 불러냈던 것으로 미루어보아 선수로서는 나를 인정했던 게 분명하다. 리버풀에서 나는 최고의 경기력을 선보이며 거의 매 경기 골을 넣고 있었다. 카펠로 감독과 발디니 코치는 그런 경기력을 국가대표팀에서도 보고 싶어 했다. 하지만 국가대표팀은 기초부터 완전히 다른 조직이었다. 그들의 기대에 부응하기 위해 나는 최선을 다했다. 아쉽게도 두 사람이 있던 국가대표팀에서는 내가 리버풀에서만큼 편안함을 느끼지 못했다.

물론 두 사람이 이끄는 동안에도 나는 국가대표팀 경기에서 전력을 쏟았다. 경기력도 나쁘지 않았다. 그러나 그들이 나를 주장에 선임하는 모습에서 오히려 두 사람이 나를 리더로 보지 않는다는 사실을 더 분명하게 깨닫게 되었다. 존 테리를 주장으로 삼은 판단은 절대적으로 옳았다고 생각한다. 그는 타고난 리더다. 훈련캠프에서도 존재감이 대단하다. 남아공 월드컵 명단에도 포함되어 있었지만, 웨인 브리지와의 불미스러운 일이 밝혀지면서 주장직을 박탈당하고 말았다. 감독은 여전히 테리를 주장으로 삼고 싶어 했지만, 잉글랜드축구협회의 반대에 부딪혔다. 그런 상태에서 내가 주장이 되었으니 솔직히 자신감이 약간 떨어졌다. 너무 크게 신경 쓰고 싶진 않았다. 나만의 방식으로 잉글랜드의 주장 역할을 수행하며 뛰고 싶을 뿐이었다.

주장 스타일도 선수마다 다르다. 테리는 적극적으로 나선다. 나는 조용한 스타일이다. 솔선수범으로 팀 전체를 이끌어가는 방식이다. 카펠로 감독과 함께 일하는 것도 즐거웠다. 솔직히 그를 좋아하지 않는 국가대표 선수가 많았다. 그러나 나는 그가 주문하는 따분하고 엄격한 선수단 관리 철학을 기꺼이 받아들이겠다는 마음이었다. 그가 잉글랜드를 성공으로 이끌어줄 것이라고 믿었기 때문이다.

카펠로 감독은 자기 입맛에 맞는 팀으로 만들 뼈대가 이미 완성되어 있었다. 그는 2회 연속 월드컵 8강 진출팀을 물려받았다. 내가 부상으로 탈락했던 2002년 한일 월드컵에서 잉글랜드는 브라질에 패해 8강에서 물러났다.

2006년 독일 월드컵에서도 포르투갈에 패해 8강에 만족해야 했다. 겔센키르헨에서 열렸던 포르투갈과의 8강전에는 나도 출전했었다. 그 경기는 온통 웨인 루니의 퇴장과 크리스티아누 호날두의 윙크로 사람들의 기억에 남아 있다. 0-0 무승부 상황에서 후반 초반 루니가 퇴장당했고, 결국, 우리는 승부차기에서 무릎을 꿇었다. 루니의 퇴장, 호날두의 윙크, 승부차기 패배가 이어져 잉글랜드의 모든 사람을 분노하게 만들었다.

포르투갈 수비수는 경기 내내 우리 팀 에이스인 루니를 반칙으로 괴롭혔다. 루니를 막기 위해 그들이 쓴 작전은 씁쓸했다. 모두 힘을 합쳐 루니의 약을 올리면서 심기를 건드렸다. 후반 17분, 당시 첼시에서 뛰던 히카르두 카르발류(Ricardo Carvalho)와 루니가 공을 차지하기 위해 뒤엉켰다. 루니는 멀쩡히 서 있었지만, 카르발류는 넘어져 죽을 것 같다는 표정을 지었다. 대단한 연기력이었다. 그 다음부터 대혼돈이 벌어졌다. 루니가 카르발류를 밟았다. 그는 고의가 아니었다고 주장했지만, 포르투갈의 모든 선수가 주심을 둘러싸고 루니를 퇴장시키라며 난리를 피웠다. 루니가 일부러 카르발류를 밟았다는 것이다.

주심이 레드카드를 꺼내 들었을 때, 솔직히 나는 주심을 압박한 행위에 대해서 포르투갈 쪽 선수도 한 명은 퇴장당했어야 한다고 생각했다. 루니가 그라운드에서 빠져나가는 동안, 호날두는 루이스 펠리페 스콜라리 감독을 향해 윙크를 날렸다. 마치 "임무 완수"라고 말하는 것 같았다. 결국, 우리는 승부차기에서 패했다. 경기장을 떠나는 버스 안에서 웨인이 내게 물었다. 호날두의 윙크를 어떻게 생각하느냐고 했다. 나는 너무 화가 나 있었다. 만약 내 팀 동료가 그런 짓을 했다면 다시는 그 자식과 말도 하지 않을 것이라고 대답했다. 그게 사비 알론소였다고 해도 마찬가지라고, 그였다고 해도 절대로 용서하지 않을 것이라고 말했다. 물론 알론소는 그런 짓을 할 친구가 아니지만.

웨인은 내 반응을 주의 깊게 살폈다. 그렇지만 그는 훨씬 어른스러운 쪽을 선택했다. 호날두를 용서했다. 8강전에서 완전히 깨져버렸던 관계를 다시 이어가기로 했다. 어쨌든 그날 그 경기는 잉글랜드의 메이저 대회 실패사 중 하나로 남게 되었다. 승부차기는 억장이 무너지는 순간을 너무나 많이 선사했다. 팬으로서 시청했던 1990년 이탈리아 월드컵 준결승전에서 잉글랜드는 서독에 승부차기로 패했다. 1998년 프랑스 월드컵에서는 아르헨티나에 승부차기로 패해 8강 탈락했다. 데이비드 베컴이 퇴장당했던 경기였다.

선수가 되어선 포르투갈에만 승부차기로 두 번이나 패했다. 유로2004 포르투갈과 8강전에서 나는 심한 물집과 근육 경련으로 정규시간 종료 9분을 남기고 교체되어야 했다. 패배로 끝난 승부차기를 나는 벤치에서 바라만 봐야 했다. 2년 뒤, 독일 월드컵 8강전에서 우리는 포르투갈과 재회했다. 나는 승부차기에서 세 번째 키커로 나섰다가 실축하고 말았다. 첫 번째 키커였던 프랭크 램퍼드가 실축했고, 다음에 나선 오언 하그리브스가 성공한 상태였다. 내가 넣는다면 우리가 2-1로 앞설 수 있었다. 동료들과 어깨동무를 하고 있던 센터서클에서 혼자 페널티킥 지점을 향해 걸어갔다. 35미터에 불과한 거리가 마치 35킬로미터처럼 멀게 느껴졌다. 국가의 운명이 내 어깨 위에 걸려 있었다. 전 세계 10억 명이 나를 보고 있었다. 부담감이 나를 집어삼켰다.

2004년 승부차기 키커로 나선 것은 내게 새로운 경험이었다. 당시 나는 페널티킥을 자주 차지 않았다. 국가대표팀에서는 처음이었다. 승부차기 경험이 전혀 없었던 때와 8년이 지난 후는 차이가 컸다. 유로2012 이탈리아전 승부차기에서 나는 키커로 나섰다. 아무런 문제없이 나는 페널티킥을 성공했다.

2004년 낭시 나는 팀 훈련에서 했던 페널티킥 연습이 전부였다. 훈련에서 워낙 잘 넣었던 덕분에 결정적 순간이 다가옴에 따라 월드컵 승부차기에 직접 나설지도 모른다는 직감이 강해졌다. 침착해지려고 노력했다. 오른쪽으로 차겠다고 마음먹었다. 페널티킥 연습 때 좋았던 기억을 되살렸다. 심호흡을 하고 팀에 리드를 선물할 준비를 마쳤다. 이상하게 주심은 휘슬을 불지 않았다. 나는 '주심, 왜 안 부는 거야?'라는 속마음으로 그를 4~5초 정도 뚫어져라 쳐다봤다. 드디어 주심이 휘슬을 불었다. 그 몇 초가 마음에 걸렸다. 발을 구르고 페널티킥을 찼다. 공을 찬 순간 애초 겨냥했던 지점에 한참 모자랐음을 직감했다. 코너 쪽으로 가지 않고 골키퍼 쪽으로 쏠렸다. 그가 막아냈다. 팀 동료들이 서 있는 곳으로 돌아오는 동안 억장이 무너졌다.

카라는 언제나 승부차기를 하겠다고 나선다. 네 번째 키커였다. 포르투갈이 2-1로 앞서 있었다. 카라에게 실수란 없었다. 성공했다. 나의 절망은 환희로 바뀌었다. 그러나 다시 절망으로 돌아왔다. 주심이 휘슬을 불지 않았다. 카라에게 다시 차라고 지시했다. 절체절명의 상황에선 사형선고나 다름없었다. 포르투갈 수문장 히카르두가 카라의 두 번째 페널티킥을 막았다. 호날두가 페널티킥을 성공해 스코어를 3-1로 만들어 승부에 종지부를 찍었다. 다섯 번째 키커였던 애슐리 콜까지 차례가 가지도 않았다. 우리의 월드컵 여정은 끝났다.

절망에서 겨우 헤어나오자 나는 한 가지 진리를 마음에 새겼다. 오직 경험이 풍부한 선수만 승부차기를 해야 한다는 것이다. 페널티킥을 차기 직전 상황에는 극도의 부담감이 들이닥친다. 그때 평정심을 유지할 수 있어야 한다. 카펠로 감독은 잉글랜드 선수들의 나약한 정신력에 깜짝 놀랐다고 말한 적이 있다. 나는 동감하지 않는다. 메이저 대회에서 승부차기에 희생된 국가가 적지 않기 때문이다. 그렇지만 이탈리아와 독일의 경우 시간이 갈수록 정신력이 강해진다는 것은 분명한 사실이라고 생각한다. 카펠로 감독이 그런 강인한 집중력을 잉글랜드 선수들에게 심어주길 바랐다.

카펠로 감독은 여러 면에서 베니테스 감독과 닮았다. 대단히 컴팩트한 전술을 편다. 조직력과 규율을 중시한다. 많은 국가대표팀 동료들이 카펠로 감독을 무서워했던 이유도 바로 엄격한 팀 규율 탓이었다. 나는 그와 사나이 대 사나이로 엮여 있다는 믿음이 있어 엄격한 규율에는 신경 쓰지 않았다. 우리 사이에는 상호존중이 존재했다. 코칭스태프가 전원 이탈리아인이었다. 발디니 코치를 제외하곤 다른 스태프들은 영어를 거의 하지 못했다. 그러나 카펠로 감독처럼 그들도 나를 높게 평가해줬다. 내가 이상적인 주장감이 아니라고 생각하더라도 최소한 내가 팀을 위해 중요한 역할을 해낸다는 믿음이 있었다.

카펠로 감독은 항상 선수와 거리를 유지했다. 매일 나는 그에게서 뭔가를 배우려는 마음가짐으로 국가대표팀 훈련에 임했다. 축구 면에서 그의 성취는 대단했다. 이력서가 정말 화려하다. 언제나 프로다운 자세를 취했으며 매우 엄격했다. 프로라는 마인드를 갖추지 못하는 선수는 카펠로 감독 아래서 오래 버티지 못했다. 카펠로 감독 본인도 그런 선수에게 미련을 갖지 않았다. 그의 철학과 규율을 내가 잘 따른 덕분에 우리는 서로를 인정하는 우호적 관계를 유지할 수 있었다. 그가 선수들에게 따뜻한 사랑을 보여주지 않았다는 것이 유일한 단점이었다. 무리뉴 감독은 선수단 전체가 보스로부터 사랑받는다는 생각을 갖게 만드는 달인이다. 카펠로 감독은 전혀 그렇지 않았다. 그러나 이탈리아에서는 전혀 문제 되지 않았다.

2010년 남아공 월드컵에 출전하는 기간 내내 우리는 따분한 일상을 견뎌야 했다. 승리에 도움이 된다면 나는 얼마든지 받아들일 수 있다는 주의다. 하지만 대표팀이 베이스캠프를 차린 루스텐버그는 지나칠 정도로 무료한 곳이었다. 훈련이 없을 때 할 수 있는 일이 거의 없었다. 불평하진 않았다. 우리가 남아공에 온 이유는 축구였기 때문이다. 호텔도 좋았고, 훈련 시설도 훌륭했다. 단, 실망스러운 결과가 나오자 그런 환경이 독으로 작용했다. 선수들도 슬슬 가족을 만나고 싶어 했다.

경기에서 계속 이기면 토너먼트 합숙기간이 길어진들 크게 문제 되지 않는다. 오직 성적이 나쁠 때만 문제가 드러나는 법이다. 감독이 선수들을 존중하지 않는다는 느낌도 꿈틀거린다. 선수에게는 적당한 핑곗거리가 된다. 지루한 훈련 환경이나 선발 라인업에 불평을 터트리기 시작한다. 하지만 사실 모든 문제는 경기에서 생겨난다. 팀 성적과 개인 경기력이 결국 모든 것을 좌우한다. 그전에도 그랬지만, 2010년 대회에서는 특히 대표팀의 경기력이 심한 기복을 겪었다.

합숙훈련 기간 중에 나는 축구와 상관없는 일에는 거의 참여하지 않는다. 나는 절대로 불평하지 않는다. 경기를 준비하기 위해 수행했던 준비, 휴식, 훈련의 리듬감을 잃고 싶지 않아서다. 메이저 대회는 내게 절대적이다. 팀에서 뛸 수 있도록 최대한 노력을 기울이고 싶다.

2010년 당시 주장으로서 나는 일부 선수들이 털어놓는 불평을 듣고는 귀를 의심할 수밖에 없었다. 그들은 콧대가 세고 배려심이 없었다. 개중 최악은 일부 선수가 내게 와서 마사지를 받으러 45미터나 걸어가야 한다고 불만을 터트린 일이었다. 자기 방에서 마사지를 받는 소속팀 방식에 익숙한 선수들이 그렇게 해달라고 요청해왔다. 2010년 남아공 월드컵 멤버 중 일부 동료는 자아의식이 너무 컸다. 가끔 아이처럼 투정을 부리기도 했다.

선수는 뭐든지 불평하는 버릇을 지녔다. 리버풀에서 나도 여러 일을 놓고 불평을 해왔다. 축구팀에서는 일상다반사다. 그러나 루스텐버그 캠프에서는 도가 지나쳤다. 내가 주장이니 모두를 대신해서 카펠로 감독에게 항의해야 한다는 일부 동료들의 생각에 정말 기가 찼다. 나는 동료들의 불평을 듣기만 하고 한 번도 감독에게 전달하지 않았다. 아무리 생각해도 그건 아닌 것 같았다. 닷새 후에 정말 중요한 경기를 앞둔 시점에서 마사지를 받으러 45미터를 걸어가야 하는 훈련 환경이 그렇게 큰 문제일까?

동료들의 불평을 무시할 순 있었지만, 솔직히 선수단 내부에서 편이 갈리는 상황은 꼭 막고 싶었다. 그래서 스트레스를 해소하라는 뜻에서 내가 대신 불평을 들어줬다. 그런 엉뚱한 문제를 들고 팀을 이끄는 감독을 찾아가는 짓을 나는 절대로 하고 싶지 않다. 내 자신을 깎아 내리고 싶지 않았다. 사소한 문제들을 털어버리고 경기에만 집중할 수도 있다. 그러나 잉글랜드 국가대표팀 내에는 매우 다양한 캐릭터가 혼재된다는 현실도 꿰뚫어볼 필요가 있다고 생각한다.

루스텐버그에서 열린 미국과의 첫 경기에서 우리는 기분 좋게 출발했다. 전반 4분, 에밀 헤스키(Emile Heskey)의 패스를 받아 내가 팀 하워드가 지키는 미국 골문을 무너트리는 선제골을 터트렸다. 완벽한 출발이었다. 우리는 여유 있게 경기를 주도했다. 전반 종료 5분 전까지는 그랬다. 클린트 뎀프시(Clint Dempsey)가 23미터 지점에서 슛을 때렸다. 강하거나 날카롭지 않았다. 우리 골키퍼 롭 그린(Rob Green)이 문제없이 잡아낼 줄 알았다. 그러나 그린은 모든 골키퍼에게 악몽일 수밖에 없는 실수를 저질렀다. 굴러오는 공이 그의 손에 빗맞아 골문 안으로 들어가 버렸다. 대표팀 만년 후보 골키퍼 신세를 겨우 벗어난 그린의 꿈이 산산조각 났다.

경기는 1-1 무승부로 끝났다. 이겼어야 할 경기였다. 롭을 위로하기 위해 나는 최선을 다했다. 실수를 빨리 잊고 자기 자신이 최고의 골키퍼라는 사실만 생각하라고 조언했다. 그러나 월드컵 무대에서 저지른 결정적 실수에서 벗어날 사람은 없다. 그 장면이 롭을 완전히 망가트렸다. 데이비드 제임스나 조 하트가 아니라 롭을 선발 골키퍼로 세운 카펠로 감독의 용기는 나름대로 훌륭했다. 아쉽게도 잘못된 선택이었다. 이 또한 결과론이다. 롭이 정상 경기력으로 무실점 경기를 치러냈다면, 카펠로 감독의 판단도 당연히 옳았다는 평가를 받았을 것이다.

이후 카펠로 감독은 나의 주장 역할을 시험했다. 직접 내게 와서 "조 하트를 선발로 세우려고 한다"고 말했다. 내가 비밀을 지킬 줄 아는지를 알아보려는 심산이었다. 나는 아무에게도 말하지 않았다. 그리고 카펠로 감독은 데이비드 제임스를 선택했다. 감독들은 가끔 주장을 테스트해본다. 카펠로 감독이 나의 신중함과 충성심을 알아보려고 한 계략이었던 것 같다.

다른 문제가 발생했다. 우리는 케이프타운에서 벌어진 알제리 경기에서 부진한 내용으로 0-0 무승부에 그쳤다. 경기를 마치고 선수단은 루스텐버그 캠프로 돌아왔다. 그 경기에서 뛰었던 JT(존 테리)가 다음날 오후 기자회견에 나서 자기 생각을 솔직하게 밝혔다. 카펠로 감독의 선발 명단에 문제가 있었다는 게 발언 요지였다. 나는 JT와 잘 지낸다. 언제나 그를 존중한다. 나중에 그는 내게 와서 나를 흔들려는 의도는 아니었다고 해명했다. 나도 그렇게 받아들이지 않은 덕분에 별 문제는 없었다. 나는 JT와 마주앉아 그가 최선이라고 생각하는 선발 라인업이 무엇이냐고 물어보고 싶었다.

논란의 초점은 조 콜(Joe Cole)에게 맞춰졌다. 당시 나는 왼쪽 측면에서 뛰었다. 만약 JT의 의도가 콜의 선발 출전을 위함이었다면, 내가 중앙 포지션으로 이동하고 가레스 배리(Gareth Barry)가 벤치로 내려가야 한다고 생각했는지 나는 잘 모르겠다. 솔직히 그렇게 되더라도 내게는 큰 문제가 아니었다. 나는 해야 할 일이 있었고, 선발 구성은 카펠로 감독의 고유 권한이기 때문이다. JT는 첼시 동료인 조 콜을 계속 지지하고 싶을 것이다. 조 콜은 벤치에서 교체 출전할 기회를 얻었는데, 사실 특별한 인상을 남기지 못했다. 중요한 사실이 있다. JT가 진짜 그렇게 생각했든 아니든 나는 카펠로 감독의 선발 구성이 우리의 월드컵 꿈을 망쳤다고 생각하진 않는다는 점이다. 아마도 JT는 경기 결과도 나빴고, 주장 완장도 박탈당했기 때문에 크게 실망했을지도 모른다. 하지만 사적인 자리에서 JT는 항상 나를 존중했다. 나도 그를 선수로서 우러러본다. JT와 나 사이에는 아무런 문제가 없었다.

그러나 언론은 대표팀이 내분되었다는 시선으로 우리를 바라보기 시작했다. 알제리 경기를 마치고 케이프타운 숙소에서 일부 선수들이 모였다고 들었다. 언론은 그 모임을 JT가 주도하는 일종의 쿠데타 시도처럼 묘사했다. JT

와 일부 선수들이 카펠로-발디니 쪽과 대립각을 세운다는 생각을 나도 하긴 했다. 그렇지만 내분이나 하극상 같은 일은 없었다. 카펠로 감독과 발디니 코치는 월드컵을 준비하는 과정부터 잉글랜드축구협회와 의견충돌을 겪었던 탓에 수면 밑에서 사소한 잡음이 상존해 있었다.

발디니 코치가 취재진과 만나 비공개 조건으로 대표팀에 관한 이야기를 했다는 사실을 나중에야 알게 되었다. 그런 언행은 상황 개선에 도움이 되지 않았던 것 같다. 언론에 흘린 내용은 전부 팀 안에서만 남아 있어야 했다. 선수들은 바보가 아니다. 선수들이 입 단속에 나섰다. 자기 보스를 대신해 발디니 코치가 취재진과 사적인 자리를 가졌다는 데에 나는 실망했다.

카펠로 감독의 언어 능력도 완전하지 못했다. 때로 선수들을 김새게 했다. 전술 지시에서는 그림 설명이 병행되는 덕분에 카펠로 감독은 자신이 원하는 바를 충실히 선수단에 전달할 수 있었다. 하지만 경기 중에는 문제를 일으켰다. 상황에 맞춰 새로운 지시를 효과적으로 전달하지 못했다. 훈련 때도 마찬가지였다. 대부분 세션을 이탈리아 출신 트레이너인 이탈로 갈비아티가 담당했는데, 그의 영어는 매우 빈약했다. 훈련 자체도 원활하지 못하고 속도도 느렸다.

물론 언어장벽, 비공개 언론 접촉, 선수들의 투덜거림은 빙산의 일각에 지나지 않았다. 2010년 남아공 월드컵에서 잉글랜드 국가대표팀이 드러낸 최대 문제는 명확했다. 우리가 부족했다. 신념과 꾸준함의 결여 그리고 독일의 실력이 우리가 16강전에서 1-4로 대패한 진짜 원인들이었다.

1-2로 뒤지던 상황에서 프랭크 램퍼드의 득점이 무효 처리되었다. 골라인을 넘었지만 심판이 실수를 저질렀다. 만약 동점골로 인정되었다면 상황은 달라졌을지 모른다. 하지만 그랬어도 우리가 패했을 가능성이 컸다고 생각한다. 상대인 독일이 경기 내내 우리를 압도했기 때문이다. 사람들은 1-4라는 스코어라인을 큰 수모로 받아들이는 것 같은데, 나는 그렇게 생각하지 않

는다. 독일이 우리보다 강했다. 의심할 여지가 없다.

 지금도 나는 토마스 뮐러가 천재적인 선수라고 생각하진 않는다. 뮐러의 득점력은 세계 최고 중 하나라고 인정해야 한다. 메이저 대회에서 중요한 순간마다 그는 골을 넣는다. 월드클래스의 자격조건을 갖췄다. 그 사실을 부정하진 않는다. 다만, 직접 상대해본 경험에서 이야기하자면 뮐러는 메시나 호날두 수준이 아니었다. 당시 경기에서도 우리는 메수트 외질(Mesut Ozil)을 가장 경계했다. 그러나 16강전에서 입증했듯이 그가 최고 수준의 골잡이이긴 하다. 2010년 블롬폰테인에서 뮐러는 우리를 상대로 두 골을 뽑아냈다. 치명적인 선수는 뮐러 한 사람만이 아니었다. 모든 포지션에 톱클래스 선수를 보유했다는 것이 바로 독일의 최대 강점이다. 주전 중 하나가 부상으로 빠져도 백업 선수조차 실력이 뛰어나다. 잉글랜드는 그렇지 못했다. 우리의 남아공 월드컵이 처절한 실망으로 끝나버린 '진짜' 이유다.

 2014년 브라질 월드컵을 준비하는 대표팀의 분위기는 4년 전보다 훨씬 좋았다. 편안하고 조화로웠다. 훈련캠프 자체도 체계적으로 잘 짜였다. 선수단 내부 단결도 좋아 보였다. 한 사람 덕분이었다. 로이 호지슨(Roy Hodgson) 감독 덕분이다. 나는 호지슨 감독을 정말 존경한다. 훌륭한 인성과 솔직한 태도가 절로 느껴진다. 축구를 아끼는 마음도 좋은 분위기 연출에 크게 일조했다.

 호지슨 감독은 경력의 질과 양을 모두 갖춘 지도자다. 선수 개개인을 어른으로 대함으로써 성숙한 관계를 쌓았다. 장기 합숙이 불가피한 메이저 대회 기간 동안, 선수들이 훈련 외 시간까지 통제받기 싫어하는 심리를 호지슨 감독은 이해해줬다. 훈련에서 최선을 다하고, 합숙기간 동안 프로다운 자세를 보여주기만 하면 호지슨 감독은 선수들에게 어느 정도 자유를 보장하는 스타일이었다. 개최국인 브라질도 좋았다. 브라질 국민이 대회를 열심히 준비해준 덕분에 우리는 위험이 느껴지는 상황과 만날 일이 없었다. 정상적인 곳이라면 전혀 문제가 없었다. 아름다운 나라 브라질에서 개최된 월드컵을 나는 조금이나마 즐길 수 있었다.

대회 준비는 착착 진행되었다. 호지슨 감독은 개리 네빌(Gary Neville)을 코치진에 합류시켜 신선함을 불어넣었다. 개리는 호지슨 감독과 국가대표팀에 매우 중요한 존재였다. 감독과 선수 사이를 잇는 가교 역할을 완벽하게 수행했다. 스카이스포츠 출연을 통해 우리는 그가 축구를 얼마나 잘 이해하는지, 그의 축구 지식이 얼마나 해박한지 익히 알고 있었다. 대표팀 내에서도 전술적 통찰력을 뽐냈다.

개리는 수비수, 미드필더, 공격수 그룹별로 이루어지는 세부 전술회의도 적극적으로 운영했다. 훈련시간 중에 선수들이 말을 더 많이 하기를 원했다. 프랭크 램퍼드와 내가 선수의 생각을 전달하는 역할을 주로 담당했다. 당시 대표팀에는 어린 친구들이 많았다. 의견 개진에 소극적인 선수들도 몇 명 있었다. 대표팀에 처음 들어와 주뼛했던 내 모습을 보는 것 같아서 안타까웠다. 그때 나는 아담스나 시어러 같은 어마어마한 포스를 지닌 선배 틈에 끼어 있었다. 대표팀에서 자신감을 갖기까지는 으레 시간이 걸리는 법이다. 개리는 모든 선수들과 함께 경기를 분석함으로써 자연스럽게 친근감을 높였다.

물론 모든 것이 완벽하진 않았다. 훈련 내용 자체에 다소 실망스러운 부분이 있었다. 호지슨 감독이 리버풀에서 견뎌야 했던 고난이 생각났다. 2010년 7월 1일, 라파엘 베니테스 감독이 떠난 자리를 호지슨 감독이 메웠다. 그러나 불과 6개월 후인 2011년 1월 8일에 그는 상호합의 하에 감독직에서 물러나야 했다. 나도 난처했다. 호지슨 감독을 돕고 싶었지만, 그렇다고 팬들의 뜻을 마냥 무시할 수는 없기 때문이었다. 베니테스 감독의 후임자는 누구라도 힘들었을 것이다. 호지슨이든 카펠로, 루이스 판 할, 브렌던 로저스든 큰 차이가 없다고 생각한다. 팬들이 케니 달글리시를 부르짖으니 호지슨 감독에겐 실력을 입증할 기회가 적었다. 설상가상 페르난도 토레스마저 힘을 뺐다. 토레스는 이미 이적설에 휘말린 상태였다. 호지슨 감독이 부임하면서 소문은 더 거세졌다. 토레스는 호지슨 감독의 축구 철학과 훈련기법을 마음에 들어 하지 않았다. 게다가 그의 주변에는 첼시로 이적해야 한다고 속삭이는 사람들뿐이었다. 훈련에서나 실전에서 토레스는 호지슨 감독을 위해 최선을 다하지 않았다. 경기 중 나조차 "오늘 토레스가 사라졌어"라고 느꼈을 정도다. 그는 움직이지 않았다. 몸 상태가 나빴는지 혹은 이적설에 정신이 팔렸는지 진짜 원인을 알 수는 없었다. 단순히 그가 호지슨 감독을 싫어했을지도 모른다. 세 가지 원인이 모두 작용했을 수도 있다. 어쨌든 토레스의 태업도 로이 호지슨 감독이 대가를 치러야 했던 이유 중 하나였다.

리버풀에서 호지슨 감독이 영입한 선수 두 명도 문제였다. 그는 유벤투스에서 크리스티안 폴센을 데려왔다. 바르셀로나로 떠난 하비에르 마스체라노의 대안이었다. 폴센은 리버풀의 중앙 미드필더로 뛰기에 활동 영역이 좁은 데다 발도 느렸다. 덴마크 국가대표팀에서 풍부한 경험을 쌓긴 했지만, 지나치게 안전제일주의 플레이를 선택했다. 다른 리그에서는 그런 플레이스타일이 통할 수도 있다. 그러나 프리미어리그, 심지어 리버풀에는 전혀 어울리지 않았다.

다른 영입이었던 폴 콘체스키는 안필드에서 자기 자리를 만들지 못했다. 콘체스키는 좋은 친구였다. 풀럼에서 뛸 때부터 나는 그를 알았다. 준수한 실력을 갖췄지만, 욘 아르네 리세를 잇기에는 부족했다. 리버풀 팬들은 성실한 진저(Ginger; 리세의 별명)를 사랑했다. 그러나 UEFA 챔피언스리그 경기에서 큰 실수를 저지르는 이후로 힘겨운 시간을 보내야 했다. 베니테스 감독은 안드레아 도세나를 영입해 리세가 후보로 밀려났다. 나중에 밝혀진 사실이지만, 베니테스 감독의 판단은 호지슨 감독보다 더 나빴다. 도세나는 리버풀에서 뛸 만한 실력을 갖추지 못했다. 성격도 좋았고 프로다운 태도도 마음에 들었지만, 솔직히 내가 감독이라면 도세나는 벤치에도 앉지 못했을 것이다. 실력

면에서는 콘체스키가 그나마 낫지만, 그도 리버풀의 주전 레프트백이 되기에 역부족이었다. 팬들은 폴센을 심하게 조롱했다. 홈 팬들의 야유를 받자 폴센은 금방 자신감을 잃었다. 결국, 그는 호지슨 감독과 운명을 함께했다.

나는 힘이 닿는 한 호지슨 감독을 돕고 싶었다. 영입 후보였던 선수들에게 연락을 취해 열심히 설득하려고 노력했다. 그러나 모든 상황이 호지슨 감독의 발목을 잡았다. 부임한 지 얼마 지나지 않아 우리는 힉스와 질레트를 상대로 대형 법정 다툼을 벌였다. 새 구단주가 된 펜웨이는 대다수 팬이 원했던 감독이 호지슨이 아니라 케니 달글리시였다는 사실을 꿰뚫어본 것 같다. 분위기 자체가 호지슨 감독을 구석으로 몰았다. 성적이 부진하자 그의 입지가 더 좁아졌다. 팀의 간판 골잡이가 이적을 기다리며 최선을 다하지 않으면, 감독은 곤경에 빠질 수밖에 없다.

리버풀 감독직은 호지슨 감독에겐 '꿈의 직장'이었다. 그는 정말 열심히 일했다. 클럽 상황이 좀 더 안정적이었다면 호지슨 감독도 성공할 수 있었다고 생각한다. 그를 지켜줄 보호막이 아무것도 없었다. 심지어 호지슨 감독은 페르난도에게 맞춰 자신의 훈련방법을 고치기까지 했다. 이틀 동안 계속 팀 포메이션을 연습했던 기억이 난다. 가상의 상대팀을 세워놓고 하는 훈련이었다. 플레이스타일과 경기 리듬을 맞추는 동시에 문전에서 토레스에게 득점 자신감을 심어주기 위한 방법이었다. 호지슨 감독은 토레스가 손에서 무기를 놨다는 사실을 깨닫지 못했다. 토레스의 자기 믿음과 골 감각이 떨어졌다고 여겼다. 호지슨 감독이 무슨 노력을 기울인다고 한들 소용없었다. 토레스는 호지슨 감독을 믿지 않았다. 리버풀을 떠날 생각으로만 꽉 차 있었다.

나는 나름대로 최선을 다해 호지슨 감독에게 조금이라도 긴 시간 기회를 주고 싶었다. 그러나 코너에 몰린 리버풀의 감독, 더군다나 팬들이 등을 돌린 리버풀의 감독에게는 만회할 기회가 주어지지 않는다. 리버풀에서는 팬 여론이 큰 영향력을 행사한다. 그들이 다른 감독을 원한다면, 그 인물이 리버풀의 '절대 레전드' 케니 달글리시라면, 현재 감독은 버텨낼 재간이 없다.

지금도 나는 호지슨 감독을 존경한다. 높이 평가한다. 웨스트 브로미치에서 남긴 실적을 바탕으로 그가 잉글랜드 감독으로 선임되었을 때, 솔직히 나는 만족스러웠다. 2012년 5월 1일, 호지슨 감독은 카펠로로부터 국가대표팀 감독직을 이어받았다. 준비 시간이 모자랐음에도 그는 그해 여름에 열린 유로2012을 잘 치러냈다. 조별리그에서 우리는 스웨덴과 우크라이나를 꺾었고, 프랑스와 비겨 조 1위로 8강에 진출했다. 우리는 또다시 8강에서 승부차기로 탈락하는 징크스를 답습했다. 나는 출전했던 메이저 대회 중에서 가장 뛰어난 활약을 했다. 호지슨 감독은 누구보다 나의 능력을 최대치로 끌어올려줬다. 그렇기에 2014년 브라질 월드컵에서 우리가 잘해낼 것이라고 기대했다. 월드컵에서 우승하겠다는 환상을 품진 않았다. 잉글랜드가 그 정도로 강하지 않다는 사실을 잘 알고 있었기 때문이다. 이탈리아, 우루과이, 코스타리카와 '죽음의 조'에 들어갔더라도 최소한 조별리그에서는 살아남을 것이라는 기대를 가졌다.

월드컵 조추첨식 현장에서 잉글랜드축구협회 그렉 다이크 회장이 자기 목을 긋는 모습이 TV 카메라에 잡혔다. 호지슨 감독은 미소를 보였지만 어려운 대회가 될 것이라는 사실을 알고 있었다. 첫 경기 상대는 최대 난적인 이탈리아였다. 솔직히 월드컵 대비 훈련은 약간 실망스러웠다. 매일 수행한 훈련의 난이도와 집중도가 부족하게 느껴졌기 때문이다. 일부 훈련 세션은 지나치게 느렸다. 더운 날씨 혹은 시즌 종료 직후 떨어진 체력, 장거리 이동을 고려했을지도 모른다. 그러나 월드컵 본선 무대에서는 무슨 변명도 통하지 않는다.

이탈리아전을 준비하는 동안, 훈련을 마치고 나는 몇 번이나 불만스럽게 숙소로 돌아갔다. 느리고 뻔한 훈련을 소화하는 우리의 상황이 비관적이었다. 가끔 훈련에서도 선수들이 자발적으로 템포, 속도, 적극성을 만들 때가 있어서 누구의 책임이라고 단정하긴 어렵다. 소집 초반에는 훈련에서도 스피드와 치열함이 살아 있었다. 그러나 선발 11인의 윤곽이 드러나자 일부 선수들이 자신을 가엾게 여기기 시작한 것 같았다. 그런 분위기가 선수단 전체에 퍼졌다. 브라질 현지에서 그런 일이 벌어졌다.

개리와 나는 그 일에 관해서 이야기를 나눴다. 개리조차도 일부 훈련 메뉴에 관해서 불만을 토로할 정도였다. 훈련 분위기가 좋았던 때도 있었지만, 그렇지 못한 상황이 잦았다. 잉글랜드 국가대표팀은 최고 수위에서 경기력을 꾸준하게 유지할 수 있어야 했다. 실전은 물론 훈련에서도 그래야 했다.

마나우스에서 벌어질 이탈리아 경기를 하루 앞두고 내 컨디션은 매우 좋았다. 몸 상태가 좋아 힘을 느낄 수 있었다. 쉽지 않은 경기가 될 것이라는 각오는 당연했다. 월드컵 본선에서 이탈리아는 항상 상대하기 까다로운 팀이다. 유로2012에서 우리는 이탈리아와 0-0으로 비겼다. 호지슨 감독은 그때보다 더 빠르고 공격적인 경기를 운영하고 싶어 했다. 젊은 대니얼 스터리지와 라힘 스털링을 공격진에 배치하는 과감한 판단을 내렸다. 우리는 대등한 승부를 잡아낼 준비를 끝마쳤다.

이탈리아를 상대했던 유로2012의 8강전에서 우리는 안드레아 피를로에게 지나친 존경심을 발휘했다. 그가 위대한 선수임에는 틀림없다. 피를로의 기량과 이탈리아의 경기 주도 능력을 모두가 격찬했다. 당시 경기에서 이탈리아의 볼 점유율이 75퍼센트에 달했다. 나를 포함한 잉글랜드 미드필더 3명보다 피를로 혼자 기록한 패스 시도 숫자가 더 많았다. 브라질 마나우스에서 열릴 첫 경기를 준비하면서 우리는 그런 소리를 지겹도록 들어야 했다. 그러나 나는 약간 달리 봤다.

2년 전 맞대결에서 사실 피를로는 엄청난 장면을 만들지 못했다. 승부차기는 멋있었지만, 그전까지 120분 동안 피를로는 우리를 거의 위협하지 못했다. 공을 갖고 있다가 다양한 지점으로 패스를 보내기만 했을 뿐, 우리에겐 어떠한 위협을 가하진 못했다. 다니엘레 데 로시(Daniele De Rossi)가 골대를 맞힌 게 고작이었다. 이탈리아의 기술은 우리보다 월등했다. 다만, 우리가 마지막 순간까지 침착했다면, 루니와 나 이외에도 다른 동료가 승부차기에서 실수를 저지르지 않았더라면, 우리가 유로2012 준결승전에 올랐을 것이다. 승부차기 최종 스코어는 4-2 패배였다. 이렇게 수준 높은 경기에서는 작은 디테일이 차이를 만든다.

유로2012 이후 이탈리아는 정체되어 있었다. 우리는 역동적이며 템포도 빨랐다. 공을 점유하고 다루는 능력도 좋았다. 개리는 리버풀의 플레이스타일과 템포에 큰 인상을 받았다. 전 시즌 우리가 리그 우승을 다퉜던 현장에는 호지슨 감독이 자주 모습을 나타냈다. 대표팀의 레이 레윙턴(Ray Lewington)은 브라질 현지에서 이탈리아 경기를 앞두고 혼자 서는 수비형 미드필더 역할에 관해 나와 의견을 나눴다. 나는 충분히 그 포지션에 적응해 있었다. 월드컵에서 같은 임무를 기꺼이 수행할 마음가짐이었다.

그러나 이탈리아 경기를 며칠 앞두고 팀의 전술이 바뀌었다. 호지슨 감독은 수비형 미드필더를 두 명 배치하기로 했다. 조던 헨더슨과 내가 '더블 볼란치'를 맡기로 했다. 조던의 장점을 낭비하는 선택인 것 같았다. 그는 힘있게 앞으로 나가야 제 역할을 발휘한다. 전형적인 박스투박스 미드필더였다. 그런 조던을 수비에 치중하게 하다니 전력 낭비일 수밖에 없었다. 내가 혼자 수비형 미드필더 포지션에서 뜀으로써 조던이 마음 놓고 공격에 가담할 수 있게 해주고 싶었다. 호지슨 감독은 아마존 열대우림의 고온다습 기후를 걱정했던 것 같다. 국제축구연맹(FIFA)은 섭씨 32도 이상인 상태에서 진행하는 경기에서 3분간 양 팀 선수들이 휴식시간을 갖도록 규정했다. 본선 시작 전 마지막 기자회견에서 나는 "일이 잘 안 풀릴 때, 축구선수가 흔히 선택하는 방법은 변명거리를 찾는 거다"라고 말했다. 2010년 남아공 월드컵의 악몽이 생생했다. 나는 더 강한 메시지를 던지고 싶었다.

"다른 사람들에게 손가락질하며 이러쿵저러쿵 비난할 수도 있다. 하지만 나는 아니다. 내가 출전했던 모든 메이저 대회에서 잉글랜드축구협회는 최선의 준비를 다했다. 변명의 여지를 찾을 수 없도록 철저히 준비했다. 이번에도 마찬가지다. 선수들이 최고의 경기력을 발휘할 수 있게끔 협회는 모든 것을 쏟아부었다. 이탈리아 경기의 시작 휘슬이 울리면, 이제 공은 선수들에게 넘어간다. 함께하는 동료들을 반드시 믿어야 한다. 대표팀의 컨디션은 좋은 것 같다. 재능 있는 선수들을 포함해 경험이 풍부한 베테랑과의 조화도 이룰 수 있었다. 메이저 대회 경험, 대단한 개인 이력, 젊은 재능을 겸비했다고 할 수 있다. 이탈리아 경기는 우리에겐 완벽한 대회 시작이다. 그 경기에서 좋은 결과를 만들어 자신감과 신념 획득으로 이어진다면, 더할 나위 없이 엄청난 효과일 것이다."

브라질 월드컵이 시작되기 직전, 나는 우리의 목표를 솔직하게 밝혔다.

"이탈리아 경기에서 잉글랜드 대표팀을 이끌 수 있다면 큰 영광이다. 나는 동료들을 믿는다. 이번 대회를 마치고 고개를 당당히 든 채로 돌아갈 수 있다면 자긍심이 더 크게 느껴질 것이다. 가슴에 자부심을 품고 그라운드 위에서 최선을 다하는 모습을 잉글랜드 팬께 보여드리고 싶다. 선수단 안에서 직접 동료들을 지켜본 결과, 그들 모두가 최선을 다할 준비를 마쳤다는 인상을 강하게 받았다. 이제 월드컵 첫 경기가 시작한다. 여기 오기 위해 우리는 먼 길을 와야 했다. 더위 극복 훈련도 충실히 했다. 이제 우리에겐 변명거리가 남아 있지 않다. 실력을 보여야 할 때가 왔다."

STEVEN GERRARD

10

잉글랜드 국가대표팀: 마지막

England: The End

GERRARD
8

2014년 6월 14일 일요일
마나우스, 아마조니아 아레나

내가 처음 축구를 시작했던 아이언사이드 로드는 매서운 추위로 뒤덮인 곳이었다. 그랬던 내가 아마존 열대우림의 뜨거운 공기 속에서 축구를 정리하게 되었다. 마나우스로 들어가는 방법은 비행기와 배뿐이었다. 축구가 아니라면 내가 절대로 갈 일이 없을 곳. 오직 축구를 했기에 나는 전 세계를 경험할 수 있었다. 브라질 6월의 어느 뜨거운 토요일 저녁, 나는 정글 속에서 벌어질 경기를 잔뜩 기대하고 있었다.

지금까지 나는 바르셀로나, 마드리드, 밀라노, 토리노, 도르트문트, 뮌헨 등 유럽의 여러 축구 도시에서 뛰어보는 행운을 누렸다. 휴이턴에서 태어나 이스탄불, 겔젠키르헨, 블룸폰테인, 키예프, 그리고 마나우스에 이르기까지 전 세계 다양한 곳에서 직접 뛰어봤다는 사실이 비현실적이기까지 하다. 아레나 다 아마조니아 경기장의 라커룸에서 잉글랜드 국가대표 유니폼으로 갈아입는 순간에도 내 자신이 행운아라고 생각했다.

덥고 습도가 높긴 했지만 참을 만했다. 기상예보가 예상한 대로 저녁 6시 킥오프 시간에 섭씨 30도, 습도 58퍼센트를 기록하고 있었다. 동료들 얼굴에서 땀방울이 흘렀다. 긴장이 과해서가 아니라 워밍업의 결과라고 믿고 싶었다. 동료들이 초조함보다 설렘을 가졌으면 하는 마음이었다. 하루 전, 살바도르에서 네덜란드가 스페인을 5-1로 대파했다. 월드컵 무대임을 실감할 수 있었다. 네덜란드는 환상적인 골을 뽑아냈다. 차비, 이니에스타, 알론소처럼 특급 스타들을 보유한 디펜딩 챔피언이 무너지는 모습은 충격적이었다. 물론 네덜란드도 쟁쟁한 실력자를 갖췄다. 로빈 판 페르시와 아르연 로번은 나란히 두 골씩 넣으며 활약했다. 긍정적인 징조였다. 브라질에서 세계 축구의 전통적인 서열이 깨질지도 모른다는 징조.

2012년 키예프에서 이탈리아와 경기를 치른 뒤, 우리는 언론으로부터 호된 질책을 받았다. 언론 평가는 피를로가 예술적인 달인, 우리가 무기력한 멍청이들이라는 식이었다. 그러나 이탈리아는 오픈플레이에서 우리를 상대로 골을 넣지 못했다. 2년 뒤, 마나우스에서는 잉글랜드가 훨씬 스피드가 빠른 팀을 구축했다. 잉글랜드 팬 사이에서 갑론을박이 있었다곤 하지만, 대표팀의 선발 11인에는 리버풀 선수가 다섯 명이나 있었다. 글렌, 조던, 라힘, 대니얼 그리고 나였다.

호지슨 감독과 개리의 경기 계획은 이탈리아를 상대로 물러서지 않고 적극적으로 공격하겠다는 내용이었다. 4-2-3-1을 기본 포메이션으로 삼았다. 스터리지 바로 뒤에서 스털링이 2선 중앙 미드필더 역할을 수행했다. 빠른 발과 강한 몸싸움으로 자유롭게 움직여 이탈리아 수비 조직을 흩트리라는 지시를 받았다. 피를로를 압박하는 일도 해야 했다. 루니는 왼쪽 측면 공격수였나. 웨인답게 불평하지 않았다. 팀을 위해서 기꺼이 왼쪽 측면으로 옮겨갔다. 웨인과 라힘 모두 10번 플레이메이커 역할을 하고 싶어 했지만, 웨인이 흔쾌히 양보했다. 나는 오랜 기간 웨인과 함께 뛰었다. 포지션 변화의 필요성을 그는 잘 이해했다. 팀을 돕는 포지션이라면 그는 마다하지 않았다. 맨체스터 유나이티드에서도 마찬가지였다.

내가 걱정한 한 가지는 웨인이 라힘보다 전술적으로 날카롭다는 점이었다. 누가 봐도 두 사람은 경험 면에서 차이가 컸다. 스털링이 피를로와 다니엘레 데 로시(Daniele De Rossi)를 상대하면서 경기 흐름을 읽어낼 수 있을지 확신하기 어려웠다. 하지만 스털링에겐 두려움이 없었다. 호지슨 감독의 용기 있는 전략이기도 했다. 그날 경기에서 우리더러 소극적이었다거나 공격 의지가 없었다고 말할 사람은 없었을 것이다.

수비 쪽에서 걱정을 덜어주면, 헨더슨이 원래 포지션보다 전진해서 뛸 수도 있었다. 글렌 존슨, 개리 케이힐, 필 자기엘카, 레이턴 베인스는 모두 좋은 선수들이다. 그러나 나는 대표팀이 잉글랜드 유일의 월드클래스 수비수를 브라질에 데려가지 않았다고 생각했다. 존 테리가 국가대표팀 은퇴를 선언하는 바람에 그는 브라질 월드컵 23인 명단에서 아예 빠지게 되었다. 애슐리 콜의 제외도 나는 명백한 실수였다고 판단한다. 콜과는 딱히 친하게 지내지 않았지만, 나는 그가 브라질에 꼭 갔어야 했다고, 이탈리아전에서 선발 출전 했어야 했다고 믿는다. 내가 출전했던 과거 메이저 대회에서 잉글랜드의 최고 활약자는 항상 애슐리 콜이었다.

콜과 나는 서른세 살 동갑내기다. 과거 다섯 번의 메이저 대회에서 크게 공헌했다. 2014년 5월 기준으로 그의 A매치 출전 수가 107경기에 달했다. 하지만 호지슨 감독은 그를 선택하지 않았다. 레프트백 자리에는 레이턴 베인스와 함께 열여덟 살인 루크 쇼가 들어갔다. 레이턴은 우리 집에서 가까운 곳에 산다. 영리하고 성격도 좋다. 프리미어리그에서는 최고 수비수 중 한 명으로서 대표팀의 레프트백 포지션에서 오랫동안 콜과 경쟁해왔다. 나는 존 테리처럼 애슐리 콜도 월드클래스라고 생각한다. 월드컵이란 큰 무대에서 대표팀에 꼭 필요한 존재였다. 쇼는 준비가 덜 되어 있었다.

마나우스에서 콜과 테리가 뛰었다면? 이탈리아 공격수들이 우리 수비를 공략하는 데에 좀 더 고생했을 것이라고 나는 생각한다. 베인스는 프리미어리그에서 오랫동안 좋은 활약을 했다. 그러나 월드컵에 출전하는 선수라면 뭔가 더 특별해야 한다. 월드컵에서는 세계 최고 공격수들을 상대해야 하기 때문이다. 호지슨 감독은 나이 든 콜보다 베인스의 공격력에 더 후한 점수를 줬다. 수비에 역점을 두기보다 점유율을 유리하게 가져가면서 이탈리아를 스피드로 공격하겠다는 심산이었다. 용감하고 흥미진진하긴 했지만, 나는 이탈리아의 경험과 교활함을 익히 알고 있었다. 게다가 선발 11인 중 월드컵 경험자가 루니와 존슨, 나 이렇게 세 명밖에 없었다. 이탈리아에는 월드컵 우승 경험자만 세 명이었다. 안드레아 바르자글리(Andrea Barzagli), 데 로시, 피를로는 프랑스를 꺾었던 2006년 월드컵 결승전 멤버였다.

이탈리아의 중원은 강했다. 피를로, 데 로시, 마르코 베라티(Marco Veratti), 클라우디오 마르키시오(Claudio Marchisio)는 모두 개성이 강했다. 수비 쪽은 더 두터웠다. 세계 최고 골키퍼이자 2006년 월드컵 우승자 잔루이지 부폰(Gianluigi Buffon)은 경기 당일 아침 발목을 다쳐 벤치로 물러나야 했다. 그의 자리에 파리 생제르맹 주전 골키퍼 살바토레 시리구(Salvatore Sirigu)가 들어갔다. 침착하게 팀 전체를 조율하는 부폰이 없으니 이탈리아의 전력이 약해질 수도 있었다. 하지만 악마의 재능을 타고난 마리오 발로텔리가 최전방에서 무슨 사고를 칠지 아무도 몰랐다.

이탈리아의 체사레 프란델리(Cesare Prandelli)는 음흉하고 경험이 풍부한 여우였다. 경기를 앞두고 그는 꿈을 꿨다며 농담을 던졌다. 꿈에서 이탈리아가 이번 대회에서 7경기를 전부 다른 포메이션으로 뛰어 월드컵을 차지했다는 것이다. 이탈리아가 월드컵을 네 번이나 차지했으며 잉글랜드보다 전술적으로 뛰어나다는 사실을 넌지시 일깨우기 위한 심리전으로 보였다. 젊은 선수들을 중심으로 빠른 축구를 구사하는 잉글랜드와는 대비되는 모습이었다.

이탈리아는 성숙하고 전술 이해도가 뛰어난 선수들로 채워진 월드컵의 영원한 우승 후보였다.

전 세계 축구 팬들이 지켜보겠지만, 나는 고국에서 TV 중계를 시청할 잉글랜드 팬들을 생각했다. 잉글랜드에 있는 선술집들은 모두 들썩일 게 뻔했다. 토요일 밤 11시 많은 곳에서, 대형 스크린 앞에서 수많은 팬들이 우리에게 성원을 보낼 것이다. 2014년 월드컵을 바라보는 잉글랜드의 시선은 현실적이었다. 1966년 월드컵 우승 이후 잉글랜드는 항상 우승을 염원해왔다. 그러나 이번만큼은 대다수 팬들이 잉글랜드가 월드컵에서 우승할 만한 전력이 아니라는 현실을 이해하고 있었다.

조별리그를 통과하고 최대한 높은 단계까지 올라가는 것이 어떤 의미인지를 선수들도 잘 알고 있었다. 우리가 잘하면 잉글랜드 방방곡곡이 미쳐버리는 여름밤을 만들 수 있다. 호지슨 감독은 경기 직전 인상적인 연설을 하려는 스타일이 아니다. 그는 마지막 메시지를 나더러 맡으라고 했다. 나의 메시지는 간단했다. "오늘밤 이 경기장을 떠날 때 후회가 손톱만큼도 남지 않도록 하자." 나는 우리 모두가 모든 것을 쏟아붓고, 열심히 뛰고, 신중을 기하며 팀플레이에 집중하기를 바랐다. 매 순간을 즐기는 것은 물론이었다. 무엇보다도 나는 잉글랜드 대표팀의 과거를 떠올렸다. 라커룸에서 나가기 전에 나는 마지막으로 한 마디를 외쳤다. "후회는 없다."

선수 대기 통로에서 피를로와 나의 뒤로 양 팀 선수들이 줄지어 섰다. 턱수염이 덥수룩한 피를로는 노병(老兵)처럼 보였다. 그렇지만 그는 여전히 경이적이다. 유럽 축구의 거대한 존재. 다들 그가 달리지 못한다고 하지만, 날카로운 시야와 아름다운 롱패스는 건재했다. 나이가 들었어도 나는 그를 진심으로 존경한다.

지난 시즌 리버풀에서 내가 피를로처럼 뛰었다는 생각이 떠올라 기분이 이상했다. 머리부터 발끝까지 따라 하진 않았다. 우리는 여전히 다른 미드필더였다. 그는 전형적인 이탈리아 스타일이었다. 내 플레이에는 잉글랜드 축구의 모든 특징이 담겨 있다. 그라운드 위에 나는 심장을 꺼내놓는 스타일이다. 피를로보다 많이 뛰고 태클도 빈번하다. 그는 영리하게 뛴다. 다행히 나도 경력이 쌓인 덕분에 경기를 읽을 줄 알게 되었다. 롱패스에도 자신이 있었다. 세계 최고의 마에스트로를 다시 상대하는 순간이 기다려졌다.

오랜 기간 운명은 우리 둘에게 심술을 부렸다. 2005년과 2007년 우리는 UEFA 챔피언스리그 결승전에서 맞대결했고, 승리를 나눠가졌다. 이스탄불에서 당한 치욕 탓에 피를로는 축구를 그만두려고까지 생각했다고 고백했다. 밀란이 3-0으로 앞서던 경기에서 잡혔으니 그 상처는 첼시전에서 미끄러졌던 나만큼 컸던 것 같다. 2년 뒤, 아테네에서 열린 두 번째 결승전에서 피를로와 밀란은 나와 리버풀에 복수했다. 우리는 1-2로 패했다. 나로서는 기억하고 싶지 않은 결승전이었다. 그날 피포 인자기(Pippo Inzaghi)의 선제 득점은 피를로의 프리킥이 그의 몸에 맞고 굴절되어 골대 안으로 들어갔다. 인자기는 골이 어떻게 들어갔는지 잘 모르는 듯이 피를로에게 감사해했다. 밀란과 인자기, 피를로를 위한 밤이었다.

그렇게 대단한 유럽 축구 최정상의 선수조차 브라질 월드컵의 무게에 짓눌리는 것 같았다. 피를로와 내게는 마지막 월드컵임을 알고 있었다. 2주 전, 나는 서른네 살이 되었고, 피를로는 11일 전 서른다섯 번째 생일을 맞이했다. 국가대표의 영광을 누릴 수 있는 마지막 기회였다.

선수 통로에서 기다림이 영원할 것처럼 이어졌다. 무더웠다. 내 뒤에 있는 조 하트는 목에 두른 수건으로 연신 얼굴에 흐르는 땀을 닦았다. 그제야 주최 측이 왜 경기장 좌석에 열기를 차단하는 특수 소재를 사용했는지 이해할 수 있었다. 나는 의연하게 보이려고 전방만 계속 쳐다봤다. 쉽지 않았다. 통로를 둘러봤다. 피를로와 나는 서로 눈인사를 나눴다. 내가 먼저 피를로에게 손을 내밀었다. 그러자 그는 비웃는 듯한 미소를 지으며 악수를 했다. 나는 깊은 존경심을 담았지만.

이탈리아 선수들은 '쿨'해 보였다. 파란색 상의 유니폼 위로 흰색 점퍼를 입고 있었다. 선선한 가을 저녁 밀라노 어디엔가 서 있는 사람들처럼 보였다. 우리는 이미 흰색 상하의 유니폼만 입고 있었다. 그리고 땀을 뻘뻘 흘리고 있었다. 조가 다시 앞이마의 땀을 닦았다. 껌을 씹으면서 목을 꺾었다. 자기가 지켜야 할 골문으로 나가고 싶어 안달인 것 같았다. 빨간색 옷을 입은 심판 네 명이 우리 앞에 서 있었다. 잉글랜드 서포터즈의 노랫소리와 이탈리아 서포터즈의 함성이 들렸다.

드디어 입장 신호가 떨어졌다. 이제 시작이다. 정확히 3주 전 있었던 마드리드 더비 UEFA 챔피언스리그 결승전에서 휘슬을 불었던 네덜란드 출신 비욘 퀴퍼스가 경기 주심이었다. 양 팀 선수들 앞에서 걸어가는 길에 그는 매치볼(match ball)을 집어 들었다. 갑자기 큰 함성이 귀를 때렸다. 이제 실감이 났다. 가슴이 쿵쾅대는 이 순간에 우리 젊은 후배들이 주눅 들지 않기를 바랐다.

국가 연주를 기다리는 동안 나는 도열한 팀 동료들을 훑어봤다. 괜찮아 보였다. 맨 끝에 있던 스터리지가 물로 얼굴을 적셨다. 국가 연주가 시작되었다. 나는 우리 국가 '신이여 여왕을 구원하소서'를 입으로 따라 불렀다. 이탈리아 국가가 나오는 동안 숨을 고를 수 있었다. TV 카메라는 피를로에게 고정되었다. 그들의 국가는 위풍당당한 행군가 같았다. 이탈리아 부대의 최선두에는 물론 피를로가 서 있었다. 이탈리아 선수들이 국가를 따라 불렀다. 노래 실력이 좋진 않았지만, 임전 각오가 느껴졌다. 그들은 항상 테크닉 위에 열정을 보탰다. 그래서 이기기가 매우 어려웠다. 목청껏 국가를 제창한 뒤, 연주가 끝나자 그들은 힘차게 박수를 쳤다.

악수를 나눌 차례였다. 제자리에 서 있는 우리 앞으로 이탈리아 선수들이 차례대로 지나갔다. 피를로가 손을 내밀어 내 손을 쥐었다. 나는 경쟁자에게 미소로 화답했다. 아주리 선수들이 뒤따랐다. 손과 손을 맞잡는 소리가 들렸다. 이탈리아와 잉글랜드 팬들이 내지르는 구호가 경기장 안에서 요란하게 울려 퍼졌다. 피를로와 나는 다시 센터서클에서 예의를 갖춘 악수를 나눴다. 페넌트와 기념품을 교환했다. 주심이 동전을 던졌다. 우리가 진영을 먼저 선택했다. 심판들과 악수했다. 머리 위로 짙은 자줏빛 하늘이 떠 있었다. 경기장은 정말 더웠다. 젊은 동료들의 사기를 높이려고 나는 박수를 치면서 소리를 질렀다.

센터서클에서 발로텔리와 마르키시오가 볼 옆에 서서 킥오프 휘슬을 기다렸다. 진짜 시작이다. 우리의 월드컵이 시작하려고 한다. 발로텔리가 툭 건드린 공을 마르키시오가 피를로에게 보냈다. 그는 방향을 바꿔 가브리엘 팔레타(Gabriel Paletta)에게 연결했다. 팔레타는 예전 리버풀 동료였다. 라파엘 베니테스 감독의 실패작 중 한 명으로 리버풀에서는 거의 뛰지 못한 채 보카 주니어스로 이적했다. 아르헨티나에서 이탈리아로 국적을 바꾼 뒤 팔레타가 처음 출전하는 국가대항전이었다. 공이 앞에 있던 발로텔리를 향해 날아갔고, 케이힐이 문제없이 걷어냈다.

전반 3분, 피를로가 공을 잡았다. 스털링은 피를로와 데 로시 둘 중 어느 쪽을 압박해야 할지 주저하다가 뒤로 물러섰다. 안토니오 칸드레바(Antonio Candreva)가 넓은 공간에서 여유 있게 마테오 다르미안(Matteo Darmian)에게 패스를 보냈다. 다르미안은 두 번째 A매치 출전이었다. 오른쪽 측면을 따라 들어간 다르미안이 크로스를 올렸다. 자기엘카가 걷어냈는데 불길한 상황이 벌어졌다. 피를로와 칸드레바, 다르미안이 레이턴 베인스 주위에서 공격 루트를 찾아내기 시작했다.

우리 젊은 동료들은 용감하게 맞섰다. 전반 4분 케이힐이 걷어낸 공을 스터리지가 잡았다. 하프라인을 살짝 넘어가 있던 스털링을 봤다. 스털링이 빠르게 드리블해 들어갔다. 월드컵에서 잉글랜드가 이탈리아를 상대하는 것이 아니라 프리미어리그에서 리버풀이 헐 시티를 공격하는 느낌이었다. 스털링의 패기 넘치는 질주에 이탈리아 선수들이 뒤로 물러섰다. 20미터 정도 지점에서 스털링이 슈팅을 때렸다. 공이 골문을 향해 날아가자 잉글랜드 서포터즈 쪽에서 함성이 일어났다. 팬 중 일부는 스털링이 골을 넣었다고 생각한 것 같았다. 그의 슈팅은 옆 그물에 맞았지만, 인상적인 첫 번째 위협이었다. 스털링과 잉글랜드가 자신들을 전혀 두려워하지 않는다는 사실을 이탈리아가 깨달았다.

2분 뒤, 이번에는 조던 헨더슨의 슈팅을 시리구가 몸을 날려 겨우 막아냈다. 이탈리아의 점유율이 높으면서도 매서운 쪽은 잉글랜드였다. 우리의 유일한 취약점은 왼쪽 측면이었다. 칸드레바의 도움을 받은 다르미안이 계속 베인스의 수비 영역을 공략했다. 2-1 싸움이 계속되었다. 칸드레바의 슈팅을 하트가 영리하게 막아냈다.

전반 26분 리버풀 라인이 공격을 합작했다. 헨더슨이 공을 빼앗아 안쪽으로 보냈다. 그 공을 내가 드리블 전진해 스털링에게 연결했고, 그의 크로스를 향해 대니 웰벡이 다리를 뻗었다. 아쉽게 살짝 미치지 못해 선제 득점 기회가 날아갔다. 좋은 분위기였다. 2분 뒤에는 역할을 바꿨다. 웰벡이 스털링에게 기회를 만들어줬다. 이탈리아 수비가 몸을 던져 막아냈다. 다르미안은 계속해서 루니의 전진을 막는 동시에 베인스를 괴롭혔다. 전반 32분 다르미안의 크로스가 발로텔리의 약한 헤딩슛으로 이어졌다. 이탈리아로서는 좋은 찬스였다. 고온다습한 날씨가 선수들에게 부담을 줬지만, 숨 쉴 틈 없는 플레이가 계속되었다.

지속적으로 허점을 드러내던 왼쪽 측면에서 이탈리아가 코너킥을 얻었다. 칸드레바가 재빨리 베라티에게 연결했고, 대각선 패스가 피를로에게 닿았다. 스터리지가 따라 붙어 약한 슈팅을 때리도록 유도했다. 그러나 피를로는 간략한 컨트롤로 스터리지에게 굴욕을 안겼다. 그는 공을 몰다가 마르키시오에게 땅볼 패스를 했다. 주위 압박이 없자 마르키시오가 편하게 공을 잡아 자기 앞쪽에 떨궜다. 그는 오른쪽 골대 아래 구석으로 노려 슈팅을 때렸다. 힘과 세기(細技)가 어우러진 그의 슈팅이 하트의 수비를 무력화했다. 전반 35분, 우리가 한 골 뒤지기 시작했다.

마르키시오가 이탈리아 벤치를 향해 달려갔다. 그의 동료들이 뒤를 따랐다. 공허하게 그들을 바라봤다. 사이드라인에서 이탈리아 선수들이 하나가 되어 기뻐했다. 환희에 차 있었다. 우리는 입을 열 수가 없었다. 모든 노력과 땀을 흘린 결과가 0-1로 뒤지는 상황이라니. 젊은 동료들에게 힘을 내라고 독려했다. 실점 허용과는 별개로 우리 플레이에도 잘되던 부분이 분명히 있었다. 이대로 쭈그러들 수 없었다. 다시 시작해야 한다. 그렇게 특별한 상대가 아니다. 하프타임이 되기 전에 한 골 따라잡을 수 있다.

이탈리아가 공을 돌렸다. 열두 번, 열세 번, 열네 번까지 패스를 연결했다. 우리 진영에서 패스가 끊겨 스털링에게 넘어갔다. 센터서클에 있었던 스털링은 빠르게 드리블 돌파해 들어갔다. 왼쪽 측면에 있는 루니에게 패스했다. 루니가 클래스를 선보였다. 측면을 따라 들어가서 완벽한 크로스를 올렸다. 허둥대는 수비수들을 지나쳐 파코너에 있던 스터리지에게 배달되었다. 하프발리 킥으로 그는 간단히 골을 뽑아냈다. 1-1 동점. 스피드, 움직임, 시야, 결정력이 만든 골은 아름다웠다. 얼마나 좋은 골인지를 스터리지도 잘 알았다. 이탈리아와 브라질 사람들에게 로봇 댄스를 선보였다. 머지사이드의 명물이 브라질에서 연출되었다. 넘실거리는 파도를 타는 스터리지의 몸짓은 아마존에서는 꽤 이국적으로 보일 것 같았다. 사이드라인에서 우리가 '미친' 골세리머니를 펼치는 와중에 피지컬 트레이너인 개리 르윈이 총에 맞은 사람처럼 쓰러졌다. 우리끼리 엉켜 발목이 부러져 들것에 실려 나갔다. 축구에서나 벌어지는 '미친' 해프닝이다.

침착해야 했다. 전반 종료 7분 전이었다. 빨리 라커룸으로 돌아가 우리는 전반전에 드러난 전술 문제를 손보고 싶었다. 왼쪽 측면 수비가 허점이었다. 내가 베인스와 이야기하는 동안, 헨더슨은 루니에게 의견을 구했다. 다르미안과 칸드레바의 위협을 봉쇄해야 했다.

경기가 재개되었다. 이탈리아가 강하게 치고 들어왔다. 우리는 힘을 다해 막아야 했다. 다르미안이 다시 우리 왼쪽으로 들어와 때린 슈팅이 크로스바 위로 살짝 넘어갔다. 전반 추가시간에 또 위기가 왔다. 내가 보낸 패스가 끊겨 역습을 당했다. 페널티박스 근처에서 피를로가 발로텔리에게 스루패스를 보냈다. 하트가 튀어나왔다가 발로텔리와 골문 사이에 어정쩡하게 걸리고 말았다. 발로텔리가 볼을 띄워 칩슛을 시도했다. 재빨리 수비로 내려온 자기엘카가 골대 앞에서 겨우 막아냈다. 이탈리아는 계속 공격했다. 패스를 주고받은 끝에 칸드레바가 골대를 맞혔다. 우리는 휴식이 필요했다. 숨을 돌릴 여유가 필요했다. 겨우 버틴 끝에 전반전이 1-1로 끝났다.

라커룸에 돌아온 우리는 엉망이 된 전술 문제를 해결해야 했다. 스털링이 공격에서 공헌했지만 이탈리아는 역시 영리했다. 역습을 당할 때마다 스털링은 놀란 토끼처럼 어쩔 줄 몰랐다. 피를로와 데 로시 중 어느 쪽을 따라가야 할지 헷갈렸다. 10번 플레이메이커 두 명의 역할을 정리해야 했다. 루니와 스털링이 상대 수비형 미드필더를 압박해야 했다. 개리와 호지슨 감독도 문제를 적시했다. 운동량이 뛰어난 웰벡을 왼쪽으로 보내고 루니를 중앙 영역으로 옮겨 스털링과 나란히 서게 했다. 허술한 왼쪽 측면 수비도 손을 봐야 했다. 다르미안과 칸드레바에게 호되게 당한지라 겁을 먹은 것처럼 보였다.

후반전도 우리는 적극적으로 시작했다. 그러나 이내 실망감이 찾아왔다. 감독은 전반 초반처럼 과감하게 나가 모멘텀을 만들라고 주문했다. 그의 선택을 왈가왈부할 자격이 내게는 없었다. 다만, 내 느낌은 달랐다. 이 경기는 프리미어리그가 아니다. 월드컵 본선 첫 경기였다. "이탈리아를 반드시 꺾어야 한다"는 마음가짐은 내겐 말이 안 되게 보였다. 과감한 자세가 아니라 단순히 경험 부족이었다.

수비를 걸어 잠그고 무승부를 노렸으면 어땠을까? 안필드에서 있었던 첼시 경기와 비슷했다. 너무 잘하려고 애쓰다가 실수로 한 골을 내준 뒤에 우왕좌왕하는 모습이었다. 이탈리아를 상대로 우리는 꽤 잘하고 있었다. 실점을 내준 뒤 금방 동점을 만들었다. 그러나 후반전에 인내심과 집중력을 보여야 하는 상황에서 우리는 너무 마음만 앞섰다. 경기 중 나는 1-1 무승부로 나쁘지 않은 결과라는 점을 동료들에게 전달하려고 노력했다. 지금 와서 하는 말이지만, 그 경기에서 우리가 승점 1점을 따냈다면 조별리그를 통과했을지도 모른다.

우리가 적극적으로 공격을 가하자 잉글랜드 팬들이 환호성을 질렀다. 이탈리아가 공격을 끊자 우리 수비가 허술해진 상태였다. 후반 시작 5분, 가장 집중해야 할 시간대에서 우리는 약점을 드러냈다. 베인스는 칸드레바에게 다가서지 못했다. 그가 쉽게 안쪽으로 치고 들어왔다. 대인마크가 없으니 칸드레바는 여유롭게 문전 상황을 파악할 수 있었다. 뒤로 빠지는 발로텔리를 내버려두는 케이힐을 발견했다. 아무런 방해 없이 칸드레바는 크로스를 올렸다. 파코너에 있던 발로텔리도 여유 있게 크로스를 머리로 받아 골문을 노렸다. 골대 바로 앞이었으니 헤딩슛이 빗나가기 어려웠다. 헤딩슛 연습에서나 나올 법한 쉬운 상황이었다. 이탈리아가 다시 한 골 도망갔다.

남은 시간 우리는 동점골을 위해 애썼다. 스털링, 루니, 웰벡, 그리고 교체로 들어온 로스 바클리가 각각 좋은 기회를 맞이했다. 그러나 이탈리아는 한 골 리드를 영리하게 지켜냈다. 후반 추가시간 오히려 그들은 추가골을 넣을 뻔했다. 27미터 거리에서 때린 피를로의 프리킥이 골대를 때렸다. 경기는 끝났다. 잉글랜드 1-2 이탈리아. 1-1 무승부도 좋은 결과였다고 생각한다. 발로텔리의 두 번째 골이 치명적이었다. 경기 중 좋은 상황을 만들기도 했던

10 잉글랜드 국가대표팀: 마지막

터라 우리는 크게 실망했다. 상황에 따라 우리가 이탈리아를 압도하는 장면도 분명히 있었다. 잘하려는 마음이 너무 컸다. 월드컵에서 우리는 끔찍한 압박감 속에 빠져버렸다. 이번에도.

이틀 뒤, 리우데자네이루 선수단 호텔에서 호지슨 감독과 개리가 내게 선수단을 독려해달라고 말했다. 우리 상황은 나빴다. 한 번 더 지면 월드컵은 끝나버린다. 마나우스에서 승점 1점도 건지지 못한 결과에 대한 실망감이 정말 컸다. 하지만 내가 선수단 분위기를 끌어올려야 했다. 동시에 목요일 상파울루에서 어떤 위험이 우리를 기다리고 있는지 설명했다. 우루과이, 그리고 루이스 수아레스다.

잉글랜드 국가대표가 되어 월드컵에서 뛰면 항상 드라마 속 주인공이 되는 것 같다. 이번에 우리는 수아레스를 상대로 목숨을 건 도박이 불가피하다. 예상은 우루과이 쪽으로 기울었다. 첫 경기에서 우루과이는 코스타리카에 1-3으로 패했다. 무릎 수술에서 완전히 회복하지 않은 수아레스는 벤치에 머물렀다. 잉글랜드전을 앞두고 수아레스의 출전 여부에 관심이 쏠렸다. 한 가지 사실이 내겐 명확했다. 수아레스가 우리를 상대하고 싶어 안달이 났다는 것이다.

브라질에 도착한 뒤로 개리 네빌이 내게 수아레스와 연락을 취하는지 계속 물었다. 문자를 주고받긴 했지만, 잉글랜드 경기에 출전할 수 있는지를 물어본 적은 한 번도 없다고 설명했다. 그의 상태를 확인할 필요가 없었다. 리버풀의 피지컬 트레이너가 이미 루이스의 상태를 확인하려고 파견되었다는 걸 알고 있었기 때문이다. 예상보다 회복 속도가 빠르다는 정보가 들어왔다. 굳이 수아레스 본인에게 우리 경기에서 선발로 나설 것이냐고 물어볼 필요가 없었다. 그의 문자를 봐도 쉽게 알 수 있었다. 루이스는 당연히 우리와의 경기에 나설 것이다.

루이스는 실적이 절실한 시점에 와 있었다. 지난 시즌 그는 갖가지 상을 휩쓸었다. 리그 선수들이 뽑은 '올해의 선수', 축구 기자 선정 '올해의 선수'를 독차지했다. 잉글랜드 내에서 루이스는 망가졌던 명예를 되찾았다고 생각할지 모른다. 그러나 잉글랜드 언론을 향한 그의 증오는 여전했다. 각종 영예와 상관없이 그는 푸대접을 받는다고 믿었다. 에브라 건을 놓고 자신에게 중징계를 내린 잉글랜드축구협회에도 깊은 앙심을 품고 있었다. 이탈리아 패전 다음날 호지슨 감독이 자기는 수아레스가 월드클래스 수준이 아니라고 생각한다고 말했다. 나는 그 말에 절대로 동감할 수 없었다.

호지슨 감독의 말에 반론하진 않았지만, 나는 속으로 '무슨 소리야?'라고 생각했다. 그렇게 중요한 경기를 앞둔 시점에서 루이스 수아레스의 능력을 깎아내리는 것은 별로 좋은 생각이 아니었다. 호지슨 감독은 영리하고 사려 깊은 지도자였지만, 나만큼 수아레스를 파악하진 못했다. 겉으로는 신중한 평가처럼 보였다. 호지슨 감독은 이렇게 말했다.

"수아레스는 잠재력이 엄청나다. 정말 좋은 선수다. 자기가 뛰는 리그에서는 최고가 될 수 있다. 그러나 세상 모두가 인정하려면 월드컵에서 자기의 진가를 입증해야 한다. 당신들이 수아레스를 마라도나, 펠레, 베켄바우어, 크루이프, 피를로 수준이라고 생각한다면, 지금 우리는 그 믿음을 판정할 수 있는 무대 위에 서 있다."

이성적인 논평이었다. 그러나 말해선 안 될 내용이었다. 루이스는 그 발언이 도발적이며 무례하다고 받아들일 것이다. 동시에 더 큰 동기부여로 삼을 게 뻔했다. 호지슨 감독의 도발 그리고 자신을 비난하고 의심하는 잉글랜드의 시선에 대해서 수아레스는 확실하게 응답하고 싶어 할 것이다. 수아레스를 상대하기 전에 나는 선수단 전체에 메시지를 전하고 싶었다. 동료들이 나를 쳐다봤다. 나는 우루과이전이 잘못되면 여기 있는 우리 모두가 끔찍한 여름을 보내야 할 것이라고 말했다. 한 달이라는 시간이 정말 긴 악몽처럼 느껴질 것이라고. 어디를 가든지 도대체 실패 원인이 무엇이었는지를 고민하게 될 것이라고 말했다. 과거 경험도 이야기했다. 기대에 미치지 못하고 대회에서 일찍 탈락했을 때 선수들이 어떤 고통을 겪었는지를 들려줬다. 어디든 원하는 곳으로 휴가를 떠날 수야 있겠지만, 숨을 곳이 없다는 사실을 알려줬다.

겁을 줄 의도는 없었다. 하지만 대표팀에는 어린 선수들이 많았다. 그들은 우루과이 경기의 중요성을 인지해야 할 필요가 있었다. 개개인이, 팀 전체가 집중해야 했다. 우리가 제 기량을 발휘해서 경기를 소화한다면, 경기 다음날 아침에 우리는 승점 3점과 함께 눈을 뜰 수 있게 된다. 세상을 다 가진 듯한 만족감은 보너스가 될 것이다.

그리고 수아레스를 언급했다. 함께 뛰면 최고의 파트너가 되지만, 적으로 만나면 최악으로 돌변한다는 점을 강조했다. 한시도 그에게서 눈을 떼선 안 된다. 경기 내내 최소 두 명이 수아레스의 움직임을 주시해야 했다. 나는 "단단히 준비해야 돼. 조그만 틈을 주기만 해도 수아레스가 파고들 거니까"라는 경고로 말을 정리했다. 일어서서 전술 보드 앞으로 걸어갔다. 전달 내용을 더 명확하게 하고 싶었기 때문이다. 나는 수아레스의 모든 장단점을 적었다. 그의 득점력을 재차 강조했다. 수아레스가 지닌 공격력을 무디게 만들 모든 방법을 총동원해야 했다. 나는 이렇게 말했다.

"수아레스에게 패스가 가면 반드시 골대를 등진 자세로 잡게 해야 돼. 이 친구는 항상 수비수와 일대일로 맞서길 좋아하니까. 수비수를 정면으로 두고 돌진해서 승부를 거는 공격수야. 수비수와 몸을 비빌 거야. 몸끼리 부딪히는 상황을 그는 좋아해. 그러니까 너무 달라붙으면 안 돼."

다들 고개를 끄덕였다. 그의 몸 상태가 정상이 아니라는 사실을 잊으라고 덧붙였다. 그는 일반적인 선수가 아니다. 한두 경기를 뛰어야 감각을 되찾는 공격수가 아니었다. 쉬고 왔다고 해도 그는 당장 득점력을 폭발한다. 나는 마지막으로 이렇게 정리했다.

"한 번 막았다고 마음 놓으면 절대로 안 된다. 한시도 방심하지 마. 수아레스는 계속 너희들에게 달려들 거야."

2014년 6월 19일 목요일
상파울루, 아레나 데 상파울루

차가운 이슬비가 내리는 오후였다. 열대우림의 열기는 멀리 사라졌다. 2006년 안필드에서 있었던 경기가 떠올랐다. 잉글랜드와 우루과이가 마지막으로 맞붙었던 평가전이었다. 당시 웸블리 스타디움이 공사 중이었던 탓에 대표팀은 전국을 돌아다니며 홈경기를 치렀다. 큰 경기장이 모여 있는 북부 지방에서 주로 A매치가 열렸다. 그 경기에서 우리는 2-1로 이겼다. 당시 멤버 중 지금까지 있는 멤버는 웨인 루니와 나 두 명뿐이었다.

8년이 흘러 무대가 상파울루로 옮겨졌다. 웨인은 중앙 영역에 들어가 10번 플레이메이커 역할을 수행했다. 스털링은 왼쪽 측면으로 이동했다. 선발 11인은 아쉽게 패했던 이탈리아전 때와 동일했다. 하지만 우루과이는 첫 경기와 달랐다. 루이스 수아레스가 복귀했기 때문이다. 내가 정말 상대하기 싫은 공격수다. 하지만 모든 신경을 껐다. 루이스, 에딘손 카바니(Edinson Cavani), 우루과이를 특별하게 바라보지 않으려고 노력했다.

전반 30분까지 우리는 경기를 잘 풀어갔다. 빛나는 경기력은 아니었지만, 수아레스와 카바니에 대한 경계를 늦추지 않았다. 수아레스의 움직임은 생각보다 날카로워 보이지 않았다. 자신감이 늘었다. 물론 수아레스는 여전히 위협적이었다. 코너킥으로 직접 골을 노려 하트를 깜짝 놀라게 했다. 골문으로 휘어져 들어오는 코너킥을 하트가 두 손으로 겨우 막아냈다. 선제 득점에 근접한 쪽은 우리였다. 페널티박스 왼쪽에서 내가 올린 크로스를 문전에서 솟구친 루니가 머리로 맞혔다. 하지만 코앞에서 헤딩슛이 크로스바에 튕겨 나왔다.

전반 39분, 작은 운이 어둠의 마법상자를 열었다. 아쉽게 운이 상대에게 기울었다. 처음엔 카바니, 그리고 수아레스를 도와줬다. 하프라인 근처에서 니콜라스 로데이로(Nicolas Lodeiro)와 내가 다툰 공이 내 몸을 맞고 우리 진영 쪽으로 흘렀다. 카바니가 공을 잡아 왼쪽으로 치고 들어갔다. 박스 안으로 흘러 들어가는 수아레스가 보였다. 자기엘카가 따라붙었다. 하지만 카바니의 크로스가 올라오는 순간, 수아레스가 뒤로 빠지면서 공간을 만들었다. 순식간에 완벽한 슈팅 기회가 생겼다. 수아레스는 이미 허공에서 뜬 상태에서 몸을 비틀어 헤딩슛을 시도했다. 하트가 위험을 감지했지만 손을 쓸 방법이 없었다. 수아레스의 헤딩슛이 붕 떠서 정확히 골대 안으로 들어갔다. 믿기 힘들 정도로 훌륭한 골이었다.

지난 시즌 내내 나는 수아레스가 골을 넣을 때마다 기뻐했다. 이 골은 달랐다. 환호하면서 사이드라인으로 달려가는 그를 바라보는 일 외에는 아무것도 할 수 없었다. 우루과이 동료들과 한데 어우러져 기쁨을 나눴고, 특히 부상을 돌봐줬던 피지컬 트레이너에게 고마움을 전했다. 수아레스는 완벽한 몸 상태를 되찾았다. 익숙한 리버풀의 동료들에게 대가를 치르게 해주려고.

희망은 남아 있었다. 점유율에서 우리가 앞선 덕분이었다. 경기력도 뒤지지 않았다. 선제 실점을 허용했어도 나는 우리가 이길 수 있다고 믿었다. 하프타임 라커룸에서 나는 우리가 너무 내려서 뛴다고, 우루과이를 너무 대단하게 보고 있다고 말했다. 수아레스를 경계해야 하지만, 두려워할 필요는 없다고 강조했다. 루니에게 편중된 패스도 문제였다. 상대 골문에 다가가기도 전에 동료들이 루니에게 공을 건넸다. 루니가 페널티박스 근처에서 패스를 받을 수 있도록 해야 했다. 골문을 위협할 수 있는 지점이어야 했다.

후반 초반 우루과이가 득점 기회 두 개를 놓쳤다. 훨씬 힘든 환경이었던 이탈리아전에서도 우리는 빠른 플레이를 펼쳤는데, 우루과이를 상대로는 좀처럼 템포를 올리지 못했다. 루니 외에는 경기 안에 완전히 녹아든 선수가 없어 보였다. 어쨌든 모두가 최선을 다했다. 경기 종료 15분을 남기고 우리가 드디어 해냈다. 스터리지의 패스를 받은 존슨이 오른쪽 측면을 따라 오버래핑해 들어갔다. 가속도가 붙은 상태에서 존슨은 멋진 테크닉으로 수비수를 제치고 페널티박스 안으로 커트인하는 데 성공했다. 치명적인 크로스가 들어갔고, 루니가 골문 바로 앞에서 골키퍼를 피해 왼발로 공을 골대 안으로 밀어 넣었다. 루니의 월드컵 첫 골로 우리는 1-1 동점을 만들었다.

승점 1점을 나눠 갖는 듯한 분위기였다. 안정적으로 우루과이와 비긴 다음에 조 마지막 경기에서 코스타리카에 이기면 16강에 오를 확률이 높았다. 점유율 62퍼센트가 말해주듯이 남은 시간 동안 우리는 우루과이의 역습에만 대비하면 되었다. 이탈리아 경기처럼 1-1 동점 상황이었다. 나는 영리하고 단단하게 경기를 마무리하고 싶었다. 하지만 잉글랜드의 '돌격 정신'을 완전히 지울 순 없었다. 모두가 이기고 싶어 했다. 우리는 다시 힘을 냈다.

많은 선수가 전방 공격에 가담해 있었다. 다들 골을 넣어 영웅이 되고 싶어 했다. 그런 탓에 공을 빼앗길 때마다 수비 숫자가 부족했다. 모두가 공격에 나섰다가 수비 쪽으로 재빨리 돌아와야 했다. 수아레스가 슬금슬금 들어왔다. 나는 팀 전체가 인내심을 갖고 안정적으로 수비를 갖추길 바랐다. 막판 10분 동안 득점 기회를 한 번밖에 만들지 못한다고 해도 그것만으로 충분했다. 그러나 공을 잡을 때마다 동료들이 결승골을 뽑기 위해 앞으로 돌진했다.

후반 40분, 우루과이 수문장 페르난도 무슬레라(Fernando Muslera)가 공을 잡았다. 길게 내찬 공이 하프라인을 넘어 날아갔다. 우리 진영에서 나는 날아오는 공을 보며 뒷걸음질 쳤다. 나는 뒤에 있는 센터백이 "내가 할게"라고 소리쳐주길 기다렸다. 우리 진영으로 날아오는 롱패스를 걷어낼 때 사용하는 일반적 콜플레이(call play)였기 때문이다. 하지만 아무도 소리치지 않았고, 카바니가 공을 받으려고 접근한 탓에 나도 함께 점프했다. 하지만 뒷걸음질 치는 자세에서 하는 점프는 원하는 높이까지 닿기가 어려울 수밖에 없다. 공이 내 정수리를 스치고 지나갔다. 공의 궤적을 잘못 가늠했다. 자기엘카와 케이힐 모두 본래 포지션에서 벗어나 있었다. 공은 빠르게 지나갔다. 수아레스가 기다렸다는 듯이 뒤돌아 달려 들어갔다. 내 정수리를 스친 공은 페널티박스 안에 들어간 수아레스의 발 앞에 있었다. 번뜩이는 스피드와 무자비한 공격 본능으로 수아레스는 다시 한 번 수비를 따돌렸다.

내가 미끄러지는 바람에 뎀바 바에게 실점을 허용했던 장면과는 크게 달랐다. 그때는 시몽 미뇰렛이 막아주거나 바가 잘못 차줄지도 모른다는 기대가 있었다. 그러나 지금 수아레스가 공을 잡고 있다. 그가 만들어낼 결과는 오직 하나뿐이었다. 2년 반 동안 나는 그와 함께 뛰어왔다. 그런 기회에서 수아레스가 어떻게 하는지를 나는 잘 알고 있었다. 그는 골을 넣을 것이다. 우리를 위해 그랬던 것처럼. 수아레스는 기다렸다가 바운드된 공을 멈춰 세웠다. 그러곤 힘껏 때려 하트를 무너트렸다. 우루과이가 2-1로 앞서기 시작했다. 시간은 5분 남았다.

경기 종료 휘슬이 울리면서 나는 익숙한 공허함과 맞닥뜨렸다. 루이스가 나를 찾아왔다. 결승골을 넣은 뒤 그는 교체되어 나가 있었다. 내게 아무 말도 해주지 못한다는 사실을 루이스는 알고 있었다. 그가 이겼고, 나는 졌다. 하지만 우리는 친구였다. 그가 손으로 내 머리를 쓰다듬었다. 나는 고개를 숙였다. 우리는 눈을 마주치고 악수를 나눴다. 그리고 루이스 수아레스는 뒤돌아 떠났다.

나는 기가 꺾였다. 내 머리를 스친 공이 그대로 수아레스의 찬스로 이어졌던 탓에 마음이 아팠다. 옷을 갈아입고 아무 말도 하지 못한 채 대표팀 버스로 걸어가면서 스마트폰을 켰다. 제이미 캐러거에게 내 헤딩이 어땠는지 문자로 물어봤다. 내 앞으로 날아오는 공을 걷어내는 일은 당연히 나의 책임이다. 하지만 하프라인 근처로 날아오는 롱킥을 머리로 걷어내기 위해서 내가 뒷걸음질 쳐야 한다고 생각하진 않는다. 로이 호지슨 감독은 항상 최후방 수비 라인의 콜플레이와 클리어링을 강조해왔다. 하지만 나는 제이미의 의견을 듣고 싶었다. 센터백으로 활약했던 그의 솔직한 평가를 원했다.

카라도 센터백이 걷어냈어야 한다고 말했다. 내가 먼저 떴으니 그 뒤에 있던 센터백들은 최악의 상황에 대비하고 있어야 한다고 했다. 하지만 우리 모두의 잘못이었다. 상대의 롱킥을 내가 제대로 처리하지 못했고, 그 다음에는 수아레스를 무방비로 내버려뒀다. 서로를 원망할 수 있는 장면이었다. 비난을 받으면 마음이 아프다. 그러나 그 비난을 받아들이지 못하면 프로축구선수가 될 수 없다. 비난 대상이 되지 않고 리버풀이나 잉글랜드 국가대표팀에서 뛸 방법은 없다. 인정해야 할 뼈아픈 사실이 또 한 가지 있었다. 우리 중 누구도 제 몫을 다하지 못했다. 다른 결과를 따낼 자격이 없었다. 경기 결과를 순순히 받아들여야 했다.

8개월 전이었던 지난해 10월, 나는 폴란드를 상대로 골을 터트려 조국 잉글랜드를 월드컵 본선으로 이끌었다. 정말 오래전 기억처럼 느껴졌다. 대표팀의 한계를 정확히 알지만, 월드컵 본선에서 조별리그 통과는 우리에게 주어진 마지노선이었다. 그러나 우리는 절망적이었다. 역대 잉글랜드 대표팀 중 가장 빨리 월드컵 본선에서 탈락한 팀이 되고 말았다.

무의미한 조별리그 최종전 코스타리카 경기를 앞두고 기자회견이 있었다. 나는 그 자리를 피할 수도 있었다. 그럴 듯한 핑계를 대서 기자회견에 들어가지 않을 수 있었지만, 내가 언론을 상대하는 일이 중요하다고 생각했다. 2014년 6월 22일, 일부 기자들이 나의 잉글랜드 국가대표팀 경력이 끝났다고 쓴 기사에 나는 충격을 받았다. 기분이 정말 나빴다. 내 상태도 정말 최악이었다. 눈 아래로 짙은 다크서클이 생겼다. 사흘 내내 잠을 제대로 못 잤다. 나흘 동안 면도도 하지 않았다. 까칠까칠한 수염이 얼굴을 덮었다. 리우데자네이루의 기자회견장에 들어섰다. 기자들이 많이 있었다. 낯익은 얼굴도 많았다. 나는 그들의 이름도 기억한다. 심지어 신뢰하는 기자도 있다. 그러나 인사를 하지 않았다. 안면이 있는 기자에게도 아는 척을 하지 않았다. 조용히 의자에 앉았다. 곁에 로이 호지슨 감독이 있었다.

허공을 쳐다보며 기다렸다. 어떤 질문이 날아올지 이미 알고 있었다. 전에도 받아본 적이 있는 질문들이다. 2010년 7월, 남아공에서 독일에 1-4로 대패한 다음에 열린 기자회견장에도 앉아봤다. 상황은 이번이 더 나빴다. 두 경기 만에 조별리그에서 떨어졌다. 뛰어야 할 경기가 남았다. 마음의 상처가 너무 깊었다. 절망의 승부차기라고 해야 할까? 그 정도로 나빴다. 개인적으로도 절망적이었다. 현실적으로 나의 마지막 메이저 대회였기 때문이다. 모두 끝났다. 메이저 6개 대회에서 서로 다른 여섯 종류의 절망을 맛보다니.

누군가 포문을 열었다. 불가피한 질문이 날아왔다. 내 기분이 어떤지. 처음 두 경기에서 연달아 패하는 바람에 조별리그 탈락이 확정된 잉글랜드 국가대표팀의 주장이 당연히 대답해야 할 질문이라고 생각했다. 나는 솔직하게 "마음이 너무 아프다"라고 대답했다. 기자 중 몇 명은 나와 눈을 마주치지 않고 고개를 숙이고 있었다. 동정을 구하고 싶진 않았다. 기자들도 결국 인간인지라 연민을 느끼고 있었다. 대답을 이어갔다. "억장이 무너진다." 내 입에서 비통이 흘러나왔다. 물론 잉글랜드 대표팀의 기자회견이 논란을 만들지 않고 그냥 지나갈 리가 없었다. 나의 고통은 대상에서 제외되었다. 의문을 품기엔 너무 현실적이었으니까. 다른 화제가 논란을 부추겼다. 해리 레드냅 감독이 요즘 프리미어리그 선수들은 잉글랜드 대표팀을 크게 신경 쓰지 않는다고 말했는데, 그 발언에 대해서 내가 어떻게 생각하는지 기자가 물었다. 레드냅은 호지슨 감독이 선임되기 전까지 대표팀 감독의 유력 후보였다. 그는 토트넘 선수 중에 대표팀에서 뛰는 걸 탐탁지 않게 생각하는 이가 있었다고 주장했다. 질문을 처음 들었을 때 나는 귀를 의심했다. 솔직히 지금도 믿기지가 않는다. 나는 퉁명스럽게 "누군지 이름을 대라"고 되물었다. "누군지 알고 싶다." 침묵이 흘렀다. 내가 다시 "왜 말이 없나? 이름을 말하라고. 애런 레논인가? 카일 워커? 아니면 안드로스 타운젠드?"

잉글랜드 대표팀에 소집되지 않기를 원하는 스퍼스 선수가 있다는 주장을 나는 절대로 믿을 수가 없었다. 머릿속으로 몇몇 선수들의 얼굴이 지나갔다. 저메인 디포? 저메인은 이번 브라질 월드컵 명단에 들지 못해 처참해 하고 있었다. 피터 크라우치? 레들리 킹? 스콧 파커? 마이클 도슨? 톰 허들스톤? 그들 모두 잉글랜드를 위해 뛰기 싫어한다는 말을 믿을 수가 없다. 다른 선수들도 있었지만, 어쨌든 나는 스퍼스 선수 중에 대표팀 출전을 원하지 않는 이가 있다는 말을 절대로 믿고 싶지 않았다.

호지슨 감독이 "저메인 디포는 확실히 아닐 거야"라고 거들었다. 월드컵 최종 명단을 발표하는 과정에서 호지슨 감독이 디포를 제외하기로 결심하면서 얼마나 마음고생이 컸는지를 나는 알고 있었다. 나의 에이전트 스트루안은 디포를 맡고 있다. 그는 저메인이 괴로워하고 있다고 말했었다. 내가 다시 입을 열었다. "만약 그게 사실이라면, 정말 속 뒤집히는 일일 것이다. '그들이' 잉글랜드 대표팀을 원하지 않는다고? 레드냅 감독이 도대체 누구를 지칭한 건가? 무슨 말인지 도대체 알 수가 없다."

호지슨 감독이 내 목소리에 꽂힌 칼날을 알아챘다. 그는 "나도 스티븐의 말에 동의한다"고 말하며 입을 뗐다. "대표팀을 맡은 지 2년이 지났다. 잉글랜드 대표팀에 들어오고 싶어 하는 선수들의 마음이 더 커졌다는 사실이 눈에 보였다. 그래서 레드냅의 발언은 놀라울 뿐이다. 그런 말을 하려면 차라리 대표팀을 원하지 않는다는 선수가 누군지를 밝혀야 한다. 어떤 개인이라면 모를까 '선수들'이라니? 그런 식으로 사람들을 뒤돌아보게 만드는 짓은 정당하지 않다."

 기자회견장에 있던 모두가 내가 대표팀을 얼마나 아끼는지 알 수 있었다. 월드컵은 내게 너무나 소중했다. "월드컵은 내게 좌절과 고통을 남겼다. 리버풀의 시즌을 아프게 마무리했다. 아픈 기억을 잠시 묻어두고 뭔가 긍정적인 것을 되찾으려고 애썼다. 지금 이 결과는 내가 절대로 원하는 결과가 아니다. 이런 조기 탈락도 마찬가지다. 지난 이틀 내내 어두웠다. 큰 상처였다. 긍정적으로 할 말이 전혀 없어서 더 괴롭다."

 나는 고개를 들었다. 잉글랜드 국가대표 선수들의 상처받은 희망과 헌신을 짓밟는 발언 따위는 필요하지 않았다. 다시 한 번 나는 진실을 말했다. "우리 중에서 집에 가고 싶어 하는 선수는 아무도 없다. 단 한 명도 없다."

 2014년 6월 24일 화요일, 벨루오리존치에서 우리는 코스타리카와 0-0 무승부를 기록했다. 경기 후 짐을 싸야 한다는 사실을 모두가 알고 있었다. 최종 성적은 D조 최하위였다. 코스타리카가 우루과이와 이탈리아를 제치고 조 1위에 올랐다. 런던 남부 지역과 비슷한 인구를 지닌 소국(小國) 코스타리카보다 우리는 승점이 6점이나 뒤처졌다. 그들은 환상적인 경기력으로 모두를 놀라게 했다. 자존심을 위해서라도 우리는 마지막 경기에서 이기고 싶었다. 하지만 코스타리카를 상대로 승점 3점을 얻기엔 역부족이었다. 우리가 처한 현실을 잘 보여줬다.

 몇 주 후, 스페인의 휴양지에서 나는 독일이 브라질을 7-1로 대파하는 월드컵 준결승전 중계를 시청했다. 세계 최고의 축구 국가이자 개최국이 치욕을 맛봤다. 조별리그 경기만 봐도 독일은 잉글랜드보다 몇 단계나 위에 있음을 알 수 있었지만, 브라질에서 우리와 맞붙었다고 해서 그들이 7-1 대승을 거둘 수 있으리라곤 생각되지 않았다. 4년 전 남아공에서 우리가 당했던 1-4 대패의 기억만큼 브라질은 큰 충격에 빠질 수밖에 없었다. 2013년 웸블리 스타디움에서 잉글랜드는 독일을 상대했던 적이 있다. 주전이 빠졌음에도 그들은 우리를 압도했다.

브라질 월드컵에서 드러난 잉글랜드 대표팀의 문제는 명확했다. 언론도 좀 더 균형감각을 찾아야 했고, 선수들도 마찬가지였다. 지금 우리는 세계에서 가장 화끈하고 경쟁적인 리그를 지녔다는 이유만으로 지나치게 마음이 들떠 있다. 테크닉 면에서 보면 프리미어리그가 세계 최고라고 평가할 순 없다. 하지만 프리미어리그에서는 아무리 어리더라도 한 번만 반짝하면 하루아침에 스타플레이어로 등극한다. 그런 환경은 어린 선수의 에이전트와 스폰서들에게 전혀 도움을 주지 못한다.

나는 로이 킨의 주장에 동감한다. 나와 생각이 비슷하다. 그는 슈퍼스타나 레전드가 되기란 매우 어렵다고 말했다. 오랜 기간에 걸쳐 유럽 또는 세계대회에서 우승하고 뚜렷한 성취를 이룬 다음에야 그런 평가가 가능해진다는 것이다. 나는 현대 축구에서 진정한 슈퍼스타나 레전드를 꼽는 데 열 손가락도 필요하지 않다고 생각한다. 잉글랜드 국가대표팀을 바라보는 언론은 분명히 현실감과 균형감을 되찾아야 한다. 국가대표 선수를 키워내는 환경에도 냉철한 검토가 필요하다. 월드컵이나 유로 본선에 진출한다고 해도 본선 무대에서 좋은 성적을 내기가 매우 어렵다. 그런 대회에 나가면 전 세계 곳곳에 대단히 뛰어난 선수들이 많다는 사실을 깨닫는다. 강한 팀과 훌륭한 지도자가 수두룩하다. 왜냐면 세계 최고 수준의 축구이기 때문이다.

국가대표팀에서 뛰면서 나는 직접 경험했다. 인정해야 하는 현실을 깨달았다. 오랜 기간 잉글랜드가 만족할 만한 성적을 거두지 못했기에 팬들의 비판도 정당하다고 생각한다. 대회 전 쏟아지는 기대와 부추김에 놀아나지 않으려고 무던히 애썼다. 하지만 그게 쉽지 않았다. 솔직히 나조차 마음속 한편에는 잉글랜드가 메이저 대회 4강권 전력을 지녔다고 생각했기 때문이다. 사람들로부터 '황금세대'라는 말을 듣던 시절이 있었다. 오언, 베컴, 스콜스, 퍼디낸드, 램퍼드, 루니 그리고 내가 함께 뛰던 대표팀이었다. 그 팀도 결국 매서운 비판을 받으며 끝났다. 지금 돌아보면, 그 팀이 메이저 대회에서 남겼던 8강 진출이 그리 나쁘지 않았음을 알 수 있다. 최고라고 평가하기 어렵겠지만, 그렇다고 최악도 아니었다. 운만 따라줬다면 준결승전에 진출하기 일보 직전까지 갔었다. 그저 그런 결과는 분명히 아니었다.

항상 우리는 마지막 단계를 넘지 못했다. 역사 속에서 그나마 좋은 평가를 받을 자격이 있었던 잉글랜드 대표팀은 3개 팀 정도라고 생각한다. 유로 96 대표팀, 1990년 이탈리아 월드컵 대표팀도 나쁘지 않았다. 마지막은 당연히 1966년 월드컵 우승 멤버들이다. 그들의 빛나는 업적은 진정한 잉글랜드 레전드로 길이 기억되어야 한다. 당시 웸블리 스타디움에서 열렸던 결승전에서 패배를 맛본 상대는 서독이었다. 잉글랜드 축구에서 가장 빛나는 순간이었다. 그러나 독일 축구사에서 보면 수많은 결승전 중 한 경기일 뿐이었다. 1954년부터 독일은 월드컵에서 네 번이나 우승을 차지했다. 준우승도 네 번이나 된다. 준결승 진출은 무려 12회에 달한다.

잉글랜드 축구는 과장과 비난, 끊임없는 영예 추구로 상징된다. 수없이 많은 실수와 잘못된 판단, 혼돈과 실망이 가득하다. 그러나 독일은 모든 에너지와 영리함을 오직 문제 해결에만 집중시키는 요령을 알고 있는 것처럼 보인다. 독일은 선수 육성도 빼어나다. 선수가 뚜렷한 실적을 남기기 전에는 언론도 부추기거나 스타플레이어라고 칭찬하는 일이 없다. 독일 선수는 월드컵이나 유로에서 우승을 차지한 다음에야 '슈퍼스타'라는 말을 들을 수 있다. 잉글랜드는 어떤가? 국가대표팀에 선발되기도 전에 슈퍼스타라는 찬사를 받곤 한다.

주제 무리뉴 감독은 우쭐거리는 선수를 절대로 용납하지 않는다. 브라질 월드컵이 시작하기 직전 무리뉴 감독의 인터뷰 기사를 읽고 나는 잠시 뒤돌아볼 기회를 가질 수 있었다. 그는 잉글랜드 국가대표팀 감독이 거의 될 뻔했다고 밝혔다. 무리뉴 감독은 손가락 제스처를 보이며 잉글랜드 감독 부임에 얼마나 가까웠는지를 설명했다(엄지와 검지를 모아서 '이렇게 가까웠다'고 표현했다.-역주). 하지만 그의 아내가 잉글랜드 감독직을 절대로 맡지 말라고 했다는 것이다. 매일 함께 일하는 클럽과 달리 대표팀은 어쩌다 모이는 팀이니 절대로 만족스러울 수 없다는 이유에서였다. 결국 그는 잉글랜드 감독 제안을 거절했다.

잉글랜드와 무리뉴 감독은 아주 잘 맞았을 것이라고 생각한다. 팀 내부 통솔은 물론 무리뉴 감독이라면 외부에서 날아드는 각종 개입과 영향을 잘 막아냈을 것이다. 언론도 자유자재로 다루는 감독이다. 언론이 아무리 떠들어도 선수들에게 가해지는 부담감을 덜어줄 수도 있다. 무리뉴 감독의 최대 장점이기도 하다. 잉글랜드 대표팀이 가장 좋았던 2004년부터 2006년까지 무리뉴 감독도 프리미어리그에 있었다. 당시 우리는 스벤-고란 에릭손 감독 아래서 4-4-2 포메이션을 사용했다. 에릭손 감독도 훌륭한 지도자이긴 하지만, 개인적으로는 무리뉴 감독의 전술 감각과 언론 대응 요령이 더 뛰어나다고 생각한다. 국가대항전에서는 4-4-2 포메이션으로 좋은 경기를 펼칠 수 있다 해도 워낙 구식이 되어버린 전술이다. 팀플레이를 위해 끊임없이 헌신하는 최전방 스트라이커를 두 명 가졌다면 그 전술을 사용할 수 있다. 동시에 넓은 영역을 90분 내내 커버할 수 있는 중앙 미드필더도 두 명이 필요하다. 최근 10년간 최고의 팀들은 미드필드 영역에서 수적 우세를 점할 수 있는 전술을 선택해왔다. 그런 팀들이 딱딱한 4-4-2 포메이션을 죽인지가 이미 오래전이다. 스페인을 상대로 4-4-2를 쓴다고 상상해보라. 인생 최악의 90분이 될지도 모른다.

에릭손 감독과 달리 무리뉴 감독은 4-4-2 포메이션을 한 번도 쓰지 않았다. FC 포르투 시절조차 그는 순진한 전술을 선보이지 않았다. 2004년부터 2006년까지 무리뉴 감독이 잉글랜드를 맡았다면 우리가 최소한 한 번쯤은 메이저 대회 결승전에 오를 수 있었다고 나는 믿는다. 라파엘 베니테스 감독도 그럴 만한 능력을 가졌다고 본다. 다만, 그의 문제는 선수들 대부분이 그와 함께 뛰고 싶어 하지 않는다는 점이다. 장기간 단체생활을 해야 하는 메이저 대회에서는 부담과 긴장이 크다. 잉글랜드 국가대표팀 감독으로서 내가 무리뉴를 최적임자라고 믿는 이유이기도 하다. 베컴, 스콜스, 오언, 테리, 네빌, 루니, 캠벨, 퍼디낸드, 램퍼드, 콜, 제라드가 한데 모인 팀을 무리뉴 감독이 이끈다고 상상해보라. 내겐 정말 '판타지 풋볼'처럼 보인다.

현실로 돌아오자. 나는 브라질에서 치욕을 당했다고 생각하지 않는다. 단순히 실망했을 뿐이다. 우리는 3경기 중 1승도 하지 못했다. 2골을 넣고 4골을 먹었다. 처음 두 경기에서 우리는 지나치게 긍정적이었던 탓에 스스로 발목을 걸었다. 유로2012에서 호지슨 감독은 과도하게 수비중심적이라는 비판을 받아야 했다. 그에겐 다른 방법을 선택할 여지가 주어지지 않은 것 같아 보였다. 솔직히 나는 호지슨 감독의 축구 철학에 확신이 없다. 오랜 세월에 걸쳐 그는 정형화된 4-4-2 포메이션을 기본으로 조직력을 중시하는 감독으로 알려져 왔다. 요즘 축구는 크게 달라졌다. 예전보다 전술적으로 훨씬 복잡해야 한다.

물론 호지슨 감독은 정말 개처럼 열심히 일하는 지도자다. 항상 짜임새가 있고 바쁘다. 공격에 능한 드리블러와 윙어보다는 쉼 없이 뛰어다니면서 넓은 공간을 커버해주는 미드필더를 선호한다는 점에서는 베니테스 감독과 닮았다. 유로2012에서 이탈리아에 승부차기로 패한 뒤에 받았던 비난은 부당하다고 생각한다. 그래서 나는 브라질 월드컵에서 더 나은 결과를 기대했었지만, 실패하고 말았다. 선수들 모두 성심성의를 다해서 뛰어줬다. 결과가 나빴던 대회에서도 최소한 우리는 함께 지냈던 시간만큼은 쉬지 않고 일했다. 더 나은 결과를 내지 못한 이유는 단순히 실력의 한계 탓이었다고 생각한다. 브라질 월드컵에서 나온 결과에 대해서도 대표팀은 물론 잉글랜드 축구계 전체의 공동책임으로 받아들여야 한다. 가끔 우리는 본래 실력보다 우리가 더 잘한다는 착각에 빠지곤 한다. 그러면 지나치게 큰 꿈을 꾸기 시작한다. 현실감을 유지하는 상태에서 꾸는 꿈이야 얼마든지 긍정적이다.

앞으로도 경기와 대회는 이어진다. 지역예선에 나서야 하고, 본선에서 경쟁해야 한다. 언젠가는 우리도 잘해낼 날을 맞이할지도 모른다. 코스타리카 경기가 나의 마지막 잉글랜드 A매치 출전이 될 거라곤 생각하지 못했다. 그때까지만 해도 국가대표팀 은퇴에 대한 결정을 내리지 않았기 때문이다. 로이 호지슨 감독은 선수단 전체를 배려하는 훌륭한 지도자다. 이탈리아와 우루과이 경기에서 선발로 나섰던 일부 선수들에게 벤치 역할을 맡아달라고 하는 그의 결정을 나는 어렵지 않게 받아들일 수 있었다.

브라질 현지에서 캠프를 차리곤 얼마 지나지 않아 선발 11인의 윤곽이 금세 드러났다. 코스타리카 경기를 앞두고 호지슨 감독은 캠프 초반부에서 봤던 주전 경쟁을 다시 활용하고 싶어 했다. 선수들에게 월드컵을 뛰어봤다는 경험을 선물해주고 싶었기 때문이다. 옳은 판단이라고 생각했다. 경기에 나서지 못했던 동료들도 대단히 먼 길을 함께했다. 실력을 발휘할 기회가 주어져야 한다. 나는 후반전 교체로 들어가기로 되어 있었다.

코스타리카 경기 후, 나는 잉글랜드 서포터즈에게 다가갔다. 국가대표 생활을 하면서 가슴이 찡했던 순간 중 하나였다. 그들은 나를 따뜻하게 받아줬다. 그들 중에는 2001년 9월 독일 뮌헨에서 우리가 독일 대표팀을 5-1로 대파했던 순간에 현장에 있었던 팬도 있을지 모른다. 그 경기에서 나도 골을 넣었다. 그들 모두 큰돈을 써가면서 브라질까지 왔지만, 형언할 수 없을 만큼 큰 실망을 안아야 했다. 마지막 경기에서는 골을 구경하지 못한 채 90분 내내 앉아 있어야 했다. 그런 그들이 자리에서 일어나서 내게 박수를 쳐준 것이다. 그들의 변치 않는 지지에 큰 감동을 받았다. 동시에 가슴 아팠다. 머릿속에서 고독한 상상이 피어났기 때문이다. '메이저 대회에서 우승하면 도대체 어떤 반응을 볼 수 있을까?' 나는 두 손을 들어 머리 위 박수로 화답했다. 팬들의 배려심이 재차 고마웠다. 상상이 떠나지 않았다. '우리가 우승한다면, 저들도 정말 행복해할 텐데….'

한 시간 뒤, 우리는 팀 버스에 올랐다. 창밖으로 보이는 브라질 풍경과 월드컵에 작별인사를 보냈다. 이제 곧 가족을 볼 수 있다는 게 유일한 위안이었다. 스마트폰이 계속 울려댔다. 또 위로 문자들을 받아야 하는 건가? 메신저 앱이 반짝거렸다. 눌러보니 사진 두 장이 떴다. 조르지오 키엘리니의 사진이었다. 마나우스에서 우리가 상대했던 이탈리아 수비수가 누군가에게 물린 어깨 상처를 보이고 있었다. 두 번째 사진 속에서는 루이스 수아레스가 자기 앞니를 붙잡고 있었다.

수아레스가 상대를 또 깨물었다고 믿기는 힘들었다. 하지만 나는 직감했다. 그가 키엘리니를 깨물었다. 루이스에게 화가 났고 키엘리니에겐 짜증이 났다. 용서할 수 없는 사건이었다. 프로 데뷔 이후 세 번째 '이빨 공격'에 관해 루이스는 반드시 사과해야 했다. 2013-14시즌은 루이스 수아레스와 내게 다사다난한 시간이었다. 그전 시즌 말미, 그는 이바노비치를 깨물었고, 시즌 개막 전까지 불성실한 태도로 팀 훈련에서 제외됐다. 멜우드에서 우리는 고독함을 함께했다. 떠나겠다는 그를 내가 붙잡았다. 그리고, 둘이 힘을 합쳐 프리미어리그 트로피에 거의 입을 맞출 뻔했다. 시즌 후 출전한 월드컵에서 수아레스는 2년 반 동안 당해왔던 수모와 푸대접에 대해서 잉글랜드에 통쾌하게 복수했다. 그런데 결국 그는 잉글랜드와 같은 운명을 맞이했다. 대회에서 쫓겨날 판이었으니까. 우리 모두 집에 빨리 돌아가게 생겼다. 우울한 표정으로 그의 사진을 바라봤다. 제발 루이스. 또 이러면 안 돼. 안 된다고….

STEVEN GERRARD

11

빠른 변화

The Merry-Go-Round

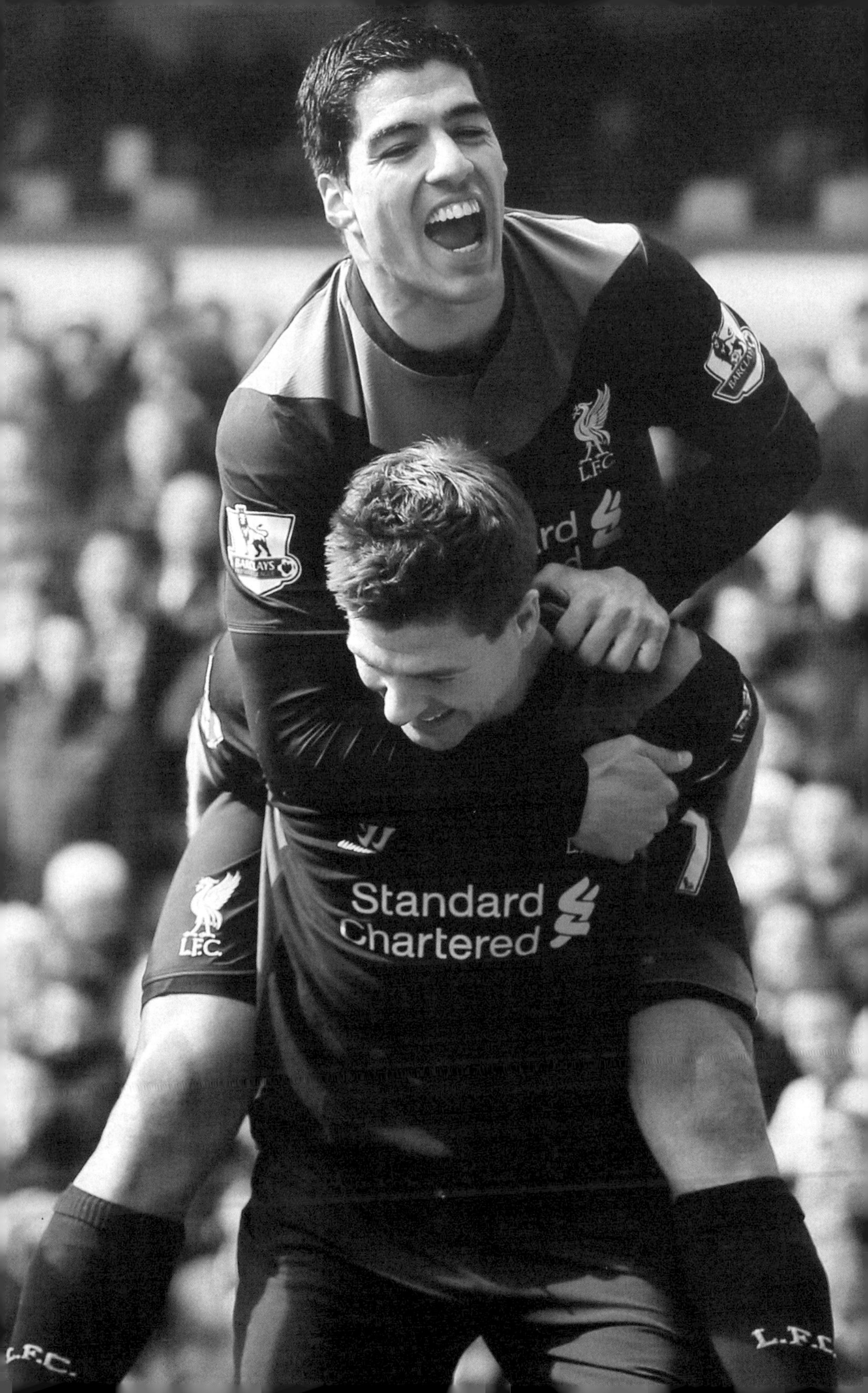
L.F.C.
Standard
Chartered
L.F.C.
L.F.C.
L.F.C.

11 빠른 변화

GERRARD
8

　리버풀 주장 노릇은 쉴 날이 없다. 심지어 월드컵 기간에도 대표팀 일정에서 틈이 생기면 선수 영입 작업을 거들어야 했다. 브렌던 로저스 감독은 바르셀로나의 알렉시스 산체스를 영입하기 위해 애쓰고 있었다. 루이스 수아레스가 바르셀로나로 떠날 확률이 높다고 판단했기 때문이다. 산체스는 대단한 선수였다. 폭발적인 에너지와 야망, 스피드, 운동량을 갖췄다. 리버풀에서 우리가 만들려는 팀에 당장 집어넣기 딱 좋은 스타플레이어였다. 브라질 월드컵에서도 그는 칠레 대표팀 일원으로 활약했다. 설득 작업을 거들기로 로저스 감독과 뜻을 모았다.
　처음에는 내가 반대했다. 아르센 벵거 감독도 산체스를 노린다고 알고 있었기 때문이다. 월드컵 기간에 벵거 감독은 브라질에 와 있었다. 그들의 영입 일순위 타깃이 산체스였다. 지난 시즌 우리는 수아레스를 놓고 아스널과 전쟁을 치렀다. 그 싸움에선 우리가 이겼다. 벵거 감독은 직접 만나는 자리에서 자신의 이름값과 정중한 매력으로 선수의 마음을 사로잡는다. 나의 믿을 구석은 2013-14시즌 우리가 좋은 성적을 냈다는 점이었다. 그 기세를 몰아가면 리버풀이 아스널보다 더 유리한 도전처가 될 것이라고 설득할 수 있다.

산체스를 데려오면 수아레스의 공백을 최소화할 수 있었다.

루이스는 리버풀에서 한 시즌 더 뛰면서 최선을 다하겠다는 약속을 지켰다. 이젠 그의 길을 가로막을 재간이 없었다. 나는 지난 시즌 우리가 리그 우승에 도전했다는 점이 수아레스의 마음을 흔들었을지도 모른다고 속으로 기대했다. 다시 UEFA 챔피언스리그에서 뛸 수 있게 되었다. 하지만 벨루오리존치에서 내 스마트폰에 뜬 키엘리니의 사진을 보는 순간 희망이 사라졌음을 직감했다. 루이스에겐 장기 징계가 불가피했다. 루이스가 다시는 잉글랜드로 돌아오지 않을 것이라는 점도 알고 있었다. 세상에서 그를 가장 푸대접하는 나라라고 하니까.

산체스를 영입할 가능성이 있다고 믿어서 나는 열심히 그를 설득했다. 문자로 인사를 나누는 전통적인 카드를 다시 꺼냈다. 산체스의 반응은 대단히 좋았다. 영어도 잘해서 자세한 대화를 나눌 수 있었다. 그가 리버풀을 진심으로 존중한다는 느낌을 받았다. 나와 같은 팀에서 뛰고 싶어 하는 마음도 내비쳤다. 나는 내가 앞으로 두 시즌은 더 뛸 계획이라고 장담했다. 그러나 산체스는 자기 생각을 정중하면서도 솔직하게 전달했다. 내가 현역 은퇴를 앞두고 있는 선수라는 점을 들어 리버풀과 계약하기 전에 신중해야 할 것 같다고 대답했다. 기본적으로 그는 리버풀의 미래에 확신을 갖고 있지 않았다. 아스널 쪽으로 마음이 기울어 있었다. 아스널이 런던에 있는 덕분에 자기 자신과 여자친구에게 모두 도움이 된다고 말했다. 아스널을 선택하고 싶은 이유를 솔직하게 말해줘서 고마웠다.

몇 주가 흘러, 정확히 2014년 7월 10일, 아스널이 산체스를 이적료 3,500만 파운드에 영입했다고 공식 발표했다. 벵거 감독의 설득력 있는 제안이 성공 요인이었다. 놀랍지 않았다. 산체스는 여름 이적시장에서 최고 몸값을 자랑하는 선수 중 한 명이 되었다. 지금도 2014-15시즌을 뒤돌아볼 때마다 나는 산체스를 영입했더라면 어땠을까, 라는 생각을 한다.

다음 영입 대상은 더 어려웠다. 로저스 감독이 내게 토니 크로스를 설득해 달라고 부탁했다. 나는 소용없는 짓이라고 말했고, 로저스 감독은 싱긋 웃기만 했다. 감독과 나는 모두 크로스를 높이 평가했다. 레알 마드리드가 바이에른 뮌헨 쪽에 영입 제안을 준비한다는 소식을 들었던 지라 처음 문자를 보내기 전부터 머뭇거렸다. 크로스는 월드컵에서 우승을 차지했고, 레알 마드리드는 유럽 챔피언이었다. 하지만 신은 스스로 돕는 자를 돕는다는 말을 믿어보기로 했다.

세계 최고 스타 중에는 매너까지 갖춘 이들이 있다. 크로스는 대단히 예의가 바른 선수였다. 그는 내가 자책하지 않도록 배려했다. 물론 크로스는 레알 마드리드로 이적했다. 우리는 우호적인 문자 메시지를 주고받았다. 나는 그의 이적을 축하하며 행운을 빌었다. 나는 로저스 감독에게 "크로스는 처음부터 무리였어요"라고 말했다.

2014년 7월 멜우드의 분위기는 1년 전 우리를 괴롭혔던 피해망상과 달랐다. 루이스를 포기했으니 이제 대니얼 스터리지의 공격 파트너를 구해야 했다. 로저스 감독이 수아레스의 구멍을 메우는 동안, 나는 새로운 팀빌딩에 깊숙이 관여했다. 영입 대상에게 설득 문자를 보내는 일 외에도 나는 현 선수단의 사기도 북돋아야 했다. 선수단 내에는 항상 중심을 잡아주는 선수가 필요하다고 나는 생각한다.

바깥에서 클럽을 보는 일부 팬은 내가 스스로를 리버풀의 두목으로 여긴다고 생각하는 것 같다. 클럽 역대 최장수 주장이라는 이유에서다. 하지만 나는 절대로 그렇게 생각하지 않는다. 팀의 간판스타가 되어줄 골잡이를 나는 항상 찾아왔다. 최고의 골잡이가 리버풀의 에이스가 되는 것은 안필드에 흐르는 전통이기 때문이다. 케빈 키건, 케니 달글리시, 로비 파울러, 마이클 오언, 페르난도 토레스, 루이스 수아레스로 계승되는 빛나는 전통이다. 그들이 클럽의 영웅이다. 훈련에서 나는 그런 최고 선수들을 상대하면서 내 자신을 발전시키려고 노력할 뿐이다.

다른 선수들보다는 나의 책임감과 영향력이 크지만, 팀의 에이스인 선수에게 먼저 다가가 그 선수가 팀에서 가장 중요한 존재임을 각인시킨다. 새 시즌을 앞두고 영입한 스타플레이어가 들어오면 그에게 자신감을 심어주는 것도 내가 해야 할 일이다. 페르난도와 수아레스가 처음 왔을 때도 나는 "네가 오늘 주인공이야. 어느 팀도 너와 맞서고 싶어 하지 않으니까"라며 용기를 줬다. 매일 간판 골잡이의 기분을 좋게 해줌으로써 최고의 실력을 끌어내려고 노력했다. 그들 기분이 나쁘면 내가 위로했다. 우울해 보이면 내가 먼저 다가가 열심히 기분을 달랬다. 당연히 나도 단합의 중요성을 안다. 팀에 있는 모두가 나만큼 중요한 선수라고 자부하도록 애썼다. 하지만 최고 선수에게 만큼은 특별하게 대했다. 최고 수준에서 경쟁하면서 성공하려면 우리는 월드클래스 골잡이가 필요하다. 내게는 그런 골잡이가 주인공이 된다.

수아레스와의 결별을 받아들인 이상 나의 임무는 대니얼 스터리지의 자신감을 극대화하는 일로 귀결되었다. 당시만 해도 대니얼의 2014-15시즌이 부상으로 얼룩질 것이라고는 생각지도 못했다. 시즌 개막을 앞두고 나는 대니얼에게 크나큰 희망을 퍼부었다. 지난 시즌 그는 리그 21골을 넣었다. 더 성장해서 리버풀의 4위권 입지를 지켜줄 잠재력을 지녔다는 뜻이다. UEFA 챔피언스리그 출전권을 확보하기 위해서는 치명적인 골잡이가 필요하다. 그런 골잡이가 두 명 있었던 덕분에 지난 시즌 우리는 리그 타이틀을 경쟁할 수 있었다.

7월 초 멜우드에서 우리는 프리시즌 훈련을 끝마치고 1군 전용 연습 피치에서 걸어 나오고 있었다. 로저스 감독이 내게 다가왔다. 그는 "스트라이커를 데려오려고 애쓰고 있어. 무슨 수를 써서라도 로익 레미를 데려오고 싶은데 어떻게 생각해?"라고 물었다.

나도 레미를 좋아했다. 리버풀의 스트라이커가 될 자격이 충분하다고 생각했다. 그의 득점력과 스피드를 살리면 스터리지와 함께 중요한 자산이 될 수 있었다. 아스널과 첼시도 관심을 보이고 있어서 우리는 확실하게 움직여야 했다. 레미는 퀸즈 파크 레인저스와 계약이 남아 있었다. 뉴캐슬에서 임대 신분으로도 좋은 활약을 보였다. 그의 계약에는 챔피언스리그 클럽으로 이적할 경우 850만 파운드만 지급하면 퀸즈 파크 레인저스가 무조건 풀어줘야 한다고 되어 있었다.

로저스 감독은 레미의 영입을 자신하고 있었다. 나는 설득 문자를 보내지 않고 아예 그를 직접 만났다. 우리는 스위스에서 만났다. 설득을 위한 인사치레가 필요 없는 상황이었다. 레미가 리버풀에서 뛰고 싶어 했다. 모든 영입 작업이 이렇게 쉬우면 얼마나 좋을까? 당연한 것처럼 거래는 엉뚱한 방향으로 흘렀다. 클럽 주치의가 레미의 몸에서 문제를 발견했다. 이적이 무산되었다. 레미는 리버풀의 책임이라며 화를 냈다. 결국, 그는 첼시의 선수가 되었다. 스터리지의 부담을 덜어줄 스트라이커를 구하지 못할 수도 있다는 불안감이 생겼다.

사우샘프턴을 상대한 시즌 개막전에서 우리는 라힘 스털링과 스터리지의 골에 힘입어 2-1로 이겼다. 프리시즌 동안 우리는 사우샘프턴 선수단을 약탈했다. 리키 램버트와 아담 랄라나, 데얀 로브렌을 한꺼번에 빼왔다. 로브렌의 몸값이 2,000만 파운드씩이나 되어 놀랐다. 사우샘프턴이 그를 팔지 않으려고 높은 가격을 고수한 탓이다. 내 기준으로 2,000만 파운드짜리 수비수는 존 테리나 제이미 캐러거 수준이 되어야 한다. 로브렌이 그렇게 비싼 몸값을 입증해낼지 나는 확실할 수 없었다.

다행히 처음 훈련에서 로브렌은 내게 강한 인상을 남겼다. 당장 나는 '그래, 2,000만 파운드씩이나 줬어야 했던 이유가 있구나'라고 생각했다. 그는 슈팅을 막기 위해 몸을 내던졌다. 헤딩 클리어링도 확실했다. 영어 실력도 좋았다. 그날 로브렌은 돌덩어리처럼 단단했다. 지금도 나는 로브렌이 리버풀에서 오랫동안 센터백으로 뛸 만한 실력을 지녔다고 생각한다. 하지만 첫 시즌 그는 언론으로부터 신랄하게 비난받는 바람에 자신감 결여로 고생했다.

누구든 두세 경기에서 부진한 다음에 언론에서 호된 비판을 받게 되면 심리적으로 위축될 수밖에 없다. BBC의 '매치 오브 더 데이', 스카이스포츠의 캐러거와 네빌이 로브렌을 혹평했다. 선수들도 언론 보도를 직접 읽는다. TV 프로그램에 출연하는 전문가들의 비평도 직접 시청한다. 곧바로 정신을 차리는 타입이 있다. 나도 그런 축에 속한다. 다음 경기에서 전문가의 혹평이 틀렸다는 사실을 입증하는 식이다. 하지만 움츠러들어 방 안에 처박히는 등 현실에서 도망치는 선수도 있다. 그런 친구들은 혹평을 받으면 오랜 슬럼프에 빠진다. 나는 로브렌에게 몇 차례 도움의 손길을 뻗었다. 그를 달래줘야 했다.

첫 시즌을 큰 곤경에서 보내야 했지만, 나는 여전히 로브렌의 능력을 높이 평가한다. 그는 뛰어난 수비수다. 하지만 2,000만 파운드가 정당한 몸값인지를 판정하기까지는 시간이 더 걸릴 것이다. 평소에도 그는 아주 열심히 훈련에 임한다. 프로다운 자세도 좋다. 그런 장점이 있으니 기대할 만하다.

램버트에 관해서도 비슷한 평가를 내릴 수 있다. 매일 그는 노력을 게을리하지 않는다. 진정한 프로페셔널이다. 더군다나 램버트는 리버풀의 커크비 출신이다. 리버풀에서 뛰는 것이 그에겐 의미가 크다. 리버풀 아카데미에서 5년간 축구를 배웠지만, 열다섯 살 때 선택을 받지 못하고 클럽을 떠나야 했다. 나도 아카데미 소속으로 10대 시절을 보냈기 때문에, 그 나이에서 갖는 자존심이 산산조각 나는 기분을 조금이나마 짐작할 수 있다. 하지만 리키는 포기하지 않고 노력해서 프로축구선수가 되었다. 블랙풀과 맥클리스필드, 스톡포트, 로치데일, 브리스톨 로버스를 거친 뒤, 사우샘프턴의 일원으로 프리미어리그 승격을 일궜다. 잉글랜드 축구의 하위 리그에서 시작해서 결국 잉글랜드 국가대표팀에 승선한 램버트의 인생 경로를 나는 진심으로 존경한다. 그러니 리버풀의 선수가 되고, 잉글랜드 국가대표팀의 일원으로서 브라질 월드컵에 참가하는 일이 그에겐 꿈처럼 느껴졌을 것이다.

그가 리버풀을 사랑한다는 사실도 마음에 들었다. 안필드에서 스쿼드플레이어에 그쳤다고 하더라도 램버트의 열정과 프로정신은 절대로 과소평가될 수 없다. 2014년 여름 이적시장이 끝날 때까지 로저스 감독이 어떤 스트라이커를 데려올지 알 수가 없었지만, 누가 오더라도 램버트의 우선순위는 그 신입생에게 밀릴 공산이 컸다. 8월 중순 로저스 감독이 다시 나를 찾았다. 훈련용 피치 위에서 우리는 이야기를 나눴다. 그는 "지금까지 두 명을 놓쳤잖아. 이제 남은 카드가 없어. 도박을 걸어야 해"라고 말했다. 로저스 감독은 잠시 말을 멈췄다. 그러곤 "도박이 말이지, 마리오 발로텔리야"라고 말했다.

나의 첫 반응은 '오, 제발'이었다. 발로텔리를 직접 만난 적은 없다. 하지만 많은 이야기를 들었다. 화장실 불꽃놀이에서부터 '통제 불능'이라는 주제 무리뉴 감독의 평가까지 다양했다. 별 문제가 없을 때만큼 그는 대단한 공격수임에 틀림없었다. 하지만 선수 경력 내내 그는 재능을 낭비하며 지냈다. 발로텔리에 대한 나의 솔직한 평가였다. 이탈리아 국가대표팀에서 뛰는 발로텔리는 엄청났다. 전혀 다른 선수로 만드는 스위치라도 있는 것 같았다. 마나우스에서 그는 잉글랜드를 상대로 결승골을 터트렸다. 최고 컨디션에서 그의 움직임은 막아내기가 정말 어렵다. 일단 로저스 감독에게 긍정적인 인상을 전달했다. 그 상황에서 내가 발로텔리의 부정적 이미지를 부각하는 것은 무의미했기 때문이다.

나는 로저스 감독에게 "제대로 된 도박이고 감독이 그 친구를 제대로 다룰 자신이 있다면 잘될 수도 있을 거예요. 국가대표팀에서 두 번 상대해봤는데 정말 잘하더라고요"라고 말했다. 경기장에서 직접 상대해보니 발로텔리가 훨씬 크고 강하게 느껴졌다고 덧붙였다. 발로텔리는 볼터치, 파워, 득점력까지 월드클래스 골잡이로 활약할 잠재력을 지녔다. 그의 정신자세를 언급하자 로저스 감독은 자기가 다룰 수 있다고 확신했다.

도박을 걸어야 하는 상황임을 나도 이해했다. 스터리지 옆에 세울 만한 월드클래스 스트라이커를 구할 수가 없었다. 램버트가 조커 역할을 해주긴 하겠지만, 우리는 특별한 재능의 소유자가 필요했다. 발로텔리는 그것을 갖고 있었다. 만약 로저스 감독이 발로텔리를 문제없이 다뤄만 준다면 우리는 1,600만 파운드를 들여 세계 최고의 영입에 성공할 수 있었다. 우리는 결론을 기다려야 했다.

로저스 감독은 내 마음을 완전히 얻지 못했다고 느낀 것 같았다. 그는 발로텔리가 왜 도박을 걸어볼 가치가 있는지를 내게 재차 설명했다. 더불어 로저스 감독은 발로텔리가 지금 갈 곳이 없다는 점을 강조했다. 리버풀이 발로텔리가 선택할 수 있는 유일한 빅클럽이었다. 그는 까다로운 계약 조건을 받아들여야 했다. 부적절한 언행은 징계 대상이었다. 로저스 감독이 멜우드에서 발로텔리를 만나보겠다고 했다. 그마저 불발된다면 남은 카드는 사무엘 에토(Samuel Etoo)뿐이었다.

에토도 자아가 거대한 선수로 알려졌지만, 그는 바르셀로나와 인테르나치오날레에서 UEFA 챔피언스리그 우승을 경험했다. 챔피언의 멘탈을 지녔다는 뜻이다. 그런 본능을 높이 샀기 때문에 무리뉴 감독은 결국 그를 첼시로 다시 데려갔다. 문제는 서른세 살이라는 점, 체력이 떨어지고 있다는 점, 그리고 부상 이력이었다. 로저스 감독이 발로텔리와 만나는 동안, 리버풀의 컨디션 관리 담당자인 조던 밀섬(Jordan Milsom)이 파리에서 에토와 체력 테스트를 실시했다. 며칠 후 로저스 감독이 언질을 줬다. 발로텔리를 영입하는 도박, 거대한 도박을 걸기로 했다. 여전히 내 뒷머리에서는 '오, 제발'이라는 탄식이 울렸다. 마음이 복잡했다.

리버풀에 오는 선수는 누구든 과거사를 깨끗이 잊고 새 출발 한다는 마음으로 와야 한다. 발로텔리의 악명에 신경 쓰지 않고 나는 그가 처음 훈련에 합류한 날부터 마음을 열어 그를 받아줬다. 시즌 두 번째 경기에서 발로텔리의 친정인 맨체스터 시티에 1-3으로 패한 다음날, 8월 26일이었다. 처음부터 발로텔리는 이름값을 했다. 그날 우리는 세트피스 수비를 연습하고 있었다. 발로텔리가 로저스 감독에게 "코너킥 수비를 하기 싫어요. 못하겠어요"라고 말했다. 그 소리를 듣고 나는 거의 쓰러질 뻔했다. 속으로 나는 '너 도대체 뭐야? 키가 190센티미터에다 내가 직접 상대해본 최강의 피지컬을 가진 녀석이 지금 코너킥을 막지 못하겠다고?'라고 생각했다.

로저스 감독은 단호했다. 그는 "그래? 그럼 지금 해보면 되겠네. 못하겠으면 지금 배워"라고 말했다. 로저스 감독과 발로텔리의 첫 번째 충돌이었다. 훈련 첫날 말이다. 감독은 마리오를 잘 다뤘다. 그날부터 발로텔리는 코너킥에서 상대 공격수를 대인마크하기 시작했다. 알다시피 시즌 중에도 몇 차례 중요한 헤딩 클리어링을 해냈다.

2014년 8월 31일, 발로텔리는 리버풀 데뷔전을 치렀다. 토트넘 원정이었고, 그는 꽤 잘해냈다. 우리는 스털링, 알베르토 모레노 그리고 나의 득점으로 3-0 승리를 거뒀다. 토트넘의 마우리시오 포체티노(Mauricio Pochettino) 신임 감독이 맡은 스쿼드는 대단히 약했다. 유능한 지도자이긴 해도 자기 색깔을 입히기까지는 시간이 걸릴 수밖에 없었다. 우리가 워낙 잘하기도 했다. 지난 시즌 5-0, 4-0으로 각각 대승했던 경기력을 재현했다. 발로텔리는 두드러지진 않았다. 하지만 팀을 위해서 열심히 뛰는 모습이었다. 두세 번 정도 득점 기회를 맞이하기도 했다. 그날 경기에선 진짜 팀플레이어처럼 보였다.

아쉽게도 긍정적인 상황은 오래가지 않았다. 열흘 뒤 스터리지가 잉글랜드 국가대표팀 훈련 도중 다쳐 몇 주 동안 못 뛰게 되었다. 갑자기 마리오 도박이 미궁에 빠졌다. 우리에게 필요한 원톱 스트라이커 역할에 발로텔리는 어울리지 않았던 탓이다. 어렴풋이 걱정했던 상황이 코앞에 닥치니 앞이 깜깜해졌다.

토트넘 경기 다음날 루이스 수아레스가 멜우드를 방문했다. 리버풀에서 다시 뛰러 온 것이라면 얼마나 좋을까. 방문 목적은 작별 인사였다. 그는 내게 선물을 가져왔다. 등번호 9번과 수아레스라는 이름이 새겨진 바르셀로나 유니폼이었다. 루이스는 아직 그 유니폼을 입고 경기에 나설 수가 없었다. 월드컵에서 상대를 깨문 사건으로 받은 중징계가 아직 끝나지 않았기 때문이다. 우루과이 국가대표팀 9경기 출전 정지, 향후 4개월간 축구 관련 활동 전면 금지 그리고 6만 6,000파운드 벌금이었다. 깨문 행위가 고의적인 게 아니었다고 항소했지만 소용없었다.

국제축구연맹(FIFA)의 상벌위원회를 상대로 수아레스의 변호인은 의도하지 않은 행위였음을 적극 주장했다. 수아레스 측이 작성한 항소문은 이랬다.

> 깨문 행위 혹은 깨물려는 의도라고 하는 것은 전혀 존재하지 않는다. 나는 균형을 잃어 상대의 몸 위로 넘어졌다. 그러면서 선수의 어깨와 내 얼굴이 충돌했다. 그 과정에서 나는 볼이 약간 부었고 치아에 큰 통증이 발생했다.

말도 안 되는 변호였다. FIFA는 수아레스의 행위를 "고의적이었고, 의도적이었으며 별다른 이유도 없었다"고 정의했다. 6월 30일, 루이스는 결국 공개서한을 통해 사과했다.

> 집에 돌아와 며칠간 가족과 시간을 함께 보내니 마음의 평온을 되찾아 2014년 6월 24일 이탈리아와 우루과이 경기에서 일어났던 일을 객관적으로 바라볼 수 있었습니다. 축구 통입사 조르시오 끼엘디니가 나와 신체 접촉 과정에서 고통을 느꼈다는 점, 그것이 진실입니다. 이번 일에 대해서 나는 깊은 후회를 하고 있습니다. 조르지오 키엘리니를 비롯한 모든

축구 가족께 사과드립니다. 앞으로 이런 일이 절대로 없을 것이라고 약속드립니다.

이번 사건으로 루이스는 마음에 상처를 받았다. 혼자 저지른 짓이니 하소연할 곳도 없었다. 나는 그가 7,500만 파운드 이적료로 바르셀로나 이적에 성공했다는 '굿 뉴스' 쪽에 초점을 맞추고 싶었다. 그는 바르셀로나에서 뛰고 싶어 했다. 이번 이적이 그에게 어떤 의미인지를 잘 안다. 그의 아내도 드디어 고향인 바르셀로나로 갈 수 있게 되었다. 11년 전, 열여섯 살밖에 되지 않았던 루이스는 바르셀로나라는 도시를 처음 가봤다. 순전히 여자친구인 소피와 만나기 위해서였다. 그녀의 가족은 우루과이에서 스페인으로 이민을 간 상태였다. 가족은 바르셀로나에서 해안을 따라 조금 위로 가면 있는 카스텔데펠스(Castelldefels)에서 터를 잡았다. 여자친구와 헤어지게 된 루이스는 크게 상심했다. 그는 소피에게 축구를 통해서 유럽에 갈 수 있는 방법을 찾겠노라 약속했다. 몬테비데오로 돌아가기 전에 루이스와 소피는 누캄프(Nou Camp)에 구경 가서 빈 경기장을 배경으로 함께 사진을 찍었다. 10대 소년 루이스의 꿈이 실현된 셈이었다.

부부가 된 루이스와 소피는 두 아이, 델피나와 벤자민과 함께 지낼 집을 카스텔데펠스에 마련했다. 완전한 러브스토리이자 축구 판타지다. 팀 동료를 잃어서 슬펐지만, 한편으로 루이스의 행복이 나의 기분을 좋게 했다. 메시, 네이마르와 함께 뛸 바르셀로나에서 그의 성공을 나는 한 번도 의심해본 적이 없다.

루이스와 나는 익숙한 곳에 마주앉았다. 정확히 1년 전, 내가 리버풀을 떠나 아스널로 가겠다는 루이스를 설득했던 바로 그 자리였다. 우리 둘 다 지난 시즌의 환상적인 시간이 우승으로 보상받지 못했다는 상처를 말끔히 털지 못한 상태였다. 그러나 우리는 추억을 공유한다. 우정도 물론이다. 그날 루이스가 멜우드를 떠나기 전에 내게 했던 부탁이 놀라웠다. 필리페 쿠티뉴에 관한 부탁이었다. 루이스는 "스티브, 필리페를 잘 돌봐줘. 정말 좋은 아이야"라고 말했다. 수아레스가 쿠티뉴를 얼마나 아끼는지 알 수 있었다. 팀 내에서 남미 출신끼리는 각별하게 지냈다. 그들 모두가 루이스를 정말 사랑했다. 하지만 개중에서도 루이스가 필리페를 콕 집어서 말해서 약간 놀랐다. 나와 생각이 똑같았기 때문이다.

필리페는 재능을 타고났다. 미래에 리버풀을 끌어주리라고 기대하고 있다. 많은 리버풀 팬도 이미 그를 중심선수로 여긴다. 재계약에도 막 합의한 상태였다. 쿠티뉴 부부는 정말 사랑스럽고 리버풀에서 잘 정착했다. 스페인 양대산맥 바르셀로나와 레알 마드리드가 루이스를 채간 것처럼 조만간 필리페에게도 접근할 것이라는 사실도 나는 잘 안다. 리버풀로서는 버티기가 쉽지 않다. 남미 출신 혹은 스페인 선수에게 그 두 클럽은 거대한 의미로 다가서는 탓이다. 그런 일이 벌어지기 전까지 리버풀은 필리페를 각별히 대해야 한다. 나도 이미 필리페를 주의 깊게 지켜봤지만, 루이스의 부탁을 받은 이후로 더 마음을 써서 돌봤다. 내가 부상 혹은 징계로 출전하지 못할 때에도 경기 전후로 필리페에게 꼭 문자를 보낸다. 우리는 그를 최대한 오래 붙잡아야 하기 때문이다.

나는 소셜네트워크 활동을 자주 하지 않는다. 가끔 인스타그램에 사진을 올리는 정도다. 2014년 9월 1일 멜우드에서 찍은 루이스와 나의 사진이 화제가 되었다. 루이스가 선물한 바르셀로나 유니폼을 든 사진을 나란히 들고 웃는 사진이었다. 나는 인스타그램에 "친구가 선물을 가져왔다. 오늘 아침 간판스타와 아쉬운 작별을 나눴다. 경이적인 골잡이 앞에 행운이 있기를"이라고 썼다. 그날 루이스는 리버풀 선수로서 마지막 트위터 멘션을 남겼다. 나와 글렌 존슨, 존 플라나건과 찍은 사진도 함께였다.

> 오늘에야 친구 몇 명에게 작별인사를 나눴다. 함께했던 좋은 기억이 떠올라 가슴이 뛰었다. 내게 줬던 모든 기쁨에 감사한다. 사진은 @Glen_johnson, @Jon_flan93 그리고 스티븐 제라드!!!

국가대표팀 은퇴 결심으로 리버풀에서 나의 미래는 더 견고해질 것처럼 보였다. 공식 발표는 7월 21일이었지만, 사실 결정은 내가 브라질에 있을 때였다. 로이 호지슨 감독의 만류로 나는 몇 주간 더 고민해보기로 했었다. 브렌던 로저스 감독이 중요한 역할을 했다. 월드컵에 출전하기 전에 나는 로저스 감독과 간략한 대화를 가졌다. 브라질 월드컵이 나의 마지막 A매치가 될지도 모른다고 말했다. 대회 성적을 보고 나서 다시 적절한 국가대표팀 은퇴 시점에 관해서 마음을 터놓고 이야기를 나누기로 했었다.

로저스 감독은 브라질에 있던 내게 자주 문자를 보냈다. 조별리그가 시작되기 전에는 직접 전화를 걸어 행운을 빌어줬다. 우루과이와 코스타리카 경기 사이에 우리는 다시 전화 통화를 했다. 리버풀의 프리시즌 훈련 일정을 알고 싶었기 때문이다. 동시에 나의 국가대표팀 미래에 관해 이야기할 수 있는 적기라고 생각했다.

호지슨 감독은 나의 은퇴를 만류했다. 우루과이 패전 직후에도 그의 뜻은 변하지 않았다. 호지슨 감독은 내가 국가대표팀 주장으로 계속 남아주길 바랐다. 물론 주장이 아니더라도 대표팀에서 계속 뛰어달라고 말했다. 조별리그 초반 2연패 여파로 호지슨 감독과 나는 깊은 대화를 갖지는 못했지만, 그는 본인과 상의해서 내가 뛸 수 있는 A매치를 고를 수도 있다는 뉘앙스까지 풍겼다. 호지슨 감독은 중요도가 떨어지는 평가전 혹은 쉽게 이길 수 있는 메이저 대회 지역예선전에는 내가 없는 편이 감독으로서 더 편할 수도 있다고 했다. 굳이 내가 선발로 뛰지 않아도 되는 A매치에서 나를 소집하지 않아주면, 나는 그 시간을 리버풀에서 체력 관리에 집중할 수 있다는 장점이 있다. 나는 그런 혜택이 다른 선수들에게 불공평한 것 같았다. 또, 나 없이 5-0으로 이긴 다음 국가대표팀 경기에 갑자기 내가 선발로 나서기도 이상하다. 하지만 호지슨 감독과의 끈끈한 관계를 고려해 나는 시간을 갖고 고민해보기로 했었다. 국가대표팀과 함께 브라질에 갔던 스티브 피터스도 호지슨 감독이 얼마나 나를 원하는지 강조했다. 개리 네빌의 의견도 구했다. 그는 "이봐, 좀 더 천천히 고민해. 지금 대표팀에는 젊은 친구들이 많아서 네가 필요해. 집에 가서 다시 생각해봐"라고 말해줬다.

나는 이제 서른네 살이었다. 리버풀이란 클럽과 서포터즈와의 관계도 고려해야 했다. 우선 전화로 로저스 감독의 반응을 살피기로 했다. 그는 "잉글랜드 국가대표팀에서 네 존재감이 얼마나 큰지 잘 안다. 주장이잖아. 쉽게 내놓을 수 없을 거야"라고 말했다. 그러나 로저스 감독이 나의 현역 생활 자체에 관한 관리를 이야기하면서 모든 것이 바뀌어버렸다. 감독이 "국가대표팀에서 계속 뛰어도 큰 상관은 없어. 내가 너의 출전 경기 수를 조절해줄게"라고 말했다. 머릿속이 아찔했다. 리버풀 경력이 짧아질 수도 있다는 생각을 전혀 해보지 않았기 때문이다.

로저스 감독은 최소한 다섯 명을 새로 영입할 계획이라고 밝혔다. UEFA 챔피언스리그를 소화하려면 우리는 현 스쿼드를 두텁게 해야 했다. 나도 로테이션 범위에 포함될 수 있다는 뜻이다. 로저스 감독은 빅매치에선 당연히 내가 최우선적으로 기용되겠지만, 내가 국가대표팀 경기를 계속 뛴다면 리버풀에서 출전 수를 조절해야 한다고 말했다. 내게는 최근 1년 중 가장 중요한 전화 통화였다. 로저스 감독의 출전 수 조절 아이디어를 듣는 순간, 나는 결심했다. 나는 "내 리버풀 출전을 관리받기는 싫어요. 국가대표팀에서 은퇴하겠어요"라고 속답했다.

리버풀의 수장으로서 로저스 감독은 나의 결심을 환영했다. 그러면서도 호지슨 감독에게 가서 주위 사람들에게 좀 더 의견을 구해보겠노라는 양해를 구하라고 조언했다. 호지슨 감독은 내게 급하게 생각하지 말라고 말해줬다. 월드컵이 끝나고 호지슨 감독과 나는 각자 휴식을 취했다. 약속한 대로 나는 3~4주 정도 시간을 보내면서 최종 판단을 내리기로 했다. 나는 제이미 레드냅(Jamie Redknapp), 개리 맥칼리스터(Gary McAllister), 제이미 캐러거, 디디 하만(Didi Hamann) 그리고 데이비드 베컴과 이야기를 나눴다. 축구에서 고민이 있을 때마다 내가 의지할 수 있는 옛 동료들이기 때문이다. 로저스 감독과도 다시 상담했고, 나의 에이전트인 스트루안 마샬과 아버지의 의견도 들어봤다. 축구계 밖에 있는 친구들의 생각도 참고했다. 물론 이미 90퍼센트 이상 마음을 굳힌 상태였다. 로저스 감독이 출전 수 조절을 언급했던 첫 전화 통화에서 내 마음은 국가대표 은퇴 쪽으로 기울어져 있었다.

한 사람만 나의 생각에 반대했다. 데이비드 베컴은 확고했다. 그는 "은퇴하지 마. 국가대표팀을 스스로 떠나지 마. 그러면 나중에 후회하게 될 거야"라고 단호히 말했다. 2006년 월드컵에서 스티브 맥클라렌의 선택을 받지 못해 독일에 가지 못했다는 사실을 베컴이 얼마나 가슴 아파했는지 나는 잘 안다. 이후 베컴은 자기 힘으로 대표팀 자격을 되찾았고, 나보다 한 경기 많은 A매치 115경기 출전 기록을 남겼다. 나는 자세한 배경을 설명했다. 그는 주의 깊게 귀 기울였다. 리버풀의 스쿼드플레이어로 전락하는 상황이 두렵다고 말하자 베컴의 태도가 조금 풀어졌다. 그는 내 결심을 이해하고 존중해줬다.

호지슨 감독은 이해심이 깊은 인물이다. 나와 관계도 각별했다. 평소에도 자주 연락하며 지낸다. 잉글랜드축구협회가 그를 국가대표팀 감독으로 재신임한다고 했을 때 나는 진심으로 기뻤다. 나는 호지슨 감독이야말로 잉글랜드를 이끌 최적임자라고 믿는다. 2014-15시즌 내내 매번 강팀과 맞붙진 않았어도 잉글랜드는 무패를 기록했다. 호지슨 감독의 수완을 입증한 결과라고 생각한다.

최종 판단이 서자 나는 대표팀 은퇴를 공식 선언했다. 모든 것이 잘되리라는 자신이 있었다. 리버풀과 계약은 2015년 7월까지였다. 하지만 로저스 감독은 구단주에게 나의 계약을 1년 더 연장해달라고 요청했다고 했다. 마음이 편해졌다. 지난 시즌 성공에서 얻은 자신감과 함께, 내가 리버풀에만 전념할 수 있으면 훨씬 좋은 경기력을 유지할 수 있다는 기대감이 컸다. 모든 것이 명확하고 긍정적이었다.

축구 비즈니스는 뭐든지 복잡해지는 속성이 있다. 토트넘 원정 3-0 승리 후 우리는 부진에 빠졌다. 홈에서 애스턴 빌라에 0-1, 웨스트햄 원정에서 1-3으로 각각 패했다. 두 경기에서 나는 심한 대인마크를 당했다. 자리를 잡았다고 생각했던 딥라잉 미드필더 포지션에서 난관에 봉착한 것이다. 지난 시즌 내가 새 포지션을 잘 소화해내자 프리미어리그 감독들이 나를 봉쇄하기 위해 새 방법을 고안해낸 것 같았다. 자기 선수를 내게 근접 배치하기 시작했다. 내가 시간과 공간을 누리면 상대를 파괴할 수 있다는 사실을 파악한 것 같았다.

개비 아그본라호(Gabby Agbonlahor)가 그 임무를 수행한 첫 번째 선수였다. 빌라 경기에서 그는 전반 8분 선제골을 넣은 것 빼고는 시종일관 나를 따라다니며 내 플레이를 제한했다. 아그본라호가 집요했던 탓에 내가 공을 소유하는 시간이 대폭 줄었다. 내 위치를 관찰하고 있다가 공을 잡으면 귀신처럼 달라붙었다. 그 작전이 잘 통한 덕분에 빌라가 이겼다.

일주일 뒤 샘 알라다이스 감독이 폴 램버트 감독의 전술을 모방했다. 스튜어트 다우닝이 나를 맡았고, 또 성공했다. 성공적인 전술을 구사한 두 감독의 귀환이었다. 언론에서도 크게 보도했다. 하지만 나는 반대라고 생각했다. 대인마크를 받지 않는 리버풀의 아웃필더가 아홉 명이나 있다는 사실을 언론은 망각했다. 잉글랜드 언론은 항상 그런 식이다. 어쨌든 내가 평소 기량을 발휘하지 못하도록 심하게 마크를 당했다는 사실은 대단히 실망스러웠다. 우리의 공격 대부분이 내가 서는 포지션에서 출발하니 리버풀엔 심각한 문제였다.

가끔 내가 압박에서 벗어나 전방으로 향해도 다른 문제가 있었다. 수아레스와 스터리지(부상)가 없으니 최전방에서 공격 움직임이 위축되었다. 발로텔리는 내게 다양한 선택을 주지 못했다. 3-0으로 이겼던 토트넘전에서는 발로텔리, 스터리지, 스털링 3인이 10번 공격수 자리에서 좋은 조합을 형성한 덕분에 나는 다양한 패스 옵션을 누릴 수 있었다. 나도 평소보다 날카롭지 못했다. 월드컵을 치른 다음에 개막하는 시즌 초반부에서는 흔한 현상이다. 함께 뛰던 세계 최고의 공격수가 바르셀로나로 떠나버렸다는 마음의 숙취도 남아 있었다.

경기력이 걱정되어 나는 로저스 감독을 찾아갔다. 지난 시즌 도중 내 포지션을 이동하기로 했던 때보다는 가벼운 대화였다. 내가 일방적으로 도움을 구하러 갔던 자리였다. 로저스 감독은 다양한 면을 고려하고 있었다. 그는 "자기 자신에게 너무 엄격한 기준을 대지 마. 네가 뛰는 그 포지션에서는 누가 뛴들 힘들 거야. 최전방 공격 선택이 다양하지 않은 상황이잖아"라고 위로했다. 상대팀이 나를 막으려고 선수 한 명을 희생하는 격이니 칭찬으로 받아들이라는 조언도 해줬다. 수비형 미드필더 포지션에서 효율적으로 공간을 찾아낼 수 있도록 다양한 훈련을 소화했다.

다음 경기는 홈에서 열리는 에버턴전이었다. 로저스 감독은 기본 포메이션을 4-2-3-1로 바꿔야 한다고 했다. 볼란치를 두 명 세우는 전술이었다. 로저스 감독은 "한 명이 대인 압박을 받으면 아예 전진해버려라. 뒤에 남아 최후방 수비진을 지켜줄 사람이 한 명 더 있으니까 안전하게 공격에 가담할 수 있다"고 설명했다. 조던 헨더슨과 나란히 서니 경기력이 좋아졌다. 그날 에버턴의 10번은 스티븐 네이스미스(Steven Naismith)였다. 경기 초반부터 네이스미스가 나를 쫓아다니려고 애썼다. 하지만 자기 동료에게 "나 혼자 압박하고 있잖아"라고 소리치며 불평했다. 네이스미스가 헨도(Hendo; 헨더슨)를 압박하면 상대 중앙 미드필더가 곤란해 했다. 그런 와중에 내가 공격을 풀어갈 공간이 생기는 탓이다.

우리가 쉽게 경기를 풀어갔다. 발로텔리와 랄라나가 골을 넣을 뻔했다. 전반 중반에는 억울하게 페널티킥이 선언되지 않았던 상황도 있었다. 스털링의 날카로운 슈팅이 가레스 배리(Gareth Barry)의 팔에 맞았다. 경기 후, 로저스 감독은 그 상황을 놓고 "이른바 '세이브'라고 할 수 있는 방어"라고 비꼬았다. 감독은 "두 팔을 모아 공을 잠깐 잡았다가 놨다. 그보다 명백한 페널티킥 선언 상황은 없었을 것이다"라고 말했다.

전에도 언급한 대로 마틴 앳킨슨은 내가 가장 꺼리는 주심이다. 그는 리버풀을 상대로 그런 판정을 자주 내린다. 평소대로 그는 내게 옐로카드를 꺼내 보였지만, 후반 18분 우리에게 프리킥을 선언해줬다. 내가 직접 골문을 노려 구석으로 정확하게 꽂였다. 정말 오랜만에 골을 넣은 사람처럼 기뻐했다. 내가 사는 도시에서는 리버풀 팬이든 에버턴 팬이든 조금만 부진하면 선수들을 혹평하는 경향이 짙다. "저 녀석 이제 끝났어"라는 식으로.

웨스트햄 경기의 부진으로 나를 쥐 잡듯이 비난했던 언론에 통쾌하게 답변했다는 마음이 있었던지, 무의식적으로 요란한 골세리머니가 나왔다. 에버턴 경기에서는 내가 제일 뛰어난 경기력을 선보였다. 당연히 이겨야 했지만, 후반 45분 아무도 기대하지 않았던 선수가 동점골을 터트렸다. 로브렌이 걷어낸 공을 23미터 지점에서 필 자기엘카가 그대로 논스톱으로 때렸다. 공은 똑바로 골대 안으로 직선 비행했다. 다른 선수도 아닌 중앙수비수가 그렇게 멋진 골을 터트리다니.

머지사이드 더비에서 결승골을 뽑은 영웅이 되기 일보 직전에 노력이 수포로 변했다. 최근 리그 5경기에서 3패를 당하고 있었으니 에버턴 경기 전부터 나의 경기력 향상 및 팀의 부진 탈출이 관심사였다. 그러나 동점골 한 방으로 자기엘카가 세상 이목을 끌어당겼다. 에버턴의 로베르토 마르티네스 감독은 "내 인생 최고 골 중 하나"라고 흥분했다. 나의 부진을 성토하던 언론을 향해 어느 정도 응답한 뒤에 우리는 챔피언스리그 경기에 대비했다. 9월의 마지막 날 우리는 스위스 바젤 원정을 떠났다. 예전에 내가 리버풀 감독으로부터 호되게 비난받았던, 바로 그곳이다.

2002년 11월 중순이었다. 바젤과의 중요한 챔피언스리그 경기를 하루 앞두고 나는 멜우드의 감독실에 불려갔다. 제라르 울리에 감독은 혼자가 아니었다. 그는 화가 나 있었다. 방 안에는 필 톰슨과 새미 리 코치를 비롯해서 골키퍼 코치인 조 코리건, 스카우트 책임자 알렉스 밀러까지 있었다. 나는 겨우 스물두 살이었다. 마피아 다섯 명에게 고문을 당할 것 같은 분위기였다. 울리에 감독은 1군 데뷔 후 3년 반 동안 나를 보살폈다. 그랬던 친절함은 전혀 찾아볼 수 없었다. 울리에 감독이 입을 뗐다.

"스티븐, 너 무슨 문제 있니?"라고 물었다.

나는 고개를 숙였다. 몇 주 전이었다. 정확히 10월 26일, 내가 슬럼프를 겪으며 출전했던 토트넘과의 안필드 홈경기에서 울리에 감독이 나를 교체하려고 했다. 콥이 지켜보는 가운데에 대기심이 내 등번호가 찍힌 교체판을 들고 있었다. 수치스러웠다. 그때 나는 너무 어렸다. 머릿속이 뒤죽박죽이었다. 나는 예의라곤 찾아볼 수 없는 문제아처럼 행동했다. 경기장을 빠져나가 고개를 숙인 채 울리에 감독을 그냥 지나쳐 텅 빈 라커룸으로 갔다. 감독이 나를 벤치로 다시 데리고 나오라며 닥 월러를 보냈다. 나는 "절대 싫어요"라고 거절했다. 월러는 내 얼굴에 서린 분노를 엿본 듯이 그냥 돌아갔다. 울리에 감독의 심기가 더 불편해졌다. 내게 벌금 징계를 내리고, 웨스트햄과의 다음 경기에서 나를 벤치로 내렸다. 다음에 있었던 미들즈브러 경기에서 선발 명단에 이름을 올렸지만, 경기 중 나는 다시 교체당했다.

그런 일이 벌어진 뒤에 멜우드 감독실에서 일종의 청문회가 열린 셈이었다. 중년 다섯 명이 돌아가며 내게 질문들을 쏴댔다. "도대체 뭐가 문제야?", "생각이 없어져버린 거야?", "고민 있어?", "가족 문제야?", "말 좀 해봐" 등등. 울리에 감독과 단둘이 있으면 겨우 이야기할 수 있을 것 같았다. 하지만 험악해진 분위기가 내 입을 더 무겁게 했다. 꾸짖음이 더 심해졌다. 심술 탓에 나의 태도가 더 불량해졌다. 훈련도 대충 했다. 기고만장해졌던 것이다.

감독과 코칭스태프라면 모를까, 스카우트 책임자와 골키퍼 코치까지 합세해서 나를 몰아대니 지나친 처사라고 생각했다. 그때도 나는 내가 리버풀 아카데미에서 어떻게 성장해왔는지를 잘 기억하고 있었다. 공에 바람을 넣고, 매일 아침 조 코리건이 풍기는 구수한 내음 속에서 나는 성장할 수 있었다. 코리건의 향기는 웃음가스처럼 강력했다. 친근하고 웃겼던 '빅 조'까지 합세해서 나를 꾸짖었다.

다섯 명의 성토가 잠시 숨을 고르자 나는 고개를 들고 "이제 끝난 건가요?"라고 말했다. 그들의 말문이 막혔다. 나는 바로 감독실에서 나왔다. 바젤 전에서 울리에 감독이 나를 빼버려도 상관없었다. 마치 나의 우주가 산산조각 난 것 같았다. 바젤에 도착할 때까지 나는 입도 뻥긋하지 않았다. 당시 원정에서 나는 대니 머피와 같은 방을 썼다. 우리는 정말 친했고 서로 신뢰했다. 멜우드 감독실에서 있었던 일을 대니에게 말했다. 무엇보다 내가 왜 그렇게 기분이 나쁜지도 고백했다.

부모님이 헤어지려고 했기 때문이다. 내 마음이 갈기갈기 찢어졌다. 내가 돈을 벌기 시작했다. 그 돈으로 나는 우리 가족을 위해 근사한 집 한 채를 휴스턴에 마련했다. 부모님을 모시고 그 집으로 이사했다. 폴 형에게도 함께 지내자고 했지만, 형은 아이언사이드 로드를 떠나고 싶어 하지 않았다. 형은 우리가 살던 집에 애착이 강했다. 원래 집에서 폴이 지내고 부모님과 나는 휴스턴의 새집으로 이사했다.

　모든 것이 완벽했다. 나는 리버풀에서 계속 잘했고, 일상도 평화로웠다. 어머니와 아버지가 항상 내 곁에 있어줬다. 두 분만의 시간도 충분히 즐길 수 있었다. 집안사정이 좋아졌으니 매일 스트레스를 줬던 돈 문제가 깨끗이 사라졌다. 하지만 귀가할 때마다 부모님의 언쟁 소리가 들렸다. 내가 집에 있을 때는 나를 배려하셔서 싸우지 않으려고 하셨다. 그러나 2002년 가을이 되자 두 분께서 이혼하기로 마음을 굳혔다. 두 분의 사랑은 끝나버렸다. 서로 각자 길을 가길 원하셨다. 지금은 나도 이해할 수 있을 것 같다. 그러나 그때 나는 큰 충격을 받았다. 경기력이 떨어지고 기분도 항상 나빴다. 뭘 어떻게 해야 할지 몰랐다.

　바젤 원정의 악몽에서 대니가 나를 끌어줬다. 그는 사려 깊은 사람이다. 고민을 털어놓을 수 있는 최고의 상대다. 그의 부모도 같은 고통을 겪었다. 대화가 끝날 무렵, 대니는 "걱정하지 마. 이겨낼 수 있어. 일단 너에게 벌어진 일을 잠시 잊고 밖에 나가서 축구에만 집중해봐"라고 조언했다. 울리에 감독이 바젤전에서 나를 선발로 기용해서 깜짝 놀랐다. 홈과 원정에서 우리는 모두 당시 라파엘 베니테스 감독이 지휘하던 발렌시아에 패했다. 바젤과도 홈에서 1-1로 비겼다. 조별리그를 통과하려면 이번 바젤 원정에서 꼭 이겨야 했다. 바젤의 각오가 대단했다. 오직 이 경기를 위해서 그들은 특별합숙까지 실시했다. 나는 준비가 덜 된 상태였으니 제대로 뛰지 못했다. 0-3으로 뒤진 채 전반전이 끝났다.

　라커룸으로 걸어가는데 울리에 감독이 내게 "스티븐, 샤워해!"라고 소리를 질렀다. 하프타임 교체는 축구에서 최악의 수모 중 하나다. 더군다나 내가 빠지고 들어가는 선수가 살리프 디아오(Salif Diao)였다. 샤워를 하러 가는데 조 코리건 코치가 내게 "기운 내"라고 말했다. 나는 "꺼지세요"라고 내뱉었다.

내가 빠진 리버풀은 후반에만 세 골을 넣어 3-3 무승부를 거뒀다. 치욕이 극명해졌다. 대니가 한 골을 넣어서 나는 기뻤다. 그러나 우리는 챔피언스리그에서 탈락하고 말았다. 경기 후 기자회견에서 울리에 감독은 나를 비난했다. 그는 나를 '기고만장한 녀석'이라고 정의했다. 감독은 "세상 모두가 자기만 바라본다고 생각하는 선수는 '내가 왕이야'라고 착각한다. 그러면 어렵고 위험해진다"라고 말했다. 나의 태도가 까다로운 면이 있긴 해도 내가 온 세상을 차지했다는 듯이 으스대진 않았다. 울리에 감독의 발언에 나는 상처를 받았다. 이어 그는 "제라드는 힘든 시간을 갖고 있다. 한 번 더 그를 믿었지만 바젤전에서 제라드는 제 역할을 하지 못했다. 우리는 착한 스티븐 제라드가 그리웠다. 우리가 좋아했던 스티븐 제라드 말이다"라고 덧붙였다.

'나쁜 스티븐 제라드'는 더 화를 냈다. 감독의 이야기가 언론 지면을 점령했다. 울리에 감독이 부른 자리에서도 나는 말을 거의 하지 않았다. 그는 언론이 자기 말을 부풀렸다고 해명했다. 하지만 일간지 〈데일리 익스프레스〉의 폴 조이스 기자는 모든 언론이 울리에 감독이 했던 말을 정확하게 썼다고 내게 말해줬다. 조이스는 내가 가장 신뢰하는 기자다. 울리에 감독이 엎지른 물을 주워담으려고 애쓴다는 것을 나는 알고 있었다. 잉글랜드 국가대표팀의 스벤-고란 에릭손 감독까지 나서 내가 소속팀 감독으로부터 공개 비난을 받았다는 사실에 놀랐다며 거들었다. 리버풀에서는 그런 내부 충돌을 멜우드 안에 가둬두는 방식이 통용되고 있었다.

아버지가 신문 기사를 보곤 내게 "스티븐, 도대체 무슨 일이니?"라고 물었다. 나는 어깨만 으쓱하곤 말을 하지 않았다. 아버지는 내가 슬럼프에 빠진 이유를 잘 안다고 말했다. "나랑 엄마 사이가 나빠져서 그런 거겠지. 울리에 삼촌도 알잖아, 안 그래?" 나는 속이 상해서 입을 열지 못했다. 아버지가 "감독한테 말했지? 그렇지?"라고 재차 물었다. 나는 "아니"라고 말했다. 그러곤 "내가 왜 말해야 하는데?"라고 했다. 아버지는 믿을 수 없다는 표정을 지었다. 당장 감독에게 자초지종을 설명하라고 했다. 내가 싫다고 하자 감독의 전화번호를 달라고 요구했다. 나는 고개를 가로저었다. 아버지는 "오냐"라고 말하곤 일어나 현관 쪽으로 갔다. "지금 훈련장에 가서 내가 감독에게 설명할 거다."

내가 가지 말라며 말렸지만, 아버지는 버럭 화를 냈다. 집에서 나 혼자 기다리는 시간이 끔찍이 길게 느껴졌다. 한 시간 정도 후에 핸드폰이 울렸다. 울리에 감독이었다. 훨씬 부드러워진 목소리였다. 아버지가 자기와 필 톰슨 코치에게 모든 일을 상세히 설명했다고 울리에 감독이 말했다. 감독이 단둘이 만나고 싶다고 부탁했다. 멜우드에 가서 나는 아버지가 "저와 제 아내의 잘못이에요. 스티븐은 아무 잘못이 없어요. 우리 때문에 그 아이가 경기에 집중하지 못하는 거예요"라고 설명했다고 전해 들었다. 아버지로서도 당신의 이혼을 언급하기가 쉽지 않았을 것이다. 하지만 두 분의 문제가 아들에게 악영향을 끼치는 상황을 원하지 않았다. 부모님은 침착하고 조용하게 모든 일을 처리했다. 부모님의 이혼이 슬펐지만, 나는 지금도 두 분과 가깝게 지낸다. 울리에 감독은 도움을 주려고 했다. 우리는 악수를 나눴다. 마음이 편해졌다.

휘스턴 집으로 돌아와서 나는 아버지에게 고맙다고 했다. 아버지는 "네가 힘들었다는 거 잘 알아. 스티븐, 네가 웃는 걸 본 지가 정말 오래됐구나. 뭐, 네가 원래 세상에서 제일 잘 웃는 사람은 아니었지만 말이다"라고 말했다. 그제야 나도 웃었다. 기분이 조금 나아졌다. 다시 숨을 쉬는 느낌이었다. 웃음을 되찾았다. 축구도 다시 할 수 있게 되었다. 경기력을 되찾았고, 2주가 흘러 울리에 감독은 기자회견에서 나를 다시 언급했다. "우리가 그리워했던 '착한 스티븐 제라드'가 드디어 돌아왔다."

거의 12년이 지난 2014년 10월 1일 우리는 바젤의 상크트야콥-파크(St

Jakob-Park)에 돌아왔다. 번민에 찼던 스물두 살 시절보다 나는 나이가 들었고, 더 현명해졌다. 내 가족은 안정을 되찾았다. 어머니와 아버지가 보는 앞에서 나는 알렉스와 결혼했다. 세 딸 릴리-엘라, 렉시, 로데스가 태어나 나의 부모님은 할아버지, 할머니가 되었다.

바젤 원정의 부담감도 12년 전보다는 덜했다. 우리는 챔피언스리그에서 비교적 쉬운 B조에 들어갔다. 디펜딩챔피언 레알 마드리드가 발군의 조 수위 후보였다. 바젤은 맨체스터 유나이티드와 첼시 등 잉글랜드 클럽의 발목을 잡기도 했지만, 객관적 전력상 우리가 앞섰다. 네 번째 팀은 무명이라고 할 수 있는 불가리아의 루도고레츠 라즈그라드였다. 2주 전, 홈에서 우리는 낯선 루도고레츠를 상대로 조별리그 첫 경기를 치렀는데, 꽤 고전했었다. 후반 추가시간 3분 내가 성공한 페널티킥 덕분에 우리가 2-1로 간신히 이겼다. 바젤 원정에서 승리를 따낸다면 우리는 16강행의 유리한 고지를 선점할 수 있는 상황이었다.

나의 재계약은 아직 깜깜무소식이었다. 9월 말 로저스 감독은 구단주가 나의 에이전트와 협상하고 있는지를 물었다. 아니라고 했지만 느긋했다. 펜웨이나 이안 에어 사장이 곧 스트루안 마샬과 연락을 취할 것이라는 로저스 감독의 말을 믿었기 때문이다. 바젤 경기를 앞두고 열린 기자회견에서 나는 재계약 여부를 묻는 질문을 받았다. 재계약 제안을 받았나요? 나는 솔직하게 아니라고 대답했다. 나에 관해 질문을 받은 로저스 감독은 이렇게 강변했다.

"잉글랜드에서 자주 나오지 않는 슈퍼스타다. 지금도 제라드만큼 패스나 슛을 잘하는 선수는 드물다. 매일 선수로서 훈련에 즐겁게 임한다. 한 사람의 인간으로서도 충실하게 지낸다. 지난 1년 반 동안 그는 팀 내 모든 구석이 돌아가게 하는 촉매제 역할을 해왔다. 그가 기복을 보인다는 비평이 있는데, 상대팀이 그를 맨마크한다는 사실 자체가 경기장 안에서 그의 영향력을 여실히 보여준다."

나의 재계약에 관한 질문에도 로저스 감독은 대답했다.

"클럽으로서도 주의 깊게 상황을 지켜보고 있다. 스티븐의 몸 상태는 여전히 좋다. 서른네 살에도 매일 훈련에 참가한다. 쉬는 법이 없다. 그는 항상 뛰고 싶어 한다. 스티븐은 축구화를 벗는 그날까지 최상의 준비로 출전에 임할 선수다. 상황은 그렇다. 재계약은 좀 더 기다려보자."

12년 전, 바젤 원정에서 내가 하프타임 교체당했던 과거를 묻는 질문도 있었다.

"그날 일에 관해서 나도 스티븐과 이야기를 나눴다. 그런 경험이 그에겐 소중한 교훈이 되었다. 당시에도 그는 제라르 울리에 감독과 좋은 관계를 맺고 있었다. 항상 준비된 자세를 갖춰야 한다는 교훈을 일찍 배운 젊은이였다고 생각한다."

불행히도 2014년 바젤에서 우리는 준비나 실전 어느 것 하나 제대로 갖추지 못하고 있었다. 로저스 감독이 언론에 말린 것 같았다. 언론에서는 로저스 감독과 바젤의 파울로 소사 감독의 자존심 대결 구도로 몰아갔다. 2010년 여름 로저스 감독이 스완지의 지휘봉을 잡았는데, 전임자가 바로 소사 감독이었다. 경기 전 프리뷰로는 어느 팀이 더 아름다운 축구 스타일을 선보이는지에 관한 예상으로 넘쳤다. 경기 전 선수단 미팅에서도 로저스 감독은 자신감에 넘쳤다. 은연중에 바젤이 좋은 팀이 아니라는 메시지를 선수들에게 전달했다. 우리는 자만에 빠졌다.

최전방 투톱에 수아레스와 스터리지가 서고, 그 뒤에 스털링이 버티는 전술이라면 바젤은 물론 유럽 대다수 팀을 산산조각 낼 자신이 있었다. 하지만 셋 중에서 우리가 보유한 무기는 스털링 한 명뿐이었다. 발로텔리는 홀로 최전방 스트라이커 임무를 수행하는 상황이었다. 에버턴전을 잘 치러내긴 했지만, 만약 내가 감독이라면 나는 "바젤 경기는 다른 방법으로 임해야 한다"고 말했을 것 같다.

우리는 허술한 수비로 고전한 끝에 0-1로 패했다. 승점 1점도 따지 못했다는 생각에 실망이 컸다. 상대가 누구든 상관없다. 챔피언스리그 원정에서는 승점 1점만 해도 좋은 결과다. 수비를 뒤로한 채 공격 축구만 하려고 애쓰다가는 미끄러질 확률이 높다. 하프타임에 로저스 감독이 불같이 화를 냈다. 11명 중에서 패스를 제대로 하는 사람이 나 혼자뿐이라며 선수들을 꾸짖었다. 후반 들어 우리가 경기를 주도했지만, 승점 1점을 획득할 만한 경기력을 보여준 선수는 아무도 없었다.

경기 후 나는 TV 중계사인 스카이스포츠 인터뷰에서 나도 동료들의 분발을 촉구했다. "이기고 싶은 마음이 바젤 쪽이 더 컸다. 그래서 실망스럽다. 우리는 아무것도 받을 자격이 없었다. 경기장 어딜 봐도 간절함이 없었다. 세트피스 실점 허용도 반복되었다. 좋은 징조가 아니다." 몇몇 사람들은 나의 격정 인터뷰에 놀랐다고 했다. 하지만 사실 아닌가? 이런 경기를 하고 나서 우리 경기력이 좋았다고 말할 순 없다. 십중팔구 나의 팔은 안으로 굽어 동료들을 변호한다. 하지만 바젤을 상대로 우리는 엉망진창이었다. 그렇게 경기를 망쳐놓고도 동료를 감싸 안아야 한다면, 차라리 나는 주장 완장을 차지 않는 편이 낫다고 믿는다.

로저스 감독을 향한 메시지도 남겼다. 나의 지적을 받아들인 감독은 다음 팀미팅에서 "챔피언스리그 원정에서는 대충 할 생각을 절대로 해서는 안 된다. 수비를 단단히 해야 한다. 모든 경기를 항상 같은 스타일로 소화할 순 없어"라고 말했다. 지도자와 한 사람의 인간으로서 나는 로저스 감독을 우러러본다. 하지만 챔피언스리그에서만큼은 내가 감독보다 경험이 많았다. 인정사정없는 대회라는 사실을 나는 잘 알고 있다 팀원 전체가 바젤전에서 따끔한 교훈을 얻었다고 생각한다.

아쉽게 부진이 이어졌다. 다른 전술을 구사하든 수비를 단단히 하든 우리의 경기력이 좀처럼 살아나지 않았다. 발로텔리가 선발 출전하기 시작했지만 엉망이었다. 토트넘전에서 리버풀 데뷔했을 때만 해도 기대를 심어줬지만, 그 다음부터 훈련과 실전에서 모두 형편없어졌다. 처신도 매우 나빴다. 나는 발로텔리를 향한 기대를 일찌감치 접었다.

둘 사이에서 충돌은 없었다. 서로 잘 지냈다. 틈만 나면 그를 칭찬해서 힘을 주려고 애썼다. 하지만 발로텔리가 통제 불능이라는 무리뉴 감독의 말이 옳았음을 깨달았다. 타고난 재능으로 그는 월드클래스가 될 잠재력을 지녔지만, 본인의 정신자세와 주위에 있는 사람들 탓에 절대로 높은 수준으로 올라갈 수 없었다. 발로텔리는 항상 지각했다. 항상 관심을 원했고, 소셜미디어에 실언을 연발했다. 내 기준으로는 매일 훈련량도 부족했다. 마치 일부러 지는 게임을 즐기는 것 같았다. 그는 많은 일들을 잘못된 방법으로 하고 있었다.

바젤 원정에서 나왔던 발로텔리의 경기력이 시즌 내내 고정되었다. 마음만 고쳐먹으면 엄청난 선수로 발전할 수 있지만, 그게 힘들다고 생각하니 나의 실망감이 더 컸다. 만약 누군가 내게 프리미어리그에서 최고의 피지컬과 파워, 볼터치 능력을 기준으로 스트라이커를 단 한 사람 꼽으라면 지금도 나의 정답은 발로텔리다. 그의 정신자세가 올바르게 된다면, 나는 모든 경기에서 발로텔리와 함께 뛰고 싶다. 멘탈리티를 갖춘 조건에서는 나는 해리 케인보다 마리오 발로텔리를 선택하고 싶다. 그는 세계 최고가 될 수 있는 모든 하드웨어를 갖췄다. 그러나 올바른 정신자세가 없는 재능은 아무짝에 소용이 없다.

2014년 10월, 바젤을 떠나면서 나는 발로텔리와 리키 램버트를 번갈아 봤다. 경기 종료 10분을 남기고 램버트가 들어오자 경기 양상이 완전히 바뀌었다. 램버트는 항상 최선을 다한다. 자기가 처한 상황을 한 번도 불평하지 않았다. 진정한 프로페셔널이다. 나는 발로텔리보다 램버트와 함께 뛰고 싶다. 팀 동료들을 위해 최선을 다하는 그의 마음가짐과 열정 덕분이다. 감독들은 훈련에서 관찰한 내용을 토대로 선수를 선발한다. 마리오가 많은 경기에 나서지 못한 이유이기도 하다. 리키 램버트의 정신자세를 마리오 발로텔리의 신체에 심을 수만 있다면, 월드클래스 골잡이가 탄생할 수도 있을 텐데.

STEVEN GERRARD

12

재계약, 결심, 8번 아이언

Contracts, Decisions and the Night of the 8-Iron

12 재계약, 결심, 8번 아이언

GERRARD
8

한 달이 또 지났다. 나는 계속 기다렸다. 리버풀이 내게 계약 연장을 제시할 것이라는 확신을 할 수 없었다. 지역신문 기자들은 내게 계속 문자를 보냈다. "도대체 어떻게 되는 거야?", "구단주를 보긴 했어?", "다음 시즌에도 있는 거야?" 등등을 궁금해했다. 세 가지 질문이 무한 반복되었다. 첫째, 셋째 질문에 대한 나의 대답은 "모르겠어요"였다. 둘째 질문? "아니요"였다.

나의 에이전트도 구단주나 이안 에어 사장으로부터 연락을 받지 못했다. 스트루안이 로저스 감독과 만났을 뿐이었다. 감독은 몇 달 동안 내게 해왔던 말을 그대로 에이전트에 반복 전달할 뿐이었다. 로저스 감독은 내가 남기를 원했다. 펜웨이 또는 이안 에어 사장이 스트루안에게 전화를 걸어 지금 내 상황에 맞는 계약 협상을 하면 될 일이었다. 오랫동안 알고 지낸 일부 기자들도 놀라는 눈치였다. 여덟 살 때 꼬불꼬불한 글씨로 리버풀 유소년 센터 가입원서에 직접 내가 사인을 했던 때로부터 27년이 흘렀다. 리버풀 1군에서만 700경기 출장에 다가서고 있었고, 2003년부터 계속 주장을 맡아왔다. 새로운 계약을 원하는 젊은 선수가 아니다. 나는 분명히 나이를 먹고 있었다. 현역 은퇴가 얼마 남지 않았다는 현실도 잘 안다. 두 가지 현실을 감안한 계약을 이야기하고 싶었다. 나의 잔류를 원하는 로저스 감독의 마음이 매우 컸다.

8월에서 9월, 10월에서 11월로 넘어가면서도 클럽에서는 아무런 연락이 없었다. 꼬마였을 때부터 내가 몸담았던 그 리버풀이 묵묵부답이었다. 리버풀을 향한 나의 사랑은 변함이 없다. 대화가 뜸해졌다고 해서 흔들릴 일도 없다. 로저스 감독은 여전히 자기 신념을 굽히지 않았다. 2015-16시즌 구상에서도 그는 나를 중심축에 놓고 있었다. 클럽의 재정을 담당하는 쪽에서 스트루안과 일찍 계약을 논하려고 하지 않는 게 아닌가 하고 추측할 뿐이었다. 서두를 필요가 없다고 생각하거나 내가 당연히 리버풀에 남을 것이라고 지레짐작한 것인지도 모른다.

10월 말 나의 최대 스폰서 중 한 곳인 '루코제이드(Lucozade: 스포츠음료 브랜드)'가 일간지 〈데일리 텔레그래프〉, 〈데일리 메일〉과 독점 인터뷰를 마련했다. '아디다스'와 함께 오랜 세월 함께해온 스폰서였다. 나는 많은 스폰서들과 계약하기보다 한두 업체와 끈끈하게 가는 편을 선호했다. 스폰서가 많으면 많을수록 돈벌이를 키울 순 있지만, 축구에 집중하기 위해서 과외활동을 최소화했다. 인터뷰어가 크리스 바스콤(Chris Bascombe)과 이안 레이디먼(Ian Ladyman)이라서 마음이 놓였다. 〈리버풀에코(Liverpool Echo: 리버풀 최대 지역신문)〉 시절부터 크리스를 알고 지냈다. 이안과도 스스럼없는 사이였다.

인터뷰 기사는 2014년 10월 30일자 지면에 실렸다. 나는 인터뷰에서 "내년 여름에 은퇴할 생각이 없다. 올 시즌이 끝나고도 계속 뛰고 싶다. 그게 리버풀이 될지 다른 곳이 될지는 두고 봐야 한다. 리버풀이 판단할 일이다"라고 말했다. 계약과 관련해서는 그 정도로 마무리했다. 그 대신에 리버풀의 느린 시즌 출발, 수아레스와의 이별, 그리고 마리오 발로텔리가 성공할 수 있다는 작은 희망에 관해서 길게 이야기했다. 발로텔리를 위한 최소한의 립서비스였다. 공개적으로 내가 이미 마리오를 포기했다고 밝히기엔 부적절했기 때문이다. 계약 건에 관해서 더 자세하게 말할 수도 있었지만, 그때까지도 나는 스트루안과 클럽이 조만간 계약 협상을 시작할 것이라고 진심으로 믿었다. 물론 양자가 납득할 수 있는 새 계약에 합의할 수 있다고도 생각했다. 그와는 별개로 축구를 계속 하고 싶은 나의 순수한 열망을 밝힌 것만으로도 만족스러웠다. 리버풀의 판단과 상관없이.

11월 1일, 우리는 뉴캐슬 원정에서 0-1 패배를 당했다. 하지만 경기 후 초점이 나의 계약에 맞춰졌다. 로저스 감독은 변함없었다.

"간단하다. 스티븐의 에이전트와 만나 상황을 직접 설명했다. 나는 우리 구상 안에 스티븐이 포함되기를 바란다. 내게는 최고의 주장이다. 그의 주인 의식으로부터 많은 도움을 받는다. 모든 일이 잘 풀려서 그의 에이전트가 클럽과 원만하게 계약을 마무리할 것이라고 확신한다. 내가 여기 있는 동안 스티븐은 중요한 역할을 할 것이다. 그는 특별한 재능을 지닌 특별한 선수다."

우리는 일주일을 더 기다렸다. 드디어 스트루안이 이안 에어 사장한테 연락을 받았다. 클럽이 새 계약을 제안하겠다며 만남을 요청했다. 스트루안이 에어 사장과 약속을 잡았다. 내게는 중요한 순간이었다. 리버풀과의 마지막 계약 성사에 나는 큰 기대를 걸고 있었다. 동시에 계약 건을 최대한 빨리 마무리하고 축구에 전념하고 싶었다. 미팅을 마친 스트루안이 내게 전화를 걸었다. 첫 번째 협상이 생각보다 빨리 끝난 것 같았다. 나는 "어떻게 됐어요? 미팅 가서 얼마나 있다가 온 거예요?"라고 물었다. 스트루안이 "15분에서 20분 정도"라고 대답했다. 나는 놀라서 "겨우 15분?"이라고 되물었다. 스트루안은 내가 놀라는 이유를 알고 있었다. 리버풀에서 현역 생활을 마무리하는 계약을 의논하기엔 터무니없이 짧은 시간인 탓이었다. 스트루안이 설명했다. 리버풀이 내게 새 계약을 제시했다고. 그러나 "클럽이 정한 제안이다. 동의하든가 말든가"라는 식이었다. 상대편 의사가 그렇게 뚜렷하니 에어 사장과 스트루안이 상세히 이야기를 나눌 필요가 없었다. 스트루안과 전화 통화를 했을 때, 나는 집에 있었다. 나는 "오케이. 그렇게 오랫동안 기다리게 해놓고 지금 와서 처음부터 최종 제안이라니. 신중하게 고민해야겠군"이라고 다짐했다.

리버풀과 나의 인연이 28년째를 맞이할 수 있는 운명이 아니었는지도 모른다. 내가 그들을 원하는 만큼 그들은 나를 원하지 않는 것 같았다. 다만, 그렇게 확신하기엔 아직 이른 단계였다. 2005년 때보다는 훨씬 차분하게 고민할 수 있었다. 당시 클럽의 대표이사는 릭 페리였다. 그는 챔피언스리그에서 우승하고 나서도 재계약 협상을 지연하면서 나를 기다리게 했었다. 젊은 피가 부글부글 끓는 느낌이었다. 서른네 살이 된 나는 생각을 더 깊게 할 수 있게 되었다. 물론 실망스럽긴 했다. 스트루안과 에어 사장이 최소한 한 시간 이상 협상을 벌이면서 긍정적인 방향으로 나가리라 기대했기 때문이다.

15분 동안 리버풀은 내게 새로운 계약을 제시했다. 계약기간 1년 연장에 연봉 40퍼센트 삭감이었다. 인센티브 조항은 꽤 좋았지만, 로저스 감독이 내게 했던 말과는 모든 면에서 대조적인 내용이었다. 로저스 감독은 "선발 출전 수가 줄어들 거야. 평소에 출전시간을 조절하면서 최상의 상태로 빅매치에 나설 수 있도록 할 생각이야"라고 말했었다. 하지만 클럽은 무실점 경기, 선발 출전, 득점, 도움 그리고 4위권 진입에 각각 인센티브를 걸었다. 묶음 제안이었다. 나는 혼란스러웠다. 나의 출전시간이 줄어들 예정인데 내게 경기력 중심의 인센티브를 당근으로 걸다니. 제시한 금액을 놓고 왈가왈부할 생각은 없었다. 다른 때였다면 흔쾌히 합의했을지도 모른다. 그러나 내가 리버풀에 충성하기 위해서 잉글랜드 국가대표팀을 스스로 포기한 직후였다.

일정 수준의 기본급 삭감은 예상했었다. 서른네 살이다. 10년 전, 챔피언스리그 우승 트로피를 들어 올렸던 내가 아니다. 출전 수가 줄어들어야 하는 현실도 받아들일 수 있다. 그러나 나는 여전히 스스로 정상급 선수인 동시에 팀에서 중요한 역할을 하는 존재라고 믿었다. 여전히 나는 주장 완장을 차고 있었다. 그렇게 오랫동안 뛰어온 내게 실적 위주의 인센티브 계약서를 제시했으니 실망스러울 수밖에 없었다. 내 자신의 경기력에 대한 자부심과 리버풀을 향한 사랑과는 별개로, 나는 최소한 클럽이 한 가지 사실을 알고 있다고 생각했었다. 클럽을 위해 내 심장을 꺼내는 데에 아무런 당근도 필요 없는 사람이라는 사실을.

내가 기대했던 최상의 시나리오는 이랬다. 리버풀이 계약을 1년 연장하고, 내가 코칭스태프로 자연스럽게 편입될 수 있는 내용이길 바랐다. 1년간 스쿼드플레이어로 뛰는 것보다 그렇게 사려 깊은 계약이라면 더할 나위 없이 좋았다. 로저스 감독의 곁에서 코치로 일하는 것은 귀중한 경험이 될 수 있다고 믿었다. 라이언 긱스, 필립 네빌, 개리 몽크처럼 되고 싶었다. 클럽의 속내를 내가 정확히 파악했기를 바랐다. 리버풀이 제시한 새 계약 내용의 뜻을 나는 이렇게 해석했다. 남은 여섯 달을 최대한 즐기고 난 뒤에 새롭게 출발할 곳을 찾으라는 메시지였다. 내용이 어찌되었든 간에 이제 시간이 되었다.

바젤 원정에서 실망을 겪은 뒤에 우리는 레알 마드리드에 2경기 연속 패배를 당했다. 안필드에서는 0-3, 산티아고 베르나베우에서는 0-1로 무릎을 꿇었다. 홈경기 준비는 신중했다. 내가 더블 볼란치 중 한 자리에서 뛰었고, 평소보다 콤팩트하게 서서 상대의 주축 선수를 전술적으로 가뒀다. 호날두가 공을 잡자마자 우리 선수 2~3명이 에워싸는 식이었다. 하지만 마드리드가 월드클래스 선수를 대여섯 명이나 가졌다는 점이 문제였다. 한 명을 압박하면 나머지 다섯 명이 자유롭게 된다. 레알과 최정예의 리버풀 사이에는 엄청난 차이가 있었다. 챔피언은 위풍당당했고 자신감에 넘쳤다. 우리도 최선을 다한 덕분에 위협적인 장면을 몇 차례 만들었다. 그렇지만 득점 기회를 살려줄 골잡이가 없었다. 발로텔리는 또 문제를 일으켰다. 하프타임에 빠져 나오면서 페페와 유니폼을 교환했다. 당연히 감독의 심기를 건드렸다. 하프타임에 마리오는 교체되고 말았다.

　마드리드 원정은 2009년 3월의 일을 떠오르게 했다. 16강전에서 우리는 마드리드를 합산 스코어 5-0으로 제압했다. 원정에서 1-0, 홈에서 4-0으로 각각 이겼다. 홈 대승은 유럽 무대에서 내가 경험했던 가장 달콤한 기억 중 하나로 남는다. 그날 활약상에 관해서 지네딘 지단은 "제라드가 세계 최고 선수다. 메시도 아니고 호날두도 아니다. 월드베스트는 제라드다"라고 격찬했다.

　안필드 경기에서 나는 두 골을 넣었다. 페르난도 토레스와 안드레아 도세나도 골을 보탰다. 우리는 좋은 팀이었다. 토레스의 뒤에서 마스체라노와 알론소 그리고 내가 미드필드를 구성했다. 레알의 면면도 화려했다. 이케르 카시야스(Iker Casillas), 세르히오 라모스(Sergio Ramos), 파비오 칸나바로(Fabio Cannavaro), 페페, 가브리엘 에인세(Gabriel Heinze), 아르연 로번(Arjen robben), 라사나 디아라(Lassana Diarra), 페르난도 가고(Fernando Gago), 베슬러이 스네이더르(Wesley Sneijder), 라울(Raul), 곤살로 이과인(Gonzalo Higuain)이 선발 출전했다. 라파엘 판 데르 파르트(Rafael van der Vaart)와 구티(Guti), 마르셀루(Marcelo)가 교체 멤버였다.

　그들은 판을 뒤집을 수 있다는 희망으로 안필드에 도착했다. 마드리드의 한 신문은 리버풀의 그라운드 사진을 일면에 내걸었다. 그 위로 '그래, 여기가 안필드인가?'라고 쓰고, 그 아래에 큼지막하게 '그래서 뭐?'라고 적었다. 현장 분위기는 뜨거웠고, 우리가 그들을 날려버렸다. 레알은 우리의 템포와 스피드, 조직력을 당해내지 못했다. 그날 토레스는 센세이셔널했다. 내가 직접 본 경기력 중 단연 최고였다. 토레스는 라모스와 페페에게 악몽을 선사했다. 친정팀의 오랜 라이벌을 상대하는 경기였으니 그에겐 의미가 남달랐다. 레알은 토레스를 감당하지 못했다. 그의 활약 덕분에 내게는 넓은 공간이 열렸다. 그날 저녁 레알은 충격에 빠진 채 안필드에서 빠져나가야 했다.

그로부터 5년 4개월이 지났다. 내가 충격에 빠질 차례였다. 2014년 11월 4일, 마드리드에서 로저스 감독은 힘을 뺀 선발 카드를 꺼냈다. 주말에 우리는 첼시를 상대해야 했다. 감독은 발로텔리와 스털링, 쿠티뉴, 헨더슨 그리고 나를 모두 벤치에 앉혔다. 첼시 경기를 앞두고 체력을 비축하고 싶었던 것 같다. 챔피언스리그 조별리그에서는 루도고레츠와 바젤 경기에서 이기면 16강에 진출할 수 있다는 판단이었다. 나는 크게 실망한 채로 벤치에서 경기를 구경해야 했다. 변화가 필요한 시점이 왔다는 생각이 들었다. 로저스 감독이 나의 출전 수 조절을 하느라 레알 경기에 나서지 못한다고? 종점이 눈앞에 다가오는 느낌이었다. 이렇게 텅 빈 경기가 앞으로 계속 올 텐데 내가 리버풀에서 어떻게 뛸 수 있겠는가. 쿠티뉴, 스털링과 함께 나는 후반전에 교체 투입되었다. 이미 0-1로 뒤진 상태였다. 로저스 감독은 킥오프 전부터 이미 패배를 감수하고 있었다. 나의 경력은 예전과는 크게 달라졌다.

토요일 첼시가 안필드로 돌아왔다. 축구 팬이라면 내가 2005년 7월 리버풀에서 스탬퍼드 브리지로 이적하기 일보 직전까지 갔다는 사실을 잘 안다. 이적 파동은 낱낱이 보도되었다. 내 자신도 그 일을 밝힌 적이 있고, 인터넷을 조금만 뒤져도 관련 내용을 금방 검색할 수 있다. 당시를 기억할 때마다 내가 겪었던 마음고생이 생생하다. 2005년 7월 그들은 내 가슴을 찢어놨다. 그날 저녁 나는 리버풀에 잔류하기로 마음먹었다. 9년 전 여름의 어느 날은 내 인생에서 가장 길었던 24시간이었다. 첼시 이적 건은 그보다 1년 전부터 수면 위로 떠올랐다. 나는 잉글랜드 국가대표팀과 함께 유로2004에 참가하고 있었다. 루니가 맹활약을 펼친 덕분에 잉글랜드는 결승전에 오를 수 있다는 희망에 부풀었다. 그 와중에 내 거취가 미궁에 빠진 것이다. 대표팀 동료들이 나한테 첼시에 가느냐고 물었다. 그전 시즌 리버풀은 아스널보다 무려 승점이 30점이나 뒤졌다. 챔피언스리그 출전권도 따지 못하지 않을까 심각하게 고민했을 정도였다.

2004-05시즌 나는 리버풀이 챔피언스리그 출전권을 획득해야만 재계약에 관해서 의논하겠다는 뜻을 분명히 하고 있었다. 어떤 사람은 내가 이기적이라고 말할 수도 있었다. 그러나 나는 20대 중반 나이로 최전성기에 도달해 있었다. 리그 챔피언과 우리 사이에 있는 승점 30점 차이를 좁힐 수 있는 클럽이라는 일종의 보증이 내게는 필요했다. 나는 리버풀에 남고 싶었다. 동시에 최고 수준의 대회에서도 계속 뛰어야 했다.

그러나 프리미어리그에서 우리는 다시 실망을 맛보며 4위권 진입에 실패하고 말았다. 다행히 유럽 무대에서 결과가 좋았다. 이스탄불에서 열렸던 결승전까지 진출했고, 클럽은 나의 잔류를 확신하고 있었다. 나도 리버풀이 재계약을 제안할 것이라고 기대했다. 클럽은 이미 이고르 비스칸(Igor Biscan), 디디 하만(Didi Hamann)과 재계약 협상 중이었기 때문이다. 지금 생각해보면, 이스탄불 결승전을 준비하기 전에 클럽이 내게 재계약을 선물했어야 했다. 일찌감치 계약을 제안함으로써 일생일대 빅매치를 앞둔 젊은 주장의 사기를 올려줘야 하는 것 아닌가. 빨리 잡아서 선수의 마음을 편하게 해줬어야지.

결승전을 준비하면서도, 짜릿한 우승을 차지하고서도 클럽으로부터 아무런 연락이 없었다. 터키의 아름다운 밤하늘을 향해 빛나는 우승 트로피를 들어 올린 직후 인터뷰에서 나는 리버풀에서 계속 뛰길 원한다고 말했다. 나는 의기양양한 목소리로 "조만간 감독과 릭 패리 사장이 협상 자리에 앉아 계약을 매듭지으리라 확신해요. 이런 성취 후에 어떻게 이 클럽을 떠날 수 있겠어요?"라고 말했다.

나는 남고 싶었다. 그러나 6월이 지나고 7월 초가 될 때까지도 아무런 소식이 없었다. 첼시와 주제 무리뉴 감독이 그 틈을 노려 내 머리 안으로 파고들었다. 지금까지도 리버풀이 왜 그렇게 시간을 끌었는지 나는 알 수가 없다. 릭 패리 사장과 라파엘 베니테스 감독은 모두 휴가 중이었다고 들었다. 두 사람 모두 챔피언스리그 우승이라는 생각에 안심하고 있었을지도 모른다.

"유러피언컵을 우승했는데, 뭐 하러 팀을 떠나겠어?"라는 식으로.

계약기간은 2년이 남아 있었다. 2015년 초반 라힘 스털링도 같은 상황이었다. 스털링은 챔피언스리그 우승도 없었지만, 리버풀은 그와 재계약하려고 애썼다. 2005년 나는 방치되어 있었다. 누구 책임인지는 모르겠다. 챔피언스리그 결승전에서 이긴 뒤에 클럽이 내게 재계약을 제시했어야 했을까? 정답은 '그렇다'다. 나는 그게 옳다고 생각한다. 지금도 나는 클럽이 챔피언스리그에서 우승한 다음 주라도 내게 와서 "빨리 계약하자"라고 재촉했어야 한다고 믿는다. 그랬으면 수많은 억측도 없었을 테고 많은 사람이 골머리를 썩을 일도 없었다.

베니테스 감독과 서먹한 관계도 상황에 도움이 되지 않았다. 나는 약간 편집증세까지 보였다. 내 자신에게 연신 '베니테스 감독이 내가 남기를 정말 원하긴 하는 건가? 혹시 나를 팔아서 얻은 돈으로 자기가 좋아하는 선수들을 영입해 진짜 원하는 팀을 만들려는 건가?'라고 자문했다. 축구계 인플레이션에는 관심도 없었던 탓에 무지막지한 연봉 인상을 바라는 게 아니었던 탓에 나는 더 헷갈렸다. 유럽 정상급 미드필더들이 받는 적정 대가를 요구하고 있었을 뿐이다. 첼시가 제시했던 높은 연봉도 나는 신경 쓰지 않고 있었다. 5월 25일 우리는 챔피언스리그에서 우승했다. 그로부터 5주가 지나는 동안 클럽은 내게 어떠한 재계약도 제시하지 않았다. 7월 1일 나는 스트루안에게 무슨 일인지 알아봐달라고 말했다.

그가 릭 패리 사장에게 전화를 걸어 재계약을 제시하지 않으면 떠날 준비를 해야 한다고 말했다. 패리 사장은 "며칠만 시간을 더 달라"고 대답했다. 그러자 자신감을 얻은 첼시가 이적료 3,200만 파운드를 제시했다. 리버풀이 거절했고, 패리 사장은 재계약을 준비 중이라고만 스트루안에게 전했다. 머릿속이 뒤죽박죽이었다. 클럽이 팬들 앞에서는 계약서를 보이며 나를 잡고 싶다고 주장하면서 뒤로는 넌지시 나를 첼시로 밀어내려 애쓰는 게 아닌가 싫었다. 정면돌파 하기로 했다. 7월 5일 나는 스트루안을 통해 구두 이적 요청을 전달했다.

패리 사장이 이를 공개하는 바람에 그날 나는 종일 극심한 스트레스를 받아야 했다. 여기저기서 언론 보도가 터져 나왔다. 불신에 가득 찬 눈으로 TV 뉴스를 시청했다. 화면 속에서 팬들이 내 이름이 마킹된 유니폼을 불태웠다. TV 카메라가 부추기는 꼴이 되어 팬들은 불타는 등번호 17번 유니폼에 기름을 부었다. 멜우드 트레이닝 센터 바로 앞에서 '제라드'라는 이름은 순식간에 배금주의의 상징으로 돌변했다.

우리 클럽 역사에 남을 만큼 유명하고 기쁜 '이스탄불의 기적'이 불과 6주 전이었다. 리버풀의 영광이 완성되었던 대역전의 출발점이 나였다. 우승컵과 함께 돌아온 우리를 향해 팬들은 환호했다. 사람들 모두 '이스탄불의 기적'을 만들어낸 우리를 우러러봤다. 그랬던 내 이름이 지금 멜우드 바로 앞에서 불타는 광경을 보니 마음이 매우 불편했다. 극적인 광경을 만든 범인은 보나마나 언론사로부터 40파운드는 받아 챙겼을 것이다.

그렇게 과격한 반응을 보인 팬이 극히 소수라는 사실을 알고 있었다. 그러나 전국 단위의 뉴스로 인해 분위기는 한껏 고조된 채로 시간이 흐르고 있었다. 나는 우울했다. 그런 식의 관심을 원하지 않기 때문이다. 폭언의 대상이 되고 싶지도 않았다. 단지 나는 축구를 하고 싶을 뿐이었다. 리버풀이 제일 좋다. 그라운드에서 더 많은 트로피를 들어 올리고 싶었다. 간단한 논리다. 하지만 순식간에 세상이 암흑 속에 빠져 복잡하게 꼬였다. 클럽의 업무 처리가 너무 느린 탓이라고 생각했다. 머리가 터질 것 같았다. 두통약을 사탕처럼 입안에 털어 넣었다. 화가 나고 우울해서 숨이 거칠어졌다.

알렉스가 큰 힘이 되었다. 그녀는 내가 어떤 결정을 내려도 지지한다고 말해줬다. 런던에 가든 리버풀에 남든 상관없다고 했다. 내가 어느 클럽에서 은퇴하든지 그녀와 당시 혼자뿐이었던 릴리-엘라는 항상 내 곁에 있어줄 것이다. 사실 나는 아내와 어린 딸이 런던의 낯선 환경에 잘 적응할 수 있을지도 걱정이었다. 게다가 나의 축구 경력이 어디로 향할지 알 수가 없어서 혼란스러웠다. 아버지와의 상담이 필요했다. 그날 저녁 아버지 집에서 형과 함께 만나기로 했다. 아버지에게 "어떻게 해야 할까? 어떻게 생각해?"라고 물었다. 아버지는 침착하게 나의 의견을 최대한 많이 들어보려고 했다. 내가 원하는 만큼 클럽이 나에게 사랑을 주지 않는다고 아버지와 형에게 말했다. 클럽이 시간을 너무 끌고 있다고도 얘기했다. 첼시는 진심으로 나를 원했고, 무리뉴 감독이란 이유가 내 마음을 사로잡았다. 무리뉴 감독 때문이었다. 나는 그와 함께 축구를 하고 싶었다. 그러나 내가 길을 잃고 헤매게 되자 어느새 리버풀에 관해서 이야기를 하고 있었다. 첼시보다 리버풀에 관해서 훨씬 많은 이야기가 내 입에서 나오고 있었다.

리버풀을 떠나기 일보 직전까지 갔었다. 그러나 그 자리에서 아버지, 형과 이야기를 나누면서 모든 생각이 바뀌었다. 선수를 돈으로만 보는 사람들에게 둘러싸인 일부 스타와 달리 내게는 나를 진심으로 사랑하는 가족이 있었다. 아버지와 형은 내게 통장 잔고가 아니라 행복에 관해 물었다. "너를 위한 최선이 무얼까? 진짜 원하는 게 뭐니? 어느 쪽이 더 의미가 있을까? 콥이 너를 등지는 상황을 버틸 수 있겠니? 리버풀에서 다시는 뛰지 못하게 되는 상황을 네가 받아들일 수 있겠어?"

우리가 함께 앉아 이야기를 나누는 공간 안에서 돈에 관한 의문은 전무했다. 내가 첼시로 가면 몇백만 파운드를 더 벌 수 있다는 사실을 모두가 잘 알고 있었다. 하지만 돈은 문제가 아니었다. 아버지는 나의 이적 의지를 만드는 진짜 동기를 알고 싶어 했다. 축구선수로서 더 성공하고 우승 트로피를 갖고 싶다는 희망이었다. 리버풀에서 따내는 두세 개의 트로피와 첼시에서 그보다 두세 배는 더 딸 수 있는 트로피 중 어느 쪽이 내게 더 소중할까?

많은 물음표가 허공에 둥둥 떠다녔다. 내가 고개를 젖히자 형이 입을 열었다. 형은 내가 리버풀에 남기를 진심으로 바랐다. 그러나 형에게 나는 리버풀 선수에 앞서 친동생이었다. 형이 "어떤 결정을 내리든지 나는 너와 함께할 거야"라고 말했다. 형도 나의 뜻을 존중해줬다. 하지만 내가 리버풀에 남기로 결심한 뒤로 형은 몇 번이나 "네가 남아서 정말 행복해"라고 말했었다. 아버지는 "네가 내 눈을 똑바로 쳐다보면서 '첼시로 가고 싶다'고 말할 수 있다면 나는 너의 결심을 지지할게. 그런데 네 마음이 그렇지 않은 것 같아"라고 말했다. 나는 아버지의 눈을 쳐다보지 못했다. 첼시 이적에 관한 확신이 없었다. 오직 리버풀 생각뿐이었다. 그걸 아버지가 알아차렸다. 아버지는 짧지만 단호한 말투로 "도망치지 마. 네가 사랑하는 클럽을 떠나지 마"라고 말했다. 거센 태풍이 내 마음을 휩쓸고 지나간 그날 밤 11시, 나는 스트루안 마샬에게 전화를 걸었다. 그리고 "내가 남고 싶어 한다고 클럽에 말해줘요"라고 전했다. 몇 분 후, 소식을 들은 릭 패리 사장은 아마도 깜짝 놀랐을 것 같다. 2005년 7월 8일 금요일, 나는 재계약 서류에 서명했다. 이전 계약서에 있던 바이아웃 조항을 아예 빼라고 패리 사장에게 요구했다. 리버풀의 성적이 좋지 않을 때 일정 금액 이상의 이적료 제안을 받으면 무조건 나를 보내줘야 한다는 문구였다. 리버풀을 떠나고 싶다는 생각을 다시는 하고 싶지 않았다.

2014년 겨울 벌어진 내부 논쟁은 훨씬 여파가 작았다. 2005년 여름에는 내 마음속과 멜우드 바깥에서 모두 불길이 치솟았었다. 서른네 살이 된 나는 내가 내릴 수 있는 선택을 곰곰이 가늠할 수 있었다. 경기 출전 자체를 위협받으면서 리버풀에서 일 년 더 남을지, 혹은 미국에서 새로운 도전에 나설지 둘 중 하나를 고르면 되었다. 상황을 복잡하게 바라보지 않을 수 있었다.

2005년 당시 나는 첼시의 푸른 유니폼을 입고 안필드에서 리버풀을 상대해야 한다는 두려움이 존재했다. 지금은 달랐다. 공식전에서 리버풀을 상대할 가능성이 전혀 없는 선택지였다. 처음부터 잉글랜드와 유럽에 있는 모든 클럽은 옵션에서 제외했다. 리버풀에서 일 년 더 뛰지 않는 한 가능성이 있는 유일한 행선지는 미국뿐이었다. 내 축구 인생보다 고려 대상을 내 가족의 행복으로 넓혀 결정을 내리자 이상할 정도로 마음이 편했다.

2014년 11월 스트루안이 리버풀이 제시한 재계약 내용을 설명해줬다. 나는 각종 조건을 수정해서 요구해달라고 주문했다. 레알 마드리드 경기에서 벤치에 앉는 고통이 훨씬 컸기 때문이다. 어떤 계약이든 돈은 내 관심을 끌지 않았다. 스트루안은 에어 사장과 추가 협상을 벌이지도 않았다. 나는 로저스 감독에게 "재계약을 제안받았지만 돈이 문제가 아니에요. 내 미래를 위한 최선의 선택이 뭔지 생각할 시간이 필요해요"라고 말했다. 평소처럼 감독은 넓은 이해심을 베풀었다. 우리는 건강한 대화를 나눴다. 로저스 감독은 내게 원하는 만큼 시간을 갖고 결정하라고 조언했다.

리버풀이 각종 금전 조건을 삭감한 재계약을 제시한 이후, 클럽은 내게 스폰서인 '니베아'의 광고에 출연해달라고 요청했다. 경기장 밖에서 리버풀의 제라드가 여전히 중요한 존재라는 뜻이었다. 나는 거절했다. 결국, 조던 헨더슨이 나를 대신해 광고에 출연했다. TV에서 처음 그 광고를 보자 출연하지 않기를 잘했다고 안도했다. 그런 광고는 내게 어울리지 않는다. 수많은 광고 모델 제안을 받아왔지만, 언제나 나는 거절했다. 다른 스타플레이어들과 달리 내가 리버풀과 계약 안에 초상권 항목을 넣지 않았던 이유이기도 했다. 스트루안이 몇 번 언급하긴 했다. 그는 "계약 안에 초상권 문구를 넣어야 하지 않을까?"라고 말할 때마다 나는 "싫어요"라고 대답했다.

라커룸에서 동료들끼리 초상권 계약 덕분에 돈을 얼마만큼 더 벌었다고 말하는 대화를 들은 적도 있었다. 개인적으로 나는 자기가 뛰는 클럽을 상대로 초상권을 요구하는 선수는 말이 안 된다고 생각한다. 어느 클럽이든 일단 계약을 하면 선수는 당연히 초상권을 클럽 쪽에 넘겨야 한다고 믿는다. 클럽은 큰돈을 준다. 그러니 선수는 클럽을 위해서 일해야 한다. 메시나 호날두

정도라면 얘기가 다르겠지만.

'니베아' 광고 출연은 내가 유일하게 거절했던 클럽의 요청이었다. 오랜 기간 클럽의 각종 상업활동에 나는 충실히 임했다. 주장으로서 책임이 있기 때문이다. 이제는 달라졌다. 나이를 먹을 만큼 먹었다. 잘해내지도 못할 일까지 나서지 않아도 될 시점에 이르렀다. 수많은 광고 제안을 거절해왔다. 나의 인생은 축구이지 거금을 벌거나 셀러브리티의 삶은 아니다. 돌봐야 할 딸이 셋씩이나 있지만, 나는 이미 20대 초반부터 안정적인 삶을 영위할 수 있는 돈을 벌었다. 십수 년이 되도록 내가 돈 때문에 불가피한 결정을 내려야 하는 상황에 빠지지 않아도 되었기에 나는 정말 운이 좋았다고 생각한다.

LA 갤럭시 소속으로 미국의 MLS에서 뛰면 리버풀에 남아 벌 수 있는 수입보다 훨씬 적은 돈을 받아야 했다. 그러나 나는 전혀 문제 삼지 않았다. 2년간 카타르에서 뛰기만 하면 1,350만 유로라는 거액을 제안받았을 때도 나는 어렵지 않게 거절했다. 개인 수입이 크게 늘어나긴 해도 카타르는 우리 가족이 지내기에 적당한 곳이 아니기 때문이었다.

미국은 대단히 매력적이었다. MLS에서라면 나는 몇 년 더 뛸 수 있는 환경이 갖춰져 있었다. 언제나 숨어 다녀야 했던 리버풀과 달리 로스앤젤레스에서는 아내와 딸들과도 더 많은 시간을 함께할 수 있었다. 선수로 뛰면서 나는 내가 스쿼드플레이어가 되는 상황을 용납할 수 없었다. 나는 프랭크 램퍼드에게 일어난 일을 똑똑히 기억한다. 그는 뛰어난 선수이자 친한 친구다. 하지만 첼시를 떠난 뒤에 잠시 머물렀던 맨체스터 시티에서 램퍼드는 항상 벤치에 머물러야 했다. 나는 그의 전철을 밟고 싶지 않았다. 나는 언제나 뛰고 싶다.

2014년 9월 29일 스토크 경기에서 그 사실이 더 명확해졌다. 리버풀 1군 데뷔 16주년을 축하해야 할 날에 로저스 감독은 나를 벤치 명단에 포함했다. 챔피언스리그 조별리그 마지막 두 경기를 사이에 두고 열렸던 경기였다. 체력을 안배하는 차원이었지만, 나는 그런 상황 자체를 좋아하지 않는다.

사람들 대부분 축구계의 일부분인 부와 명예만 바라본다. 리버풀 같은 클럽에서 뛰는 것이 얼마나 어려운 일인지 그들은 잘 이해하지 못한다. 그라운드에 나설 때마다 커다란 시험대 위에 오르는 기분이 든다. 고향에서는 어딜 가든 리버풀 아니면 에버턴 팬들과 마주친다. 평범한 생활을 영위할 수가 없다. 항상 신경이 곤두선 상태로 있어야 한다. 진짜 편하고 가장 솔직한 나의 모습은 오직 내 집과 멜우드 트레이닝 센터에서만 나타난다. 정상급 선수라면 누구나 그렇게 살아간다. 거액의 연봉과 인기를 지우면 축구 스타도 단순한 사람일 뿐이라는 진리를 알지 못하는 사람이 많은 것 같다. 남들이 하고 싶어 하는 일을 우리도 하고 싶다. 스타라고 해서 절대로 특별한 존재가 아니다. 항상 현실감을 잃지 말아야 한다고 스스로 다짐하는 이유이기도 하다. 수백만 파운드를 벌 만큼 운이 좋은 축구선수라기보다 그냥 평범한 사람으로서 나를 존중해주길 바랄 뿐이다. 그러나 일상생활 자체가 어려워질 때가 잦다. 딸들을 데리고 동네 수영장을 가지도 못한다. 방과 후에 딸들을 데리러 가지도 못할 때가 많다. 나는 정상적인 아빠가 되지 못한다. 언제 어디를 가든지 항상 축구 팬들에게 둘러싸여 응원 또는 비난을 받는다. 평화로울 때도 마찬가지다. 사람들이 단지 내 등을 쓰다듬거나 악수를 원할 때도 나는 몹시 지칠 때가 있다. 딸과 함께 있을 때 누군가에게 욕을 먹어야 하는 상황은 절대로 원하지 않는다.

국가대표 선수가 되면 전국 어딜 가나 그런 일을 겪는다. 런던에 가도 나는 사인과 기념사진 촬영을 원하는 팬에게 수시로 붙잡힌다. 가족과 식사를 할 때도 다른 테이블 손님이 끊임없이 나를 찾아온다. 17년 동안 비현실적인 부담을 끌어안고 살아야 하는 프로축구선수로 지내왔다. 이제 나는 무명인이 되어 간절하게 스트레스에서 벗어나고 싶다. 특히 최근 들어서는 온갖 걱정거리를 끌어안고 귀가했다. 내가 사랑하는 직업을 존중하는 알렉스는 그런 나를 이해해줬다. 하지만 2014년 막바지가 되면서 나는 가족을 위해 변화를 시도할 때가 되었다고 깨달았다. 미국에 가면 가능하다.

　MLS 관계자와 이야기를 나누면서 내가 갈 수 있는 곳은 로스앤젤레스 또는 뉴욕으로 좁혀졌다. 두세 군데 클럽이 내게 관심을 보였지만, 나의 생각은 로스앤젤레스 쪽으로 기울어 있었다. 거대 도시 뉴욕은 내게 어울리지 않는 환경인 탓이었다. 나는 느긋하게 지낼 수 있는 캘리포니아가 좋았다. 로비 킨과 데이비드 베컴에게 물어보니 두 사람 다 침이 마르도록 로스앤젤레스와 LA 갤럭시를 칭찬했다. 베컴은 로스앤젤레스에 관해서 계속 문자를 보내왔다. 내 가족도 그곳을 사랑하게 될 것이라고 자신했다. 베컴은 "축구 자체는 문제가 될 수 있어. 이동거리가 멀고 덥고 습하지. 하지만 수준이 빠르게 높아지고 있어. 팀 동료들도 네 마음에 들 거야. 클럽도 물론이고. 각종 시설도 잘 갖춰져 있어. 무엇보다 네 가족이 모두 그곳을 사랑하게 될 거야. 그게 제일 중요하잖아"라고 말해줬다. 끝맺음도 인상적이었다. "지금도 나는 매일 그곳 생활이 그리워."

　티에리 앙리도 내게 조언을 해줬다. 당시 그는 뉴욕에서 뛰고 있었지만, 내게는 "기회가 된다면 MLS로 가봐. LA 갤럭시는 잘 갖춰진 클럽이야"라고 말했다. 날씨가 추워지자 나의 결심은 더 확고해졌다. 변화할 때가 다가오고 있었다.

　2014년 12월 초, 나의 마지막 챔피언스리그가 다가오고 있었다. 집에 있을 때마다 나는 자주 사색에 잠겼다. 위대한 승리와 쓰디쓴 패배의 기억이 주마등처럼 스쳐갔다. 유럽 무대에서 내가 경험한 가장 우스꽝스러웠던 일이 떠올랐다. 2007년 2월 21일 누캄프에서 있었던 바르셀로나 경기였다. 경기가 있기 일주일 전, 우리는 포르투갈 알가르베 지역에서 특별 전지훈련을 가졌다. 더운 날씨에 대비하기 위해서였다. 우리가 객관적 전력에서 뒤졌던 지라 팀워크를 단단히 한다는 목적도 있었다. 8만 8천 관중 앞에서 치명적인 바르셀로나와 싸워 이기려면 끈끈한 동지애와 단결력이 절대적으로 필요했다. 열심히 훈련하면서 철저히 준비를 하는 동시에 라파엘 베니테스 감독은 합숙기간 동안 하루 특별 휴가를 허락했다. 함께 나가 맥주 두 잔 정도를 즐기면서 동료 간 결속력을 다지라는 뜻이었다. 감독은 선수들이 밤 11시까지는 숙소로 돌아오기를 바랐다.

그 지방에 관해선 내가 잘 알고 있었던 탓에 그날 일어났던 사고의 책임도 내게 있을지 모른다. 오래전부터 알가르베에서 골프를 즐겨온 덕분에 나는 즐거운 시간을 보낼 수 있는 장소도 꿰고 있었다. '몬티스'라는 업소였다. 나는 가게 사장에게 전화를 걸어 예약을 했다. 그러곤 선수단 전원을 데리고 가서 재미있는 시간을 보냈다. 최소한 가라오케가 통제 불능이 되기 전까지는 그랬다. 기억이 가물가물하지만, 크레익 벨라미가 욘 아르네 리세를 무대 위에 올리고 노래를 부르라고 부추긴 데서 사건이 시작된 것 같다. 벨라미가 리세를 계속 놀려댔다. 몇 달 전에 있었던 크리스마스 파티도 잊지 않았다. 그날 노래를 부르기로 했던 리세는 아예 파티에 나타나지 않았었다. 벨라미는 계속 "이제 네 차례야. 생강 자식아, 노래 부르라고! 너 이 자식, 오늘은 노래 부르기 전에 절대로 여기서 못 나가!"라고 리세를 몰아댔다.

리세는 약간 나와 닮았다. 가라오케에서 노래를 잘 부르지 못한다. 리세가 벨라미를 향해 "싫어. 개자식아, 너 이리 와봐. 너 때문에 시끄러워 죽겠어. 그렇게 노래 듣고 싶으면 네가 부르면 되잖아, 인마"라고 소리 질렀다. 벨라미의 꼭지가 돌았다. 그는 다혈질이다. 벨라미와 리세가 코와 코를 맞대고 으르렁거렸다. 분위기가 심상치 않았다. 벨라미가 "이 생강 새끼, 너 죽여버린다!"라고 소리 질렀고, 리세는 벨라미를 진짜 죽일 것 같은 표정을 짓고 있었다.

결국 동료들이 둘을 말렸다. 리세가 화를 내며 숙소로 돌아가 버렸다. 그는 다니엘 아게르와 함께 방을 썼는데, 다니엘이 '몬티스'에서 신나게 놀고 싶다는 바람에 리세 혼자 돌아가야 했다. 아게르는 나중에 자기가 들어갈 수 있도록 방문을 열어놓으라고 리세에게 일러뒀다. 나머지는 '몬티스'에 남아 웃고 떠들었다. 본인 주량을 훌쩍 넘겨버린 동료들이 하나둘씩 나타났다. 예르지 두덱은 떡이 되도록 술에 취했다. 평소에 예르지는 세상에서 가장 착한 사람이지만, 술에 취하자 '몬티스'의 보안요원은 물론 경찰과도 싸우려고 대들었다. 그는 세상을 번쩍 들어 뒤집으려는 것처럼 보였다. 이제 자리를 정리해야 할 때가 온 것 같다는 생각이 들었다.

숙소 객실에 도착한 지 몇 분 되지 않아 밖에서 감독의 말소리가 들렸다. 베니테스 감독이 내 방문을 시끄럽게 두드렸다. 화가 난 것 같았다. 나는 일찌감치 잠들었다가 깬 것처럼 보이려고 연기를 했다. 베니테스 감독은 "도대체 무슨 일이야?"라고 차디찬 목소리로 물었다. 나는 계속 연기를 했다. 하품을 하고 눈을 비비며 "모르겠는데요, 감독님"이라고 대답했다. 술 냄새가 나지 않도록 조심하면서. 베니테스 감독이 다시 차갑게 "리세와 벨라미가 싸우고 있어"라고 말하며 "다들 어디 있어?"라고 다시 물었다. 나는 "제가 가서 처리할게요"라고 말했다.

내려가 보니 한 선수의 방에서 또 다른 술자리가 열려 있었다. 방 안은 엉망진창이 되어 있었다. 스티브 피넌(Steve Finnan)은 살인을 목격한 사람처럼 완전히 얼어 있었다. 자초지종을 물으니 실제로 살인이 일어날 뻔했다는 것이다. 피넌이 방에 돌아갔는데 벨라미가 씩씩대고 있었다고 했다. 벨라미는 자기 골프백에서 8번 아이언을 뽑아 들곤 "오케이, 그 새끼 죽어버리셌어"라고 내뱉었단다. 벨라미가 반쯤 미쳐 있는 표정이어서 피넌의 머리가 확 깼다고 했다. 벨라미가 8번 아이언을 들고 리세와 아게르의 방으로 달려갔다. 피넌이 쫓아갔지만 벨라미가 빨랐다. 자물쇠가 걸려 있지 않았으니 벨라미가 그대로 방 안으로 들어갔고, 자고 있던 리세를 8번 아이언으로 내려치기 시

12 재계약, 결심, 8번 아이언

작했다. 사각 팬티만 입고 있던 리세는 잔뜩 웅크린 자세로 몸을 보호해야 했다. 쫓아온 피넌이 달려들어 벨라미를 붙들었다.

다음날 아침 식사 자리는 마치 시체영안실 같았다. 경찰이 클럽 직원에게 예르지의 행위에 대해서 사과를 요구했다는 얘기를 들었다. 베니테스 감독의 심기가 뒤틀렸다. 다들 숙취에 빠져 있었고, 골프채로 얻어맞은 리세의 다리가 부어 있었다. 인터넷에서는 이미 난리가 났다. 잉글랜드 현지에서는 각종 매체에서 우리가 일으킨 말썽을 보도하고 있었다. 클럽에서는 리버풀의 명예를 실추시켰다며 격노했다. 중요한 챔피언스리그 경기를 앞둔 팀 안에서 선수가 동료에게 골프채 폭력을 휘두른 사건은 구단주부터 스폰서에까지 곱게 보일 리가 없었다. 리버풀의 일부 팬은 사건이 너무 황당해서 재미있어 하기까지 했다고 한다. 물론 심각한 사건이었지만.

벨라미와 리세의 성격은 정반대다. 둘 사이에서 언젠가 문제가 일어날 것 같다는 불길함이 상존했었다. 둘 다 자존감이 강하다. 과거에도 동료 간 싸움을 몇 차례 본 적이 있다. 주먹다짐도 있었다. 하지만 이번 건처럼 위험하진 않았다.

내가 리세였다면 절대로 용납하지 않았을 사건이다. 도대체 말이 안 되는 일이다. 가라오케 술집에서 놀다가 이렇게 큰 싸움이 벌어지다니. 베니테스 감독은 사건을 놀라울 정도로 가볍게 넘겼다. 둘을 불러 악수하게 하고 일을 매듭지었다. 물론 마음에 들진 않았겠지만, 경기 준비로 재빨리 넘어갔다. 팀 정신을 다지는 사건치고는 정말 이상하기 짝이 없었다. 누캄프 원정을 앞두고 긴장이 너무 과했던 것 같다.

언론에서는 벨라미를 경기에 내보내선 안 된다는 분위기로 몰아갔다. 하지만 TV, 라디오, 신문은 모두 베니테스 감독을 제대로 알지 못했다. 나는 그를 잘 알고 있었다. 선발 명단을 처음 들으면서도 나는 전혀 놀라지 않았다. 다리가 퉁퉁 부은 리세가 선발 출전했다. 물론 벨라미도 선발이었다. 베니테스 감독의 전술 최우선 원칙의 결과였다. 그는 '몬티스'에서 벌어졌던 일과 8번 아이언 해프닝을 깨끗이 무시했다. 바르셀로나와 같은 강팀을 원정에서 상대할 때마다 베니테스 감독은 수비 라인을 내렸다. 스피드를 앞세운 역습 축구였다. 벨라미의 속도는 발군이었다. 베니테스 감독에겐 당연한 선발 카드였다. 강팀을 상대로 역습을 펼치려면 리세가 필요하다는 사실도 감독은 잘 알고 있었다.

경기 전반 14분 만에 데쿠(Deco)가 골을 넣어 0-1로 끌려가면서도 우리는 흔들리지 않았다. 골프채를 휘두른 벨라미처럼 우리는 공격을 휘두를 수 있다는 자신감이 있었다. 전반 종료 몇 분 전에 사비 알론소의 프리킥이 피넌에게 연결되었다. 8번 아이언의 직접 목격자인 피넌이 정확한 크로스를 배달했다. 벨라미가 뒤로 물러나면서 바르셀로나의 수비수를 따돌렸다. 그러곤 헤딩슛을 날렸다. 수문장 빅토르 발데스가 가까스로 슛을 막았지만, 공은 이미 골라인을 넘어간 뒤였다. 디르크 카위트가 달려들어 공을 재차 골대 안으로 차 넣었다. 벨라미의 골이었다.

동점골의 짜릿함은 금방 쾌활한 웃음으로 변했다. 벨라미의 골세리머니 탓이었다. 얼싸안았던 동료들이 흩어지자 벨라미는 골프 스윙 세리머니를 펼쳐 보였다. 벨라미의 '이해 불가' 뇌구조를 보며 나는 혀를 내둘렀다. 리세에겐 약간 미안한 마음도 들었다. 진짜 골프채로 얻어맞았던 리세의 기분이 여전히 풀리지 않았기 때문이다. 나라도 그랬을 것이다. 호나우지뉴와 그때만 해도 머리가 길었던 리오넬 메시가 우리 골문을 위협했지만, 우리가 수차례에 걸쳐 단단히 막아냈다. 그리고 내가 찬 프리킥을 발데스가 겨우 막아냈다. 리바운드를 받은 카위트가 아깝게 기회를 살리지 못했다. 하지만 우리의 의지는 멈출 줄 몰랐다. 벨라미의 넓은 시야가, 자연스럽게, 리세를 찾아냈다. 리세는 잘 쓰는 왼발이 아니라 오른발로 슛을 때려 바르셀로나의 골문을 허물어트렸다. 그의 골세리머니는 폭발적이었다. 8번 아이언을 찾진 않았다.

그 대신에 잔디 위로 멋지게 무릎 슬라이딩을 하며 소리를 질렀다.

그날 우리는 바르셀로나를 2-1로 꺾었다. 경기 후 리세는 이렇게 소감을 밝혔다. "우리 둘이 골을 넣을 운명이었다. 벨라미와 나 사이에서 다툼이 있었지만, 진짜 중요한 순간을 위해 불미스러운 일을 잠시 묻어놨다. 그의 골세리머니는 불쾌하지 않았다. 벨라미도 마음고생이 심했다. 그 골이 그에게 얼마나 중요했는지 잘 알 수 있었다. 그가 골을 넣어서 나도 기뻤다. 우리는 하나의 팀이다." 벨라미의 반응은 가벼웠다. 크게 웃어댔다. 운명의 손길을 느끼기보다 그냥 신이 나 있었다.

그해 리버풀은 챔피언스리그 결승전에 올랐다. 아테네에서 열렸던 결승전에서 우리는 AC 밀란에 패했다. 결승전이 있기 전에 알가르베의 '몬티스'에 가서 팀워크를 다지지 않았던 탓이었는지 모른다. 리세가 벨라미를 진심으로 용서했는지도 의문이다. 어쨌든 그 두 친구가 우리에겐 잊을 수 없는 추억을 만들어줬다. 원정팀이 이기기란 매우 드물지 않은가.

일상에서도 10년은 꽤 긴 세월이다. 축구에서는 훨씬 더 길게 느껴진다. 10년은 부지하세월(不知何歲月)과 같다. 선수의 세대와 경기 스타일에서 모두 전후를 구분해도 좋을 만큼 긴 시간이다. 지난 10년간 정말 많은 일들이 리버풀과 내게 벌어졌다. 우리는 챔피언스리그 결승전에서 한 번 이기고 한 번 졌다. 대법원에 서보기도 했으며 리그 우승을 다퉜다. 구단주만 해도 두 번이나 바뀌었다. 감독은 네 명이 오갔다. 그러나 주장은 오직 한 명뿐이었다.

내가 처음 리버풀의 주장이 되었던 때가 2003년이었다. 국가대표팀에서도 주장을 맡았다. 결혼을 했고, 세 딸의 아빠가 되었다. 리버풀에서만 690경기 출전을 돌파했고, 잉글랜드 국가대표팀에서는 A매치 센추리클럽에 가입했다. 리버풀에서 로스앤젤레스로 가기로 한 결정도 있었다.

소란, 환희, 걱정, 영광, 불확실 그리고 확신이 있었다. 개중에서도 2004년

12월 8일 있었던 올림피아코스 경기와 2014년 12월 9일의 바젤 경기는 절대로 잊지 못한다. 두 경기 모두 챔피언스리그 16강 진출팀 결정전이었다. 2004년 우리는 16강에 오르기 위해서 올림피아코스를 2골 차이 이상으로 이겨야 했다. 10년 후인 2014년의 난이도는 쉬웠다. 한 골 차이라도 바젤에 이기기만 하면 조별리그에서 부진을 털고 16강에 진출할 수 있었다. 동료들을 보니 세월의 무게가 느껴졌다. 바젤 경기에서 우리 주축 중 한 명이 라힘 스털링이었다. 10년 전, 우리가 올림피아코스를 상대했을 때 라힘은 겨우 열 살이었다. 바젤전에 나서기 하루 전, 그는 스무 살이 되었다.

그 10년 동안 리버풀은 총 75명을 영입했다. 들어간 돈의 총액은 5억 2천만 파운드에 달했다. 2004년부터 2014년까지 신입생이 멜우드에 도착할 때마다 나는 놀라곤 했다. 모든 신입생의 첫 훈련을 나는 주의 깊게 지켜봤다. 제대로 영입했는지 혹은 돈 낭비인지, 왕인지 졸개인지, 사비 알론소인지 엘하지 디우프인지, 루이스 수아레스인지 마리오 발로텔리인지를 알아내려고 노렸다.

알론소는 처음 훈련부터 선명한 충성심을 보였다. 라파엘 베니테스 감독이 그를 산 결정이 정말 최고였다면, 5년 후 레알 마드리드로 판 결정은 정말 어리석었다. 훌륭한 선수와의 이별은 돈 낭비 신입생 한 명을 새로 맞이하는 일보다 훨씬 치명적이다. 2004-05시즌 베니테스 감독이 처음 부임했을 당시, 그의 첫 영입 4인은 모두 스페인 선수들이었다. 말라가에서 호세미(Josemi), 레알 마드리드에서 안토니오 누네스(Antonio Nunez), 레알 소시에다드의 사비 알론소, 바르셀로나의 루이스 가르시아(Luis García)였다. 작은 스페인 혁명이 클럽 분위기를 바꿨을 뿐 아니라 부임 첫해 베니테스 감독에게 유럽 챔피언 트로피를 선물했다.

알론소는 영입되기 전부터 리버풀과 인연이 있었다. 레알 소시에다드에서 그는 존 토샥(John Toshack) 감독의 지도를 받았다. 토샥은 리버풀의 레전드 골잡이이자 유능한 지도자다. 토샤 감독은 알론소를 아꼈다. 어린 나이부터 소시에다드의 주장 완장을 찼다. 2004년부터 2009년까지 알론소는 리버풀의 중추였다. 함께 뛰어본 미드필더 중 단연 최고였다.

알론소를 겨우 3천만 파운드에 팔다니 대재앙 같은 실수가 아닐 수 없다. 리버풀을 떠난 이후 알론소가 남긴 업적을 보라. 레알 마드리드와 바이에른 뮌헨에서 우승 트로피를 들어 올렸다. 스페인 국가대표팀에서는 유로와 월드컵 챔피언 메달을 목에 걸었다. 알론소를 판 책임자는 순전히 베니테스 감독이었다.

베니테스 감독은 내게 가레스 배리를 설득해달라고 부탁했다. 사비의 후임자로 배리를 세우고 싶었기 때문이다. 가레스도 좋은 선수이긴 하지만 사비는 월드클래스다. 정말 정신 나간 판단이었다. 아쉽게도 베니테스 감독은 알론소가 자기 축구 색깔과 맞지 않는다고 생각했다. 그는 알론소를 내보내고 그 자리에 배리를 세울 계획이었다. 그 바람에 알론소가 스페인으로 돌아가서 나는 슬펐다.

사비 알론소는 오랫동안 리버풀에서 뛸 수 있었다. 최소한 7~8년 정도까지 가능했다. 도대체 왜 전성기라고 하는 스물일곱 살 선수, 심지어 계약기간이 3년이나 남아 있는 미드필더를 팔아야 했는지 영문을 알 수가 없다. 마스체라노는 떠나고 싶다며 이적 요청을 받아줄 때까지 출전을 거부했다. 토레스는 내게 와서 떠날 수 있도록 도와달라고 부탁했다. 그도 첼시로 가기 전까지 최선을 다하지 않았다. 사비 알론소는 이적하고 싶다는 말을 한 번도 해본 적이 없었다.

나는 알론소, 토레스, 수아레스처럼 특별한 선수를 잃는 충격이 엉터리 영입의 여파보다 크다고 생각한다. 엘 하지 디우프에 관해서는 기억조차 하고 싶지 않지만, 뼈아픈 교훈으로 삼아야 한다는 의무감에 다시 언급해본다. 일이 어떻게 망쳐질 수 있는지를 디우프가 직접 시범을 보인 셈이었다. 제라르 울리에 감독은 훌륭한 능력을 갖췄다. 그런 지도자가 2002년 여름 영입했던 주인공이 바로 디우프였다. 당시 리버풀은 프랑스의 랑스(Lens)에 1천만 파운드를 이적료로 지급했다. 디우프를 가르쳤던 파트리스 베르게스 감독의 추천만 성급하게 믿었던 실수였다.

디우프는 2002년 월드컵에서 좋은 활약을 선보여 세네갈을 8강으로 인도했다. 울리에 감독이 그를 사려고 서두른 이유를 이해하긴 하지만, 감독은 디우프의 인성에 관해서는 통찰이 부족했다. 당시 프리미어리그에서 우승하기 위해 리버풀이 영입했던 세 명 중 한 명이었다. 이전 시즌 우리는 맨체스터 유나이티드에 이어 리그 2위를 기록했다. 디우프와 살리프 디아오(Salif Diao), 브루노 셰루(Bruno Cheyrou)가 우승 도전의 원동력이 되어줘야 했다. 그러나 세 명을 영입하기 위해 썼던 1,800만 파운드는 리버풀 역사에 남을 만한 돈 낭비였다. 그 시즌 우리는 리그 5위에 그쳤다. 디우프는 내가 뽑는 최악의 선수 목록에서 항상 빠지지 않게 되었다.

내가 보기에 디우프는 축구 자체에 별로 관심이 없었다. 리버풀도 관심 밖이었다. 예를 들어, 2003년 3월 파크헤드에서 열렸던 UEFA 유로파리그 셀틱 경기에서 디우프는 상대팀 팬에게 침을 뱉었다. 가끔 주위에서 디우프와 마리오 발로텔리를 비교해달라는 요청을 받는다. 항상 나는 대답을 고사한다. 발로텔리를 존중하지만, 디우프에 관해선 손톱만큼의 존경심도 갖고 있지 않기 때문이다. 때로 발로텔리는 사랑스러운 얼굴도 가졌다. 디우프는 전혀 그렇지 않다. 디우프 영입이 남겼던 유일한 긍정 요소는, 그가 최소한 경기 자체에는 집중했다는 점이다. 언제나 패스를 원했고, 절대로 숨지 않았다. 하지만 디우프가 일반적인 축구 선수가 아니라는 사실을 깨닫고는 그에 대한 희망을 일찍 접었다. 마치 축구가 자신의 사교 활동을 가로막는 방해물처럼 느껴질 정도였다.

발로텔리는 그 정도까지는 아니었다. 가끔 그를 보며 웃을 때도 있었다.

내 안에 희망을 키웠다. 마리오는 정신만 차리면 천하무적이 될 잠재력이 무궁무진했다. 그의 이적료는 1,600만 파운드였다. 2014년 12월 바젤 경기를 치른 뒤에 리버풀이 전력 보강에 투입한 금액이 1억 2천만 파운드에 달했다. 그러나 발로텔리는 사타구니 부상에 시달려 출전 명단에서 아예 제외되어 있었다. 나는 경기 준비에만 집중하고 있었다. 그러나 주위의 모든 이가 10년 전 올림피아코스 경기에서 내가 넣었던 '원더골'에 관해서만 이야기했다.

축구선수로서 나이를 먹는 것은 저주일지도 모른다. 주위에서 항상 과거 기억을 소환하며 이미 지나버린 일을 자꾸 떠오르게 한다. 개중에는 승패와 상관없이 현재를 유추하게 하는 징조로 쓰이는 기억도 있다. 각종 기념일, 경기, 승리와 골까지 내가 걸어왔던 과거의 그림자처럼 희미하다. 그러나 언제 기억해도 기분이 좋아지는 짜릿한 과거가 있다. 올림피아코스와 바젤 경기가 대표적이다. 이유가 서로 다르긴 하지만.

STEVEN GERRARD

13

원더골과 부상

Wonder Goals and Injury Blues

GERRARD
8

2004년 12월 8일 수요일
안필드

그날 밤, 콥 스탠드는 조명 불빛 아래서 시뻘겋게 타고 있었다. 나는 선두에 서서 동료들을 이끌고 나왔다. 흰색과 노란색이 붉은 바닷물 위로 넘실거렸다. 폭풍우 소리보다 더 요란하게 홈 팬들이 아우성치고 있었다. 마스코트 꼬마와 손을 잡고 우리는 감정이 폭발하는 안필드 그라운드 안으로 들어갔다. 아버지를 따라 난생 처음 안필드에 갔던 날도 꼭 이랬다.

1986년 11월 26일 수요일 밤이었다. 리틀우즈컵(현 캐피털원컵) 경기에서 리버풀과 코번트리가 격돌했다. 나는 여섯 살이었다. 그날 밤 현장의 불타는 감정을 나는 지금도 잊지 못한다. 무엇보다 학교 수업이 있던 평일 저녁에 아버지가 나를 데리고 축구 경기장에 갔다는 사실을 믿을 수가 없었다. 우리는 켐린 로드 스탠드의 아래쪽 자리에 앉아 콥 스탠드 쪽을 바라봤다. 정말 대단한 광경이었다. 난생 처음 붉은 바다를 봤다. 아찔할 정도로 행복에 겨웠다. 응원 함성이 너무 커서 나는 손으로 귀를 막았다. 놀라웠다. 나는 응원곡과 구호가 좋았다. 모든 게 기억난다. 개중에서도 눈부신 조명 불빛 아래서 반짝거리는 안필드의 녹색 그라운드가 가장 아름다웠다. 그날 리버풀은 코번트리를 3-1로 이겼다. 얀 몰비가 해트트릭을 작성했다. 세 골 모두 페널티킥이었다. 페널티킥 세 개를 보면서 나는 '말도 안 돼. 지금 꿈꾸는 걸 거야'라고 생각했던 기억이 난다.

18년이 흘러 현실감이 커졌다. 그라운드는 변함없이 녹색이었다. 축구 경기를 치르기에 완벽했다. 오늘도 페널티킥을 얻었으면 했다. 몰비처럼 세 개씩은 바라지도 않는다. 딱 한 개만 얻으면 우리는 올림피아코스를 꺾고 챔피언스리그 16강에 오를 수 있었다.

몰비의 페널티킥 해트트릭을 직접 관전한 다음날 나는 학교에서 내내 졸았다. 아이언사이드 로드가 안필드라고 상상했다. 딱딱한 콘크리트 바닥은 매끄러운 안필드의 잔디였다. 길가에 있는 집을 메인 스탠드와 켐린 로드 스탠드로 생각했다. 그리고 나는 얀 몰비로 분했다. 내가 페널티킥 세 개를 모두 넣었다. 휴이턴 길거리에서 펼쳐졌던 모든 축구 장면을 나는 사랑한다.

2004년 12월 겨울밤의 상황은 훨씬 심각했다. 경기장에 들어서면서 평소처럼 콥 스탠드를 바라봤다. 스페인의 향기가 부쩍 짙어졌다. 골대 뒤쪽에 있는 콥 스탠드에 내걸린 플래카드가 스페인의 국기처럼 보였다. 가장자리가 붉은색, 안쪽은 노란색이었다. 노란색 중앙에 다시 붉은색 라이버 버드(Liver Bird; 리버풀을 상징하는 가상의 새)가 네 개의 별과 함께 수놓아져 있었다. 유럽 통산 우승 4회를 의미했다. '라파의 붉은 부대'라는 문구는 금색이었다. 골대를 바라보고 오른쪽 아래에 새로운 플래카드가 내 눈길을 끌었다.

페이즐리의 세 번째 우승
파간의 네 번째 우승
라파의 우승은 다섯 번째?

13 원더골과 부상

'다섯 번째'라는 단어가 스페인어로 쓰여 있었다. 축구만 하면 공부를 하지 못한다고 누가 그랬던가? 경기를 하면 할수록 나와 콥의 스페인어 어휘가 늘어났다.

원래 나는 산수에 능하기도 했다. 같은 조 4개 팀이 다섯 경기씩 치렀다. 올림피아코스가 승점 10점으로 조 1위였다. 모나코가 9점으로 2위, 우리가 7점이었다. 데포르티보 라코루냐는 2무 3패로 이미 조별리그에서 탈락했다. 2무 중 하나가 안필드 홈경기였다. 안필드에서 약체와 비기는 바람에 우리는 최종전에서 올림피아코스를 반드시 꺾어야 하는 상황에 처했다. 골득실 차이가 똑같았으니 우리가 1-0으로 이기기만 하면 되었다. 올림피아코스가 한 골이라도 넣으면 우리는 무조건 두 골 차이 이상으로 이겨야 했다.

그때도 주장이긴 했지만 스물네 살밖에 되지 않았다. 빅매치를 앞두고 내 솔직한 생각을 요령 있게 표현하는 방법을 잘 알지 못했다. 화요일 있었던 기자회견에서 나는 챔피언스리그 16강에 오르지 못하고 B급 대회로 떨어지는 시나리오에 대한 감정을 그대로 드러냈다. "목요일에 우리가 UEFA컵 클럽으로 전락하는 상황은 리버풀이나 나에게나 모두 재앙이다. 과거 UEFA컵 출전에 만족해야 해서 실망스러웠다. 우승도 해봤지만, 챔피언스리그와 비교할 수 없다. 선수와 클럽 모두 B급 우승에 만족해선 안 된다. 챔피언스리그가 내가 있고 싶은 무대다."

나의 발언은 결과적으로 스스로 부담을 가중하는 꼴이었다. 개인적으로도 내가 클럽만큼 대단한 존재처럼 들릴 수도 있었다. 어린 나이에 겁도 없이 떠들어대는 식은 아니었다. 하지만 나의 솔직한 야망을 완곡하게 표현하는 요령을 알지 못했다. 벌써부터 내가 리버풀에서 첼시로 이적할지 모른다는 소문이 무성했었다. 다음 시즌 챔피언스리그 출전 여부가 정해질 때까지 나는 재계약 논의를 미뤄놓은 상태였다. 기자회견에서 나는 한 발짝 더 나아갔다. "챔피언스리그 무대에서 쫓겨난 상태로 다음날 아침에 눈을 뜨고 싶지 않다. 다음 시즌 우리가 챔피언스리그에 나가지 못하면 나도 거취를 고민해야 한다."

내 발언이 경기의 의미를 키웠다. 경기 전 기자회견치고는 그리 현명하지 못했다. 내용에 거짓은 없었다. 우리가 올림피아코스에 이기지 못하면 리버풀에서 다시는 뛸 수 없을지도 모른다는 생각이 머리에서 떠나지 않았다. 나는 자신감을 표현하고 싶기도 했다.

"1-0으로 이기거나 두 골 차이 이상으로 이기는 것이 어렵다고 말하는 사람도 있다. 하지만 조별리그를 시작하기 전부터 이런 상황이 벌어지리라 알았어도 다를 건 없다. 골을 못 넣을 것이라는 걱정은 없다. 상대가 골을 넣으면 우리는 세 골을 넣어야 한다. 괜찮다. 골을 넣도록 최선을 다하겠다."

당연히 노력할 작정이었다. 하지만 이른 시간에 실점을 허용하면 어쩌나, 라는 걱정도 있었다. 사실 라커룸 구석에서 카라와 단둘이 걱정스러운 의견을 나눴다. 나는 "골을 내주면 안 돼. 한 번만 미끄러져도 우리는 높은 산을 올라야 해"라고 말했다. 카라도 동감했다. 나는 걱정이었다. 나의 챔피언스리그 꿈이 깨지지 않았으면 했다.

당시 우리 중앙수비는 사미 히피아와 제이미 캐러거가 맡았다. 유럽 어느 중앙수비수 콤비와 비교해도 손색이 없었다. 카라는 오래전부터 알고 지낸 사이였다. 사미는 2003년 내게 깊은 배려를 보여줬다. 당시 제라르 울리에 감독이 스물세 살밖에 되지 않았던 나를 주장에 임명했다. 사미가 주장 완장을 양보해야 했다는 뜻이다. 나는 당황스러운 마음으로 사미를 찾아갔다. 그는 내가 주장 역할을 하는 과정에서 어려움이 있으면 언제든지 곁에서 도와주겠다고 말해줬다.

올림피아코스 경기 조반부터 사미와 나는 호흡을 맞췄다. 왼쪽에서 내가 찬 코너킥을 사미가 니어코너에서 머리로 연결했는데 골대에서 살짝 벗어났다. 안필드에 우리를 응원하는 함성이 우렁차게 울려 퍼졌다. 그러나 우리

13 원더골과 부상

는 수비를 단단히 해야 했다. 상대의 날카로운 프리킥 크로스를 내가 머리로 걷어내 코너킥을 허용했다. 쉽지 않은 경기가 될 것이라는 경고였다. 전반 20분 사비 알론소가 완벽한 프리킥 크로스를 올려줬다. 나는 발꿈치로 공의 방향을 살짝 바꿨다. 공이 골대 쪽으로 향했다. 골이라고 직감한 나는 두 손을 번쩍 들었다. 그러나 공은 상대의 오른쪽 골대에 맞고 튕겨 나왔다. 절실한 선제골 획득 기회가 수포로 돌아갔다.

전반 26분 올림피아코스가 우리 진영 아크 바로 앞에서 프리킥을 얻었다. 여섯 명이 벽을 세웠고, 나머지 세 명을 골키퍼 크리스 커클랜드(Chris Kirkland) 주위에 배치했다. 커클랜드는 우리에게 벽을 더 촘촘하게 만들라고 소리 질렀다. 히바우두가 킥을 찰 자세를 취했다. 3년 전 그는 바르셀로나의 유니폼을 입고 우리를 꼼짝 못하게 만든 적이 있었다. 안필드에서 바르셀로나는 우리를 3-1로 격파했고, 그날 우리는 실력 차이를 절감했다. 다행히 이 경기에선 히바우두가 아직 이렇다 할 모습을 보이지 못했다. 그러나 그의 왼발 프리킥은 벽을 비켜 날아가 골문 안에 정확히 떨어졌다. 올림피아코스가 1-0으로 앞서기 시작했다.

커클랜드가 우리에게 불같이 화를 냈다. 하지만 수비벽은 골대 중앙으로 날아갈 루트를 막고 있었다. 커클랜드의 위치가 틀렸던 것이다. 그의 실수였다. 실망한 나머지 나는 공을 힘껏 차버렸다가 경고를 받았다. 챔피언스리그에서 탈락한 듯한 기분이었다. 스스로를 구원하려면 이제 우리는 세 골을 넣어야 했다. 하프타임 동안 베니테스 감독은 놀랄 정도로 침착해 보였다. 화이트보드 앞에 서서 간단한 전술 변화를 지시했다. 알아듣기 쉬운 영어로 그는 "지미(지미 트라오레; Djimi Traore) 나오고, 플로랑(플로랑 시나마 퐁골; Florent Sinama Pongolle)이 들어간다. 백스리(back three)로 바꾼다. 용감하게 나가. 실수하지 말고. 한번 해보자고. 유럽 무대가 이제 45분 남았어. 너희가 이 대회에 얼마나 남고 싶은지를 보여줘. 팬들에게 보여줘"라고 말했다.

후반 시작 2분 만에 뭔가 될 것 같은 느낌이 들었다. 베니테스 감독의 전술 변화가 먹혔다. 해리 큐얼(Harry Kewell)이 왼쪽 측면을 따라 들어간 다음에 올려준 크로스를 시나마 퐁골이 밀어 넣었다. 그는 골대 안에 있는 공을 주워 센터서클을 향해 재빨리 달려갔다. 베니테스 감독은 달리 좋아하지 않고 손목시계를 보며 시간을 확인할 뿐이었다. 이제 43분 동안 두 골을 넣어야 했다. 쉽게 들려도 결코 쉽지 않은 일이었다.

큐얼과 밀란 바로스(Milan Baros)가 나와 패스를 연결한 끝에 내가 몸을 날려 하프발리슛을 때렸다. 골키퍼의 옆구리 아래쪽으로 빠진 공이 뒤로 흘러 골대 안으로 들어갔다. 그러나 주심의 휘슬이 울린 뒤였다. 슈팅 전에 바로스가 가브리엘 쉬레르(Gabriel Schurrer)에게 반칙을 범했다는 판정이었다. 양손이 절로 머리를 감쌌다. 나는 계속해서 '해낼 수 있을까? 해낼 수 있을까?'라고 자문하면서 뛰었다.

양 팀 모두 득점 기회를 살리지 못한 채 후반 35분까지 1-1 균형이 이어졌다. 두 골을 넣을 수 있는 시간이 겨우 10분밖에 남지 않았다. 우리는 프리킥을 얻었다. 사비 알론소가 찼는데, 페널티박스 안에서 큐얼이 넘어졌다. 우리는 페널티킥을 외쳤으나 공이 시나마 퐁골에게 연결되었다는 이유로 주심은 속행을 선택했다. 시나마 퐁골의 크로스가 누네스의 헤딩으로 연결되었다. 상대 골키퍼 니코폴리디스의 손에 맞고 나온 공이 닐 멜러(Neil Mellor)의 앞에 떨어졌다. 교체로 들어온 지 3분도 채 되지 않았던 멜러가 골네트를 세차게 흔들었다. 리버풀이 2-1로 승부를 뒤집었다. 안필드는 광염에 휩싸였다. 다들 센터서클로 뛰어가면서 하이파이브를 나눴다. 경기를 빨리 재개해야 했다.

이번에도 베니테스 감독은 기뻐하시 않았다. 다시 시세민 볼 뿐이었다. 차디찬 머리로 안필드를 뒤집어놓을 시간 여유가 얼마나 남았는지 계산 중인 것처럼 보였다. 이제 9분 남았다. 그 시간 안에 우리의 챔피언스리그 시즌을 지켜내야 한다. 올림피아코스가 경기를 재개하기까지 우리는 큰 부담과 흥분을 느꼈다. 그들은 최대한 시간을 허비하려고 애썼다. 카라와 나는 동료들에게 침착하게 하라고 소리쳤다. 승리를 쟁취할 시간이 아직 남아 있었기 때문이다.

5분이 후다닥 사라졌다. 큐얼과 내가 패스를 주고받은 다음에 내가 크로스를 올렸다. 위협적이었다. 박스 안에서 멜러가 넘어졌다. 우리는 다시 페널티킥을 외쳤다. 주심은 고개를 가로저었다. 4분밖에 남지 않았다. 우리를 구원할 시간, 4분. 카라까지 공격에 나섰다. 카라가 드리블 전진을 하다니 얼마나 급했는지 잘 알 수 있었다. 카라가 크루이프턴까지 선보였을 정도로 상황이 급박했다. 나는 중앙 영역에 있었다. 골대까지 거리는 약 27미터였다. 내가 넓은 공간에 혼자 있다는 사실을 카라에게 알리려고 두 손을 들고 흔들었다. 카라가 멜러에게 영리하게 패스를 보냈다. 멜러가 점프를 하려고 할 때 내가 다가가면서 "패스! 패스!"라고 소리를 질렀다. 멜러가 내 고함을 들었다. 나를 봤다. 헤딩으로 공을 내 앞쪽으로 떨궜다. 화려함은 없어도 확실한 헤딩 패스였다. 공이 내 앞에서 한 번 튕겼다. 천천히 두 번째 바운드되자마자 내가 하프발리슛을 때렸다. 오른쪽 코너를 노려 몸무게를 완전히 실었다. 23미터 지점에서 정확하게 발에 맞았다. 엄청난 슛이었다. 나의 인생을 완전히 뒤바꿔놓은 경이석인 슈팅. 챔피언스리그 공인구는 화살처럼, 미사일처럼 곧장 날아갔다. 상대 골문의 오른쪽 아래 지점으로, 콥 스탠드 바로 앞으로 발사되었다. 쾅.

주먹을 휘두르면서, 팔을 세차게 흔들면서, 다리가 제 마음대로 움직이면서, 콥을 향해 달려갔다. 홈 팬들은 모두 미쳐버렸다. 나는 열광하는 콥들을 가리키며 광분했다. 내 앞에 있는 모든 팬들의 기쁨이 한꺼번에 폭발하고 있었다. 자리를 박차고 나온 팬 몇 명과 선수들이 한데 섞여 '미친' 골세리머니를 펼쳤다. 눈앞에 떠다니는 기쁨의 얼굴들을 보면서 혼자 속으로 '그래, 내가 있잖아. 모두를 위해 내가 뛰어. 내가 넣었다고!'라고 소리쳤다. 달려 나온 팬들에게 파묻혔다. 기쁨이 폭발하는 붉은 바다에 빠져버렸다. 리틀우즈컵 경기에서 얀 몰비의 페널티킥 해트트릭에 완전히 마음을 빼앗겨버렸던 여섯 살짜리 꼬마는 18년이 흐른 뒤에 자기에게 무슨 일이 벌어질지 상상하지도 못했을 것이다.

나는 올림피아코스전 골을 보고 또 본다. 개인상을 받는 행사 현장에서도, 각종 기념행사에서도 그 골 장면이 빠지지 않는다. 공이 내게 오기까지 과정도 너무나 생생하게 기억난다. 측면에서 카라의 크로스가 박스 안으로 들어왔다. 멜러가 있었다. 그가 패스를 연결해줄 것이라고 알고 있었다. 골문을 등진 자세로 공을 잡으면 멜러는 항상 동료에게 연결하기 때문이다. 테크닉은 별로였어도 멜러는 위치 선정과 결정력이 뛰어났다. 그 장면에서 나는 딱 하나만 바랐다. 멜러가 공을 내 앞에 정확히 떨어트리는 일이었다. 그 임무는 완벽하게 완수되었다. 굴러오는 공을 보면서 나는 오른쪽 구석을 노려 정확히 차기만 하면 골을 들어갈 것이라고 믿었다. 정확히 차기가 쉽지만은 않았지만, 꿈처럼 기막히게 맞아떨어졌다. 발에 공이 맞는 순간 나는 골이라고 직감했다. 골프의 스위트스팟(sweet spot) 같았다. 어떤 감각도 느낄 수 없을 만큼 정확한 임팩트였다. 나 그리고 리버풀을 위해 거대한 골이 탄생했다.

경기를 중계했던 스카이스포츠 중계진의 외침은 지금도 내 머릿속에 선명하게 새겨졌다. 앵커인 마틴 타일러가 상황을 설명했다. "캐러거가 잡았습니다. 침착합니다. 멜러, 조심스럽게 머리로 떨굽니다. 제라아아아아아드!!" 해설자였던 앤디 그레이의 목소리가 대폭발했다. 슛이 골대 안으로 들어간 직후에 그레이는 "아아아아아아아, 아름다워요! 제라드가 정말 제대로 맛췄어요! 성말 엄청난 슛이에요!!" 에버턴에서 선수로 뛰었던 그레이는 '원더골'에 숨이 넘어갈 것 같았다.

슛은 달콤하고, 간절하고, 완벽했다. 멜우드에서 연습할 때 나왔어도 탄성이 나올 만큼 대단한 슛이었다. 차가운 수요일 저녁, 챔피언스리그 공식전에서 우리의 희망이 점점 꺼져가고 있을 때 그런 골이 나오다니. 12월의 차가운 공기를 뚫고 날아가 나의 미래에 정확히 꽂혔다. 그렇게 나온 골 덕분에 우리는 2005년 5월 유럽 챔피언이 될 수 있었다. 지금 그 장면을 돌려봐도 중거리슛은 나의 신념과 야망을 선명하게 보여준다. 희망을 품고 멜러에게 애절하게 소리쳤다. 제발 내 앞으로 공을 떨어트려주길 간절하게 바랐다. 그렇게만 해주면 내가 모든 것을 해결할 수 있을 것이라고 굳게 믿고 있었다.

득점 순간의 흥분이 지나가고 스카이스포츠의 타일러는 "골문 안에서 슬쩍 밀어 넣는 골도 있겠죠. 하지만 시청자 여러분께서 방금 보신 골은 챔피언스리그에서 나온 골이에요. 오랫동안 쉽게 목격할 수 없는 너무나 대단한 골이었습니다"라고 설명했다. 방송사는 느린 그림으로 골 장면을 다시 보여줬다. 침착함을 되찾은 그레이가 설명을 이었다. "마틴, 다른 설명이 필요 없어요. 그냥 이거 보세요. 느린 그림이 모든 걸 설명하잖아요. 정말 특별한 골이에요. 이거 보세요."

지금도 나는 그 골 장면을 보면서 웃는다. 그 상황에서도 베니테스 감독은 기뻐하지 않았기 때문이다. 사이드라인 앞에서 감독은 빙글빙글 돌 뿐이다. 약간 당황한 것 같기도 하다. 오렌지색 옷을 입은 보안요원이 달려가 그를 안았다. 베니테스 감독은 무뚝뚝하게 가만히 서 있었다. 마치 태어나서 처음 만난 백발 친척 어른에게 안긴 스페인 꼬마 같았다. 보안요원이 자꾸 매달리자 베니테스 감독은 그의 등을 두 번 두들길 뿐이었다. 콥에게 달려가 안겨 울부짖으며 환희를 표현하는 것이 나의 방식이라면, 그렇게 아무 일도 없었다는 듯이 침착한 표현은 베니테스 감독의 성격을 잘 보여준다.

TV 화면은 베니테스 감독에서 떠나 나를 비췄다. 센터서클에서 나는 흰 치아를 내보이며 동료들에게 마지막까지 정신 차려야 한다고 소리치고 있었다. 나는 정말 어려 보였다. 동시에 집중하고 있었다. 마틴 타일러의 설명은 이렇게 마무리되었다. "내일 아침 UEFA컵에서 깨어나고 싶지 않다고 제라드가 말했잖아요. 어저께 했던 말이에요. 지금 그의 장기인 오른발을 힘껏 휘두르고 나서 제라드가 이렇게 말할 것 같아요. '챔피언스리그 16강, 이리 나와! 우리가 왔다!'라고요."

2014년 12월 9일 화요일
안필드

올림피아코스전 원더골로부터 10년이 흐르는 동안 나는 진실하게 리버풀을 위해 뛰었다. 이제 안필드에서 벌어질 바젤과의 챔피언스리그 경기에서 나는 리버풀을 이끌고 그라운드 안으로 들어갈 참이었다.

레알 마드리드가 조별리그 다섯 경기를 모두 이겨 승점 15점을 챙겼다. 바젤은 6점, 리버풀과 루도고레츠가 나란히 4점이었다. 우리가 골득실에서 앞선 데다 루도고레츠의 조별리그 최종전은 마드리드 원정이었다. 바젤 경기가 사실상 챔피언스리그 16강 진출권의 주인을 가리는 결정전이었다. 상황은 2004년 올림피아코스전보다 덜 복잡했다. 이기면 됐다. 스코어를 따질 필요가 없었다. 이기면 16강에 올라 어려운 시즌 중에 작은 보람을 얻을 수 있었다.

새로운 선수들이 필승을 향한 굳센 의지를 확실히 갖췄는지가 성공을 좌우하는 것처럼 보였다. 올림피아코스전 멤버는 이제 나 혼자뿐이었다. 기념비적인 10년 전 골과 함께 나에게 큰 초점이 맞춰졌다. 경기 전 기자회견에서 브렌던 로저스 감독은 이렇게 말했다.

"리버풀의 위대한 역사가 새겨진 대회다. 올림피아코스 경기도 그런 역사의 일부분이다. 이번 바젤전은 지금 선수들에겐 조별리그에서 살아남는 기회일 뿐 아니라 클럽 역사의 주인공이 될 수 있는 기회이기도 하다. 우리는 스티븐 한 사람에게만 의지할 수 없다. 바젤전에서 우리는 팀 전체의 경기력이 필요하다. 팀을 위해 서로가 보탬이 되어야 한다. 스티븐의 축구가 가진 장점이기도 하다. 요즘은 월드클래스가 많지 않다. 월드클래스는 큰 책임감을 떠안아야 하기도 한다. 앞서 말했듯이 팀으로 싸워야 한다. 원하는 결과를 얻으려면 팀 전체가 최고의 경기력을 발휘해야 한다."

안필드는 다른 경기장에서 경험하기 힘든 정신이 존재한다. 리버풀 팬들의 힘과 에너지가 가끔 슛을 상대편 골대 안으로 빨려 들어가게 하는 특별한 능력을 발휘하기도 한다. 올림피아코스전에서 막판 10분 동안 홈 팬들이 냈던 함성은 그때까지 들어본 것 중에서 가장 열광적이었다. 그로부터 몇 개월 뒤에 있었던 첼시와의 챔피언스리그 준결승 2차전에서는 그 함성이 더 커졌다.

안필드 관중은 영리한 머리도 갖췄다. 그들은 축구를 잘 안다. 바젤전에서 홈 팬이 이상하리만치 조용했던 이유이기도 하다. 부진한 팀플레이가 이어지자 홈 팬들은 우리에게 예전 같은 공격력과 야망, 기술, 정교함이 남아 있지 않다는 현실을 간파한 것 같았다. 우리는 스위스에서 온 상대를 제압하지 못했다. 적은 수의 원정 서포터즈석이 오히려 더 큰 함성을 내질렀다.

전반전 우리는 패기를 찾아볼 수 없는 경기를 펼쳤다. 바젤은 신중하면서도 때로 대단한 테크닉을 선보였다. 전반 25분, 우리 페널티박스 바깥에서부터 만든 득점 기회를 바젤의 파비안 프라이(Fabian Frei)가 놓치지 않았다. 0-1. 우리는 두 골을 넣어야 했다. 선수들의 어깨가 축 처지자 관중석에서 "공격해!"라는 성난 요구가 날아들었다. 하프타임을 이용해 우리 안에서 불씨를 댕길 수 있는 계기를 만들어야 했다.

로저스 감독이 변화를 시도했다. 모레노 대신에 엔리케, 램버트 대신 라자르 마르코비치(Lazar Markovic)가 교체로 들어갔다. 그로부터 15분이 지나 마르코비치와 베흐랑 사파리(Behrang Safari)가 공을 다퉜다. 사파리는 바젤에서 가장 뛰어난 선수인 동시에 최고의 연기자라는 사실이 드러났다. 마르코비치가 몸싸움에서 지지 않으려고 팔을 뒤쪽으로 휘둘렀다. 그 장면에서 그의 손가락이 사파리의 코에 걸렸다. 사파리는 묵직한 어퍼컷이라도 얻어맞은 사람처럼 쓰러졌다. 주심이 레드카드를 꺼내 들었다. 마르코비치가 퇴장당하는 바람에 우리는 10명이 뛰어야 했다.

포기하진 않았다. 내가 동료들을 독려했다. 비를 맞으면서 달리고 태클을 날렸다. '터프'한 태클로 나는 타울랑 차카(Taulant Xhaka)에게서 공을 빼앗았다. 그대로 골문을 향해 돌진했고, 상대 수문장 토마스 바클릭(Tomas Vaclik)이 나의 발을 향해 용감하게 몸을 던졌다. 홈 관중이 일제히 소리를 질렀다. 드디어 함성과 믿음이 안필드로 돌아왔다.

우리에겐 희망이 있었다. 몸 안에 오랜 신념이 다시 튀어나오는 것 같았다. 후반 36분 바젤 진영 오른쪽에서 내가 프리킥 크로스를 준비했다. 빠르고 날카롭게 수비벽을 넘어 톱코너로 날아갔다. 골키퍼는 손을 쓸 수가 없었다. 1-1 동점이었다. 센터서클로 재빨리 돌아가며 동료들에게 아직 할 수 있다는 믿음을 전달했다. 기적을 재현할 수 있다는 믿음이었다. 10년 전 우리는 경기 종료 9분을 남겨놓고 누 골이나 넣어야 했다. 지금은 한 골만 필요했다. 조용했던 관중석은 온데간데없이 사라졌다. 펄펄 끓는 붉은 바다가 제 모습을 찾았다.

그 골은 나의 챔피언스리그 130경기째에서 기록된 41호 골이었다. 나는 42호 골을 애타게 원했다. 스털링이 바젤을 괴롭혔다. 이리저리 드리블을 하면서 공략했다. 패스가 조던 헨더슨에게 연결되었다. 안필드가 숨을 죽였다 가슴으로 공을 떨군 헨더슨이 그대로 하프발리슛을 때릴 수 있다고 직감한 덕분이었다. 슛은 골문을 향해 제대로 날아갔다. 그러나 바젤의 골키퍼가 몸을 날려 겨우 막아냈다. 경기 막판이 되자 시간이 총알처럼 지나갔다. 우리는

13 원더골과 부상

끝까지 저항했지만 이내 경기 종료 휘슬이 울렸다. 나는 허리 뒤쪽에 손을 댄 채 낙담했다. 머리가 땀과 비로 푹 젖어 있었다. 고개를 숙인 채 얼굴을 닦았다. 나의 마지막 챔피언스리그 경기가 끝났다.

나의 결심을 공개할 시점이 되었다. 나는 이미 클럽에 2015년 6월 계약이 끝나면 미국으로 가겠다는 뜻을 전달했다. 계속 비밀로 유지할 수도 있었지만, 감독에게 미안하다는 생각이 들었기 때문이다. 내 미래가 불투명해지자 로저스 감독은 연신 나의 거취를 물었다. 나는 스트루안에게 "로저스 감독에게 가장 먼저 말하고 싶어요. 그런 다음 클럽이 나의 결정에 어떻게 대응하는지 알아봅시다"라고 요청했다.

로저스 감독에게 가서 내 뜻을 이야기했다. 물론 마드리드 원정 벤치에서 그런 마음을 굳혔다는 말은 하지 않았다. "사나이 대 사나이로 제가 말씀드릴 수 있는 사실은, 아무것도 변하지 않는다는 겁니다. 시즌이 끝날 때까지 열심히 훈련에 임할 거예요. 내가 할 수 있는 최선을 다할 생각이에요. 마지막까지 내가 가진 모든 것을 드릴게요." 로저스 감독의 반응은 평소처럼 이해심이 깊었다.

리버풀의 톰 워너(Tom Werner) 회장이 미국 보스턴에서 내게 전화를 걸어왔다. 나는 톰과 존 헨리 회장과 좋은 관계를 맺고 있었다. 그들은 구단주로서 나를 정중하게 대했다. 워너 회장의 목소리가 약간 떨렸다. 내 결심이 만든 실망감과 당혹감이 그대로 배어 있었다. 하지만 나의 뜻을 존중해줬다. 리버풀을 떠나기로 한 이유를 물었고, 나는 결심 배경과 함께 미국이란 곳이 내 가족에게도 매우 좋은 장소가 될 것이라고 설명했다. 전화 통화는 20분 정도 이어졌다. 나는 헨리 회장에게 직접 연락하겠다고 약속했다. 리버풀에 올 때마다 두 회장은 항상 나를 불러 커피를 마시며 대화를 나눴다. 리버풀은 매우 긍정적인 구단주를 맞이했음을 알 수 있었다.

결별 사실 발표가 다가오면서 스트루안의 전화에 불이 났다. 내가 리버풀을 떠날지도 모른다는 소식을 접한 클럽들이 너도나도 연락해왔다. 첫 번째 제안은 터키의 베식타스였다. 그곳을 맡고 있던 슬라벤 빌리치 감독도 전화를 걸어왔다. 그 다음은 모나코였다. 대단히 적극적으로 달려들었다. 파리 생제르맹도 의욕을 보였다. 데이비드 모예스 감독도 스트루안에게 두 차례나 전화해왔다. 레알 소시에다드에서 함께 뛰어보자고 제안했다.

잉글랜드 클럽도 몇 군데 있었지만, 나는 리버풀을 상대로 뛰고 싶진 않았다. 토트넘과 마우리시오 포체티노 감독도 관심을 보였다. 포체티노 감독이 여전히 나를 높게 평가하다니 기뻤다. 나도 프리미어리그에서 1년 더 뛸 수 있다는 확신을 가졌지만, 토트넘의 선수로서는 그런 의욕을 내기가 힘들었다. 스트루안은 내가 리버풀을 상대로 뛰기 싫어한다는 사실을 잘 알고 있었다.

PSG와 모나코의 제안에는 살짝 끌렸다. 유럽 리그에서 계속 뛸 수 있기 때문이다. 하지만 유럽 클럽 대항전에서 만에 하나 안필드 원정이라도 온다면? 나는 스트루안에게 "안 돼요. 나는 유럽에 남고 싶지 않아요. 전혀 다른 곳으로 가야 할 때가 왔어요"라고 내 뜻을 분명히 했다. 카타르의 거대한 제안이 왔고, 극동아시아 쪽에서도 두 클럽이 제안을 보냈다. 하지만 우리는 이미 MLS 쪽 관계자와 기본적인 이적 합의를 마친 상태였다. LA 갤럭시가 최상의 행선지라는 믿음은 흔들리지 않았다.

이제 언론과 팬에게 이야기하는 일만 남았다. 2015년 1월 2일, 2014-15시즌이 끝나는 대로 리버풀을 떠나 미국으로 간다는 내용을 담은 성명서를 발표했다. 즉각적으로 나를 기리는 칭송과 헌정이 쇄도해 감동받았다. 새해 첫날 레스터 시티와 비긴 뒤, 나는 '리버풀FC TV'의 클레어 루크(Claire Rourke)와 인터뷰를 했다. 내가 전반전에만 페널티킥을 2개 성공해 2-0으로 앞섰다. 하지만 후반전 초반 레스터가 반격하면서 동점으로 따라붙었다. 경기 결과

13 원더골과 부상

는 실망스러웠지만, 어쨌든 인터뷰를 처리하고 싶었다. 일반 공개는 며칠 뒤로 예정되었다.

카메라가 아직 돌아가지도 않은 상황에서부터 나는 약간 얼어붙었다. 시작하기 전에 나는 클레어와 너무 감성적으로 빠지지 말자고 합의했다. 클레어는 수완이 좋은 기자이지만 인터뷰는 쉽지 않았다. "이런 날이 온다는 것도, 결정이 쉽지 않다는 것도 언제나 생각하고 있었어요. 이젠 현실이 되었네요. 기분이 이상해요. 지금까지 클럽과 나는 하나라고 여겼어요. 힘든 결정이긴 해도 올여름 제가 서른다섯 살이 되는 것도 현실이죠. 언젠가 리버풀로 돌아오길 기대해요."

평생 내가 사랑했던 클럽에 남기는 작별 인사가 대단히 길어진다는 사실을 깨달았다. 그런 심리 상태로 내가 올 시즌 잔여 5개월을 제대로 보낼 수 있을지도 걱정되었다. 이별이란 주제는 말하기도 느끼기도 참 힘든 것 같았다. 심지어 새해가 막 시작한 시점에서는 더 그렇다. 나는 목소리를 가다듬고 이야기를 이었다.

"나는 이제 스물네 살이 아니에요. 스물네 살이었으면 좋겠어요. 그 나이에 브렌던 로저스 감독과 만났으면 얼마나 좋았을까요? 그렇다면 지금 이 자리에 앉아 나는 우리가 함께 따낸 수많은 우승 트로피를 추억할 수 있었을 텐데요. 하지만 현실은 달랐어요. 내가 서른두 살이나 먹었을 때 그가 리버풀에 왔죠."

클레어는 감독과 동료들이 보내온 헌사를 읽어줄 예정이었다. 나는 "눈물이 날 것 같아요"라며 그 부분을 넘어가자고 했다. 하지만 클레어는 '힐즈브러 유가족 지원 모임'의 마가렛 아스피널 대표가 보내온 편지를 기어이 읽어줬다. 나는 말을 잃었다. 문자 그대로 말이 나오지 않았다. 가슴이 뭉클했다. 심호흡을 하면서 겨우 정신을 차렸다.

"이번 시즌이 끝나면 눈물과 슬픔이 닥칠 시간이 많을 겁니다. 올 시즌 남은 개인적 바람은 긍정적인 모습으로 유종의 미를 거두는 일이에요. 팀을 위해 뭔가를 성취하고 싶고, 팬들을 즐겁게 해주고도 싶어요. 지난 여섯 달 동안 많이 힘들었어요. 나는 트로피와 좋은 경기력을 남겨주고 떠나고 싶었어요. 우승 트로피를 딸 수 있도록 최선을 다하는 동시에 스티븐 제라드를 조금이나마 잊을 수 있도록 애써야 합니다."

2015년 1월 5일 월요일, 우리는 잉글랜드 축구의 정수를 만끽했다. AFC 윔블던과 리버풀의 FA컵 3라운드 경기가 놀비턴에 있는 킹스미도우 스타디움에서 열렸다. 1988년 웸블리에서 있었던 FA컵 결승전을 떠올렸다. 내게는 악몽으로 기억된다. 여덟 살 때, '미친 갱단'이라는 별명으로 유명했던 윔블던에 리버풀이 0-1로 패했기 때문이다. 그로부터 27년이 지났다. 당시 윔블던은 구단주가 바뀌면서 연고지를 밀턴 킨스로 이전했고, 클럽명도 'MK돈스'로 바뀌었다.

하루아침에 연고지와 이름이 바뀐 클럽을 팬들은 거부했다. 그들의 분노와 단결심을 나는 잘 이해한다. 윔블던에 남은 그들은 자발적으로 AFC 윔블던이란 이름을 달고 처음부터 다시 시작하기로 했다. 논리그(non-league: 5부 이하 아마추어 클럽을 의미함-역주)에서부터 서서히 계단을 밟고 올라온 결과, 지금은 풋볼리그(2~4부) 소속 클럽으로 성장했다. 당시 소속 리그는 풋볼리그 2로 4부에 해당한다.

AFC 윔블던은 영국 축구계에서 유명한 '괴짜 스타' 아데바요 아킨펜와를 기용해 눈길을 끌었다. 그의 별명은 '야수'다. 영국 축구에서 가장 힘이 센 사나이로 통한다. 그는 리버풀의 팬이었다. 나를 가장 좋아했다고 한다. 그렇다고 해서 아킨펜와가 우리를 봐주지는 않았다. 엄청난 근육을 자랑하면서도 그의 볼터치는 너무나 부드러웠다. 전반 36분 기어이 그는 우리를 상대로 동점골을 넣었다. 선제골은 내가 넣었다. 하비에르 만키요(Javier manquillo)의 크로스를 받아 중앙수비수 두 명과 몸싸움을 벌여 내가 결국 헤딩골을 뽑아냈다. 아직도 나의 축구 열정이 식지 않았음을 보여주는 장면이라고 생각한다.

후반 들어 우리는 결승골을 넣으려고 애썼다. 내가 프리킥을 직접 차서 윔블던 골대 톱코너를 뚫었다. 윔블던의 닐 아들리 감독은 자기 골키퍼인 제임스 셰어에게 나의 프리킥 동영상을 수없이 보여주면서 대비하라고 밝혔다. 경기에 졌어도 그들은 미소를 잃지 않았다. 셰어는 "그게 바로 스티븐 제라드인 것 같다"며 나를 칭찬했다. '미친 갱단' 시절 멤버였던 아들리 감독은 고맙게도 "상대팀에 있는 월드클래스 선수에게 당하고 말았다"는 소감을 밝혔다. 경기 후 나는 기꺼이 '야수' 아킨펜와와 유니폼을 교환했다. 서로 행운을 빌었고, 그는 내게 리버풀까지 편안히 돌아가라고 말해줬다. 나는 조심스러운 꿈을 꾸기로 했다. 2015년 FA컵 결승전이 내 생일인 5월 30일 웸블리에서 열린다. 그야말로 동화 같은 해피엔딩을 만들 기회라는 생각이 들었다.

새로운 희망이 힘이 되었는지 리버풀은 힘을 냈다. 우리는 이어진 리그 5경기 중 4경기에서 이겼다. 유일한 무승부는 원정 머지사이드 더비였다. 우리는 원정에서 선덜랜드와 빌라를 제압했고, 홈에서는 웨스트햄과 토트넘에 이겼다. 연승 행진이 시작되는 것 같았다. 토트넘전에서 나는 후반 8분 페널티킥 득점을 올렸다. 하지만 15분이 지나고 햄스트링을 다치고 말았다.

느낌이 나빴다. 그날 저녁 의료팀에서 우울한 소식을 전했다. 최소 3주를 쉬어야 한다고 했다. 물리치료사와 의사도 앞으로 리버풀 유니폼을 입고 나서는 모든 순간이 내게 어떤 의미를 가지는가를 잘 알고 있었다. 하지만 우리는 많은 역경을 함께 이겨왔던 전우들이었다. 특별한 당부가 필요 없었다. 지금까지 내가 얼마나 운이 좋았는지 새삼 깨달았다.

크리스 모건은 자기가 스티븐 제라드의 경력 주변에서 일했을 뿐이라고 말할지 모른다. 축구선수의 삶 안에서 물리치료사의 역할은 과소평가되기 십상이다. 그들이 내리는 현명한 판단은 바깥에 거의 알려지지 않는다. 하지만 잘못된 판단은 그들을 직장에서 내쫓기도 한다. 예를 들어, 회복이 덜된 선수에게 복귀해도 좋다는 진단을 내리면 큰 낭패를 본다. 그들의 업무는 세상의 칭찬을 받기가 쉽지 않았다. 나처럼 그들에게 크게 기대어왔던 선수는 마음 깊은 곳에서 감사하고 있지만.

지금까지 크리스가 내 축구 경력을 구원해준 적이 두 번 있었다. 완전히 나가버린 나의 넋을 제자리에 돌려놨던 주인공이다. 2011년 나의 사타구니와 마음이 영원히 황폐해질 것만 같았다. 통증과 좌절이 마구 활개를 쳤다. 그때 크리스가 나를 구해줬다.

사실 나는 선수 생활을 하는 내내 몸이 성치 않았다. 내전근 통증은 물론 탈장 수술도 여러 차례 받았다. 사타구니와 박근(허벅지 안쪽 부위의 얇은 근육) 부상 탓에 2002년 월드컵 출전 희망이 사라졌다. 아랫배 부위의 근육막이 말썽을 부려 나타나는 탈장 증상은 내가 끌어안고 살았던 고질병이었다. 2011년 3월에는 사타구니 신경이 찢어졌다. 다치는 순간 뚝 소리가 들렸을 정도로 심각한 부상이었다. 쉽게 말해 뼈에 붙어 있던 근육이 떨어져나간 것이다.

멜우드 훈련장에서 크루이프턴을 연습하다가 그 일이 벌어졌다. 나는 경기장에서 빠져나와 치료실로 갔다. 내가 드러눕자 의료팀이 부상의 심각성을 금방 알아차렸다. 크리스가 "왜 그래?"라며 놀라서 물었다. 나는 고개를 가로저으며 "사타구니가 터졌어"라고 신음하듯이 말했다. '터지다'라는 술어는 꽤 드라마틱하게 들릴지 모른다. 하지만 상황을 가장 잘 묘사하는 표현이었다. 곧바로 그들은 긴모음근을 잡아 조치를 시작했다. 골반 부위에 붙어 있어야 할 내전근이 찢어졌다. 내전근은 발을 몸의 뒤에서 앞으로 휘두를 때 쓰이는 근육이다. 기본적으로 재생력을 갖춘 부위인 덕분에 원상회복이 가능하긴 하다. 때로는 내전근이 절반 정도만 붙어 있는 상태에서 경기에 출전하는 선수도 있다. 자연스럽게 움직일 수 있도록 해주는 이차틈새를 활용한다. 그러나 나의 주치의는 자연소생술을 선택하면 다리를 휘두르는 힘이 떨어질 수 있다고 했다. 나의 트레이드마크인 정확한 롱패스가 불가능해진다는 뜻이었다. 나는 수술을 원했다. 치료가 잘되면 새것처럼 싱싱한 근육 상태로 돌아갈 수 있다고 했다.

주치의의 조언을 듣자 기분이 좋아졌다. 그는 프랭크 램퍼드도 같은 부상에서 완전히 회복했다는 경험담을 보탰다. 수술을 하면 12주 동안 쉬어야 하기 때문에 시즌 아웃 판정이 불가피했다. 하지만 나는 제대로 고치고 싶었다. 크리스는 여름휴가 때 나와 함께 가주겠다고 했다. 2011-12시즌 전까지는 경기에 출전할 수 있는 몸 상태를 만들고 싶었다.

사타구니와 내전근 부위는 항상 최상의 상태로 유지되어야 한다. 프리미어리그 경기에서 나는 보통 13킬로미터 가까이 뛰기 때문이다. 전력질주 거리만 약 1.6킬로미터에 달한다. 경기 중에는 사타구니와 내전근이 격하게 뒤틀리는 상황이 자주 발생한다. 마사지로 모든 것을 해결하려는 선수들도 있는데, 리버풀 의료팀에서는 재활과 근력 강화, 복귀 훈련을 철저히 함으로써 수술 효과를 극대화할 수 있다는 방침을 세우고 있었다. 나는 그대로 따르겠다고 했다. 수술이 끝나면 필요한 모든 과정을 성실하게 밟겠다고 다짐했다.

수술은 평범해 보였다. 수술 자국이 10센티미터 정도 남았다. 부상 기념품이 하나 더 늘었을 뿐이다. 하지만 우리는 이내 예상치 못한 문제에 부딪혔다. 계속 불편하고 골반 주위로 통증이 생겼다. 크리스와 클럽 의료팀의 자프 이크발 박사, 피터 브루크너 박사, 어네스트 쉴더스 외과의가 달려들어 내 상태를 점검했다. 다행히 문제는 해결되었다. 아직 치료 초기단계였다. 나는 쉬면서 내전근이 낫기를 기다려야 했다.

따뜻한 햇볕을 받으면 치료에 도움이 될 것이라고 판단했다. 나는 포르투갈에 다녀오면 모든 게 정상으로 돌아와주기를 바랐다. 아내와 딸들을 데리고 여름휴가를 떠났다. 크리스가 동행해줬다. 매일 아침 우리는 헬스장에 갔고, 저녁이 되면 열심히 재활 메뉴를 소화했다. 나머지 시간에는 내가 가족과 함께 시간을 보낼 수 있게 배려해줬다.

재활은 실망스러웠다. 당초 목표했던 7월 1일까지 상태가 나아지지 않았다. 그날 프리시즌 훈련을 시작한다는 목표를 세우고 있었다. 발을 무릎 높이까지 올리기만 해도 너무 아팠다. 내전근을 강화하기 위한 기본 동작을 무한 반복했다. 우리는 복귀 시점을 조정해서 새로운 계획을 짰다. 그때까지 내가 할 일은, 완벽하게, 쉬는 일뿐이었다.

복귀 계획은 완전히 빗나갔다. 멜우드 복귀 첫날, 조심스럽게 워밍업을 하고는 천천히 조깅을 하기로 했다. 아직 공을 찰 수 없는 상태였다. 훈련장 그라운드 주변을 10분 정도 천천히 뛴다는 생각이었다. 근육 강화 속도를 높일 수 있도록 설계된 수중 트레드밀에서 만반의 준비를 마쳤으니 그 정도는 할 수 있다고 판단했다. 나는 조심스럽게 발을 움직였다. 한 발을 내디딘 후에 다른 발을 앞으로 다시 내미는 동작이었다. 너무 오랫동안 뛰지 않았던 탓에 정말 조심스럽게 발을 움직이기 시작했다. 하나, 둘, 셋, 그렇게 아홉 번째, 열 번째 발을 내딛고 나서 나는 멈춰야 했다. 고통으로 얼굴이 찌그러졌다. 한 발자국도 더 갈 수 없었다. 덜컥 겁이 났다. 왜 이런 거지? 프로축구선수가 열 발자국도 뛰지 못하다니. 수술을 받은 지가 벌써 12주가 지났다. 당초 계획대로라면 지금 나는 펄펄 날아다녀야 하는데.

의료팀도 당혹감을 숨기지 못했다. 그들 업무 중 하나는 선수에게 통증을 유발하는 지점을 정확히 찾아내는 일이다. 그렇게 해야 선수는 심리적으로 움츠러들지 않는다. 하지만 그들은 내가 원하는 설명을 내놓지 못했다. 각종 검사를 마쳤는데도 원인이 나오지 않았다. 아예 장애인이 된 기분이 들었다.

몇 년 전, 의료팀이 내가 다른 선수들보다 부상 가능성이 높은 타입이라고 했었다. 계속 뛰는 플레이스타일이기 때문이다. 나의 관절이 더욱 강해야 한다는 뜻이기도 했다. 유연한 신체는 기량 향상을 돕는다. 부상에 민감하다는

13 원더골과 부상

경고도 받은 적이 있다. 그러나 지금 부상은 분명히 수술을 받으면 완치된다고 하지 않았는가.

크리스와 의료팀이 내 몸 구석구석을 다시 스캔해서 열심히 파고들었다. 그들 모두 내 몸을 훤히 꿰뚫고 있는 전문가들이었다. 내전근이 찢어졌을 때, 그 부위에 있어야 할 연골이 손상된 흔적을 찾아냈다. 불편한 움직임과 가시지 않는 통증의 원인이라고 의료팀이 밝혀냈다. 골반 쪽에 생긴 유격이 통증을 유발한다는 설명이었다. 연골이 다시 생길 때까지 또 기다려야 했다.

일주일이 지나자 거북함이 가셨다. 클럽의 모든 의료팀이 총동원된 자리에서 우리는 회의를 했다. 당분간 조깅을 자제하는 대신에 사이클링을 하자는 결론을 내렸다. 1군 동료들 모두 프리시즌 투어에 나간 터라 멜우드는 텅 비어 있었다. 클럽의 피트니스 코치인 대런 버지스가 나를 부르더니 24분짜리 사이클 운동을 지시했다. "일단 이렇게 하고 나서 느낌이 어떤지 내게 말해줘"라고 그가 말했다. 피트니스 코치 겸 친구인 조던 밀섬이 나의 사이클링 상태를 관찰했다. 자전거 위에 올라 페달을 밟았다. 젠장, 너무 아팠다. 2~3분 만에 얼굴이 땀으로 젖었다. 얼굴 곳곳에 노인처럼 주름이 깊게 팼다. 마치 리버풀에서 맨체스터까지 자전거를 타고 가는 것처럼 힘들었다.

5분 만에 나는 포기했다. 항복하고 말았다. 대런에게 음성 메시지로 "이거 다시는 시키지 말아요. 뭔가 잘못된 것 같아요. 진짜 심각하단 말이에요"라고 투정을 부렸다. 기분이 점점 땅바닥을 질질 끌었다. 조던과 크리스에게 "기분이 안 좋아. 고문당하는 것 같아"라고 말했다. 조던이 "정확히 어떤 통증인지 말해줄래?"라고 물었다. 나는 "사타구니 안에 뭐가 있는 것 같아"라고 대답했다. 그들 표정이 안 좋아졌다. 나는 "그렇다니까. 누가 내 고환 뒤쪽을 칼로 쑤시는 것 같아"라고 설명했다. 아무도 웃지 않았다. 다시 공을 찰 수 있을지가 걱정스러웠다. 크루이프턴을 하다가 다친 지 벌써 넉 달 가까이 흘렀다. 지금쯤 경기에서 뛰고 있어야 할 나를 내 몸이 붙잡고 늘어지는 꼴이었다.

통증이 산발적이었다. 몇 시간 동안 멀쩡하다가 갑자기 누가 칼로 그 부분을 찔러대는 식이었다. 차에서 내릴 때도 가끔 통증이 일어났다. 크리스가 "골반을 여는 자세에서 통증이 생기는 것 같아"라고 추측했다. 나는 "그럴 수도 있어. 골반과 내 그 부위 중간 정도 되는 지점인 것 같아. 골반 아래쪽. 골반이 항상 열려 있는 것 같은 느낌이야. 아주 큰 틈이 생긴 것처럼 말이야"라고 설명했다.

자프 이크발 박사와 크리스가 나를 어네스트 실더스에게 데려갔다. 그는 브래드포드 근처에 있는 요크셔 클리닉에서 수술을 하는 중이었다. 벨기에 출신인 실더스는 유능한 외과의였다. 과거에도 내 엉덩이와 사타구니 부상을 손봐줬다. 내가 믿는 의사였기에 그마저 통증의 원인을 찾아내지 못하면 어쩌나 싶어 걱정이 들었다. 우리는 조깅과 사이클링을 모두 중단했다고 그에게 설명했다. 실더스 박사는 어안이 벙벙한 표정을 지었다. 그는 수술이 완벽하게 이루어졌다고 자신 있게 말했다. 그는 런던 쪽에 있는 골반 전문의를 찾아가라고 조언했다.

상황이 점점 악화되는 것 같았다. 조깅도 못한다. 자전거도 못 탄다. 공도 못 찬다. 제자리높이뛰기도 하지 못하니 헤딩도 못한다. 할 수 있는 게 아무것도 없었다. 이크발 박사와 크리스 그리고 나까지 세 명이 런던행 기차를 탔다. 내려가는 동안 많은 대화를 나눴다. 그들은 내 기분을 풀어주려고 노력했다. 그러나 세 명 모두 최악의 상황을 두려워하고 있었다. 1군 선수로 지낸 14년 동안 관절이 닳고 닳아버렸을지도 모른다는 걱정이 들었다. 제대로 고치지 못한다면 나는 이제 '박스-투-박스' 미드필더로 뛰지 못한다. 아니, 그냥 축구선수일 수가 없게 된다. 일상생활에서도 골반이 이렇게 아프니 축구는 언감생심이다. 두 사람이 힘내라고 나를 격려했다. 골반 전문의라면 문제를 간단하게 해결할지도 모른다는 희망을 가졌다. 골반에 핀을 박거나 하는

13 원더골과 부상

식으로.

골반 전문의를 만나고도 내 기분은 나아지지 않았다. 내 축구 인생이 몽땅 끝나버렸다는 진단 결과라도 말해주나 싶어서 걱정스럽게 기다려야 했다. 다행히 그는 매우 친절한 의사였다. 그날 아침에 촬영한 그림 속에 흐릿한 자국을 가리키며 그는 "여기를 보세요. 흰색 액체가 여기 고여 있어요. 당신이 받았다는 수술이 제대로 끝나고 나서 생기는 적정 액체량이 얼마나 되는지 모르겠어요. 어쨌든 이 액체가 왜 생겼는지를 밝혀내야 해요. 실더스 박사에게 다시 가서 물어보세요"라고 길게 설명했다.

다시 돌아가라고? 리버풀로 돌아가는 기차 안에서 이크발 박사는 그런 액체는 보통 바이러스 감염이 원인이라고 추정했다. 감염 여부를 검사하는 과정을 이미 거쳤던 탓에 헷갈리기 시작했다. 실더스 박사라면 뭔가 뾰족한 수를 내놓을지도 모른다. 그와의 만남이 며칠 뒤로 잡혔다. 이크발 박사와 크리스는 내게 푹 쉬고 있으라고 주문했다.

전혀 예상치 못한 현상이 내 몸에서 벌어졌다. 나이를 먹은 내 불쌍한 마음과 머리를 실컷 괴롭히려는 작정이라도 했나 보다. 정말 이상한 방향으로 상황이 달려갔다. 리버풀로 돌아온 다음날 집에서 나는 수술 부위를 조심스럽게 들여다봤다. 수술 자국 위로 노란 진물이 배어 있었다. 바늘로 꿰맨 자국 사이로 흰색과 노란색이 뒤섞인 씨앗처럼 생긴 무언가가 보였다. 도대체 이게 어떻게 된 일인지 종잡을 수가 없었다. 순면 붕대를 찾아다가 수술 자국 주위를 조심스럽게 눌러봤다. 끈적끈적한 진물이 새어 나왔다.

나는 너무 놀라서 그 장면을 사진으로 찍었다. 혼자 패닉에 빠졌다. 크리스에게 사진과 함께 메시지를 보냈다.

"도대체 이게 뭐야?"

크리스가 답장했다.

"좋은 일이야. 2분 뒤에 전화할게. 진짜 염증이라는 뜻이니까."

내가 다시 문자를 보냈다.

"이게 좋은 거라고?"

사진을 한 장 더 보내고 나자 크리스가 전화를 걸어왔다. 다시 신물을 닦아냈다고 내가 말했다. 크리스는 "스티비, 정말 다행인 거야!"라고 소리쳤다. 그의 설명은 이랬다. 감염으로 생긴 고름이 안에서 관절에 유격을 만든 탓에 통증이 생긴다는 것이다. 골반 부위가 항상 열려 있는 듯한 느낌의 원인도 바로 염증 때문이라는 설명이었다. 그동안 우리는 골반 자체에 심각한 문제가 있는 게 아닌지를 크게 걱정했었다. 그러나 몸 안에 고인 액체가 골반에 하중을 가했던 탓에 관절 사이가 벌어지게 된 것이다. 골반이 불안하다는 느낌이 들 수밖에 없었다.

크리스가 재빨리 나를 데리고 브래드포드로 가서 실더스 박사와 만나 자초지종을 설명했다. 다시 MRI를 찍었다. 정밀검사 결과, 추측이 더욱 정답에 가까워졌다. 통증을 일으켰던 부위의 관절 주위로 고름이 끼어 있었다. 수술 과정에서 생긴 액체 탓에 모든 문제가 시작되었고, 그렇게 많이 했던 검사에서 지금까지 한 번도 걸리지 않았던 것이다. 그제야 나도 이해가 가기 시작했다. 나의 중요 부위를 칼로 콕콕 찌르는 듯한 통증의 원인을 찾았으니 당연했다. 염증 진위 여부를 마지막으로 확인하기 위한 검사를 앞두고 시간이 조금 남았다. 크리스가 나를 커피숍으로 데리고 갔다. 그는 잔뜩 흥분했다. "검사 결과가 분명히 염증으로 나와야 해. 염증이면 아무런 걱정이 없는 거야. 문제가 해결되는 거라고."

그 말을 들으니 나도 간절해졌다. 제발 바이러스에 감염된 내가 되고 싶었다. 바이러스를 위해 기도했다. 한 시간 정도 지나서 결과가 나왔고, 염증 확진 판정이 내려섰다. 날아갈 것 같은 기분이었다. 그래, 바이러스라니까!

실더스 박사가 생글생글 웃었다. 상황을 잘 아니 그 역시 안도할 수 있었기 때문이다. 수술 바이러스에 감염될 확률은 1만 분의 1이라고 한다. 그 '1'

13 원더골과 부상

이 하필이면 나였던 셈이다. 그게 진짜 원인이었다. 하지만 상관없었다. 스파이어 병원에 입원해서 일주일만 치료하면 된다. 그곳 의사들이 항생제를 마구 주입해서 내 안에 있는 염증을 몽땅 없애줄 것이다. 2011년 9월 말에 맞춰 복귀할 수 있다는 예상이 나왔다. 아무리 늦어도 10월 초라고 했다. 병원에 입원하면서 그렇게 기뻤던 적은 없었다. 그때까지만 해도 더 곤란한 문제가 나를 괴롭힐 것이라곤 상상도 하지 못했다. 또 다른 정체불명의 부상 그리고 깊은 우울함이 나를 덮쳤다. 최악은 아직 오지도 않았던 셈이다.

입원 초기에는 좋은 소식만 있었다. 병원에 있으면서 통증이 빠르게 줄어들었다. 고름이 마르면서 움직임도 훨씬 편안해졌다. 진짜 회복이 된 셈이다. 일주일도 걸리지 않아 나는 귀가했고, 멜우드로 돌아갔다. 며칠 뒤에는 가벼운 조깅을 시작했다. 통증 없이 사이클링도 할 수 있었다. 조금만 있으면 달릴 수 있게 된다. 점프도 하고 공도 찰 수 있게 된다. 아름다운 기분이었다.

약간 긴장하고 있기도 했다. 축구를 쉰 지가 6개월이나 된 탓이다. 내 몸에 자신감이 떨어져 있었다. 사타구니와 골반이 격한 훈련을 견뎌낼 수 있을지가 걱정스러웠다. 하지만 며칠 지나자 몸이 정상으로 돌아왔다. 드디어 정상인 몸을 되찾았다.

2011년 9월 21일 나는 실전에 복귀했다. 우리는 리그컵에서 브라이턴을 상대했다. 6개월 만에 맞보는 실전이었다. 일단 나는 벤치에서 시작했다. 후반 30분 우리가 1-0으로 앞선 상태에서 케니 달글리시 감독이 나를 교체 투입했다. 루이스 수아레스와 교체되었다. 기왕이면 루이스와 함께 뛰고 싶었지만, 녹색 그라운드 안으로 들어간다는 사실 자체만으로 충분히 기뻤다.

경기에 들어간 지 6분이 지나서 나는 다리를 뻗어 상대의 슈팅을 막았다. 흐른 공을 내가 잡아 전진했다. 앞에 있는 크레익 벨라미에게 연결했다. 벨라미가 빠른 발로 수비수 사이를 헤집고 들어간 다음에 내준 패스를 디르크 카위트가 팀의 두 번째 골로 뽑아냈다. 경기 막판 브라이턴이 한 골을 만회했지만, 우리가 이겨서 4라운드에 진출했다. 경기가 끝나고 나는 크레익 눈과 유니폼을 교환했다. 내 친구인 눈은 브라이턴 소속으로 좋은 경기력을 보여줬다.

울버햄프턴과 에버턴 원정에서 잇따라 승리해 나의 부상 복귀를 축하해줬다. 나는 점점 최상의 컨디션으로 다가갔다. 10월 15일 올드 트래포드에서 열릴 예정인 맨체스터 유나이티드 원정에 대비했다.

경기를 앞두고 우리는 세트피스 훈련을 했다. 그 장면에서 다니엘 아게르의 축구화가 나를 가격했다. 스터드가 내 발목을 찍었다. 심각한 장면은 아니었다. 순간적인 통증을 약간 느끼는 정도였다. 훈련을 끝마치고 나는 치료실에 갔다. 의료팀은 밟힌 부위를 깨끗이 소독하고 부기를 가라앉힐 수 있도록 압박붕대를 감았다. 조치를 하는 동안 우리는 맨유 경기에 관해서 떠들었다. 나는 맨유를 정말 꺾고 싶었다.

좋은 경기는 아니었다. 수아레스와 에브라가 인종차별 해프닝을 놓고 옥신각신 다퉜다는 사실로 더 기억되는 경기였다. 그 일이 있기 전이던 후반 23분 내가 프리킥으로 골을 넣었다. 신나게 달려가면서 가슴에 달린 리버풀의 로고에 입을 맞춘 뒤에 벗진 무릎 슬라이딩을 선보였다. 경기 후 인터뷰에서 나는 "이런 기분을 다시 느낄 수 있어서 너무 행복하다. 최고로 잘 맞은 프리킥은 아니었다. 단순하게 벽을 넘기자는 생각으로 찼다. 공은 벽 옆으로 비켜갔다. 어쨌든 골이 들어가서 다행이었다"는 소감을 남겼다. 경기 막판 10분을 살려 맨유가 동점으로 따라붙었다. 그러고 나서 우리 모두가 잘 아는 그 사건이 벌어졌다.

동시에 나를 위한 또 다른 문제가 막 벌어지려고 했었다. 발목이 아프기 시작했다. 단순한 부기와는 달랐다. 자꾸 욱신거렸다. 물리치료사에게 가서 발목을 보였다. 발목을 앞으로 폈다가 구부리는 동작을 반복했지만, 별다른 이상은 없어 보였다. 그러나 운명의 장난이 시작되었다. 치료실에서 걸어 나가는 나를 크리스가 뒤에서 조용히 따라오면서 내가 걷는 모습을 지켜봤다. 발목 뒤쪽이 부어오른 증상을 그가 발견했다. 나중에 크리스는 내 발목을 보고 불안했다고 고백했다. 그는 '별로 안 좋은데…'라고 혼자 생각했다고 한다. 부은 관절을 많이 봐왔지만, 그때 내 발목은 약간 달랐다고 한다. 크리스는 내게 아무 말도 하지 않고 이크발 박사에게 가서 상황을 보고했다. 또 다른 염증일까 봐 두 사람은 걱정했다.

크리스는 발목에 얼음찜질을 하면서도 내게는 염증에 관해서 아무 말도 하지 않았다. 웨스트 브로미치 경기에서 뛸 수 있도록 확실하게 몸을 챙겨달라는 내 부탁을 가만히 듣고만 있었다. 결국, 크리스는 본인의 걱정을 내게 털어놨다. 원래 그는 발목 관련 부상 치료를 즐긴다. 워낙 잘 구부러지는 신체 부위이기 때문이었다. 엄지손가락으로 발목 부위를 지그시 누른 채로 자연스럽게 움직여지도록 하는 요령이 좋았다. 하지만 내 발목은 자연스럽게 움직이지 않았다. 이크발 박사는 염증이 관절 속으로 침투하지 않았는지를 염려했다. 염증이 관절 안팎에 전부 침투했는지를 확실하게 알아야 했다고 나중에야 말했었다. 바깥에만 있으면 항생제로 쉽게 녹일 수 있었다. 그러나 안쪽을 파고든 상황이라면 위험할 수도 있었다. 고름은 평범한 물과는 다르다. 관절 연골을 흐물흐물하게 만든다. 관절 안까지 고름이 침투한 발목으로 경기에 출전하면 연골을 깎아버릴 수도 있다.

이크발 박사가 내 발목을 검사해보고 싶어 한다고 크리스가 말했다. 이크발 박사가 엄청나게 큰 주사기를 들고 나타났다. 갑자기 상황이 심각해진 것 같았다. 발목에 꽂은 바늘을 통해서 안에 있는 고름이 빠져나왔다. 채취한 고름 샘플을 들고 박사가 자기 방으로 돌아갔다. 내가 걱정할까 봐서 크리스와 이크발 박사는 최악의 가능성을 언급하지 않았다. 나는 부기를 조금이라도 가라앉히기 위해서 노력했다. 어떤 문제가 도사리고 있는지 나는 전혀 알지 못했다.

웨스트 브로미치 경기 하루 전인 금요일 저녁에 선수단은 버밍엄 근교 호텔에서 저녁을 먹고 있었다. 이크발 박사가 본인 전화기로 뭔가를 열심히 확인했다. 지금에서야 알게 된 사실이지만, 박사는 내 발목 검사 결과를 통지하는 이메일을 기다리고 있었던 것이다. 박사는 말없이 자기 스마트폰을 뚫어져라 쳐다봤다. 검사 결과는 최악이었다. 아게르의 축구화에 밟혀서 생긴 찰과상은 다 나았지만, 피부 아래쪽에서는 바이러스가 침투해 이미 관절까지 침투해 있었다.

이크발 박사는 내게 경기에 출전하지 못할 것 같다고 말했다. 웨스트 브로미치 경기에 출전하지 못하게 되었다. 박사의 설명은 거기서 그치지 않았다. 그는 "지금 바로 병원으로 가야 해. 최대한 빨리 염증을 제거해야 할 것 같아"라고 덧붙였다. 그제야 나도 걱정되기 시작했다. 또 다른 염증과 수술, 병원에 누워 있는 과정이 되풀이되게 생겼다. 리버풀로 돌아가 나를 크리스에게 넘긴 이크발 박사는 다시 버밍엄에 있는 1군으로 돌아갔다. 바통을 이어받은 크리스가 나를 위해 스파이어 병원의 입원 및 수술 수속을 밟았다. 가장 빠른 수술 날짜를 찾은 결과, 다음날 오후에 수술이 잡혔다.

크리스는 내 부상의 심각성을 설명해줬다. 내가 감염된 상태로 웨스트 브로미치 경기에 출전했다면, 인생 마지막 출전이 되었을지도 모른다고 말했다. 나는 불안한 눈빛으로 크리스를 쳐다봤다. 농담이 아니었다. 내가 얼마나 운이 좋은지 그가 강조했다. 나는 "운이 좋다고?"라고 물었다. 각종 부상만 가득했던 지난 8개월이 어땠는지 잘 알면서 '운이 좋다'니? 그제야 크리스는 내 발목 상태의 심각성을 인지했던 때 처음 상황을 설명했다. 나는 경기에 출전하고 싶다는 마음이 워낙 컸던 탓에 웬만한 문제는 무시하고 있었다. 염증이 안쪽에서 다 마르지 않았다고 해도 뛰었을 것이다. 염증이 관절 안쪽까지 침투한 상태로 프리미어리그 경기를 뛴다고 한들 이상을 알아차릴 수 있는 사람은 아무도 없었다. 그래서 나는 정말 운이 좋았던 것이다.

스파이어 병원의 발목 전문의의 이름도 묘하게 '크리스' 워커였다. 그 역시 웨스트 브로미치 경기에 출전했을 경우에 닥칠 수 있었던 위험성을 설명해줬다. 치즈를 한입 베어먹는 것처럼 연골이 깎여져 나갔을 것이라고 말했다. 축구선수의 경력 자체를 위협할 만큼 심각한 상태였기에 그들은 신중하면서도 철저하게 발목 안 염증을 제거해갔다. 나는 발목 보호 장비를 착용한 채로 6주를 보내야 했다. 연골 재생을 돕는 장비였으며, 그 방법 외에는 달리 선택의 여지가 없었다.

2011년 10월 29일, 정확히 오후 5시 30분에 리버풀과 웨스트 브로미치의 프리미어리그 경기가 시작했다. 그때 나는 이미 수술대 위에서 마취 상태로 누워 있었다. 언제나 그랬듯이 크리스가 곁에서 모든 수술 과정을 지켜봤다. 의사의 메스가 내 발목 부위를 개봉하기 시작한 시각이 정확히 오후 5시 31분이었다. 워커 박사는 크리스에게 "이것 좀 봐요"라고 말했다. 피부 안쪽에 고인 고름이 수술실 바닥으로 뚝뚝 떨어졌다. 수술은 빠르게 진행되었다. 상처를 깨끗이 씻기 시작했던 시각이 오후 5시 39분이었다. 리버풀이 페널티킥을 얻었던 시각이기도 하다. 크리스와 이크발 박사가 그렇게 빨리 대처해주지 않았더라면 나는 염증이 가득한 발목으로 그 페널티킥을 찼을 것이다. 역시 나는 운이 좋은 녀석이었다. 찰리 아담이 성공해 리버풀이 2-0으로 승리했다.

마취에 취한 채 나는 잠들었다 깨기를 반복했다. 다음날 아침 일찍 눈이 떠졌다. 발목에 있던 독이 온통 머리 쪽으로 전이된 것처럼 두통이 심했다. 온종일 우울했다. 아무런 무게감을 느낄 수 없도록 제작된 발목 보호장비가 천금처럼 무겁게 느껴졌다. 내 삶을 되찾지 못할 수도 있었다는 두려움이 여전히 무겁게 내 안에 남아 있었기 때문일지도 모른다. 현역을 끝마치는 순간을 처음으로 상상하기 시작했다. 서른 한 살 나이에 산전수전을 모두 겪은 듯한 느낌이 들었다. 사타구니에서부터 시작해서 바이러스 감염에 이르기까지, 심지어 발목 안에 염증이 나의 축구 인생을 위협하다니.

나는 크리스에게 "기분 정말 우울하다. 정말로"라고 솔직하게 말했다. 낙담이 너무 컸던 탓에 어떻게 이겨내야 할지 전혀 알 수가 없었다. 침대를 박차고 일어날 만한 동기부여도 찾기 어려웠다. 어두운 터널 안을 정처 없이 걷는 느낌이었다. 저 멀리 작은 불빛이라도 보여야 희망을 품고 갈 텐데, 아무것도 보이지 않았다. 축구가 없는 내 인생은 황폐할 뿐이었다. 크리스가 곁에서 나의 말벗이 되어주었다. 나는 다시 넋두리를 했다.

"지금 봐야 할 사람이 있어. 도움이 필요해. 매일 너무 우울하다고…."

STEVEN GERRARD

14

침팬지, 퇴장, 편지

The Chimp, the Stamp and the Letter

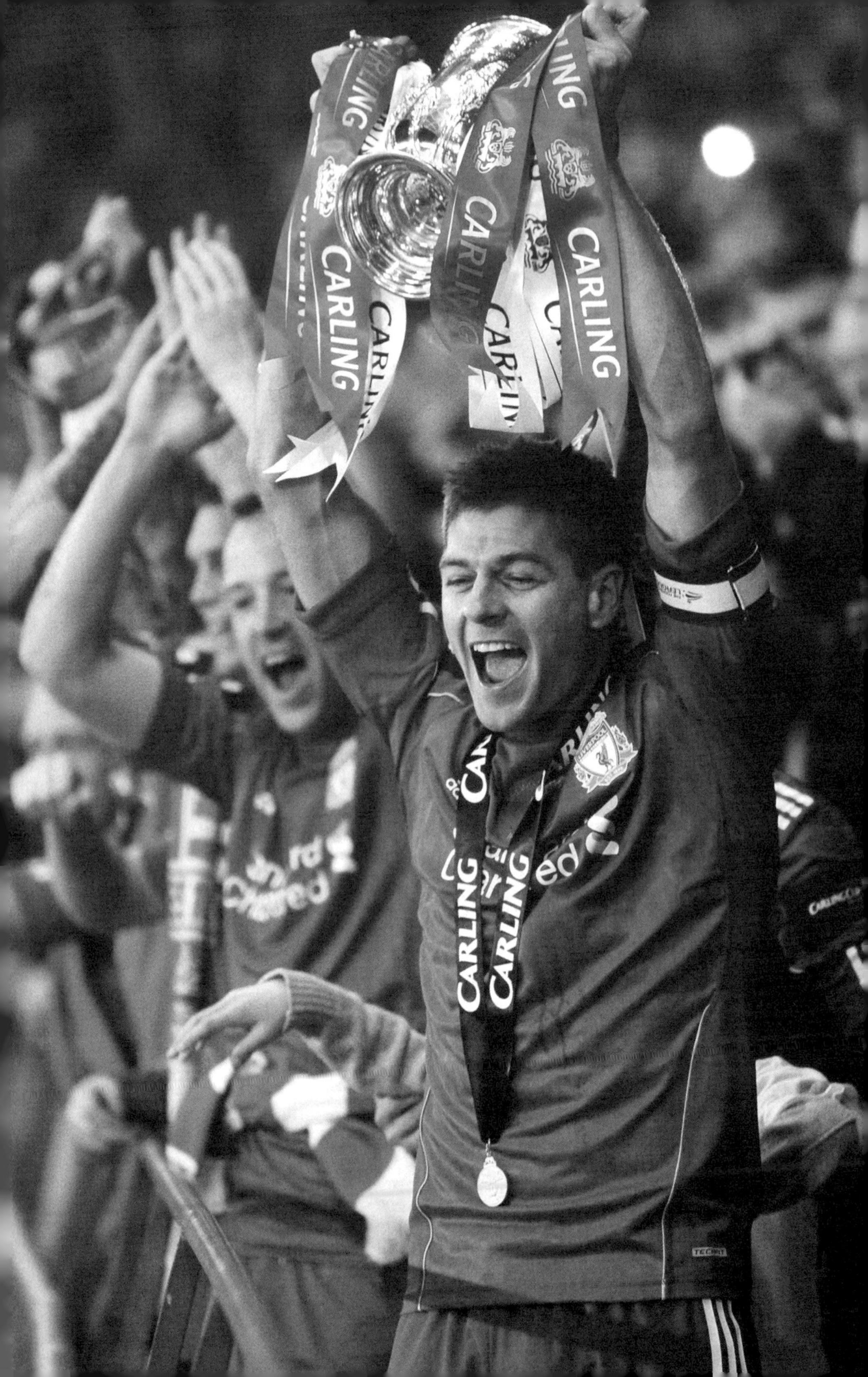
CARLING

GERRARD
8

2011년 추운 겨울날, 나는 스티브 피터스와 처음 만났다. 그는 올덤과 스톡포트를 훨씬 지나서 있는 언덕 위에 살았다. 목발을 한 상태였던 탓에 크리스 모건과 자프 이크발 박사가 동행해줬다. 솔직히 방문 자체를 받아들일 마음의 준비도 필요했다. 심리치료사와 만나야 할 정도로 내 상황이 나쁘다는 생각이 들어 더 우울해졌기 때문이다. 수술 후 크리스에게 도움을 요청하긴 했지만, 왠지 어색한 기분이 들었다.

마음이 우울해지는 일은 지금까지 많았다. 불평을 늘어놓거나 단순히 슬퍼질 때가 있다. 모든 사람들처럼 나도 우울해질 때가 있다. 하지만 이렇게 심했던 적은 없었다. 인생을 살다 보면 좋을 때와 나쁠 때가 항상 반복된다. 나라고 다를 리 없다. 그나마 일상에서 균형을 잡을 수 있었던 이유는 내가 우울함의 이유를, 지금까지는, 명확하게 알고 있었던 덕분이다. 대개 축구와 관련된 일들이었다. 경기에서 지거나 내가 실수를 저지르거나 동료가 리버풀을 떠나고 싶어 하거나. 한 발짝 뒤로 물러나 이성적으로 바라보면 이해할 수 있는 문제들이다. 하지만 사타구니, 발목 그리고 2연속 바이러스 감염을 겪으면서 나의 삶이 풀 수 없을 정도로 꼬인 실타래처럼 느껴졌다.

우울함의 근본 원인은 뻔했다. 오랫동안 유지해왔던 나의 몸 상태로 돌아가지 못하면 어쩌나, 라는 걱정이었다. 크리스에게 도움을 요청한 것도 그 이유였다. 크리스가 심리치료를 권했을 때 솔직히 나는 냉소적이었다. 정신과 상담이라니. 크리스가 스티브 피터스를 알게 된 계기는 리버풀의 전담 의사 중 한 명인 피터 브루크너의 소개였다. 그는 어느 학회에서 피터스의 환상적인 프레젠테이션을 보고 홀딱 반했다고 한다. 피터스는 호주 크리켓 국가대표팀의 심리치료사로 일했다. 보울러(투수 역할-역주)의 공에 맞아 필립 휴즈가 목숨을 잃는 비극이 일어났을 때도 피터스가 비탄에 빠진 휴즈의 가족을 곁에서 성심성의로 도왔다.

리버풀에서 있는 동안 브루크너 박사는 클럽 식구의 존경을 받았다. 그는 스티브 피터스를 강력하게 추천했다. 영국 사이클 스타 크리스 호이와 빅토리아 펜들턴과도 함께 일해서 유명세를 얻었다. 그렇지만, 나는 내가 그런 도움을 받아야 한다는 현실에 여전히 부정적이었다. 나는 크리스에게 "알았어. 일단 만나볼게. 기분이 똥 같으니까 뭐든지 해봐야지"라고 말했다.

피터스를 만나러 가는 길 내내 날씨는 춥고 바람은 매서웠다. 스티브의 집까지 우리는 한 시간 반을 달렸다. 차에서 불편한 몸을 겨우 뺐다. 길이 미끄러워서 목발을 짚고 그의 집 현관까지 가는 길에서도 엉덩방아를 찧으면 어쩌나 벌벌 떨었다. 그렇게 넘어져서 인대가 찢어지고 뼈라도 부러지면 정말 큰일이라는 쓸데없는 걱정까지 들었다. 그의 집 앞에 도착했을 때, 나의 심리 상태가 딱 그랬다.

집 안으로 겨우 들어가 자리를 잡고 앉았다. 목발을 옆으로 치우고 앉아 고개를 뒤로 젖혔다. 시작이었다. 스티브는 대하기 편한 사람이었다. 낯선 느낌 없이 곧바로 상담을 시작했다. 우선 지난 8개월 동안 이어진 나의 부상에 관해서 설명했다. 희소식이 있었다는 점도 이야기했다. 축구 외에 나머지 생활, 즉 가족과는 잘 지낸다고 말했다. 가족이 항상 나를 돕고 나도 가족을 사랑한다고 말했다. 하지만 정작 내게 가장 중요한 축구 경력이 고비를 맞이한 상황을 직접적으로 도와줄 사람이 없다고 고백했다. 내 인생에서 축구를 너무 빨리 빼앗겨버리는 것 같다는 걱정도 솔직하게 말했다.

첫 만남에서 스티브는 요령이 좋았다. 일단 그는 누구나 알고 있는 부분을 이야기했다. 적나라하면서도 정확했다. 스티브는 날카로운 질문을 던졌다.

"그러니까, 다시는 축구공을 못 차게 된다면 말이죠, 음, 뭐가 문제죠?"

얼떨떨한 표정으로 그를 쳐다봤다. 내가 "뭐가 문제냐고요?"라고 되물었을 때도 그는 태연했다. 스티브는 빠르게 해답에 접근했다. "눈에 넣어도 안 아플 정도로 예쁜 딸이 셋씩이나 있다고 했잖아요? 그것만으로도 충분히 행복하고 건강하게 들려요. 당신은 아빠입니다. 결혼해서 뭐든지 도와주는 사랑스러운 아내도 있어요. 그렇게 환상적인 가족을 가졌을 만큼 당신은 운이 좋은 사람이에요. 축구선수로서 엄청난 경력도 쌓았죠. 리버풀에서만 13년을 뛰었고, 클럽 축구에서 가장 권위 있는 우승 트로피도 땄어요. 국가대표팀에도 셀 수 없을 만큼 많이 출전했죠. 근사한 집도 있고요. 인생을 즐기면서 살 수 있을 만큼 돈도 넉넉해요. 도대체 뭘 걱정하는 거죠?"

나는 아무 말도 하지 못하고 고개만 끄덕였다. 스티브가 "그러니까, 정확히 뭘 걱정하는 건가요?"라고 다시 물었다. 나는 작은 목소리로 "현역 생활이 끝날지도 모르는 거요"라고 말했다. 그러자 스티브는 더욱 강건한 말투로 젊은 선수들의 이야기를 들려줬다. 세계 최고가 될 수 있는 잠재력을 가졌으면서도 부상을 당해 6개월 만에 선수 경력이 끝나버린 선수들이었다. 그들은 자기 종목에서 아무것도 성취하지 못한 채 운동을 포기해야 했다. 돈도 벌지 못했다. 그런 선수들 앞에서 내가 불운을 운운할 수 있겠는가? 운동선수뿐만이 아니었다. 스티브는 다양한 사람들의 이야기를 들려줬다. 도박으로 모든 것을 날려버리거나 술 때문에 인생을 망친 사람들이었다. 그런 사람들에 비해서 나의 인생은 환상 그 자체였다.

그의 말이 옳았다. 나는 경청했다. 머릿속에 들어 있는 '침팬지'에 관해 알게 된 것도 그때였다. 우리 마음속에 심술을 부리는 침팬지가 산다는 것이다. 비논리적인 생각을 하게 하고, 스스로를 실망에 빠트리게 하는 고약한 침팬지에게 굴복하는 사람들이 많다. 무슨 일을 하든 그 침팬지는 최악의 결과만 보게 한다. 모든 희망과 상식을 숨긴다. 지금 내 침팬지의 기세가 등등하다. 매일 아침 일어나는 나의 귓가에 대고 "넌 이제 다시는 못 뛸 거야. 끝났어"라고 재잘거린다.

어리고 혼자였던 시절에는 축구가 모든 것의 시작이자 끝이었다. 축구를 하지 못하면 인생 자체가 무의미하다고 믿었다. 어리고 순진했던 때라서 그런 생각이 오히려 당연했을지도 모른다. 스티브를 만났을 때 나는 서른한 살이었다. 남편이자 세 딸의 아빠였다. 여전히 축구에서 성공하고 싶었지만, 그보다 가족이 먼저였다. 이제 축구는 두 번째다. 축구가 없어도 살 수 있다는 뜻이다. 더 행복해질지도 모른다.

스티브의 말이 이어졌다. "축구를 다시 하게 될 거예요. 당신 주치의와 통화했는데 의심할 필요가 없대요. 좋아질 겁니다. 이겨내서 전처럼 뛸 수 있어요. 하지만 마음을 다스려야 해요. 당신 마음속에 있는 침팬지는 한시도 쉬지 않고 당신 인생을 망치려고 애쓰거든요."

당장 내 안에 있는 침팬지의 목덜미를 잡고 입에 재갈을 물리기로 했다. 스티브 앞에서 그렇게 하겠다고 공언하지는 않았다. 미소로 대답했다. 진정한 미소가 흘러나왔다. 지난 몇 달 동안 내 일상에서 사라졌던 '진짜 미소'였다. 스티브와 정기적으로 만나기로 약속했다. 침팬지가 다시 튀어나오는지를 정기적으로 들여다볼 필요가 있으니까. 목발을 짚고 일어나 악수를 나누며 스티브에게 진심으로 감사했다. 그의 집에서 자동차까지 걸어가면서 미끄러진다는 걱정은 하지 않았다.

그로부터 3년이 지난 2015년 3월에도 나는 스티브 피터스와 자주 만난다. 그의 집에서 처음 만났을 때부터 지금까지 스티브는 나의 마음을 다스려 준다. 부상을 이겨내고 실전에 복귀하고 나서 그와의 상담은 더 빛을 발했다. 2012년 2월 웸블리 스타디움, 칼링컵 결승전에서 나는 리버풀에 우승을 안겼다. 승부차기 끝에 카디프 시티를 3-2로 제압했다. 사촌인 앤서니 제라드가 마지막 승부차기에 실패했다. 케니 달글리시 감독과 함께 일하면서 얻은 첫 번째 우승 트로피를 내 머리 위로 번쩍 들어 올렸다.

완벽한 기쁨은 아니었다. 앤서니처럼 나도 페널티킥을 놓쳤기 때문이다. 상대 골키퍼인 톰 히튼이 기막히게 막았다. 스티브 피터스는 내게 "당신은 스스로에게 지나치게 엄격해요"라고 자주 말했다. "10점 만점짜리 경기력이 아니었다고 해도 여전히 당신은 최고 중 한 명이에요"라고 덧붙인다. 자신감을 되찾게 해주는 조언이었다. 또, 스티브는 내가 오랜 친구나 가족과는 전혀 상관없는 말벗을 만들어야 한다고 했다. 솔직한 대화가 가능한 친구. 내 안에 쌓인 분노와 절망을 털어놓을 수 있는 친구, 내가 한 일에 대해서 정말 솔직하게 말해줄 수 있는 친구로서 나는 크리스를 선택했다. 밝은 성격에 명석하고 거짓이 없다. 스티브는 크리스에게 듣기 싫을 정도로 솔직하게 나와 대화하라는 임무를 부여했다. 항상 나만의 의견을 견지하는 일, 그게 내가 해야 할 책임이었다.

2015년 2월 10일 토트넘전에서 내가 햄스트링을 다쳤을 때도 크리스가 곁에 있어줬다. 그 부상으로 나는 7경기나 쉬어야 했다. 나 없이도 팀은 잘해냈다. 리그 4위권에 들기 위해 열심히 따라갔다. 그 7경기에서 리버풀은 1패만 당했다. 터키 베식타스 원정에서 지는 바람에 UEFA 유로파리그에서 탈락했다.

그 다음 경기가 3월 16일 월요일에 있었던 스완지 원정이었다. 나도 복귀 준비를 마쳤다. 로저스 감독은 나의 선발 여부를 결정함에 있어서 동정심에 연연하지 않겠노라고 강조했다. 물론 힘을 주는 칭찬도 잊지 않았다.

"이 친구는 이 클럽은 물론 프리미어리그 역사에도 남을 만큼 위대한 선수 중 한 명이다. 스티비는 항상 팀을 우선시한다. 경기에 뛰든 아니든 상관없이 나는 선수로서 인간으로서 그를 존경한다. 그러나 나는 개인적인 감정으로 공적인 판단을 내리는 사람이 아니다. 팀이 승리할 수 있는 균형을 찾는 과정일 뿐이다. 지금부터 시즌이 끝날 때까지 우리에게 필요한 것을 스티비가 갖고 있다. 리버풀 감독을 하기 시작하면서 여러분도 나를 지켜봐왔다. 나는 경기에서 이길 수 있는 최선의 명단을 뽑는다."

리버풀은 좋은 흐름을 타고 있었다. 2주 전이었던 3월 1일 안필드에서 맨체스터 시티를 2-1로 꺾었다. 조 앨런이 내 포지션에서 뛰었고, 조던 헨더슨과 필리페 쿠티뉴가 골을 넣었다. 나는 일부 팬들의 의견을 들을 수 있었다. 내가 한물갔고 베스트 11에 들 만한 수준이 되지 못한다고 그들은 단정했다. 리버풀이 더는 나를 필요하지 않는다고. 누구나 자기 생각을 말할 수 있다. 하지만 스티브 피터스의 상담을 바탕으로 나는 한 발짝 물러나서 상황을 객관적으로 바라보려고 노력했다. 축구를 정말 상세하게 아는 팬은 많지 않다. 목소리 큰 사람이 여론을 주도할 때도 있다. 술에 거나하게 취해서 "우리는 이제 늙은 제라드가 필요 없어!"라고 떠드는 식이다.

지금 시점에서 나는 내가 어디까지 할 수 있는지 정확히 안다. 동시에 프리미어리그를 38경기나 치러야 한다는 점도 알고 있다. 홈에서 맨체스터 시티 하나 잡았다고 모든 게 해결되지는 않는다. 과거의 교훈이기도 하다. 맨시티를 2-1로 잡은 다음에 홈에서 첼시에 0-2로 덜미를 잡혀 리그 타이틀 경쟁에서 패퇴했던 기억이다.

내게는 실용적인 구석도 있다. 이기는 팀이 돌아가는 방식은 거의 비슷하다. 7경기를 쉬고 난 다음에 내 정상 컨디션과 경기력을 되찾으려면 다소 시간이 걸린다는 진리도 잘 안다. 로저스 감독이 나를 따로 불러서 스완지 원정에서 내가 왜 벤치에서 시작해야 하는지를 설명해준 이유 또한 나는 잘 이해하고 있었다. 멀쩡한 몸 상태로 벤치에 앉아 경기를 바라보는 일은 항상 힘들다. 이번 시즌 들어서도 몇 차례나 비슷한 경험을 했다. 스토크 시티 홈경기, 레알 마드리드 원정경기 등인데, 받아들이기가 항상 어렵다. 스완지 경기 후에 누군가 내게 이렇게 물었다. 내가 뛰지 않는 경기에서 우리 팀이 못하길 은근히 바라지 않느냐고. 그러면 다음 경기에서 내가 선발로 뛸 가능성이 높아지니까. 리버풀 선수인 동시에 나는 리버풀의 팬이다. 단 한순간도 '리버풀이 졌으면 좋겠다'고 생각한 적은 없다. 서포터즈가 되더라도 언제나 리버풀이 승점 3점을 땄으면 한다.

그렇지만 리버티 스타디움에서 나의 심경은 복잡했다. 눈앞에 있는 경기에 출전하고 싶다는 생각뿐 아니라 다음 경기로 예정된 맨체스터 유나이티드 홈경기에서 반드시 뛰고 싶었기 때문이다. 시즌 종료 후 리버풀을 떠난다고 선언한 이후, 나는 마지막에 관한 질문을 수도 없이 많이 받았다. 마지막 머지사이드 더비를 뛰는 기분은? 마지막 칼링컵을 뛰어본 기분은? 맨체스터 유나이티드를 마지막으로 상대하는 기분은? 잘 모르겠다. 하지만 한 가지는 확실했다. 마지막 맨유전을 최소한 교체 멤버로 뛰고 싶지는 않다는 사실이다.

단 한 번, 스완지 경기에서 나는 리버풀의 경기력이 부진하길 바랐다. 서른네 살짜리 주장의 경험이 필요한 상황에 내가 들어가면 딱 좋겠다는 생각이 들도록. 경험이 풍부한 딥라잉 미드필더가 필요해 보이는 경기가 되길 바라면서 나는 사이드라인 바깥에서 몸을 풀었다. 어느 정도 원하는 방향으로 흘렀다. 전반전 무실점이면서도 우리는 스완지에 압도당했다. 그들은 항상 중원에서 수적 우위를 점했다. 개리 몽크 감독 아래서 스완지는 흐르는 물처럼 자연스럽게 뛰었다. 우리 동료들은 짜증이 난 것처럼 보였다. 벤치에서도 훤히 보일 만큼 명백했다. 리버풀은 숨을 골라야 했다. 무리하게 앞으로 나가지 말고 쉬운 패스를 확실하게 연결하며 리듬을 찾을 필요가 있었다.

최근 경기에서 좋은 성적을 거두며 젊은 선수들이 자신감을 얻었는데, 스완지 원정에서 그게 나쁜 쪽으로 작동하고 말았다. 모든 경기를 같은 방법으로 싸울 수 있다고 순진하게 믿는 동네 아이들처럼 보였다. 동료들은 스완지를 단번에 깨려고 애썼다. 번번이 실패했다. 우선 공을 빼앗고 나서 안정적으로 지켜야 한다. 인내심을 갖고 기다리면 틈새가 벌어지게 된다. 그때가 오면 힘을 집중해 빠르게 쳐야 한다. 시간이 걸려도 골을 넣을 수 있다는 자신감이 필요했다. 이 경기는 내가 들어가서 리버풀이 주도권을 쥐도록 조율해줘야 하는, 딱 그런 경기였다.

스완지가 우리 골문을 위협할 때마다 나의 팬심이 발동해 움찔움찔했다. 시몽 미뇰렛의 컨디션이 좋아서 다행이었다. 바페팀비 고미(Bafetimbi Gomis)와 길피 시구르드손(Gylfi Sigurdsson)의 슛을 잇따라 막았다. 스크르텔도 위험한 고비마다 머리로 크로스를 걷어냈다. 존조 셸비의 날카로운 슛을 랄라나가 몸으로 막았다. 하프타임이 되어 우리는 모두 운 좋게 골을 먹지 않았다고 가슴을 쓸어내리며 라커룸으로 향했다.

로저스 감독의 뚜껑이 열렸다. 선수들을 심하게 꾸짖었다. 나를 가리키며 감독은 이렇게 소리쳤다. "제라드를 선발에 넣지 않기로 한 게 얼마나 어려운 결정이었는지 알아? 세상에서 제일 잘하는 선수 중 한 명이란 말이다. 너희가 정말 잘해와서 내가 제라드를 빼기로 했어. 연승 중이었잖아. 그래서 내가 스티븐 제라드를 뺐단 말이다. 너희 모두에게 내가 기회를 줬어. 나는 너희를 믿었어!"

라커룸 안에서 침묵이 흘렀다. 로저스 감독은 여전히 선수들을 노려봤다. 그러곤 "젠장, 노대체 내가 뭘 잘못한 거냐!"라고 소리쳤다. 어린 선수들 몇 명은 바닥만 쳐다봤다. 로저스 감독은 "내 믿음을 얻어낸 녀석들이라고! 다시 좀 잘해봐!"라고 내질렀다. 공기가 거북했다. 로저스 감독은 손가락으로 나를 가리키며 "꼭 이 친구가 들어가서 밧줄을 던져 너희들을 구해줘야겠냐?"라고 말했다. 내가 슈퍼맨이라도 된 것 같았다. "그거 알아? 내가 지금 제라드한테 들어가서 10분 안에 우리 팀 좀 살려달라고 부탁해야 할 것 같아. 또다시 말이지."

로저스 감독의 말을 듣곤 약간 무안해졌다. 지금 당장 경기에 들어가고는 싶었지만, 그렇다고 내가 슈퍼맨이 되고 싶진 않았다. 나는 단지 경기를 잘하고 싶을 뿐이다. 맨유 경기에서 선발 자리를 쟁취하고 싶었다.

로저스 감독은 일갈을 마무리하고 전술 지시를 하기 시작했다. 역시 경기를 읽는 그의 눈은 탁월했다. 스완지의 다이아몬드 전형이 문제였다. 우리 미드필더는 사각 형태였다. 수비형 미드필더 두 명, 그 앞에 10번 플레이메이커를 두 명 배치한 포메이션이었다. 스완지의 다이아몬드가 우리의 사각형을 연신 짓밟고 있었다. 후반전에는 우리가 맨투맨 압박을 하기로 했다. 로저스 감독은 선수들을 내보내면서 "제발 너희답게 좀 뛰라고!"라고 다시 소리 쳤다. 나는 교체 투입 준비를 했다.

후반 19분 대기심이 교체 보드를 꺼내 들었다. 빨간색으로 18번이 표시되었다. 모레노가 빠진다. 녹색으로 8번이 반짝였다. 내 등번호 8번. 모레노와 손바닥을 마주친 뒤 경기장 안으로 뛰어들어갔다. 조던 헨더슨이 부리나케 내 옆으로 달려왔다. 그럴 필요가 없었지만, 헨더슨은 자기 팔에서 주장 완장을 빼서 내게 넘겼다. 위기에서 팀을 구원해줄 동아줄이나 대단한 무기는 내 손에 없었다.

헨더슨에게 전진할 수 있는 공간이 생겼다. 나는 스완지가 계속 오픈게임을 유지하게 만들고 싶었다. 대인 방어를 해야 하니 우리는 상대보다 더 많이 뛰어야 했다. 상대 진영에서부터 압박을 가하기 시작했다. 내가 들어간 지 4분 만에 우리가 골을 넣었다. 슈퍼맨 제라드의 힘이 아니라 운이 좋았을 뿐이었다. 대니얼 스터리지가 헨더슨의 앞 공간에 공을 떨궜다. 헨더슨이 무서운 기세로 공을 향해 돌진했다. 좀 더 가까이 있던 스완지의 수비수 조르디 아마트(Jordi Amat)가 공을 걷어내려고 태클을 시도했다. 아마트가 걷어낸 공은 헨더슨의 발에 맞고 튕겨 루카스 파비안스키(Lukasz Fabianski)의 머리 위를 지나 골문 안으로 들어갔다. 파비안스키는 넘어가는 공을 멍하니 쳐다볼 뿐이었다. 가끔 이런 행운도 있는 법이다.

남은 시간 동안 우리는 타이트하게 경기를 지켰다. 리그 29경기째에서 승점 3점을 보탠 우리는 5위에 올랐다. 맨체스터 유나이티드보다 단지 2점, 아스널보다 3점 뒤질 뿐이었다. 이전 주에 맨체스터 시티가 번리에 패한 탓에 우리와 차이가 4점으로 줄었다. 앞으로 9경기 남았다. 로저스 감독은 리그 2위 달성의 필요성을 강조했다. 순위표 가장 위에서는 첼시가 승승장구하고 있었다.

"끝까지 포기하지 않는 모습이 대단히 좋았다. 특히 후반전이 좋았다. 전반전 경기력은 형편없었지만 후반전에 좋아질 수 있을 거라고 믿었다. 포메이션도 바꿨다. 후반전에는 우리가 경기를 지배했다고 생각한다. 모든 사람들이 리그 4위 달성을 말한다. 하지만 내게는 매 시즌 마찬가지다. 우리는 최대한 높은 순위로 시즌을 마치고 싶다. 맨체스터 시티가 패하는 바람에 우리에게 리그 2위 달성 희망이 생겼다. 앞으로 남은 모든 경기에서 집중력과 자신감을 잃지 말아야 한다."

스완지에서 리버풀로 돌아오는 길은 멀었다. 차가운 새벽 2시에 겨우 리버풀에 도착했다. 덕분에 나는 혼자 생각에 잠길 여유를 누렸다.

다가온 맨유 경기는 개인에게나 팀에나 대단히 중요했다. 언제 어디서나 내가 이기고 싶은 두 팀이 있다. 에버턴과 맨체스터 유나이티드다. 변함없는 사실이다. 그러나 지나간 넉 달을 생각하면 더 특별할 수밖에 없었다. 리버풀을 떠나기로 한 결정, 공개하면서 느꼈던 고뇌, 연이은 부상 그리고 스완지전 벤치 신세. 마음고생을 보상받고 싶었다. 올 시즌이 끝나면 다시는 돌아오지 않는다는 슬픔도 위로받고 싶었다. 어린 시절 아이언사이드 로드를 뛰어다니며 내가 가장 미워했던 바로 그 상대, 맨체스터 유나이티드를 마지막으로 꺾고 싶었다.

이기고 싶은 마음은 에버턴도 마찬가지다. 그러나 결국 에버턴도 나처럼 스카우저들이다. 아이언사이드 로드의 콘크리트 바닥에서 태클을 하느라 무릎이 다 까지면서도 나는 공을 빼앗곤 했다. 맨유나 에버턴 선수를 내가 제압한다는 마음이었다. 안필드에서 그들을 상대로 골을 넣는 장면도 어린 시절 단골 상상이었다.

최소한 맨유전에서만큼은 로저스 감독이 나를 선발 기용하리라는 희망이 커졌다. 올 시즌을 시작할 때 그는 내게 명확한 메시지를 줬다. 아직 내 거취가 결정되기 전이었다. 로저스 감독은 나를 감독실로 불렀다. 우리는 건강한 대화를 나눴다. 로저스 감독은 로테이션 운용 이유를 설명했다. "내가 너의 출전 수를 조절한다고 해도 이 점만큼은 꼭 알아줘. 나는 너를 최상의 상태로 유지하고 싶다는 거야. 매 경기에 출전하면 네가 가진 최대치를 얻기가 어려워져. 내가 가끔 휴식을 줄 테니 정말 필요할 때는 싱싱하게 돌아와서 나를 도와줘야 해."

합리적인 판단이었다. 나도 그의 계획에 동의했다. 자리에서 일어나려고 할 때, 로저스 감독은 이렇게 덧붙였다. "참, 알아줬으면 하는 게 하나 더 있어. 리그 빅매치, 컵대회 결승전 같은 중요한 경기가 있잖아. 그때는 고민이 없어. 너를 가장 먼저 뽑을 거니까. 너는 내 캡틴이잖아. 내가 여기 처음 왔을 때부터 너는 내게 너무 잘해줬어. 빅매치에서는 무조건 선발이야."

챔피언스리그에서 탈락했고, 프리미어리그 우승 가능성도 없어졌다. 그러나 우리는 리그 4위에 가까이 갔다. 맨체스터 유나이티드는 우리의 최대 라이벌이다. 맨유를 불러들인 홈경기는 당연히 우리에겐 가장 중요한 빅매치다. 나는 당연히 내가 선발 기용될 것이라고 생각했다.

웨일스에서 장거리 여행을 끝내고 새벽에 도착하니 몸이 피곤했다. 불현듯 이상한 생각이 들었다. 리버풀은 리그 13경기 연속 무패를 달리는 중이었다. 마지막 패배가 지난해 12월 올드 트래포드에서 있었던 0-3 경기였다. 그 경기에서 패한 이후 로저스 감독은 포메이션을 3-4-3으로 바꿨고, 그 시도가 기막히게 먹혔다. 우리는 리그 5연승을 기록했다. 최근 원정 6경기 연속 무실점 행진도 계속되었다. 인상적인 숫자들이었다. 만약 로저스 감독이 이렇게 좋은 흐름을 고수하기로 한다면? 내가 다시 벤치로 밀리면?

내 자신에게 말을 걸었다. 혹시나 침팬지가 잠에서 깼는지 싶어서. 논리적이 되어야 한다. 시즌 초 로저스 감독이 내게 했던 공언과 스완지 원정경기 중에 했던 말은 명확한 메시지를 가졌다. 맨체스터 유나이티드를 상대하는 안필드 홈경기에서는 당연히 내가 선발 출전한다.

수요일 훈련을 충실하게 소화했다. 선수단 내에서 누구보다 몸이 가볍고 출전에 굶주렸다. 멜우드 훈련장에 들어갈 때마다 나는 항상 그렇게 다짐한다. 오랜 기간 꾸준하게 출전하지 못했기에 이번 맨유전을 앞두고 나의 야망은 더욱 뜨거워졌다. 컨디션이 좋았다. 준비를 마쳤다. 준비할 시간도 나흘이나 남았다. 로저스 감독과 마음이라도 통한 것 같았다. 수요일 저녁 집에서 쉬고 있는데 감독이 문자를 보냈다.

"이틀간 정말 훈련 열심히 하더군. 이야기 좀 하자. 내일 훈련 전에 감독실로 올 수 있겠어?"

침대에 누워 나는 즉답했다.

"그럼요. 내일 봬요."

답답한 답장 내용과 달리 나는 침대에 누워 흥분했다. 로저스 감독의 문자를 한 번 더 읽었다. 나 혼자 '드디어 선발 복귀구나. 맨체스터 유나이티드, 홈경기, 빅매치. 이런 경기에선 내가 필요한 거야'라고 생각했다.

어두운 방에서 나는 한 시간 동안 잠을 이루지 못했다. 많은 생각이 마구 튀어나왔다. 옆에서는 아내가 새근새근 자고 있었다. 지난 경기에서 맨유는 토트넘 경기에서 정말 잘했다. 루이스 판할 감독 아래서 드디어 아귀가 맞아 돌아가는 느낌이었다. 힘든 경기가 될 것이다. 로저스 감독이 나를 넣으면서 과연 누굴 뺄까? 어떤 포메이션으로 나갈까? 선발 라인업에 변화를 주겠지만, 조 앨런과 조던 헨더슨은 최근 경기력상 선발이 유력했다. 나는 스완지전 후반에 사용했던 다이아몬드 전형을 상상했다. 지금 당장 멜우드에 가고 싶었다. 일요일에는 안필드에 가고 싶었다. 그런 생각을 하면서 기분 좋게 잠이 들었다.

아침에 일어나면서 힘이 솟았다. 로저스 감독과 만나고, 물론 더욱 열심히 훈련해야 한다. 나를 믿어준 결정이 옳았음을 입증해야 하기 때문이다. 멜우드에 도착했을 때 로저스 감독은 이미 감독실에 와 있었다. 문을 열고 들어가 환하게 웃으며 아침 인사를 나눴다. 로저스 감독은 의자에 기대며 "기분은 좀 어때?"라고 웃으며 물었다. 나는 "좋아요. 아주 좋아요"라고 대답했다. 잠시 침묵이 흘렀다. 로저스 감독이 입을 뗐다. "너를 어떻게든지 선발에 넣고 싶어. 그런데 지금 팀이 너무 잘하고 있어. 이 친구들로 한 번 더 가고 싶어."

갑자기 몸속에 응어리가 생기는 기분이었다. 나는 감독을 쳐다봤다. 침착해지려고 노력했다. 아주 잠깐 고민했다. 들이받아야 하는 건가? 참았다. 다른 방향을 선택했다. 프로페셔널이 되기로 결심했다. 나는 "알았어요. 좋아요"라고 대답했다. 로저스 감독은 "오케이?"라고 재차 확인했다. 나는 "오케이. 감독의 판단을 존중해야죠"라고 말했다. 대화는 거기서 끝났다. 감독실에서 나와 나는 훈련 준비를 했다.

마음이 복잡했다. 믿을 수가 없었다. 몸에 있는 근육이 꿈틀거렸다. 로저스 감독과 나의 관계는 최상이었다. 그도 내게 뭔가를 보여줘야 한다. 그러나 의심이 들었다. 자기가 어려운 결정을 과감하게 내릴 수 있을 정도로 강한 남자라는 걸 이런 식으로 세상에 알리려는 심산이 아닐까? 내가 부상 중에 팀 성적이 좋아지자 언론에서는 무수한 추측 기사를 쏟아냈다. 서른네 살 먹은 내가 지금 승승장구하는 팀에 당연한 듯이 들어간다는 가정이었다. 로저스 감독에게는 자신의 권위를 과시할 절호의 기회일지 모른다. 제라드가 아니라 브렌던 로저스의 팀이라는 사실을 만천하에 알리고 싶은 욕구.

잘못된 판단이라고 나는 확신했다. 스완지 원정에서는 그의 선발 명단이 옳았다. 내가 부상에서 복귀한 지가 얼마 되지 않았기 때문이다. 그러나 맨유를 꺾으려면 반드시 내가 선발로 출전해야 한다. 나이를 먹었어도, 리버풀에서 보내는 마지막 시간일지라도, 미드필더와 주장으로서 내가 뛰는 편이 팀에 도움이 된다.

지금도 나는 그의 결정이 틀렸다고 믿지만, 한편으로는 존중한다. 감독을 위해 헌신해온 현재 베스트 11에게 로저스 감독은 신뢰를 보여주고 싶었기 때문이다. 그러나 그 결정이 내게 상처를 줬다. 시즌 초 그렇게 대화를 나눴고, 수요일 밤 문자를 보내 나를 그렇게 칭찬하고 나서 그가 내게 총을 쐈다. 의도적으로 내 기분을 망치려고 하지 않았다는 점은 잘 안다. 하지만 모든 상황이 틀림없이 나의 선발 출전을 암시했다.

선수는 선수만의 세상에서 살아간다. 선발 11인에 끼지 못하고, 감독이 시큰둥하면 그 세상은 너를 거부하는 셈이다. 집에 돌아가면 내 자신이 불쌍해진다. 선수도 인간이다. 특히 응석부리는 어린애 같다. 딱 여덟 살짜리 꼬마처럼 느끼고 생각한다. 선수는 선발 11인에 들고 싶어 한다.

나이가 들면서 조금은 성숙해졌다. 가끔 내 자신에게 '내가 선발에 왜 못 들었을까? 뭐가 잘못된 걸까? 내 경기를 분석해서 부족한 점을 보완해야 하는 걸까?'라는 질문을 던질 만큼 연륜을 쌓았다. 자기 평가에 관해서는 내가 냉철한 축에 속한다고 굳게 믿고 있었다. 많은 축구선수들이 냉소하거나 자기 틀 안에 갇혀 있다. 나는 그렇지 않다. 그러나 나는 벤치로 밀린 적이 많지 않았다. 낯선 상황에는 나도 어느 정도 충격을 받는다. 팀 훈련과 라커룸에서 나는 냉정함을 유지하려고 노력하면서도 마음 한구석에는 커다란 상처가 생겼다. 낙담과 분노를 느꼈다.

경기 당일 스티브 피터스와 만났다. 나와 더 긴 시간을 갖지 못해서 안타깝다고 말했다. 내게서 경고 신호가 보인다고 하면서 머릿속에 있는 모든 부정적인 생각을 지우라고 조언했다. 최대한 프로페셔널의 마음가짐을 가지라고도 당부했다. 그러면서 그날 아침 내가 했던 마지막 말이 계속 마음에 걸린다고 말했다. 그와 헤어지기 직전에 나는 "우리에 갇힌 동물 같아요"라고 말했다. 스티브는 자기와 좀 더 있으면서 마음을 진정시키기를 바랐다. 왜냐면 우리에 갇힌 동물은 축구 정글 속에서 오래 살아남지 못하기 때문이다.

2015년 3월 22일 일요일
안필드

안필드 하늘 위로 햇빛이 눈부신 오후였다. 나는 벤치에 있는 우리 안에 갇혀 맨체스터 유나이티드의 우월한 경기력을 구경했다. 그들은 자신만만하게 패스를 연결했다. 당연한 상황인지도 모른다. 맨유에는 뛰어난 선수들이 많다. 태클을 자주 시도하지 않는 팀을 상대로는 당연히 패스 연결이 쉬워진다. 이유는 모르겠지만, 리버풀은 자신들이 가야 할 방향과 정확히 반대로 향했다. 뒤로 물러나서 맨유에 점유를 내줬다.

전반 14분 첫 번째 골이 나왔다. 마루앙 펠라이니(Marouane Felaini)가 안데르 에레라(Ander Herrera)에게 패스를 보냈다. 리버풀의 압박이 느슨한 탓에 에레라가 여유 있게 공을 몰고 전진했다. 넓은 시야와 정확한 패스로 그는 수비 조직을 허무는 패스를 보냈다. 후안 마타가 들어갔고, 미뇰렛이 슈팅 각도를 줄이려고 앞으로 나왔다. 마타의 슛은 오른쪽 골대에 맞고 꺾여져 들어갔다. 쉬운 골이었다.

우리 경기력은 평범했다. 로저스 감독이 내게 워밍업 지시를 내렸다. 전반 22분 필 존슨과 부딪힌 아담 랄라나가 절뚝거렸다. 상태가 나빠 보였지만, 로저스 감독은 딱히 신경 쓰지 않은 채 선수들을 독려할 뿐이었다. 지금처럼 계속 가면 선발 11인 중 칭찬받을 사람은 아무도 없었다.

맨유 원정 서포터즈가 있는 관중석 쪽으로 가서 다리 스트레칭을 했다. 그들이 폭탄 심지에 불을 붙이기 시작했다. 야유와 폭언이 날아들었다. 원정 팬들 사이에서 최고 인기곡도 잊지 않았다.

> 스티븐 제라드, 제라드 / 머저리처럼 미끄러졌네 /
> 뎀바 바에게 패스를 해 / 스티븐 제라드, 제라드

조금 시간이 지나자 맨유 팬들이 따분해진 모양이었다. 그들은 다른 노래로 우리를 놀려댔다.

> 리그 우승할 뻔했어 / 리그 우승할 뻔했다고 /
> 그렇게 계속 믿어 / 계속 그렇게 쭉 / 리그 우승할 뻔했으니까

우리에 갇힌 동물의 분노가 점점 커졌다. 심호흡을 하면서 평정심을 유지해야 했다. 그러나 내 안에서는 내가 선발에 들어갔어야 했다는 분노만 증식하고 있을 뿐이었다. 쇠는 늘어 내 주위에서 나를 의심하는 기사를 써대던 기자들에게도 꼭 뭔가를 보여주고 싶었다.

랄라나는 계속 뛰었지만, 전반 30분이 넘어서자 하프타임에 내가 교체로

들어갈 것이라는 사실이 뚜렷해졌다. 판할 감독은 로저스 감독의 사각형 미드필드 전술을 훤히 꿰고 있었다. 맨유가 힘을 내는 동안 안필드는 침묵에 빠졌다. 나는 워밍업을 재개했다. 로저스 감독이 랄라나 대신에 내가 들어간다고 전달했다. 선발진에 복귀해야 한다는 이유를 만들 수 있는 경기일지도 몰랐다. 하지만 내 안에서는 분노가 불탔다. 들어가자마자 강한 인상을 남기기로 마음먹었다.

전반전 내내 우리는 태클 시도가 터무니없이 적었다. 이런 통찰력은 나의 본능에 가깝다. 예전에 나는 태클에 관해서 "어린이와 어른을 구분해내는 효과적인 방법 중 하나가 태클이다"라고 말한 적이 있다. 거친 태클과 몸싸움이 맨유를 괴롭힐 수 있는 방법이었다. 휴이턴에서 멜우드, 다시 안필드까지 26년을 관통해오면서 나는 언제나 맨유를 향해 불을 뿜을 수 있다는 마음가짐으로 지냈다. 그들은 적이다. 맨유와 사이좋게 지낼 수가 없다. 한 방 먹었으면 그대로 되갚아줘야 하는 상대다. 거칠게 태클을 가함으로써 나의 각오를 상대에게 전해야 한다. 왜냐면 저들도 우리에게 똑같이 하니까.

맑은 하늘의 오후 시간, 모든 게 나 혼자만의 고통으로 변해버렸다. 로저스 감독은 리버풀의 경기 내용에 몹시 당황했다. 전반 45분 동안 언론이 판할 감독이 전술적으로 완승을 거뒀다고 평가할 게 뻔했다. 그도 그 사실을 잘 알았다. 하프타임이 되자마자 나를 부른 것을 보면 더 그렇다. 후반 들어 나는 동료들과 함께 그라운드로 나갔다. 푸른 하늘이 펼쳐진 따듯한 오후였다. 나의 모습을 본 콥 스탠드가 함성을 질렀다. 헨더슨이 다가왔다. 나는 그에게도 힘을 내라는 메시지를 보냈다. 나의 오랜 전장(戰場) 안필드를 둘러봤다. 후반 시작 직전까지 나는 몸을 풀었다. 빨리 후반전이 시작되길 바랐다.

마틴 앳킨슨 주심이 후반 시작을 알렸다. 쿠티뉴가 먼저 차고, 스터리지가 곧바로 내게 패스를 보냈다. 나는 앨런과 깔끔한 원투 패스를 주고받았다. 에레라가 내게 다가왔다. 나는 공을 지켜내면서 다시 앨런과 패스를 연결했다.

공이 다시 내게 왔다. 시작하자마자 나는 경기 안에 들어가 있었다. 전방을 보고는 오른쪽에 있는 엠레 찬에게 대각선 롱패스를 보냈다. 관중석에서 박수가 일어났다.

내 패스를 찬이 가슴으로 받았다. 맨유가 세게 압박했다. 찬이 어쩔 수 없이 안쪽으로 들어와 공을 다시 내게 보냈다. 에레라를 지나친 공을 내가 다시 받아 앨런에게 줬다. 그의 리턴패스가 약간 짧았다. 마타가 가까이 있었다. 나는 마타가 공을 잡지 못하도록 해야 했다. 거칠면서도 정확한 태클을 들어갔다. 마타가 넘어졌고 내가 공을 따냈다. 홈 관중이 열광했다.

나는 적극적으로 플레이에 관여했다. 사코가 내게 패스를 보냈다. 에레라가 공간을 좁히러 다가왔다. 내가 빨랐다. 그가 태클을 하면서 들어오기 전에 나는 패스를 했다. 그의 오른다리가 안필드의 잔디 위로 미끄러져 내 아래로 들어왔다. 나는 몸을 멈출 수 없었다. 생각할 겨를도 없이 나는 왼발로 에레라를 밟았다. 축구화 스터드가 그의 발목 바로 위쪽 살에 박히는 느낌이 그대로 전달되었다. 무척 아팠을 것이다.

에레라가 발목을 부여잡고 고통을 호소했다. 나는 팔을 들어 그에게 화를 내는 제스처를 취했다. 주심이 이미 휘슬을 분 상태였던 탓에 나는 사람들의 시선을 다른 곳으로 보내고 싶었다. 부심이 상황을 정확히 봤다. 내가 에레라를 밟자마자 곧바로 깃발을 높이 들었다. 그가 무선장치에 대고 뭔가를 이야기한 것 같았다. 앳킨슨 주심이 재빨리 내가 있는 곳으로 걸어왔다. 나는 상황을 인식했다. 그러나 나는 축구선수다. 나를 가리키며 자기방어를 시도했다. '뭐라고? 내가 반칙이라고?'라는 듯한 몸짓이다.

앳킨슨 주심의 걸음걸이는 '그래. 너'라고 말하고 있었다. 나는 그의 걸음걸이기 싫었다. 그의 얼굴도 싫었다. 펠라이니와 루니가 다가왔다. 웨인이 나를 쳐다봤다. 나의 퇴장을 직감한 것 같았다. 월드컵 독일전에서 웨인도 나와 똑같은 상황을 겪었다. 그가 앳킨슨 주심에게 말을 걸었고, 주심은 상의 주머니에 손을 가져갔다. 나도 레드카드임을 알았던 지라 에레라를 트집 잡았다. 물론 속으로는 낙담하고 있었다. 쫓겨나야 하기 때문이다.

순순히 물러날 준비를 하지 못했다. 분노가 절망으로 빨리 변하는 게 싫었다. 마르틴 스크르텔이 달려와서 항의했다. 나를 지켜주려고 해서 고마웠다. 그러나 스크르텔이 뒤집을 수 있는 상황이 아니었다. 어쩔 수 없었다. 나도 마찬가지였다. 옳은 판정이었지만 그가 손가락을 까딱거리며 선수 터널 쪽을 가리키는 모습에 화가 났다.

앳킨슨 주심에게 화를 냈다. 숨소리가 거칠었다. 그러곤 알았다는 듯이 몸을 돌려 사이드라인을 향해 걸어갔다. 고개를 가로저으며 혼잣말을 했다. 침팬지에게 물었다.

"너 도대체 무슨 짓을 한 거야? 왜 그렇게 멍청해?"

내 뒤에서 에레라가 일어서 앳킨슨에게 항의하고 있었다. 나를 향해 들어온 태클에 대해서 경고를 받았기 때문이다. 맨체스터 유나이티드의 팬들은 전혀 개의치 않았다. 그들은 내게 닥친 불운을 신나게 즐겼다. 맨체스터 유나이티드 경기에 들어간 지 38초 만에 나는 퇴장을 당했다. 38초 동안 나는 '깜짝' 출연이 보여줄 수 있는 모든 것을 선보였다. 나의 분노와 광기를 정의하는 시간, 38초였다.

한 명이 줄어든 리버풀은 경기에서 1-2로 패했다. 마타가 추가골을 넣었고, 스터리지가 만회골을 뽑았다. 미뇰렛은 루니의 페널티킥을 막았다. 경기 후 나는 TV 카메라 앞에 섰다. 나는 솔직한 심경을 밝혔다. "받아들여야 합니다. 옳은 판정이었어요. 오늘 나는 팀 동료들과 감독을 실망시켰습니다. 무엇보다 우리를 응원해주는 모든 팬들을 실망시켰어요. 내 행위에 대한 모든 책임을 통감합니다."

왜 그렇게 화가 나 있었는지 질문을 받았다. "모르겠어요. 처음 들어온 태클에 대한 반응이었다고 생각해요. 그 외에 다른 말을 해선 안 될 것 같습니다. 라커룸에 있는 모든 식구에게, 서포터즈에게 사과하러 왔습니다. 오늘 나온 결과는 전적으로 제 책임입니다."

그날 밤 집에서 나는 너무나 창피하고 수치스러웠다. 아내에게 솔직하게 말했다. 목요일 아침부터 계속 화가 난 상태였다고. 하지만 지금은 내 자신이 더 실망스럽다고 고백했다. 나는 서른네 살씩이나 된 선수다. 그런 나이에, 특히 프로축구선수라면 경기 중에 자기 자신을 제어할 줄 알아야 한다. 나는 내 안에서 일어난 분노를 요령껏 잘 숨겼다. 로저스 감독, 팀 동료, 심지어 스티브 피터스에게도 들키지 않았다. 내가 우리에 갇힌 동물 비유를 말하기 전까지 스티브도 내가 잘해내고 있다고 생각했다고 한다.

알렉스는 나의 기분을 잘 이해해줬다. 그녀는 나의 가족이다. 나를 잘 안다. 나를 사랑한다. 우리는 밤늦게까지 대화를 나눴다. 그녀가 고백했다. "오늘 일, 아니면 비슷한 일이 벌어질 줄 알고 있었어." 놀라서 아내를 쳐다봤다. 그녀는 "이번 주 내내 당신은 그렇게 보였다고. 제정신이 아니었어. 뭔가에 완전히 홀린 것처럼 보였어"라고 말했다.

평소 알렉스는 내 축구 경력에 개입하지 않으려고 무던히 애썼다. 내가 뛰는 경기도 챙겨보지 않는다. 축구선수로서 내가 이렇게 해야 하는지, 무엇을 해서는 안 되는지 말한 적도 전혀 없었다. 그 대신에 내가 항상 옳은 일을 할 것이라고 믿을 뿐이었다. 대부분 그녀의 믿음은 옳았다. 나는 항상 공평하고 상식적으로 행동하려고 노력한다. 그러나 가끔 끔찍한 순간을 맞이하곤 한다. 감정을 제어하지 못한 채 좌절과 분노에 항복하고 만다.

리버풀에서 뛰는 17년간 나는 여덟 번 퇴장을 당했다. 두 시즌당 한 번꼴이었다. 정기 수도 따시던 88경기당 레드카드 1회. 최악의 기록은 아니다. 하지만 게리 리네커와 비교하면 엄청나게 거친 기록이다. 리네커는 소속팀과 국가대표팀에서 뛰는 내내 경고조차 단 한 장도 받지 않았다. 물론 그가 태클러가 아니라 문전 골잡이 스타일이긴 했다. 여덟 장의 퇴장 중에서 절반은 두 팀과의 경기에서 나왔다. 그들이 누군지는 말하지 않아도 알 수 있을 것이다. 맨체스터 유나이티드와 에버턴 경기에서 나는 두 번씩 레드카드를 받았다.

나는 감정으로 남에게 영감을 주는 동시에 감정 탓에 일을 망치는 성격이라는 점을 인정해야 한다. 올림피아코스전 원더골, AC 밀란과 치렀던 챔피언스리그 결승전 득점을 돌아보면, 감정 폭발의 좋은 예라고 할 수 있다. 동시에 경력의 바닥을 이루는 첼시전 패배, 맨체스터 유나이티드전 퇴장은 감정 폭발이 지나쳤던 탓에 벌어졌다. 두 경기를 준비하는 나의 감정 상태에 문제가 있었다. 1년 전, 모나코에서 나는 수많은 생각을 했었다. 당시로 돌아가 버렸다. 축구 경력과 일반인의 감정 충돌, 재능과 버릇, 행운과 운명, 이스탄불과 힐즈브러가 따로 떨어지지 않고 언제나 한데 뒤섞여 있다.

당연하게 나는 3경기 출전 정지 징계를 받았다. 아스널과 뉴캐슬과 만나는 리그 2경기, 그리고 블랙번 로버스를 상대하는 FA컵 8강전에 출전하지 못하게 되었다. 마지막 희망은 희미하게 남아 있었다. 나의 생일에 웸블리에서 벌어지는 FA컵 결승전으로 내 인생 마지막 리버풀 경기를 치른다는 꿈이었다. 시즌 막판 다소 일이 꼬이긴 했어도 뭔가 반전이 있을 수 있다는 기대를 품었다. 리버풀 유니폼을 입고 뛰는 마지막 경기가 FA컵 결승전이라면 그보다 아름다운 마무리는 상상하기 힘들다.

며칠이 지나자 나는 침착함을 되찾았다. 맨체스터 유나이티드전 퇴장에 관해서도 거의 철학자처럼 관망할 수 있게 되었다. 운명이라면 받아들여야 한다고. 내가 할 수 있는 것이 없었다. 옆으로 비켜서서 시즌 마지막 남은 몇 주를 기다릴 뿐이었다. 잉글랜드에서 남은 마지막 축구 경력이 내 앞에 펼쳐지려고 한다.

잔여 경기 일정은 이미 머릿속에 들어 있었다. 다시 확인할 필요도 없었다. 출전 정지 징계 탓에 나의 리버풀 홈경기가 두 개로 줄었다. 퀸즈 파크 레인저스와 크리스털 팰리스였다. 다행히 맨체스터 유나이티드전 재앙으로부터 일주일 뒤에 나는 안필드에서 뛰는 기회를 갖고 있었다.

3월 29일 안필드에서는 제라드팀과 캐러거팀의 자선 경기가 열렸다. 수익금 전액은 리버풀 FC 재단과 알더 헤이 병원에 기부될 예정이었다. 목표 모금액은 1백만 파운드였다. 나쁜 일이 벌어진 뒤에 뭔가 좋은 일을 한다는 안도감이 생겼다. 리버풀 재단이 자선 경기에 대한 아이디어를 처음 내게 제안했다. 그들은 "경기 개최 수익금의 절반은 당신이 운영하는 재단으로 가고 나머지 반은 클럽의 재단으로 가는 게 어떨까요?"라고 말했다.

사실 처음에는 제안을 거절했다. 2013-14시즌 개막 전에 나는 이미 올림피아코스와 자선 경기를 치른 적이 있었기 때문이다. 당시 경기 수익은 모두 나의 재단으로 귀속되었다. 그로부터 18개월밖에 지나지 않은 상태였다. 이렇게 거절 이유를 전달했다. "아니요. 개인에 대한 헌정 경기를 두 번이나 하는 것처럼 보여요. 팬들의 돈을 또 받기가 불편해요. 평소 내가 진정으로 바랐던 헌정 경기를 팬들이 성사시켜줬어요. 그런데 지금 와서 또 자선 경기를 한다며 그들에게 돈을 내라고 할 순 없어요."

시간이 지나 리버풀 재단이 다시 설득에 나섰다. "리버풀 재단을 위한 모금으로 하면서 약간 다른 방법으로 하는 건 어떨까요? 리버풀 재단은 이 지역 비혜택 어린이를 위해 다양한 활동을 하고 있어요. 수익의 40~50퍼센트 정도를 당신이 직접 고른 병원에 기부하는 방법도 있어요."

좋은 아이디어처럼 들렸다. 그래서 나는 "좋아요. 하지만 수익의 50퍼센트를 이 지역에 있는 모든 자선단체에 골고루 분배합시다. 나머지 절반은 알더 헤이 병원으로 들어가고요"라고 역제안했다. 리버풀 재단이 나의 의견을 받아들였다. 나는 만족스러웠다. 알더 헤이 병원은 이 지역의 중심 병원으로 모든 팬들에게 필요한 시설이었다. 나는 리버풀 식구를 돕고 싶었다.

나의 이름을 딴 자선 경기는 피하고 싶다고도 말했다. 나는 "저 개인을 기리는 경기보다 리버풀이란 도시 전체를 품을 수 있는 방법은 없을까요?"라고 물었다. 대외적으로 그렇게 하면서 간접적으로 내 이름이 활용되는 것에 대해선 불만이 없었다. 내가 직접 선수들을 초청하면 된다. 처음에는 에버턴과 함께할 생각도 했다. 국가대표팀에 소집되지 않는 선수들로 팀을 구성하는 방법이다. 일일 감독으로 로베르토 마르티네스를 떠올렸다. 그러나 에버턴 측은 수익금 절반을 자기 클럽의 재단으로 쓰게 해달라고 했다. 리버풀 측에서 그 요구를 거절했다. 아쉽게 에버턴 선수들은 초청되지 않았다. 다행히 그들이 없어도 우리에겐 완벽한 라인업을 꾸릴 친구들이 있었다.

너무나 많은 옛 동료와 라이벌들이 적극적으로 초청에 응해줘서 감동받았다. 그들은 무보수 조건을 선뜻 받아들였다. 나의 팀에는 루이스 수아레스, 페르난도 토레스, 사비 알론소, 존 테리, 티에리 앙리, 욘 아르네 리세, 글렌 존슨 그리고 나의 사촌인 앤서니 제라드가 포함되었다. 카라의 팀도 이름값에서 떨어지지 않았다. 페페 레이나, 디디에 드로그바, 가엘 클리시, 크레익 벨라미, 루카스, 마리오 발로텔리, 크레익 눈이 초청되었다.

그리운 얼굴들을 한꺼번에 보니 옛 추억이 마구 솟아났다. 루이스와 페르난도, 리세와 벨라미의 8번 아이언 사건, 테리와 드로그바가 있었던 첼시와의 라이벌전 등이 생각났다. 모두 좋은 친구들이다. 리버풀과 깊은 인연을 가진 동료들이다. 하지만 존 테리나 디디에, 티에리, 가엘 등은 이런 초대를 "미안해 바빠. 다른 사람한테 부탁해줘"라고 쉽게 거절할 수도 있었다. 하지만 다들 초대에 응해줬다. 경기에서는 발로텔리와 드로그바가 골을 넣은 캐러거팀이 2-0으로 앞서나갔다. 전반전 종료 직전, 내가 페널티킥을 넣어 한 골을 만회했다.

우리는 선수들의 소속팀에 예의를 갖춰야 한다는 생각에 일부 스타플레이

어느 전반 또는 후반에만 뛰는 것으로 출전 시간을 배려했다. 루이스와 페르난도는 후반전만 뛰었다. 하지만 나만의 '판타지 풋볼'을 직접 경험할 수 있었다. 함께 뛰어본 세계 최고의 미드필더 사비가 내 옆에 있었고, 최전방 투톱이 수아레스와 토레스였다. 정말 환상적인 팀 구성이었다.

대만족이었다. 우리 팀의 감독은 브렌던 로저스였다. 캐러거팀은 로이 에반스가 감독을 맡았다. 하지만 내 앞에 지금 루이스와 페르난도가 동시에 있으니 감독의 지시 따위는 무시하고 싶었다. 내가 전진해서 10번 플레이메이커 임무를 수행했다. 수아레스와 페르난도 투톱이다. 어떻게 뒤에서만 있을 수 있겠는가?

안필드의 분위기도 좋았다. 많은 관중이 아주 오랜 응원곡을 불러줬다.

> 스티비 제라드는 우리의 캡틴 / 스티비 제라드는 붉은 사나이 /
> 스티비 제라드는 리버풀의 선수 / 붉게 태어나고 자란 스카우저

루이스를 위한 노래를 다시 듣는 기분도 좋았다. '데피시 모드'의 히트곡 멜로디가 울려 퍼졌다. 벤치에서 루이스가 일어나자 함성이 일어났다.

> 그 이름은 루이스 수아레스 / 붉은 유니폼을 입지 /
> 너무 좋아, 너무 좋지 / 발리 골을 넣으면 /
> 헤딩 골을 넣으면 / 너무 좋아, 너무 좋지…

우리 팀이 후반 22분 페널티킥을 얻었다. 루이스에게 차라고 했다. 콥 스탠드 앞에서 루이스가 골을 넣으면 정말 좋을 것 같았다. 루이스가 "아니다. 네가 차"라고 말했다. 루이스는 내가 두 번째 골을 넣기를 원했다. 혹은 페널티킥을 차다가 실수라도 할까 봐 그랬는지도 모르겠다.

내가 두 번째 페널티킥을 넣었다. 안필드가 행복했다. 나는 리버풀 팬들이 페르난도를 따듯하게 받아준 것에도 다소 놀랐다. 첼시로 이적하는 바람에 그는 증오와 원망의 대상으로 전락했었다. 안필드에 돌아올 때마다 그는 팬들로부터 갖은 수모를 겪어야 했다. 그랬던 페르난도가 우리 팬들에게 환영과 박수를 받으니 기분이 좋았다.

> 그의 주장 완장은 언제나 붉었어 / 토레스, 토레스
> 당신은 홀로 걷지 않는다고 쓰여 있지 / 토레스, 토레스
> 그는 화창한 스페인에서 왔어 / 공을 잡고 골을 넣네
> 페르난도 토레스는 리버풀의 넘버 나인

한창 사랑받던 시절 들을 수 있었던 응원곡을 들으니 페르난도도 기분이 좋아 보였다. 이날 하루 누구보다 자선 경기에서 행복했던 선수가 페르난도 였다고 생각한다. 경기가 끝나고 그는 "이곳에서 두 번째 기회를 얻어서 정말 기뻐. 그전까지는 항상 야유만 받았잖아. 마음을 편하게 가질 수 있게 되었어"라며 흡족해했다.

수아레스와 토레스를 생각하면 나는 언제나 꿈꾸는 것 같은 기분이 든다. 두 친구를 최전방에 두고, 바로 뒤에서 내가 10번 역할을 하면 얼마나 끝내줄까? 미드필드에는 알론소와 마스체라노가 있고, 카라가 중앙수비를 맡는 팀을 주제 무리뉴 감독이 이끈다면? 얼마나 많은 리그 타이틀을 따낼 수 있을까? 말 그대로 '판타지'다. 현실에서는 그럴 수가 없다. 수아레스와 마스체라노는 바르셀로나의 일원으로서 챔피언스리그 준결승전에서 바이에른 뮌헨의 사비 알론소와 맞대결을 펼쳤다. 나의 현실 속 판타지는 징계를 마치고 웸블리에서 FA컵 준결승전과 결승전을 치른다는 시나리오였다.

자선 경기를 개최했던 행복한 날은 의외의 행복감으로 완벽하게 마무리될

수 있었다. 경기가 끝나고 JT(존 테리)가 내게 편지 봉투를 건넸다.

"이거 받아. 무리뉴 감독이 보낸 거야."

"정말?"

"그래. 안에 뭐라고 쓰여 있는지 궁금해."

봉투를 뒤집자마자 웃음이 나왔다. 편지 덮개에 무리뉴 감독이 친필 사인을 하곤 테이프로 봉인을 했기 때문이다. 나는 JT에게 "네가 읽으면 안 되는 내용인가 봐"라고 말하며 웃었다. JT도 덩달아 웃었다. 오늘 하루 안필드까지 와준 데에 JT에게 진심으로 감사하다고 말했다. 악수를 나누곤 나는 조용한 곳에 자리를 잡고 편지를 개봉했다. 첼시의 클럽 로고가 새겨진 편지지 위로 주제 무리뉴 감독이 손으로 쓴 글씨가 보였다.

스티브에게

아직 다 끝나진 않았지만, 우선 네가 사랑하는 클럽에서 환상적인 경력을 쌓을 수 있었다는 점을 축하하고 싶다. 둘째, 너와 함께 일하지 못해서 내가 얼마나 아쉬워했는지 알아줬으면 좋겠다. 셋째, 너의 친구와 가족, 너의 경기장, 너의 팬, 너의 추억을 생각하며 매일 즐기면서 살자. 넷째, 그리고 이게 가장 중요해. '네 딸들의 미소와 함께 너의 인생 전체가 행복하길 바란다!'

주제 무리뉴

이 편지는 나더러 리버풀을 떠나 첼시로 오라고 설득하는 내용이 아니었다. 그런 날은 이제 지났다. 한 사나이가 다른 사나이에게 보내는 순수하고 진실한 편지였다. 내게는 너무나 소중한 편지였다. 액자에 넣어서 보관할 생각이었다. 나는 이 편지를 영원히 간직하고 싶다.

STEVEN GERRARD

15

꿈

Dreaming

15 꿈

GERRARD
8

4월이 됐다. 이별이 피부에 와 닿기 시작했다. 나는 4월 중순까지 아무것도 할 수 없었다. 리버풀 선수로 뛸 날이 몇 주밖에 남지 않았다. 슬픔을 이루 말할 수 없었다. 언젠가 다시 돌아올 날이 있으리라 생각하며 스스로를 달랬다. 좋은 성적으로 마무리하기는 불가능해 보였다. 그러나 감동적인 드라마가 펼쳐질 것을 알고 있었다. 나는 늘 그래왔다.

리버풀은 이미 라힘 스털링과 다른 장르의 드라마를 썼다. 스털링은 나와 세대가 다르다. 나는 오랜 시간 리버풀의 다양한 역사를 함께했다. 거의 30년에 가깝다. 리버풀 유소년팀에 입단해 유소년 육성반 아래서 훈련을 받아 프로 계약을 맺었다. 빌 섕클리, 스티브 하이웨이, 케니 달글리시로 이어지는 리버풀의 전통에서 내가 마지막 세대였다. 섕클리와 스털링은 나의 리버풀 경력에서 시작과 끝에 각각 서 있다. 그들은 매우 다르다.

지난해 12월 스털링에 관해 많은 소문이 들리기 시작했다. 나는 어떤 말도 하지 않았다. 그의 에이전트 에이디 워드가 10대 끝자락에 있는 어린 선수를 다른 팀으로 보내고 싶어 하는 것을 알았다. 나는 스털링을 아꼈다. 그에게 주위에 신경 쓰지 말고 네가 할 수 있는 멋진 축구를 하는 데 집중하라고 조언했다.

4월 1일 스털링이 BBC 인터뷰에 나섰다. 내게는 대단히 경솔한 선택으로 보였다. 사전에 에이전트와 입을 맞췄을 것이다. 스털링은 "나는 돈에 집착하는 스무 살로 인식되길 원하지 않는다"고 말했다. 동시에 리버풀과 계약하지 않겠다는 의지가 명백해졌다. 리버풀은 스털링에게 주급 10만 파운드 조건을 들고 시즌 종료 전에 재계약을 체결하길 바랐다.

인터뷰 후 스털링은 많은 비난을 받았다. 리버풀 팬들이 그에게서 돌아섰다. 유러피언컵 5회 우승 전통의 리버풀이, 열다섯 살 때부터 자신을 키워줬던 그 리버풀이 자신에게 옳은 클럽인지를 의심하는 선수로 보였기 때문이다. 스털링을 향한 손가락질이 점점 늘어났다.

나는 그를 몰아세우지 않았다. 한때 나도 내 미래에 대해 고민해본 적이 있다. 리버풀이 UEFA 챔피언스리그에 계속 남을지에 대한 걱정에 사로잡혔다. 이 지점에서 나와 스털링의 차이점이 드러났다. 2005년 7월 리버풀 팬이 내 유니폼을 태웠을 때 나는 스물다섯 살이었다. 당시 나는 완장을 차고 UEFA 챔피언스리그 우승을 함께했다. 2001년에는 컵 트레블도 달성했다. 리그컵, FA컵 그리고 UEFA컵에서 모두 우승했다. 스털링에겐 아무런 성취가 없었다.

인터뷰 시점까지 스털링은 리버풀에서 80경기에 출전했다. 지난 시즌에는 수아레스와 대니얼 스터리지 뒤에서 호흡을 맞추며 본격적으로 활약했다. 월드컵에서도 이탈리아를 상대로 한 시간까지는 정말 잘 뛰었다. 뛰어난 선수가 될 가능성이 보였다. 그러나 2015년 4월 스털링은 여전히 프리미어리그에서 앞날이 밝은 유망주에 불과했다. 골 결정력을 키우기 위해 열심히 노력했지만 여전히 전술과 기술 면에서 배울 게 많았다. 수비형 미드필더인 내가 더 많은 골을 넣었다. 그가 진짜로 공격수로서 제대로 평가받고 싶다면 매 시즌 20골 가까이 넣어야 한다.

15 꿈

 내가 리버풀 주장으로 계속 남았다면 스털링보다 더 많은 득점을 했을 것이다. 그러나 나는 변화에 민감하다. 조만간 클럽을 떠날 처지였으니 동료들과 사적인 대화를 자제하고 있었다. 나는 스털링에게 이렇게 말했다. "너와 네 주위에 있는 사람들이 원하는 방향으로 가야 할 거다. 내 생각에 리버풀은 너에게 대단한 클럽이다. 너는 지금 막 시작 단계에 있는 거야. 더 성장하고 배울 수 있단 말이야. 몇 년 내에 너는 훨씬 더 나은 선수가 될 수 있다. 그때가 되어서도 떠나길 원한다면, 네 결정에 따라라. 하지만 내가 너라면 나는 어디에도 가지 않을 거야."

 나는 그가 리버풀에서 적어도 200경기는 뛰어야 한다고 생각한다. 그러면 이적을 생각할 수 있다. 나의 경험에서 비롯한 판단이다. 프로 데뷔 후 200경기 동안 가장 많이 배운다. 본인에게 튼튼한 기반이 된다. 어떤 선수들은 너무 빨리 팀을 옮기는 탓에 금세 제 기량을 잃는다. 프랜시스 제퍼스를 보고 느꼈다. 그는 에버턴에서 뛴 지 얼마 지나지 않아 아스널로 이적했다. 잭 로드웰도 비슷한 실수를 저질렀다. 에버턴에서 맨체스터 시티로 성급하게 이적했다. 스털링은 예외일 수도 있다. 하지만 나는 늘 어린 선수가 팀을 옮기는 데 의심부터 앞선다. 그들은 길을 잃고 방황하기 십상이다. 맨체스터 시티에서 주전 자리를 꿰차는 것은 꽤 힘들다. 우리는 스털링이 어떻게 위기를 대처할지 지켜봐야 한다.

 스털링을 둘러싸고 UEFA 챔피언스리그 클럽에서 뛰어야 한다고 말하는 주장은 핵심을 흐린다. 그는 겨우 스무 살이다. 리버풀이 2년 내에 4위권에 진입하지 못하더라도 앞으로 챔피언스리그에서 뛸 수 있는 시간이 8년이나 있다. 나는 수년간 UEFA 챔피언스리그에 출전하지 못했다. 하지만 내게 아무런 손해도 없었다. 지금도 나는 그 대회에서 잘해낼 자신이 있다. 그의 에이전트가 UEFA 챔피언스리그를 핑계로 이적을 서두르는 것처럼 보였다. 물론 내가 틀릴 수도 있다. 스털링이 빠르게 적응하고 유럽 무대에서 무한한 성공을 이룰 수 있다. 맨체스터 시티에서 그의 맹활약에 나도 푹 빠질지 모른다.

현대 축구에서는 너무 많은 돈이 오간다. TV 중계권 때문이다. 점점 악화되고 있다. 앞으로 선수들의 이적은 더 빈번해질 것이다. 에이전트들이 항상 이적을 부추기는 탓이다. 그들은 "엄청난 거래를 할 기회다. 지금 이적에 실패하면 다시는 기회가 없을지도 모른다"고 믿는 것 같다.

스트루안은 항상 내가 믿는 축구 원칙을 고집하게 도와줬다. 축구에만 집중한다는 믿음이다. 부모님도 "내가 할 수 있는 최선을 다하면 모두 나에게 돌아온다"고 말씀하셨다. 덕분에 나는 과한 욕심을 억제할 수 있었다. 유명인이나 상품이 되기보다 좋은 축구선수가 되어야 한다.

맨체스터 시티가 스털링을 노릴 때, 나는 그가 마누엘 페예그리니의 스쿼드에서 자리 잡을 수 있을 것이라고 믿었다. 누군가 나에게 스털링과 사미르 나스리 중에 한 명을 고르라고 묻는다면 대답은 쉽다. 스털링이다. 그가 주위에 신경 쓰지 않고 앞으로 5년 동안 축구에만 집중한다면 2020년에는 나스리보다 훨씬 나은 선수로 발전할 수 있다.

끔찍했던 BBC 인터뷰의 모든 면이 라힘의 이적을 기정사실화했다. 우리가 다음에 만날 상대인 아스널의 관심에도 "기분이 좋았다"고 밝혔을 정도다. 그는 평소보다 말수가 줄었다. 그러나 그는 정신력이 강했다. 날카로운 질문을 받아도 모두 상대할 수 있었다. 경기장에서 그는 조연이었던 적이 없다.

알렉스와 나는 로저스 감독에게 우리 집을 팔았다. 미국으로 떠날 준비를 할 동안 다른 집을 잠시 빌리기로 했다. 운명의 끈이 이상하게 이어졌다. 우리가 세 든 집이 스털링이 살던 곳이었다고 했다. 이따금씩 나는 훈련을 마치고 나노 보르게 벨우느에서 나의 오랜 십으로 양하곤 했다. 그러나가 이제 그곳에는 감독이 살고 있다는 사실을 깨달았다.

라힘의 떠들썩했던 인터뷰가 있기 일주일 전부터 나는 에미레이트 원정

경기를 TV로 시청하면서 그를 분석하기로 했다. 유럽축구연맹 B급 지도자 자격증을 취득하기 위한 과제 중 하나로 보고서를 작성해야 했다. 나는 징계 때문에 출전할 수 없었다. 스털링이 살았던 집에서 부활절 토요일 점심에 치르는 경기를 시청했다. 그의 경기를 보기 위해 노트와 펜을 꺼내고 TV를 켰다. 라차(Razza; 스털링의 애칭. 달리기가 빠르다는 뜻의 이탈리아어)에 대한 숙제를 할 준비를 마쳤다.

스털링이 아스널을 상대하는 모습을 분석했다. 매력적이었다. 그는 강한 압박을 받았다. 그의 강한 정신력을 느낄 수 있었다. 그는 중앙 영역에서 뛰었다. 그가 가장 선호하는 위치였고, 꽤 잘 해냈다. 아스널은 리버풀을 상대로 가볍게 4-1 승리를 거뒀다. 리버풀에서 가장 좋았던 선수는 스털링이었다. 그의 재능과 멘탈을 새삼스레 깨달았다. 나는 보고서에서 그의 이름에 작은 체크 표시를 했다.

나는 계속 훈련했다. 여유가 생기면 코치 라이선스 공부에 푹 빠졌다. 시야를 넓혀 직접 공을 찰 때와 무엇이 다른지 알 수 있었다. 나는 훈련을 받을 때 빠르게 흡수하는 데 익숙했다. 그러나 이제는 한 걸음 물러나 많은 선수에게 더 자세하고 깊게 설명할 수 있는 의사소통 방법을 터득해야 했다. 많은 걸 느꼈다. 왜 실력이 출중한 선수들이 꼭 코치에 적합하지 않은지를 이해할 수 있었다.

사실 배우는 게 즐거웠다. 물론 내가 지도자가 되리라곤 상상도 못했다. 훈련용 콘을 세우고, 훈련 기간을 정하고, 훈련 장비를 설치하고, 볼 소유 요령을 가르치면서 슈팅 연습을 매일 반복하는 지도자가 된다니. 장차 내가 리버풀에서 일하게 된다면 수석코치 정도가 될 것 같다. 이상적으로는 감독이 될지도 모른다. 어쨌든 축구 코칭은 재미있었다. 물론 B급 지도자 과정이 지루할 때도 있다. 특히 영양학이나 심리학 분야에 깊게 들어갈 때면 혼자 '하느님, 나는 영양사가 되려는 게 아니라고요', '스티브 피터스가 되고 싶지 않습니다'라며 머리를 쥐어짰다. 그런 내용을 나는 매일 실천한다. 매일 몸에 좋은 음식을 섭취한다. 나의 심리 상태도 분석했다. 나는 필요한 분야에서 튼튼한 기반을 갖췄다. 일상 속에서 선수들의 상태를 다룰 수 있었다. 심사위원 앞에서 이를 기꺼이 입증했다.

모든 과정을 마치고 나는 B급 지도자 자격증을 땄다. 이제부터는 잠시 휴식을 취하면서 LA 갤럭시에서 잘 뛸 수 있도록 준비를 해나가기로 했다. 언젠가 내가 잉글랜드로 영구 귀국하면 A급 자격증에 도전해볼 생각이다. 언젠가 감독이 된다고 생각하면 짜릿하다. 하지만 여전히 내가 가야 할 길인지는 잘 모르겠다.

내가 미국에서 선수 경력을 마무리할 때쯤 감독의 다양한 면을 분석해보고 싶다. 나는 최고의 감독들과 함께 시간을 보내고 싶다. 무리뉴, 벵거, 호지슨 그리고 로저스와 그들의 지도 방식에 대해 상세한 대화를 나눌 기회가 있다고 상상해보라. 많은 가르침을 얻을 수밖에 없다. 나는 그들의 통찰력을 전수받고 싶다. 펩 과르디올라도 빼놓을 수 없다. 한때 우리는 맞대결을 펼치기도 했다. 나는 일주일 동안 과르디올라 감독이 지도하는 모습을 관찰하고 싶다. 사비 알론소가 그런 자리를 마련해주겠노라 약속했다. 리버풀에서도 시간을 보내고 싶다. 로저스 감독을 유심히 지켜보며 지도의 어려움에 관해 최대한 알고 싶다. 그러면 내가 이 일을 좋아하는지 그리고 자격이 있는지 알 수 있을 것 같다.

나는 감독이 실제로 하는 일이 뭔지 알고 싶다. 경기를 어떻게 지휘하며 안 보이는 곳에서 어떤 일이 벌어지는지를 알고 싶다. 프로 17년에서 쌓은 경험이 도움이 된다고 믿는다. 내가 여러 스승으로부터 얻은 지식도 마찬가지다. 선수 시절 거뒀던 성공이 유능한 지도자를 보장하지는 않는다.

내 주변에 영리한 인재와 적당한 코칭스태프가 있다면, 나도 감독으로서

15 꿈

성공할 수 있다고 생각하고 싶다. 보장은 없다. 그래서 흥미진진하다. 나는 가끔 마음이 가는 대로 생각한다. '언젠가 리버풀을 지도한다면 얼마나 멋지겠는가?' 물론 멋지다. 그러나 지금 당장은 내가 그럴 만한 자격이 충분한지 알 수 없다. 감독직을 제안받는다는 확신도 없다. 감독뿐 아니라 1군 선수들을 다루는 다른 모든 일에서도 마찬가지다. 무엇보다 나는 감독으로 성공할 수 있다는 자신감을 가져야 한다. 감독이 되는 데 있어 나의 명성 덕을 보고 싶지는 않다. 선수 시절 응원한 팬들이 나를 감독으로 원한다는 이유도 말이 안 된다.

나는 리버풀의 지휘봉을 잡는 게 얼마나 대단한지 안다. 충분한 자격과 노하우를 갖춰야 한다. 그래서 나는 지금 "글쎄"라고 말할 수밖에 없다. 분명히 정말 멋진 꿈이다. 그러나 이게 가능한 건지, 지금 내가 하는 이야기도 현실적인지 잘 모르겠다.

가끔 환상 속에 빠지는 건 꽤 즐겁다. 아주 만약에, 내가 언젠가 리버풀 감독이 되면, 코치진에 누구를 앉힐지도 상상했다. 사비 알론소와 제이미 캐러거다. 두 사람은 정말 똑똑하다. 축구 지식이 풍부하다. 특별한 친구들이다. 선수들은 그들을 존경할 테고, 팬들도 좋아할 것이다. 우리는 호흡이 아주 잘 맞을 것이라고 생각한다.

나는 알론소나 제이미 당사자들에게는 이런 말을 해본 적도 없다. 그들이 이 책을 읽는다면 깜짝 놀랄지도 모른다. 알론소는 혼자 능력으로도 훌륭한 감독이 될 수 있다. 그와 함께 일한다는 나의 '코칭 판타지'가 쑥스럽기도 하다. 다른 팀을 맡거나 21세 이하 팀을 지도한다면 어떨까? 코치로서 경험을 더 쌓는 것도 중요하다고 생각한다. 팀 내에서 서열 두세 번째 코치부터 시작할지도 모른다. 물론 지도자가 아닌 전혀 다른 길을 걸을지도 모른다.

나는 이미 매스컴에서 일하기 시작했다. 'BT스포츠'에서 가끔 패널로 출연한다. 선수와는 다른 시선으로 경기를 분석하는 기회를 얻는다. TV 고정

출연에는 마음이 끌리지 않는다. 매주 수많은 리그 경기를 쫓아다니면서 고정적으로 TV 카메라 앞에 서는 일은 내 취향이 아니다. 그러나 'BT' 일을 통해서 선수들을 더 자세히 관찰할 수 있다. 최고의 감독들을 따라다니며 대화를 나눌 수도 있지 않을까? 당사자들이 원해야겠지만.

리버풀 16세 이하 선수들을 잠깐 지도해본 경험은 아주 즐거웠다. 리버풀 유소년 아카데미는 철저히 감독 소관이다. 지난 10년 동안 아카데미 운영 방식이 크게 세 번 바뀌었다. 달글리시, 베니테스 그리고 로저스 감독이 각자 개성이 강한 코칭 기법을 적용했기 때문이다.

2군 선수단과 21세 이하 팀은 1군과 별개로 훈련이 이루어진다. 로저스 감독은 아카데미 유소년 선수 몇 명을 멜우드에 합류시켰다. 어린 선수들이 커크비 훈련장에서 많은 시간을 보낼수록 우물 안 개구리가 된다. 우리와 훈련을 함께 받아도 우물에서 쉽게 벗어나지 못한다. 나는 클럽이 유소년 아카데미를 일관된 방식으로 운영해야 한다고 생각한다. 유소년들은 1군 선수들을 닮고 싶어 한다. 그들과 같은 장소에서 훈련받고 자극을 받으면서 단결력이 생길 수 있다.

내가 16세 이하 선수들을 지도할 때 선수 두 명이 눈에 띄었다. 먼저 트렌트 아놀드(Trent Arnold)는 프로로 성공할 수 있는 잠재력을 가졌다. 그는 길쭉한 다리에 당당한 골격을 가졌다. 신체적인 면에선 거의 완벽하다. 그는 이제 막 16세가 되어 당장 1군으로 뛸 만큼 강하지는 않다. 그러나 머지않았다. 태도도 성실하다. 웨스트 더비 출신인데 멜우드로 이사를 왔다. 그러니 트렌트도 스카우저다. 존 반스와 스티브 맥마혼처럼 되려고 애썼던 나처럼 트렌트는 머지사이드의 여러 공원에서 나를 흉내 내면서 컸다. 그는 수비형 미드필더 기질인 6번 포지션뿐 아니라 다양한 역할을 소화할 수 있다. 그만큼 다재다능하다. 잉글랜드 전역에서 지금 그를 노리는 클럽들이 많다.

허비 케인(Herbie Kane)도 돋보인다. 2년 전에 우리가 브리스톨 시티에서 영

15 꿈

입한 친구인데 중앙 미드필더다. 플레이 스타일이 인정사정없다. 잉글랜드 U-16 대표팀에서 존재감도 엄청났다. 트렌트도 달리는 속도가 정말 빠르다. 프리미어리그에서 제 기술을 마음껏 뽐내려면 강한 체력이 필요한데, 트렌트와 허비는 가능성이 충분하다. 얼마든지 체력을 강화할 수 있다. 프리미어리그에서 통할 수 있는 기술을 더 보완해나가야 한다.

그들은 내가 우수한 평가를 내린 걸 알고 있다. 내가 둘을 따로 불러 개인 코칭을 했기 때문이다. 나는 늘 16세 이하 감독인 페핀 린더스(Pepijn Lihnders)에게 선수 두 명을 내가 맡은 훈련조에 데려가도 되겠느냐고 부탁했다. 훈련을 분석하기 위해서 그들이 필요했다. 내가 뭔가 지시를 내리면 두 친구는 항상 또래보다 수행 능력이 뛰어났다. 허비와 트렌트 말고도 재능 있는 유소년들이 있어서 그들과 비교하는 것도 좋은 방법이었다. 몇 단계를 거치면 자존심이 커진다. 또, 새로운 기회에 흥미를 가질 수 있다. 단지 어린 유망주로 스스로를 제한하지 않는다.

많은 선수는 자기 재능을 스스로 발전시킬 수 있다. 그러면 좋은 삶을 얻는다. 꾸준히 활약하면서 오랫동안 현역에 있는 선수들은 늘 경기에 모든 열정을 쏟는다. 어린 선수들은 훈련에 전념하며 축구에 대한 사랑이 깊어질 때 이런 열정을 품어야 한다. 재능을 갖춘 유망주가 모든 것을 희생하겠다는 의지까지 겸비하면 마이클 오언, 제이미 캐러거, 존 테리처럼 될 수 있다. 나의 철학은 항상 그러했다. 나는 내가 진심을 다한다면 금전적 보상은 자연히 따라온다는 사실을 알았다.

1군 선수단의 일정과 훈련에 참여하면 모든 게 변한다. 라커룸에 걸려 있는 자기 등번호를 보는 순간, 어린 마음을 버려야 한다. 선배들은 유망주가 매일 1군에서 함께 지낼 수 있는지를 평가한다. 17년 전 기회가 내게 왔을 때, 나는 빨리 배웠다. 연습에서 실력을 보여주지 못하면 경기 출전은 물 건너간다. 폴 인스처럼 베테랑 선배들이 무서운 얼굴로 윽박지른다. 완전히 돌아버리게 만든다. 하지만 태클로 공을 빼앗거나 패스를 훌륭하게 해내면 인스, 로비 파울러, 제이미 레드냅이 칭찬해준다. 1군 라커룸에 들어오는 순간부터 죽기 아니면 까무러치기가 된다. 꾸준히 잘하지 못하면 오래가지 못한다. 나는 그 사실을 일찍 깨달았다. 아버지가 준 최고의 조언 덕분이었다.

1군에 처음 합류했을 때 나는 속으로 '나는 해냈어. 성공했어'라고 믿었다. 그때 아버지가 내게 쓴소리를 했다. 아버지가 솔직하게 말해줘서 정말 고맙다. "넌 아직 아무것도 하지 않았어. 경기 중에도 한 게 없던데. 지금까지 네가 기울였던 노력은 이제 없는 거야. 지금부터는 그런 게 중요하지 않아. 네가 리버풀에서 살아남아 성공하길 원하면 너는 매일 잘해야 하는 거야. 지금 그걸 시작했을 뿐이야. 지금까지 쏟았던 땀이 이제 겨우 나오기 시작한 거라고."

나는 그의 지혜로운 조언을 절대 잊지 않았다. 작별하는 순간까지도 나는 그 길을 따르려 노력했다. 내가 리버풀 선수로서 뛸 수 있는 기회가 여섯 경기 남았다. 많아 봤자 일곱 경기. 우리가 FA컵 결승전에 진출하면 완벽해질 수 있다. 하지만 나는 늘 아버지의 조언을 기억한다.

"지금부터 시작이다. 지금까지 과거는 이제 없는 거다."

4월 13일 월요일. 웸블리에서 애스턴 빌라와 FA컵 준결승전을 치르기 엿새 전이었다. 나는 리버풀 18세 이하 경기에 출전했다. 멜우드에서 우리는 스류스베리 18세 이하 팀과 경기를 치렀다. 징계 후 실전 복귀에 앞서 90분 풀타임을 소화해보는 것이 중요했다. 나는 주장 완장을 트렌트 아놀드에게 줬다. 그는 굉장히 놀란 표정을 지었다. 마치 내게 '지금 뭐 하시는 거에요?'라고 말하는 것 같았다.

주장 완장을 넘긴 데에는 이유가 있었다. 트렌트가 언젠가 리버풀 1군에서 성공할 수 있다는 나만의 메시지였다. 허비 케인도 마찬가지였다. 미드필드에서 나는 허비와 나란히 섰다. 트렌트는 라이트백으로 뛰었다. 두 살 많은 형들이 있는 팀에 들어오니 먼저 적응해야 했다. 나는 16~18세 청소년들 사이에 끼어서 뛰니 대단히 어색했다.

나는 전시품이 되긴 싫었다. 그라운드 전체를 뛰어다니면서 '맨 오브 더 매치'가 되고 싶었다. 경기 전에 걱정이 들었다. 이 아이들이 프리미어리그의 패스 속도를 따라갈 수 있을지 확실하지 않았던 탓이다. 이 경기에 어떻게 접근해야 할지 헷갈렸다. 상대팀 아이들도 내 눈에 띄고 싶어 맹렬히 돌진해왔다. 몇 차례 공을 빼앗겼다. 다행히 내가 다치거나 다른 아이들을 다치게 하는 일 없이 경기를 마무리했다. 프리미어리그 경기에서 뛰는 일보다 청소년들 경기에 적응하기가 훨씬 더 어려웠다.

경기를 끝내자 기분이 좋았다. 클럽하우스에서 배를 채우러 온 스트루스베리 유소년들과 일일이 악수를 나눴다. 그 경기에는 마르틴 스크르텔, 파비오 보리니처럼 1군 선수들이 뛰었던 터라 녀석들은 기분이 들떠 있었다. 아이들도 내가 이번 주 일요일 웸블리에서 열리는 경기에 출전한다는 사실을 알고 있었다. 이 친구들 중에 2006년 FA컵 결승전을 기억하는 아이가 있을지 궁금해졌다. 다들 열 살도 되기 전이었다. 리버풀과 웨스트햄이 맞붙었던 당시 결승전 이야기는 이 아이들에겐 머나먼 옛날이야기처럼 들릴 것이다. 하지만 내게는 어제처럼 생생하기만 하다.

2006년 5월 13일 토요일
카디프, 밀레니엄 스타디움

햇살이 가득하고 누구든 무찌를 수 있는 기분이 들 때가 있다. 스물다섯 살, 천하무적의 기분. 그날이 딱 그랬다. 온몸에서 힘, 용기, 믿음이 넘쳤다.

이 기분이 절대 사라지지 않을 것 같다. 감사하게 받아들일 수 있을 정도로 성숙한 사람이라면, 더 아름답게 보인다. 심장이 멎을 만큼.

모든 게 완벽했다. 하지만 마냥 그런 기분으로 있을 순 없다. 어린 선수에게 이런 날들이 필요한 이유다. 스물다섯에 황홀경에 빠지면 더 이상 생각하지 않는다. 단지 받아들이고 그 순간에 몰두한다. 당연하게 여긴다.

나는 2005-06시즌 PFA(Professional Footballers' Association; 영국프로축구선수협회) 선정 '올해의 선수'를 수상했다. 프리미어리그에서 뛰는 많은 스타플레이어들이 잉글랜드 최고 선수라며 나를 꼽았다는 뜻이다. 카디프 결승전에 출전하기 전까지 나는 21골로 팀 내 최다 득점자였다. 리그는 3위로 마감했다. FA컵에서 우리는 맨체스터 유나이티드를 꺾었다. 8강전에서 버밍엄 시티를 7-0으로 대파했고, 준결승전에서는 첼시를 제쳤다.

나는 이미 FA컵과 리그컵, UEFA컵과 유러피언컵에서 우승을 경험했다. FA컵을 제외한 나머지 3개 대회 결승전에서 모두 골을 넣었다. 나는 또 다른 FA컵 메달을 따려고 준비했다. 그리고 골을 넣어 새 역사를 완성하고 싶었다. 4개 대회 결승전에서 모두 골을 넣은 잉글랜드 축구선수 1호가 될 기회였다. 물론 리버풀에서 우승 트로피를 다시 들어 올리겠다는 마음이 더 간절했다. 새 역사 집필은 그 다음 문제였다. 나는 의욕이 샘솟는 한편 침착했다. 성공에 있어서 가장 강력한 심리 조합이다.

경기 전부터 행복하고 자랑스러웠다. 햇살이 비추는 라커룸 나무 의자에 앉아 나의 붉은색 리버풀 양말을 신었다. 두 딸의 이름을 축구화에 새겼다. 릴리-엘라는 왼쪽 축구화 혀에, 네 살배기 렉시는 오른쪽 축구화 혀에 새겼다. 조금이나마 딸들을 위해 뛰는 듯한 기분이였다. 골을 넣는다면 특별한 날이 완성되는 셈이나. 신발 끈을 단단히 조였다. 뭐든지 할 수 있을 것 같았다.

밀레니엄 스타디움이 유치하는 마지막 FA컵 결승전이었다. 뉴 웸블리 스타디움을 건설하는 동안 이곳에서 총 여섯 번의 결승전이 있었다. 2000-01

15 꿈

시즌 우리가 밀레니엄 첫 FA컵 우승 트로피를 차지했다. 상대는 아스널이었다. 사실 그들의 경기 내용이 더 좋았다. 아스널이 1-0으로 앞서며 거의 이기는 분위기로 흘렀다. 그러나 경기가 끝나기 직전에 마이클 오언이 두 골을 몰아쳐 승부를 뒤집었다. 결국 아스널을 2-1로 무찔렀다. 또 다른 런던 클럽인 웨스트햄도 문제없이 제압해서 밀레니엄까지 내려온 모든 리버풀 팬들에게 잊지 못할 추억거리를 만들어줄 것이라는 자신감이 넘쳤다.

5월의 영광스러운 오후 속에서 스타디움이 반짝거렸다. 웨스트햄 팬들의 함성도 대단했다. 우리 팬들에게 뒤지지 않았다. 그들에게 FA컵 결승전은 흔한 일이 아니었기에 최대한 만끽했다. 리버풀 팬들은 짜증내지 않았다. 그들은 베니테스 감독과 두 번째 시즌을 보내며 새로 배운 스페인어를 자랑했다. '콘키스타도르스'라고 적힌 커다란 플래카드가 우리를 향해 펄럭였다. 제대로 된 스카우저라면 누구나 아는 단어다. '정복자.'

실제로 나는 정복자가 된 듯한 기분이었지만, 겸손한 자세로 임했다. 내가 윌리엄 왕자에게 리버풀 선수단을 소개하며 에스코트했다. 웨스트햄의 주장 나이젤 리오-코커, 심판 4인 그리고 내가 센터서클에 모였다. 내가 동전을 던진 뒤 왼쪽 손등 위로 잡아놓았다. 내가 완벽한 상태라는 걸 보여주는 또 다른 방법이 있다.

경기 시작 후 현실이 펼쳐졌다. 웨스트햄의 요시 베나윤은 지칠 줄 모르고 뛰었다. 전반 21분 베나윤이 딘 애쉬턴(Dean Ashton)에게 패스를 찔렀다. 애쉬턴이 다시 리오넬 스칼로니(Lionel Scaloni)에게 영리하게 패스했다. 제이미 캐러거가 위험을 감지했다. 스칼로니가 페페 레이나를 피해 크로스를 올렸다. 캐러거가 공을 걷어내려 했으나 안타깝게도 골대로 향했다. 자책골이었다. 잠시 후 한 골을 더 허용했다. 페페가 매튜 에더링턴(Matthew Etherington)의 강한 슈팅을 막았지만, 리바운드를 애쉬턴이 밀어넣었다. 7분 만에 0-2.

누구도 이길 수 있다고 생각한 게 불과 30분 전이었다. 이제는 달랐다. 완벽한 기분으로 시작한 경기에서 그렇게 쉽게 질 수 있을까? 약 1년 전 비슷한 상황이 있었다. 우리는 이스탄불에서 밀란에 0-3으로 끌려갔었다. 그날 밤에 모았던 정신력을 끌어냈다. 여전히 이길 수 있다고 믿었다.

전반 32분 나는 짧은 패스를 받았다. 상대 진영으로 드리블해 들어갔다. 전방을 쳐다보고 선 다음에 나의 주특기 36미터짜리 롱패스를 때렸다. 지브릴 시세(Djibril Cissé)와 내가 원하는 지점에 정확히 떨어졌다. 이제 시세가 마무리해야 했다. 쓰러지면서 발리슛을 때렸다. 기막히게 맞았다. 조각보를 제멋대로 꿰맨 듯한 헤어스타일, 금발 수염이 팔을 휘두르며 포효했다. 뭐라고 소리치는지 하나도 들리지 않았다. 어쩌면 이렇게 소리치지 않았을까? '믿어! 믿으라고! 해낼 수 있어!'

나는 믿었다. 계속 집중했다. 후반전 시작 9분 후에 두 번째 골이 터졌다. 2-2 동점이 됐다. 내가 공을 받아서 돌아 들어가며 알론소에게 패스했다. 그리고 알론소는 문전에 있는 피터 크라우치(Peter Crouch)를 발견하곤 공을 높게 올렸다. 2미터 장신 크라우치가 공을 받아서 나에게 넘겼다. 그는 경기 내내 많은 기회를 만들었다. 결실을 맺을 때가 왔다. 공이 두어 번 튕긴 후 공중에 떴을 때 내가 골대 왼쪽 모서리를 향해 힘껏 찼다. 자신감으로 가득 찬 스물다섯 청년에겐 어렵지 않았다.

골이 터지자 리버풀 팬들의 붉은 물결이 요동쳤다. 나는 왼팔을 활짝 펴고 그들을 향해 달렸다. 오른쪽 손으론 가슴에 새겨진 리버풀 문양을 쉴 새 없이 쳤다. 너무 기뻐서 혀가 제멋대로 돌아갔다. 경기 시작 전까지 확신에 가득 찼다면, 그 순간은 감동으로 가득 찼다. 어린 시절 아이언사이드 로드에서 내가 매일 상상했던, 바로 그런 골 장면이었다. 다른 점이 있다면, 지금 이 순간은 꿈이 아니라 현실이라는 점. 장소만 달랐다. 만화책에서나 가능할 줄 알았던 일이 실현되었다. 얼마나 기쁜 날인가! 얼마나 멋진 결승전인가!

잠시 후, FA컵의 마법이 수그러들었다. 후반 19분 상대 레프트백 폴 콘체

15 꿈

스키(Paul Konchesky)가 측면에서 빠르게 올라왔다. 나는 그를 힘겹게 쫓아 다리를 쭉 뻗었다. 그를 막으려 했지만 이미 그가 오른발로 공을 힘껏 찬 뒤였다. 나는 지금도 그게 크로스였는지 슈팅이었는지 모르겠다. 어쨌든 콘체스키는 공을 세게 찼다. 길게 날아간 공은 페페의 머리 위를 스쳤다. 웨스트햄 3, 리버풀 2.

정규시간이 끝나갈 무렵 시세가 쓰러졌다. 스칼로니가 공을 밖으로 내보냈다. 스포츠맨십이었지만, 경기는 거의 끝난 상태였다. 우리도 스포츠맨십을 발휘해서 스로인을 스칼로니에게 다시 던졌다. 나의 정직함에 놀랐는지 스칼로니가 공을 제대로 처리하지 못했다. 공이 내게 다시 왔다.

후반 45분. 스칼로니가 내준 공을 나는 왼쪽에 있는 욘 아르네 리세에게 넘겼다. 장내 아나운서가 추가시간 4분을 알렸다. 나도 들었다. 그때 다리 근육에 경련이 오기 시작했다. 경기 열기가 달아오르고 막바지를 향하면서 나는 다리를 마음대로 움직일 수 없었다. 하지만 내 자신에게 힘을 내라고 되뇌었다. 여전히 투지로 가득했다. 절뚝거림 그러나 이길 수 있다는 자신감.

리세가 웨스트햄 진영으로 감아 찼다. 페르난도 모리엔테스(Fernando Morientes)가 공을 잇기 위해 다가섰지만, 대니 가비돈(Danny Gabiddon)이 먼저 머리로 공을 걷어냈다. 공이 내 앞으로 왔다. 한 번 튀고, 두 번째 튀었다. 자력이라도 있는 것처럼 공은 내 앞으로 똑바로 왔다. 골문까지 거리는 32미터. 공을 잡고 돌파하기엔 체력이 많이 떨어져 있었다. 본능적으로 슈팅을 결심했다. 남은 에너지를 총 동원해 날아오는 공을 오른발로 힘껏 찼다.

꿈속에 있는 기분이었다. 득점하기 어려운 궤적이었다. 하지만 완벽하게 맞혔다. 내가 찬 공은 멀리 날아갔다. 잠시 후, 쾅!

웨스트햄의 골네트에 거친 파도가 일어났다. 다시 쳐다봤다. 내가 진짜로 해냈다고? 골!

붉은 해일이 경기장을 덮쳤다. 3-3 동점. 추가 시간 동점골, 내 축구 인생 최고의 골. 어안이 벙벙했다. 그리고 피곤했다. 첫 번째 골만큼 세리머니를 요란하게 할 수 없었다. 동료들이 나를 붙잡고 환호했다. 난 그저 웃을 뿐이었다. 리세가 내 얼굴을 감쌌다. 리세의 눈동자가 얼굴에서 튀어나올 것 같았다. 놀라움에 횡설수설했다. 아무 소리도 안 들렸다. 여전히 멍했다. 리세가 나를 놔준 후에 나는 천천히 걸으며 유니폼 뒤에 새겨진 내 이름을 손바닥으로 두들겼다. 제라드.

내가 넣은 골이었다. 내가 해냈다. 우리는 연장전에 돌입했다. 꿈은 아직도 유효했다. 하지만 너무 지쳤던 탓에 연장 30분이 어떻게 지나갔는지도 기억이 잘 나지 않는다. 페페 레이나가 리오-코커의 결정적 슛을 막았고, 말론 헤어우드(Marlon Harewood)가 리바운드를 놓쳐줬다. 결국 승부차기로 갔다. 나는 긴장하지 않았다. 릴리-엘라와 렉시의 이름을 새긴 축구화를 신은 그 순간부터 내 안에 생겼던 확신과 믿음이 살아 있었던 덕분이다. 여전히 믿기지 않았지만 우승할 줄 알고 있었다.

첫 번째 키커 디디 하만이 성공했다. 두 번째 키커였던 사미 히피아는 실축했지만, 나와 리세가 연달아 페널티킥에 성공했다. 40세 공격수 테디 셰링엄도 깔끔하게 넣었다. 하지만 보비 자모라(Bobby Zamora)와 콘체스키가 페페의 놀라운 선방에 막혔다. 리버풀이 3-1로 앞서갔다. 안톤 퍼디낸드(Anton Ferdinand)가 웨스트햄의 네 번째 키커로 나섰다. 그가 꼭 성공해야 하는 상황이었다. 그러나 페페가 다시 막아냈다. 끝났다. FA컵 우승은 우리 차지가 되었다.

웨스트햄의 경기력은 훌륭했다. 그러나 우리의 날이었다. 나의 날이었다. 리버풀과 나를 향해 기립박수를 보내준 웨스트햄 팬들을 나는 절대로 잊지 못나. 축구는 때때로 잔인하다. 하지만 아직도 그 안에는 아름다움이 살아 숨 쉰다. 나는 웨스트햄 팬들에게 손을 들어 화답했다. '맨 오브 더 매치' 상을 받은 뒤에 윌리엄 왕자가 내게 우승 트로피를 수여했다. 트로피를 높이

들었다. 동료, 리버풀 팬들과 다 함께 들어 올렸다. 잔뜩 흥분해서 기쁜 함성을 질렀다. 동료들과 우리 3만 5,000명의 팬들은 모두 일어나서 파티를 즐겼다. 환희로 가득했다. 라파엘 베니테스 감독만 차분했다. 그는 냉정했다. 얼음 같았다. 아무리 해가 쨍쨍해도 녹지 않았다.

그날 저녁, 구단 직원과 선수, 아내, 여자친구들이 함께 파티를 즐겼다. 나는 베니테스 감독에게 다가갔다. 내심 "스티비, 수고했어"라는 말을 해주길 바랐다. 하지만 베니테스 감독은 이미 다음 시즌을 바라봤다. 나와 악수를 하면서 평소대로 그는 "다음 시즌 우리 프리미어리그에서 더 잘해야 해"라고 말했다. 그 순간 나는 베니테스 감독과 사랑에 빠질 뻔했다. 그의 목표가 곧 나의 목표였다. 그의 바람이 나의 바람이었다. 그는 내가 넣은 골이나 팀 경기력에 관해선 어떤 말도 하지 않았다. 그는 나를 부드럽게 타일렀다. 사실 그 시즌 개막 때 베니테스 감독은 내게 시즌 25골 목표를 줬다. FA컵 결승전에서 두 골을 보태 25골에 거의 근접했다. 베니테스 감독은 "너 25골 넣지 못했다. 두 골이 부족해"라고 말했다.

그러곤 놀랍게도 그가 웃었다. 믿을 수 없었다. 대단한 칭찬이었다. 그의 웃음 안에서 따뜻한 칭찬이 배어 있었다. 나는 "감독님, 내년에 넣을 수 있게 노력해볼게요"라고 활짝 웃으며 대답했다. 베니테스 감독과 나는 정반대였다. 불과 물이었다. 하지만 결국 우리는 크게 다르지 않았다. FA컵 결승전은 우리가 경험한 최고의 나날 중 하나였다. 가슴속에 영원히 새겼다. 그런데도 우리 둘 다 리버풀과 내가 더 발전해야 한다고 믿고 있었다. 오직 리그에서 우승해야 한다는 생각으로 가득했다.

꿈은 이루어지지 않았다. 지금 돌아보면, 그날 경기가 내 축구 경력 중 최정점에 다다랐던 순간이었다고 생각한다. 골이나 어시스트를 차치하더라도 그라운드 구석구석을 온통 채울 수 있을 만큼 경기력이 최고조에 달해 있었다. 누군가에게 "잘 봐. 내가 축구 그라운드 위에서 보여줄 수 있는 능력이야"라고 말할 수 있는 한 경기를 고른다면, 내 선택은 하나밖에 없다. 2006년 5월 13일 있었던 FA컵 결승전이다.

웸블리에서 애스턴 빌라와 준결승을 치르기 나흘 전, 우리는 다시 안필드에 모였다. 4월 15일이 되면 우리는 또 다른 FA컵 준결승전을 기억해야 한다. 리버풀이 힐즈브러에서 노팅엄 포레스트를 만난 지도 26년이 지났다. 우리 곁을 떠난 96명처럼 26년이란 시간도 훌쩍 떠났다. 힐즈브러 추모식은 매년 고통스럽다. 나는 늘 힘들었다. 그러나 나는 행사를 절대 거르지 않는다. 상실이 의미, 정의를 위한 투쟁을 외면하기엔 그것이 너무 크고 존엄하기 때문이다.

우리 가족도 역시 슬픔에 가득 찼다. 그리고 진실을 요구했다. '힐즈브러 유가족 지원 모임'의 마가렛 아스피널 회장은 우리 모두에게 감사를 표했다. 현장에서 살아남은 팬들에게도 감사를 전했다. 마가렛이 경기장 관중석을 향해 "힐즈브러에서 살아 돌아온 많은 팬이 죄의식을 느낍니다"라고 말했다. "왜 그들이 죄의식을 느껴야 하는지, 저는 전혀 모르겠습니다. 가족들은 그 팬들에게 엄청난 신세를 졌습니다. 그들이 집에 오지 않았다면 그리고 그들 이야기가 없었다면 오늘의 우리는 없었습니다. 그래서 저는 그들에게 대단히 감사합니다."

힐즈브러 생존자의 증언이 조사 과정에서 중요한 역할을 했다. 조사는 적어도 1년간 지속되었다. 마가렛은 "우리는 아직 해야 할 일의 절반도 끝내지 못했습니다. 우리는 이 작업을 반드시 제대로 끝내야 합니다"라고 강조했다.

1989년 4월에도 마가렛은 똑같은 말을 했다. 당시 그녀는 젊은 여성이었고, 열여덟 살짜리 아들 제임스 아스피널과 함께 지냈다. 제임스가 살았다면 올해 44세다. 그리고 다가오는 일요일에 웸블리 스타디움으로 향했을지도 모른다. 마가렛은 씁쓸하게 이제 자신은 나이 든 여성이라고 말했다. 그녀는

15 꿈

할머니였다. 여전히 그녀의 사람들과 함께 정의와 싸우는 중이었다.

마가렛은 "거의 다 왔습니다. 거의 돌아왔습니다"라고 말한 뒤에 희생자 전원의 이름을 읽었다. 7분이 걸렸다. 모든 이가 침묵했다. 희생자 호명만이 침묵을 깼다. 리버풀의 열렬한 팬인 인기 여배우 수 존스턴(Sue Johnston)은 비틀즈의 '내 생에서'의 가사를 읊었다. 전(前) 에버턴 선수 그래엄 스튜어트(Graham Stuart)는 성경 구절을 읽었다. 존 알드리지(John Aldridge)도 성경을 낭독했다. 알드리지는 내가 아이언사이드 로드 골목길에서 공을 차며 놀던 시절의 영웅 중 한 명이다. 힐즈브러 참사 당시 케니 달글리시 감독의 팀에 속해 있었다.

나는 존과 케니, 이안 러시, 로비 파울러의 뒷자리에 앉았다. 옆자리에 루카스 레이바가 앉아 있었다. 그는 오랜 시간 리버풀과 함께했다. 이 추모가 우리에게 어떤 의미인지를 잘 안다. 고통을 나눴다. 행사 막바지가 되어 내가 일어섰다. 루카스가 자리를 내어줬다. 뒤돌아보니 필 자기엘카가 있었다. 에버턴의 주장 자격으로 나와 함께 그라운드로 내려갔다. 우리는 풍선 96개를 안필드 위로 띄우는 역할을 하기로 되어 있었다. 그 요청에 나는 응했다. '힐즈브러 유가족 지원 모임'이 내게 더 이상 연설을 요청하지 않기로 해서 다행이었다. 몇 년 전부터 내가 연설을 해왔는데, 정말 어려웠다.

리버풀 주장으로서 96명에게 경의를 표하는 마지막 순간이 될 것이다. 필과 함께 그라운드로 나섰다. 관중이 '당신은 홀로 걷지 않아'를 부르기 시작했다.

"폭풍 속을 걸을 때면, 고개를 높이 들어요…."

필과 나는 빨간 풍선으로 가득 찬 거대한 비닐 꾸러미를 잡고 있었다. 우리가 센터서클에 도착할 때쯤 노래 가사는 '폭풍이 그치면 황금빛 하늘이 펼쳐질 거예요' 부분에 나타났다. 우리는 줄을 풀어 풍선을 띄웠다. 하늘을 향해 풍선들이 하나씩 유유히 올라가기 시작했다. 필이 잡고 있었던 풍선들이 더 빨리 올라갔다. 그가 들었던 풍선 꾸러미는 금세 할 일을 마쳤다. 필이 고개를 들어 하늘 높이 날아가는 풍선들을 바라봤다. 내 쪽에는 아직 풍선이 열 개 정도 남아 있었다. 나는 천천히 꾸러미를 흔들어 하늘로 올려 보냈다. 마지막 풍선이 날아가는 모습을 잠자코 바라봤다. 바람이 그것을 높이 데려 갔다. 필과 나도 박수에 동참했다. 하늘 위로 오르는 풍선처럼 누군가는 가족을 잃었다. 관중의 노래는 하이라이트에 도달했다.

"세찬 바람을 뚫고 걸어요. 빗줄기 속을 걸어가요. 당신 꿈이 넘어지고, 당신 꿈이 깨질 것 같아도, 계속 걸어요. 마음속 희망을 품고 걸어가요…."

2015년 4월 19일 일요일 늦은 오후. 희망이 현실처럼 다가왔다. 축구 환상이 나를 쥐고 흔들었다. 리버풀 17년을 마감하는 한 경기를 고른다면? 나는 챔피언스리그나 FA컵 결승전을 고르고 싶다. 그 시즌 챔피언스리그의 꿈은 이루어지지 않았지만, FA컵 꿈에는 아직 가능성이 있었다. 3라운드에서 AFC 윔블던과 만나던 순간부터 그 꿈은 출발했다. 볼턴 원더러스와 만났던 4라운드 재경기는 나의 리버풀 700경기 출전이었다.

FA컵 결승전이 예정된 5월 30일은 나의 서른다섯 번째 생일이었다. 마치 마법 같았다. 우리는 크리스털 팰리스에 승리했고, 재경기 끝에 블랙번 로버스까지 제쳤다. 준결승전에서 아스널을 피하는 행운도 따랐다. 애스턴 빌라 쪽이 비교적 쉬워 보였다. 강등 사투를 벌이고 있는 데다 최근에는 감독까지 교체되어 어수선했다. 하지만 신임 감독 팀 셔우드가 이끄는 빌라는 언제나 까다로운 상대였다.

경기를 앞둔 주중 불운이 꿈틀댔다. 스터리지의 부상 복귀 가능성이 사라진 탓이었다. 루카스의 부상 결장까지 겹치는 바람에 우리의 빅매치 경험치가 줄어들었다. 두 친구의 공백은 매우 컸다. 셔우드 감독은 플레이메이커을 올리는 스타일이다. 스터리지가 있었다면 상대 뒷공간을 노려볼 수 있었다.

이상한 날이었다. 전반 30분 쿠티뉴의 골로 앞서는 상황에서도 우리의 경

15 꿈

기력은 불안했다. 경기 시작 전부터 당연히 리버풀이 이길 것이라는 전망을 접한 어린 선수들이 방심한 탓이었다. 브렌던 로저스 감독은 늘 공격적으로 압박하길 바란다. 체력을 아끼지 않고 공을 빠르고 정확하게 패스하길 원한다. 물론 경기를 지배하면서. 그러나 우리는 모든 면에서 실패했다. 전부.

선제골로부터 6분 뒤 빌라의 크리스티안 벤테케가 동점골을 터트렸다. 후반 초반 들어 파비안 델프(Fabian Delph)가 골을 터트려 승부를 뒤집었다. 나는 리버풀이 시즌 개막 전에 그를 영입하지 않았는지 이해할 수 없었다. 델프도 스트루안의 고객인 덕분에 그가 리버풀에 오고 싶어 한다는 사실을 알고 있었다. 체력도 강했다. 매우 튼튼했다. 매주 뛸 수 있었다. 델프는 잉글랜드 국가대표팀에 이제 막 합류했다. 무엇보다 그는 승리 정신을 가졌다. 우리가 정말로 원하던 선수였다. 나는 이 메시지를 리버풀에 전달했다. 그러나 클럽은 내 말을 듣지 않았다. 결국 델프는 '맨 오브 더 매치' 활약으로 웸블리에서 우리에게 벌을 내렸다.

나는 내 자신과 리버풀 전체에 활기를 되찾으려 노력했다. 이제 10분이 남았다. 나는 거의 골을 넣을 뻔했다. 그러나 키에른 리차드슨이 나의 헤딩 슛을 골라인 위에서 쳐냈다. 나의 롱패스를 받아낸 발로텔리가 골을 넣었지만, 아쉽게도 오프사이드 판정을 받고 말았다. 오심이었다. 그러나 우리가 졌다는 사실은 정당했다. 빌라가 우리보다 강했다. 완벽한 생일을 맞이할 꿈이 깨졌다. 마지막 빅매치 판타지도 물거품이 되었다. 이제 다시는 웸블리에서 뛸 일이 없다. 리버풀 유니폼을 입고 트로피를 들어 올릴 일도 없고. 실망감이 정말 컸다. 괴로웠다. 리버풀에서 내가 누렸던 행운이 이제 말라버린 것 같았다.

빌 생클리는 "축구가 삶과 죽음보다 더 중요하다"는 어록을 남겼다. 솔직히 나는 그 말을 믿어본 적이 없다. 엿새 뒤, FA컵 패배 충격에서 겨우 빠져

나오려고 했을 때, 그 어록은 더욱 신빙성을 잃었다. 문자 메시지 알람이 울렸다. 충격적인 소식이 날아들었다. 리오 퍼디낸드의 아내 레베카가 유방암으로 세상을 떠났다는 부고였다. 안필드 홈경기를 위해 집을 나서던 차였다. 평소대로 경기 전 기분을 띄우기 위해 음악을 크게 틀었다. 문자를 확인하곤 이내 음악을 껐다. 경기 상대가 리오가 속한 퀸즈 파크 레인저스였다. 맨체스터 유나이티드전 퇴장으로부터 나는 뭔가 구원의 손길이 필요했다. 퇴장당했던 날, 라커룸에 앉아 나는 결심했었다. 리버풀을 떠나기 전에 반드시 내 실수를 만회하자고. 골과 인상적인 장면이면 좋을 것이다.

나는 리오와 특별히 친하게 지내진 않았다. 하지만 우리는 10년 넘게 잉글랜드 국가대표팀에서 함께 지냈다. 우리는 잉글랜드 유니폼을 입고 추억을 공유한다. 그는 훌륭한 선수이며 성격도 좋고 머리도 좋다. 하지만 최대 앙숙인 맨체스터 유나이티드와 리버풀에서 각각 뛰었던 탓에 줄어들 수 없는 거리가 있었다. 둘 다 현역 은퇴를 앞둔 지라 공감대를 형성할 수 있었다. 현역 시절에는 없었던 연대감을 느끼게 되었다.

경기 전 몸을 풀자 다른 기분이 들었다. 안필드를 둘러보면서 이 경기가 내게는 정상적인 상태로 뛰는 마지막 리버풀 경기가 될 것이라는 사실을 깨달았다. 나의 마지막 홈경기는 크리스털 팰리스전이 될 예정이다. 하지만 마지막 날, 마지막 홈경기에서는 아무래도 몸과 마음이 제대로 움직이지 않을 것 같았다.

경기 시작 전에 선수들 모두 팔에 검은 띠를 둘렀다. 내가 백합 꽃다발을 든 채로 선수단을 이끌고 나왔다. 나와 고향이 같은 조이 바튼이 QPR 동료 리오를 대신해서 조화를 받았다. 경기 초반 나는 엉망이었다. 패스 정확도가 형편없었다. 숏패스까지 실수하자 긴장 게이지 꽉 되지 않았다. 미음대로 되는 게 하나도 없었다. 이전 리그 경기에서 우리는 헐에 패했다. 토트넘과 승점 동률 상태에서 골득실로 겨우 5위에 있었다. 짓궂은 팬은 경비행기 꼬리

15 꿈

에 '로저스 OUT, 베니테스 IN'이라고 적힌 플래카드를 달아 안필드 상공 위로 날렸다. 나는 신경 쓸 겨를이 없었다. 베니테스 감독이 꾸민 짓인가, 라는 의심이 잠깐 들기는 했다.

전반 17분 아주 익숙한 장면이 나왔다. 마틴 앳킨슨 주심이 내게 옐로카드를 꺼내 보였다. 나를 퇴장시킨 이후 그를 한 번도 본 적이 없었다. 그와 나의 관계는 너무나도 꾸준하다. 2분 뒤 스털링과 램버트가 만든 기회에서 쿠티뉴가 골을 넣어 앞서기 시작했다. 쿠티뉴는 정확하게 공을 감아 차 골네트를 흔들었다. 후반 들어 스털링이 절호의 기회를 맞이했다. 수비수에 굴절된 공을 롭 그린이 선방해냈다. 하지만 QPR이 동점으로 따라붙었다. 경기 내내 좋은 경기력을 선보였던 르로이 페어(Leroy Fer)가 바튼의 코너킥을 골로 연결했다. 경기 종료 17분을 남기고 스코어는 1-1이 되었다. 헨더슨의 코너킥 상황에서 스크르텔이 넘어졌다. 페널티킥이었다.

콥 스탠드 앞에서 페널티킥을 찰 준비를 하는 동안, 내게 든 유일한 걱정은 상대 골키퍼가 롭 그린이라는 점이었다. 나를 잘 아는 골키퍼를 상대로 차야 하는 페널티킥을 나는 별로 좋아하지 않는다. 잉글랜드 대표팀 훈련에서 나는 그린을 상대로 페널티킥을 수백 번이나 찼었다. 그만큼 그는 나의 움직임을 잘 안다. 그린이 골라인 위에서 몸을 움직이기 시작했다. 나는 나만의 철칙을 무시하기로 했다. 그린을 똑바로 쳐다봤다. 내가 왼쪽을 선호한다는 사실을 그린도 잘 안다. 오른쪽으로 차는 척하고 왼쪽으로 차기로 마음먹었다. 하지만 그린의 생각은 두 번 더 돌아갔다.

나는 왼쪽으로 찼다. 그린이 정확히 예측하고 그쪽으로 몸을 날려 막아내 코너킥을 만들었다. 방향만큼 높이도 문제였다. 골키퍼가 막기 딱 좋은 높이로 날아갔다. 머리가 어지러웠다. 믿을 수가 없었다. 도대체 되는 일이 없다. 나는 눈을 감고 고개를 젖혔다. 그래, 진정하자. 불운이 얼마나 더 가겠어?

시계를 봤다. 일을 바로잡을 시간은 이제 12분 남았다. 힘을 내자. 몸을 추슬렀다. 기분이 조금 나아졌다. 결승골을 넣기 위한 시간 12분. 네덤 오누오하(Nadum Onuoha)가 퇴장당하면서 경기가 확 바뀌었다. 10명이 된 상대를 우리가 몰아쳤다. 쿠티뉴가 날카로운 슛을 때렸다. 리차드 던(Richard Dunne)을 맞고 코너아웃되었다. 쿠티뉴가 찼다. 4분 남았다. 정신을 바짝 차렸다. 보비 자모라가 나를 대인마크했다. 나는 그를 떼어놓고 니어코너 쪽을 노릴 셈이었다. 순간적으로 내가 수비형 미드필더라는 사실이 떠올랐다. QPR이 공을 따내면 페어가 빠른 발로 역습을 감행할 것이다. 그러면 우리는 경기에서 질 수도 있다.

있어야 하나? 뒤로 빠질까? 나는 페널티박스 안에 그냥 있기로 했다. 쿠티뉴의 코너킥은 완벽하게 노린 지점으로 떨어졌다. 나는 자모라를 떼어낸 뒤 바튼의 앞에서 공을 자르기 위해 돌진했다. QPR 수비수 둘과 함께 몸싸움을 벌여야 하는 상황이었다. 잘못하면 상대 뒤통수와 내 안면이 정통으로 부딪힐 수도 있었지만, 나는 신경 쓰지 않았다. 내 공이었다. 쇄도 타이밍도 기가 막혔다. 완벽한 헤딩슛, 골. 그린도 꼼짝 못했다. 리버풀이 2-1로 앞섰다.

마지막이 될지도 모른다는 생각에 콥 스탠드를 따라 달렸다. 팔을 쭉 펴고 내 골을 향한 안필드의 축하를 마지막으로 느껴보고 싶었다. 최근 연달아 나를 덮쳤던 아픔이 끝났다. 맨유전 퇴장, FA컵 준결승전 패배 그리고 방금 있었던 페널티킥 실축까지. 이제야 콥 스탠드 앞에서 골을 넣을 수 있었다.

나는 이제 막 이적한 선수가 클럽 로고에 입을 맞추는 세리머니를 싫어한다. 상상을 초월하는 연봉을 약속받고 이적해와 얼마 뛰지도 않고 에이전트의 부추김에 넘어가 또 다른 곳으로 훌쩍 떠나버리는 선수에겐 그런 세리머니를 할 자격이 없다. 하지만 나는 17년이 지났다. 그 시간 속에서 리버풀 유니폼을 입고 온갖 기쁨과 슬픔, 좌절을 동시에 맛봤다. 클럽에 입을 맞출 자격이 내게는 있다. 코너플래그를 향해 달려가서 유니폼 앞에 새겨진 라이버 버드를 들어 내 입에 맞췄다. 동료들이 달려와 내 위로 뛰어올랐다. 익숙한 느낌이다. 그동안 너무나 많은 동료들과 함께 땀을 흘렸다. 마지막으로 나는 붉은 바다를 향해 화답했다. 붉은 바다가 격하게 출렁거렸다.

경기 종료 직전, 로저스 감독의 자비로운 신호가 들어왔다. 나를 교체 아웃함으로써 안필드가 내게 작별을 고할 기회를 만들었다. 사이드라인 쪽으로 걸어가면서 나는 노래를 들었다.

스티븐 제라드, 제라드 / 40야드 롱패스를 보내 /
정말 크고 엄청 강해 / 스티븐 제라드, 제라드

나는 가던 걸음을 멈추고 주장 완장을 풀어 조던 헨더슨의 팔뚝에 달아줬다. 나는 천천히 안필드 전체를 둘러본 뒤 박수로 화답했다. 내게 박수를 쳐 주는 모든 이를 향해서.

한 시간 뒤, 나는 BBC의 '매치 오브 더 데이' 프로그램과 인터뷰를 했다. 첫 질문은 "이렇게 멋진 헤딩골 넣은 적이 있었나요?"였다. 큰 웃음이 나올 뻔했지만, 작은 미소로 애써 참았다. "챔피언스리그 결승전 있었잖아요, 안 그래요?" 인터뷰어가 "오, 그 골을 잊고 있었군요"라고 말했고, 나는 "나는 절대로 잊지 못하죠"라고 대답했다.

나의 마지막 스탬퍼드 브리지 원정을 이틀 남겨두고 주제 무리뉴 감독은 기자회견에 참석해 이렇게 말했다.

"이제 내가 챔피언을 맞이할 차례다. 스티븐 제라드를 영접할 차례다. 제라드 같은 선수를 상대해온 덕분에 지금의 내가 있을 수 있었다. 최고의 적으로부터 많은 것을 배웠기 때문이다. 내 선수가 가진 문제, 내 선수가 품은 의심, 내 선수가 보이는 실력에서 교훈을 얻는다. 내게 풀기 어려운 문제를 던지는 최고의 상대와 맞서면서 배운다. 나를 고민하게 하고, 상대를 분석하게 만들며 그들을 꺾을 수 있는 방법을 궁리하게 한다. 스티븐 제라드는 내가 제일 좋아하는 상대 중 한 명이다. 축구에서 따지자면 느낌이 아주 좋은 상대였다. 잉글랜드 무대에서 그는 최고의 상대였다. 내가 더 나은 감독으로 성장할 수 있도록 도와준 상대이기도 했다. 그를 막는 일, 막기 위해 노력한 일은 모두 대단히 어려웠다. 나는 그를 첼시로 데려오려고 애썼다. 인테르나치오날레로 영입하려고 시도했고, 레알 마드리드에서도 영입하기 위해 노력했다. 그러나 그는 영원히 상대편에 서 있었다. 그를 상대할 수 있어서 영광이었다. 스탬퍼드 브리지 홈 팬도 모두 나와 한 뜻이길 바란다. 우리는 제라드 같은 상대를 필요로 한다."

나를 지도해보지 못한 것이 큰 후회 중 하나라고 생각하느냐는 질문에 무리뉴 감독은 이렇게 대답했다.

"아니다. 전혀 그렇지 않다. 그가 리버풀을 떠나지 않아서 나는 매우 만족스럽다. 결국 그는 놀라운 경력을 쌓을 수 있었다. 팬들에게 충성했다. 다른 빅클럽에서 뛰지 않겠다고 했고, 다른 빅리그에서도 뛰지 않았다. 오직 리버풀에서만 뛰었다. 나는 그런 마음이 영원하리라고 생각한다. 혹시 아는가? 이다음에 내가 스티븐 제라드 감독이 이끄는 리버풀을 상대하는 날이 오게 될지…."

무리뉴 감독의 발언에 나는 감동했다. 하지만 첼시 팬들은 당연히 다르게 생각할 게 뻔했다. 5월 10일 일요일, 그들 모두 평소처럼 나를 조롱할 것이다. 첼시 팬들은 자기 자신이 위트가 넘친다고 뽐낸다. 수많은 미끄럼 주의 신호판으로 나를 환영할 것이다. 나는 그들의 위트를 잊지 못한다. 처음 본 것은 미끄럼 주의 표시 위에 쓰여 있는 내 이름이었다 ㄱ 주위로 '마틱 소심하세요'라고 쓰여 있었다. 노란색 교통 표지판도 보였다. '앞에 물웅덩이 조심'이라고 쓰여 있는 경고 표지판이다. 미끄러지는 그림 아래에 '스티븐 제라드'라고 쓴 것은 당연하다.

15 꿈

몸을 푸는 동안 그들은 계속 나를 겨냥하며 조롱조의 노래를 불러댔다. 웃고, 떠들고, 손으로 욕을 해댔다. 나는 반응하지 않았다. 봄날 햇살을 받으며 선수들을 이끌고 그라운드로 걸어 나왔다. 우리는 첼시의 우승을 축하하기 위해 선수 출구 앞에 도열했다. 우승 확정 후 첫 홈경기였기 때문이다.

존 테리가 먼저 등장하고, 나머지 첼시 선수들이 뒤를 따랐다. 그들 양 옆으로 빨간색 유니폼을 입은 우리가 박수를 치고 있었다. 첼시는 좋은 팀이다. 2000년대 중반만큼 강한 면모를 과시한다. 나는 무리뉴 감독과 존 테리, 드로그바 그리고 모든 선수를 존경한다.

JT는 첼시에서만 열한 개째 메이저 트로피를 따냈다. 10년 전, 내가 첼시로 이적했다면 나도 그 정도 트로피를 얻었을지 모른다. 온갖 비난과 조롱이 내게 쏟아지는 가운데에서도 내 기분은 딱히 나쁘지 않았다. 첼시의 파란색이 아니라 리버풀의 붉은색을 선택해서 생기는 후회는 눈곱만큼도 없는 덕분이다. 나는 이적을 거절하고 리버풀에 남기로 해서 정말 만족스럽다. 나와 파란색은 어울리지 않는다.

경기 내내 나를 비웃는 노래가 울려 퍼졌다. 킥오프 25초 만에 세스크 파브레가스가 스털링에게 거친 태클을 가했다. 곧바로 퇴장을 당해도 변명의 여지가 없을 만큼 아주 위험했다. 하지만 안드레 마리너 주심은 호주머니에서 빼낸 레드카드를 존 오비 미켈에게 꺼내 보였다. 미켈이 당황해하는 동안, 첼시 선수들이 주심을 둘러싸고 토론회를 개최했다. 주심은 미켈을 불러 자기 실수를 인정했다. 그러곤 파브레가스에게 옐로카드를 보였다. 해프닝은 2분 정도 지속되었는데, 그 정도 시간이면 첼시 팬들이 나를 놀려대기에는 충분했다.

스티븐 제라드, 제라드 / 머저리처럼 미끄러졌네 /
뎀바 바에게 패스를 해 / 스티븐 제라드, 제라드

나는 아무것도 못 듣는 척했다. 물론 다 들었다. 전반 5분, 우리가 선제 실점을 내줬다. JT가 주특기인 세트피스 득점에 성공했다. 첼시 팬들이 신나서 다시 노래를 불렀다. 오히려 나를 집중하게 해줬다. 하프타임 직전에 이바노비치가 코너플래그 근처에서 랄라나를 넘어트렸다. 내게는 좋은 기회였다.

미켈이 내게 바짝 붙었다. 하지만 나는 앞뒤로 움직이면서 간단히 그를 떼어냈다. 나는 파코너 쪽에 생긴 공간으로 들어갔다. 조던 헨더슨의 프리킥이 날아왔다. 내가 머리로 받아 넣어 1-1 동점을 만들었다. 나는 곧바로 돌아섰다. 아무런 골세리머니를 하지 않았다. 괜히 이 경기에서 패하기라도 하면 또 곤란해지니까.

결국 경기는 무승부로 끝났다. 나름대로 첼시의 우승 확정 잔치 분위기에 재를 뿌릴 순 있었다. 무리뉴 감독과 첼시가 우리 리그 우승을 망쳤던 상황과 비교하면 아무것도 아니지만, 내게는 그래도 의미가 있었다.

경기 종료 10분을 남겨두고 로저스 감독이 나를 경기에서 뺐다. 그는 첼시 팬들을 믿었고, 그 믿음은 옳았다. 사이드라인을 향해 걸어가는 동안, 나를 조롱하는 노래는 나오지 않았다. 스탬퍼드 브리지 안에 있는 모든 이가 일어섰다. 그러곤 내게 기립박수를 보냈다. 나는 특별한 제스처를 취하지 않았다. 갑자기 첼시 팬들을 찬양하고 싶어질 만큼 자비롭지도 못하다. 그런 일은 절대로 없다. 경기 후 TV 인터뷰에서도 나는 내 생각을 솔직하게 밝혔다.

"당연히 리버풀 팬들의 기립박수가 더 고맙다. 첼시 팬들은 마지막 순간에 내게 존경심을 표현해줬다. 그러나 경기 내내 나를 조롱했다. 그들에게 앞으로 잘 부탁한다는 식의 말은 하고 싶지 않다. 어쨌든 마지막이라도 그런 모습을 보여줘서 다행이다. 축구 경기장에서 받는 기립박수는 언제나 기분이 좋다. 하지만 내게는 리버풀 팬이 가장 중요하다. 내가 리버풀에 왔던 처음 그 순간부터 나와 함께했던 사람들이다."

무리뉴 감독에 관한 질문에 대해선 이렇게 대답했다.

15 꿈

"내게는 그가 세계 최고의 감독이다. 내가 리버풀 팬이 아니었거나 내 마음에 리버풀이 없었다면, 아마도 그의 클럽으로 갔을 것이다. 내 마음이 크게 흔들린 이유도 바로 무리뉴 감독이었기 때문이다. 하지만 내가 거절할 수밖에 없었던 이유를 그도 잘 안다. 나는 리버풀을 사랑한다. 우리 팬들을 위해 승리하는 것이 세상 무엇보다 소중하다."

STEVEN GERRARD

16

작별

The Leaving of Liverpool

16 작별

GERRARD
8

    리버풀에서 떠나기 전 안필드 마지막 홈경기를 앞두고, 친구가 문자 메시지를 보내왔다. 메시지에는 유튜브 동영상 링크가 첨부되어 있었다. 친구는 내가 고별식 소감을 말할 때 이 영상에 나오는 이야기를 명심하면 좋겠다고 말했다. 크리스털 팰리스 경기 이후 고별식에서 나는 마이크를 잡게 된다. 경기장에 모인 4만 4천 관중뿐 아니라 수백만 TV 시청자에게 마지막 인사를 해야 한다. 리버풀에서 행복했던 17년에 관한 소감을 밝혀야 한다. 눈물을 흘리지 않고 큰소리로 또박또박하게.

    고별식 때 행여나 울지 않을까 걱정된다고 친구들에게 고민을 털어놓았다. 그들은 나를 놀려댔다. 그러나 다들 고별식에서 내 감정을 조절하기가 무척 어려울 것이라는 걸 알고 있었다. 기대하면서 친구가 보낸 링크를 클릭했다.

    작은 화면에 레오나르오 디카프리오가 나타났다. 그는 고개를 숙이고 있었다. 그는 죽을상을 하고 있었다. 은행가, 증권중개인 그리고 회사 직원들이 그를 슬픈 눈으로 쳐다봤다. 적막감이 흘렀다. 디카프리오는 마이크를 입으로 가져갔지만, 그의 입에선 아무런 음성도 흘러나오질 않았다.

순간 그는 고개를 번쩍 들었다. 빠르면서도 부드럽게 그는 입을 뗐다. "혹시 그거 아세요?" 그는 마이크를 아래로 내려트리고 사람들의 대답을 기다렸다. 어디서도 대답은 나오질 않았다. 그는 다시 마이크를 입에 갖다 대며 허스키한 목소리로 말했다. "나는 떠나지 않을 거예요." 화면 뒤에서 몇 초간의 정적 이후 웅성거림이 이어졌다. 다들 어리둥절한 표정을 지었다. "뭐라고?"

디카프리오는 고개를 끄덕거렸다. 그의 콧구멍이 커졌다. 조금 더 큰 목소리로 그는 다시 한 번 말했다. "나는 떠나지 않을 거예요." 청중은 혼란과 놀라움이 섞인 표정으로 그를 쳐다봤다. 디카프리오는 몇 발자국을 걸었다. 그러다가 다시 한 번, 이번에는 고함을 질렀다. "나는 무슨 일이 있어도 떠나지 않아요!"

방 안은 기쁨과 안도의 도가니로 변했다. 축구 경기에서 골이라도 넣은 사람들처럼 서로 껴안고 방방 뛰면서 환호하는 장면이 연상됐다. 중년의 남성들은 가슴을 두드리며 고함을 질렀다. 디카프리오의 이야기는 계속됐다. 그는 오른쪽 손으로 마이크를 잡고, 왼손으로는 가슴을 두들기며 큰소리로 외쳤다. "쇼는 계속됩니다!"

괴성을 질러대며 여자들은 서로를 껴안았고, 남자 증권거래인들은 서로 하이파이브를 했다. 디카프리오의 외침은 멈추지 않았다. "군대나 경찰 기동대가 나를 잡으러 와도 난 여기서 절대 안 떠나!"

방 안은 폭발적인 함성으로 가득 찼다. 결정적인 골이 터진 뒤 리버풀 팬들이 미쳐 날뛰는 것처럼. 집에서 혼자 동영상을 보면서 박장대소했다, 아필드에서 이런 일이 일어난다면 어떨까? 쓸쓸한 표정을 지으며 할 말을 잃은 나 기신, 와가 나서 아무 말도 하지 않고 있는 사랑하는 팬들. 그 순간 밝은 햇빛이 리버풀 팬들을 감싼다. "그거 아세요? 나는 떠나지 않아요. 나는 절대 떠나지 않아요!"

〈더 울프 오브 월 스트리트〉의 장면은 아직까지 끝나지 않았다. 디카프리오는 여전히 소리를 지르고 있었다. 그는 가운뎃손가락을 올리며 소리쳤다. "엿 먹어!"

그는 다시 자기 가슴을 쳐대며 고함을 질렀다. 때때로 원숭이 같은 비명도 내질렀다. 방 안 사람들도 그를 따라 하기 시작했다. 모두들 가슴을 치면서 고함을 질렀다. 꽥꽥 소리를 질러대는 그들의 모습에서 정글의 고릴라 떼가 연상됐다.

상상 속의 나는 완벽하게 고별식 연설을 했다. 나는 큰소리를 치며 사람들의 마음에 불꽃을 지폈다. "나를 여기서 나가게 하려면 이 건물을 부숴야 할 겁니다!"

만일 내가 이 장면을 고별식에서 실현했다면, 힐즈브러 참사 희생자들에게 큰 실례를 범하는 일이 됐을 것이다. 그 참사는 정말 충격적이었고, 내 사촌 존-폴 길홀리도 참사에 희생됐다. 5월 13일 수요일, 안필드 마지막 홈경기 사흘 전, 끔찍했던 참사의 전말이 공개됐다. 26년이 지난 지금도 힐즈브러 참사는 아직 끝나지 않았다.

2015년 5월 16일 토요일
리버풀, 안필드

나는 나의 세 딸 릴리와 렉시, 로데스와 함께 안필드 선수 입장 복도에 섰다. 정말 행복했다. 나의 세 딸들은 크림색 옷을 맞춰 입었다. 나는 딸들에게 차례로 뽀뽀를 하고, 로데스를 품에 안았다. 리버풀 선수들은 선두의 주장 완장을 찬 조던 헨더슨을 따라 필드 위에 들어섰다. 맑은 하늘의 석양이 그들을 마주했다. 오후 5시 30분이었다.

알렉스는 어머니와 장모님과 함께 경기장을 찾았다. 물론 내 예상대로 눈에 띄지 않는 곳에 앉아 있었다. 모델이었던 아내는 사진 작업을 할 때는 매우 자신감이 넘친다. 그러나 평상시 그녀는 수줍음을 많이 탄다. 사적인 상황에서 눈에 띄는 걸 좋아하지 않는다. 가족과 함께 있는 모습을 사진 찍히는 것도 싫어한다. 아내는 내가 본 사람 중 가장 수줍음이 많다. 그녀가 나의 축구 세계 안에 끼어들고 싶어 하지 않는 이유다.

지금 나는 딸들과 함께 있다. 아이들을 신경 쓰면 눈물을 흘릴 여유가 없을 것 같았다. 딸들과 함께 있으면 나는 강해진다. 나는 아이들에게 아버지가 우는 모습을 보여주고 싶지 않았다.

안필드에서는 벌써 나를 위한 노래가 울려 퍼지고 있었다.

스티비 제라드는 우리의 캡틴 / 스티비 제라드는 붉은 사나이 /
스티비 제라드는 리버풀의 선수 / 붉게 태어나고 자란 스카우저

입장 신호가 떨어졌다. 딸들에게 "얘들아, 같이 나가자"라고 말했다. 릴리와 렉시가 앞장섰다. 우리는 계단 밑으로 내려갔다. 우리 앞에 서서히 햇빛이 비쳤다. 나는 로데스를 오른팔로 안고, 왼팔로 영광스러운 간판에 손을 갖다 댔다.

'여기가 안필드.'

중간에서 다시 멈췄다. 입장을 기다렸다. 나는 "얘들아, 잠시만 기다리자"라고 말했다. 장내 아나운서가 나에 관해서 이야기하는 동안, 나는 다른 여유가 생겼다. 앞쪽을 손가락으로 가리키며 딸들에게 지금 우리가 이 계단을 밟고 밖으로 쑥 섞어 나갈 거라고 설명했다. 여전히 노랫소리는 우렁찼다.

"리버풀의 식구로 자랐고, 콥 스탠드 앞에서 뛰는 모습을 꿈꿨던 그는 708경기에 출전했습니다. 프리미어리그 502경기와 119골을 기록했으며 거

의 모든 타이틀을 거머쥐었습니다."

'거의'라는 단어가 마음에 걸렸다. 현실이다. 일 년 전 나는 프리미어리그까지 '거의' 따낼 뻔했다.

장내 아나운서의 소개가 이어졌다.

"콥 스탠드에서 로어 센테너리 스탠드에 계신 모든 리버풀 식구 여러분. 자리에 있는 카드를 들어주십시오. 그리고 안필드에서 마지막 경기에 출전하기 위해 나오는 여러분의 캡틴을 맞이해주십시오. 신사 숙녀 여러분, 이 세상 오직 하나뿐인 캡틴, 스티븐 제라드!"

우리는 터널을 빠져나와 빛 속으로 나갔다. 리버풀과 크리스털 팰리스 선수들이 우리를 기다리고 있었다. 관중석에는 'S8G'이란 글자를 새긴 카드섹션이 펼쳐졌다. 센테너리 스탠드의 중앙에는 흰색 바탕에 빨간색으로 'CAPTAIN'이라는 단어가 새겨졌다.

원정팀은 팰리스였다. 나와 로데스는 팰리스 선수들 앞에 섰다. 리버풀과 팰리스 선수들은 서로를 마주보며 그들 사이를 지나가는 내게 박수를 쳤다. 로데스를 오른팔로 안고, 왼팔로 팰리스 선수들과 손바닥을 마주쳤다. 하이파이브가 끝날 무렵, 안필드에서는 또 다른 추억의 응원가가 터져 나왔다.

스티븐 제라드, 제라드 / 40야드 롱패스를 보내 /
정말 크고 엄청 강해 / 스티븐 제라드, 제라드

로데스는 양쪽 귀를 손으로 틀어막았다. 시끄러운 소리 때문이었다. 아이는 나를 보며 "시끄러운 소리 좀 꺼줘, 아빠"라고 지시했다.

나는 쪼그려 앉아 "그렇게는 못 할 거 같네"라고 말하면서 활짝 웃었다. 평소대로 로데스는 포기하지 않고 떼를 썼다. "좀 조용히 하라고 해. 피치 위에 우리가 있으니까. 조용히 좀 하라고."

최소한 앞으로 남은 8일간 나는 리버풀의 주장이지만, 내겐 그럴 힘이 없었다. 로데스는 내 사정을 봐주지 않았다. 로데스가 "다들 나를 보러 온 거야"라며 해맑게 말했다. 나도 웃으며 "응, 맞아. 로데스 보러 온 거야"라고 말해줬다.

작전 성공. 꼬맹이 로데스 덕분에 나는 울지 않고 웃을 수 있었다. 딸들과 나는 서로 손을 잡았다. 릴리, 렉시, 로데스 그리고 나. 우리는 콥 쪽으로 걸었다. 그들이 노래하기 시작했다. '당신은 홀로 걷지 않아'.

도저히 참지 못할 것 같았다. 걸음을 멈추고 쪼그려 앉았다. 내 자신을 다스리기 위한 최선의 방법이었다. 뻔한 답이 나올 줄 알면서 나는 로데스에게 노랫소리가 너무 시끄러우냐고 물었다. 로데스가 "응, 시끄러워"라고 말하곤 다시 양손으로 귀를 막았다. 로데스의 언니들이 활짝 웃으며 나처럼 쪼그려 앉아 눈높이를 로데스에게 맞췄다. 로데스가 언니들에게 뛰어갔다. 기분이 훨씬 나아졌다. 콥이 노래를 부르는 동안 우리는 웃을 수 있었다.

나는 관중석 위쪽을 쳐다봤다. 거기에는 거대한 플래카드와 깃발들이 있었다.

> 리버풀은 나를 위해 존재하고 나는 리버풀을 위해 존재한다
> 고마워요 스티비
> 덕분에 그동안 즐거웠어요
> 고마워요 스티비
> 스티븐 제라드, 리버풀 레전드 1998~2015
>
> 스니븐 제라드-오직 하나뿐인 그대
> 모든 추억들, 감사합니다, 스티비

16 작별

아이들과 손을 잡고 뒤돌아 심판진, 마스코트와 함께 기념촬영을 하러 갔으니 망정이니 다시 눈물이 솟구칠 뻔했다. 우리는 노래를 들으며 걸어갔다. '당신은 홀로 걷지 않아'를 들으면 들을수록 온몸에 전율이 돋았다.

"계속 걸어요. 마음속 희망을 품고 걸어가요…."

내가 너무 시간을 빼앗는 것 같아서 리버풀과 팰리스 선수들에게 민망했다. 다행히 곧 경기가 시작됐다.

전반 25분이 지나면서 우리는 팰리스에 압도당했다. 우리는 경기 내내 무기력했다. 라힘 스털링이 마틴 켈리를 빠르게 압박했다. 우리에겐 그런 압박이 필요했다. 켈리의 어눌한 패스가 동료 수비수 스콧 단 뒤쪽으로 향했다. 아담 랄라나가 놓치지 않고 공을 가로채서 골키퍼 웨인 헤네시를 무너트리고 선제골을 터트렸다.

골을 넣은 아담이 달리면서 나를 찾았다. 득점 과정에 내가 아무런 도움을 주지 않았지만 그는 나와 함께 세리머니를 하고 싶어 했다. 우리는 기분 좋은 허그를 했다. 우리가 1-0으로 앞섰다.

일 년 전 우리는 팰리스를 상대로 9분 동안 3실점을 내주며 무너졌다. 그때 야닉 볼라시에가 맹활약했다. 그는 여전히 빠르고 날카로웠다. 하프타임 직전 페널티박스 바로 바깥에서 엠레 찬이 볼라시에를 넘어트려 프리킥을 허용했다. 제이슨 펀천(Jason Puncheon)이 프리킥을 직접 골로 연결해 동점이 되었다. 후반 들어 경기는 우리 손에서 완전히 빠져나갔다. 윌프레드 자하가 교체로 들어와 22초 만에 골을 넣었다. 경기가 시작하고 한 시간이 지나 우리가 1-2로 뒤졌다.

한때, 나는 할리우드 영화 같은 결말을 꿈꿨다. 하루가 지나고, 일주일이 지나고, 한 달이 지나고, 한 시즌이 끝나면서 내 꿈은 서서히 사라졌다. 그 대신에 나는 진짜 할리우드에 가게 생겼다. 이때까지도 실감이 나지 않았다.

익숙한 상황에 처했다. 내가 동료들에게 "힘내. 다시 하는 거야!"라고 소리쳤다. 나는 안필드 마지막 경기에서 승리하고 싶었다. 나는 콥 앞에서 골을 넣고 싶었다. 그러나 그러지 못했다. 자하의 득점과 헤네시의 선방을 보면서 내 희망은 서서히 꺼져갔다. 후반 30분이 지날 무렵 나는 프리킥을 찼다. 팬들은 잔뜩 기대에 찬 눈빛을 보냈다. 팬들은 몸을 움찔거리며 골을 기대했지만, 나의 슛은 골대를 넘어 붉은 바다에 빠졌다. 팬들이 내게 농담조로 구호를 외쳤다. 보통 그 구호는 상대팀 공격수를 놀릴 때 써먹는 구호였다.

"아니 젠장, 아니 젠장, 아니 젠장, 지금 그게 뭐였어?"

나는 팬들을 향해 엄지를 올렸다. 그들이 맞다. 끔찍한 프리킥이었다. 그러곤, 당연한 것처럼 후반 45분에 일이 벌어졌다. 페널티킥이었다. 나의 운은 다한 것 같았다. 팰리스의 페널티킥이었다. 글렌 머레이가 찼다. 미뇰렛이 막았지만, 머레이가 다시 차 넣었다. 리버풀 1, 크리스털 팰리스 3. 팀이 뒤지는 상황에서도 안필드 곳곳에서 나를 위한 노래가 울려 퍼졌다. 노래는 계속 이어졌다.

스티비 제라드는 우리의 캡틴 / 스티비 제라드는 붉은 사나이 /

스티비 제라드는 리버풀의 선수 / 붉게 태어나고 자란 스카우저

경기 종료까지 50초밖에 남지 않았다. 안필드 홈 팬들은 여전히 나의 노래를 부르고 있었다. 노랫소리는 점점 커졌다. 어쩌면, 정말 어쩌면, 이곳 나의 집 같은 안필드에서 나는 마지막 한 번의 기회를 잡을지도 모른다.

우리가 코너킥 기회를 얻었다. 종료 직전 세트피스에서 나는 니어코너 쪽을 공략할 생각이었다. 하지만 팰리스 선수들은 예상대로 단단한 수비를 펼쳤다. 나는 상대 수비수 조엘 워드와 몸싸움도 벌였다. 그가 손으로 내 몸통을 잡아 끌었다. 나는 힘으로 뿌리치려고 애썼다. 조던 헨더슨의 코너킥은 평범했다. 켈리가 쉽게 머리로 걷어냈다. 경기 종료를 직감했다. 걷어낸 공을 향

해, 안필드의 노래를 들으며 나는 달려갔다. 상상을 초월하는 노랫소리였다. 4만 4,000명 모두가 일어나 내게 박수를 보내는 것 같았다. 리버풀 팬, 붉은 나의 식구가 노래를 불렀다. 점점 큰 목소리로. 어느새 안필드 안이 노래로 가득 찼다.

스티비 제라드는 우리의 캡틴 / 스티비 제라드는 붉은 사나이 /
스티비 제라드는 리버풀의 선수 / 붉게 태어나고 자란 스카우저

솔직해지자. 나는 울고 싶었다. 팬들이 열심히 박수를 치며 노래를 불렀다. 내게 보내는 작별 인사였다.

헤네시가 마지막 골킥을 찼다. 공은 왼쪽 측면에 있는 자하에게 날아갔다. 내가 한 번 더 공을 만지기 전에 조나단 모스 주심이 휘슬을 불었다. 경기는 끝났다. 안필드에서 보낸 시간에 마침표를 찍었다.

제이슨 펀천이 다가와서 나와 포옹했다. 그는 내 머리를 감싸면서 무언가 따뜻한 이야기를 했다. 경기장이 너무 시끄러워서 제대로 듣지 못했다. 팰리스의 조 레들리도 내게 다가왔다. 뒤따라온 단, 워드, 켈리가 함께 나를 껴안았다. 나는 켈리에게 웃어 보였다. 한때 우리는 리버풀에서 함께 뛰었다.

팀 동료들도 다가왔다. 나와 악수하고, 나를 껴안고, 내 머리를 쓰다듬었다. 나는 경기장을 이리저리 돌며 모든 팬들에게 인사했다. 딸들을 데리러 라커룸으로 가야 했다. 아이들을 데리고 고별식을 하기 위해 그라운드로 돌아갔다. 안필드의 노래는 계속 이어졌다. 아직까지 기억이 새록새록 하다.

스티비 제라드는 우리의 캡틴 / 스티비 제라드는 붉은 사나이 /
스티비 제라드는 리버풀의 선수 / 붉게 태어나고 자란 스카우저

선수 통로에서 크리스털 팰리스의 앨런 파듀 감독과 만났다. 뉴캐슬에서 부임해온 그는 크리스털 팰리스를 탈바꿈했다. 당연하겠지만, 파듀는 대단히 뛰어난 감독이다. 우리는 2006년 FA컵 결승전에서 만난 적이 있다. 그때 그는 웨스트햄의 감독이었고, 나는 리버풀에서 최전성기를 보내고 있었다. 우리는 악수를 하고, 몇 마디를 나눴다.

딸들과 다시 만나자 나는 마음을 진정할 수 있었다. 꼬마 숙녀들이 내게 와서 재잘거렸다. 나는 다시금 평정심을 되찾을 수 있었다. 결국 나도 천상 아빠였다.

팀 동료들은 우리 앞으로 우르르 지나갔다. 딸들은 그들을 가리키며 웃었다. 모든 리버풀 선수들이 내 등번호 8번과 '제라드'라고 마킹된 유니폼을 입고 있었다. 발로텔리가 내게 따뜻한 마음을 담은 편지를 전했다. 고마웠다. 그때까지도 나는 마리오와 리버풀이 잘 풀리길 바랐다. 우리는 모두 기묘하면서 고생스러운 시즌을 겪었다. 따지고 보면 축구는 인생과 비슷하다. 때로는 이상하고, 때로는 어렵다. 축구와 인생 모두 한치 앞도 알 수 없다.

자기 딸을 데려온 조던 헨더슨이 제라드만 잔뜩 있는 선수단을 이끌고 나갔다. 안필드에는 또 다른 구호가 외쳐졌다.

> 96명을 위한 정의, 96명을 위한 정의, 96명을 위한 정의

로데스가 내 머리카락을 가지고 놀고 있을 때, 브렌던 로저스 감독이 내게 다가와 악수를 청했다. 우리는 아직도 이날 경기에서 졌다는 사실이 마음에 들지 않았다. 팰리스는 대단했고, 우리는 형편없었다. 물론 내 딸들은 경기 결과 따위에는 전혀 신경 쓰지 않았다. 아이들이 오늘 경기 스코어를 제대로 알고나 있는지도 확실치 않았다.

나는 얼굴을 문지르고는 로데스를 다시 안았다. 아이는 내게 재잘거리다

16 작별

가 갑자기 뭔가를 기억해낸 것처럼 나를 올려다보며 "아빠가 자랑스러워요" 라고 말했다. 누군가 로데스에게 그렇게 말하라고 시킨 것 같았다. "아빠한 테, 아빠가 자랑스러워요, 라고 말하는 거야"라고.

어찌 됐건 로데스는 그렇게 말하곤 나를 꼭 끌어안았다. 나는 잠시 생각에 잠겼다. 이제 나는 다시 경기장로 내려가서 고별사를 남겨야 한다. 내가 과연 잘할 수 있을까? 나는 마음의 준비를 했다.

나는 내면의 디카프리오를 지워버렸다. 모두를 위해서 "나는 절대 안 떠나 요!"라고 말하고 싶은 것을 꾹꾹 참았다. 다시 계단을 내려갔다. 이번에는 왼 팔로 로데스를 꼭 안고 있었다. 나는 내 오른팔을 쭉 뻗었다. 그리고 간판에 손을 댔다. 마지막으로.

'여기가 안필드'

계단 맨 아래에서 우리는 입장을 기다렸다. 장내 아나운서의 안내가 들렸다.

"커크비에서 스티브 하이웨이, 휴 맥컬리, 데이브 섀년의 지도를 받았던 우리의 위대한 캡틴은 전 세계 축구계에서도 가장 완벽한 축구선수 중 한 명 으로 성장했습니다. 그는 모든 것을 갖고 있었습니다. 트레블 달성 시즌을 통 해 존재감을 키웠습니다. 올림피아코스 경기를 비롯해 2006년 FA컵 결승전 은 '제라드의 결승전'이라고 불릴 정도입니다. 그리고 우리 모두의 가슴에서 영원히 살아 숨 쉴 2005년 이스탄불의 기적이 있습니다."

이스탄불이라는 말에 안필드는 환호성을 터트렸다. 그 와중에 나의 온 신 경은 로데스에게 빼앗기고 있었다. 가슴을 울리는 고별식이 한창일 때, 로데 스는 자기 손가락으로 내 귓구멍을 막았다. 재미있다고 생각했는지 로데스 는 계속 손가락으로 내 귀를 갖고 놀았다. 나는 그냥 내버려뒀다. 자기 귓구 멍에 손가락을 넣으며 노는 자식과 함께 있으면서 사람들 앞에서 으스댈 수 있는 사람은 이 세상에 많지 않다.

선수 통로에서 무슨 일이 벌어지는지 알 길이 없는 장내 아나운서는 근사한 소개 인사말을 이어갔다.

"우리에게 어떤 의미인지 차마 말로 표현할 수 없는 그 사람, 신사 숙녀 여러분, 모든 것에는 끝이 있습니다. 그러나 그가 남긴 전설은 항상 살아 숨 쉴 것입니다. 어린 선수들의 귀감이 될 것입니다. 신사 숙녀 여러분, 우리의 캡틴, 스티븐 제라드입니다!"

엄청난 함성에 로데스의 '아빠 귀 놀이'가 멈췄다. 릴리, 렉시와 함께 우리는 다 같이 그라운드로 걸어 나갔다. 내가 가장 좋아하는 리버풀 감독이자 내게 안필드에서 뛸 수 있는 첫 기회를 준 제라르 울리에 감독이 나를 기다리고 있었다. 그와 이안 에어 사장이 내게 숫자 8을 형상화한 금장 조각을 선물했다.

곧 나는 마이크를 들었다. 모든 안필드 식구에게 보내는 작별인사를 시작했다. "저는 이 순간이 몹시 두려웠습니다. 왜냐하면 저는 이곳을 너무나 그리워할 것이기 때문입니다. 저는 여기서 보냈던 모든 순간을 사랑했습니다. 앞으로 이렇게 열성적인 팬들 앞에서 못 뛴다는 게 너무나 가슴이 아픕니다."

관중은 나를 격려했다. 진행자가 리버풀이 나 없이도 잘해낼 수 있을지를 물었다. 나는 웃으면서 "오늘 경기력을 본다면 앞으로 발전 가능성은 크겠죠"라고 대답했다. 하지만 그 질문이 나오자 관중석에서는 작은 탄식이 나왔다. 실망감이었다. 우리가 어정쩡한 시즌을 보낸 터라 팬들의 걱정이 크다는 사실을 잘 안다.

하지만 우리는 루이스 수아레스를 잃었다. 대니얼 스터리지도 부상으로 시즌 대부분을 뛰지 못했다. 그러면서도 FA컵과 리그컵 준결승까지 올라갔다. 리그컵에서는 첼시와 대등한 승부 끝에 아쉽게 패했다. 수아레스와 스터리지가 있었다면 우리가 컵 대회 우승 한 개 정도, 리그에서는 4위권에

16 작별

들 수 있었다고 확신한다. 이런 상황을 고려한다면 미래에 관한 질문에 탄식을 흘릴 필요는 없다고 생각한다.

탄식은 안필드라는 곳에 상존하는 높은 기대치를 잘 보여준다. 이곳에선 언제나 거대한 야망을 목격한다. 하지만 나는 브렌던 로저스 감독과 동료들을 믿고 있었다. 나는 이렇게 대답했다.

"여러분, 지금 이 클럽의 상황은 밝습니다. 훌륭한 구단주와 이안 에어 사장이 있습니다. 브렌던이라는 유능한 감독도 있죠. 선수단의 잠재력도 커요. 새로운 영입도 있어야 하겠지만, 지금 제 앞에 있는 동료들을 보세요. 오랫동안 저와 함께했던 친구들입니다. 저는 이 친구들을 죽을 만큼 사랑해요. 앞으로 꼭 성공하기를 바랍니다."

마지막으로 작별인사를 부탁받았다. 나는 리버풀에서 뛰었던 모든 선수들과 나를 축구선수로 만들어준 선배들에게 감사를 표했다.

"하지만 저의 마지막 감사 인사는 모든 축구 클럽에서 가장 중요한 분들께 드리고 싶어요. 리버풀 팬들은 최고였습니다. 지금까지 저는 이런…"

다음 문장으로 넘어가지 못했다. 박수 소리가 너무 컸고, 나의 응원곡이 울려 퍼졌기 때문이다. 그 자리에 서서 나는 가만히 듣고 있었다.

스티비 제라드는 우리의 캡틴 / 스티비 제라드는 붉은 사나이 /
스티비 제라드는 리버풀의 선수 / 붉게 태어나고 자란 스카우저

나는 로데스를 바닥에 내려놓고 팬들을 향해 왼팔을 번쩍 들었다. 울고 싶었지만, 참았다. 숨을 크게 내쉬었다. 나는 말을 이었다. "이제 진짜 떠나기 전에, 눈물이 나오기 전에"라고 입을 뗐다.

목소리가 잠기지 않아서 다행이었다. 울음을 터트리고 싶지 않았다. 나는 안필드 전경을 바라보며 마지막 인사를 이었다.

"전 세계 정말 많은 팬들 앞에서 뛰어봤습니다. 하지만, 제가 말씀드릴게요. 여러분이 최고입니다. 감사합니다. 행운을 빕니다."

나는 마이크를 건네고, 딸들과 함께 콥 스탠드 쪽으로 움직였다. 나는 손을 흔들었고, 팬들은 나를 위한 노래를 불렀다. 마지막으로.

"걸어요, 폭풍 속을 걸을 때면, 고개를 높이 들어요…."

릴리와 렉시가 앞서갔다. 나는 로데스를 들어 목마를 태웠다. 콥을 향해서, 나의 팬들을 향해서, 나의 리버풀 식구들을 향해서 걸어갔다. 마지막 인사를 하며.

토요일 저녁, 나는 완전히 녹초가 되었다. 내 인생에서 가장 바빴던 2주일이었다. 팰리스를 상대하는 마지막 홈경기 준비부터 리버풀 선수로서 마지막 순간에 이르기까지 모든 시간이 나를 완전히 녹다운시켰다. 이제 한 경기만 남았다. 스토크 원정경기. 일요일 오후 펼쳐질 그 경기를 끝으로 실망스러운 시즌이 막을 내린다. 원래 계획했던 작별과는 꽤 다른 모습이었다.

각종 송별회가 이어졌다. 식사 자리, 기자회견, 선물 사기 그리고 선물 받기. 오래전부터 나와 알고 지낸 축구기자들은 나의 이별을 진심으로 슬퍼했다. 그들에게 딱딱거렸던 때도 있었고, 기사 내용을 놓고 티격태격했던 적도 있었다. 하지만 전반적으로는 서로 원만했다. 축구선수와 기자가 서로 앙숙이라고 믿는 사람도 있을 것 같다. 축구선수는 모두 욕심쟁이이고, 기자는 모두 피도 눈물도 없는 사기꾼이라는 이미지가 있다. 하지만 나와 언론의 관계는 약간 달랐다. 거짓말보다는 정직함이 우리 사이에 존재했다. 취재진과 함께한 마지막 자리에서 나는 케이크를 받았다. 축구 바닥에서 나온 아이디어치곤 대단히 신선했다. 내가 활약했던 경기를 일일이 새긴 케이크였다. 나는 진심으로 감동했다.

내 유니폼도 정신없이 구하느라 진을 뺐다. 클럽의 축구 관련 부서 직원들

16 작별

에게 나는 일일이 개인 메시지와 함께 사인을 해서 선물했다. 모든 남자 직원에겐 와인, 여자 직원에겐 꽃다발을 선물했다. 지난 일주일만큼 내가 멜우드에서 인기가 있었던 적은 없었다.

'리버풀FC TV'는 나에 관한 영상을 제작했다. 늦은 저녁 나는 그 영상을 봤다. 만감이 교차했다. 영상에는 어머니도 등장했다. 어머니가 자랑스러웠다. 물론 아버지도 마찬가지다. 아들의 성공에 관여하지 않으려는 아버지의 모습을 보면서 다시금 존경심이 생겼다. 아버지는 출연을 정중히 거절했다. 자기가 아니라 아들의 프로그램이어야 한다는 이유였다.

나의 아버지와 어머니는 나를 조각한 분들이다. 내 장점들 대부분은 부모님께서 물려주셨다. 과묵한 아버지는 요즘 들어 부쩍 내게 말씀을 많이 하셨다. "정말 대단했다. 충성심 하며. 기록들을 좀 봐. 출전 경기 수, 우승 트로피들, 정말 대단했어. 심지어 퇴장도 많았고! 네 주위 사람들과 네가 남긴 업적을 봐봐. 사람들이 너를 보내고 싶어 하지 않아. 돌아왔으면 하지. 만약 다른 곳에서 뛰었다고 상상해봐. 이런 일은 불가능했을 거야. 퇴장도 훨씬 적었을 테고, 존경도 덜 받았을 거다. 아들아, 정말 장하다."

10년 전, 첼시의 제안을 거절하고 리버풀에 남기로 한 것이 얼마나 옳은 선택이었는지 우리는 잘 알고 있었다. 아버지는 내가 올바른 방향으로, 진심으로 행동할 수 있도록 도와준 은인이었다. 내게 고함을 칠 필요가 없었다. 내가 알면 아버지도 알았다. 그것만으로 충분했다. 지금 내 아버지는 행복하고 나를 자랑스러워한다.

선수단은 크루 외곽에 있는 호화 호텔에서 묵었다. 호텔에서는 결혼식이 한창이었다. 그러나 모든 선수가 자기 방에만 머물렀다. 몇몇 친구들은 벌써부터 휴가 생각에 들떠 있었다. 나는 4일치 짐을 꾸리라는 주문을 받은 상태였다. 스토크 경기가 끝나자마자 동료들은 나를 어디론가 데려가서 선수단 전체가 송별회를 벌일 작정이었다. 뭔가 특별한 일을 꾸민 것 같았다. 동료들은 내 아내에게 행선지를 귀띔해서 적절한 옷을 챙기게끔 했지만, 내게는 아무도 계획을 말해주지 않았다. 나는 마지막 경기를 맞이하면서 매우 우울했지만, 동료들 앞에서는 내색하지 않았다. 뭐든 하고 싶다는 기분이 나지 않았다. 저녁시간을 죽여야 했다.

햄스트링이 올라오는 바람에 물리치료사의 방에서 치료를 받고 내 방으로 막 돌아왔을 때였다. TV에서 복싱 중계가 있었는데, 시작까지 두 시간 정도가 남아 있었다. 그때까지 나는 자서전 집필 작업을 하기로 했다. 리버풀 유니폼을 입고 뛰는 마지막 경기를 앞두고 뭔가에 집중하지 않으면 미쳐버릴 것 같았다.

최근 나는 나빴던 기억에 관해 생각하는 데에 많은 시간을 소비했다. 미끄러졌던 장면, 에레라를 밟았던 장면, 잉글랜드 국가대표팀에서 겪었던 실망감 그리고 리그 6위로 떨어진 리버풀 이야기들이었다. 좋았던 기억은 대부분 피했다. 올림피아코스와 웨스트햄 경기 정도만 언급했다. 왜냐면 최근 챔피언스리그 바젤전과 FA컵의 패배, 그리고 애스턴 빌라 경기 패배와 좋았던 기억들이 너무 밀접하게 엮여 있었기 때문이다.

이스탄불에 관해서는 이미 이전 자서전에서 썼다. 그 이야기를 나는 매번 반복했다. 경기 하이라이트도 몇 번이나 되돌려봤는지 모른다. 물론 지금도 그 영상들을 보면 기분이 좋아진다. 트로피를 들어 올리는 장면도 그렇다. '이스탄불의 기적'이 우리 클럽은 물론 리버풀이란 도시 전체를 위해서 너무나 큰일을 했다는 사실이 만족스럽다.

스토크 시티 원정 다음날이 정확히 '이스탄불의 기적' 10주년이었다. 10년 동안 나는 충분히 즐겼다. 많은 DVD와 책, 관련 영상이 출시되었다. 대부분 내가 직접 참여했다. 10년 동안 나는 '이스탄불의 기적'을 추억하고, 또 자축했다.

그 덕분에 나는 2015년 5월 25일 월요일에 동료들과 어디론가 여행을 떠난다는 사실이 속 시원했다. 리버풀의 에코 아레나에서 열렸던 '이스탄불의 기적' 10주년 행사도 그리워질 것 같았다. 지금 리버풀 선수단은 싱싱하고 젊다. 이스탄불에서 챔피언스리그 결승전이 열렸을 때 지금 동료들 대부분은 꼬마였다. 열 살도 채 되지 않았던 동료도 있다. 그 친구들은 10주년의 의미를 공감하지 못했다. 오히려 좋았다. 그동안 나는 찬사를 충분히 받았다. 40년쯤 후에나 나는 그 행사에 참석할 생각이다. '이스탄불의 기적' 50주년 행사. 일흔다섯 살 생일을 며칠 앞둔 나는 근사한 할아버지가 되어 있을 것이다.

하지만, 크루의 호텔 방 안은 고요했다. 그날 저녁 내가 얼마나 대단했는지를 칭찬해줄 사람도 없었고, 내가 넣었던 골과 승부차기를 함께 보자는 사람도 없었다. 마음이 편안했다.

AC 밀란과 리버풀에 관해서, 나와 말디니에 관해서, 절망과 환희에 관해서, 그러니까 이스탄불의 모든 것이 내게 어떤 의미인지 생각하기 시작했다. 내 축구 인생 최고의 순간이었다. 이 책을 쓰면서 머릿속에서는 그날 장면이 생생하게 떠올랐다. 나만의 소중한 기억들.

밀란의 주장 파올로 말디니와 나를 비교해보면 즐겁다. 말디니는 잘생긴 외모와 눈부신 성공을 갖고 있었다. 쿨한 데다 정중하고 건강미가 넘치는 구릿빛 얼굴 그리고 완벽한 치아까지. 그는 대단한 축구선수였다. 그때까지 이미 유럽피언컵을 네 번이나 들어 올렸다.

이스탄불의 아타투르크 스타디움에서 있었던 경기 전 마지막 기자회견에서 나는 말디니가 내 옆자리에 앉아 있다는 사실이 믿기지 않았다. 그와 내가 비교나 될 수 있을까? 그와 나란히 서서 사진을 찍을 때도 겸연쩍었다. 나는 휴이턴의 아이언사이드 로드 10번가에서 온 스물네 살짜리 애송이였다. 말디니는 문자 그대로 축구 귀족이었다.

우리는 일어서서 악수를 했다. 나는 그의 반짝이는 두 눈을 쳐다봤다. 말디니는 자신감이 넘쳤다. 그러면서 겸손하기까지 했다. 그는 영어로 "내일 행운을 빌어요"라고 말했다. 나는 이탈리아어를 하지 못했다. 나도 영어로 "고마워요. 당신도요"라고 웅얼거렸다. 말디니는 운을 타고난 사람 같았다. 내가 할 수 있는 말도 딱히 없었다. 나는 그냥 밀라노 왕이 하는 대로 따를 뿐이었다. 솔직히 고백하면, 나는 이렇게 말하고 싶었다. '파올로, 당신은 벌써 챔피언스리그에서 네 번이나 우승했잖아요. 한 번만 봐줘요, 네? 이번에만 저한테 양보해주세요.'

잊고 있었던 명백한 사실이 떠올랐다. 리버풀도 챔피언스리그에서 네 차례 우승했다는 사실이었다. 밀란은 여섯 번 우승했다. 유럽을 통틀어 리버풀보다 우승 횟수가 많은 클럽은 밀란과 레알 마드리드뿐이다. 우리가 원래 있어야 할 무대였다. 나도 여기서 놀아야 했다.

2005년 5월 25일 수요일
이스탄불, 아타투르크 스타디움

라파엘 베니테스 감독은 냉철한 전술가다. 내가 겪었던 감독 중에 가장 믿을 만한 전술가이기도 했다. 그러나 눈부신 조명과 불꽃놀이, 화려한 컬러와 귀 따가운 함성으로 가득한 무대 위로 올라가기 전부터 베니테스 감독은 뻔한 실수를 저질렀다. 십 년이 지난 지금도 이해가 가지 않는다. AC 밀란을 상대하는 결승전에서 베니테스 감독이 포메이션을 잘못 짰다. 그는 해리 큐얼과 리세를 양 측면에 배치한 4-4-1-1 포메이션을 선택했다. 중앙 미드필더가 두 명밖에 없다는 뜻이나. 디디 하만이 빠져야 했다.

베니테스 감독은 경기장을 넓게 쓰길 원했다. 루이스 가르시아가 스트라이커와 미드필드 중간에 서서 10번 역할을 하는 작전이었다. 그런데 큐얼의

16 작별

몸 상태는 100퍼센트가 아니었다. 중앙 영역에서 풍부한 경험으로 앵커 역할을 노련하게 해주는 디디가 없다는 게 나는 걱정스러웠다. 디디는 자기가 벤치에 앉아야 한다는 깜짝 소식을 듣고도 평정심을 잃지 않았다. 4-4-1-1 전형을 써서 우리는 피를로 클라렌스 시도르프, 카카로 구성된 밀란의 다이아몬드를 대적해야 했다.

경기 시작 10분 만에 모든 게 명확해졌다. 우리 진영에서 틈새가 쫙쫙 벌어졌다. 중원에서는 고작 두 명이 밀란의 네 명과 맞서야 했다. 전반 30분이 지나서도 베니테스 감독이 전술을 바꾸지 않아서 다시 한 번 놀랐다. 결국 전반전 내내 우리는 그렇게 뛰었다. 우리는 이미 땅속에 묻힌 시체 꼴이었다. 카라와 내가 동료들에게 열심히 움직임 주문을 해댔다. 루이스 가르시아에게 협력 플레이에 가담하라고 독려했다. 하지만 아무 소용이 없었다.

일찌감치 0-1로 뒤졌다. 전반 1분 만에 말디니가 골을 넣었다. 카카가 오른 측면에서 프리킥을 얻었다. 피를로가 준비했다. 우리는 지역방어를 펼쳤다. 말디니가 빈 곳으로 숨어 들어왔고, 아무도 그를 쫓지 않았다. 내 생애 첫 유러피언컵 결승전이 시작한 지 50초 만에 0-1로 뒤지기 시작했다.

전반 45분 내내 카카는 경이적이었다. 그는 쉴 새 없이 경기장을 누볐다. 그의 드리블 속도가 내 전력질주보다 빨랐다. 그날 카카가 선보인 드리블 속도와 페이스, 템포는 따라갈 수가 없었다. 득점과 경기 영향력 면에서 보면 지금의 메시와 호날두가 더 대단하다고 할 수도 있다. 그렇지만 카카의 페인팅과 클래스, 질주가 너무 빨라서 마치 당해낼 수 없는 롤스로이스 같았다. 시야와 볼터치도 환상적이었다. 당시 그는 호나우지뉴와 함께 전 세계 축구의 '절대 2인'으로 통했다.

우리는 카카를 막기에도 벅찼다. 그러면 시도르프와 피를로는 어쩔 건가? 실력에서 뒤진 데다 중원 높은 위치에서 수비가 전혀 이루어지지 않았다. 밀란의 다이아몬드를 깨트리려면 최소한 두 명이 더 필요했다. 블라디 스미체르(Vladi Smicer)가 다친 큐얼을 대신해 들어와서 그나마 나아졌지만, 우리는 여전히 심하게 흔들렸다.

우리는 필요한 진술 조율을 안정화하려고 필사적으로 노력했다. 그러나 전반전 종료 직전, 세 번째 실점을 내줬다. 첼시에서 임대 온 에르난 크레스포가 선제골 이후 두 골을 보탰다. 밀란의 세 번째 골은 절묘했다. 그 골을 막아낼 팀은 이 세상에 없다고 생각했다. 카카의 놀라운 패스와 크레스포의 절묘한 침습은 이 세상에 존재하지 않는 수준이었다. 경기를 뛰면서 직접 본 최고의 골 중 하나였다.

하프타임이 되었다. 라커룸으로 들어가면서 보니 밀란 선수들은 의기양양했다. 젠나로 가투소는 이미 경기가 끝난 것 같은 태도를 보였다. 그가 관중석을 향해 손을 흔드는 모습을 본 기억이 난다. 나는 정말 부끄러웠다. 머릿속에는 오직 '어떻게든지 조금이라도 자존심을 세워야 할 텐데'라는 생각뿐이었다. 마음속 더 깊은 곳으로 내려가면 이런 생각도 들었다. '전반전처럼 계속 뛰면 6-0으로 박살 날지도 몰라.'

나는 베니테스 감독이 전술을 바꿀 것이라고 생각했다. 늘 그래왔으니까. 라커룸에서 우리는 앉자마자 좌절과 신음을 내뱉었다. 베니테스 감독이 차가운 목소리로 우리를 조용히 시켰다. 스티브 피넌은 부상을 당했다. 본인은 뛰고 싶어 했지만, 베니테스 감독은 단호했다.

"피넌이 빠지고 디디가 들어간다. 수비는 스리백. 디디와 사비가 나란히 선다. 둘이 바싹 붙어 있어야 해. 함께 카카를 막는다. 제라드가 위로 올라가 10번을 해. 피를로는 움직임 폭이 넓지 않아. 시도르프도 느리다. 둘을 압박할 수 있어. 공을 따내. 드리블하면 둘을 따돌릴 수 있다. 고개 떨구시 마. 너희는 리버풀 선수들이야. 팬들을 실망시키지 마라."

팬들 소리가 들렸다. '당신은 홀로 걷지 않아'가 라커룸 안까지 들렸다. 자신감에 넘치거나 신념의 노랫소리라고 말하긴 어려웠다. 무언가 끈끈한 연대감이었다. 노래에 담긴 메시지는 "너희가 다 망쳐놨지만, 우리는 여전히 너희를 지지한다"였다. 우리를 치켜세워줬다. 그러나 그 노랫소리가 우리에게 기적을 믿게 해줬다고는 솔직히 말하기 어려웠다.

후반전 디디가 뻥 뚫렸던 구멍을 메웠다. 볼 소유를 할 수 있도록 도왔다. 중앙에 한 명이 가세한 덕분에 베니테스 감독의 주문대로 나는 전진할 수 있었다. 우리는 더 위협적이면서 더 안정적으로 경기를 풀어갈 수 있었다. 밀란이 페널티킥을 얻어서 4-0을 만들 뻔했다. 하지만 주심은 아마 전반전 도중 우리에게 페널티킥을 주지 않았다는 점이 마음에 걸렸는지 밀란의 어필을 받아주지 않았다. 아마도 우리에게 빚을 졌다고 생각한 것 같았다.

밀란의 패스 속도와 경기 템포가 조금 느려졌다. 전반전처럼 우리를 강하게 압박하지 못했다. 공격의 날카로움도 떨어졌다. 밀란은 가속 페달에서 발은 뗀 것처럼 보였다. 그러나 나의 선제골이 터지기 전까지는 확신을 가지기 어려웠다. 일단 한 골을 넣어야 희망을 품을 수 있다고 생각했다. TV 중계진도 동감했다.

"여보세요? 그래요, 이거죠! 3-1이에요. 아직 시간이 남았어요."

축구에서 골은 경기를 바꾼다. 나의 골도 확실히 그랬다. 베니테스 감독은 내가 10번으로 뛰길 원했다. 그러나 나는 알레산드로 네스타(Alessandro Nesta)나 야프 스탐(Jaap Stam)과 공중에서 맞붙어 힘과 체격에서 이겨내기가 힘들다고 판단했다. 그들로부터 뒤로 물러나 수비형 미드필더 사이에 있는 공간을 활용하기로 했다. 슬슬 재미를 느꼈다. 욘 아르네 리세가 내게 크로스를 올려주려다가 수비수에게 막혔다. 리세가 다시 크로스를 올렸고, 내가 머리로 연결했다. 다가서는 카푸의 방어를 피하려고 리세가 있는 힘껏 크로스를 찼다. 그 덕분에 나는 헤딩을 하면서 목이 부러지는 줄 알았다. 골문까지 약 11미터 거리. 크로스에 실린 힘을 그대로 이용해 밀란 골키퍼 디다의 수비를 넘길 수 있었다. 골대 안으로 들어가는 공을 보자 안심이 되었다.

나는 팬들에게 달려갔다. 우리를 조금만 더 끌어줬으면 했다. 내 골이 도움이 되었지만, 우리를 변화시키는 힘을 팬들이 줄 수도 있다. 마음이 통했다. 팬들의 열광적인 함성이 우리에게 힘을 불어넣었다. 후반 9분 내 골이 나왔고, 2분 뒤에 스미체르가 골을 보탰다. 디다의 대처가 약간 느린 탓에 생긴 틈으로 그의 슛이 지나갔다. 3-2.

5분 뒤 나는 동점골로 이어진 질주를 시도했다. 미드필더로서의 모든 경험이 응축된 움직임이었다. 페널티박스 안으로 파고드는 제3의 움직임. 수비하는 쪽의 미드필더와 수비수는 공에 관여하는 공격수 두 명에게 시선이 팔리는 탓에 제3의 선수를 감지하기가 어렵다. 나는 도박을 걸기로 했다. 무모한 구석도 있긴 했지만, 나는 해낼 수 있다고 자신했다. 나의 발목에 접촉을 느꼈다. 넘어졌다. 페널티킥.

나는 사비 알론소를 철석같이 믿었다. 그 시즌 그가 페널티킥을 전담했다. 그는 침착했다. 동시에 뛰어난 키커였다. 디다가 사비의 페널티킥을 쳐냈다. 그러나 사비가 달려들어 리바운드를 다시 골로 연결시켰다. 놀랍도록 기술적인 마무리였다. 195센티미터의 장신 골키퍼가 슛을 막기 위해 달려드는 장면에서 사비는 왼발로 골대 안쪽 상단을 맞추는 슛을 해냈다. 우리는 마구 소리를 지르며 얼싸안았다. 순식간에 인간 언덕이 만들어졌다. 다들 숨을 쉴 수가 없었다. 하지만 행복했다.

경기 시작 54분까지 우리는 0-3으로 뒤졌다. 59분이 지날 때, 스코어는 3-3으로 변해 있었다. 동점골이 들어간 뒤에 나는 '이대로 연장전으로 끌고 가서 승부차기다'라고 생각했다. 시간은 많이 남아 있었다. 그러나 밀란은 충격에 빠졌고, 우리는 흐트러졌다. 솔직히 지금 당장에라도 경기를 끝내고 승부차기를 하고 싶었다.

지금 와서 사람들은 나의 첫 골이 들어간 뒤로 우리가 한 시간 넘게 밀란을 두들길 수 있었다고 말한다. 그러나 우리는 그러지 못했다. 우리는 그들을 묶어놓기 위해서 마지막 남은 야망과 힘까지 박박 긁어모아야 했다. 그 어느 경기보다 우리는 힘을 쏟아부었다.

2015년 5월, 클럽은 다양한 사람들로부터 나를 향한 칭찬 코멘트를 받았다. 클럽의 공식 홈페이지에서 말디니는 그날 경기에서 내가 자기 동료들 모두에게 계속 태클을 가했다고 회상했다. 정말 그랬을지 모른다. 경기가 끝나고 나서 나는 완전히 녹초가 되었으니까. 그날 경기에서만 나는 세 가지 포지션에서 뛰었다. 경기 막판이 되자 베니테스 감독은 나를 라이트백으로 끌어내렸다. 세르지뉴를 막기 위해서였다. 브라질 출신인 세르지뉴는 폭주 기관차 같았다. 맹렬한 기세로 치고 들어오는 그를 막느라 나는 다리에 근육경련까지 생겼다. 나는 죽을힘을 다해 태클을 했다. 아이언사이드 로드에서 이스탄불에 이르기까지 나는 인생 내내 태클을 해온 몸이다. 몸뚱이가 본능적으로 움직였다. 세르지뉴가 공을 갖고 있을 때마다 나는 태클을 했다. 연료가 바닥을 드러내고 있었다.

카라도 엄청났다. 셉첸코와 카카를 연달아 막았다. 그도 근육경련 상태였지만 그마저도 그를 무너트릴 수가 없었다. 지미 트라오레가 골라인 위에서 공을 걷어냈다. 아무도 그 장면을 언급하지 않는다. 잊힌 순간이다. 그러나 분명히 그가 결정적 수훈을 했다. 셉첸코의 슈팅을 막은 예르지 두덱의 '인생 선방'도 있었다. 하늘 위에서 누군가 우리를 지켜주는 것 같았다. 행운의 여신이 우리 편이었다.

내 생애 가장 길었던 승부차기였다. 나는 다섯 번째 키커였다. 나까지 차례가 온다면 결정적인 역할을 해야 하는 상황이었다. 하지만 그날 우리 동료들은 용기가 넘쳤다. 발가락이 부러진 상태로 디디 하만이 첫 번째 페널티킥에 성공했다. 시즌 초 다리가 부서졌던 지브릴 시세가 두 번째 골을 넣었다. 밀란의 첫 번째, 두 번째 키커로 나선 세르지뉴와 피를로는 모두 실축했다. 밀란의 욘 달 토마손(Jon Dahl Tomasson)이 페널티킥에 성공했다. 리세가 골키퍼에게 막혀 2-1이 됐다. 평소 리세는 강하게 때린다. 하지만 그는 정확하게 차려고 했다가 실수를 저질렀다. 카카가 골을 넣어 2-2가 되었다.

블라디 스미체르에게 큰 부담이 가해졌다. 그는 곧 팀을 떠날 예정이었다. 리그 최종전 엔트리에서 제외되자 스미체르는 분통을 터트리며 거의 베니테스 감독의 목을 조르려고 대들었다. 하지만 그는 프로페셔널이었다. 침착하게 성공해 스코어는 3-2로 변했다.

이제 내가 평생 잊지 못할 순간이 펼쳐진다. 예르지가 이글이글 불타는 눈빛으로 셉첸코를 쏘아봤다. 골라인 위에 서서 그는 몸을 이리저리 움직였다. 최고 중 한 명인 셉첸코의 페널티킥은 너무 약한 데다 가운데로 쏠렸다. 예르지가 막았다. 우리는 소리를 내지르며 달려나갔다. 내가 승부차기에 나설 필요가 없어졌다. 우리는 챔피언스리그에서 우승했다. 우리가 유럽의 왕이 되었다.

우리는 완전히 미쳤다. 소리치고, 춤추고, 웃고, 별별 바보짓을 다 했다. 지금에서야 뒤돌아보면서 그날 했던 행동들을 회상해봤다. 내가 정말 저랬다고? 예스. 기뻐할 자격이 있었다. 당연히 기뻐했다. 이보다 더 끝내주는 챔피언스리그 결승전 명승부가 있었는가? 내 말이 틀리지 않을 것 같다. 밀란은 월드클래스 혹은 그에 가까운 선수들만 모인 클럽이었다. 그들이 우리보다 좋은 팀이었다. 그러나 우리가 이겼다.

단지 운이 좋았다고 생각하지 않는다. 후반전 결정적 장면에서 우리에게 운이 따르긴 했다. 그러나 경기가 끝나고 라커룸에 돌아오자 우리가 얼마나 최선을 다했는지 알 수 있었다. 다들 성한 곳이 없었다. 찢어지고, 멍이 들고, 얼음찜질에다 붕대, 땀, 흙 그리고 쏟아지는 눈물. 전쟁이라도 치른 듯한 모양새였다. 우리는 아타투르크 경기장에서 치열한 전쟁을 치렀다. 의지와, 실력과, 집념으로. 우리는 0-3 열세에서 물러서지 않았다. 우리는 이겼다. 우리는 승리했다.

16 작별

일주일 내내 나는 축하 속에서 지냈다. 세상에서 가장 높은 곳에 오른 것 같은 기분이었다. 리버풀 1군에서 뛴 지 7년째였다. 어려서부터 나는 이미 알고 있었다. 리버풀을 대표해서 뛴다는 것에는 거대한 압박과 책임이 뒤따른다는 사실이다. 클럽의 위대한 역사를 이어가야 하는 책임이 우리의 두 어깨 위에 놓인다. 과거 영광을 지금 재현해야 한다는 요구는 불공평하다. 20~30년 전과 비교해서 지금 유럽 축구의 경쟁은 훨씬 치열해졌기 때문이다. 그러나 우리가 해냈다. 리버풀의 통산 다섯 번째 유러피언컵을 들어 올렸다. 더할 나위 없이 행복한 순간이었다. 리버풀의 불꽃은 여전히 불타오르고 있었다.

리버풀에 돌아와 버스에 탑승했다. 믿을 수 없을 만큼 수많은 팬들이 우리를 기다리고 있었다. 우리가 탄 버스는 아찔할 정도로 흔들렸다. 아무도 신경 쓰지 않았다. 우리는 천하무적이었다. 열렬히 환영받는 개선장군.

어렸을 때부터 TV에서 비틀즈를 보며 자랐다. 나는 혼자 자주 생각했었다. '저 사람들은 어떤 기분일까?' 챔피언스리그에서 우승하고 리버풀로 돌아온 날 그에 대한 답을 얻었다. 비틀즈가 다시 리버풀로 돌아온 것 같은 광경이었다. 최소한 일주일 동안은 우리가 비틀즈였다.

그날 저녁 우리는 파티를 했다. 내가 정말 좋아하는 배우 주드 로가 나타났다. 다른 유명인사들도 참석했다. 나는 술에 너무 취한 탓에 누가 누구인지 제대로 알아볼 수가 없었다. 새벽 5시까지 자리에 앉아 춤을 췄던 기억이 난다. 비틀거리며 자리를 정리할 때는 이미 동이 텄다. 나는 계속 즐겼다. 파티도 계속됐다.

나흘이 지나서야 나는 집 소파에 앉을 수 있었다. 몸이 엉망진창이었다. 귀신처럼 얼굴이 창백했다. 시뻘겋게 충혈된 눈동자. 온몸에서 진이 빠져나갔지만, 여전히 챔피언스리그 우승에 취해 있었다. 나흘 내내 목구멍 안으로 알코올을 들이부었으니 중간 중간 필름이 끊기기도 했다. 지금은 절대로 그러지 않는다.

2005년 5월 30일 나는 스물다섯 살이 되었다. 경기장 안팎에서 경력 최정점에 다다랐다. 제라드 유령이 나타나 속삭였다.

"작은 파티를 또 해야겠어. 내 생일이잖아. 꿈이 아니라고. 우리가 진짜 유러피언컵을 따냈단 말이야."

리버풀에서 마지막 경기, 나의 710번째 출전은 악몽으로 돌변했다. 2015년 5월 24일, 스토크 원정경기가 끝나고 한 시간이 지난 뒤에 친구가 문자를 보냈다. 비현실적인 오후를 어떻게 보냈느냐고. 나는 한마디로 회신했다.

"와우."

경기 전날 밤부터 나는 햄스트링이 약간 당기는 기분이 들었다. 경기 중에는 아무런 지장이 없었다. 우리는 변명의 여지가 없었다. 문자 그대로 재앙이었다. 대혼돈. 잘못될 수 있는 모든 것이 잘못되었다. 싸움, 공, 끈기, 열정, 아무것도 없었다. 내가 리버풀 선수라는 사실을 믿지 못할 정도였다.

전반전에만 우리는 0-5로 처졌다. 내 말이 맞다. 와우.

하프타임이 되었다. 엠레 찬이 손을 들고 자기비판을 하려고 했다. 몇 마디를 듣자마자 내가 그의 입을 막았다. 엠레는 재능이 뛰어난 친구다. 리버풀에서 매우 중요한 선수가 될 거라고 생각한다. 그러나 스토크 경기에서 그는 라이트백으로 뛰었다. 원래 포지션은 미드필더다. 몇몇 동료가 엠레 혼자만의 책임이 아니라고 거들었다. 우리 모두의 잘못이었다. 나의 리버풀 경력을 통틀어 최악의 경기력이 벌어졌다. 당연히 엠레 혹은 다른 개인의 잘못일 수가 없다. 공동의 책임이다. 우리는 다들 마음이 휴가지에 가 있는 것처럼 보였다. 내 잘못도 컸다. 경기를 준비하는 내내 다들 나한테만 신경을 쓰고 있었으니까. 할 말이 없는 경기였다.

16 작별

 나는 막막해졌다. 스토크가 공격할 때마다 실점을 허용할 것 같았다. 끔찍했다. 상황을 다스릴 방법이 없었다.

 감독이 인상을 잔뜩 찌푸렸다. 로저스 감독에게 미안했다. 이 경기가 끝나고 감독은 곧장 웸블리로 내려갈 예정이었다. 아들 안톤의 리그 1 플레이오프 승격 결정전이 예정되어 있었다. 그의 상황에 나를 넣어봤다. 경기를 끝내고 곧장 아이들이 등장하는 댄스쇼를 보러 갈 예정이다. 아빠가 보러 온다는 게 딸들에겐 너무나 중요하다. 그런데 내 선수들이 이런 식으로 일을 망치다니. 나라도 열 받을 것 같았다. 우리의 형편없는 경기력을 보면서 로저스 감독이 화를 내는 게 당연했다.

 이기적으로 생각해봐도 리버풀에서 뛰는 나의 마지막 경기에서 이런 일을 겪고 싶지 않았다. 그러나 나는 상황을 받아들여야 했다. 결국, 우리는 1-6으로 대패했다. 후반 25분 내가 골을 넣었다. 나는 포기하지 않았다. 나의 마지막 리버풀 골이 들어가자 경기장 안에 있던 모든 관중이 기립박수를 보냈다. 첼시와 크리스털 팰리스 팬들로부터 받았던 대접이었다. 감동적이었고, 가슴이 뭉클했다.

 리버풀에서 마지막 네 경기를 나는 상당히 감정적으로 치렀다. 따뜻한 호의와 친절한 마음이 내게 쏟아졌다. 감동으로 가득 찬 순간들이었다. 진심으로 마음이 움직였다. 나의 마지막 경기들을 이야기하면서 누군가 내게 칼스버그 TV 광고를 패러디하면서 우스갯소리를 건네기도 했다. 그렇다. 누가 시나리오를 쓴다고 해도 마지막 경기에서 1-6으로 대패를 당하는 식으로는 쓰지 않을 것 같다.

 이 경기가 끝나는 대로 선수단 전원이 곧장 어디론가 떠나기로 되어 있었다. 일요일 스토크 원정경기에 맞춰 우리는 토요일에 크루로 이동했다. 그 전날 밤, 침대에 누워 눈을 감으니 우울한 녀석이 나를 덮쳤다. 이제 안필드에서 다시는 뛰지 못한다는 현실이었다. 그런 탓에 나는 휴가를 즐길 기분이 전혀 아니었다.

브리타니아 스타디움의 라커룸에 앉아 마지막으로 천천히 리버풀 유니폼을 벗으면서 나는 생각했다.

'여행 계획을 취소할 수 있을까? 이렇게 박살 나고 나서 휴가를 떠나면 그림이 너무 안 좋을 것 같은데.'

하지만 나는 모두를 위해서 계획을 망칠 순 없었다. 공항에 도착하자 나는 동료들이 이 여행을 준비하느라 많은 노력을 기울였다는 사실을 깨달았다. 동료들은 나흘간 두바이 이별 여행을 만들려고 애썼던 것이다. 그들을 실망시킬 순 없는 노릇이었다. 순순히 응하기로 했다. 하지만 첫날은 분위기가 여전히 침울했다. 비행기 안에서도 다들 말이 없었다. 다섯 시간 전에 우리에게 벌어진 일의 충격이 컸기 때문이다.

월요일 오후 나는 팀 동료들과 밥을 먹으러 가기 전에 방에서 쉬고 있었다. 누군가 방문을 두드렸다. 친하게 지냈던 루카스 레이바였다. 잠깐 들어가도 괜찮겠느냐고 물었다. 그는 "너한테 줄 게 있어서"라고 말했다. 나는 "그럼"이라고 대답했다. 루카스라면 언제든지 만난다.

은접시였다. 접시 위로 그가 직접 쓴 글자가 새겨져 있었다. 루카스가 "시간을 내서 준비해봤어"라고 말했다. 메시지를 읽으면서 목이 메었다.

    그 사람 같은 사람은 절대 또 없다는 말이 있어.
    너를 위한 말인 것 같아, 친구.
    모든 면에서 너는 진정한 캡틴이자 리더, 전설이었어.
    너와 함께 경기를 뛸 수 있었던 모든 순간이 내겐 영광이었어.
    앞으로 너와 너의 가족에게 행운이 가득하길.
    - 루카스 레이바

루카스는 조용히 글귀를 읽는 나를 바라봤다. 나는 그에게 고맙다고 했다. 그는 행복하게 웃었다. 우리는 서로 껴안았다. 그가 방에서 나가자 나는 무너졌다. 눈물이 멈추지 않았다.

몇 시간 뒤에 우리는 호텔 바에서 만나 술을 마셨다. 기분이 좋아졌다. 친구들과 한잔하러 나가는 기분으로 돌아왔다. 맥주 한 병을 간단히 해치우자 조던 헨더슨이 일어섰다. 조용해지자 조던이 입을 뗐다. 괜찮은 연설이었다. 너무 진지하거나 무겁지 않고 딱 좋은 내용이었다. 조던은 이 여행이 나에게 고마움을 전하기 위함이라고 말했다. 현역 시절, 함께 뛰거나 상대로 만났던 많은 선수들이 보내온 메시지를 모아 한 권의 책으로 만들었다고 했다. 우아한 가죽 표지의 책을 손에 들고 "스티비, 마음에 들었으면 좋겠어요"라고 말했다. 정성이란 꿀단지에 푹 담갔다가 꺼낸 듯한 책이었다. 마음속에서 또다시 감동의 파도가 일었다. 모든 메시지가 정갈한 문자로 인쇄되어 있었다.

첫 번째 페이지에 지네딘 지단의 메시지가 있었다. 놀라웠다. 책에는 나에 대한 이야기들이 가득했다. 너무 많은 이름들, 메시지들이었다. 브렌던 로저스, 케니 달글리시, 로비 파울러, 스티브 맥마나만, 대니 머피, 루카스, 필리페 쿠티뉴, 로이 호지슨, 조던 헨더슨, 페르난도 토레스, 루이스 수아레스, 사비 알론소, 콜로 투레, 조 앨런, 라힘 스털링, 조던 아이브, 마르틴 스크르텔, 사미 히피아, 라이언 바벨, 마리오 발로텔리….

선수 명단에는 끝이 없었다. 몇몇은 보는 순간 웃음이 나왔다. 콜로의 메시지는 그가 나를 부를 때 썼던 호칭인 '빅맨'으로 시작했다. 마리오의 첫 문장은 "미안, 내 영어가 짧아서"였다. 루이스 수아레스는 "너는 언제나 내 롤 모델이야. 축구에서 말하자면, 함께 뛰었던 선수 그리고 친구 중 네가 최고였어. 너는 전설이야, 스티븐. 고마워"라고 썼다. 나는 행복한 표정으로 동료들을 쳐다봤다. 나는 "이 녀석이 바르셀로나로 가기 전에 써달라고 했구나? 이제는 이 녀석 순위표에서 내가 대충 스물네 번째 정도로 떨어져 있을 거야"

라고 말하며 웃었다.

조금 뒤에 나는 책을 덮었다. 신나게 놀기로 마음먹은 밤에 펑펑 울고 싶지 않았다. 혼자 있을 때 모든 메시지를 차근차근 읽겠노라 약속했다. 이제 감성에 젖을 시간은 끝났다. 즐기고 놀 시간이다. 우리는 맥주를 마시며 밤새 즐겼다.

허머 리무진을 타고 나갔다. 스물다섯 명이 한꺼번에 탔을 정도로 컸다. 다들 맥주를 마셨다. 내 스마트폰이 배경음악을 담당했다. 전화가 오는 바람에 음악이 끊겼다. 화면 위로 콜로 투레의 이름이 떴다. 스피커에 연결된 상태로 전화를 받았다. '빅맨'과 함께 떠나는 여행에 함께하지 못해서 미안하다는 말을 전해왔다. 코트디부아르의 자선경기를 위해 떠났다. 몇 마디를 나누긴 했지만, 콜로의 말이 잘 들리지 않았다. 동료들이 모두 '콜로&야야 송'을 부르기 시작했다. 콜로와 작별인사를 나누고 전화를 끊은 다음에도 동료들은 계속 노래를 불렀다.

우리는 허머에서 내려서 레스토랑으로 이동했다. 에스컬레이터를 타고 올라가는 동안 내가 제일 앞에 서서 동료들을 동영상 촬영했다. 모두 춤을 추면서 노래를 불렀다. 마마두 사코가 대신 찍겠다고 내 폰을 낚아챘다. 하지만 내가 캡틴이다. 제일 앞에서 선수단을 이끄는 일은 반드시 내가 할 일이다. 노래 부르고 춤을 추는 무리의 선두 자리를 내가 차지했다. 우리는 계속 '콜로&야야 송'을 불렀다. "콜로, 콜로, 콜로, 콜로 투레!"라고 하면 허리를 바짝 구부려서 있다가 다음에 전부 일어나 펄쩍 펄쩍 뛰면서 "야야, 야야, 야야, 야야, 야야 투레!"라고 외치는 놀이였다. 나만의 감각으로 재해석한 서아프리카 댄스를 선보였다. 건물 보안요원이 마마두 사코가 들고 있던 폰을 건네받았다. 드디어 리버풀 완전체 변신. 콜로, 콜로, 콜로, 콜로, 콜로 투레! 야야, 야야, 야야, 야야, 야야 투레! 그가 신나게 노는 우리의 모습을 찍었다. 축구를 했기에, 정말 열심히 했기에 여기까지 올 수 있었다. 어떻게 두바이 한

복판에서 코트디부아르 출신 형제의 노래를 불렀을까? 한 명은 팀 동료, 다른 한 명은 오랜 라이벌 맨체스터 시티 소속!

식당에 도착했다. 방금 전 찍은 동영상을 모두가 볼 수 있도록 왓츠앱 단체방에 업로드했다. 그 동영상은 하루가 지나기도 전에 전 세계로 퍼져 나갔다. 선수 중 한 명이 친구에게 보냈는데, 그가 유튜브에 업로드한 덕분이었다. 유행처럼 번졌다. 잉글랜드 여자 국가대표팀 선수들이 똑같은 퍼포먼스를 펼친 동영상이 올라왔다. 한 선데이리그 팀도 자기만의 버전이 담긴 동영상을 내게 보내오기도 했다. 집에 있는 딸들도 신났다. 아이들은 "아빠, 거기서 뭐 하는 거야? 아빠 같지 않아"라며 고개를 갸우뚱거렸다.

맞다. 내가 맞다. 압박과 긴장, 책임감과 노력, 포부와 가슴앓이를 털어버리면 나도 "콜로, 콜로, 콜로, 콜로, 콜로, 콜로 투레!"라고 노래 부르며 춤도 출 수 있다. 새로운 인생이 시작하는 것 같은 기분이었다.

폼비에 있는 집으로 돌아왔다. 미국으로 건너가기 전에 리버풀 생활을 정리하는 동안 우리가 지냈던 거처다. 닷새 남았다. 2015년 6월 27일 토요일, 알렉스와 나는 로스앤젤레스로 간다. 내 딸들은 학교가 여름 방학을 시작하면 미국으로 건너올 것이다. 어머니와 장모님이 수고해줄 예정이었다.

평범한 머지사이드의 월요일 저녁이었다. 부엌에 앉아 나는 잠시 사색에 잠겼다. 브렌던 로저스 감독과 리버풀은 바쁜 여름을 보내고 있었다. 벌써 선수 6명의 입단이 확정됐다. 이제 나는 누구에게도 설득 문자를 보낼 필요가 없다. 그들 모두 일생일대의 도약을 눈앞에 둔 셈이었다. 로베르토 피르미누, 제임스 밀너, 나다니엘 클라인, 대니 잉스, 아담 보그단, 조 고메스였다.

브렌던 로저스 감독을 위해 일하던 코칭스태프에 일어난 변화에 나는 더 놀랐다. 변화가 필요하긴 했어도 콜린 파스코, 마이크 마시 코치가 떠날 줄은 상상도 하지 못했다. 나는 클럽이 로저스 감독에게 코칭스태프 변화에 관해

장기간 이야기를 했을 것이라고 생각한다. 로저스 감독이 특정 인물을 꼬집어 말한 적은 없지만, 선수단과 함께 코치진도 강화하고 싶다는 이야기를 한 적이 있었다. 마시는 리버풀을 사랑했다. 선수로서 뛴 적도 있다. 하지만 그렇게 큰 책임을 물어야 하는 역할은 아니었던 터라 마시와 콜린이 동시에 떠난다고 하니 놀랐다.

로저스 감독은 팀 전체를 신선하게 만들고 싶은 것 같았다. 콜린과 마시는 특별히 잘못한 것도 없으며 책임지고 물러나야 할 이유도 없었다. 치열해진 최근 축구계 공기를 보여주는 사례였다. 용기 있는 선택인지 혹은 단순히 로저스 감독에 대한 거부 심리인지 정확히 알 수는 없었다. 어쨌든 나는 놀랐다. 내가 LA 갤럭시에 입단하기 전이었는데도 이 모든 움직임에 관해 내게 일언반구 없었기 때문이다.

클럽이 내게 수석코치 또는 1군 소속 코치 자리를 제안했어야 한다는 뜻은 아니다. 나는 아직 무슨 일에도 준비가 되어 있지 않다. 하지만 최소한 나와 상담은 해볼 수 있지 않았을까? 스쿼드플레이어로 뛰는 동시에 지도자 수업을 받을 수 있지 않았을까? 만약 그랬다면, 제이미 캐러거나 나에게는 좀 더 배려심이 느껴지는 처사가 될 수 있었다고 생각한다. 어쨌든 코칭스태프 변동 소식을 접하면서 나는 많은 생각에 빠졌다. LA로 갈 날이 일주일도 채 남지 않은 지금도 나는 리버풀 1군에서 충분히 뛸 수 있다고 믿는다. 나는 내가 아직까지 클럽에 헌신할 수 있다고 생각한다.

나는 리버풀에서 스쿼드플레이어가 되고 싶지는 않다. 하지만 플레잉 코치 방식을 제안했다면, 나는 미국행의 대안으로 고민해봤을 것 같다. 내게는 꼭 필요한 경험이기 때문이다. 1, 2년 정도 선수로 더 뛸 수 있다. 코칭스태프와 선수들을 잇는 가교 역할을 할 수도 있다. 준비한 전술을 습득하기 위해서 훈련 메뉴를 어떻게 짜야 하는지도 배울 수 있었다. 내게는 큰 경험이 되어주는 동시에 클럽도 가치를 닦을 기회였다고 생각한다. 그러나 리버풀은 약간 다른 계획을 가졌다. 물론 클럽의 사정도 이해한다.

나는 페핀 린더스가 로저스 감독의 코치진으로 새로 합류한다는 데에 불만이 없다. 페핀 린더스가 지도하는 16세 이하 팀과 유망주 트렌트 아놀드, 허비 케인 등의 도움으로 나는 B급 자격증을 획득했다. 그는 좋은 코치인 동시에 인성도 훌륭했다. 나에게 친절하게 대해줬다. 그의 훈련을 참관하고 난 뒤 그는 내게 솔직한 평가와 영리한 피드백을 줬다. 린더스는 이제 내가 존경해 마지않는 션 오드리스콜과 팀 동료였던 개리 맥칼리스터와 함께 일하는 일원이 되었다. 2000년 개리는 리버풀에 가입하자마자 강한 인상을 남겼다. 지도자로서도 현역 시절 선보였던 영향력을 재현할 수 있다고 믿는다.

미국 프로축구 무대는 내게 대단한 기회였다. 렉시가 주방으로 들어와 음료수를 마시면서 내게 말을 걸었다. 자기들끼리 트램펄린을 하러 갈 것이라고 했다. 여름날 저녁 나는 딸에게 간단히 질문했다. "렉시, 미국 가는 거 기대되니?"

그녀는 잔뜩 설레는 표정을 지으며 그렇다고 대답했다. 미국행은 나를 비롯해 알렉스, 릴리, 렉시, 로데스에게 모두 큰 모험이다. 멀리 떨어지게 되지만, 미국에서도 나는 항상 잉글랜드와 유럽 축구 소식을 눈여겨볼 생각이다. 리버풀 경기 TV 중계가 있는 날이면 아침 일찍 일어날 것이다. 바르셀로나의 루이스 수아레스와 아틀레티코 마드리드의 페르난도 토레스, 레알 마드리드의 라파엘 베니테스 감독의 활약도 눈여겨보고 싶다.

루이스와 나는 계속 연락하며 지낸다. 그의 플레이를 보는 게 좋다. 바르셀로나가 챔피언스리그에서 우승하는 모습도 기분 좋다. 예전에 아스널 이적을 포기하고 리버풀에 남기로 했던 결정에 관해서 수아레스도 옳았다고 말한다. 리버풀에 남은 덕분에 바르셀로나 이적이 가능해졌다. 누캄프에서 첫 시즌부터 그렇게 잘한다고 해서 나는 놀라지 않았다. 그는 유벤투스를 상대했던 챔피언스리그 결승전에서 팀의 두 번째 골을 넣어 자기 가치를 증명했다. 내가 수아레스와 함께 뛰면서 느꼈던 만족감을 이제는 메시와 네이마르도 틀림없이 느낄 것이라 생각한다. 가끔 엉뚱한 실수를 저지르긴 해도 수아레스는 함께 뛰는 것만으로도 즐거운 선수다.

두바이에서 선물 받았던 커다란 책을 집어 들었다. 수아레스가 나에 관해 적은 부분을 다시 폈다. 지네딘 지단, 케니 달글리시, 존 알드리지, 브렌던 로저스, 조던 헨더슨, 루카스 레이바 그리고 다른 모든 분들이 적어준 메시지를 다시 읽었다. 두바이의 어느 에스컬레이터에서 내가 '콜로&야야 송'을 이끄는 모습을 보며 딸들이 했던 말 기억하는가? "아빠, 거기서 뭐 하는 거야? 아빠 같지 않아."

많은 분들이 나에 관해서 쓴 글을 읽었다. 모두 내가 존경하는 분들이다. 아련한 어제와 밝은 내일이 한꺼번에 느껴졌다. 나는 여전히 지단이 봤던 나와 같다. 달글리시 감독과 수아레스와 헨더슨이 알고 있는 나, 그 사람과 동일 인물이다. 그들 모두가 모여 나의 이야기가 만들어졌다.

아이언사이드 로드에서 태어난 한 소년이 커서 챔피언스리그, FA컵, 리그컵, UEFA컵에서 우승 트로피를 들어 올렸다. 아쉽게 프리미어리그는 없었다. 성인 무대에서 나는 총 824경기를 뛰었다. 리버풀에서 710경기, 잉글랜드 국가대표팀에서 114경기에 출전했다. 블루벨에서 비벌리힐즈로, 휴이턴에서 할리우드로 이어지는 인생 여정의 끝자락을 쓰려고 한다. 그러나 나는 항상 리버풀을 생각한다. 한 클럽에서만 27년 세월을 보냈다. 그중 17년은 1군이었다.

머지사이드의 고요한 월요일 저녁, 나는 불현듯 편안해졌다. 나를 축복하는 글로 채워진 책을 덮었다. 아름답고 소중한 책이다. 아버지가 생각났다. 내가 꼬마였을 때, 아버지가 항상 내게 해줬던 말이 있다.

"지금부터 시작이다. 지금까지 과거는 이제 없는 거다."

서른다섯 살의 인생은 그리 단순하지 않다. 깊어진다. 나아진다. 다시 시작할 수 있다. 하지만 나는 어제와 함께 가고 싶다. 지금의 나를 만들었던 모든 것들, 환희와 고통을 어디든지 함께 품고 가려고 한다. 이제야 생각이 분명해졌다. 어둠과 빛, 기쁨과 고통, 희망과 상실은 서로 뗄 수 없다. 둘은 항상 함께 있다. 안필드의 콥 스탠드, 그리고 그 앞에 서 있는 빈 골대처럼.

부록: 스티븐 제라드가 세운 기록

리버풀 FC 출전 기록

페널티킥 득점

순위	선수	리그	FA컵	리그컵	유럽	기타	합계
1위	스티븐 제라드	32	3	2	10	0	47
2위	얀 몰비	30	2	7	1	2	42
3위	필 닐	28	2	3	5	0	38
4위	빌리 리델	34	0	0	0	0	34
5위	토미 스미스	15	2	2	3	0	22
6위	로비 파울러	14	1	3	2	0	20
7위	존 알드리지	15	1	1	0	0	17
공동 8위	고든 호지슨	16	0	0	0	0	16
공동 8위	테리 맥더모트	13	1	1	1	0	16
10위	마이클 오언	11	1	1	0	0	13
11위	케빈 키건	10	0	0	1	0	11
12위	존 반즈	7	2	0	0	1	10

1군 주장 출전 경기

순위	선수	합계
1위	스티븐 제라드	470
2위	론 예츠	417
3위	엠린 휴즈	337
4위	알렉스 레이스벨	267
5위	도날드 맥킨레이	250
6위	사미 히피아	197
7위	앨런 한센	195

부록: 스티븐 제라드가 세운 기록

1군 출전 경기

순위	선수	리그	FA컵	리그컵	유럽	기타	합계
1위	이안 캘러건	640	79	42	89	7	857
2위	제이미 캐러거	508	40	35	150	4	737
3위	**스티븐 제라드**	**504**	**42**	**30**	**130**	**4**	**710**
공동 4위	레이 클레멘스	470	54	55	80	6	665
공동 4위	엠린 휴즈	474	62	46	79	4	665
6위	이안 러시	469	61	78	38	14	660
7위	필 닐	455	45	66	74	9	650
8위	토미 스미스	467	52	30	85	4	638
9위	브루스 그로블라르	440	62	70	38	18	628
10위	앨런 한센	434	58	68	46	14	620

득점

순위	선수	리그	FA컵	리그컵	유럽	기타	합계
1위	이안 러시	229	39	48	20	10	346
2위	로저 헌트	244	18	5	17	1	285
3위	고든 호지슨	233	8	–	–	–	241
4위	빌리 리델	215	13	–	–	–	228
5위	**스티븐 제라드**	**120**	**15**	**9**	**41**	**1**	**186**
6위	로비 파울러	128	12	29	14	–	183
7위	케니 달글리시	118	13	27	11	3	172
8위	마이클 오언	118	8	9	22	1	158
9위	해리 챔버스	135	16	–	–	–	151
10위	샘 레이볼드	120	9	–	–	–	129
11위	잭 파킨슨	123	5	–	–	–	128
12위	딕 포셔	116	7	–	–	–	123
13위	이안 세인트 존	95	12	1	10	–	118
14위	잭 발머	98	12	–	–	–	110
15위	존 반스	84	16	3	3	2	108
16위	케빈 키건	68	14	6	12	–	100

STEVEN GERRARD

스티븐 제라드 마이 스토리

초판 1쇄 펴낸 날 | 2016년 1월 8일
초판 6쇄 펴낸 날 | 2024년 1월 19일

지은이 | 스티븐 제라드
옮긴이 | 홍재민
펴낸이 | 홍정우
펴낸곳 | 브레인스토어

책임편집 | 김다니엘
편집진행 | 홍주미, 박혜림
디자인 | 이예슬
마케팅 | 방경희

주소 | (04035) 서울특별시 마포구 양화로 7안길 31(서교동, 1층)
전화 | (02)3275-2915~7
팩스 | (02)3275-2918
이메일 | brainstore@chol.com
페이스북 | http://www.facebook.com/brainstorebooks

등록 | 2007년 11월 30일(제313-2007-000238호)

한국어출판권 ⓒ 브레인스토어, 2016
ISBN 978-89-94194-75-2 (13690)

* 이 책은 저작권법에 따라 보호받는 저작물이므로 무단전재와 무단복제를 금하며, 이 책 내용의 전부 또는 일부를 이용하려면 반드시 저작권자와 브레인스토어의 서면 동의를 받아야 합니다.

이 도서의 국립중앙도서관 출판시도서목록(CIP)은 서지정보유통지원시스템 홈페이지(http://seoji.nl.go.kr)와 국가자료공동목록시스템(http://www.nl.go.kr/kolisnet)에서 이용하실 수 있습니다.(CIP제어번호: CIP2015034173)